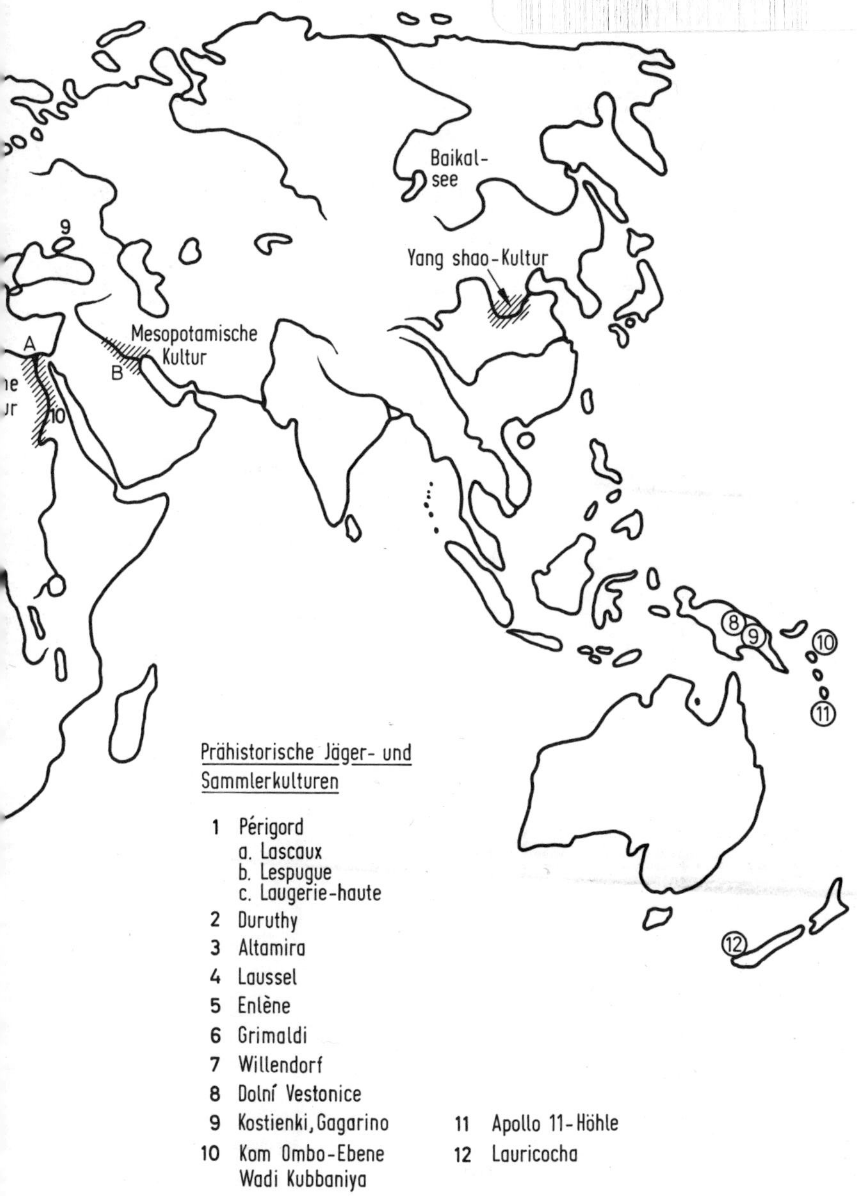
Baikal-
see
Yang shao-Kultur
Mesopotamische
Kultur
A
B
9
10
8
9
10
11
12
Prähistorische Jäger- und
Sammlerkulturen
1 Périgord
a. Lascaux
b. Lespugue
c. Laugerie-haute
2 Duruthy
3 Altamira
4 Laussel
5 Enlène
6 Grimaldi
7 Willendorf
8 Dolní Vestonice
9 Kostienki, Gagarino
10 Kom Ombo-Ebene
Wadi Kubbaniya
11 Apollo 11-Höhle
12 Lauricocha

Dietlind Friedrich
12/88

Jost Herbig
Nahrung für die Götter

Die kulturelle Neuerschaffung der Welt
durch den Menschen

Carl Hanser Verlag

ISBN 3-446-15291-1
Alle Rechte vorbehalten
© 1988 Carl Hanser Verlag München Wien
Satz: Fotosatz Amann Leutkirch
Druck und Bindung: May + Co Darmstadt
Printed in Germany

Inhalt

Einleitung
Nahrung für die Götter

1. Kapitel
Biologie und Geschichte

1. Untergangsprophezeiungen im Namen der Wissenschaft   19
2. Von Natur aus...   21
3. Biologie und Ideologie   28
4. Die verhaltensbiologische Elle   31
5. Der biologische Fatalismus   38
6. Programm für ein kulturelles Verständnis menschlichen Verhaltens   44

2. Kapitel
Die Magie der Bilder und Zeichen

1. Kunst und Daseinskampf   55
2. Die Evolution der Bilder und Zeichen   58
3. Spuren eines neuen Bewußtseins   60
4. Die Weisheit der Ahnen   64
5. Ordnung in der Wildnis   69
6. Götter anstelle von Genen   71
7. Ordnung und Entwicklung in der Welt der Eiszeitjäger   74
8. Jaguare und Schamanen   80
9. Wirklichkeit hinter den Illusionen   83
10. Das Erbe der Eiszeitmenschen   88

3. Kapitel
Die Domestizierung der Pflanzen und Tiere

1. Wilde und Zivilisierte   95
2. Die Pflanzen und Tiere der Menschheit   100
3. Theorien über die Anfänge der Landwirtschaft   106
4. Mißverständnisse über ein Wildbeuterdasein   113
5. Der Beitrag des Kopfes   116
6. Pflanzen, die den Menschen suchen   120
7. Die Manipulation von Ökosystemen   125

8. Der Beitrag der Hände   128
9. Die Selbstdomestizierung der Pflanzen und Tiere   135
10. Das menschliche Verdienst   142

4. Kapitel
Die Zivilisierung der Menschen

1. Illusion und Wirklichkeit   147
2. Ein Hochtal in Mexico   150
3. Nahrungserzeugung, Seßhaftigkeit, Bevölkerungswachstum   158
4. Die Folgen einer Wildgetreideernte in der Türkei   160
5. Ein Geschenk der Götter   163
6. Ein Garten in Eden   171
7. Vom Wildtier zum Haustier   174
8. Die Geschichte der Landwirtschaft in Vorderasien – entheroisiert   176
9. Jenseits des Bewußtseins   181

5. Kapitel
Gebein zu Gebein und Fleisch zu Fleisch

1. Teilen und »horten«   187
2. Die Familie und die Gemeinschaft   196
3. Ordnung über den Tod hinaus   202
4. Vorgeschichtliche Austauschnetze   207
5. Ein prähistorisches Abrechnungssystem   213
6. Erzeugung für den Eigenbedarf   216
7. Ordnung in der Welt   219
8. Brücken zu den Göttern   226
9. »Brate deine Ratte im Fell«   233

6. Kapitel
Den Ruhm des Anführers essen:
Über die Ursachen der Ungleichheit unter den Menschen

1. Das Mandat des Himmels   243
2. Ungleich vor den Göttern   247
3. Vermutungen über die Ursachen der Ungleichheit   251
4. Anführer, Großer Mann, Häuptling   256

5. Die Anfänge von Ungleichheit unter den Menschen   260
6. Die sozialen Grundlagen der Macht   267
7. Die Verbindung von Großzügigkeit und Macht   277
8. Die Psychologie des Gebens und Nehmens   278
9. Die kulturelle Prägung angeborener Verhaltensweisen   283
10. Die Überwindung der Haushaltsökonomie   289
11. Feiern verbindet   295
12. Die evolutionäre Dimension der Macht   300

7. Kapitel
Markt, Heiligtum, Krieg und Planwirtschaft: Drei Wege zum Staat

1. Archäologische Sündenbekenntnisse   315

A. Monte Albán
Krieg und Konflikt als Selektionsfaktoren

2. Die kulturelle Organisation territorialer Ordnungen   325
3. Antriebskräfte der Produktion   329
4. Hoch über dem Dorf   334
5. Eine Stadt im Niemandsland   336
6. Zur Eroberung verdammt   341
7. Wehe den Besiegten   346
8. »Den Toten wird am schlimmsten mitgespielt«   354

B. Teotihuacán
Heiligtum und Markt

9. Sitz der Götter, Mittelpunkt der Welt   361
10. Der Aufstieg der Stadt   362
11. Staat, Religion und eine steinzeitliche Schlüsselindustrie   368

C. Sumer
Planwirtschaft und Krieg

12. Tempel als kommunale Wirtschaftsunternehmen   375
13. Sümpfe und Steppe werden zum Garten   380
14. Hydraulische und andere Mißverständnisse   384
15. Tempel als ruhende Pole in einer bewegten Welt   387
16. Vom Kultbau zum Haushalt der Götter   390
17. Die Suche nach einem fälschungssicheren Abrechnungssystem   394
18. Stadtluft macht unfrei   398

19. Vom Kriegsführer zum König   405
20. Die Enteignung der Götter   409
21. Die Funktionalisierung sozialer Beziehungen   413
22. Der Zorn der Propheten   416

8. Kapitel
Die Zeichen verstehen: Die Idee des Rechts

1. Das Blickfeld der Propheten   423
2. Ein treuer Gottesdiener   426
3. Der Herrscher als Mittler zu den Göttern   429
4. »Grapscher! Räuber! Plünderer! Beamte!«   436
5. Recht für jeden   441
6. Die kosmologische Chance   446

9. Kapitel
Die Last der Götter tragen

1. Die kulturelle Chance   453
2. Erkenntnis- und Handlungsmöglichkeiten in der wissenschaftlich-technischen Welt   458
3. Die Sehnsucht nach der verlorenen Einheit des mythischen Weltbildes   465
4. Die Antriebskräfte des Fortschritts in der Neuzeit   470
5. Pharaonen im Industriezeitalter   473
6. Die sogenannte Ambivalenz der Technik   476
7. Die politische Kontrolle des Fortschritts   482

Fundstellen in Mesoamerika   488
Fundstellen in Vorderasien   489

Literatur   491
Namenregister   505
Abbildungsnachweis   511

Nachfolgende Seite: Zwei Opferszenen, in denen Menschen ihre Götter mit Nahrung versorgen.

Oben: Ein aztekischer Priester öffnet einem Gefangenen die Brust mit einem Messer aus Feuerstein. Szene aus dem Codex Nutall um 1500 n. Chr. Nahrung für die Götter, das waren nach aztekischem Glauben auch menschliche Herzen und Ströme von Blut.

Unten: Ein sumerischer Priester bringt der Göttin Innana die Früchte des Feldes dar. Detail einer prachtvollen Alabastervase aus der Zeit um 3000 v. Chr., die im Tempelbezirk von Uruk ausgegraben wurde. Die Götter, der mühseligen Arbeit unter der glühenden Sonne des Zweistromlandes überdrüssig, hätten, so glaubten die Sumerer, die Menschen erschaffen, damit sie den Haushalt der Götter versorgten.

Einleitung
Nahrung für die Götter

Sind wir frei, um unsere Geschichte mit Bewußtsein zu machen? Oder sind wir nur Marionetten der Evolution – angetrieben von der Vision, das All besiedeln zu müssen, aber nur ausgestattet mit der Moral steinzeitlicher Wilder? Werden unser Denken und Verhalten von Programmen diktiert, die der Wildnis, der wir entstammen, einst angepaßt waren, aber der Zivilisation, in der wir leben, nicht mehr gewachsen sind?

Diese Fragen nach dem evolutionären Ursprung unseres Sozialverhaltens, unserer Zivilisierbarkeit und ihren Grenzen sind Thema meiner beiden Bücher zur »Evolution des Menschlichen«. Ihr Ziel ist es, Hoffnung zu machen und das Bewußtsein für unsere Verantwortung in der menschengeschaffenen Welt zu schärfen.

Mit beängstigender öffentlicher Resonanz führen Vertreter biologischer Wissenschaften – Evolutionstheoretiker, Verhaltensforscher und Soziobiologen – die Probleme der modernen Welt auf eine prinzipiell unzivilisierbare menschliche Natur zurück. Vom urzeitlichen Daseinskampf in einer übermächtigen Natur geprägt, seien wir außerstande, die Gefahren und Zerstörungen durch moderne Technik zu kontrollieren. Unsere evolutionär geformte Natur verdamme uns zur Selbstvernichtung. So wie einst die Dinosaurier von der Erde verschwunden seien, wären auch Menschen zur Ausrottung bestimmt. Die wachsende Bereitschaft, solchen Lehren zu glauben, zeigt das Ausmaß der Gefahr.

Viele, die sich gestern noch für die politische Veränderung einer gefährdeten Welt engagierten, fügen sich heute resignierend in das, was ihnen Untergangspropheten im Namen der Wissenschaft als schicksalhaft eingeredet haben. Wer glaubt, nicht veränderbare politische Verhältnisse, sondern eine unzureichende *angeborene* Moral des Menschen sei die Ursache der Gefahren und Zerstörungen in der wissenschaftlich-technischen Welt, dem bleibt tatsächlich nur die Erwartung der Menschheitskatastrophe. Gegen politische Verhältnisse ließe sich ankämpfen, wie gering immer die Erfolgsaussichten erscheinen mögen. Die menschliche Natur aber, sollte sie Ursache aller Menschheitsübel sein, kann niemand verändern.

Im ersten der beiden Bücher, *Im Anfang war das Wort,* habe ich daher die Jahrmillionen der Menschwerdung als Jäger und Sammler untersucht. Ich habe mich mit dem darwinistischen Glauben auseinandergesetzt, evolutionär sei der Krieg der Vater des Menschen. Die Vorstellung, wir seien »Erben von Siegern im Daseinskampf«, die Evolution habe uns die militante Moral und instinktive Grausamkeit in die Wiege gelegt, ist ein wissenschaftliches Märchen. Wir sind, auch wenn es unheroisch klingt, Erben von 100 000 Vormenschengenerationen, die sich auf eher friedliche Weise der Wildnis anzupassen gelernt haben.

Der vorliegende unabhängig zu lesende zweite Band, *Nahrung für die Götter*, beschreibt die Auflösung der Welt der Jäger und Sammler und die Entstehung der Zivilisation. Die Möglichkeiten und Konflikte unseres Lebens als »Zivilisierte« wurzeln in der Übergangsphase von Jäger und Sammlerhorden bis zur Entstehung von Staaten. In der Alten Welt ist das die Zeitspanne zwischen 12 000 und 2 000 v. Chr., in der Neuen Welt die zwischen 7 000 v. Chr. und den ersten Jahrhunderten unserer Zeitrechnung. Ohne die Veränderungen dieser Jahrtausende würden wir noch heute in Gruppen von wenigen Dutzend auf Nahrungssuche durch die Wildnis streifen. Unser Weltbild, unser Verhalten, unsere Technik und unsere materiellen Besitztümer entsprächen denen der Ureinwohner Australiens im 19. Jahrhundert.

Ob das nicht auch Vorteile hätte, für die Natur wie für uns Menschen, bleibe offen. Wir sollten uns jedoch vom kulturellen Hochmut des »Zivilisierten« befreien, erst die Kultivierung von Pflanzen und die Haltung von Haustieren hätten den Menschen vom Hunger befreit. Hunger, der heute für große Teile der Menschheit ein Dauerzustand ist, war selbst noch den in unwirtliche Wüsten- und Polarregionen der Erde abgedrängten letzten Jägern und Sammlern unseres Jahrhunderts unbekannt. Was uns indessen versagt bleibt, ist die Freiheit der Entscheidung. Das »Zurück« ist ausgeschlossen. Wir müssen mit der Welt ins reine kommen, in der wir geboren worden sind.

Das bedeutet, die kulturelle Freiheit gegenüber dem angeborenen Erbe aus der Jäger- und Sammlerphase unserer Evolution zu erkennen und zu nutzen. Im vorliegenden zweiten Band zur Evolution des Menschlichen werde ich mich daher nicht auf die traditionelle Beschreibung der Veränderung von Technik, Wirtschaft, Architektur und Kunst beschränken. Im Mittelpunkt steht vielmehr die Evolution von Weltbildern und Formen sozialer Organisation bei der Evolution von Horden zu Staaten. Nur diese Betrachtungsweise erlaubt es, die menschliche Freiheit gegenüber angeborenen Programmen des Erkennens und Verhaltens auszuloten. Diese relative Freiheit gegenüber Angeborenem war die Voraussetzung dafür, daß ein Lebewesen, das in Jahrmillionen in kleinen Wildbeuterhorden zum Menschen geworden war, sich innerhalb weniger Jahrtausende den Bedingungen arbeitsteiliger Gesellschaften von Hunderttausenden Menschen anpassen konnte.

Die eine, die wirtschaftlich-technische Voraussetzung war die Entstehung der Landwirtschaft. Gewöhnlich wird allein sie als Grundlage der Zivilisation angesehen. Im vorliegenden Buch werde ich jedoch zeigen, daß Veränderungen des Sozialverhaltens und des Weltbildes nicht weniger wichtig waren als Nahrungserzeugung. Wäre der Mensch tatsächlich jenes Lebewesen mit genetisch programmierter Moral und Erkenntnisfähigkeit, als das die biologistische Zivilisationskritik ihn beschreibt, dann wäre die kulturelle Evolution ebenso auf Jäger- und Sammlerniveau stehengeblieben wie ohne Landwirtschaft. Die tiefgreifenden Veränderungen des Denkens und Verhaltens bei der kulturellen Evolution von Jäger- und Sammlerhorden zu Staaten liefern daher den Schlüssel zur Lösung unseres Problems der kulturellen Freiheit gegenüber angeborenen Programmen. Die Entwicklung von Horden zu Staaten ist das im Untertitel des Buches gemeinte, von etwa 400 Menschengenerationen durchgeführte kulturelle Experiment, an dem wir das biologistische Zivilisationsmodell überprüfen und widerlegen können.

Größer hätten die Gegensätze im Weltbild und Verhalten kaum sein können: Jäger und Sammler hatten über keine Nahrungsüberschüsse verfügt, Arbeitsteilung herrschte nur zwischen den Geschlechtern und zuweilen auch Altersgruppen. Landwirtschaft machte es möglich, Überschüsse zu erzeugen. Bei den Erzeugern eingetrieben und umverteilt an die Verwaltungsbeamten, den Herrscher, die Aristokratie, an Priester, Handwerker, Krieger und das Massenheer der Arbeiter an monumentalen öffentlichen Bauten, bildeten sie die wirtschaftliche Grundlage arbeitsteiliger Gesellschaften.

In den ersten Staaten war die egalitäre Gesellschaftsordnung aus der Jäger- und Sammlerzeit endgültig aufgelöst. Anstelle persönlicher Bindungen bestimmten unpersönliche Macht, Zwang und Abhängigkeit die Beziehungen zwischen Menschen. Festgefügte soziale Ordnungen wiesen jedem seinen Platz in der Gesellschaft zu. Soziale Hierarchien entstanden mit Herren und Knechten, Aufsehern und Beaufsichtigten, Aufsehern über die Aufseher und schließlich den Herrschern mitsamt Hofstaat einschließlich Beamten und Schranzen, Zwergen,

Spaßmachern und, im alten Ägypten, Wächtern des königlichen Darmausgangs.

Kontrolle über die Erzeugung und Umverteilung von Nahrung und anderen Gütern war das wirtschaftliche Fundament der Macht. Begründet wurde die irdische Ordnung durch ein religiöses Weltbild, nach dem Götter die Ordnung der menschlichen Gesellschaft geschaffen hatten. Der Glaube, die irdische Ordnung sei gottgewollt, entzog diese menschlicher Anfechtung. Die den Bauern abverlangten Nahrungsüberschüsse, die wirtschaftliche Grundlage des Herrschaftssystems, schienen »Nahrung für die Götter« zu sein. Beispielhaft führt ein Mythos aus der Entstehungszeit der sumerischen Hochkultur die irdischen Machtverhältnisse auf einen Schöpfungsakt zurück. In einer menschenleeren Welt hatten die Götter ihren Unterhalt einst selbst besorgt. Der schweißtreibenden Arbeit unter der sengenden Sonne im Süden des Landes zwischen Euphrat und Tigris leid, schuf Marduk*, ihr Anführer, den Menschen als das Arbeitstier der Götter:

> »Ich werde *lullu* formen, ›Mensch‹ sei sein Name,
> Ich werde *lullu* formen, den Menschen.
> Laßt ihn mit der Mühsal der Götter beladen sein,
>   auf daß sie frei atmen.«

Die Götter mit Nahrung zu versorgen, war Menschenschicksal:

> »Mit Hacke und Spaten erbauten sie die Heiligtümer.
> Die großen Kanalböschungen erbauten sie.
> Um Nahrung für die Menschen zu schaffen
>   und für den Unterhalt der Götter.«
>   (nach Frankfort 1948, Kikawada 1983)

Das Glück der Menschen konnte sich nur im Dienst an Göttern erfüllen, die in Wirklichkeit nur die himmlischen Garanten der irdischen Herrschaft waren. Unbewußt hatten Menschen eine in langen Zeiträumen entstandene irdische Ordnung in den Himmel gespiegelt, um die übergeordneten kulturellen Normen und Traditionen des Lebens in der Gesellschaft von Göttern entgegenzunehmen. In der wissenschaftlich-technischen Welt müssen wir diese Aufgabe der Götter zukünftig

---

* Überliefert ist die jüngere, babylonische Form des Mythos. Daher erscheint Marduk und nicht sein sumerischer Vorläufer Enlil als Erschaffer des Menschen.

selbst übernehmen. Das bedeutet, wir müssen uns die Normen für das Überleben in einer gefährdeten Welt selbst setzen.

Wir sind zwar als Jäger und Sammler zu Menschen geworden, aber die Freiheit, unser Denken und Verhalten den Erfordernissen der modernen Welt anzupassen, haben wir. So wie einst die Sumerer, die Ägypter und die Chinesen, die Zapoteken und die Azteken die ihre genutzt haben, sollten wir die unsere wahrnehmen. In sämtlichen Kulturen, von denen in diesem Buch die Rede sein wird, geschah das auf Umwegen. Die Vorstellung göttergeschaffener Ordnungen, die der Mensch nicht zerstören darf, ist im wissenschaftlich-technischen Zeitalter Welt unhaltbar geworden. Wir müssen uns daher bewußt werden, daß die Evolution uns mit sämtlichen Fähigkeiten zur Lösung unserer Probleme ausgestattet hat. Da weder Gene noch Götter diese Aufgabe je wahrgenommen haben, ist es menschliche Bestimmung, die Ordnung, Stabilität und Kontinuität der menschengeschaffenen Welt der Kultur selbst herzustellen. Nur durch bewußtes Erkennen haben wir die Chance, die Probleme der modernen Welt zu lösen. Nahrung für die Götter, das wird zukünftig Nahrung für Menschen sein müssen: Nahrung – erzeugt und verteilt nach menschengeschaffenen Maßstäben. Im Gegensatz zum biologistischen Schicksalsglauben hat uns die Evolution nicht sämtliche Auswege genetisch verbarrikadiert. Das kulturelle Experiment ist noch immer offen. Es liegt an uns, es weiterzuführen.

In diesem Buch werde ich das kulturelle Experiment schrittweise rekonstruieren. Eingerahmt zwischen dem ersten und dem letzten Kapitel, die sich mit der modernen Welt befassen, beschäftigt sich der Hauptteil mit der Entwicklung von Horden zu Staaten. Thema des 1. Kapitels ist der in der griechischen Antike wurzelnde aufklärerische Versuch, Geschichte mit Bewußtsein zu machen. Die Ordnung der Gesellschaft wurde nicht mehr als gottgegeben hingenommen, sondern als Ergebnis menschlicher Geschichte gedeutet. Damit rückte die Frage nach der unveränderbaren menschlichen Natur in den Mittelpunkt der gesellschaftlichen Analyse. Diese Frage ist Ausgangspunkt auch des biologistischen Fatalismus, der als Ideologie einer säkularisierten Gegenaufklärung das Schicksal anstatt in göttlichem Willen in menschlicher Erbsubstanz programmiert sieht.

Im Hauptteil führt die Frage nach der evolutionären Bedeutung der Kunst der Eiszeitjäger (2. Kapitel) über die sozialen Funktionen »primitiver« Religionen zu den Grundlagen der menschlichen Kulturfähigkeit, die Voraussetzung aller weiteren Entwicklung ist. Im 3. und 4.

Kapitel schließt sich die entheroisierte Geschichte der Landwirtschaft und der Anfänge einer seßhaften Lebensweise an, die Voraussetzungen aller Zivilisation sind. Die Domestizierung von Pflanzen und Tieren, in der wir den erfolgreichen Versuch des Menschen sehen, sich zum Herrn über die Natur aufzuschwingen, ist in Wahrheit das unbeabsichtigte Ergebnis einer genetischen Anpassung von Pflanzen- und Tierpopulationen an menschliche Eingriffe in ihren Lebensraum. Die nicht weniger unbeabsichtigte menschliche Reaktion auf diese »Domestikation« genannten Veränderungen von Wildpflanzen und Wildtieren ist die Landwirtschaft.

Die folgenden Kapitel 5 und 6 werden das sich aus diesen Veränderungen ergebende folgenreichste Experiment der sozialen Evolution beschreiben. Das in Horden entstandene und Kleingruppen gemäße Grundprinzip gesellschaftlicher Organisation bestand in persönlichen Bindungen und Verpflichtungen zwischen Personen. Auch wenn Menschen, die zusammen lebten und arbeiteten, genealogisch nicht miteinander verbunden waren, bestimmte Familienideologie die Beziehungen zwischen ihnen. Mit wachsender Bevölkerungsdichte wurde dieses Prinzip zunächst gegen den Druck der zunehmenden Komplexität der wirtschaftlichen und sozialen Beziehungen zwischen den Angehörigen einer Gemeinschaft aufrechterhalten. Die Entstehung von festen sozialen Rangordnungen und von Macht in Häuptlingstümern ist das Ergebnis.

Mit der weiteren Zunahme von gesellschaftlicher Komplexität überschritt der Gegensatz zwischen Familienideologie und der wachsenden Macht einzelner eine kritische Grenze. Auch dieses Modell brach zusammen. Aber das Scheitern geheiligter Prinzipien, die Zehntausende von Jahren Grundlage des gesellschaftlichen Zusammenlebens gewesen waren, bedeutete nicht das Ende der sozialen Evolution. Lösung des Problems waren die Auflösung familiärer Verpflichtungen zwischen Herrschenden und Beherrschten und die Funktionalisierung sozialer Beziehungen. Wie das 7. Kapitel zeigen wird, entstanden Staaten aus der Notwendigkeit, soziale Beziehungen den funktionalen Erfordernissen komplexer werdender Sozialsysteme anzupassen. Auslöser mochten wie in den mittelamerikanischen Zentren Monte Albán der Krieg oder in Teotihuacán der wirtschaftliche Austausch sein; ebensogut aber konnte wie bei den Sumerern die Kombination von beidem die Staatsbildung erzwingen.

Die Auflösung der Familienideologie in den ersten Staaten schuf, wie das 8. Kapitel zeigen wird, eine neue Krise: Durch keine persönliche Verpflichtung gebunden, konnten, wie später in Israel die heftigen Anklagen der Propheten des Alten Testaments bestätigen, die Herrschenden ihre Macht zur Unterdrückung der Machtlosen und zur persönlichen Bereicherung schamlos mißbrauchen. Doch auch das bedeutete nicht das Ende der sozialen Möglichkeiten des Menschen. Die Idee eines allgemeinen, für Herrscher und Beherrschte gleichermaßen verbindlichen göttlichen Rechts löste auch diese Krise.

Das abschließende 9. Kapitel wird nach Möglichkeiten des Erkennens und Verhaltens im Industriezeitalter fragen und die Anwendbarkeit der Jahrtausende alten Idee des Rechts auf die Ausübung wissenschaftlich-technischer Macht untersuchen.

Charles Darwin um 1880. Sein monumentales Werk *Die Entstehung der Arten durch natürliche Zuchtwahl* befreite 1859 die Götter endgültig von der Verantwortung, die Erde und ihre Geschöpfe erschaffen zu haben. Darwin weiterdenkend, haben in unserer Zeit Evolutionsbiologen die Frage nach den Grundlagen unserer Moral auf eine evolutionär geprägte menschliche Natur zurückgeführt. Fraglich ist jedoch, ob Gene die Götter ersetzen.

1. Kapitel
Biologie und Geschichte

1. Untergangsprophezeiungen im Namen der Wissenschaft

Warum über die Vorgeschichte schreiben? Brennt uns nicht Gegenwärtiges unter den Nägeln? Die Philosophen hätten die Welt immer nur verschieden interpretiert, es komme aber darauf an, sie zu verändern, hat ein Philosoph einmal bemerkt. Der Philosoph, der sich nicht mit der traditionellen Rolle seines Fachs begnügen wollte, hieß Karl Marx und lehrte im 19. Jahrhundert. Er hat noch immer recht. Die Welt zu verändern, darum geht es auch im 20. Doch es liegt in der Natur der Sache, daß wir die Welt, um sie zu verändern, immer wieder von neuem begreifen müssen.

Denn auch die Welt verändert sich. Wissenschaft und Technik haben die menschliche Herrschaft über die Naturkräfte weiter vorangetrieben, als man im 19. Jahrhundert auch nur hätte träumen können. Auf dem kleineren Teil der Erde haben sie die Grundlagen eines unvorstellbaren Wohlstands geschaffen. Erkauft wurde dieser Wohlstand freilich um einen Preis, der bis vor kurzem ebenso unvorstellbar war: Verelendung und Hunger im größeren Teil, Umweltzerstörung, Zivilisationsschäden, technikbedingte Risiken und die Gefahr des nuklearen Weltenbrands.

Der technische Fortschritt und seine negativen Folgen haben ihre Spuren nicht nur in Natur und Gesellschaft, sondern auch im Bewußtsein der Menschen hinterlassen. Zwischen Hybris und Selbstmitleid schwankend, wähnen wir uns im einen Augenblick als Herrn über die Naturkräfte und zweifeln im nächsten, aufgrund unserer Natur der Technik gewachsen zu sein.

Wenn einst sichere Weltbilder bröckeln, wenn etablierte Werte fadenscheinig werden und untrügliche Gewißheiten fragwürdig erscheinen, dann haben Untergangspropheten traditionell Konjunktur. Diesmal jedoch wird der Weltuntergang im Namen der Wissenschaft beschworen. Mit Darwins *Ursprung der Arten* im Tornister erklären Vertreter biologischer Wissenschaften die politischen Fehlentwicklungen unserer Zeit zur Folge unserer evolutionär geprägten

Natur. Gestützt auf Erkenntnisse einer »Evolutionären Ethik« und einer »Evolutionären Erkenntnistheorie«, betrachten sie den jahrhundertealten aufklärerischen Glauben an die Zivilisierbarkeit des Menschen als Illusion. Nicht benennbare politische Faktoren, nein, ein aus der Urzeit stammendes evolutionäres Erbe scheint Ursache der Fehlentwicklung der modernen Zivilisation zu sein.

Der Mensch, so die Prämisse, sei in Kleingruppen von Jägern und Sammlern zum Menschen geworden. Einem Dasein als Jäger und Sammler seien daher seine *angeborenen* Fähigkeiten, die Welt zu begreifen und sich in ihr zu verhalten, angepaßt. Erstens habe sich das menschliche Sozialverhalten in Gruppen entwickelt, in denen jeder täglich mit jedem zu tun hatte. Der Anonymität und Komplexität der Beziehungen in der modernen Welt könne es daher aufgrund seiner biologischen Prägung nicht gewachsen sein. Zweitens reichten schwache angeborene moralische Hemmungen vielleicht aus, um ein steinzeitliches Werkzeugarsenal zu kontrollieren, nicht aber das monströse Veränderungs- und Vernichtungspotential der modernen Technik. Drittens sei die moderne Zivilisation zu komplex geworden, um von einem Verstand begriffen zu werden, der sich in Anpassung an die überschaubare Welt von Eiszeitjägern entwickelt habe. Daher fehle ihm das notwendige intuitive Verständnis für die Gefahr, in der wir schwebten.

Aus der biologistischen Perspektive erscheint die Menschheitskatastrophe als Teil unseres genetischen Programms, mit dem wir geboren werden. Es ist die wissenschaftliche Variante des christlichen Glaubens an die Erbsünde, freilich ohne die tröstliche Gestalt des Erlösers. Eine Hoffnung gibt es nicht. Jeder Versuch, das Unheil abzuwenden, müsse an der unveränderbaren menschlichen Natur scheitern. *Angeborene* Verhaltensweisen und Denkstrukturen ließen sich nicht überwinden, nur weil der Wunsch zu überleben es erfordere.

Somit unterscheidet sich nicht nur die Welt am Ende des 20. Jahrhunderts von der des 19., auch das Weltbild hat sich gewandelt. Erstmals in Jahrmillionen ihrer evolutionären Entwicklung steht die Menschheit vor der Alternative, ihre Geschichte entweder mit Bewußtsein zu machen oder unterzugehen. In dieser Lage bestreiten ihre Wissenschaftler unter Berufung auf neue Einsichten in die evolutionär geprägte Natur des Menschen die zum Überleben notwendigen Fähigkeiten. Der Versuch, die Welt noch einmal zu interpretieren, ist daher mehr als nur gerechtfertigt. Er ist notwendig.

Thema dieses ersten Kapitels ist eine Skizze der Geschichte des aufklärerischen Versuchs, die Wirklichkeit der Gesellschaft auf menschliches Handeln zurückzuführen. Entstanden ist dieser Versuch in der Auseinandersetzung mit dem religiösen Weltbild, das diese Wirklichkeit als gottgegeben hinnahm. Was Götter geschaffen haben, ist für die Ewigkeit gemacht, Menschenwerk dagegen läßt sich verbessern. Diese Auseinandersetzung mit dem Gottesgnadentum, eines der großen Themen der Aufklärung, trug entscheidend zur Entstehung moderner Demokratien bei. Wenn heute Vertreter biologischer Wissenschaften die Katastrophenträchtigkeit der modernen Welt aus der unveränderbaren menschlichen Natur ableiten, dann führen sie zu einem säkularisierten Glauben an die prinzipielle Unveränderbarkeit der Welt zurück.

Nun darf man Propheten natürlich nicht daran messen, ob, was sie verkünden, bequem ist oder nicht. Ob sie uns passen oder nicht, entscheidet nicht über die Gültigkeit von Prophezeiungen. Was wissenschaftliche Aussagen jedoch grundsätzlich von religiösen unterscheidet, ist ihr Anspruch, überprüfbare, objektive Wahrheiten zu verkünden. An diesem Kriterium sei die biologische Zivilisationskritik dann in den folgenden Kapiteln gemessen.

2. Von Natur aus...

Im Abendland läßt sich der Versuch, gesellschaftliche Ordnungen rational zu begründen, bis ins 5. vorchristliche Jahrhundert zurückverfolgen. »Von den Göttern kann ich nicht wissen, weder daß es sie gibt, noch daß es sie nicht gibt, noch wie sie im Aussehen sind, vieles hindert mich, es zu wissen«, leitete der griechische Sophist Protagoras seine Abhandlung *Über die Götter* ein. Der Dramenschreiber Kritias, ein anderer Sophist, vermutete, Religion sei eine menschengeschaffene moralische Institution, erfunden, um die Menschen zur Gesetzestreue zu erziehen.

Berichte griechischer Reisender, die damals die gesamte mediterrane Welt erforschten, relativierten den Glauben an die Allmacht der eigenen Götter weiter. Obwohl fremde Völker andere Gesetze befolgten und damit aus griechischer Sicht die »falschen« Götter verehrten, blieben übernatürliche Sanktionen aus. Für Platon, den intellektuellen Anführer der Gegenaufklärung in der Antike, war diese anthropologische Relativierung griechischer Glaubensdogmen ein Grund vorzuschlagen, das Reisen zu reglementieren. Griechen unter vierzig seien sittlich nicht ausreichend gegen die Infiltration durch fremde Ideen gefestigt.

In Protagoras' berühmtem Wort vom Menschen als dem Maß aller Dinge spiegelt sich der Bruch mit dem religiösen Weltbild früherer Epochen. Der Sophist sah sich nicht mehr als das Geschöpf der Götter, abhängig von ihrem Willen, ihren Launen und ihrer Willkür ausgesetzt. Auch der Staat und seine Gesetze erschienen nicht mehr als Götterwerk. Gesetze waren nicht unveränderbar, sondern nur so lange gültig, wie die Staatsbürger an sie glaubten. Protagoras sah die Aufgabe des Weisen darin, durch Aufklärung und Propaganda zur Verbesserung der Gesetze beizutragen.

Damit tauchte zwangsläufig die Frage nach der Legitimation politischer Ordnungen auf. Wenn nicht Götter, wer sonst machte die einen zu Herren und die anderen zu Knechten? Die moderne Frage, was an der vorgefundenen Wirklichkeit Ausdruck der unveränderbaren Natur des Menschen und was geschichtlich entstanden und damit veränderbar sei, war den Sophisten wohlvertraut.

»Von Natur aus«, so erklärte Antiphon, »sind wir alle gleich ausgestattet, ob Barbaren oder Griechen; unsere natürlichen Bedürfnisse sind die gleichen... wir atmen die gleiche Luft.« Da die Natur die Menschen gleich geschaffen hat, verurteilte Antiphon die griechische Klassengesellschaft. »Wir empfinden Achtung und Verehrung für die adlig Geborenen und nur für sie: In diesem Punkt benehmen wir uns gegen das eigene Volk wie Barbaren.«

Unter Berufung auf Natur kritisierte Antiphon auch die Gesetze: »Die meisten gesetzlichen Bestimmungen sind der Natur feind; denn den Augen wird vorgeschrieben, was sie sehen sollen; den Ohren, was sie hören sollen; der Zunge, was sie sagen soll; den Händen, was sie tun sollen; den Füßen, wohin sie gehen sollen; dem Geist, was er begehren soll.«

Alkidamas, ein Schüler des Sophisten Gorgias, wagte sogar, das große Tabu der griechischen Gesellschaft anzurühren – die Sklaverei. Während Aristoteles durchaus bereit war, der Sklaverei natürliche Grundlagen zuzubilligen, erklärte Alkidamas: »Keinen hat die Natur zum Sklaven gemacht.«

Doch das Zeitalter geistiger und politischer Emanzipation währte nur kurz. Politisch setzten ihm im klassischen Griechenland die Wirren des Bürgerkriegs und die Kriege zwischen rivalisierenden Stadtstaaten ein Ende. Platon, dessen Philosophie Crossman als den »grausamsten und gründlichsten Angriff gegen liberale Ideen« beschrieben hat, zog philosophisch den Schlußstrich. Er erklärte, so resümiert Eric R. Dodds in seinem großartigen Werk *Der Fortschrittsgedanke in der Antike*, der wahre König müsse über den Gesetzen stehen, Ketzerei solle mit dem Tod bestraft werden, und nicht der Mensch, sondern Gott sei das Maß aller Dinge. Dodds: »Mit der ersten Behauptung kündete er [Platon] die hellenistischen Monarchien an; mit der zweiten und dritten das Mittelalter.« (Dodds 1972)

Im mittelalterlichen Europa war die aufklärerische Tradition der Antike längst vergessen. Bis weit in die Neuzeit galt es im christlichen Abendland als ausgemacht, daß die Ordnung der Welt war, wie sie war, weil Gott sie geschaffen hatte. Er hatte die einen zu Herren, die anderen zu Knechten gemacht, die Christen hatte er beauftragt, die Länder der Heiden zu erobern, und da Er allmächtig und allwissend war, beruhte die Ordnung der Gesellschaft, die Autorität von Kirche und Staat auf seinem Willen. Die bestehende Ordnung in Frage zu stellen, bedeutete, an Gott zu zweifeln.

Welche Denkbarrieren die Kirche in den Köpfen der Menschen errichtet hatte, läßt noch Jahrhunderte später Rousseaus vorsichtiges Lavieren zwischen Glauben und Vernunft erkennen. In seiner *Abhandlung über den Ursprung und die Grundlagen der Ungleichheit unter den Menschen* stellt dieser Vordenker der Französischen Revolution 1754 das kirchliche Dogma nur hypothetisch in Frage: »Die Religion befiehlt uns zu glauben, daß die Menschen ... nur deswegen unter sich ungleich sind, weil Gott es gewollt hat, daß sie es sein sollen; aber sie verbietet uns nicht, aus der bloßen Natur des Menschen und der Wesen, die ihn umgeben, Mutmaßungen herzunehmen, wie es dem menschlichen Geschlecht ergangen sein würde, wenn es sich selbst überlassen worden wäre.«

Entschiedener hatte schon ein Jahrhundert zuvor der englische Philosoph Thomas Hobbes argumentiert. In seiner Begründung des absolutistischen Staats im *Leviathan* ließ er Gott aus dem Spiel und berief sich statt dessen auf die Natur des Menschen. Der allmächtige Staat war notwendig, um die von Grund auf unsoziale Natur des Menschen zu bändigen: »So liegen also in der menschlichen Natur drei hauptsächliche Konfliktursachen: erstens Konkurrenz, zweitens Mißtrauen, drittens Ruhmsucht.« Aus diesen natürlichen Eigenschaften war für Hobbes »klar, daß die Menschen während der Zeit, in der sie ohne eine sie alle im Zaum haltende Macht leben, sich in einem Zustand befinden, der Krieg genannt wird, und zwar in einem Krieg eines jeden gegen jeden«.

Für Hobbes ergibt sich die Notwendigkeit des Staates aus dem Chaos, das ohne ihn herrschen würde: »In einer solchen Lage ist für Fleiß kein Raum, da man sich seiner Früchte nicht sicher sein kann; und folglich gibt es keinen Ackerbau, keine Schiffahrt, keine Waren, die auf dem Seeweg eingeführt werden können, keine bequemen Gebäude, keine Geräte und Dinge, deren Fortbewegung viel Kraft erfordert, hin- und herzubewegen, keine Kenntnis von der Erdoberfläche, keine Zeitrechnung, keine Künste, keine Literatur, keine gesellschaftlichen Beziehungen, und es herrscht, was das Schlimmste von allem ist, beständige Furcht und Gefahr eines gewaltsamen Todes – das menschliche Leben ist einsam, armselig, ekelhaft, tierisch und kurz.« (1651)

Wie Iring Fetscher betont, ist Hobbes' »Naturzustand« aus der frühkapitalistischen Konkurrenzgesellschaft zur Zeit des englischen Bürgerkrieges im 17. Jahrhundert abgeleitet: »Was Hobbes also mit seinem Naturzustand vorführt, ist die hypothetische Kombination der hochzivilisierten zeitgenössischen Individuen mit politischer Herrschaftslosigkeit, eine konstruktive Übersteigerung dessen, was im englischen Bürgerkrieg tatsächlich sich ereignet hat.« (1976)

Den gleichen Egoismus, das gleiche rücksichtslose Streben nach Macht und Besitz wie Hobbes fand auch Rousseau ein Jahrhundert später vor. Im Gegensatz zu Hobbes erklärte er dieses Verhalten jedoch nicht zur Menschennatur, sondern sah darin den Ausdruck politischer Verhältnisse. In seiner *Abhandlung über den Ursprung und die Grundlagen der Ungleichheit unter den Menschen* unterschied Rousseau zwischen einer durch Körperbau, Alter, Gesundheit, Verstand und Charakter bedingten natürlichen Ungleichheit und einer zweiten, weitaus größeren »sittlichen oder politischen Ungleichheit«.

Diese zweite Form der Ungleichheit war nicht naturbedingt, sondern Menschenwerk. Sie »besteht in verschiedenen Freiheiten, welche einige zu anderer Nachteil genießen, nämlich reicher, angesehener, mächtiger zu sein als diese...«. Da aber, wie Rousseau meinte, der Mensch im Naturzustand unverdorben und gut gewesen war, wurde für ihn die Zivilisierung zum Sündenfall.

Im paradiesischen Urzustand hatte sich der Mensch mit dem begnügt, was ihm die Natur freigiebig gewährte. Als »mit den Worten Mein und Dein« die »Geschichte des Lasters« begann, schuf Besitzstreben die Gefahr des sozialen Chaos. (1754) Für Rousseau entstand in der Zivilisation daher ein Gegensatz. Auf der einen Seite standen die naturgegebene Freiheit und Selbstbestimmung, die unveräußerliches Wesen des Menschseins waren, auf der anderen aber die Notwendigkeit, der schrankenlosen Selbstverwirklichung des Einzelnen Grenzen zu setzen.

Diesen Gegensatz mußte der »Gesellschaftsvertrag« überbrücken. Rousseau sah ihn als eine vernünftige Vereinbarung zwischen Menschen an, individuelle Freiheit dem Gemeinwohl unterzuordnen, um dadurch die Freiheit als gesellschaftliches Wesen zu sichern: »Jeder von uns stellt gemeinschaftlich seine ganze Person und seine ganze Kraft unter die oberste Leitung des allgemeinen Willens, und wir nehmen jedes Mitglied als untrennbaren Teil des Ganzen auf.« (1762)

Unter einer Bedingung war für Rousseau die Einschränkung individueller Freiheit durch den Staat mit der naturgegebenen Freiheit und Selbstbestimmung des Menschen zu vereinbaren: Der Ordnungswille des Ganzen mußte Ausdruck des kollektiven Willens seiner Mitglieder sein. Erfüllt war diese Bedingung für Rousseau nur in einem Staat mit direkter und absoluter Volksherrschaft. Sein Staatsmodell sah daher weder das Repräsentativsystem der parlamentarischen Demokratie noch Gewaltenteilung vor. Nur in einem radikal demokratischen Staat war die Masse der Bürger nicht nur Objekt, sondern zugleich auch Subjekt des allgemeinen Willens und der Staatsgewalt. Mit dieser Theorie inspirierte Rousseau nicht nur die führenden Köpfe der Französischen Revolution, sondern er legitimierte damit zugleich das Rollen derselben Köpfe während der terroristischen Jakobinerherrschaft. Da der aufgepeitschte Mob auf der Straße den Volkswillen verkörperte, war auch der Terror des Staates gerechtfertigt.

Eine dritte »Menschennatur« leitete, ebenfalls im 18. Jahrhundert, der englische Nationalökonom Adam Smith aus der kapitalistischen Gesellschaft ab. Smith sah diese Natur im Streben des aufsteigenden Bürgertums nach Besitz und Wohlstand, nach Anerkennung und Macht verwirklicht. Der *Homo oeconomicus* wurde zum Urbild des Menschen. Zwischen Geburt und Tod, meinte Smith, »gibt es wahrscheinlich nicht einen Augenblick, in dem jemand mit seiner Lage so uneingeschränkt zufrieden ist, daß er nicht wünschte, sie irgendwie zu verändern oder zu verbessern«. (1776)

Unzufriedenheit und Unersättlichkeit waren für den Begründer der liberalistischen Wirtschaftstheorie also die Antriebskräfte allen Fortschritts von den Anfängen bis in die Neuzeit. Allein sie hätten die Menschheit veranlaßt, »den Boden zu kultivieren, Häuser zu bauen, Städte und Gemeinwesen zu gründen und all jene Wissenschaften und Künste zu erfinden und zu verbessern, die das Leben des Menschen verfeinern und verschönern, die die ganze Oberfläche der Erde völlig verändert haben, das Dickicht und die Wälder in der Natur in freundliche und fruchtbare Felder verwandelt haben und den weg- und wertlosen Ozean zu einer neuen Hilfsquelle und zu dem großen Verkehrsweg für die verschiedenen Länder der Welt machten«. (1759) Zur Menschennatur verallgemeinerte Verhaltensmerkmale einer sozialen Klasse, nämlich des Bürgertums, legitimierten den Kapitalismus als die dem Menschen gemäße Wirtschaftsordnung.

Ironisch kommentierte Marx dann im 19. Jahrhundert, »denn wie jedes Jahrhundert seine eigentümliche Natur besitzt, so zeugt es seine eigentümlichen Naturmenschen«. (Krader 1973) Marx' These gegen den Philosophen Feuerbach, das menschliche Wesen sei »kein dem Individuum inwohnendes Abstraktum«, sondern »das Ensemble der gesellschaftlichen Verhältnisse«, wies den Weg zu einer neuen, fruchtbareren Betrachtungsweise: Anstatt die formenden Kräfte der Geschichte in der menschlichen Natur zu suchen, fanden Marx und in seinem Gefolge Generationen von Historikern, Ökonomen und Anthropologen sie in »den gesellschaftlichen Verhältnissen«.

Für Rousseau war das Individuum die soziale Grundeinheit gewesen. Aufgrund vernünftiger Entscheidung trat es durch den Gesellschaftsvertrag in Wechselbeziehung mit allen anderen Mitgliedern der Gesellschaft. Marx dagegen erkannte das Willkürliche in dieser Trennung des Individuellen vom Gesellschaftlichen. Er ging, wie Lawrence Krader in seiner Betrachtung *Ethnologie und Anthropologie bei Marx* schreibt, »von einem gesellschaftlichen Zustand aus, in dem die Individualität des Menschen von der Gesellschaft weder getrennt noch ihr entgegengesetzt ist«. (1973)

Auf diese Weise wurde die Frage nach der Legitimation der Gesellschaft zum Gegenstand der historisch-ökonomischen Analyse. Für den »historischen Materialismus« bestimmte eine Reihe konsequent aufeinanderfolgender Stadien in der Entwicklung der Produktivkräfte den Verlauf der Menschheitsgeschichte – von der Urgesellschaft bis zum Kapitalismus. Jede dieser Gesellschaften hatte auf einem bestimmten Niveau der Entwicklung der Produktivkräfte eine vorübergehende Legitimation, die eben soweit reichte, bis die nächsthöhere Stufe in der wirtschaftlich-technischen Entwicklung erreicht war. »Eine Gesellschaftsformation geht nie unter, bevor alle Produktivkräfte entwickelt sind, für die sie weit genug ist.« (1859)

Dauerhaft war nur die Legitimation der Gesellschaft am Ziel der Geschichte: die kommunistische Gesellschaft, in der »jeder nicht einen ausschließlichen Kreis der Tätigkeit hat, sondern sich in jedem beliebigen Kreis ausbilden kann, die Gesellschaft die allgemeine Produktion regelt und mir eben dadurch möglich macht, heute dies, morgen jenes zu tun, morgens zu jagen, nachmittags zu fischen, abends Viehzucht zu treiben, auch das Essen zu kritisieren, ohne je Jäger, Fischer oder Hirt oder Kritiker zu werden, wie ich gerade Lust habe«. (1845/1846)

Aus der Sicht dieses historischen Materialismus schienen nur die bestehenden Machtverhältnisse der menschlichen Kulturfähigkeit Grenzen zu setzen. Nachdem die historische Legitimation des Kapitalismus im 19. Jahrhundert am Ende schien, mußte es darum gehen, die bestehende Gesellschaftsordnung als letzte Barriere vor der weiteren Entfaltung der Produktivkräfte zu überwinden. Dann, so hatte Marx vorausgesagt, ein Jahrhundert bevor ihn der »real existierende Sozialismus« auf den Boden der Wirklichkeit stellte, stünde nichts mehr einer wahrhaft humanen Gesellschaft im Wege, in der, befreit vom Zwang harter Arbeit, der Mensch sich allseitig entfalten könnte.

Die Utopie von Marx beruht auf zwei Widersprüchen. Wirtschaftlich setzt das ersehnte Leben die Befreiung von Knappheit und vom Zwang der Arbeit voraus, dazu eine unberührte Natur mit einem Überfluß an Wild und Fischen; in anderen Worten, eine hochentwickelte Industriezivilisation inmitten einer unberührten, unbegrenzt belastbaren Natur mit unerschöpflichen Ressourcen. Gesellschaftlich verspricht sie schrankenlose Selbstverwirklichung vor dem Hintergrund einer bis ins Detail reglementierten Produktion. Was an den »Grenzen des Wachstums« von dieser menschenfreundlichen Utopie übrigbleibt, hat der Marxist Wolfgang Harich in seinem Buch *Kommunismus ohne Wachstum?* vorgeschlagen: eine Ökodiktatur. (1975)

Je nachdem, ob die vorgefundene soziale Wirklichkeit aus der *Natur* des Menschen abgeleitet oder auf *Geschichte* zurückgeführt wurde, ließ sich die bestehende Gesellschaft verabsolutieren oder relativieren. Hobbes und Smith hatten ihre politisch-ökonomischen Theorien aus einer »Natur« begründet, die in Wirklichkeit nichts anderes als die »vernatürlichte« Gesellschaft war. Ansatzweise Rousseau, konsequent erst Marx und Engels dagegen relativierten die existierende Gesellschaft mit guten Argumenten und aus noch besseren Gründen: »Der Mensch wird frei geboren, aber überall liegt er in Ketten«, hatte 1762 Rousseau den »Gesellschaftsvertrag« eingeleitet. »Die Proletarier haben nichts zu verlieren als ihre Ketten. Sie haben eine Welt zu gewinnen«, hieß es fast ein Jahrhundert später im *Kommunistischen Manifest*. (1848)

3. Biologie und Ideologie

Dem aufklärerischen Glauben an die Zivilisierbarkeit des Menschen ist im Jahrhundert nach Darwins *Ursprung der Arten* am entschiedensten von Vertretern der biologischen Wissenschaften widersprochen worden. Erkenntnisse über evolutionäre Entwicklung, Verhaltensbeobachtungen und aus ihnen abgeleitete Einsichten in die menschliche Natur sind immer wieder unkritisch in den Bereich des Politischen übertragen worden.

Schon Darwin hatte 1871 in seiner *Abstammung des Menschen* vermutet, biologisch wirke sich die Zivilisation verhängnisvoll auf die menschliche Art aus. Indem sie das unerbittliche Ausleseprinzip der Natur außer Kraft setze, führe sie zu Degeneration. Zivilisierte Völker hielten mit Hilfe medizinischer Technik kranke und untüchtige Menschen am Leben, leisteten Armenhilfe und unterstützten weniger fähige Mitglieder der Gesellschaft durch soziale Fürsorge. Individuen mit körperlichen, geistigen oder moralischen Defekten, die in »freier Wildbahn« nur geringe Vermehrungschancen hätten, werde so künstlich zur Fortpflanzung verholfen. Der Anteil der Tauglichen, der biologisch »wertvollen« Menschen müßte deshalb in der Zivilisation im Verhältnis zu den weniger Tauglichen abnehmen.

»Niemand, der etwas von der Zucht der Haustiere versteht«, schrieb Darwin, »wird daran zweifeln, daß dies äußerst nachteilig für die Rasse ist. Es ist überraschend, wie bald Mangel an Sorgfalt oder auch übel angebrachte Sorgfalt zur Degeneration einer domestizierten Rasse führten; außer im Falle des Menschen wird niemand so töricht sein, seinen schlechtesten Tieren die Fortpflanzung zu gestatten.« (Nach Vogel 1985)

Im Fall des Menschen freilich erkannte Darwin ein höherrangiges Gut als die Maximierung biologischer Tauglichkeit – die Verpflichtung, sich gegenseitig zu helfen. Gegenseitige Hilfe habe sich in der menschlichen Evolution als entscheidend erwiesen. In diesem evolutionären Prinzip sah Darwin die *natürliche* Grundlage unserer sittlich moralischen Verpflichtung gegenüber dem Kranken und Schwachen. Das Gebot der Menschlichkeit zu mißachten, hieß für ihn, »unsere edelste Natur« aufzugeben. »Wir müssen uns daher mit den zweifellos nachteiligen Folgen der Erhaltung und Vermehrung der Schwachen abfinden.«

Darwin selber war nicht an politischen Anwendungen seiner Lehre interessiert. Sozialdarwinisten dagegen griffen den ersten Gedanken auf und zimmerten ihn zu einer verhängnisvollen sozialen Rechtfertigungslehre zurecht. Nach dem vermeintlichen Naturprinzip »survival to the fittest« schienen die sozial Starken nicht nur das Recht zu haben, die Schwachen zu unterwerfen, sondern es schien evolutionär geheiligte Pflicht zu sein. Nach dem gleichen Grundsatz schien ein Naturprinzip die »höher« stehende weiße Rasse zu berechtigen, die farbigen Rassen zu unterdrücken.*

Pseudowissenschaftliche Grundlage des Sozialdarwinismus war der schon bei Darwin vorgezeichnete Glaube, gesellschaftlicher Erfolg und Mißerfolg seien nicht Ausdruck politischer Verhältnisse, sondern unterschiedlicher biologischer Tauglichkeit. Für Sozialdarwinisten galt es als ausgemacht, daß die Reichen und Mächtigen die biologisch wertvollen Mitglieder der Gesellschaft repräsentierten. Zur Kompensation des scheinbar erbschädigenden Einflusses der Zivilisation schien es daher notwendig zu sein, die Armen, Kranken und Schwachen von der Vermehrung auszuschließen. Die zivilisierte Gesellschaft mußte das Ausleseprinzip der Natur kopieren. Nur die Stärksten und Tauglichsten sollten Kinder zeugen dürfen.

»Die Armut der Unfähigen, die Bedrängnis, in welche die Unvorsichtigen geraten, der Hunger der Müßigen und die Verdrängung der Schwachen durch die Starken, sind Ausdruck einer umfassenden und weitsichtigen Güte«, hatte 1881 Herbert Spencer, der englische Philosoph und geistige Ziehvater des Sozialdarwinismus, geschrieben: »Wir müssen diejenigen falsche Menschenfreunde nennen, die, um das gegenwärtige Elend zu vermindern, nachfolgenden Generationen noch größeres Elend aufbürden.«

Es ist daher nicht verwunderlich, daß in den USA Großindustrielle wie John D. Rockefeller oder Andrew Carnegie im Sozialdarwinismus

---

* Die naturalistische Verbrämung skrupellosen Machtstrebens ist uralt. Wie Dodds gezeigt hat, lassen sich Ansätze des sozialdarwinistischen Ungeistes, aufgrund eines Naturprinzips gehe Macht vor Recht und Moral, schon im 5. Jahrhundert v. Chr. im antiken Griechenland erkennen: »*Physis* (d. h. Natur) wurde zum Schlagwort des Räuberindividuums und der Räubergesellschaft.« Ihr geistiges Fundament fanden die in Platons *Gesetzen* beschriebenen Cliquen junger Intellektueller, »die, ›das naturgemäße Leben‹ als ein Leben auffaßten, das der Herrschaft über andere gewidmet sei«. Im Geiste dieser *physis*-Ideologie eroberten die Athener 416 v. Chr. die Insel Melos, töteten sämtliche Männer und verkauften die Frauen und Kinder in die Sklaverei. Im Melierdialog des Thukydides erkennt Dodds die Sprache der *physis*-Anhänger: »›Wir glauben‹, sagt der athenische Wortführer, ›daß die Menschen mit Bestimmtheit, und vermutlich auch die Götter, einem Naturgesetze gehorsam immer über das herrschen, wessen sie sich bemächtigen können.‹« (Dodds 1973)

ihr unternehmerisches Evangelium gesehen haben. »Das Wachsen eines großen Unternehmens ist lediglich das Überleben des Tauglichsten«, schwärmte Rockefeller: »Die Rose ›Schönes Amerika‹ kann nur dann ihre den Betrachter entzückende Pracht und ihren Duft entfalten, wenn man die ersten Knospen opfert, die um sie sprießen. Das ist keine böse Neigung im Geschäftsleben, sondern lediglich ein Naturgesetz und ein Gesetz Gottes.« (Nach Beckwith 1981)

Skrupellose Ausbeutung, politische Unterdrückung der Schwachen, Verzicht auf soziale Fürsorge, und, wie in den USA, Bestimmungen, die angeblich minderwertige Einwanderer aus Süd- und Osteuropa benachteiligten, schienen geeignete Mittel zu sein, dem »survival of the fittest« in der Gesellschaft Gültigkeit zu verschaffen. Das war, so zynisch es klingen mag, der »liberalistische« Beitrag des Sozialdarwinismus zur Verbesserung des Menschengeschlechts.

Der andere, bestialische Weg führte über den Sozialdarwinisten Houston St. Chamberlain, der die Überlegenheit der arischen Rasse gepredigt hatte, zu den von ihm inspirierten Theoretikern und wissenschaftlichen Zuarbeitern der Vernichtung der Juden. Wie der Anthropologe Christian Vogel und der Genetiker Benno Müller-Hill gezeigt haben, führte ein gerader Weg von einer vermeintlich unschuldigen Suche nach wissenschaftlicher Wahrheit in die Hölle der Konzentrationslager und Gaskammern Hitlerdeutschlands. (Müller-Hill 1984; Vogel 1985)

Noch heute ist der Wahn, gesellschaftlicher Status sei Ausdruck von biologischer Tauglichkeit, unter Biologen eine Berufskrankheit. Wie bei anderen Berufskrankheiten auch, erkrankt nicht jeder, der den Beruf ausübt. Im Gegenteil, wie die Schriften Steven Jay Goulds von der Harvard University zeigen, gehören Biologen zu den entschiedensten Kritikern dieser Ansicht. (Gould 1984) Dennoch ist nicht zu übersehen, wie gefährdet Vertreter biologischer Wissenschaften gegenüber solchen Wahnvorstellungen sind.

Immer wieder schwingt das Pendel hinter den Erkenntnisstand der griechischen Aufklärungsphilosophen, der Sophisten zurück, die vor zweieinhalb Jahrtausenden die politischen Ursachen gesellschaftlicher Ungleichheit erkannt hatten. So diskutierten noch 1962 drei führende Biologen, die Nobelpreisträger Lederberg, Crick und Muller, wie dem angeblich erbgutverschlechternden Effekt der Zivilisation entgegenzuwirken sei. Sie habe das evolutionäre Grundprinzip außer Kraft gesetzt, nach dem die genetisch Tauglichsten auch die meisten Kinder erzeugten. Die genetisch Tauglichsten aber seien vor allem in den besseren Kreisen zu finden. Dank sozialer Fürsorge könnten nun auch die genetisch unerwünschten niederen Schichten weitaus mehr Kinder erzeugen, als der zukünftigen Gesellschaft guttäte. Abhilfe, so einer der Therapievorschläge, sei die Lizensierung des Kinderkriegens. Auf diese Weise könne sichergestellt werden, daß nur noch den Tauglichen – sprich gesellschaftlich Privilegierten – das Recht auf größere Nachkommenschaft zustünde. Erneut wurden damit sozialer Erfolg und Mißerfolg zum Ausdruck unterschiedlicher biologischer Tauglichkeit erklärt. (Wolstenhome, Hrsg. 1963)

4. Die verhaltensbiologische Elle

Mit scheinbar plausibleren Argumenten hat in neuerer Zeit die Verhaltensforschung dem aufklärerischen Glauben an die Zivilisierbarkeit des Menschen widersprochen. Konrad Lorenz, einer der Gründerväter dieser Wissenschaft, sieht uns von angeborenen »Verhaltensnormen« programmiert, die eine »fundamentale und unüberwindbare Widerstandskraft« gegen kulturelle Einflüsse darstellen. (1977) Gestützt auf naturwissenschaftliche Erkenntnisse, halten Verhaltensforscher der Gesellschaft am Ende des 20. Jahrhunderts den Spiegel der menschlichen Natur vor.

Im Gegensatz zu den intuitiven Verallgemeinerungen früherer Jahrhunderte ist die Menschennatur der »Humanethologie« (Verhaltensforschung am Menschen) naturwissenschaftlich fundiert. Hobbes und Smith hatten das, was ihnen als die Natur des Menschen erschien, aus dem in ihrer eigenen Kultur verbreiteten Verhalten abgeleitet. Ethologen dagegen suchen nach »kulturübergreifenden«, d.h. allen Menschen gemeinsamen Verhaltensweisen.

»Angeboren« im Sinn der Verhaltensforschung ist dem Menschen eine Verhaltensweise nur dann, wenn Angehörige der unterschiedlichsten Kulturen und Rassen in vergleichbaren Situationen gleiche Verhaltensmerkmale zeigen. Nur wenn sichergestellt ist, daß Hottentotten und Engländer, Uraustralier auf Steinzeitniveau und Europäer des Industriezeitalters, kriegerische Amazonasindianer und die vergleichsweise friedfertigen Buschmänner der Steppe Südafrikas sich unter vergleichbaren Umständen auch gleich verhalten, folgert ein Humanethologe, daß dieses Merkmal angeboren und folglich Teil der menschlichen Natur ist.

Die Zahl der als »angeboren« diagnostizierten menschlichen Verhaltensweisen ist groß. Zu den einfachsten gehören die angeborenen Gesten und Laute, die ohne Einschaltung des Bewußtseins etwa die Beziehungen des Neugeborenen zu seiner Mutter regeln. In diese Kategorie gehören auch Gesten der Freundschaft oder Ablehnung, die in den persönlichen Beziehungen zwischen Menschen eine ausschlaggebende Rolle spielen. Ein freundliches Lächeln in Verbindung mit strahlenden Augen oder drohend herabgezogenen Mundwinkel und starrender Blick werden unabhängig von jeder kulturellen Prägung unbewußt eingesetzt und ebenso unbewußt verstanden.

Man kann solche angeborenen Gesten und Reaktionen als Verhaltensinstrumentarium zur Regelung persönlicher Beziehungen zwischen Menschen auffassen. Einer zweiten Gruppe »angeborener Verhaltensweisen« der Humanethologen dagegen kommt schon eine gewisse »politische« Bedeutung zu. Über den unmittelbaren persönlichen Kontakt zwischen Individuen hinaus sind sie an der Regelung von Beziehungen beteiligt, die Soziologen »gesellschaftliche Beziehungen« nennen. Zu ihnen gehören Gruppenloyalität, Autoritätsgläubigkeit, Rangstreben, angeborene Tötungshemmungen, die Respektierung von persönlichem Besitz, Aggressivität, Fremdenscheu oder Territorialität, d.h. Abschirmung der eigenen Sphäre gegenüber Fremden. (Vgl. Eibl-Eibesfeldt 1984)

In der Gewißheit, in angeborenen Verhaltensweisen der zweiten Kategorie über einen »objektiven« Maßstab zur Bewertung gesellschaftlichen Verhaltens zu verfügen, haben Ethologen immer wieder »wissenschaftlich« Stellung zu politischen Fragen genommen. Diese Tradition reicht bis in die Anfangsphase der von Konrad Lorenz und Nikolaas Tinbergen begründeten Ethologie zurück. Schon 1940 meinte Lorenz, den Nationalsozialisten seine verhaltensbiologischen Handlangerdienste aufdrängen zu müssen. Nun wäre die Nazi-Episode im Leben eines späteren Nobelpreisträgers einer allenfalls biographischen Erwähnung wert, hätte Lorenz' *Methode* nicht spätere Entwicklungen vorweggenommen. Es ist die auch heute noch unter Verhaltensforschern verbreitete Methode, Phänomene des politischen Lebens auf Verhaltensbiologie zurückzuführen, um sie als »der Natur« entsprechend scheinbar wissenschaftlich zu legitimieren. (Lorenz 1940)

Gestützt auf Studien an Graugänsen, rief Lorenz zur »Ausmerzung der mit Ausfällen behafteten Elemente« des »Volkskörpers« auf – gemeint waren Menschen, nicht Graugänse. »Ich hoffe«, wandte er sich in der Zeitschrift für angewandte *Psychologie und Charakter-*

kunde, »an die zur Auslese Berufenen«, das Augenmerk »auf ganz bestimmte Werte zu lenken, deren Pflege schon deshalb der Auslese vorbehalten bleiben muß, weil sie durch Erziehung und Erworbenes grundsätzlich unbeeinflußbar sind.« Welche »Werte« sah Lorenz als so bedroht an, daß er »unseren Besten«, den nationalsozialistischen Mördern und ihren medizinischen Helfershelfern, die Ausmerzung von Menschen empfahl?

Graugans-Studien hatten ihn zur Überzeugung geführt, das deutsche Volk sei durch die Zivilisation bedroht. Individuen mit einem minderwertigen Repertoire angeborener sozialer Verhaltensweisen hätten sich durchgesetzt: »Diese Erscheinung führt... dazu, daß ein sozial minderwertiges Menschenmaterial gerade durch diese Minderwertigkeit instand gesetzt wird, den gesunden Volkskörper zu durchdringen und zu vernichten...« Lorenz verglich Menschen mit »den Zellen einer bösartigen Geschwulst«, die operativ entfernt werden müßten, um nicht den gesamten Organismus zugrunde zu richten. »Zum Glück ist ihre Ausmerzung für den Volksarzt leichter und für den überindividuellen Organismus weniger gefährlich als die Operation des Chirurgen für den Einzelkörper.«

Wie jedoch läßt sich »minderwertiges Menschenmaterial« wissenschaftlich erkennen, um eine »möglichst frühzeitige Ausmerzung des Übels« möglich zu machen? Erneut lieferten Graugänse das Modell. Lorenz: »Wenn man aus einer Schar Graugänse den ›Besten‹ im sozialen Sinn heraussuchen will, so wird man kaum je irregehen, wenn man den wählt, der den am schärfsten geschnittenen Kopf, die straffste Körperhaltung, die breitesten Schultern... hat, kurz den Schönsten... Mit noch größerer Sicherheit kann man bei der homozygoten Wildform aus körperlichen Mängeln auf solche im Verhalten schließen... Bei den reinblütigen Wildgänsen hat also die Ansicht der alten Griechen, daß ein schöner Mann nie schlecht und ein häßlicher nie gut sein könne, volle Gültigkeit.«

Lorenz räumte ein, diese einfache Relation sei bei den modernen europäischen Völkern durch Zivilisationseinflüsse leider etwas gestört, was »gewisse technische Schwierigkeiten des Erkennens« bereite. Zum Glück gebe es jedoch gewisse »angeborene Schemata«, die das Erkennen ermöglichten. Gesundes Volksempfinden erlaube es, die zu vernichtenden »gefährlichen Parasiten des Volksganzen« mit instinktiver Sicherheit unter der Masse der guten Menschen herauszufinden: »In dieser Beziehung kann uns die Pflege unserer eigenen angeborenen Schemata, mit anderen Worten unseres gefühlsmäßigen

Reagierens auf Ausfallerscheinungen viel helfen. Ein guter Mensch in seinem dunklen Drange merkt sehr wohl, ob ein anderer ein Schuft ist oder nicht.«

Beispielhaft zeigt das verballhornte Goethe-Zitat, »ein guter Mensch in seinem dunklen Drange«, wie Lorenz unter Verzicht auf jede kritische Reflexion der Grundlagen und Grenzen wissenschaftlicher Erkenntnis – um von Moral ganz zu schweigen – den Bauch als ein Organ zur Erkenntnisgewinnung betrachtet. Indem er dem dumpfen Empfinden eines verhetzten Volkes den Status einer »natürlichen« Abwehrreaktion gegenüber einer gefährlichen Krankheit zuerkennt, legitimiert er ein Milieu aus kleinbürgerlichen Zivilisationsängsten, blindem Haß und dumpfer Ablehnung alles Abweichenden, ein Milieu, in dem Denunziation ausreicht, um Menschen als Volksschädlinge auszumerzen.

Die Hypothek der Lorenzschen Methode, Politik zu biologisieren, ist bis heute nicht abgegolten. Die schockierende Tatsache, daß einer der Begründer der Ethologie mit »wissenschaftlichen« Argumenten zur Menschenvernichtung aufgerufen hatte, bot nach dem Krieg die Chance, das Verhältnis von Biologie und Politik kritisch zu analysieren. Anstatt die Chance jedoch zu nutzen, haben Lorenz und seine Schüler diesen entsetzlichen Beitrag der Verhaltensforschung zum nationalsozialistischen Vernichtungsprogramm als Jugendsünde abgetan. Diese Hypothek stottern sie in ungezählten Beiträgen zur Politik und zur Zivilisationskritik bis heute in kleinen Raten ab.

Das notorisch unreflektierte Politisieren bekannter Verhaltensforscher ist um so erstaunlicher, als die meisten sich inzwischen weitgehend darin einig sind, daß beim Menschen die angeborenen Verhaltensweisen nur *Neigungen* und nicht feste *Programme* sind. Sie machen ein bestimmtes Verhalten möglich, aber sie erzwingen es nicht. In anderen Worten, Verhaltensbiologie kann politische Normen nicht begründen.

Auf vermeintlich wissenschaftliche Einsichten in die Natur menschlichen Verhaltens gestützt, äußert sich zum Beispiel Irenäus Eibl-Eibesfeldt, der Begründer und Verfasser des ersten Lehrbuchs der Humanethologie, *Die Biologie menschlichen Verhaltens*, häufiger zu kulturellen und politischen Fragen, als dem wissenschaftlichen Rang des Werks bekommt. Ohne sich des ideologischen Charakters seiner Methode bewußt zu sein, reklamiert er für die eigenen – politischen und kulturkritischen – Ansichten wissenschaftliche Objektivität, während die Gegenposition als »Ideologie« abgetan wird.

Mit dem Argument »angeborene Besitznorm« zieht Eibl-Eibesfeldt gegen Erich Fromms soziologische Kapitalismuskritik zu Felde; mit dem Hinweis auf »explorative Aggression« empfiehlt er dem Staat, aufbegehrenden Minderheiten rechtzeitig auf die Finger zu klopfen, andernfalls seien eingeschlagene Fenster und umgestürzte Autos die Folge; »angeborenes Rangstreben« veranlaßt ihn zur Behauptung, eine *egalitäre* Gesellschaft müsse zwangsläufig repressiv sein – so als wäre nicht *jede* Gesellschaft repressiv gegenüber normabweichendem Verhalten; erschöpfe sich die Gesellschaft im »nivellierenden Angleichen an ein Mittelmaß«, so meint er, dann bremse sie jede Initiative zu kulturellem Fortschritt und stärke zugleich die Manipulierbarkeit der Masse durch die Elite; er leitet das Wettrüsten aus einem »offenen Trieb« nach Macht ab; eine angeblich angeborene Ästhetik qualifiziert ihn zu »wissenschaftlichen« Urteilen über moderne Kunst, die nichts weiter sind als dumpfes »gesundes Volksempfinden«; und er scheut auch nicht davor zurück, Kriegsverbrecher mit dem Argument einer angeborenen Autoritätsgläubigkeit zu rehabilitieren, schließlich hätten sie nur Befehle ihrer Vorgesetzten befolgt. (Eibl-Eibesfeldt 1984; zur Kritik Herbig 1985)

Mit dem Hinweis auf ein ganzes Arsenal weiterer angeborener Verhaltensweisen – Fremdenscheu, Außenseiterreaktion, Territorialität usw. – hat Eibl-Eibesfeldt wiederholt öffentlich als Wissenschaftler in die Ausländerdiskussion eingegriffen. Die Begriffe, die er verwandte – »stille Landnahme«, »massive biologische Unterwanderung« und »Wettkampf der Wiegen« –, zeugen freilich kaum von wissenschaftlicher Seriosität. (1980, 1982) Von solchen Worten eines im Rahmen seiner humanethologischen Kompetenz anerkannten Wissenschaftlers zum Obskurantismus des Heidelberger Manifests ist nur ein kleiner Schritt: »Jedes Volk, auch das deutsche Volk, hat ein *Naturrecht* auf Erhaltung seiner Identität und Eigenart in seinem Wohngebiet.« (Bambeck u.a. 1981)

Eindrucksvoll bestätigt sich so Rousseaus prophetisches Wort, »je fleißiger wir den Menschen studieren, desto weniger können wir ihn erkennen«. Humanethologen und Soziobiologen*, die sich auf sie

---

* In der Definition Edward O. Wilsons, eines ihrer Begründer, untersucht Soziobiologie die biologische Grundlage des sozialen Verhaltens von Tieren *und* Menschen. (Wilson 1975) Obwohl zwischen dem Verhaltensforscher Eibl-Eibesfeldt und den eigentlichen Soziobiologen Differenzen über bestimmte Aspekte des menschlichen Sozialverhaltens bestehen, entspricht beider Interesse der obigen Definition. Im Sinn dieser Definition werde ich daher jeden Versuch, menschliches Sozialverhalten und gesellschaftliche Phänomene auf biologische Grundlagen zurückzuführen, »soziobiologisch« nennen.

berufen, messen die politische Wirklichkeit, soziologische Theorien, soziale Bewegungen und Utopien an der verhaltensbiologischen Elle. Die moderne Gesellschaft in ihrer ganzen Vielschichtigkeit hat sich vor den säuberlich herauspräparierten Verhaltensweisen der Ethologen zu rechtfertigen. Der bekannte amerikanische Soziobiologe Edward O. Wilson versteigt sich gemeinsam mit seinem Kollegen Charles Lumsden sogar zur Idee, die »wissenschaftliche Untersuchung der menschlichen Natur« scheine der »geeignete Weg zu sein, ... wertfreie Sozialwissenschaften zu begründen«. Lumsden geht noch einen Schritt weiter und sieht in einer naturalistischen »wertfreien« Sozialtheorie die Möglichkeit »sozialer Planung und Kontrolle«. (Lumsden, Wilson 1983, nach Lewin 1981) Beide verkennen, daß es wertfreie Sozialwissenschaften nicht geben *kann*. Wie wir im folgenden Kapitel sehen werden, besteht das herausragende Merkmal des menschlichen Sozialverhaltens gerade darin, von Werten geprägt zu sein.

Da das Arsenal angeborener Verhaltensweisen groß und außerdem diffus genug ist, herrscht an angeblich »wissenschaftlichen« Beweisen für die politischen Überzeugungen des jeweiligen Autors nie Mangel. Übersehen wird zweierlei. Erstens: Da angeborene Verhaltensweisen Neigungen, aber keine Verhaltensprogramme sind, können sie auch kein Maßstab sein. Zweitens steht den meisten dieser »angeborenen Verhaltensweisen«, die unserer Kulturfähigkeit angeblich Grenzen setzen, eine andere gegenüber, die gleichermaßen »angeboren« ist. Warum sich also nur auf die eine, nicht aber die andere berufen?

»Warum müssen wir uns vorstellen«, fragt einer von Wilsons Kollegen an der Harvard University, Steven J. Gould, »es gebe spezifische Gene für Aggression, Verachtung oder Dominanz, wenn wir doch wissen, daß es die enorme Flexibilität unseres Gehirns möglich macht, aggressiv oder friedlich, verachtungsvoll oder großzügig, dominierend oder unterwürfig zu sein? Gewalt, Sexismus und allgemeine Abscheulichkeit *sind* biologisch, weil sie einen Anteil aus der möglichen Bandbreite von Verhaltensweisen ausmachen. Aber Friedfertigkeit, Gleichheit und Freundlichkeit sind ebenso biologisch – und wir würden wohl sehen, daß ihr Einfluß wächst, wenn es uns gelingt, Sozialstrukturen zu schaffen, die ihrem Gedeihen förderlich sind.« (Gould 1977)

Goulds Kritik an Wilson negiert keinesfalls biologische Elemente in unserem Verhalten. Sie hält dem biologischen Determinismus jedoch die Möglichkeit entgegen, sich auf der gleichen biologischen Grundlage auch anders zu verhalten. Entscheidungszentrale ist ein Gehirn, das kulturell geprägt wird und uns innerhalb eines ebenfalls weit gesteckten biologischen Rahmens die Freiheit der Entscheidung läßt – und das bedeutet auch die Verantwortung, sich für das eine oder andere Verhalten zu entscheiden.

Auf das einzelne Merkmal fixiert und von der eigenen politischen Voreingenommenheit geblendet, übersieht der Verhaltensforscher das Wesentliche: Wie in diesem Buch zu zeigen sein wird, kontrollieren selbst in den einfachsten aller menschlichen Gesellschaften, der Jäger- und Sammlerhorde, nicht isolierte Verhaltensweisen wie Besitztrieb oder Rangstreben das menschliche Sozialverhalten. Ausschlaggebend sind vielmehr soziale Normen, die unterschiedliche, sich im Rahmen der jeweiligen Gesellschaftsordnung ergänzende bzw. kontrollierende Verhaltensweisen zu umfassenderen Verhaltensmustern verbinden.

Die Tatsache, daß es angeborene Verhaltensweisen gibt, rechtfertigt daher nicht, diese Verhaltensweisen unkritisch zum Maßstab für gesellschaftliches Handeln oder soziale Theorien zu erklären. G. E. Moore hat den Versuch, Sollen aus Sein abzuleiten, den »naturalistischen Fehlschluß« genannt. (Nach Markl 1985) Wer die Gesellschaft an isolierten Verhaltensweisen des Individuums mißt, blendet die Geschichte als den formenden Faktor des menschlichen Verhaltens aus.

Nicht zufällig ist der biologisch interessierte Raumfahrer eine beliebte Figur in soziobiologischen Betrachtungen menschlicher Kulturen. Von einem fernen Gestirn kommend, ist er imstande, im Menschen eine unter anderen Tierarten zu sehen. Als *alter ego* des Soziobiologen erkennt er daher nicht den grundlegenden Unterschied zwischen der biologischen Evolution im Tierreich und der kulturellen Evolution menschlicher Gesellschaften. Nur indem er in den Raumfahreranzug schlüpfte, konnte 1963 Konrad Lorenz in *Das sogenante Böse* das politische Phänomen des Krieges auf angeborene Aggressivität und eine Schwäche angeborener moralischer Hemmungen zurückführen.

Im gleichen Raumfahrergeist forderte zwölf Jahre später der amerikanische Soziobiologe Edward O. Wilson programmatisch, wie »Zoologen von einem anderen Planeten« den Menschen als »eine der gruppenbildenden Tierarten der Erde« zu betrachten: »Aus dieser makroskopischen Sicht reduzieren sich die Geistes- und Sozialwissenschaften zu Spezialgebieten der Biologie; Geschichte, Biographie und Literatur werden zu Forschungsprotokollen der Verhaltensforschung am Menschen; Anthropologie und Soziologie bilden gemeinsam die Soziobiologie einer einzelnen Primatenart.« (1975)

Wer als anthropologisierender Biologe jedoch ausgerechnet die Wissenschaften ausblendet, die allein das Spezifische seines Forschungsgegenstands erfassen könnten, nämlich Geistes- und Sozialwissenschaften, kommt zwangsläufig zu falschen Antworten. Man könnte die soziobiologische Einschränkung des Horizonts mit dem Versuch eines Physikers vergleichen, unter bewußter Ausschaltung biologischer Fragestellungen und Methoden Lebensvorgänge zu erforschen. Ein Physiker fände, wie Steine, Metalle und andere tote Materie bestünden auch Lebewesen aus Atomen; Biologie – auch Soziobiologie – sei folglich ein Spezialgebiet der Physik. Ein solcher Ansatz aber wäre, wie jeder Soziobiologe reklamieren würde, dem Forschungsgegenstand nicht angemessen.

5. Der biologische Fatalismus

Die Perspektivelosigkeit des soziobiologischen Zivilisationsmodells zeigt eine geistige Bewegung, die ich den »biologischen Fatalismus« nennen werde. Was immer seine Exponenten trennen mag, eines jedenfalls verbindet sie. Sie führen gesellschaftliches Verhalten auf eine als unveränderlich betrachtete Natur des Menschen zurück. Da diese menschliche Natur in evolutionärer Anpassung an das Leben in kleinen Jäger- und Sammlergruppen entstanden ist, bescheinigt der biologische Fatalist dem Menschen eine prinzipielle, unüberwindbare Zivilisationsunfähigkeit.

Auf dem höheren Niveau des modernen biologischen Wissens geht dieses Denken nach der gleichen Methode vor wie der naive Naturalismus des Thomas Hobbes. Es sucht die Ursachen für den Zustand der modernen Welt nicht in politischen Verhältnissen, sondern in der Natur des Menschen. Das Kardinalproblem der modernen Industriegesellschaft, so erläutert der Biologe Hans Mohr, »entsteht dadurch, daß sich unser genetisch determiniertes Verhaltensrepertoire, das aus dem Pleistozän (der Eiszeit) stammt, mit dem aus Wissenschaft und Technik resultierenden (Vernichtungs-)Potential von 1982 kombiniert«. (1983)

In den sechziger Jahren schon hatte Konrad Lorenz die Wurzel des »sogenannten Bösen« im gleichen unüberbrückbaren Gegensatz zwischen Natur und Kultur lokalisiert. Im Tierreich hatte Lorenz als hervorragender Verhaltensforscher ein Gleichgewicht zwischen der Wirksamkeit der natürlichen Waffen und der Stärke der angeborenen Tötungshemmungen gegenüber Artgenossen festgestellt. Die gegenüber ihresgleichen aggressivsten Tierarten verfügen über relativ harmlose natürliche »Waffen«; gefährliche Raubtiere dagegen werden durch starke Tötungshemmungen davon abgehalten, ihre scharfen Zähne und Klauen gegen ihresgleichen einzusetzen.

Dieses natürliche Gleichgewicht geriet, Lorenz zufolge, in unserer eigenen Ahnenreihe außer Kontrolle: Als harmloser Allesfresser sei der Mensch von der Natur mit nur schwachen angeborenen Tötungshemmungen ausgestattet. Zugleich sei er aber mit der Intelligenz und der Geschicklichkeit ausgestattet, Werkzeuge und Waffen herzustellen, die ihn zum gefährlichsten aller »Raubtiere« machten. Folglich hätte die schwache angeborene »Moral« sich schon bald als unzureichend erwiesen: Jahrmillionen des Konflikts zwischen rivalisierenden Horden, in denen in jeder neuen Generation die Intelligentesten und Aggressivsten als Sieger hervorgingen, führten – anstatt zu Kontrolle – zur wechselseitigen Verstärkung von Aggressivität und zur Fähigkeit, wirksame Waffen herzustellen. (Lorenz 1963)

Mohr geht noch einen Schritt weiter und fragt, warum die zivilisierte Menschheit sich anscheinend blind zugrunde richte. In »pathologischer Sorglosigkeit« verschwende sie nicht-regenerierbare fossile Ressourcen, betreibe Raubbau an der Natur und vermehre sich um jährlich weitere hundert Millionen Menschen, »obgleich jeder vernünftige Mensch sieht, daß wir längst in eine Begrenzungskrise hineingetaumelt sind... Warum bedrohen sich die wissenschaftlich fortgeschrittensten Industrienationen in Ost und West mit einem Vernichtungspotential ohnegleichen, obgleich jedermann fürchtet, daß der atomare Holocaust durch ein Versehen ausgelöst werden könnte?«

Solche Fragen beantwortet Mohr mit dem verwunderten Staunen des schon erwähnten Außerirdischen. Durch Studium der menschlichen Biologie gewissenhaft auf seine Erdenmission vorbereitet, ignoriert er die Geschichte menschlicher Gesellschaften. Es ist, als wisse er nicht, daß die Vorfahren der Bewohner der sogenannten Entwicklungsländer, die sich heute »sinnlos« vermehren, einst stabile und unabhängige Kulturen geschaffen hatten und erst durch Kolonialismus und Neokolonialismus in einen Strudel aus Elend und rasender Bevölkerungsvermehrung gerissen worden sind. Er scheint weder den politischen Gegensatz von Kapitalismus und Sozialismus zu kennen, geflissentlich ignoriert er ihre systemimmanenten inneren wirtschaftlichen und sozialen Zwänge, und er will auch nichts Näheres über den

Ursprung und die Ursachen der machtpolitischen Rivalität zwischen den großen Militärblöcken wissen. All das erscheint ihm nur als Ausfluß einer zivilisationsunfähigen Natur des Menschen.

Auf diese Weise recht einseitig auf den Menschen vorbereitet, beginnt der Außerirdische zu rätseln, wie ein vernunftbegabtes Wesen sich scheinbar systematisch zugrunde richten kann. Da er nur Biologie kennt, diese aber gründlich, entwickelt er eine biologische Theorie, die seine Beobachtungen in das ihm vertraute Begriffssystem einordnet. Der Mensch, so sein Grundgedanke, ist ein Lebewesen, das perfekt für Daseinskampf in einer übermächtigen Natur ausgerüstet war, sich durch Schaffung einer Industriezivilisation aber zum Anachronismus gemacht hat. Die gleichen Urinstinkte, die ihn einst haben überleben lassen, richten sich in Verbindung mit dem Veränderungs- und Zerstörungspotential der modernen Technik nun gegen ihn.

Die eine Grenze der menschlichen Kulturfähigkeit sieht Mohr in einer »Evolutionären Ethik«, die in der Vorgeschichte unter ganz anderen Bedingungen geformt worden sei: »Der blutige Kampf ums Dasein erfolgte zwischen den Sippen und der feindlichen Natur, und vor allem *zwischen* den Sozietäten selbst«: »Überlebt haben jene Gruppen«, schreibt Mohr, »die eine hohe Intelligenz, die Fähigkeit zum teleologischen (zielgerichteten) Denken und Handeln, ein hohes Maß an Gruppensolidarität und das notwendige Quantum an Tötungs- und Aggressionsbereitschaft entwickelten, auch im Rahmen innerartlicher Konkurrenz. Die anderen Gruppen, vor allem die friedfertigen, blieben auf der Strecke... Auf diese Weise ist ›der Mensch des Menschen bester Feind‹ (K. Erben) geworden.« (Mohr 1983, 1985)

Doch die Sieger- und Plündermoral der »evolutionären Ethik« allein kann dem außerirdischen Beobachter das Ausmaß unseres Dilemmas noch nicht erklären. Mohr fragt, was uns daran hindere zu erkennen, daß der eingeschlagene Weg zum Abgrund führe? Warum richten wir uns *gegen* alle Vernunft zugrunde? Die Antwort sieht Mohr in einer »Evolutionären Erkenntnistheorie«. (1985)

Um Mohrs Argument zu verstehen, bedarf es einer kurzen Erläuterung: »Evolutionäre Erkenntnistheorie« fragt, ob unsere angeborenen Sinneswahrnehmungen mit der Wirklichkeit übereinstimmen und warum sie es tun. Die Antwort der evolutionären Erkenntnistheoretiker ist einfach: Unser Apparat zur Aufnahme und Verarbeitung von Sinneswahrnehmungen stimmt deswegen mit der Wirklichkeit überein, weil er sich im Verlauf der Evolution in Anpassung an die Wirklichkeit entwickelt hat. Konkret: Unser Auge sieht *deswegen* das Sonnenlicht, weil es in evolutionärer Anpassung an das Sonnenlicht entstanden ist. Unser räumliches Vorstellungsvermögen entspricht *deswegen* der Wirklichkeit des Raums, weil wir uns als Abkömmlinge von Affen evolutionär in der dreidimensionalen Welt urzeitlicher Wälder entwickelt haben. Ein Affe mit falschem räumlichen Vorstellungsvermögen wäre beim Sprung zum nächsten Ast vom Baum gefallen und hätte deshalb niemals zu unseren Vorfahren zählen können.

Die Annahme scheint plausibel zu sein: Es gibt in die Köpfe und Sinnesorgane programmierte Erkenntnismöglichkeiten, die der physikalischen Wirklichkeit des Lebensraums angepaßt sind, weil sie sich in Anpassung an den Lebensraum entwickelt haben. Diese an einer einfachen Beziehung zwischen *physikalischer* Wirklichkeit und Erkenntnisvermögen gewonnene Einsicht verallgemeinert Mohr bedenkenlos auf einen ganz anderen, weitaus komplexeren Sachverhalt: nämlich auf die Fähigkeit des Individuums, das System zu durchschauen, nach dem eine Gemeinschaft von Menschen aufgrund kultureller Tradition sich in ihrer *sozialen* Umwelt orientiert.

In der Phase der Evolution, in der sich unser Erkenntnisvermögen entwickelte, gab es weder Weltstädte mit den sozialen Konflikten etwa New Yorks oder West-Berlins, noch den Nord-Süd-Gegensatz, es gab nicht die heutigen Umweltprobleme und auch nicht das nukleare Wettrüsten. Die Welt unserer unmittelbaren Vorfahren, der vor rund 35000 Jahren auftretenden *Cro-Magnon*-Menschen, meint Mohr, sei einfach und überschaubar gewesen. Jeder Einzelne sei imstande gewesen, das System zu durchschauen, nach dem die sozialen Beziehungen innerhalb der eigenen Gruppe, die Beziehungen zu benachbarten Gruppen und das Verhältnis zur Natur geregelt wurden.

Ob Mohrs Verallgemeinerung aus der »Evolutionären Erkenntnistheorie« richtig ist, sei vorläufig ebenso offengelassen wie zuvor die Frage nach der Legitimität der Verallgemeinerungen aus der »Evolutionären Ethik«. Diese Fragen werden im folgenden Kapitel untersucht. Hier geht es um die Argumente und Konsequenzen des biologischen Fatalismus:

Der »an die mittleren Dimensionen des Pleistozäns (Eiszeit) angepaßte Menschenverstand ist nicht dazu geschaffen, das Verhalten komplizierter Sozialsysteme zu begreifen«, meint Mohr. »Wir haben deshalb kein intuitives Verständnis dafür, wie gefährdet unsere Welt ist. Die pathologische Sorglosigkeit, mit der wir den Planeten vollends zugrunde richten, ist biologisches Erbe.«

Immerhin sieht uns Mohr nicht als »Marionetten eines genetischen Verhaltensprogramms«. Er gibt uns daher noch eine geringe Chance, mit Hilfe der Vernunft eine neue Überlebensethik zu entwickeln, um die drohende Selbstvernichtung noch aufzuhalten. Doch wiederum argumentiert er nicht politisch, sondern biologisch.

Durchaus realistisch beurteilt er unsere Chance, die Probleme zu lösen, als gering. Aber diese Einschätzung der Lage ist eher intuitiv als wissenschaftlich begründet. Denn Mohr sieht die Ursachen nicht in den etablierten politischen Machtverhältnissen, sondern in einem Defizit der menschlichen Natur. Anstatt die politischen Verhältnisse zu analysieren, um zumindest einen theoretischen Lösungsansatz zu entwickeln, fragt Mohr, ob die Vernunft und »das Sittengesetz in uns« stark genug seien, »wenn es darum geht, die kognitiven und moralischen Defizite unserer biologischen Natur zu kompensieren«. (Mohr 1985) Im Rahmen eines soziobiologischen Zivilisationsmodells ist eine solche Haltung konsequent. Wem die Geschichte nur als zeitliche Manifestation angeborener Verhaltensweisen und Denkstrukturen erscheint, der versperrt sich selber jede Möglichkeit, einen Ausweg zu suchen.

Daß diese Verbarrikadierung denkbarer Auswege eine Frage der wissenschaftlichen Perspektive ist, zeigt die Kritik des Zoologen und Verhaltensforschers Hubert Markl. Markl sieht den verhaltensbiologischen Befund, Angeborenes setze unserer Zivilisierbarkeit enge Grenzen, eher als das Ergebnis des Forschungsansatzes denn als biologische Realität an. Aus diesem Grund fordert er seine Kollegen zu einem Perspektivenwechsel auf. Anstatt sich von letzten Spuren *biologischer Fesseln* in Form der angeborenen Verhaltensweisen faszinieren zu lassen, sollten sie umgekehrt versuchen, »die Ursachen der *Befreiung* [Betonung, J. H.] des menschlichen Verhaltens von angeborenen Programmen aufzuklären«.

Möglicherweise erzeuge die gezielte Suche nach *einschränkenden* Faktoren unserer Kulturfähigkeit erst das gewünschte Ergebnis: daß nämlich menschliches Denken und Verhalten biologisch weitgehend programmiert und damit nur wenig veränderbar seien. Die von Verhaltensforschern zutage geförderten Universalien menschlichen Verhaltens, so Markl, könnten ebensogut »›altmodische‹ Überbleibsel« früherer, tierähnlicher Phasen der menschlichen Evolution sein. (Markl 1985) Er vermutet, sie hätten sich vielleicht nur deshalb gehalten, weil sie zu unbedeutend gewesen wären, um auf dem Wege der evolutionären Selektion ausgesondert worden zu sein.

Die Konsequenz der soziobiologischen Einschränkung des Denkens zeigt sich in Hoimar von Ditfurths Buch *So laßt uns denn ein Apfelbäumchen pflanzen*. Gestützt auf Mohrs Denkfiguren der »Evolutionären Ethik« und » - Erkenntnistheorie«, hat er 1985 die nahezu unausweichliche Selbstausrottung des Menschen proklamiert. So wie einst die Dinosaurier werde demnächst auch die Spezies Mensch zu den ausgestorbenen Arten zählen.

Die Aufforderung, »so laßt uns denn ein Apfelbäumchen pflanzen«, ist das Fazit eines Werks, dessen Autor sich und seinen Lesern mit erheblichem wissenschaftlichen Aufwand die biologisch programmierte Selbstvernichtung des Menschen einzureden versucht. Jeder Versuch, die Katastrophe abzuwenden, scheitert für den Autor an der »menschlichen Natur«. Soziobiologisch indoktriniert, erspart er sich noch nicht einmal die Diskussion der genetischen Manipulation des Menschen als einer bedenkenswerten Lösung der Zivilisationsprobleme. Er verwirft sie jedoch aus *technischen* Gründen. Da bei ihm vom Menschen als politisch handelndem Wesen ebensowenig wie bei Mohr die Rede ist, bleibt am Ende nur die Empfehlung, sich im Wissen um eine geistige Wirklichkeit, die unabhängig sei von unserer körperlichen Existenz, auf das Weltende vorzubereiten.

Dieser Fatalismus ist unüberwindbar. Selbst der Trost, den der Autor spendet, wird mit der Überzeugungskraft eines Pfarrers vorgetragen, der selber nicht an die Sterbesakramente glaubt. »Dürfen wir nicht vielmehr darauf hoffen, daß die heraufdämmernde Ahnung von der Sterblichkeit auch der Art selbst, der wir angehören, uns zu einer ähnlich befreienden existentiellen Erfahrung verhelfen könnte, wie die bewußte Zumutung der Angst vor unserem individuellen Tod sie uns bescherte?« (Ditfurth 1985)

Im trügerischen Glauben, die menschliche Natur sei die Wurzel des Übels, fügt sich der biologische Fatalist in das, was er sich selber zuvor als schicksalhaft und unausweichlich eingeredet hat, mag dann auch die Selbstausrottung des Menschen drohen. Er gleicht einem Münchhausen, der sich am eigenen Schopf nicht aus dem Sumpf, sondern nur noch tiefer in den Sumpf hineinzieht.

6. Programm für ein kulturelles Verständnis menschlichen Verhaltens

Die biologistisch begründete Resignation zu überwinden, ist schwer. Wir sind tatsächlich dabei, eine Welt, die Leibniz einst die beste aller möglichen Welten genannt hat, für immer unbewohnbar zu machen. Die Lage, in die wir uns hineinmanövriert haben, verleiht der falschen Behauptung, moderne Technik überfordere eine eiszeit-geformte »Evolutionäre Ethik«, zumindest Plausibilität. Schwieriger ist die Gegenposition zu vermitteln, die ich in diesem Buch vertrete. Die Antwort auf die Frage, ob wir das Menschheitsexperiment der Industriezivilisation überleben werden, bleibt offen. Wie ich im folgenden Kapitel zeigen werde, werden Ethik und Erkenntnisvermögen seit mindestens 30000 Jahren nicht mehr von *angeborenen* genetischen Programmen des Erkennens und Verhaltens kontrolliert. Daß die Eiszeitjäger überlebt haben, verdanken sie *kulturellen* Fähigkeiten, die – im Gegensatz zur Annahme des biologistischen Zivilisationsmodells – nicht auf Werkzeugherstellung und nutzbringende Naturkenntnisse beschränkt waren. Zum kulturellen Repertoire, mit dem sich diese Eiszeitjäger im Lebensraum orientierten, gehörten ebenso in Religionen verschlüsselte Normen, die das Sozialverhalten und das Verhältnis zur Natur regelten. Ethik und Erkenntnisvermögen wurden nicht auf der genetischen, sondern auf der kulturellen Ebene kontrolliert. Es ist daher falsch, heute, 30000 Jahre später, die Abwesenheit angeborener Programme zu beklagen, die uns einen sicheren Weg durch die Gefahren des Industriezeitalters weisen sollten. In der gesamten Entwicklungsgeschichte von *Homo sapiens sapiens* hat es sie nie gegeben. Die Normen für einen anderen Umgang mit der Natur und mit unseren Mitmenschen sowie zur Kontrolle der modernen Technik müssen wir uns selbst schaffen.

Diese Antwort aber verweist den Fragenden auf sich selbst zurück. Er ist aufgerufen zu erkennen, daß weder Gene noch Götter den Menschen die Verantwortung für die Welt je abnehmen können. Wir sind seit jeher dazu bestimmt, die Last der Verantwortung selbst zu tragen. Der Ausgang des kulturellen Experiments ist schon vor 30000 Jahren offen gewesen. Die Frage, ob wir überleben, entscheidet sich daran, ob wir unsere Verantwortung wahrnehmen. Das mag weniger bequem sein, als in Erwartung des Weltuntergangs darauf zu hoffen, daß die Dinge sich schon irgendwie von selber regeln. Da sie es nicht tun, wird der biologische Fatalismus, sofern er genügend Anhänger findet, zur Prophezeiung, die sich selber erfüllt. Das aber macht die Irrlehren der »Evolutionären Ethiker und Erkenntnistheoretiker« gefährlich.

Zur Debatte steht zunächst, wie jene Schicksalsergebenheit zu überwinden ist, die uns daran hindert, uns der kulturellen Verantwortung für den Zustand unserer Welt bewußt zu werden. Ein erster Schritt ist es, die Haltlosigkeit des biologistischen Fatalismus zu erkennen. Keine seiner drei Grundannahmen ist richtig: Falsch ist erstens die Idee, wir seien »Erben von Siegern im Daseinskampf«. Falsch ist zweitens die Annahme, die Zerstörungen der Moderne seien auf eine schicksalhafte Verbindung menschlicher Urtriebe mit moderner Technik zurückzuführen. Falsch ist drittens die Vermutung, Ursache unserer *Blindheit* gegenüber der Gefahr sei ein unzureichendes angeborenes Erkenntnisvermögen. Weshalb die erste Annahme falsch ist, habe ich in meinem Buch *Im Anfang war das Wort* ausführlich begründet. Die Widerlegung der beiden anderen Annahmen ist Thema des Hauptteils dieses Buches. Im letzten, dem 9. Kapitel werde ich abschließend versuchen, die Frage nach Erkenntnis- und Handlungsmöglichkeiten zu untersuchen, die dem Veränderungs- und Zerstörungspotential der modernen Technik gemäß wären.

Zur Vorbereitung sei zunächst das Verhältnis zwischen *kulturellen Fähigkeiten* und *angeborenen Programmen* des Erkennens und Verhaltens etwas schärfer beleuchtet. Nach dem brauchbaren verhaltensbiologischen Kriterium, daß jedem kulturübergreifenden Verhaltensmerkmal »angeborene Verhaltensweisen« zugrunde liegen, muß auch die menschliche Kultur*fähigkeit* angeboren sein. Die Gattung *Homo sapiens sapiens* hätte im Naturzustand nie überlebt. Im Gegensatz zum bekannten Buchtitel von Werner Keller hat die Bibel doch nicht in allen Fällen recht. (1964) Wie sie von Gott erschaffen worden sind, wären Adam und Eva schon im Paradies wieder ausgestorben. Von den Eiszeitjägern vor 30000 Jahren bis zu den Angehörigen der Industriezivilisation haben sich alle Vertreter der Gattung *Homo sapiens sapiens* nur in »Kultur« genannten künstlichen Welten behaupten können. Schlußfolgerung: Kultur*fähigkeit* ist Teil des genetischen Erbes, mit dem jeder einzelne Mensch geboren wird.

Die kulturellen Erzeugnisse dieser Fähigkeit – Techniken, Weltbilder, Formen sozialer Organisation und Wirtschaftsformen – sind es dagegen nicht. Die Menschen des Industriezeitalters haben sich eine vollkommen andere kulturelle Umwelt geschaffen als die der Eiszeitjäger, von denen sie abstammen. Aber auch Jäger- und Sammlerkulturen unterschieden sich in einer Vielzahl von Merkmalen: handwerklichen Traditionen, Wirtschaftsformen, gesellschaftlicher Organisation, Glaubensvorstellungen und Riten, Ästhetik, Naturverhältnis usw. Die variablen Merkmale einer Kultur sind folglich nicht (genetisch) determiniert; sie werden vielmehr von Menschen geschaffen und durch Lernprozesse erworben. Kulturelle Veränderung erfolgt daher um Größenordnungen schneller als genetische.

Da Menschen gesellschaftliche Wesen sind, ist Kultur außerdem ein kollektives Unternehmen. Die Ideen, Entdeckungen und Erfindungen des einzelnen haben nur dann eine Chance, Bestandteil einer Kultur zu werden, wenn sie von der Gemeinschaft aufgegriffen und – in vorindustriellen Gesellschaften – über Generationen hinweg weitergegeben werden. Wie in den Kapiteln 3 und 4 am Beispiel der Landwirtschaft zu zeigen sein wird, war die Entwicklung neuer Techniken und Wirtschaftsformen in »primitiven Gesellschaften« ohnehin ein kollektives Unternehmen. Schlußfolgerung: Im Bereich des Kulturellen sind wir zwar nicht genetisch gebunden, aber unsere kulturelle Freiheit können wir nicht individuell, sondern nur als Mitglieder menschlicher Gesellschaften realisieren.

Dennoch ist diese kulturelle Freiheit nicht absolut. Die Verhaltensforschung hat gezeigt, daß der Mensch nicht das beliebig formbare Objekt seiner Umwelt ist, als das ihn in extremer Weise der Behaviorismus gesehen hat. Falsch sind nicht die Erkenntnisse der Verhaltensforschung, sondern die aus ihnen abgeleiteten soziobiologischen Schlußfolgerungen. Wir kommen mit einem ganzen Arsenal angeborener Verhaltensweisen und Denkstrukturen auf die Welt. Ohne sie wären wir lebensuntauglich. Unbestreitbar sind sie ein evolutionäres Erbe, das unsere Kulturfähigkeit strukturiert, die darzustellen Thema dieses Buches ist. In den Kapiteln 5 bis 8 wird daher zu untersuchen sein, in welchem Verhältnis das Angeborene zum Erlernten steht, auf welche Weise Natur und Kultur in uns Menschen interagieren.

Daß ein soziobiologisches Zivilisationsmodell der menschlichen Wirklichkeit nicht entspricht, hätte schon eine oberflächliche Betrachtung der Menschheitsgeschichte zeigen müssen. These war, die Erfordernisse komplexer Gesellschaften hätten die dem Leben in Kleingruppen angepaßten *angeborenen* Verhaltensweisen und Erkenntnismöglichkeiten des Menschen überfordert. Der intellektuelle Opportunismus dieses Denkens zeigt sich schon darin, daß diese Diagnose sich auf die moderne Industriegesellschaft und das Zerstörungspotential moderner Technik beschränkt. Konsequent gedacht, hätte sich die menschliche Zivilisationsunfähigkeit schon in den 5000 Jahre alten ersten Hochkulturen zeigen müssen: im alten Ägypten und im Zweistromland, etwas später in China sowie in Mittel- und Südamerika. In ihnen lebten und arbeiteten nicht mehr einige Dutzend, sondern Zehn- und Hunderttausende Menschen zusammen.

Wären wir Menschen aufgrund angeborener Erkenntnisstrukturen nur darauf eingerichtet, bloß die kleine Welt von Jägern und Sammlern zu begreifen, wären wir aufgrund angeborener Verhaltensweisen in der Lage, konfliktfrei nur als Gemeinschaft von einigen Dutzend Individuen zu leben, dann wäre die Menschheit schon seit Jahrtausenden überfordert gewesen. In Staaten mit 100000 Menschen waren Überschaubarkeit und Unmittelbarkeit der sozialen Beziehungen in der Kleingruppe, das tägliche Miteinander und Füreinander längst verschwunden.

Wirtschaftliche Grundlage dieser ersten Staaten war die Landwirtschaft. Nach der Logik des biologistischen Fatalismus wäre daher schon die Entstehung der Landwirtschaft vor Jahrtausenden und nicht erst die Atombombe, die Rakete, der Computer, die Großchemie oder die Genmanipulation der technische Sündenfall des Menschen gewesen. Ich weiß natürlich, daß kein biologischer Fatalist das je behauptet hat. Nach Maßgabe seines Weltbildes hätte er es aber erwägen müssen. Vielleicht wäre ihm dann der Widerspruch zur Tatsache aufgefallen, daß eine Welt, die sich seit Jahrtausenden angeblich in die falsche Richtung entwickelt hat, bis heute nicht untergegangen ist.

Die Entstehung und die Stabilität der frühen Staaten zeigen, wie angeborene Verhaltensweisen und Erkenntnisstrukturen, die in den Jahrmillionen der Menschwerdung als Wildbeuter entstanden waren, sich ebenso für das Leben in Hochkulturen eigneten. Was sich in der einige Dutzend Individuen umfassenden Kleingruppe entwickelt hatte, bewährte sich auch in Großgesellschaften. Nicht angeborene Verhaltensweisen prägten die Lebensweise. Wie ich in den folgenden Kapiteln zeigen werde, verhielt es sich genau umgekehrt: Die Lebensweise prägt das Verhalten.

Der Zweck ist, die kulturelle Freiheit gegenüber »angeborenen Verhaltensweisen« zu demonstrieren. Nicht, daß diese nicht existierten oder bedeutungslos gewesen wären. Im Gegenteil. Überall wird uns »Angeborenes« wiederbegegnen: Rang- und Besitzstreben, Autoritätsgläubigkeit, Aggression, die Bereitschaft zum Ausgleich usw. Aber wir werden erkennen, daß nicht die angeborenen Verhaltensweisen das Verhalten kontrollierten. Übergeordnete kulturelle Normen entschieden, welche dieser Verhaltensweisen in welcher Kombination zu gesellschaftlich akzeptiertem Verhalten wurden.

Damit kehren wir das Verfahren der Verhaltensforschung um. Während diese einzelne Verhaltensmerkmale aus dem kulturellen Zusammenhang herauspräpariert, um kulturübergreifend auf genetische Veranlagung zu schließen, untersuchen wir die Bedeutung des Verhaltens in seinem kulturellen Zusammenhang, in dem es allein bedeutungsvoll ist. Während diese die Zeitdimension der kulturellen Evolution ausblendet und dadurch zu einer irreführenden Verabsolutierung (annähernd) zeitloser genetischer Merkmale gelangt, untersuchen wir die Veränderung von gesellschaftlich akzeptiertem Verhalten entlang der Zeitachse der kulturellen Evolution von Horden zu Staaten.

Um solche evolutionären Veränderungen zu verstehen, müssen wir zwei Arten von Fragen beantworten: Fragen nach dem *Warum* und nach dem *Wie*. *Warum* haben sich soziale Ordnungen entwickelt, die allem widersprachen, was Menschen bis dahin heilig gewesen war? Die Antwort, »es geschah aus Notwendigkeit«, steht nicht im Widerspruch zum soziobiologischen Zivilisationsmodell. Eine dicht siedelnde Bevölkerung konnte sich nur durch eine arbeitsteilige Wirtschaft ernähren. Arbeitsteilung und Spezialisierung wiederum erforderten andere Formen der sozialen Organisation als das Geben und Nehmen in Kleingruppen. Der Zusammenhalt von Hunderttausenden verlangte andere Formen sozialer Organisation als die Kleingruppe von zwei Dutzend Mitgliedern.

Auf die zweite entscheidende Frage einer evolutionären Betrachtung, die nach dem *Wie*, läßt das soziobiologische Zivilisationsmodell dagegen keine zufriedenstellende Antwort zu. *Wie* konnten sich Ordnungen entwickeln, die ein Lebewesen, das in der Geborgenheit der Kleingruppe zum Menschen geworden war, den Funktionsbedingungen einer komplexen Staatsmaschinerie anpaßten? Anstelle von Verwandtschaft, persönlichen Bindungen und Verpflichtungen traten Macht und Abhängigkeit. Soziale Beziehungen wurden den Funktionsbedingungen des Staates unterworfen.

Die Frage nach dem *Wie* läßt sich nur im Rahmen eines kulturellen Modells beantworten. In diesem Modell sind die angeborenen Verhaltensweisen übergeordneten kulturellen Normen gesellschaftlich akzeptierten Verhaltens unterworfen. Eine solche Hierarchie läßt sich schon in Kleingruppen erkennen. Wer in den angeborenen Verhaltensweisen bereits die vollständige Anpassung an die Lebensweise in

Kleingruppen sieht, wird noch nicht einmal einer Gesellschaft von Jägern und Sammlern gerecht. Auch in Jäger- und Sammlerhorden entstanden immer wieder Konflikte zwischen divergierenden Zielen – zum Beispiel zwischen den eigennützigen Impulsen des Individuums und den Gruppennormen, die Uneigennützigkeit verlangten. »Mein ganzes Leben habe ich gegeben, immer nur gegeben«, klagte ein alter Buschmann dem Ethnologen Richard Lee sein Leid, »nun bin ich alt und möchte etwas für mich selbst.« (Lee 1979) Ein zweiter Gegensatz bestand zwischen dem Rangstreben des Einzelnen und dem Gleichheitsprinzip der Gruppe, ein dritter in der Norm, seine Aggressionen innerhalb der eigenen Gruppe zu zügeln.

Wenn das Streben nach Besitz und Rang auch angeboren ist, dann haben sie schon in Jäger- und Sammlergruppen nicht das gesellschaftliche Verhalten bestimmt. Sie wurden kontrolliert durch Normen des Gebens und der Gleichheit. Konflikte zwischen divergierenden Zielen – d. h. auch zwischen angeborenen Verhaltensweisen – dürften so alt sein wie der moderne Mensch. Im Zweifelsfall setzte sich auch unter Wildbeutern nicht der Einzelne durch, sondern die Gruppe.

Mangels anderer Möglichkeiten der Konfliktregulierung mußte sich in kleinen Jäger- und Sammlergruppen ein Gleichgewicht zwischen Konfliktursachen und der Notwendigkeit einstellen, den inneren Frieden zu wahren. Die Alternativen wären Hunger oder sogar Spaltung gewesen. Daher mußten schon Jäger und Sammler immer wieder den Ausgleich zwischen der Gruppennorm und abweichenden Wünschen und Zielen ihrer Mitglieder herstellen. Nur die unaufhörliche Arbeit am Frieden konnte den Zusammenhalt der Gemeinschaft sichern.

Als Instrumente dieser Arbeit am Frieden dienten die angeborenen Zeichen und Gesten der Freundschaft wie ein Lächeln und eine beschwichtigende Geste oder das Gefühl gegenseitiger Verpflichtung beim Geben und Nehmen. Als Instrumente sozialer Interaktion brachten diese angeborenen Verhaltensweisen zwar die Töne hervor, aber sie waren nicht die Partitur, nach der gespielt wurde. Die Partitur, das waren die kulturellen Traditionen, die Werte und Normen der Gruppe. Diese wiederum waren geprägt durch die Größe der Gesellschaft und die Gegebenheiten einer Wildbeuterökonomie.

Der Wilde war daher nicht großzügig, bescheiden und relativ friedfertig, weil der Mensch im Naturzustand edel und gut gewesen wäre, wie das romantische Klischee es will. Er war es auch nicht, weil »Evolutionäre Ethik« oder andere genetische Prinzipien ihn einem Leben in Kleingruppen angepaßt hätten, wie das soziobiologische Klischee es verlangt. Nicht Gene, sondern kulturelle Normen und sozialer Druck zwangen ihn, seine eigennützigen Impulse, seine spontanen Launen, Aggressionen und Wünsche immer wieder den Erfordernissen des Zusammenlebens in der Gemeinschaft unterzuordnen.

Eine beliebte soziobiologische Variante, die in den angeborenen eigennützigen Impulsen des Einzelnen den Motor allen Fortschritts sieht, erklärt die Landwirtschaft zum Wendepunkt in der Evolution des Verhaltens. Argumentiert wird etwa folgendermaßen: Eine Wildbeuterökonomie, die keine Überschüsse erzeugte, hatte menschliche Eigenschaften wie Großzügigkeit erzwungen und das Entstehen wirtschaftlicher und sozialer Ungleichheit verhindert. Mangels anderer Möglichkeiten, den sozialen Zusammenhalt zu wahren, als derjenigen, Konflikte tunlichst zu vermeiden, mußte in Kleingruppen Bescheidenheit eine hohe Tugend sein.

Pflanzenanbau und Tierhaltung, so die Argumentation weiter, hoben diese Begrenzungen auf. Sie schufen die wirtschaftlichen Voraussetzungen, um Nahrungsüberschüsse zu erzeugen und Vorräte anzulegen. Einzelne konnten nun ihre Mitmenschen zu vermehrter Arbeit antreiben, um sich das Produkt der Mehrarbeit anzueignen und selbst zu Wohlstand und Macht zu gelangen. Im Gegensatz zur Jäger- und Sammlerhorde hatten Individuen, die den kooperativen Normen der Gemeinschaft zuwiderhandelten und ihren eigennützigen Impulsen folgten, nun Erfolg. Innerhalb der Gemeinschaft scheinen sich nun »unternehmerische« Persönlichkeiten durchgesetzt zu haben, die Besitz erwarben und im Rang aufstiegen. Mit ihrem persönlichen Erfolg trugen sie auch zum Erfolg der anderen bei, denn die Mehrarbeit, die in solchen Gruppen geleistet wurde, kam indirekt auch der Gemeinschaft zugute. Die Landwirtschaft wird so zum Ergebnis des Strebens Einzelner nach Wohlstand und Macht.

Eine solche individualistische Theorie der menschlichen Zivilisierung wirft jedoch mehr Fragen auf, als sie beantwortet. Offen bleibt, warum die Mehrheit die Herrschaft der Minderheit tolerierte, wenn jedem das Streben nach Rang und Besitz gleichermaßen angeboren ist. In Wirklichkeit verhielt es sich genau umgekehrt. Wie die Kapitel 5 und 6 zeigen sollen, war die Entstehung von Rang- und Besitzunterschieden Folge und nicht Ursache der durch die Nahrungserzeugung ausgelösten Veränderungen steinzeitlicher Gesellschaften. Wenn individuelle Motive wie das Streben nach Wohlstand und Besitz als Antriebskräfte zivilisatorischer Entwicklung ausfallen, bleibt die Frage, was zur Entstehung der folgenreichsten wirtschaftlich-technischen Innovation in der Menschheitsentwicklung führte, der Landwirtschaft. Diese Frage wird in den Kapiteln 3 und 4 beantwortet.

Auch der Versuch, die Stabilität von Staaten auf die Macht der Elite und die Abhängigkeit der Masse zurückzuführen, greift zu kurz. Denn er verschiebt das Problem, anstatt es zu lösen. Die Macht, die einzelne befähigte, andere für den übergeordneten Zweck der Gesellschaft arbeiten zu lassen, mußte erst entstehen. In der Jäger- und Sammlerhorde hatte niemand einem anderen auch nur befehlen, geschweige denn ihn zu Mehrarbeit zwingen können. Was also sind die sozialen Grundlagen der Macht?

Die technische Möglichkeit, Nahrungsüberschüsse zu erzeugen, allein erklärt nichts. Selbst nach Entstehung der Landwirtschaft gab es überall auf der Erde auch egalitäre Bauerngesellschaften. Hätten angeborene Verhaltensweisen des Individuums wie Rang- oder Besitzstreben die Entwicklung der Zivilisation vorangetrieben, warum hatten sie sich nicht auch dort durchgesetzt? Das Spektrum angeborener Verhaltensweisen ist in allen menschlichen Gesellschaften gleich. Auch nach Entwicklung der Landwirtschaft gab es weiter Jäger- und Sammlerhorden, obwohl sie über das notwendige Wissen und technische Können zur Entwicklung von Landwirtschaft verfügten. Wäre kulturelle Entwicklung nur eine Frage des »geborenen Unternehmers«, warum setzten sich solche Naturelemente nicht auch unter den verbleibenden Jägern und Sammlern durch? Das Spektrum natürlicher Begabungen ist in allen Gesellschaften ungefähr gleich.

Das soziobiologische Zivilisationsmodell vernachlässigt die kulturelle Funktion jener Macht, die einzelne dazu befähigte, Verhaltensweisen auszuleben, die der Mehrheit versagt waren. Die entscheidenden Fragen werden nicht gestellt: Warum räumten Gesellschaften, die unabhängig voneinander in verschiedenen Erdregionen entstanden waren, in gleicher Weise einzelnen ihrer Mitglieder das Recht ein, ihr Streben nach Rang und Besitz auf Kosten der Mehrheit durchzusetzen? Aufgrund welcher historischen Notwendigkeit geschah das mit letzter Konsequenz nur in Gesellschaften von einer bestimmten Größe und Komplexität, nämlich in Staaten?

Dies sind Fragen, die uns in den folgenden Kapiteln beschäftigen werden. Will man den Menschen verstehen, dann ist es, wie Markl bemerkt hat, falsch, in den aus evolutionärer Urzeit stammenden angeborenen Verhaltensweisen die prägenden Faktoren kulturellen Verhaltens zu sehen. Markl vermutet, solche Verhaltensweisen seien zu unwichtig gewesen, um durch Selektionen beseitigt worden zu sein. Im Gegensatz dazu werde ich zeigen, daß sie bei der Organisation kulturellen Verhaltens eine wichtige Rolle gespielt haben. In diesem Buch versuche ich, die kulturelle Freiheit unseres Denkens und Verhaltens gegenüber angeborenen Verhaltensweisen und Denkstrukturen auszuloten. Die Entwicklung gesellschaftlichen Verhaltens von der Jäger- und Sammlerhorde bis zum Staat liefert das Modell.

Der alte Prinzipienstreit »Natur oder Kultur«, »angeboren oder erlernt« ist gegenstandslos geworden. Die entscheidenden Fragen liegen auf einer anderen Ebene: Wie verbindet sich das Angeborene mit dem Erlernten? Wie werden die angeborenen Verhaltensweisen und Erkenntnismöglichkeiten im Verlauf einer geschichtlichen Entwicklung zu neuen kulturellen Ordnungen zusammengestellt?

Die eine, die materielle Ebene dieser Verbindung lag in der Lebensweise selbst begründet, in wirtschaftlicher Notwendigkeit, in den Abhängigkeiten des Einzelnen von der Gemeinschaft und seinen Verpflichtungen gegenüber dem Anderen. Im Rahmen eines Weltbildes stellte Religion die Verbindung her. Glaubensvorstellungen und Riten enthielten das Weltbild und das Handlungsmodell, das die übergeordneten, kulturellen Normen der Gesellschaft in die Vorstellungswelt des Einzelnen übertrug und dessen Verhalten prägte. Religion ist, wie der große französische Soziologe Émile Durkheim zu Beginn dieses Jahrhunderts erkannt hat, in »primitiven« – im Sinne von wenig differenzierten – Gesellschaften »eine eminent soziale Angelegenheit« gewesen. (Durkheim 1912)

Die soziale Funktion des Religiösen wird in der soziobiologischen Deutung menschlicher Gesellschaften meist übersehen. Religionen erscheinen entweder als nachgeschobene Rationalisierungen biologischer Fakten oder als Korsett willkürlich aufgezwungener Kulturnormen, die Konflikte mit der menschlichen Natur heraufbeschwören. Die Weltbild- und Ordnungsfunktion von Religion in einer vorwissenschaftlichen Welt wird daher ein durchgehendes Thema dieses Buches sein. Schon das nächste Kapitel über die soziale Funktion der Religionen der Eiszeitjäger wird zeigen, daß das soziobiologische Zivilisationsmodell noch nicht einmal den einfachsten aller Gesellschaften gerecht wird. Die Veränderung der Religionen bei der Entwicklung von Horden zu Staaten offenbart mehr als eine nur unspezifische Freiheit des Denkens und Verhaltens von starren angeborenen Programmen. An der Entwicklung des religiösen Denkens läßt sich die Verbindung zwischen biologischer Potentialität und kultureller Notwendigkeit verfolgen. Auf der einen Seite beruht die Evolution von Horden zu Staaten auf einem evolutionär entstandenen *angeborenen* und (im Verhältnis zur Geschwindigkeit des kulturellen Wandels) *unveränderten* kulturell neutralen Potential, zu empfinden, zu denken und sich zu verhalten. Auf der anderen stehen die sich *verändernden* ökonomischen und sozialen Notwendigkeiten, sich auf eine bestimmte Weise zu verhalten und die Welt auf eine bestimmte Weise zu sehen. In der Entwicklungsphase menschlicher Gesellschaften, die Gegenstand dieses Buches ist, stellten Religionen die Verbindung zwischen dem Angeborenen und den kulturellen Notwendigkeiten der Gesellschaft her. Die Veränderung der Glaubensvorstellungen und Riten spiegelt daher die kulturelle Prägung des angeborenen Potentials wider, zu denken, zu empfinden und sich zu verhalten, wie es den jeweiligen ökonomischen und sozialen Erfordernissen entsprach. Die Verbindung zwischen Natur und Geschichte, die ich in diesem Buch versuchen werde, spiegelt sich in der Veränderung der Religionen bei der Entwicklung von Horden zu Staaten.

Ein 32000 Jahre altes Mischwesen aus Löwe und Mensch. Diese auf der schwäbischen Alb gefundene mythologische Figur, eines der ältesten Dokumente menschlicher Kunst, ist religiösen Ursprungs. In den Glaubensvorstellungen und Riten der Eiszeitjäger stellte es vermutlich ein Wesen von ähnlicher spiritueller Beschaffenheit dar wie gewisse südamerikanische Schamanen in Leopardengestalt. Noch in unserem Jahrhundert wußten die indianischen Ureinwohner des tropischen Amazonasbeckens von Leoparden, die Schamanen in Leopardengestalt waren.

2. Kapitel
Die Magie der Bilder und Zeichen

1. Kunst und Daseinskampf

Es scheint, als habe sich der moderne Mensch von seinen evolutionären Vorläufern durch ein Interesse unterschieden, das, soziobiologisch gesehen, im »Daseinskampf« nicht den geringsten Vorteil verschafft haben kann. Er hat die Magie der Bilder, Worte und Zeichen entdeckt. Archäologisches Erkennungszeichen von *Homo sapiens sapiens* ist die Kunst.

Verbunden mit der Frage nach der Bedeutung von Kunst für ein Wildbeuterdasein ist das Rätsel um das Verschwinden des Neandertaler, des *Homo sapiens neandertalensis*. Im Gegensatz zu einem beliebten wissenschaftlichen Märchen ist unser evolutionärer Vorläufer vom modernen Menschen, vom *Homo sapiens sapiens*, nicht ausgerottet worden. Neuere archäologische Untersuchungen in Süd- und Mittelfrankreich haben gezeigt, daß die letzten Neandertaler mehrere Jahrtausende friedlich Seite an Seite mit den ersten Vertretern des modernen Menschen gelebt haben.

Die Übergangskultur des *Châtelperronien* (34000 bis 30000 v. Chr.), die bisher den ersten Vertretern des modernen Menschen in Europa, den *Cro-Magnon*-Menschen, zugeschrieben worden ist, stammt in Wirklichkeit von den letzten Neandertalern. Gleichzeitig lebten in der gleichen größeren Region *Cro-Magnon*-Menschen mit der für sie charakteristischen *Aurignacien*-Kultur (33000 bis 27000 v. Chr.).

Im *Châtelperronien* entwickelten die letzten Neandertaler kurz vor ihrem evolutionären Ende vollkommen neuartige Interessen. Sie sammelten bizarr geformte Versteinerungen, glänzende Mineralien sowie seltene Schnecken, und sie begannen auch, Schmuckgegenstände herzustellen – für den Neandertaler ungewöhnliche Merkmale, die bisher dem *Cro-Magnon*-Menschen zugeschrieben worden sind.

Einiges spricht für kulturelle Kontakte zwischen beiden Unterarten von *Homo sapiens*. Denkbar ist, daß sich das *Châtelperronien* der Neandertaler unter dem Einfluß der *Cro-Magnon*-Kultur des *Aurignacien* entwickelt hat. Vermutlich werden Neandertaler und *Cro-Magnon*-Menschen freundschaftlich miteinander verkehrt und sich zuweilen wohl auch verschwägert haben. Noch Jahrtausende nach Verschwinden des Neandertaler finden sich genetisch fixierte Merkmale wie die charakteristischen Augenbrauenwülste des Neandertaler bei einzelnen *Cro-Magnon*-Menschen. (Laboratoire de la Préhistoire du Musée de l'Homme 1984)

Bedenkt man, daß die ersten Vertreter des modernen Menschen ihren Lebensunterhalt kaum anders als die letzten Neandertaler bestritten haben, dann läßt sich die evolutionäre Tragweite des Auftretens von Kunst erst richtig ermessen. Außer in den bekannten, aber wenig bedeutsamen anatomischen Details unterscheiden sich beide Unterarten von *Homo sapiens* vorwiegend in der weitaus größeren Bedeutung von Kunst und Schmuck für die evolutionär erfolgreichere. Was immer diese Kunst hervorgebracht hat, muß daher in Verbindung mit evolutionärem Erfolg stehen.

Was jedoch tragen die kunstvoll aus Rentiergeweih geschnitzten kämpfenden Steinböcke, mit denen vor 14000 Jahren ein Jäger das Ende seiner Speerschleuder verzierte, zur Funktion einer Waffe bei? In der Höhle von Enlène, in der dieses Objekt ausgegraben wurde, fanden sich sechshundert weitere Kunstwerke aus der Zeit des *Magdalénien* (16000 bis 10000 v. Chr.): prächtig verzierte Waffen und Werkzeuge, Schmuckgegenstände, Kalksteinplatten mit eingeritzten Menschen- und Tierbildern sowie rätselhaften abstrakten Zeichen. Ähnliche Fundorte mit der künstlerischen Hinterlassenschaft von Eiszeitjägern gibt es zu Hunderten im riesigen Raum zwischen Atlantik und dem Ural.

Erhalten hat sich gewiß nur ein Bruchteil. Was gefunden wurde, bestand aus dauerhaftem Material – aus Knochen, Geweih, Elfenbein, Zahn, Muscheln, Stein und Mineralien, seltener aus gebranntem Ton und in einem Fall sogar aus Lehm. Das meiste dürfte verrottet sein. Dicke Schichten feingemahlener Mineralien in allen Farbschattierungen, von gebrochenem Weiß über Gelb, Rot, Braun, Violett bis zu einem tiefen Schwarz, die sich vom Bindemittel noch fettig anfühlten, lassen vermuten, daß die Menschen der Eiszeit auch ihre Gesichter und Körper sowie ihre Kleidung bemalt haben. Wahrscheinlich schmückten sie sich auch mit den prächtigen Pelzen verschiedener Raubtierarten. Dazu kommen Federschmuck und Arbeiten aus Leder, Holz und Pflanzenfasern.

Beziehen wir auch noch die Gesänge und Tänze der Menschen mit ein, die in der Endphase der Eiszeit die großen Riten des *Magdalénien* zelebrierten, dann können wir dunkel ahnen, welche Rolle Kunst und Schmuck im Leben der Eiszeitjäger gespielt haben.

Archäologisch ist dieses Phänomen zwar für Europa am besten dokumentiert, auf Europa begrenzt ist es jedoch nicht. Wo immer auf der Erde *Homo sapiens sapiens* sich ausgebreitet hat, schuf er auch Kunst. Nahezu zur gleichen Zeit wie die europäischen Eiszeitjäger malten die frühen Vertreter des modernen Menschen in Südwestafrika vor rund 25 000 Jahren in der »Apollo 11«-Höhle rätselhafte Tierwesen auf Steinplatten. Ähnliche mäanderförmige Linien wie in einigen der südfranzösischen Höhlen finden sich aus der Zeit vor mehr als 20 000 Jahren in Südaustralien. (Hadingham 1979) Ähnlich erscheint in Peru, nachdem vor 10 000 Jahren die Spuren des Menschen deutlicher werden, auch dort die erste Kunst. In den Höhlen von Lauricochea auf 4 000 Meter Meereshöhe erkennt man Jagdszenen, Menschen, Raubkatzen und Schlangen. Ergänzt werden diese Motive durch Spiralen und andere Zeichen (Bonavida 1984). Da die übrige Welt archäologisch jedoch weniger gut erforscht und vielleicht auch, weil dort weniger geschaffen worden ist, was die Zeiten überdauern konnte, werden wir uns auf Europa beschränken.

Wie läßt sich das Erscheinen von Kunst im Begriffssystem der Evolutionslehre verstehen? Ist es – um vom Höhenflug in die Welt des Ästhetischen auf den Boden der Realität des Lebens in eiszeitlichen Tundren zurückzukehren – nicht sündhaft vergeudete Zeit und Energie, unbewohnte Höhlen tief unter der Erde mit ganzen Herden urzeitlicher Tiere auszumalen?

Eine »Feierabendbeschäftigung« war es gewiß nicht. Man führe sich nur André Leroi-Gourhans Rekonstruktion der Bemalung des legendären Lascaux vor Augen. (1981) Dieser bedeutende französische Paläoanthropologe erkennt hinter den Bildwerken von Lascaux noch heute das Engagement, das vor 17 000 Jahren die Bevölkerung einer größeren Region zu dem gemeinsamen Ziel vereinigt hat. Während vieler Wochen wurden die Schöpfer dieser Bilder vom Rest der Gemeinschaft mit Nahrung versorgt. Für das Gerüst wurden dicke Holzstämme benötigt, die mit Steinäxten gefällt, zurechtgehauen, in die Höhle geschleppt und aufgerichtet wurden. Große Mengen verschiedenfarbiger Mineralien mußten gesucht und mühsam zu feinem Pigment zermahlen werden. Schließlich wurden auch noch die über hundert Tranfunzeln benötigt und mit Brennstoff versorgt, die in der Höhle gefunden worden sind. Außer Lascaux sind in Südfrankreich und Nordspanien weitere 150 Höhlen mit Malereien, reliefartigen Plastiken und Ritzzeichnungen entdeckt worden.

2. Die Evolution der Bilder und Zeichen

Das In-Erscheinung-Treten von Kunst ist um so bemerkenswerter, als nichts unter den spärlichen archäologischen Überbleibseln aus früheren Phasen der Menschwerdung erkennen läßt, daß sich die evolutionären Vorläufer von *Homo sapiens* mit etwas anderem als dem Lebensnotwendigen beschäftigt hätten: Was von ihrer Kultur übrig geblieben ist, Werkzeuge und Waffen, diente wirtschaftlichen Zwecken.

Seit Herstellung der ersten groben Steinabschläge vor zweieinhalb Millionen Jahren war der Fortschritt der archäologisch greifbaren materiellen Kultur auf die Entwicklung der Werkzeugtechnik beschränkt gewesen. Geräte wie die seit mehr als einer Million Jahren hergestellten symmetrischen Faustkeile, die Nutzung des Feuers, die Herstellung von Holzspeeren, der Bau einfacher Zweighütten und die Verwendung von Tierfellen zum Schutz gegen Kälte und Wind sind Marksteine auf diesem Weg.

Parallel zur Technik entwickelten sich Intelligenz, Sprache und Verhaltensweisen, die es erlaubten, einen größer werdenden Anteil der Nahrungsquellen der Wildnis zu nutzen. Hatten sich die ersten Steinwerkzeughersteller vor zweieinhalb Millionen Jahren noch damit begnügen müssen, von größeren Tieren nur das Aas zu verwerten, so veranstalteten *Homo erectus*-Gruppen vor 500000 Jahren bereits organisierte Treibjagden auf Elefantenherden. In Zeiträumen von hunderttausenden von Jahren entstanden Techniken und Verhaltensweisen, die es der Familie der *Hominiden* (Menschenartigen) erlaubten, sich der Umwelt besser anzupassen und in kalte Klimazonen vorzudringen, für die sie aufgrund ihrer tropischen Herkunft von Natur her nicht ausgerüstet war. (Herbig 1984)

Erstmals taucht aus der Zeit vor rund 200000 Jahren ein einzelner von Menschen geformter Gegenstand aus dem Dunkel der Vorgeschichte auf, der keinem erkennbaren praktischen Zweck gedient hat: ein Stück Ochsenrippe mit einem merkwürdigen Zeichen. Ein Vertreter des frühen *Homo sapiens*, der als evolutionärer Vorläufer sowohl des Neandertaler als auch des modernen Menschen gilt, muß es in diese Rippe eingeritzt haben. Aber diese rätselhafte »Zeichnung« bleibt für weitere 150000 Jahre ein Einzelfall.

Selbst von dem uns nahestehenden Neandertaler, der nach 140000 v. Chr. auftrat, ist aus einem Jahrhunderttausend evolutionärer Existenz archäologisch nur wenig erhalten, was auf »höhere« Interessen schließen läßt. Immerhin, Neandertaler waren die ersten, die einzelne ihrer Toten bestattet und ihnen roten Ocker, Blumen oder Steinwerkzeug mit ins Grab gegeben haben. Erst gegen Ende der Zeit, in der sie die Spezies *Homo* auf der Erde vertraten, etwa ab 60000 vor unserer Zeitrechnung haben Neandertaler begonnen, einfache geometrische Muster in Steine zu ritzen; überliefert ist auch eine sorgfältig gearbeitete Scheibe aus Mammutzahn, die eine Einkerbung trägt. (Herbig 1984)

Aber diese Anzeichen bleiben schemenhaft, bedeutungsvoll erscheinen sie nur vor dem Hintergrund der späteren Entwicklung. Die ersten Werke, in denen wir »Kunst« erkennen, erscheinen vor 33000 Jahren unmittelbar nach Auftreten der ersten Vertreter des modernen Menschen – des *Cro-Magnon*-Menschen. So schlicht die Anfänge auch sind, wir empfinden anders als bei den Krikeleien des Neandertaler, daß die Schöpfer schon der frühesten Kunstwerke die Welt ähnlich gesehen haben wie wir. (Laboratoire de Préhistoire du Musée de l'Homme 1984)

Erst *Homo sapiens sapiens* schuf figurative Kunst. Schon in der ältesten seiner Kulturen, dem *Aurignacien* (33000 bis 27000 v. Chr.), finden sich die drei wichtigsten Motive der Eiszeitkunst, die in den folgenden 20000 Jahren weiterentwickelt, nicht aber grundsätzlich verändert wurden: Tiere, Menschen und abstrakte Zeichen. Zu den eindrucksvollsten Werken der frühen Phase gehören die 30000 Jahre alten Tier- und Menschenstatuetten aus den Höhlen der Schwäbischen Alb: Mammuts, eine Raubkatze, das berühmte Pferdchen vom Vogelherd und die ältesten Menschendarstellungen, die bisher gefunden worden sind. In Frankreich erscheinen gleichzeitig grob in Fels gekerbte Tierbilder wie der Tierkopf vom Abri Cellier und die ersten »Zeichen«. Es sind in große Steinblöcke eingekerbte stilisierte Darstellungen der Vulva, dazu ein großer aus dem Horn eines Wildrinds geschnitzter Phallus.

Außerdem hat man mehrere Knochenobjekte mit seriell angeordneten Markierungen gefunden, die der Paläoanthropologe Alexander Marshak als Mondkalender deutet. Schmuckgegenstände aus Elfenbein, Knochen, Zähnen, bizarr geformten Schnecken und Muscheln kommen dazu, und der schon vom Neandertaler entdeckte Ocker gewinnt an Bedeutung. Wo beim Neandertaler Spuren dieses Farbstoffs entdeckt worden sind, findet sich bei seinem Nachfolger der Ocker nun in dicken Schichten. (Laboratoire de Préhistoire du Musée de l'Homme 1984)

3. Spuren eines neuen Bewußtseins

Was hat diese Entwicklung ausgelöst? Bis heute fehlt es an einer Erklärung, die das Erscheinen der Kunst nicht nur als allgemeines Ergebnis einer kulturschaffenden, »höheren« Geistigkeit sieht, sondern nach dem evolutionären Sinn des Herstellens von Kunst fragt. Zur Vorbereitung meines Versuchs, das Erscheinen der Kunst evolutionär zu deuten, seien einige der früheren Erklärungsversuche vorgestellt.

Seit der Mitte des 19. Jahrhunderts, als in Südfrankreich und Nordspanien die ersten dieser Werke entdeckt worden sind, hält das Rätseln um die Bedeutung der frühen Kunst an. Zunächst meinte man, es handle sich um Erzeugnisse der Kelten; die prachtvollen Stiergemälde von Altamira wurden sogar einem modernen Kuhhirten zugeschrieben.

Erst nachdem archäologisch sichergestellt war, daß es sich um ausgestorbene eiszeitliche Tierarten handelte, wurde das hohe Alter dieser Werke anerkannt. Nun fragte man sich, was Eiszeitjäger veranlaßt haben konnte, Kunst zu schaffen. Dem Zeitgeist von 1880 entsprechend gingen die Pioniere dieser Forschung, Cartailhac, Mortillet und Piette, davon aus, daß den Urhebern, barbarischen Wilden, wie sie meinten, die zu religiösem Denken unabdingbare moralische Reife abzusprechen sei. Folglich entschieden sie sich, wie André Leroi-Gourhan ironisch bemerkt, für die schlechteste aller möglichen Erklärungen: Die Kunst sei um der Kunst willen entstanden: l'art pour l'art! Wie die in den gleichen Siedlungsschichten gefundenen Knochenmengen auswiesen, hatten die Eiszeitjäger wenig Mühe gehabt, ihren Hunger zu stillen, und die Muße eines nicht allzu beschwerlichen Lebens ließ die Kunst entstehen. Der eiszeitliche Montparnasse war geboren.

Eine zweite seit der Jahrhundertwende verbreitete Theorie kommt der Wirklichkeit näher. 1899 hatten Spencer und Gillen die Ergebnisse ihrer bahnbrechenden ethnologischen Forschungen bei den Arunta veröffentlicht. Man erkannte nun die große Bedeutung religiöser Vorstellungen für die auf einem vergleichbaren Zivilisationsniveau lebenden Bewohner Zentralaustraliens. Diese Aborigines verehrten als Tierwesen gedachte, totemistische Ahnen, und in ihren Kulten schienen sie bestimmte Nahrungstiere und -pflanzen magisch zu vermehren. Was lag da näher, als in der Kunst der Eiszeitjäger Jagdmagie zu sehen, zumal eine Anzahl der abgebildeten Tiere Spuren wie von Verletzungen aufwiesen? Objekte mit Dutzenden seriell angeordneter Zeichen, Marshaks »Mondkalender«, konnten leicht als Abschußlisten erfolgreicher Jäger interpretiert werden.

Auch wenn die Eiszeitkunst unübersehbare Spuren magischer Praktiken trägt, muß man sich, um die Unhaltbarkeit der Jagdmagie-Hypothese zu erkennen, nur an die in den Höhlen zurückgebliebenen Essensreste halten. Während die Künstler von Lascaux ihre Höhle mit Herden von Pferden, Hirschen, Bisons und Auerochsen, aber nur einem einzigen Rentier bemalten, ernährten sie sich zu 90 Prozent von Rentierfleisch. Das übrige steuerten Reh, Wildschwein und Hase bei, die auf den Höhlenwänden überhaupt nicht vertreten sind.

Ähnlich verhält es sich anderswo. Vor rund 15 000 Jahren war das Rentier in großen Gebieten Südfrankreichs der Hauptfleischlieferant; auf den Höhlenwänden aber sind vorwiegend Pferde, Auerochsen, Bisons, Hirsche, Mammuts, Steinböcke und sogar gefährliche Raubtiere vertreten, die gewiß niemand anlocken oder gar magisch vermehren wollte. Im nordspanischen Altamira, wo Rotwild Hauptfleischlieferant war, herrschen Wildrindarten auf den Wänden und Decken der Höhle vor.

Außerdem tragen insgesamt weniger als 15 Prozent der dargestellten Tiere Spuren, die man als Verletzung deuten könnte. Wäre Jagdmagie der Zweck gewesen, wozu hätten dann die übrigen 85 Prozent gedient? (Leroi-Gourhan 1971, Delluc, Delluc 1984)

Nicht überzeugender ist die evolutionäre Logik der Jagdmagie-Hypothese. Selbst wenn die Urheber geglaubt hätten, bestimmte Tierarten ließen sich magisch vermehren, ein solcher Glaube kann nicht der evolutionäre Grund für das Entstehen von Kunst gewesen sein. Magie ist bekanntlich ein denkbar ungeeignetes Mittel, um Jagderfolg zu sichern. Warum sollte sich ausgerechnet ein Menschentypus durchsetzen, der die wahnwitzige Idee kreiert, Jagderfolg ließe sich magisch erzwingen? Sämtliche Menschenarten davor hatten die geeigneten Mittel gekannt: genaue Kenntnisse über die Verhaltensweisen von Beutetieren, jägerisches Können sowie geeignete Waffen! Die dargestellten Arten, so kann man Claude Levi-Strauss' Abrechnung mit dem Totemismus auf die Eiszeitkunst ausweiten, wurden nicht ausgewählt, »weil sie ›gut zu essen‹ sind, sondern weil sie ›gut zu denken‹ sind«. (1962)

Wie kein anderer hat André Leroi-Gourhan zur Aufklärung dieses Denkens beigetragen. Bei seinem Versuch, die Bedeutung dieser Bilder und Zeichen zu entziffern, hat er jeden Quadratmeter von Dutzenden der bemalten Höhlen untersucht. Sein Vergleich von rund 2000 Tierdarstellungen in mehr als 60 Höhlen führte zu einem überraschenden Ergebnis.

Die große Zahl der über Südfrankreich und Nordspanien verstreuten Höhlen, die über Zeiträume von Jahrtausenden hinweg ausgemalt worden sind, hätte eine eher zufällige Anordnung der Motive erwarten lassen. Wären die Künstler ihren persönlichen Eingebungen gefolgt, hätten sie nur Jagdereignisse oder Naturbeobachtungen wiedergeben wollen, dann wäre alles, nur keine Ordnung zu erwarten gewesen. Tatsächlich aber fand Leroi-Gourhan, daß die Motive und ihre Anordnung in verschiedenen Höhlen, die zu unterschiedlichen Zeiten ausgemalt worden waren, auffallende Regelmäßigkeiten aufwiesen. Es schien, als habe ein übergeordnetes Gedankensystem die Künstler über Jahrtausende hinweg verbunden.

Die zentrale »Halle« der aus einem durch lange Gänge verbundenen System von Kavernen bestehenden Höhlen war von Auerochsen, Bisons, Pferden besetzt, die in Verbindung mit Frauendarstellungen bzw. weiblichen Symbolen wie stilisierten Darstellungen der Vulva auftraten. Als nächstwichtige Tiergruppe um diese Zentralposition herum gruppiert erschienen Hirsche, Steinböcke und Mammuts (Arten, die auch im Eingangsbereich vorherrschten) in Verbindung mit Zeichen, die Leroi-Gourhan dem Prinzip des Männlichen zuordnete. Gefährliche Tiere wie Bären, Rhinozerosse und Löwen waren dagegen in die hintersten Kammern der Höhlen verbannt.

Aufgrund dieser Regelmäßigkeiten folgerte Leroi-Gourhan – und unabhängig von ihm Annette Laming-Emperaire –, das Weltbild der Eiszeitmenschen müsse auf dem Dualismus von Männlich und Weiblich beruht haben. In der naheliegenden Assoziation von Speer und Phallus, sowie Wunde und Vulva lag für ihn auch der Schlüssel zum Verständnis der »verwundeten« Tiere, die eines der Indizien für die Jagdmagie-Hypothese gewesen waren. (Leroi-Gourhan 1971)

Daß auch diese Theorie nicht unwidersprochen blieb, sollte angesichts der vollständigen Unkenntnis der Riten und Mythen der Urheber dieser Kunst niemanden verwundern. Über das, was die Tiere und Zeichen konkret bedeutet haben, wissen wir nach wie vor nichts. Unangefochten ist jedoch eine allgemeinere Erkenntnis: Die Kunst ist religiösen Ursprungs.

Die gleichen Motive wie in der Höhlenmalerei finden sich auch in der tragbaren Kunst. Die Statuetten, Ritzzeichnungen und verzierten Gebrauchsgegenstände stellen, wenn auch in anderer Häufigkeit, die gleichen Tierarten, Menschen und Zeichen dar. Bedenkt man, daß die Höhlenkunst aus geologischen Gründen auf Südfrankreich und Nordspanien begrenzt ist, während tragbare Kunst in ganz Europa und Teilen Asiens hergestellt wurde, dann gewinnt man eine Vorstellung der zeitlichen und räumlichen Kontinuität der Eiszeitkulturen. Es scheint, als hätten ähnliche Glaubensvorstellungen die Bewohner Eurasiens über einen Zeitraum von 20 000 Jahren miteinander verbunden.

Die gründlichen Untersuchungen von Alexander Marshak erhärten diese Schlußfolgerungen. Anstatt mit einem durch das Industriezeitalter geprägten Kopf »steinzeitlich« zu denken, entwickelte Marshak in den sechziger Jahren die fruchtbare Idee, das materielle Substrat der ältesten Kunst zu erforschen. Unter dem Mikroskop – bzw. im Fall der Höhlenmalerei mit Hilfe spezieller photographischer Verfahren – suchte er Hunderte von Kleinplastiken und Malereien nach Spuren ihrer Herstellung und Benutzung ab und entdeckte erstaunliche Gemeinsamkeiten. (Marshak, nach Herbig 1984)

Eine Vielzahl von Werken, Kleinplastiken ebenso wie Höhlenmalereien, war mit Spuren eines intensiven rituellen Gebrauchs übersät. Realistische Tier- und Menschendarstellungen wiesen zusätzliche Einkerbungen auf. Da sie von Steinspitzen verschiedener Stärke stammten, mußten sie im Verlauf längerer Zeiträume allmählich hinzugefügt worden sein. Viele Werke trugen eingekerbte wellen- oder zickzackförmige Linien. Ritzzeichnungen waren öfters nachgeritzt worden. In Höhlen hatten spätere Benutzer vorhandene Bilder immer wieder übermalt, neue Figuren und ergänzende Zeichen hinzugefügt oder Handabdrücke hinterlassen. So als wären sie mit farbbestäubten Händen betastet worden, trugen größere, in Stein gekerbte Reliefs noch Spuren von Ocker. Grate und Kanten kleinerer Plastiken waren vom langen Tragen oder häufigen Betasten regelrecht rundgeschliffen worden. Am Ende ihres Gebrauchs scheinen manche Kleinplastiken durch Einkerbungen magisch getötet worden zu sein.

Marshaks Untersuchungen wiesen auf ein einheitliches Prinzip hin. Die Kunst hatte rituellen Zwecken gedient. Wahrscheinlich haben die Eiszeitmenschen geglaubt, durch Herstellen, Tragen, Berühren oder Markieren von Bildern und plastischen Figuren ließen sich Kräfte aktivieren, die in Beziehung zur Wirklichkeit ihres Lebens standen. Noch in unserem Jahrhundert ist das gleiche Phänomen bei überlebenden »Wilden« beobachtet worden.

Wissenschaftlich aufgeklärt, ordnen wir solche Kräfte dem »Übernatürlichen« zu. Wir grenzen sie damit gegenüber einem Bereich ab, in dem die Naturgesetze gelten. »Wilde« dagegen kannten keine Naturgesetze, die unabhängig von göttlicher Intervention den Ablauf der Dinge nach allgemeinen Gesetzen regeln. Daher sahen sie in Kräften, die wir »übernatürlich« nennen würden, die Ursache all dessen, was sich in der Natur und im menschlichen Leben ereignete. Der Fall eines Steins, das Wachsen der Pflanzen, Krankheit und Tod eines Menschen, der Wanderzug einer Tierherde wurden von unsichtbaren Mächten gelenkt.

In anderen Worten, die früheste Kunst war aus dem Stoff des Religiösen gemacht. Religion aber sei als ein System von Riten und Glaubensvorstellungen verstanden, das Émile Durkheims Charakterisierung entspricht: Für den großen französischen Soziologen besteht das grundlegende Merkmal aller Religionen in der Abgrenzung des Heiligen vom Profanen. Das Heilige ist unantastbar, ihm begegnet der dem Profanen verhaftete Gläubige mit der Ehrfurcht, die er der moralischen Autorität seiner Gemeinschaft schuldet. Glaubensvorstellungen berichten ihm über heilige Dinge, und Riten schreiben ihm vor, wie er sich gegenüber dem Heiligen zu verhalten hat. (Durkheim 1912)

Damit läßt sich die Frage nach der evolutionären Bedeutung der Kunst nun sinnvoll formulieren. Anstatt zu rätseln, warum sich ein Menschentypus im Weltmaßstab durchsetzen konnte, der Zeit und Energie auf die Herstellung scheinbar nutzloser Gegenstände verschwendete, muß man die Funktionen religiöser Vorstellungen für das Leben von Jägern und Sammlern untersuchen.

4. Die Weisheit der Ahnen

Freilich kann die Untersuchung der Kunst der Eiszeitjäger die gewünschte Antwort nicht liefern. Die Werke waren Träger symbolisch verschlüsselter Botschaften, zu deren Entschlüsselung wir die Mythen und Riten der Eiszeitmenschen kennen müßten. Doch diese durch Sprache, Gesang, Tanz und Gesten überlieferten Traditionen sind für immer verschwunden.

Wie man am Beispiel ethnologisch erforschter »Wilder« leicht erkennen kann, ist jeder Versuch, von den Bildern zurück auf die Vorstellungswelt ihrer Schöpfer zu schließen, aussichtslos. Was könnte beispielsweise ein Archäologe ohne Kenntnis der Riten und Mythen der Ureinwohner des neuzeitlichen Australien aus der Zeichensprache der »Dschuringas« ableiten? Das sind runde oder ovale Ritualobjekte, die mit meist symmetrisch angeordneten Linien und Zeichen versehen sind.

Wenn sie auch nichts zur Deutung der religiösen Symbolik in der Kunst der Eiszeitjäger beisteuern kann, so erlaubt die Ethnologie dennoch wichtige Schlußfolgerungen über *allgemeine* Funktionen »primitiver« Religionen. Aus diesem Grund werde ich die mit den Dschuringas verbundene Vorstellungswelt der Uraustralier genauer untersuchen.* Die allgemeinen Schlußfolgerungen über die sozialen Ordnungsfunktionen solcher Religionen sind auch auf die Welt der Eiszeitjäger anwendbar. Sie werden dann in einem zweiten Schritt anhand des archäologischen Materials überprüft.

Für den eingeweihten Aborigine war die Botschaft auf den Dschuringas klar. Die Zeichen symbolisierten die Wanderungen und Taten vergöttlichter mythischer Ahnen. Wenn er als Mitglied seines Clans – einer wenige Dutzend Mitglieder umfassenden Gruppe, die sich von einem gemeinsamen mythischen Ahnen herleitete – einen unanfechtbaren Anspruch auf sein Territorium hatte, so nicht durch menschliche Macht. Der Aborigine wußte, daß sein Ahne in der »Traumzeit« in dieses Territorium gewandert war und – ebenso wie die Ahnen aller übrigen Clans in deren Territorien – in einem gigantischen Schöpfungswerk die Welt und ihre Ordnung für alle Zeiten geschaffen hatte.

Jeder der ungezählten Clans, denen die etwa 300 000 Ureinwohner des fünften Kontinents zu Beginn des 19. Jahrhunderts angehört haben, verdankte das Anrecht auf sein Stück Land allein den Schöpfertaten seines mythischen Ahnen. Aus amorpher Materie hatten diese die Landschaft mit ihren Hügeln und Ebenen, mit Wüsten, Wasserlöchern und Flüssen geformt; sie hatten die menschliche Kultur geschaffen und ihren Nachfahren sogar das Leben bis ins kleinste Detail vorgelebt. Wenn die Menschen in langatmig erzählten Mythen die Wanderungen und Taten ihrer Ahnen wieder und wieder beschworen, wenn sie sich mit Hilfe von Lehm, Blut und Emuflaum selber in jene bizarren Vorzeitwesen verwandelten, um in ihren Riten die Wanderungen und Taten der Ahnen nachzuvollziehen, so taten sie es, um die ursprüngliche Schöpfungsordnung neu zu beleben.

Man könnte daher vermuten, die Dschuringas seien die von gottähnlichen Wesen ausgestellten Besitzurkunden der Clans auf ihre jeweiligen Territorien. Jedem Clan sein Stück Land, in dem er leben

---

* Eine ausführliche Darstellung mit Literaturangaben findet sich in Herbig (1984).

und seine Riten vollziehen mußte, verbrieft und gesiegelt auf den Dschuringas und durch die Autorität des Heiligen vor der Begierde böser Nachbarn geschützt. Aber das wäre nur die halbe Wahrheit.

Ein Zensus in vorkolonialer Zeit hätte ein verwirrendes Ergebnis erbracht. Als Mitglied eines Clans war zwar jeder Aborigine »Mitbesitzer« eines bestimmten Territoriums, aber zu jedem Zeitpunkt befanden sich mehr Menschen außerhalb des eigenen Gebiets als innerhalb. Die Auflösung des Paradoxons führt unmittelbar zu einer Antwort auf die Frage nach dem Selektionsvorteil religiöser Ordnungssysteme.

Daß Lebewesen territorial gebunden sind, wurde ursprünglich bei Tieren entdeckt. Angehörige vieler Arten markieren bestimmte Gebiete durch Geruchsstoffe, durch Gesten oder Laute und verteidigen den so festgelegten Anspruch gegen jeden gebietsfremden Artgenossen. Der evolutionäre Vorteil dieses angeborenen Verhaltens besteht in der gleichmäßigen Verteilung der Mitglieder einer Art innerhalb größerer Regionen und in der Vermeidung unnötiger Gebietskämpfe. Territorialität kann zum Beispiel Nahrungsmangel und Raubbau durch zu hohe Bevölkerungsdichte verhindern. Die gleiche Territorialität, so haben Verhaltensforscher gefolgert, scheint auch das menschliche Verhalten zu beherrschen. Die Tatsache, daß selbst nomadisierende Jäger und Sammler wie die Aborigines Territorien gegenüber Nachbargruppen »abgrenzen«, läßt auf ähnliches Verhalten schließen.

Diese Gleichsetzung vernachlässigt jedoch das entscheidende Element des menschlichen Territorialverhaltens. Die *angeborene* Verhaltensweise der »Territoritalität« wird *kulturell* interpretiert. Das Beispiel der Aborigines zeigt dies deutlich. Kulturfähigkeit erlaubt es dem Menschen, sein Territorialverhalten nach menschengeschaffenen Normen zu bestimmen. Sie schafft damit die Grundlagen für vollkommen neue, komplexere und besser angepaßte Territorialordnungen als im Tierreich.

Im Gegensatz zur *genetisch* programmierten Territorialität des Tieres, das jeden Gebietsfremden bekämpft, verlangte die *kulturelle* »Landbesitzordnung« der Aborigines ausdrücklich die Zusammenarbeit zwischen verschiedenen Clans. Die wichtigsten Riten konnten nur gemeinsam von Mitgliedern mehrerer Clans vollzogen werden. Heiratsregeln von absurd anmutender Starrheit, deren Bruch in der alten Zeit den Tod bedeutete, schrieben einem Mann vor, seine Frau außerhalb des eigenen Clans unter den Angehörigen genau festgelegter anderer Clans zu suchen.

Beides – Heiratsregeln, die Ehen zwischen Angehörigen verschiedener Clans erzwangen, und Riten, die nur durch Zusammenarbeit zwischen Angehörigen verschiedener Clans gelangen – diente dem gleichen Zweck: Mitglieder verschiedener Territorialgruppen mußten Partner werden. Denn mit jeder Partnerschaft übertrugen sich Menschen gegenseitig Nutzungsrechte an ihren jeweiligen Territorien.

Während sich im angeborenen tierischen Territorialverhalten Gebietsanspruch und Nutzung stets decken, räumte die religiös vermittelte Territorialordnung der Aborigines *systematisch* Nutzungs-»rechte« auch außerhalb des angestammten Gebiets ein. Da der Mensch von Tieren abstammt, muß sich die Möglichkeit, Territorialverhalten aufgrund kultureller Normen zu regeln, irgendwann im Verlauf der menschlichen Vorgeschichte in Anpassung an ein Jäger- und Sammlerdasein entwickelt haben. In welcher Phase unserer Evolution das geschah, sei am Ende des Kapitels diskutiert. An dieser Stelle werde ich zunächst den Selektionswert dieser Fähigkeit untersuchen.

Der Vorteil einer solchen *kulturellen* Regelung von Gebietsansprüchen und Nutzungsrechten gegenüber der *angeborenen*, genetisch programmierten Territorialität liegt in der wirtschaftlichen Nutzung größerer Gebiete. Im Wechsel der Jahreszeiten und der Jahre war das Nahrungsangebot der meisten Territorien erheblichen Schwankungen unterworfen. In einem von Savanne umgebenen Flußbecken mochte im Frühjahr ein Überfluß an eßbaren Pflanzen, Wild, Fisch und Schalentieren herrschen, weitaus mehr als der Clan dieses Landes je hätte verprassen können. Während dort Überfluß herrschte, war in den Gebieten der angrenzenden Clans die Nahrung dagegen relativ knapp. Im Spätsommer jedoch, wenn der Fluß ausgetrocknet war, konnte in der größeren Region Nahrung nur noch weit verteilt in der Savanne zu finden sein.

Den ökologischen und klimatischen Gegebenheiten entsprechend wurde die Region auch genutzt. Je nachdem wo Nahrung zu finden war, verteilten sich ihre Bewohner in Gruppen wechselnder Größe und Zusammensetzung über das Land. Im Frühjahr trafen sie sich zu Hunderten zum Fischen, Krebsfang und Muschelsammeln am Flußbecken. Im Spätsommer, wenn Nahrung in der gesamten Region relativ knapp wurde, verteilten sie sich in kleinen Gruppen weit in der Landschaft.

Die in der Schöpfung der Ahnen rituell verankerte Clanordnung und das mit ihr verbundene Verwandtschaftssystem bildeten das soziale Gerüst für diese Form der Landnutzung. Ungeachtet angestammter territorialer »Rechte« konnten Menschen innerhalb des größeren Gebiets der rituell miteinander verbundenen Clans jeweils dorthin ziehen, wo es ausreichend Nahrung und Wasser gab.

Da ein Wildbeuterleben in den meisten Regionen eine Vorratswirtschaft ausschloß, schuf die *kulturelle* Landbesitz- und Nutzungsordnung die zum Überleben notwendige wirtschaftliche Sicherheit. Das Clansystem der Aborigines war das in Form von Mythen und Riten gespeicherte Ergebnis einer langen kulturellen Anpassung von Menschengruppen an die ökologischen und klimatischen Gegebenheiten Australiens. In Australien und anderswo hat kulturelle Anpassung des Territorialverhaltens zu einem denkbar vernünftigen Ergebnis geführt: Hunger und Not ließen sich am besten durch Zusammenarbeit zwischen mehreren Gruppen überbrücken, die unterschiedlichen Territorien entstammten.

Die Religion der Aborigines bildete so die Grundlage zu einer weitaus zweckmäßigeren Form der Landnutzung, als es gleichintelligenten, genetisch jedoch an einzelne Territorien fixierten Lebewesen möglich gewesen wäre. Die Territorien solcher hypothetischen Lebewesen hätten so weit ausgedehnt werden müssen, bis jedes einzelne groß genug gewesen wäre, um der in ihm lebenden Gruppe jederzeit Nahrung und Wasser zu bieten. Auf Grundlage einer Wildbeuterökonomie hätte Australien in diesem Fall nur einen Bruchteil seiner 300000 Ureinwohner tragen können.

Entwickelt hat sich dieses System im Verlauf eines kulturellen Lernprozesses menschlicher Gruppen in Auseinandersetzung mit den natürlichen und sozialen Gegebenheiten Australiens. Der Einfluß der Natur läßt sich in den Wüsten Westaustraliens deutlich erkennen. In diesen Wüsten, die zu den unwirtlichsten Lebensräumen der Erde zählen, erzwangen Heiratsregeln von absurd anmutender Ausschließlichkeit Verbindungen zwischen Angehörigen von Clans, deren Territorien Hunderte von Kilometern auseinanderlagen. Dort mußte ein Mann sich seine Frau unter den Töchtern einer Tochter des Bruders seiner Großmutter in mütterlicher Linie suchen.

Der Sinn solcher Ordnungen wird verständlich, wenn man die ökologische und klimatische Gleichförmigkeit der Region bedenkt. Die Chance, in Zeiten der Dürre noch Wasser und Nahrung zu finden, wuchs dort mit zunehmender Entfernung vom eigenen Gebiet. Die Heiratsregeln mußten daher Partnerschaften zwischen weit entfernten Menschen erzwingen, d. h. zwischen Angehörigen von Territorialgruppen aus klimatisch und ökologisch verschiedenartigen Regionen.

Wenn der Uraustralier mehr Zeit seines Lebens außerhalb als innerhalb des eigenen Territoriums verbrachte, so aufgrund wirtschaftlicher Notwendigkeit. Das bedeutete indessen nicht, den territorialen Anspruch aufzugeben. Im Gegenteil, als Angehöriger eines Clans blieb er weiter Mitglied der land»besitzenden« Gruppe, die für die Durchführung der mit ihrem Territorium verbundenen Riten verantwortlich war. Sie zu versäumen hätte die Schöpfungsordnung gefährdet – und für die Aborigines wäre das dem Weltuntergang ziemlich nahegekommen. In der Vorstellungswelt der Aborigines konnte die Schöpfungsordnung nur als Ganzes erhalten werden. Jeder der unzähligen Clans des gesamten Kontinents mußte die mit seinem Territorium verbundenen Riten durchführen.

Was es bedeutet, Sozialverhalten symbolisch zu regeln, läßt die symbolisch verschlüsselte Zeichensprache auf den Dschuringas erkennen. Wenn die Mitglieder eines Clans viele Tagesmärsche vom eigenen Gebiet entfernt die vorgeschriebenen Riten durchführten, dann ersetzten die Dschuringas die wirkliche Landschaft. Anstelle der Hügel und Ebenen, der Wasserstellen, eines vertrockneten Baums und anderer markanter Stellen des wirklichen Gebiets trat ein heiliges Stück Holz, auf dem Linien, Ellipsen, Kreise und andere Zeichen die Wanderungen und Taten der mythischen Ahnen in einem hundert Kilometer entfernten Territorium symbolisierten. Rituell waren Symbol und Wirklichkeit gleichwertig.

5. Ordnung in der Wildnis

Verallgemeinern wir nun vom Beispiel der kulturellen Regelung menschlichen Territorialverhaltens bei den Aborigines auf die Gesamtheit der sozialen Funktionen »primitiver« Religionen. Aus einer Vielzahl ethnologischer Beobachtungen lassen sich vier *allgemeine* Schlußfolgerungen ziehen. Sie gelten ebenso für das Leben in tropischen Steppen wie eiszeitlichen Tundren. (vgl. Herbig 1984)

1. Für »Wilde«, die kein kodiertes Recht kannten, bildete allein der Glaube an eine durch die Autorität des Heiligen geschützte Ordnung die Grundlage zur Regelung sozialer Beziehungen. Religiöse Vorstellungen stellten innerhalb der Gemeinschaft der rituell miteinander verbundenen Territorialgruppen (im Fall der Aborigines: Clans) die zum Überleben in der Wildnis notwendigen Partnerschaften her.

Innerhalb größerer Regionen bildeten sich lose Verbände aus mehreren Territorialgruppen von durchschnittlich 500 bis 1000 Menschen. Die Mitglieder dieser größeren Verbände sprachen eine gemeinsame Sprache, vollzogen zusammen bestimmte Riten, heirateten meist untereinander und unterstützten sich wirtschaftlich. In der ethnologischen Literatur werden diese Einheiten »Stämme« genannt. Solche Stämme verfügten über keine andere zentrale Autorität, die ihre Elemente zusammengehalten hätte, als Glauben, Sprache und verwandtschaftliche Beziehungen zwischen ihren Mitgliedern. Ihre stabilsten Einheiten waren die Familienverbände, aus denen sie bestanden.

2. Vermittlung zwischen Natur und Kultur war eine weitere Funktion »primitiver« Religionen. Mythen beschrieben die Stellung des Menschen in der Welt. Indem sie die Riten und Bräuche, die Wirtschaftsform und soziale Institutionen auf Schöpfertaten göttlicher Wesen zurückführten, legitimierten Religionen die kulturellen Traditionen der Gemeinschaft der Gläubigen.

Bestimmte Arten, die Natur zu nutzen, konnten erlaubt, ja ausdrücklich verlangt, andere dagegen verboten sein. Die Mythen vieler Jägerkulturen berichten zum Beispiel von einem »Herrn« oder einer »Herrin der Tiere«, die das Wild beschützten. Sie belohnten nur die Jäger mit Beute, die ihre Gebote befolgten. Andere dagegen, die sie mißachteten, wurden mit Mißerfolg, Krankheit oder Tod bestraft.

3. Riten brachten Struktur in das menschliche Leben. Kritische Übergangsphasen im Naturablauf – zwischen Winter und Frühjahr, zwischen Trockenperiode und Regenzeit – mußten von Riten begleitet werden, und auch die Übergänge des menschlichen Lebens – Geburt, Pubertät, Heirat, Krankheit und Tod – erforderten rituelle Absicherung.

4. Die Notwendigkeit, sich zu bestimmten Anlässen zu treffen, um gemeinsame Riten durchzuführen, vereinigte die sonst weit in der Wildnis verstreuten Gruppen. Indem sie das Auseinanderfallen der durch keine andere Autorität gebundenen Gemeinschaft lokaler Gruppen verhinderte, grenzte die rituelle Ordnung innerhalb des Stammes auch gegenüber Nachbarstämmen ab.

In der Sicht eines vom Denken Darwins und Durkheims infizierten Europäers sind solche Glaubenssysteme natürlich nicht das Werk mythischer Weltenschöpfer. Vielmehr stellen sie das evolutionär entstandene kollektive Bewußtsein menschlicher Gemeinschaften dar. »Diese kollektiven Vorstellungen«, so hat schon Émile Durkheim zu Beginn dieses Jahrhunderts erkannt, »sind das Ergebnis einer ungeheuren Zusammenarbeit, die sich nicht nur im Raum, sondern auch in der Zeit ausdehnt. Um sie aufzustellen, haben eine Vielzahl von Geistern ihre Ideen und ihre Gefühle zusammengeworfen, vermischt und kombiniert; viele Generationen haben hintereinander ihre Erfahrung und ihr Wissen angehäuft.« (1912)

Ohne eine höhere planende Instanz als diejenige ungezählter Generationen lebender Menschen, die zwar bewußt handelten, aber blind für die übergeordneten Folgen ihrer Handlungen nur den Traditionen ihrer Gemeinschaft folgten, bildeten sich im Verlauf von Jahrtausenden stabile Sozialordnungen, deren evolutionäre Zweckmäßigkeit alles Planbare übertraf.

Die Anpassung an die sozialen, ökologischen und klimatischen Gegebenheiten des Lebensraums vollzog sich in Wechselwirkung zwischen den kulturellen Traditionen der Vorfahren und den Erfahrungen der Lebenden. Im Verlauf ihrer Sozialisation übernahm jede neue Generation das in religiösen Ordnungen verschlüsselte kollektive Wissen ihrer Vorfahren. Sie wandte es im Verlauf ihres eigenen Lebens an, erprobte es und gab es vielleicht geringfügig verändert an die Nachkommen weiter.

Die erprobten Handlungsmuster der Individuen in der Gruppe, die der Gruppen innerhalb größerer Verbände sowie im Verhältnis zur Natur verdichteten sich so im Verlauf von Jahrhunderten zu verbindlichen kulturellen Traditionen. Durch die Aura des Heiligen vor der Anfechtung durch das Individuum geschützt, vereinigten »primitive« Glaubenssysteme Naturkenntnisse, technische und ökonomische Traditionen sowie soziale Ordnungsprinzipien menschlicher Gemeinschaften mit religiösen Elementen.

6. Götter anstelle von Genen

Menschen und Tiere haben gemeinsame Vorfahren. Daher gibt es keinen vernünftigen Zweifel, daß auch in der menschlichen Ahnenreihe angeborene genetische Programme das Sozialverhalten geregelt haben, so wie sie es heute bei Menschenaffen tun. Die Evolution des Religiösen weitete die menschlichen Denk- und Handlungsmöglichkeiten daher in neue Dimensionen aus. Der Glaube an eine für das menschliche Handeln verbindliche göttliche Ordnung schuf die Grundlagen für eine der *biologischen* überlegene *kulturelle* Regelung von Sozialbeziehungen.

Die Evolution des Religiösen war Voraussetzung dafür, daß soziale Beziehungen innerhalb größerer Verbände und das Verhältnis zur Natur nach kulturellen Normen geregelt werden konnten. Religiöse Ordnungen, in denen gottähnliche Wesen die obersten Maximen menschlicher Gesellschaften verkörperten, nicht mehr angeborene Programme, lieferten die Struktur für das Denken und Verhalten von Menschen. Die angeborenen Verhaltensweisen wurden nun kulturell interpretiert.

Das Ausmaß und die Tragweite dieser evolutionären Neuerung zeigen sich vor dem Hintergrund des Verhaltens unserer nächsten tierischen Verwandten, der Menschenaffen. Lernen und intelligente Beurteilung wechselnder Umweltsituationen spielen bei ihnen zwar eine wichtige Rolle, aber dennoch liefern die angeborenen Programme weiter eine feste Verhaltensstruktur. Tierische Verhaltensprogramme sind Ergebnisse evolutionärer Anpassung der Art an einen bestimmten Lebensraum. Um in neue Lebensräume vorzudringen, müssen sich auch neue Verhaltensprogramme entwickeln. Die Anpassung an den Lebensraum erfolgt als unendlich langsamer genetischer Prozeß. Als Folge entstehen auf diese Weise häufig auch neue biologische Arten, die mit Angehörigen der ursprünglichen Art keine fruchtbaren Nachkommen mehr zeugen können.

Kulturelle Anpassung dagegen vollzieht sich in weitaus kürzeren Zeiträumen. Wie das Beispiel der Territorialität in Australien zeigte, macht sie außerdem eine sehr viel zweckmäßigere Nutzung des Lebensraums möglich. Ein und dieselbe Art kann durch kulturelle Anpassung die unterschiedlichsten Lebenszonen zwischen Polarkreis und dem Äquator besiedeln. Nicht zuletzt ist kulturelle Anpassung die Voraussetzung dafür, daß Menschen in den unterschiedlichsten Gesellschaftsformen von der Kleingruppe bis zur Massengesellschaft des 20. Jahrhunderts leben können.

Diese Freiheit gegenüber angeborenen Verhaltensprogrammen barg jedoch die Gefahr sozial destruktiven Verhaltens. Durch angeborene Verhaltensprogramme gebunden, können gruppenbildende Tiere nicht (bzw. nur in Ausnahmefällen) täuschen. Im Gegensatz dazu bedeutete beim Menschen die relative, kulturelle Freiheit gegenüber angeborenen Verhaltensprogrammen auch die Freiheit zu täuschen. Nicht durch angeborene »Loyalität« gegenüber der Gemeinschaft gebunden, kann der Einzelne seine Intelligenz dazu einsetzen, sich auf Kosten der Gemeinschaft Vorteile zu verschaffen.

Im selben evolutionären »Augenblick«, als in der menschlichen

Ahnenreihe die Freiheit gegenüber angeborenen Verhaltensprogrammen wuchs, entstand daher das Problem der Täuschung. Eine Gemeinschaft aber kann auf Dauer nur bestehen, wenn es in bestimmten, für das gemeinsame Überleben entscheidenden Fragen unanfechtbare Gewißheiten gibt.

Die Evolution des Religiösen schuf die Voraussetzung für die kulturelle Lösung des Problems. (Rappaport 1971) Durch Abgrenzung des für den Gläubigen unantastbaren Bereichs des Heiligen schuf sie die Instanz zur Kontrolle sozial destruktiven Verhaltens. Der Bezug auf das Heilige stellte die erforderliche, durch die Vernunft und den Eigennutz der Individuen nicht anfechtbare übergeordnete Bindung an den übergeordneten Zweck der Gemeinschaft her. Vor diesem evolutionären Hintergrund ist Durkheims berühmtes Postulat zu verstehen, nicht die Götter, sondern die menschliche Gesellschaft seien das wirkliche Objekt religiöser Verehrung. Die geheiligten Normen des Lebens zu verletzen, forderte die Vergeltung durch Götter heraus: Scheitern, Krankheiten, Naturkatastrophen, Hunger und Tod.

Diese Lösung wiederum, Verhalten durch religiöse Ordnungen zu lenken, ist unmittelbar mit der besonderen Art des menschlichen Bewußtseins verbunden. Es ist ein Bewußtsein, das die Wirklichkeit nicht als gegeben hinnimmt, sondern hinter der Welt der Erscheinungen nach Ursachen sucht. Diese Suche ist die Ursache sowohl der technischen als auch der moralischen Fähigkeiten des Menschen. Sie erlaubt es, hinter den scheinbar unzusammenhängenden Phänomenen der Natur und der sozialen Umwelt Bedeutungen zu erkennen und Beziehungen herzustellen. Die Antwort auf die Frage nach Sinn und Notwendigkeit hinter der Wirklichkeit fand das religiöse Denken in einer für das menschliche Handeln und für den Naturablauf verbindlichen kosmischen Ordnung: Götter hatten die Welt geschaffen und die Menschen verpflichtet, die Schöpfungsordnung zu erhalten.

Die Evolution des Religiösen ist somit der Wendepunkt, an dem die Familie der »Hominiden« sich vom intelligenten, werkzeugherstellenden Tier erst zum Menschen entwickelte. Nachdem Erfahrungen menschlicher Gemeinschaften in Form von Glaubensüberzeugungen und Riten gespeichert werden konnten, entstanden in Wechselwirkung zwischen menschlichem Handeln und Beobachtung der Folgen kulturelle Ordnungen, in denen sich die Erfahrungen von Jahrtausenden ansammelten. Jede neue Generation konnte in den wenigen Jahren der Sozialisation das Ergebnis einer langen evolutionären Anpassung an die natürlichen und sozialen Gegebenheiten ihres

Lebensraums übernehmen. Sie erprobte sie im Verlauf ihres Lebens und gab sie, vielleicht geringfügig verändert, an ihre eigenen Nachkommen weiter. Der kumulative Lernprozeß der Kultur begann. Kulturelle Evolution überflügelte nun die biologische.

7. Ordnung und Entwicklung in der Welt der Eiszeitjäger*

Bisher habe ich aus ethnologischen Beispielen allgemeine Schlußfolgerungen über allgemeine Funktionen religiöser Ordnungssysteme für ein Wildbeuterleben gezogen. Diese Schlußfolgerungen seien nun an archäologischen Funden aus der Zeit der Eiszeitjäger überprüft.

Die ältesten Hinweise auf ein Bewußtsein, das die Wirklichkeit nicht mehr selbstverständlich hinnahm, sondern nach Ursachen und Bedeutungen hinter der Welt der Erscheinungen suchte, finden sich im Totenritual des Neandertaler vor etwa 70000 Jahren. Selektion in einer »bewußtseinslosen« Natur kann ein solches Phänomen nicht hervorbringen. Denn evolutionär haben Tote ihre Schuldigkeit getan. Sie zu bestatten, verschafft nicht den geringsten Selektionsvorteil. Es bedarf eines Denkens, das nach den Ursachen von Leben und Tod fragt und sich für eine Bestattung und für Grabbeigaben wie Ocker, Blumen und Steinwerkzeug entscheidet.

Deutlicher ausgeprägt erscheint dieses Bewußtsein jedoch erst beim modernen Menschen vor etwa 35000 Jahren. Er bestattete nicht nur vereinzelt Tote, sondern entwickelte die umfassenden religiösen Ordnungssysteme, von denen die Kunst der Eiszeitjäger zeugt. Parallel zur Entwicklung der Kunst zeigen die archäologischen Funde deutlich die vorausgesagte Beschleunigung der kulturellen Evolution:

Als wären die Werkzeugformen in die Köpfe programmiert gewesen, waren vor *Homo sapiens* sämtliche Vormenschenarten bereits mit den für sie charakteristischen Steinwerkzeugen auf der evolutionären Szenerie erschienen. Veränderung und Entwicklung sind auch in Zeiträumen von hunderttausenden Jahren kaum feststellbar. »Haben Sie einen Faustkeil gesehen, dann kennen sie alle«, dieser vielzitierte Ausspruch eines Archäologen kennzeichnet das Standardwerkzeug, das

---

* Dieser Abschnitt resümiert die ausführliche Darstellung in meinem Buch *Im Anfang war das Wort* (1984). Dort finden sich auch Literaturangaben.

Die Welt der Eiszeitjäger 75

Homo erectus während einer Million Jahre weitgehend unverändert hergestellt hat.

Der Entwicklungsstand und die Gleichförmigkeit aller Kulturen vor *Homo sapiens* sind weitere Indizien für die Abhängigkeit der kulturellen Evolution von der biologischen. Beginnend mit *Homo habilis*, der vor zweieinhalb Millionen Jahren die ersten Steinwerkzeuge herstellte, bis zum Erscheinen der frühen Vertreter von *Homo sapiens* vor etwa 300 000 Jahren traten grundsätzlich neue Werkzeugtypen nur in Verbindung mit neuen Vormenschenarten auf. Einmal vorhanden, wurden sie, falls überhaupt, nur in unendlich langen Zeiträumen weiterentwickelt.

Es scheint, als sei die kulturelle Evolution dieser Phase von genetischen Veränderungen abhängig gewesen. An Kriterien der Verhaltensforschung gemessen, nach denen jedes universale Verhaltensmerkmal angeboren ist, gleicht die Werkzeugherstellung während zwei Millionen Jahren eher einer angeborenen Verhaltensweise als einem kulturellen Verhalten, so wie wir den Begriff »Kultur« *heute* verstehen.

Erstmals entwickelten die frühen Vertreter von *Homo sapiens* mit der sogenannten *Levallois*-Technik verschiedene Arten von Werkzeugen, die aufgrund kultureller Standards auch unterschiedlichen Verwendungszwecken angepaßt wurden. Dieses Verfahren wurde vom Neandertaler übernommen und langsam weiterentwickelt.

Doch erst nach dem Auftreten des modernen Menschen kam vor rund 35 000 Jahren die Wende: Die Werkzeuge wurden komplexer. Weitaus besser als die des Neandertaler, waren sie speziellen Verwendungszwecken angepaßt. Die Entwicklung der Werkzeugtechnik beschleunigte sich in – nach bisherigen Maßstäben – »atemberaubendem« Tempo. Technische Durchbrüche erfolgten in Zeiträumen von Jahrtausenden anstatt wie zuvor in Abständen von zehn- und hunderttausenden von Jahren: Speerschleuder, Pfeil und Bogen, Harpunen, Angelhaken, Fischreusen und wahrscheinlich auch Netze aus Pflanzenfasern, Nadeln zur Herstellung gutsitzender, wetterfester Fellkleidung und eine Vielzahl weiterer technischer Entwicklungen.

Zugleich weisen die archäologischen Funde auf zweckmäßigere Anpassung an vorgegebene Umweltbedingungen hin. Was sich beim Neandertaler schon angedeutet hatte, verstärkte sich beim modernen Menschen. Gruppen, die unterschiedliche Lebenszonen besiedelten, unterschieden sich nun auch anhand ihrer Technik. Die Technik wurde der jeweiligen Lebensweise angepaßt. Während sich die plumpen Speere der Neandertaler nur für die Jagd auf mittleres und größeres

Wild eigneten, wurden ab etwa 20000 v. Chr. Waffen für spezielle Verwendungszwecke entwickelt. Neben verbesserten Speeren zur Jagd auf Großwild wurden Speere mit kleinen Spitzen für die Jagd auf Niederwild und Vögel hergestellt. Erstmals verwendeten Menschen auch Mahlsteine zum Zerkleinern der Samen wildwachsender Getreidearten, ein Gerät, das später für die Entwicklung der Landwirtschaft so große Bedeutung bekommen sollte.

Die Entwicklung der figurativen Kunst spiegelt die Beschleunigung der kulturellen Evolution wider. Beginnend bei den 30000 Jahre alten, unbeholfenen Anfängen im *Aurignacien* bis zu den bewegten realistischen Tierszenen am Ende der Eiszeit wurde die eiszeitliche Welt aus Bildern, Zeichen und Schmuckgegenständen in einem Zeitraum von 20000 Jahren bis zum Höhepunkt im *Magdalénien* (16000 bis 10000 v. Chr.) weiterentwickelt.

Stile veränderten sich in Jahrtausenden. Hatte in der Frühphase der Tierdarstellung ab 30000 v. Chr. noch der Kopf das ganze Lebewesen vertreten, so erschienen um 25000 v. Chr. die ersten vollständigen Abbildungen. Die Silhouette erfaßte das Wesen des Tieres. Wiederum einige Jahrtausende später, ab 18000 v. Chr. vervollständigten anatomische Details die Darstellung. Nach 13000 v. Chr. begann man, Tiere realistisch und teilweise sogar in bewegten Szenen darzustellen. Gegen Ende der Eiszeit verbreitete sich ein gewisser Akademismus, in dem festgelegte Konventionen die Darstellung bestimmten.

In Zeiträumen von Jahrtausenden entstanden neue Traditionen. Im *Gravettien* (27000 bis 19000 v. Chr.) wurden die ersten Gebrauchsgegenstände mit Tierdarstellungen versehen, 10000 Jahre später, im *Magdalénien*, finden sich verzierte Gebrauchsgegenstände zu Hunderten. In dieser Phase gingen die Bewohner Südwesteuropas auch dazu über, die bis dahin auf den vorderen Teil begrenzte künstlerische Gestaltung von Höhlen bis tief ins Erdinnere voranzutreiben. Nun wurden auch noch die hintersten Kavernen, Hunderte von Metern vom Eingang entfernt, mit prächtigen Bilderfriesen ausgestattet: »Es scheint«, so resümiert Denis Vialou vom *Muséum national d'histoire naturelle*, »als habe die unterirdische Welt die Menschen des *Magdalénien* in ihren Bann gezogen«. (Vialou 1984, Leroi-Gourhan 1971)

Erstmals nach Auftreten des modernen Menschen gibt es Hinweise für das Zusammenwirken mehrerer Lokalgruppen in größeren Verbänden – den Stämmen des ethnologischen Beispiels aus Australien. Während sich Werkzeuge vor *Homo sapiens sapiens* hauptsächlich anhand ihrer Funktionen unterschieden hatten, erschienen nun Stile.

Gleichartige Werkzeuge der Bewohner verschiedener Regionen unterschieden sich anhand sekundärer Merkmale, die nichts mit der Funktion zu tun hatten. Stile gingen auf unterschiedliche handwerkliche Traditionen zurück oder sie kennzeichneten als prähistorische »Markenzeichen« die kulturelle Identität der Hersteller.

Das gleiche Phänomen findet sich in der Kunst. In der für die Eiszeitmenschen Eurasiens so charakteristischen »Zeichensprache« entwickelten sich »Dialekte« verschiedenartiger Symbole, anhand derer Paläoanthropologen kleinere regionale Gruppen innerhalb von Provinzen wie Südfrankreich oder Nordspanien unterscheiden können. Zugleich gibt es Hinweise, daß mehrere dieser lokalen Gruppen innerhalb größerer Territorien miteinander in ritueller Verbindung gestanden haben – so wie die Clans der Aborigines in der australischen Stammesgemeinschaft. In der berühmten Höhle von Altamira – wie auch in anderen Höhlen – sind Ansammlungen verschiedener charakteristischer Zeichen gefunden worden, die sonst nur einzeln an unterschiedlichen Fundorten einer größeren Region Nordspaniens auftreten. Die Paläoanthropologin Margaret Conkey vermutet daher in Altamira das rituelle Zentrum der verschiedenen Gruppen dieser Region. (1980)

Gemeinsame kulturelle Identitäten innerhalb von Stämmen verbinden die in größeren Gebieten verstreuten kleinen Menschengruppen. Erstmals treten neben den üblichen, wenige Quadratmeter umfassenden Lagern der Jäger- und Sammlergruppe von durchschnittlich zwei Dutzend Menschen auch sehr viel größere Siedlungsplätze auf wie La Madeleine, Solvieux, Laugerie haute oder Duruthy, in denen einige hundert Menschen für einen Teil des Jahres zusammenlebten. In Duruthy am Nordrand der Pyrenäen entstand am Ende der Eiszeit in Nähe der Winterweiden der Rentierherden ein regelrechtes Dorf. Durch Kontrolle der Rentierherden und Lachsfang nutzten seine Bewohner die gute Herbst- und Wintersaison. Anschließend, wenn mit der Frühjahrswanderung der Rentiere dort die Nahrung knapp wurde, verteilten sie sich in kleinen Gruppen über größere Landstriche.

Die Eiszeitjäger scheinen somit in einer geordneten und ziemlich friedlichen Welt gelebt zu haben. Archäologisch spricht nichts für die beliebte Hypothese, Krieg sei in dieser Phase unserer Evolution an der Tagesordnung gewesen. Kulturelle Grenzen trennten die aus mehreren Lokalgruppen bestehenden Stämme. Aber diese Grenzen waren durchlässig. Durch Kontakte zwischen benachbarten Gruppen konnten wertvolle Rohstoffe, begehrte Schmuckobjekte und kulturelle Traditionen Hunderte von Kilometern wandern und das eiszeitliche Europa als kulturelle Einheit verbinden.

»Hinter den Kunstwerken von Rußland und der Ukraine bis hinein nach Spanien« erkennt André Leroi-Gourhan »ein einheitliches religiöses System«. In einer Europa umspannenden gemeinsamen kulturellen Evolution breiteten sich künstlerische Traditionen, wirtschaftliche und technische Neuerungen über geographische und soziale Grenzen hinweg relativ schnell aus. (1971)

Die auf Nordspanien und Südfrankreich begrenzte Höhlenmalerei ist nur eine unter mehreren Ausdrucksformen. Im größeren Teil Eurasiens, wo vergleichbare Höhlen fehlen, traten an ihre Stelle die Vielzahl kleinerer tragbarer Objekte, Statuetten, in Elfenbein, Geweih oder Schieferplatten geritzte Zeichnungen, verzierte Gebrauchsgegenstände und Schmuck mit den gleichen Motiven wie in den Höhlen: Pferd, Bison, Auerochse, Mammut, Nashorn und Raubtiere sowie Menschen.

Die gleichen Motive und teilweise frappierend ähnliche Darstellungsformen waren in der Kunst des eiszeitlichen Eurasien vom Atlantik bis nach Malta am Baikalsee tief in Sibirien verbreitet. Die Verbreitung der Statuetten vom Typus der reifen Frau zwischen den Pyrenäen, Italien und der Ukraine im *Gravettien* (27000 bis 19000 v. Chr.) läßt die kulturelle Einheit der Welt der Eiszeitjäger erkennen. Die Modelle für die prachtvollen Frauen von Lespugue und Laussel in Frankreich, von Willendorf in Österreich, Grimaldi am Mittelmeer, Dolni Vestonice in Mähren, Kostjenki und Gagarino am Don mit ihrem runden Leib, ihren großen Brüsten und ihrem ausladenden Gesäß hätten Schwestern sein können.

Die archäologischen Funde bestätigen unser ethnologisches Modell der sozialen Funktionen religiöser Ordnungssysteme. Aus der spärlichen archäologischen Hinterlassenschaft halbnomadischer Eiszeitjäger läßt sich kein eindeutiges Bild eiszeitlicher Gesellschaften rekonstruieren. Aber soweit die Funde Rückschlüsse erlauben, entspricht der archäologische Befund den allgemeinen Schlußfolgerungen unseres ethnologischen Modells über die sozialen Funktionen religiöser Ordnungssysteme.

(A) Soziale Organisation: Stilbildung innerhalb größerer Territorien und stilistische Unterschiede der Artefakte von Bewohnern unterschiedlicher Territorien sind Anzeichen für die Entstehung kultureller Identitäten innerhalb solcher Gebiete – in anderen Worten: für die Bildung von Stämmen. Das Auftreten charakteristischer Zeichen einzel-

ner Gruppen an kleineren Lagerplätzen sowie das gemeinsame Erscheinen der Zeichen mehrerer Gruppen an Orten, an denen Riten zelebriert wurden, sind Anzeichen einer Stammesorganisation aus einer Anzahl lokaler Kleingruppen. In die gleiche Richtung weist auch die zeitliche Parallelität großer Lager von einigen hundert Menschen neben kleineren Lagerstätten lokaler Gruppen.

Schlußfolgerung: Die während eines Teils des Jahres über größere Gebiete verteilten kleineren Gruppen trafen sich in mehr oder weniger regelmäßigen Abständen, um örtlich und zeitlich auftretende Nahrungsüberschüsse zu nutzen, Riten zu vollziehen, Gaben auszutauschen, Familien zu gründen, Partnerschaften zu stiften usw. Glaubensvorstellungen und Riten verbanden die nur durch die religiöse Autorität des Heiligen gebundenen örtlichen Gruppen innerhalb von Stammesverbänden und grenzten diese wiederum gegenüber Nachbarstämmen ab. Das Erscheinen gleichartiger Motive in der religiösen Kunst der Eiszeitjäger Eurasiens sowie der wachsende Austausch von Rohstoffen und Schmuckgegenständen lassen erkennen, daß die Grenzen zwischen den einzelnen Stämmen durchlässig waren. Vermutlich spielten Glaubensvorstellungen auch bei der Regelung der Beziehungen zwischen Angehörigen verschiedener Stämme eine wichtige Rolle.

(B) Weltbild und Naturverhältnis: Auf welche Weise Glaubensvorstellungen und Riten das Weltbild und das Naturverhältnis der Eiszeitjäger prägten, läßt sich nicht rekonstruieren. Immerhin gibt Leroi-Gourhans Befund, daß die in der religiösen Kunst dominierenden Tierarten als Nahrung nur von untergeordneter Bedeutung waren, einen Hinweis auf kulturelle Faktoren im Weltbild und im Naturverhältnis. Auch zeigt das System der Anordnung der verschiedenen Arten in den Höhlen, daß die dargestellten Tiere Träger symbolischer Bedeutungen waren. Was sie symbolisierten, wissen wir nicht genau. Sicher jedoch ist, daß auch das Weltbild und das Naturverhältnis der Eiszeitjäger durch religiöse Vorstellungen und Vorschriften kulturell geprägt waren.

(C) Beschleunigung der kulturellen Evolution: Nicht weniger wichtig für unser Verständnis der Funktionen religiöser Ordnungssysteme ist die Beschleunigung der kulturellen Evolution. Gegenüber Neandertalerzeiten beschleunigten sich die Entwicklung von Werkzeugtechnik *und* – wie die wachsende Größe einzelner Siedlungen und die zunehmende Komplexität der Siedlungsstruktur zeigt – der sozialen Organisation parallel zueinander. Da kulturelle Veränderung weitaus schnel-

ler als genetische erfolgt, zeigt auch diese Beschleunigung, daß in der Entwicklung von Werkzeugtechnik *und* sozialer Organisation kulturelle Faktoren zunehmend über genetische dominierten.

Diese drei Punkte liefern ein Erklärungsmodell für die evolutionäre Durchsetzung des modernen Menschen gegenüber dem Neandertaler. Der Neandertaler starb nicht aus, weil er ausgerottet worden wäre. Er verschwand allmählich, nachdem ein neuer Menschentypus erschienen war, der sich der gleichen Umwelt *kulturell* besser anpassen konnte.

Schon wenige Jahrtausende nach Erscheinen des modernen Menschen entspricht nichts mehr dem Bild kleiner isolierter Horden, die in der Weite eines menschenleeren Kontinents verstreut den Tierherden folgen, wie es Hunderttausende von Jahren für diesen Teil der Erde charakteristisch gewesen war. Die Kontinuität dieser 20000 Jahre währenden kulturellen Evolution wurde erst durchbrochen, nachdem vor 12000 Jahren mit dem Schmelzen des Eises die Wälder vordrangen und das Verschwinden der riesigen eiszeitlichen Tierherden die Lebensbedingungen von Grund auf veränderte.

8. Jaguare und Schamanen

Wenden wir uns nun dem Verhältnis von Natur und Kultur in unserem Erkennen und Verhalten zu. Zur Vorbereitung sei an die beiden Thesen des biologischen Fatalismus erinnert: 1. Das Argument der »Evolutionären Ethik«: Die Krise der modernen Industriezivilisation resultiere aus angeborenen Verhaltensweisen steinzeitlicher Wilder, die durch das Veränderungs- und Zerstörungspotential der modernen Technik selbstzerstörerisch geworden seien. 2. Das Argument der »Evolutionären Erkenntnistheorie«: Wir hätten deswegen kein Empfinden für die Gefährdung unserer Welt, weil der an eine einfache Welt von Jägern und Sammlern angepaßte Menschenverstand unfähig sei, das Verhalten komplexer Sozialsysteme zu durchschauen. Es gab, so die Schlußfolgerung, in der Vorgeschichte der Spezies *Homo sapiens sapiens* einst eine paradiesische Zeit, in der die angeborenen Verhaltensprogramme und Erkenntnismöglichkeiten ausreichten, um sein Leben als Mensch zu bestreiten.

Wie fragwürdig solche Annahmen sind, hat unsere Betrachtung der sozialen Funktionen religiöser Ordnungssysteme gezeigt. Kulturelle –

nicht biologische – Anpassung an den Lebensraum ist seit 35 000 Jahren die Grundlage des evolutionären Erfolgs des modernen Menschen gewesen. Kulturelle Anpassung war nicht auf wirtschaftlich-technische Entwicklung beschränkt. Die biologistische Annahme, soziale Beziehungen und das Verhältnis zur Natur seien auch nach Auftreten des modernen Menschen weiter durch angeborene Verhaltensweisen und Erkenntnisstrukturen reguliert worden, ist unhaltbar. Die religiösen Ordnungssysteme, von denen die Kunst der Eiszeitjäger zeugt, schlossen kulturelle Normen mit ein, die sowohl das Verhältnis zur Natur als auch die sozialen Beziehungen der Menschen in der Gemeinschaft regelten.

Schlagen wir nun eine Brücke von der Gesellschaft zum Individuum. Kultur ist ein Produkt menschlicher Gesellschaften. Die Gesellschaft ist jedoch kein Abstraktum, sondern besteht aus Individuen, die auf der Grundlage gemeinsamer Traditionen miteinander in Beziehung stehen. Um das Verhältnis von Natur und Kultur genauer zu bestimmen, untersuchen wir, wie kulturelle Traditionen unser Erkennen und Verhalten prägen.

Der Vergleich mit unserem nächsten tierischen Verwandten, dem Schimpansen, zeigt, was an unserem Erkennen und Verhalten spezifisch menschlich ist. Die Sinneswahrnehmungen, durch die der Schimpanse ein Bild seiner Umwelt gewinnt, sind den unseren ziemlich ähnlich. Das gleiche gilt für angeborene Verhaltensweisen. Freundschaftsgesten oder Drohgebärden werden von beiden Arten auf ähnliche Weise angewandt und verstanden. Ebenso spielt Lernen im Leben beider Arten eine wichtige Rolle. Es ist die Voraussetzung dafür, sich in der sozialen Umwelt der Gruppe im Lebensraum orientieren zu können. Die Ähnlichkeit zeigt sich auch in der Fähigkeit unserer evolutionären Vettern, relativ schwierige praktische Aufgaben zu lösen. Außerdem ist der Schimpanse in der Lage, eine einfache Symbolsprache zu lernen und einfache Werkzeuge herzustellen.

Der entscheidende Unterschied zu unseren tierischen Verwandten ist nicht quantitativ, sondern qualitativ. Was unser Erkennen und Verhalten grundsätzlich von dem des Schimpansen unterscheidet, ist eine andere Art, sich in der Wirklichkeit zu orientieren. Obwohl Schimpanse und Mensch über ein ähnliches Repertoire angeborener Sinneswahrnehmungen und Verhaltensweisen verfügen, erfahren sie die Wirklichkeit auf verschiedene Weise und organisieren ihr Verhalten daher auch nach unterschiedlichen Prinzipien.

Begegnet ein Schimpanse einem Leoparden, dann erkennt er eben einen Leoparden. Intelligent, wie er ist, wird er sich den Umständen entsprechend verhalten. Ist er allein, wird er fliehen; in einer größeren Gemeinschaft wird er vielleicht einen Knüppel aufgreifen, um den Feind zu vertreiben.

Die Raubkatze dagegen, die vor 30000 Jahren von einem Bewohner der Schwäbischen Alb aus Mammutelfenbein geschnitzt worden ist, dürfte mit ziemlicher Sicherheit nicht jener Art von Wirklichkeit angehört haben, die ein Schimpanse wahrnehmen kann. Eingekerbte Linien rund um den Rumpf und ein abgeschnittener Kopf weisen auf rituelle Praktiken hin. Vermutlich gehörte diese Raubkatze zur gleichen Gruppe von Lebewesen wie gewisse Jaguare im Urwald des Amazonasbeckens, von denen Indianer im 20. Jahrhundert berichtet haben.

In diesen Tieren steckten böse alte Schamanen. Vor ihnen fürchteten sich die Indianer weitaus mehr als vor wirklichen Jaguaren. Letztere, also die Art, vor denen ein Schimpanse Furcht empfinden würde, galten als nicht besonders gefährlich. »Obwohl man sich ausgiebig über Töten, Verschlingen, Köpfen, blutverschmierte Schnurrhaare und ähnliche Themen ausließ«, berichtet der Ethnologe Gerardo Reichel-Dolmatoff von den Tukano des nordwestlichen Amazonasbeckens, »bestand zugleich stillschweigende Übereinkunft, daß Jaguare sich so nicht verhielten.« (1975)

Für einen Tukano konnte ein Jaguar somit ein relativ harmloses Tier oder ein älterer, unheilbringender Schamane sein. Überliefert ist auch, daß nicht wenige Schamanen dieser Verwechslung zweier Arten von Wirklichkeit zum Opfer gefallen sind. War ein Mensch von einem Jaguar getötet worden, dann konnte es sich nicht um ein gewöhnliches Tier handeln, sondern es mußte ein Schamane gewesen sein. Zur Vergeltung wurde daher nicht der schuldige Jaguar aufgespürt, sondern ein anderer unschuldiger Schamane des Mordes verdächtigt und bei passender Gelegenheit getötet.

Doch ebenso verkörperte der Jaguar neutrale oder gute Prinzipien. In der Mythologie der Tukano hatte Vater Sonne, der Weltenschöpfer, dem Jaguar die Farbe göttlicher Macht und mit dem Donner die Stimme der Sonne gegeben. Der Jaguar wachte über die Schöpfung und die *malocas*, die Gemeinschaftshäuser der Indianer. In einer weiteren Rolle war der Jaguar »Herr der Tiere«, der das Wild beschützte und das Jagdritual kontrollierte. Der Jaguar und sein *Alter ego*, der Schamane, waren also nicht nur Aggressoren, sondern auch Helfer und Beschützer der Menschen. (Reichel-Dolmatoff 1968)

9. Wirklichkeit hinter den Illusionen

Während für einen Schimpansen die Wirklichkeit ist, wie sie sich im Spiegel der Sinnesorgane darstellt, war für den »Wilden« die von den Sinnesorganen wahrgenommene Welt nur der vordergründige Teil der Wirklichkeit. Dahinter verbarg sich eine sinnlich nicht wahrnehmbare, geistige Struktur, die ihm die sichtbare Welt durch das Medium der kulturellen Traditionen seiner Gesellschaft erst erschloß. Die Welt der Erscheinungen war mit versteckter Bedeutung gesättigt. Um sie zu verstehen, mußte man in die kulturellen Traditionen der Gesellschaft eingeweiht sein.

Ein Hügel, ein ausgetrockneter Bach oder ein Wasserloch in der Wüste erinnerten an die Taten eines mythischen Ahnen; ein Reh in der Nähe menschlicher Siedlungen war der Geist eines Verstorbenen, den es zu seinen Angehörigen zurückzog; Tiere und Pflanzen hatten Seelen, die versöhnt werden mußten, wenn man sie tötete; ein Donnergrollen war eine Botschaft der Urmutter oder des Allvaters: Naturkatastrophen, das Ausbleiben des Wilds, ein unerklärlicher Todesfall konnten Strafen für menschliches Fehlverhalten sein und eine Suche nach den Ursachen auslösen. Die Welt wurde von imaginären Wesen beherrscht, die dennoch das Verhalten der Menschen deutlicher bestimmten als jedes wirkliche Wesen: von Göttern, Naturgeistern und mythischen Ahnen.

Wie ist der evolutionäre Erfolg einer Art zu erklären, deren Weltbild und Verhalten scheinbar auf Hirngespinsten beruht? Um dieses Paradoxon aufzulösen, sei die Logik des »Wilden Denkens«, wie Claude Lévi-Strauss es genannt hat, am Beispiel der Regelung von Mensch-Umweltbeziehungen bei den Desana, einer Untergruppe der Tukano, untersucht. Zu diesem Zweck kehren wir in den Urwald Nordwest-Amazoniens mit seinen Schamanen und Jaguaren zurück. Obwohl in eine phantastische Mythologie verschlüsselt, beruhte das Weltbild der Indianer auf genauen Einsichten in die Notwendigkeit einer Kreislaufwirtschaft, die, wie Gerardo Reichel-Dolmatoff gezeigt hat, der wissenschaftlichen Analyse standhält. (1968)

In der Schöpfung hatte »Vater Sonne« die Lebens»energie« des Universums begrenzt. »Energie«, das zur Erklärung vorab, verstanden die Desana eher als biologisch-sexuelle Energie denn als physikalische. Menschen, Tiere und Pflanzen bewegten sich in einem geschlossenen Energiekreislauf. »In der kulturellen Vorstellungswelt der Desana«, so Reichel-Dolmatoff, »leben Menschen und Tiere in wirklicher Symbiose, in einem Zustand vollständiger Abhängigkeit, gedacht in Begriffen eines einzigen Kreises von Befruchtung und Vermehrung.« Die Zahl der Menschen und ihre Ansprüche durften einen bestimmten Anteil an der zur Verfügung stehenden Gesamtenergie nicht überschreiten. Mehr Menschen oder höhere Ansprüche hätte weniger Nahrung bedeutet, insbesondere weniger Fleisch, dem im relativ wildarmen Lebensraum der Desana die Bedeutung einer knappen und deshalb besonders begehrten Ressource zukam. In einer Vielzahl von Riten, deren Vorbereitung sexuelle Enthaltsamkeit verlangte, »befruchteten« Menschen die Natur.

Einem Desana-Jäger erschien das Tier als Sexualobjekt, und die Jagd galt als sexueller Akt. Aber die Entscheidung, wann er auf Jagd ging, wo er jagte und wieviel Wild er erbeutete, war keinesfalls seinem Ermessen überlassen. Da sich die Tiere nur von einem rituell reinen Jäger »betören« d. h. erbeuten ließen, mußte er sich zunächst einer gründlichen rituellen Reinigung unterziehen. Er badete, und um sich auch innerlich zu reinigen, nahm er Brechmittel ein und hielt anschließend eine strenge Diät; um der Beute anziehend zu erscheinen, bemalte er Körper und Gesicht, salbte sich mit aromatischen Ölen und legte Amulette an; rituell reinigte er auch seine Waffen, wandte Beschwörungsformeln an und inhalierte den narkotisierenden Rauch starker Zigarren. Vor allem aber verzichtete der Jäger, bevor er in den Urwald zog, auf jede sexuelle Betätigung. Nur Enthaltsamkeit, so erklärten die Desana, könne die Fruchtbarkeit der Tiere sichern.

Im Mittelpunkt dieser rituellen Regulierung menschlicher Bedürfnisse stand ein Geistwesen, der »Herr der Tiere«. Die Desana beschrieben ihn als ein kleines rotbemaltes Männchen, das manchmal Eidechsengestalt annahm und eifersüchtig darüber wachte, daß die Menschen das Wild schonten. Um sicherzustellen, daß die Jäger nur die von ihm freigegebenen Tiere erbeuteten, spürte ihnen der Herr der Tiere heimlich im Wald nach. Jäger, die seine Gebote verletzten, mußten seine Rache fürchten. Im Urwald lauerten unheilbringende Geister, die unvermittelt aus dem Dunkel auftauchten, um ihre Opfer zu verschlingen. Eifersüchtig überwachte der Herr der Tiere auch das Geschlechtsleben der Menschen. Er spionierte durch die Ritzen und Wände der *malocas*, und auch die Paare im Gebüsch waren vor seiner Neugier nie sicher.

Vermittler zwischen dem Herrn der Tiere und dem Dorf war der Schamane. »Im subtilen Gleichgewicht zwischen Produktion und Verbrauch, zwischen dem, was die Natur gibt, und dem, was die Kultur verlangt, ist es der Schamane, der die Rolle des Moderators wahrnimmt«, berichtete Reichel-Dolmatoff. Als einziger Mensch, der Kontakt zum Herrn der Tiere aufnehmen konnte, war der Schamane das wichtigste Mitglied seiner Gemeinschaft. Er allein konnte die gesellschaftlichen Bedürfnisse in die Sprache der Geister übersetzen und den Menschen die Anweisungen der Geister vermitteln.

Wurde das Wild knapp, kehrten die Jäger daher häufiger erfolglos zurück, dann schlug die Stunde des Schamanen. Um Kontakt zum Herrn der Tiere aufzunehmen, schnupfte der Schamane ein stark narkotisierendes Pflanzenpulver und verhandelte im Drogenrausch mit seinem Partner über zusätzliches Wild. Da die Menschen ihre Quote an der Lebensenergie des Kosmos überschritten hatten, verlangte der Herr der Tiere im Austausch gegen Wild nun das Leben von Menschen. Durch die Magie des Schamanen starben die Betroffenen, um als Seelen die erschöpfte Energiequelle der Tiere wieder aufzufüllen.

Diese Analyse einer mythisch verschlüsselten Kreislaufwirtschaft darf nicht mit dem Glauben der Desana selber verwechselt werden. Meinte man, der Schamane habe seine eigene Funktion durchschaut, um nach dem Motto, Glaube sei Opium für das Volk, die anderen durch Hokuspokus zur ökologischen Raison zu zwingen, täte man ihm unrecht. Der Schamane sei, so hebt Reichel-Dolmatoff hervor, kein Trickspezialist, sondern zutiefst von seiner heiligen Mission erfüllt gewesen.

Seine wesentlichen Einsichten gewann er in Trance. In seinem »heiligen« Rausch flog er bis zur Milchstraße empor, um dort den »Herrn der Droge« für seine Verhandlungen mit dem Herrn der Tiere zu gewinnen. Beide Partner, denen er sein »Herrschafts«wissen verdankte, existierten zwar nur in seinen Visionen, für ihn jedoch existierten sie tatsächlich. Wenn er erwachte, dann war er überzeugt, daß alles, was er gesehen und erreicht hatte, Wirklichkeit gewesen war – der Herr der Droge und der Herr der Tiere, die *maloca* der Tiere, deren Seelen an den Dachsparren hingen und nach erfolgreichen Verhandlungen als Jagdbeute in den Wald geschickt wurden.

Auch wurden die (imaginären) Verhandlungen nicht augenzwinkernd geführt. Der Schamane, der unbewußt eine Doppelrolle spielte, trieb dennoch kein doppeltes Spiel. Schamane und Herr der Tiere, so berichtete Reichel-Dolmatoff, »feilschen« wirklich, »und jeder versucht, Vorteile für die eigenen Schützlinge herauszuschlagen. Es ist nicht nur ein Wettbewerb um Nahrung, Fleisch oder bloße physiologische Befriedigung der momentanen Bedürfnisse; es ist ein Kampf um Teilhaberschaft an der Energie, am Leben selber, und die Bauern im Spiel sind die Seelen von Menschen. Daher ist das Verhältnis zwischen dem Schamanen und dem Herrn der Tiere nicht ein einfaches Routine gewordenes Ritual, sondern ein Wettkampf, an dem die ganze Gesellschaft teilhat, weil nichts Geringeres als das Überleben, sowohl im biologischen wie im metaphysischen Sinn, auf dem Spiel steht.«

Das gleiche wie für den Schamanen galt auch für den gewöhnlichen Gläubigen. Wenn der Jäger zur Vorbereitung der Jagd auf Beischlaf verzichtete, dann nicht aus der rationalen Erkenntnis, Bevölkerungskontrolle diene der Erhaltung der Wildbestände. Er glaubte tatsächlich, nur so könne er die Tiere betören; nur wenn er zuvor enthaltsam sei, würden sie sich ihm hingeben wie eine umworbene Frau. Erbeutete er nur so viel Wild, wie ihm der Herr der Tiere zugestanden hatte, so verzichtete der Jäger nicht aufgrund der rationalen Erkenntnis, Überjagen würde die Lebensgrundlagen seines Stammes zerstören. Er verzichtete, weil er an den Herrn der Tiere glaubte. Die unheilbringenden Waldgeister, vor denen nur die Magie des Schamanen schützte, waren für ihn ebenso Realität wie die Seelen unbotmäßiger Jäger, die durch die Magie des Schamanen getötet und dem »Herrn der Tiere« im Austausch gegen Wild angeboten worden waren.

Die Einsicht in die sozialen, wirtschaftlichen und ökologischen Funktionen »primitiver« Religionen, die sich dem analytischen Verstand offenbaren, war den Gläubigen verwehrt. Wenn sie die Gebote der Götter befolgten, wie Glaube und Tradition es ihnen vorschrieben, so taten sie es gewiß nicht aus der Einsicht in deren soziale, wirtschaftliche ökologische Zweckmäßigkeit. Eine für den Gläubigen unüberwindbare Kluft trennte praktisches Handeln und rationale Erkenntnis – die Kluft zwischen dem Heiligen und dem Profanen. Blind für den übergeordneten Zweck vollzogen die Gläubigen ihre Riten, hielten sich an die Gebote der Ahnen, des Herren der Tiere oder von Vater Sonne. Die Gewißheit, in Harmonie mit der Schöpfungsordnung zu leben, erfüllte sie mit Zuversicht und Stärke. Diese Ordnung zu verletzen, schuf Angst und Unsicherheit in einem Ausmaß, das wir kaum nachvollziehen können. Denn unsere Welt ist durch die Naturgesetze garantiert. Strafe droht auch dem Gläubigen nur im Jenseits. Die Welt der »Wilden« dagegen war von der ständigen Intervention übernatürlicher Mächte abhängig, und die Strafe folgte dem Vergehen meist auf dem Fuß.

Dennoch waren die Glaubensvorstellungen und Riten der Desana nicht auf Illusionen gegründet. Das mythisch verschlüsselte Weltmodell konnte die Wirklichkeit nicht ausblenden, ohne mit denen, die an es glaubten, selber zu verschwinden. Es erfüllte seine Aufgabe nur dann, wenn es das Verhalten der Menschen in Übereinstimmung mit den Gegebenheiten eines Lebensraums mit begrenzten Wildbeständen brachte. Der ständige Strom individueller Wünsche und Ziele wurde durch erprobte kulturelle Traditionen kanalisiert.

Die Vorstellung, die Jagd sei ein sexueller Akt, begründete und schrieb vor, wie der Jäger sich verhalten mußte, um erfolgreich zu sein. Im Glauben an die Allgegenwart des Herrn der Tiere schauten sich die Menschen bei jenen Handlungen selber über die Schulter, die für die Stabilität ihrer Wirtschaft in einer wildarmen Umwelt besonders wichtig waren: bei der Jagd und beim Geschlechtsverkehr. Der Glaube an Vergeltung durch die Ungeheuer des Urwalds und die Magie des Schamanen taten ein übriges. Durch das Medium ihres religiös begründeten Weltmodells kontrollierten die Menschen sich selber.

Über diese Selbstkontrolle hinaus gab es den Schamanen als *gesellschaftliche* Institution zur Beobachtung und Regulierung von Verhalten. Damit er seine Aufgaben sinnvoll wahrnehmen konnte, mußte dieser »Chefökologe« der Desana ein genaues Bild des momentanen Zustands des Lebensraums haben. Zum Beispiel wußte er, wo das Wild stand, wie groß die Bestände waren, ob die Jäger in letzter Zeit erfolgreich gewesen waren. Er legte Jagdgebiete und Abschußquoten fest. Die gleiche Kontrolle übte er über jede andere Aktivität aus, die den Lebensraum beeinflussen konnte, beim Fischen, beim Roden des Urwalds zum Anlegen der Felder oder beim Fällen einzelner Bäume zum Kanubau. (Reichel-Dolmatoff 1976)

Dank seiner zentralen Stellung in der Desana-Gesellschaft wußte der Schamane auch, ob die Jäger sich an die rituellen Vorschriften hielten, welche Familien die »kosmische Energiebilanz« durch zu große Nachkommenschaft oder übermäßige Ansprüche über Gebühr beansprucht hatten. Herrschte Wildmangel, dann hatten die Menschen den ihnen zustehenden Anteil an der Gesamtenergie über Gebühr beansprucht, und seine Autorität wuchs weiter. Da er nun mit dem Herrn der Tiere über Wild verhandelte, wirkte die Angst, gegen zusätzliche Nahrung eingetauscht zu werden, als wirksames Disziplinierungsinstrument.

10. Das Erbe der Eiszeitmenschen

Bevor ich das Ergebnis dieser Untersuchung über die kulturelle Regelung von Erkennen und Verhalten bei den Desana auf die Welt der Eiszeitjäger übertrage, muß ein denkbares Mißverständnis ausgeräumt werden. Wildmangel dürfte in der Eiszeit kein Faktor für kulturelle Anpassung gewesen sein. Anschaulich hat der französische Paläoanthropologe François Bordes die eiszeitliche Umwelt mit einer »Einöde« verglichen, »in der es von Wild wimmelte«. (Bordes 1968) Die Eiszeitmenschen dürften andere »Probleme« gehabt haben. Zum Beispiel mußten sich Menschengruppen synchron mit den Wanderzügen der großen Tierherden über die Landschaft verteilen, ohne den Kontakt zwischen den einzelnen Gruppen zu verlieren.

Aber was immer die speziellen Probleme der Eiszeitjäger gewesen sein mögen, steht nicht zur Debatte. Hier interessiert die allgemeinere Frage nach dem Selektionswert religiöser Weltordnungen zur kulturellen Anpassung an den Lebensraum. Zur Vorbereitung der Antwort sei noch einmal das menschliche Erkennen und Verhalten mit dem des Schimpansen konfrontiert.

Als *biologische* Wesen treten Menschen wie auch Schimpansen auf der Grundlage ihrer angeborenen Verhaltensweisen und Erkenntnismöglichkeiten in unmittelbare persönliche Beziehungen. Das Lächeln eines Menschen wird, unabhängig von Lernen oder kultureller Prägung, von jedem anderen Menschen allein aufgrund angeborener Verhaltensprogramme als freundliche Geste verstanden. Ein wutverzerrtes Gesicht dagegen wird als bedrohlich empfunden. Aufgrund ihrer angeborenen Erkenntnisstrukturen können sich beide Arten in der Wirklichkeit orientieren, sie finden sich im Urwald oder in der Savanne zurecht, unterscheiden verschiedene Arten von Bäumen anhand charakteristischer Merkmale, Tapire von Affen, Leoparden von Menschen.

Als *lernfähige* Wesen wissen Schimpansen und Menschen, daß bestimmte Arten von Pflanzen eßbar oder bestimmte Tierarten gefährlich sind. Durch Lernen erwerben sie ein umfangreiches Arsenal sozialer Strategien, mit deren Hilfe sie sich in Gemeinschaft mit anderen richtig verhalten.

Während sich beim Schimpansen das Erlernte jedoch unmittelbar auf die vorgefundene Wirklichkeit bezieht, steht beim Menschen Kultur als vermittelnde Instanz zwischen Wirklichkeit und Verhalten. Wie wir unsere Umwelt und unseren Mitmenschen sehen, wie wir das Gesehene deuten und wie wir uns dann verhalten, ist durch die kulturellen Traditionen unserer Gesellschaft vorgeformt.

»In der Natur überträgt jedes Geräusch, jede Stellung eines Tieres, jedes meteorologische Phänomen, jeder Baum oder Felsen die gleiche Botschaft«, berichtet Reichel-Dolmatoff über die Desana. »Ein hohler Baumstumpf, ein Ameisenhügel, die Frucht eines Baums oder die Tropfen, die über die Oberfläche eines Steins rinnen, enthalten die gleiche Bedeutung. Das Rütteln eines Vogels, die Farbe eines Blatts, schwarze Wolken, die sich am Horizont ansammeln, oder der Moskito, der eintönig summt, bevor er zusticht – das alles sind Stimmen und Bilder, die fortwährend die Kulturnormen propagieren.« (1968)

Was »Wilde« erlebten, was sie dachten, empfanden und wie sie sich verhielten, war nur zum Teil eigenes Erleben, Denken, Empfinden und Verhalten. Es war strukturiert durch das »kollektive Wissen« ihrer Religion, das Generationen in Jahrhunderten zuvor angesammelt hatten. Während das Erlernte beim Schimpansen ein *persönliches* Wissen darstellt, ist es beim Menschen durch das *überpersönliche* Wissen seiner *Kultur* geprägt.

Diese Fähigkeit, sich mit Hilfe kultureller Traditionen in der Wirklichkeit zu orientieren, setzt eine Freiheit gegenüber angeborenen Erkenntnisstrukturen und Verhaltensweisen voraus, die Tiere nicht haben. Man könnte meinen, wer in einem Leoparden den Geist eines Schamanen sehe, gebe sich einer Täuschung hin, gegen die der Schimpanse gefeit sei. Es bei dieser Feststellung zu belassen, hieße jedoch, ausgerechnet diejenige Komponente im Denken und Handeln zu übersehen, die Grundlage des evolutionären Erfolgs des Menschen ist.

Das Tier nimmt die Wirklichkeit, wie sie sich im Raster seines Erkenntnisapparates abbildet. Der Mensch dagegen sucht hinter der Welt der Erscheinungen nach versteckten Bedeutungen. Diese Suche nach den Ursachen ist die Voraussetzung dafür, Beziehungen zwischen funktional verbundenen, unterschiedlichen Phänomenen zu erkennen. Was hat für einen Affen Kopulation mit Erfolg bei der Nahrungssuche zu tun? Für ihn sind es getrennte Phänomene. Er kopuliert, und er sucht Nahrung. Solange er mit beidem erfolgreich ist, wird die Zahl der Schimpansen so lange zunehmen, bis Nahrungsmangel, Streß, Konflikte, Leoparden und Krankheiten die Population in Übereinstimmung mit den verfügbaren Ressourcen bringen.

Im Gegensatz dazu geht der Einsicht der Desana, sexuelle Enthaltsamkeit vermehre die Fruchtbarkeit der Tiere, die Suche nach einer

Beziehung zwischen dem Wildbestand und der Bevölkerungsdichte in einer wildarmen Urwaldregion voraus. Wissenschaftlich ist es zwar unhaltbar, die Jagd als Befruchtung von Tieren durch Menschen zu deuten, man sollte das »Wilde Denken« jedoch nicht an der Elle wissenschaftlicher Rationalität messen. Der »Wilde« dachte nicht kausal, sondern in Analogien und Äquivalenzen.

Versuchen wir, die Logik des »Wilden Denkens« im Weltbild der Desana zu verstehen. Vermutlich durch jahrzehntelange Erfahrung hatten diese Urwaldbewohner festgestellt, daß weniger Menschen mehr Tiere, mehr Menschen dagegen weniger Tiere bedeuten. Die Zahl der Menschen wiederum hing von der Kopulationsfrequenz ab. Folglich mußte Geschlechtsverkehr auch die Tier-Mensch-Relation beeinflussen.

An dieser Stelle wurde die kausale Beziehungskette durchbrochen. Anstatt zu sagen, sexuelle Abstinenz sei ein Mittel zur Bevölkerungskontrolle und damit zur Sicherung des Wildbestands, griffen die Desana nun zur Analogie: Da Tiere nicht durch Enthaltsamkeit, sondern, wie auch Menschen, durch Geschlechtsverkehr vermehrt werden, schien der enthaltsame Jäger zur Fruchtbarkeit der Tiere beizutragen. Im nächsten Gedankenschritt wurde die Jagd zum symbolischen Geschlechtsverkehr zwischen Mensch und Tier. Schlußfolgerungen: Enthaltsamkeit unter Menschen steigert die »sexuelle Potenz« gegenüber dem Tier. Nur dem rituell reinen, d. h. »potenten« Jäger geben sich die Tiere hin. Das bedeutet, nur ein enthaltsamer Desana wird erfolgreich sein.

Entscheidend ist, daß diese Beziehungen nicht bewußt erkannt und nicht rational nachvollzogen wurden. Das in diesem Weltbild gespeicherte objektive Wissen über das Verhältnis der menschlichen Gesellschaft zur Natur, überschritt das subjektive Wissen jedes ihrer Mitglieder. Anscheinend haben nicht die Desana die Begrenztheit des Wildbestands erkannt und in rituelle Vorschriften übersetzt. Vater Sonne hatte in seiner Schöpfungsordnung die Äquivalenz von Menschen und Tieren festgelegt. Nicht menschliche Vernunft, sondern die Normen und Gebote des Herrn der Tiere begründeten die Konsequenzen für das Verhalten der Menschen.

Nicht die Vernunft des Einzelnen stellte die Übereinstimmung zwischen dem Verhalten und den Gegebenheiten des Lebensraums her, sondern das religiöse Weltmodell der Desana. Wenn der Jäger sich im Urwald ökologisch richtig verhielt, dann nicht, weil er die Folgen seines Handelns durchschaute. Er befolgte nur, was Glaubensvorstellungen und Riten ihm vorschrieben. In bezug auf den erhofften unmittelbaren Jagderfolg handelte er vollkommen irrational, wenn er sich vor der Jagd einer umfassenden rituellen Reinigung unterzog und tagelang keine Frau anrührte. In bezug auf die Vermehrung des Wilds verhielt der Schamane sich nicht weniger irrational, wenn er Menschen behexte, deren Seelen angeblich zur Auffüllung des Wildbestands benötigt wurden.

Dennoch lieferte dieses Weltbild die Grundlage zu vernünftigen Entscheidungen. Der Jäger konnte die rituellen Gebote befolgen oder nicht. Er konnte sexuell enthaltsam sein, Amulette anlegen, sich einer intensiven inneren und äußerlichen Reinigung unterziehen, den Anweisungen des Schamanen folgen, oder er konnte darauf verzichten. Tat er es, so wußte er sich in Übereinstimmung mit einer höheren als einer menschengeschaffenen Ordnung. Das Bewußtsein, die göttlichen Gebote befolgt zu haben, erfüllte ihn auch dann mit Zuversicht und Stärke, wenn er erfolglos geblieben war. Es sicherte ihm Anerkennung durch die Gemeinschaft. Befolgte er die Gebote nicht, so mochten seine Chancen auf Jagderfolg momentan größer sein, aber ein schlechtes Gewissen und die Mißachtung der Gemeinschaft waren ihm gewiß. Familien mit zu großer Kinderzahl galten als »Familien von Hunden«. Sie wurden verachtet, weil sie ihren Anteil an der kosmischen Gesamtenergie auf Kosten der anderen überbeansprucht hatten. Und da das Wohlergehen des Einzelnen (bzw. der Familie) weniger von der eigenen Stärke als von der Anerkennung und Solidarität der Gemeinschaft abhingen, war es vernünftig, die rituellen Gebote zu befolgen.

Hinsichtlich des beabsichtigten Ergebnisses »Jagderfolg« waren diese Handlungen irrational. Es war das Weltbild, das solche irrationalen Handlungen in eine vernünftige Beziehung zu den objektiven Gegebenheiten des Lebensraums brachte. Das Jagdritual trug zur Verringerung der Bedürfnisse und zur Kontrolle der Menschenzahl bei. Herrschte Knappheit, hatten also die Menschen den ihnen in der Kreislaufwirtschaft zustehenden Anteil überschritten, dann dramatisierte der gefürchtete Seelenhandel des Schamanen die Notwendigkeit einer Einschränkung der Bedürfnisse. Die Riten und Glaubensüberzeugungen übersetzten diese Handlungen in eine vernünftige Beziehung zum Lebensraum.

Um die Schlußfolgerung zu ziehen, *small* mag zwar *beautiful* gewesen sein, aber *easy* war es nie. Die paradiesische Zeit, in der die Vernunft des Einzelnen ausreichte, um die ökologischen und gesellschaftlichen Folgen seines Verhaltens zu erkennen, ist eine der großen Illusionen des biologistischen Fatalismus. Der »Wilde« sah seine Welt nicht richtig im Sinn der »Evolutionären Erkenntnistheorie«. Hätte Mohr recht, dann hätten angeborene Erkenntnisstrukturen ausreichen müssen, um die »Wilden« das System ihrer Kreislaufwirtschaft durchschauen zu lassen. Wäre es so gewesen, warum hätten die Desana sich dann mit ihrer verwirrenden Mythologie selber hinters Licht führen lassen? Es gibt gar keine andere Antwort als die, daß auch die scheinbar einfache und stetige Welt des »Wilden« weitaus komplexer gewesen ist, als er selber bewußt hätte wahrnehmen können.

Das gleiche gilt für das Verhalten. Der »Wilde« verhielt sich nicht »richtig« im Sinn der »Evolutionären Ethik«, weil seine Technik wenig entwickelt gewesen wäre und angeborene Verhaltensweisen für das Leben in der »primitiven« Gesellschaft ausgereicht hätten. Um den Urwald von Wild leerzufegen und sich aufgrund von Nahrungsmangel anschließend gegenseitig umzubringen, hätten die Waffen der Desana jederzeit ausgereicht.

Hätte das Handeln der Menschen auf angeborenen Verhaltensweisen beruht, warum hätten sich dann die Desana-Jäger vor der Jagd einer aufwendigen rituellen Vorbereitung mit ihren strengen Tabus unterziehen sollen? Wozu hätte es eines Schamanen und seiner übernatürlichen Gegenspieler bedurft? Welchem anderen Zweck, als das Handeln der Individuen in Übereinstimmung mit den kulturellen Normen ihrer Gesellschaft zu bringen, diente der Glaube an Vater Sonne, den Herrn der Tiere, die Urwaldgeister und die Magie des Schamanen? Kulturelle Tradition, nicht angeborene Verhaltensweisen und Erkenntnisstrukturen, stellte die Übereinstimmung mit den Gegebenheiten des Lebensraums und der Gesellschaft her.

Auf unsere Situation übertragen ist das Wissen, das modernen Politikern zum Beispiel über die Ursachen des Waldsterbens zur Verfügung steht, gewiß besser als das des Desana-Schamanen über die Ursachen von Wildmangel. Was unsere Welt von der »primitiven« unterscheidet, ist nicht primär ihre größere Komplexität, die sie, wie der biologische Fatalist meint, anscheinend undurchschaubar macht. Es ist die fehlende Bereitschaft, die Konsequenz aus dem verfügbaren Wissen zu ziehen. Unser Weltbild, das die Natur als Objekt menschlicher Beherrschung ansieht, und der Druck wirtschaftlicher Interessen verhindern »Beschränkung« als eine angemessene Lösung drängender Umweltprobleme.

Kulturelle Anpassung setzt ein Denken und Verhalten voraus, über das Schimpansen trotz aller Lernfähigkeit und Intelligenz nicht verfügen: Erstens die Fähigkeit, Wirklichkeit nicht als gegeben hinzunehmen, sondern nach Ursachen und Bedeutungen hinter der Welt der Erscheinungen zu fragen. Nur so lassen sich Beziehungen zwischen unterschiedlichen Phänomenen der Wirklichkeit erkennen. Zweitens die Fähigkeit, menschliches Erkennen und Verhalten durch symbolische Ordnungen zu strukturieren. Beides zusammen ist Grundlage der Beschleunigung der kulturellen Entwicklung nach dem Auftreten des modernen Menschen.

Vor diesem Hintergrund offenbart sich die Haltlosigkeit der soziobiologischen Zivilisationskritik. Archäologisch ist das Erscheinen der Kunst vor 35000 Jahren ein deutliches Indiz für die Entstehung religiöser Ordnungssysteme. Sie – und nicht mehr die angeborenen Verhaltensweisen und Erkenntnisstrukturen – regeln das Zusammenleben der Menschen in der Gesellschaft und das Verhältnis zur Natur. Nicht biologische, sondern kulturelle Anpassung ist die Ursache der 25000 Jahre andauernden Stabilität der Wildbeuterkulturen Eurasiens gewesen. Seit den Anfängen von *Homo sapiens sapiens* hätten nur die angeborenen Erkenntnisstrukturen und Verhaltensweisen nicht mehr für ein Leben als Mensch ausgereicht.

Die Eiszeitjäger lebten *deswegen* in einer geordneten und relativ friedlichen Welt, weil sie geeignete kulturelle Mittel entwickelt hatten – nämlich Techniken und Kenntnisse über den Lebensraum sowie soziale Normen, die ein geordnetes Zusammenleben in größeren Verbänden möglich machten und das Verhältnis zur Natur bestimmten. Die gleichen angeborenen Fähigkeiten, die *Homo sapiens sapiens* in die Lage versetzen, Natur durch Kultur zu ergänzen, zu kontrollieren und schließlich zu überwinden, zwingen ihn daher auch, kulturell zu bestimmen, wie diese menschengeschaffene Welt beschaffen sein soll. Das Dilemma des modernen Menschen ist so alt wie der moderne Mensch.

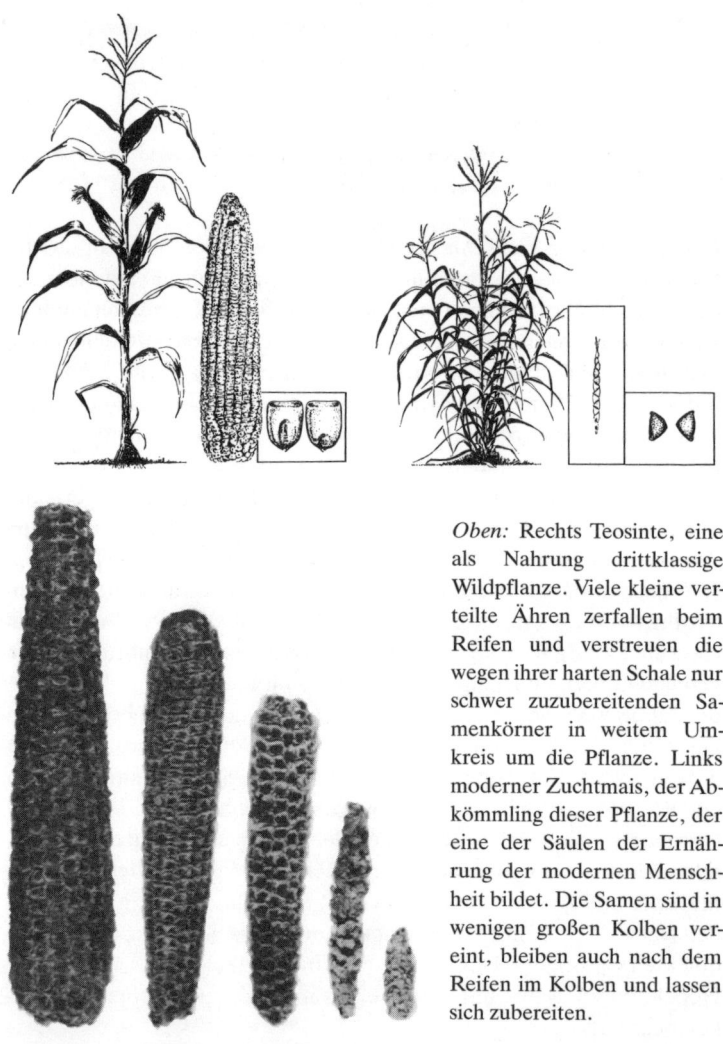

Oben: Rechts Teosinte, eine als Nahrung drittklassige Wildpflanze. Viele kleine verteilte Ähren zerfallen beim Reifen und verstreuen die wegen ihrer harten Schale nur schwer zuzubereitenden Samenkörner in weitem Umkreis um die Pflanze. Links moderner Zuchtmais, der Abkömmling dieser Pflanze, der eine der Säulen der Ernährung der modernen Menschheit bildet. Die Samen sind in wenigen großen Kolben vereint, bleiben auch nach dem Reifen im Kolben und lassen sich zubereiten.

Unten: Die archäologische Dokumentation dieser Entwicklung im Hochtal von Tehuacán. Zwischen 5700 v. Chr. und 1500 n. Chr. entwickelten ungezählte Generationen namenloser indianischer Bauern aus den korkengroßen Kolben die ältesten domestizierten Kolben moderner Primitivsorten. Diese Sorten bildeten das Grundnahrungsmittel aller mesoamerikanischen Hochkulturen von Teotihuacán (um die Zeitenwende) bis zu den Azteken (um 1500 n. Chr.).

3. Kapitel
Die Domestizierung der Pflanzen und Tiere

1. Wilde und Zivilisierte

In der Evolution menschlicher Gesellschaften ist die Entstehung der Landwirtschaft der Wendepunkt. Jahrmillionen hatten alle Vertreter der Menschenartigen in kleinen Jäger- und Sammlergruppen nomadisierend auf Nahrungssuche die Wildnis durchstreift. Arbeitsteilige Gesellschaften, städtische Kultur, Staaten mit Millionen Menschen unter einheitlicher Herrschaft konnten erst entstehen, nachdem Nahrungserzeugung die wirtschaftlichen Grundlagen zur Ernährung einer dicht siedelnden Bevölkerung geschaffen hatte.

Vor 12 000 Jahren begannen in Vorderasien einzelne Jäger- und Sammlergruppen, Nahrungspflanzen künstlich zu vermehren und Herden von Wildtieren zu halten. Unabhängig davon vollzog sich die gleiche Entwicklung zwischen 7000 und 5000 v. Chr. auch in anderen Erdregionen, in Mittel- und Südamerika, in Südostasien, im nördlichen China und in Afrika. Nur wenige Jahrtausende Nahrungserzeugung – ein Augenblick in evolutionären Zeitdimensionen – genügten, um die Welt des Menschen gründlicher zu verändern als Jahrmillionen des Wildbeuterdaseins davor.

Weder industrielle Revolution noch Metallverarbeitung haben einen vergleichbaren Einfluß auf die kulturelle Evolution gehabt. Ohne Industrie konnten Reiche von der Größe und Macht des chinesischen Kaiserreichs entstehen, ohne Metalle die glanzvollen Kulturen der Inka und Azteken. Metalle, Gold, Silber und Kupfer, wurden in den Neuen Welt nicht zu Werkzeugen, sondern zu Schmuck und Ritualobjekten verarbeitet. Der Boden, die wirtschaftliche Grundlage dieser Hochkulturen, wurde mit hölzernen Grabstöcken und steinernen Hakken bearbeitet.

Ohne Metalle, nur mit Holz- und Steinwerkzeugen hatten die Inka ein Straßennetz von mehreren tausend Kilometern Länge durch den Fels der Anden gehauen. Kaiser Karl V., Herr über ein Reich, in dem die Sonne nicht unterging, würde, so meinte im 16. Jahrhundert der spanische Seefahrer de Gamboa, »mit all seiner Macht nicht einen Teil dessen schaffen, was das wohleingerichtete Regiment der Inka über die gehorchenden Volksstämme vermochte«. (Nach Lavallée und Lumbreras 1986)

Mit Steinzeitwerkzeug sind auch die prachtvollen Paläste und Tempelanlagen der Aztekenhauptstadt Tenochtitlán und die gewaltigen Mauern der Festung über der Inkastadt Cuzco aus riesigen, exakt ineinandergefügten Felsblöcken erbaut worden. Welche technischen Meisterwerke ohne Metalle entstehen konnten, zeigt ein Bericht des Sancho de la Hoz, der diese Burg als Begleiter des Konquistadors Pizarro im 16. Jahrhundert sah:

Die Festung »ist das Schönste, was in diesem Land zu sehen ist«, schrieb er. »Ihre Wälle sind aus Steinen gemacht, die so groß sind, daß niemand Menschenwerk in ihnen vermuten würde. Sie sind mächtig wie Brocken von Bergen, wie Felsblöcke, manche sind dreißig Spannen hoch, ... andere fünfundzwanzig und wieder andere fünfzehn, aber keiner darunter, der klein genug wäre, um von drei Wagen transportiert zu werden. Diese Steine sind nicht lose aufeinander geschichtet, sondern sorgfältig ineinander gefügt.« (Nach Métraux 1961).

Ohne Industrie und ohne Metallverarbeitung würde die Welt des Menschen gewiß anders aussehen. Grundsätzlich würde sie sich jedoch nicht von der unseren unterscheiden. Ohne Landwirtschaft dagegen würden heute wie vor 10000 Jahren kleine nomadisierende Wildbeutergruppen von wenigen Dutzend Mitgliedern die Erde bevölkern. Größte soziale Einheit wäre der Stamm, ein loser Verband mehrerer Kleingruppen, insgesamt kaum mehr als 1000 Menschen, die sich gelegentlich trafen, um gemeinsam Riten zu feiern, Ehen zu stiften, sowie Neuigkeiten und Geschenke auszutauschen.

Geschichte hätte nicht stattgefunden. Gegenwart, Vergangenheit und Zukunft wären eingebettet in die Gleichförmigkeit eines Jäger- und Sammlerdaseins. Die Wanderzüge des Wilds, die Wachstumsphasen der Pflanzen, der Wechsel von Winter und Sommer, von Dürre und Regen, Überfluß und Entbehrung würden weiter das Leben und Denken der Menschen bestimmen. Weder Veränderung noch Naturbeherrschung wären zu Zielen menschlichen Handelns geworden, sondern Anpassung an den Lebensraum und Rückbesinnung auf den Idealzustand der Welt am Anfang der Schöpfung.

Vielleicht hätte die Menschheit dann statt ihrer technischen Fähigkeiten ihre Mythen und Riten entwickelt, vielleicht hätten sie ihr Verhalten der Notwendigkeit angepaßt, mit begrenzten Ressourcen zu wirtschaften. Viel mehr als 15, höchstens jedoch 30 Millionen Menschen, ein Bruchteil der fünf Milliarden von heute, hätte die Erde nicht getragen. Denkbar ist aber auch, daß die Malthusschen Gespenster, Krieg, Hunger und Seuchen, das Geschäft der Bevölkerungskontrolle übernommen hätten.

Sosehr die Eiszeitjäger, die vor rund 15000 Jahren die Höhlen von Lascaux und Altamira mit urzeitlichen Tieren bemalten, sich von den zweieinhalb Millionen Jahre älteren, affenähnlichen Herstellern der ersten Steinwerkzeuge unterschieden, eines verband sie: Sie waren Teil einer natürlichen Nahrungskette. Die weite Verteilung wild wachsender Nahrungspflanzen und von Wild hatte die Größe von Jäger- und Sammlergruppen auf einige Dutzend begrenzt. War ein Gebiet abgeerntet, wechselte mit der Jahreszeit das Nahrungsangebot, dann mußte die Gruppe weiterziehen, Hunderte, in manchen Gebieten Tausende von Kilometern im Jahr.

Die Notwendigkeit, beweglich zu sein, hatte der Entwicklung der Technik, der Ansammlung von Besitztümern und auch dem Anlegen von Nahrungsvorräten eine deutliche Grenze gesetzt. Wenn alles, was man besitzt, Hunderte Kilometer im Jahr getragen werden muß, dann wird der eigene Rücken zum Maß aller Dinge, die nützlich und begehrenswert erscheinen. Brauchbar war, was wenig wog. Größere Nahrungsvorräte und spezialisiertes schweres Gerät hätten nur behindert. In den Jahrmillionen der Menschwerdung war die materielle Kultur auf das beschränkt gewesen, was sich tragen oder an Ort und Stelle mit einfachen Mitteln herstellen ließ.

Nur wenige Jahrtausende Nahrungserzeugung genügten, um Städte mit Zehntausenden Einwohnern entstehen zu lassen. Schon vor 5000 Jahren lebten in dem von einer fast 10 Kilometer langen Stadtmauer umgebenen Uruk im Süden des Landes zwischen Euphrat und Tigris 40000 Menschen. Stadtmittelpunkt war Eanna, das Heiligtum der Göttin Ishtar, ein gewaltiger, mit monumentalen Säulen und farbigen Mosaiken geschmückter Komplex aus Tempeln, Vorratsräumen und Verwaltungsgebäuden. (Nissen 1972; Adams, Nissen 1972; Oates, Oates 1976) Stolz beschreibt der Erzähler des sumerischen Gilgameschepos, das von den Taten eines legendären Königs von Uruk aus dem dritten vorchristlichen Jahrtausend berichtet, den Glanz dieser Stadt. Als handle es sich um ein unfaßbares Wunderwerk, fordert er immer wieder auf, zu prüfen, was sich dem Auge darbietet.

»Die Mauer um Uruk-Gart ließ er bauen,
Um das heilige Eanna, den strahlenden Hort.
Sieh an seine Mauer, deren Friese wie Bronzeschalen scheinen!

Auch den Blendstein faß an – der seit Urzeiten da ist! –
Nahe dich Eanna, dem Wohnsitz Ishtars,
Keines späteren Königs, keines Menschen Werk gleicht ihm!
Auch steig auf die Mauer von Uruk, geh fürbaß,
Prüfe die Gründung, besieh das Ziegelwerk,
Ob ihr Ziegelwerk nicht aus Backsteinen ist!«

Vergegenwärtigen wir uns auch das Erstaunen der spanischen Konquistadoren zu Beginn des 16. Jahrhunderts. In einem Land, in dem sie nur unzivilisierte Wilde erwartet hatten, stießen sie auf die aztekische Hochkultur. In einer von Castillo überlieferten Szene nimmt der Aztekenherrscher Montezuma II. den Spanier Cortez sanft bei der Hand, um ihm voll Stolz die Hauptstadt seines Reichs zu zeigen, die in einen See gebaute Zweihunderttausend-Einwohner-Stadt Tenochtitlán:

»So standen wir und schauten in die Runde, denn dieser riesige und verfluchte Tempel ist so hoch, daß man alles gut überblicken konnte, und wir sahen die drei Dämme, die nach Mexiko führten,... und wir sahen das Aquädukt, das die Stadt mit Frischwasser aus Chapultepec versorgt, und wir sahen die Brücken auf den drei Dämmen, die in bestimmten Entfernungen gebaut waren,... und wir erblickten eine Vielzahl von Kanus auf dem See, einige, die mit Nahrungsvorräten kamen, andere, die mit Waren beladen auf dem Rückweg waren, und wir sahen, daß es in dieser Stadt und in allen anderen Städten, die im Wasser gebaut waren, unmöglich war, anders als über hölzerne Zugbrücken oder in Kanus von Haus zu Haus zu gelangen; und wir sahen in diesen Städten weißschimmernde Tempel und Gebetshäuser, die Türmen und Festungen glichen, und es war ein wunderbarer Anblick.« (Nach Adams 1977)

Überwältigt von der Größe und Pracht des Herrscherpalasts mit seinen Königsgemächern, einem Heer von 3000 Bediensteten, Verwaltungs- und Gerichtsräumen, eigenen Kornspeichern, Gefängnissen, Handwerksräumen, einem großen Haremstrakt und einem eigenen Zoo, für dessen Raubtierabteilung täglich 500 Truthähne geschlachtet wurden, schrieb Cortez an seinen Herrscher: »Nur soviel möchte ich sagen, als daß es Vergleichbares in Spanien nicht gibt«. Das sind, wie Jacques Soustelle bemerkt hat, »starke Worte für einen spanischen Landedelmann, der sich an Karl V. wendet«. (Nach McC. Adams 1966)

Nur 3000 Jahre zuvor wäre ein Vorläufer des Cortez im Tal von Mexiko gerade auf die ersten kleinen Bauerndörfer gestoßen. Die Bevölkerung des riesigen Tals, zur Zeit der Eroberung etwa eine Million, dürfte zu dieser Zeit, um 1500 v. Chr., gerade 4000 Menschen betragen haben. Weitere dreieinhalb Jahrtausende früher, um 5000 v. Chr., hätte man in ganz Amerika nur nomadisierende kleine Gruppen von Jägern und Sammlern angetroffen, von denen einige gerade begannen, ein wenig Nahrung zu erzeugen. (Sanders et al. 1979)

Wirtschaftliche Grundlage von Städten wie Uruk und Tenochtitlán war eine intensive Landwirtschaft. Ein Wildbeuter hatte durchschnittlich 10 Quadratkilometer Land benötigt, um sich mit allem Lebensnotwendigen zu versorgen. In günstigen Revieren konnte die Bevölkerungsdichte sogar auf das Zehnfache anwachsen, auf einen Menschen pro Quadratkilometer. Doch das blieb eine im Rahmen einer Jäger- und Sammlerökonomie kaum überschreitbare Grenze. Landwirtschaft in Verbindung mit Bewässerung dagegen ernährte auf guten Böden von der gleichen Fläche mehrere hundert Menschen.

Zur Zeit von Uruks Blüte um die Mitte des 3. Jahrtausends v. Chr. wurden in Mesopotamien auf einem Hektar* Land 2000 Kilo Getreide erzeugt, Rekordernten, wie sie in Europa erst in unserem Jahrhundert erreicht wurden. (Jacobsen, Adams 1958). Rechnen wir großzügig mit einer Jahresration von 300 Kilogramm pro Kopf, dann genügte ein Quadratkilometer Anbaufläche, um den Getreidebedarf von über 600 Menschen zu decken.

Ähnlich hohe Erträge warfen auch die sogenannten *Chinampas* der Azteken im Tal von Mexiko ab. *Chinampas* sind erstmals um die Zeitenwende durch Aufschüttung in flachen Seen angelegte Felder wie die »schwimmenden Gärten« des modernen Xochimilco bei Mexico City. Dank einer intensiven Düngung mit Schlamm aus dem See, mit verwesenden Pflanzenresten und menschlichem Kot genügte den Azteken ein halber Hektar *Chinampa*, um eine ganze Familie mit Nahrung zu versorgen. (Coe 1964)

Schon wenige Jahrtausende nach den Anfängen der Landwirtschaft erinnerte nichts in den Zentren der kulturellen Entwicklung mehr an die ursprüngliche Lebensweise des Menschen. Einst selbst Jäger und Sammler, die in das Tal von Mexico eingedrungen waren und sich innerhalb weniger Jahrhunderte der hochentwickelten Kultur seiner Bewohner angeglichen hatten, nannten die Azteken nun die Wildbeuterstämme des Nordens »Chichimeken«, »Söhne von Hunden«. Der Dominikaner Diego Duran, der sie im 16. Jahrhundert als halbe Tiere beschrieb, sah sie durchaus mit den Augen zivilisierter Azteken:

---

* Eine Fläche von 100 mal 100 Meter, also 10000 Quadratmeter.

»Sie lebten im Bereich der Berggipfel und in den unwirtlichsten Zonen der Berge, wo sie ein tierisches Dasein fristeten. Sie hatten keine menschliche Organisation, sondern jagten nach Nahrung wie die Tiere der gleichen Region, und sie liefen splitternackt, ohne ihr Geschlecht zu bedecken, umher. Sie jagten den ganzen Tag nach Kaninchen, Rehen, Hasen, Wieseln, Maulwürfen, Wildkatzen, Vögeln, Mäusen, und sie sammelten auch Heuschrecken, Würmer, Kräuter und Wurzeln. Ihr Leben war nichts als Nahrungssuche... Diese Leute lebten in Berghöhlen oder unter Büschen und kümmerten sich nicht im geringsten um Säen, Anbau oder Ernten. (Nach Adams 1977)

Ähnlich hatte schon Jahrtausende zuvor der zivilisierte Erzähler des Gilgamesch-Epos seinen jagenden und sammelnden Zeitgenossen gesehen:

> »Mit Haaren bepelzt am ganzen Leibe;
> Auch kennt er nicht Land noch Leute:
> Bekleidet ist er wie Sumukan*!
> So frißt er auch mit den Gazellen das Gras,
> Drängt er hin mit dem Wilde zur Tränke,
> Ist wohl auch in seinem Herzen mit des Wassers Getümmel.«

2. Die Pflanzen und Tiere der Menschheit

Domestizierte Pflanzen und Tiere waren die Grundlagen der Landwirtschaft. Von ihren wilden Vorläufern unterschieden sie sich nicht weniger als die zivilisierten Azteken von den wilden Chichimeken oder die zivilisierten Stadtbewohner von Uruk von den Nomaden der umliegenden Steppe. Durch Landwirtschaft hatten sich zivilisierte Menschen und domestizierte Pflanzen und Tiere in gegenseitige Abhängigkeit begeben. In der Wildnis hätte keiner der Partner dieser Symbiose ohne den anderen überlebt.

In den Zentren der Zivilisation hatte die Bevölkerungsdichte längst die Grenze überschritten, an der ein Zurück in die Wildnis noch möglich gewesen wäre. Doch ebenso waren die domestizierten Pflanzen und Tiere von Menschen abhängig geworden. Eigenschaften, die sie für Bauern nützlich machten, bedeuteten Lebensuntauglichkeit in

---

* Der Gott der Tiere

der Wildnis. Nehmen wir den Mais, der von allen Nutzpflanzen die wohl eindrucksvollste Entwicklung durchlaufen hat. Was ihn heute zu einer der Säulen der Welternährung macht, hat ihn so weit von seinen wilden Vorläufern entfernt, daß er ohne den Menschen aussterben würde.

Als domestizierte Pflanze hat der Mais wie andere Getreidearten auch eine für das Überleben in der Wildnis entscheidende Fähigkeit verloren. Er kann seine Samen nicht mehr selbständig aussäen. Würde eine reife Maispflanze nach einer gewissen Zeit dennoch vom Wind umgelegt, dann kämen die Samenkörner zwar zum Keimen, aber die auf engstem Raum sprießenden Hunderte von Pflänzchen würden sich gegenseitig ersticken.

Die Wildpflanze Teosinte* dagegen hat viele radial um die Wurzel verteilte Stengel. An diesen Stengeln sitzen 100 und mehr kleine Ähren mit nur 5 bis 10 Körnern, die nach dem Reifen von selbst auf die Erde fallen. Auf diese Weise verteilt die Pflanze ihre Saat in weitem Umkreis. Außerdem sind die Körner zum Schutz gegen Vögel und Insekten von einer hornartigen Schale umgeben, die für Menschen die Zubereitung erschwert. »Wenn Hunger sie treibt«, so berichtet der amerikanische Genetiker George Beadle über seine Erfahrungen mit Teosinte, kann »eine energische Person« durch Zerstoßen in primitiven Steinmörsern und anschließendem Abtrennen der zertrümmerten Schalen genügend Mehl herstellen, um eine Familie davon zu ernähren«. Einfache Nahrung ist die Wildpflanze nicht. (Beadle 1977)

Die Kolben des vor rund 7000 Jahren im mexikanischen Hochtal von Tehuacán angebauten ältesten domestizierten Mais gleichen schon der heutigen Nutzpflanze. Freilich sind sie nicht größer als Flaschenkorken und dürften Hektarerträge von 60 bis 80 Kilogramm erbracht haben, viel zu wenig, um vom Maisanbau zu leben. Folglich wurde domestizierter Mais dreieinhalb Jahrtausende nur beiläufig von nomadisierenden Jägern und Sammlern im Verlauf ihrer Jahreswanderung durch das Tal gesät und Monate später geerntet. Erst nachdem die Pflanze sich um 1500 v. Chr. so weit entwickelt hatte, daß die Hektarerträge die für Landwirtschaft kritische Mindestmenge von 200 bis 250 Kilogramm pro Hektar erreichten, entstanden in Mittelamerika Dörfer festansässiger Bauern. (Flannery 1973)

Damit war die Entwicklung des Mais jedoch nicht abgeschlossen

---

* Wie George Beadle gezeigt hat, ist Teosinte mit großer Wahrscheinlichkeit Abkömmling des wilden Vorläufers des Mais. (Beadle 1977) In Teosinte aber den lange gesuchten Wildmais zu sehen, wäre indessen falsch, da sich auch Teosinte in den letzten 7000 Jahren verändert haben dürfte.

Bis zur Ankunft der Europäer 3000 Jahre später entwickelten ungezählte Generationen einfacher indianischer Bauern die Kolben ihrer Hauptnahrungspflanze bis zur Größe moderner Primitivsorten weiter. Bewundernd nannte der Botaniker Peter Kalm im 18. Jahrhundert den Mais das »Korn des faulen Mannes«. Auf ein Saatkorn brachte Mais 300 Körner; beim Weizen berichten die Bibel und römische Autoren um die Zeitenwende vom vierfachen Ertrag auf gewöhnlichen Böden, der in den fruchtbarsten Zonen Palästinas bis auf das Fünfundvierzigfache ansteigen konnte. (Evans 1980)

Ähnlich wie beim Mais erschwert die natürliche Anpassung der wilden Vorläufer aller anderen Getreidearten die Nutzung durch den Menschen. Wie Mais haben auch die Wildformen von Weizen, Gerste, Hirse, Sorghum, Reis, Hafer und Roggen brüchige Ähren. Die Ähren von wildem Weizen und wilder Gerste gleichen Spindeln aus mehreren Segmenten, die 1 oder 2 Samenkörner tragen. Beim Reifen platzen die Verbindungsknoten zwischen den Segmenten und lassen diese samt den anhaftenden Körnern auf die Erde fallen. Da die einzelnen Segmente einer Ähre jedoch nicht gleichzeitig, sondern im Verlauf von einer bis zwei Wochen reifen, kann ein Mensch in einem Feld von Wildgetreide nur einen Bruchteil der Gesamtmenge ernten. Ein Teil der Körner ist noch nicht reif genug, ein anderer liegt bereits in der Erde. In Jahren außergewöhnlicher Hitze und Trockenheit kann sich der Reifeprozeß außerdem auf zwei bis drei Tage verringern. Ein Sammler, der dann den richtigen Zeitpunkt verpaßt, wird fast leer ausgehen.

Die natürliche Anpassung von Wildgetreide erschwert nicht nur das Ernten, sondern ebenso die Aussaat und Zubereitung. In Vorderasien, dem Ursprungsgebiet von Weizen und Gerste, ist im späten Frühjahr Reifezeit, die neue Wachstumsperiode aber beginnt erst mit dem Einsetzen des Winterregens. Durch eine Hülle aus festanliegenden, harten Spelzen vor Insekten und Austrocknung geschützt, ruhen die Samenkörner monatelang in der Erde. Außerdem keimen nicht alle Samenkörner im selben Jahr. Im ersten Jahr sprießt nur ein Teil. Der andere Teil ruht zur Vorsorge gegen Dürreperioden ein weiteres Jahr in der Erde und keimt erst im zweiten oder dritten Jahr. (Flannery 1973; Harlan 1977)

Zusammengefaßt: Drei lebensnotwendige Eigenschaften von Wildgetreide – verzögerte Keimung, erschwerte Zubereitung durch festanliegende Spelzen und Brüchigkeit der Ähren – erschweren die Nutzung durch Menschen.

Die 9000 Jahre alten ersten domestizierten Weizen- und Gerstearten hatten feste Ähren, die nach dem Reifen nicht zerfielen. Sie konnten daher intakt geerntet werden. Schon 1000 Jahre später entstand aus zweizeiliger Gerste, die an jedem Knoten der Ähre nur jeweils ein Korn trägt, sechszeilige Gerste mit drei Körnern pro Knoten. Etwa gleichzeitig erschienen auch die leicht dreschbare »nackte Gerste« und nur wenige Jahrhunderte später auch dreschbare Weizenarten mit weichen Spelzen, die sich im Gegensatz zu denen der Wildpflanze leicht vom Korn lösten. (Harlan 1977)

Radikaler noch wurde der Kürbis verändert. Wilde Kürbisse gleichen eher ledernen Behältern zur Aufbewahrung von Samenkörnern als der heutigen Nahrungspflanze. Die dünne Schicht aus trockenem Fruchtfleisch ist wegen ihres bitteren Geschmacks nahezu ungenießbar. Daher waren Wildkürbisse, die in Mittelamerika schon vor 10000 Jahren verzehrt worden sind, nicht wegen des Fruchtfleischs, sondern wegen der nahrhaften Samenkörner begehrt. Die ersten domestizierten Kürbisse mit schmackhaftem und saftigem Fruchtfleisch stellten die natürliche Anpassung der Pflanze gewissermaßen auf den Kopf. Anstelle der Samenkörner der Wildpflanze war nun das Fruchtfleisch zum Hauptzweck geworden. (Flannery 1973; Whitaker, Bemis 1976)

Die Wildformen der stärkehaltigen Knollen und Wurzeln – Kartoffel, Maniok, Yams, Süßkartoffel sowie die in Südostasien und Polynesien verbreiteten Taro – speichern beachtliche Mengen an Stärke und Feuchtigkeit. Ungeschützt wären sie für Tiere ein lohnender und leicht zugänglicher Fraß. Zum Schutz der empfindlichen Vermehrungskörper enthalten die Wurzeln und Knollen der Wildpflanzen erhebliche Konzentrationen an Gift- oder Bitterstoffen. Andere, wie die ungiftigen unter den rund 600 verschiedenen wilden Yamsarten, schützen sich durch tiefliegende Wurzeln oder durch scharfe Dornen vor Tieren. Die Nutzpflanzen, die aus diesen Wildformen entstanden, waren ungiftig oder frei von Bitterstoffen, hatten keine Dornen, größere Wurzeln oder Knollen, sie schmeckten besser, lieferten wie Bittermaniok ein haltbares Mehl und verfügten über weitere erwünschte Eigenschaften.

Schwieriger ist die Domestizierung von Tieren zu rekonstruieren. Bei Pflanzen ist das Merkmal, anhand dessen Archäologen Domestizierung feststellen, meist mit seiner wirtschaftlichen Funktion verbunden: Getreide mit dem Merkmal »feste Ähren« muß angebaut worden sein, da es sich selbst nicht mehr vermehren konnte. Bei Tieren dagegen stehen den Archäologen nur indirekte Anhaltspunkte zur Verfügung. Als Kriterien für Domestizierung gelten Veränderungen im Knochenbau oder Veränderungen der Hörner. Diese anatomischen

Unterscheidungsmerkmale des Haustiers von seinem wilden Vorläufer sind jedoch nur Begleiterscheinungen der Domestizierung; sie haben nichts mit der wirtschaftlichen Funktion der Domestizierung zu tun.

Ob Tiere kleiner oder größer gewesen sind, ob sie gebogene oder gerade Hörner hatten, dürfte den ersten Bauern ziemlich gleichgültig gewesen sein. Selbst die im Vergleich zum wilden riesigen Auerochsen deutlich kleineren domestizierten Rinder waren noch immer stark genug, als daß sie sich durch Zwang hätten bändigen lassen. Man kann sich leicht vorstellen, daß andere Eigenschaften wichtig gewesen sind, zum Beispiel Zahmheit und Anspruchslosigkeit der Haltung. Das Verhalten der Tiere, nicht die Größe oder die Hörnerform bestimmte, ob sie sich von Menschen kontrollieren ließen oder nicht.

Ursprungsgebiet der ältesten domestizierten Pflanzen und Tiere ist der sogenannte »Fruchtbare Halbmond«. Das ist der halbkreisförmige Bogen, der im südlichen Palästina beginnt, in nördlicher Richtung über Syrien und die südöstliche Türkei verläuft und in großem Bogen um die syrische Wüste nach Südosten entlang des Zagros-Gebirges zum Persischen Golf führt. In diesem Gebiet erschienen vor 9000 Jahren an mehreren Orten die ersten domestizierten Weizenarten Emmer und Einkorn; dazu kamen domestizierte Gerste, Linsen, Erbsen, Flachs und Kichererbsen. In den folgenden Jahrtausenden folgten Feigen, Datteln, Birnen, Trauben, vielleicht auch Äpfel und Oliven als weitere Beiträge Südwestasiens zur Nutzpflanzenpalette der modernen Menschheit. (Harlan 1976, 1977)

Vor 9000 Jahren – um 7000 v. Chr. – traten in dieser Region auch Ziegen und Schafe mit Domestikationsmerkmalen auf. Ein halbes Jahrtausend später folgte in Griechenland und der Türkei das Rind und fast gleichzeitig erschienen auch die ersten domestizierten Schweine. Bis 2000 v. Chr. kamen weitere Arten als Beiträge Eurasiens zur modernen Nutztierfauna dazu: der Esel und das Dromedar, das Pferd aus den Steppen Asiens, das Rentier aus Nordeuropa oder Sibirien und Hühner aus Südostasien. (Harlan 1976, Herre und Röhrs 1977)

In Mittelamerika erschienen die ersten domestizierten Nahrungspflanzen etwa zwei Jahrtausende später: nach 5000 v. Chr. Dort zählen Mais, Bohnen, Kürbisse, Chilipfeffer, Tomaten, Avocados und Amaranthen, eine Fuchsschwanzart mit getreideähnlichen Samenkörnern, zu den ersten domestizierten Arten. Später erschienen Kakao und Sapotefrüchte. Auch Baumwolle und die stärkehaltige tropische Knollenfrucht Maniok sind schon früh in Mittelamerika angebaut worden. Ungeklärt bleibt allerdings, ob sie dort aus Wildpflanzen domestiziert oder schon domestiziert aus Südamerika eingeführt worden sind. (Flannery 1973; Pickersgill 1977, MacNeish 1977)

Vor etwa 7000 Jahren, ungefähr gleichzeitig wie in Mittelamerika, erschienen auch in Südamerika im Hochland der Anden domestizierte Arten: das Meerschweinchen, die stärkehaltige Achirawurzel und Bohnen. Weitaus stärker als anderswo haben in Südamerika die unterschiedlichen Zonen eines Kontinents der ökologischen, klimatischen und topographischen Extreme zur außergewöhnlichen Vielfalt der Nutzpflanzenpalette beigetragen. Erdnuß, Maniok, Guajave, Ananas, Coca, Limabohnen und die Süßkartoffel stammen aus dem Tiefland der großen tropischen Flußbecken und der feuchtheißen östlichen Andenausläufer. Hochlandgewächse aus der gemäßigten bis kalten Andenregion sind die Kartoffel, die getreideartige Quinoa und die Oka-Knollen sowie weitere kältefeste Nutzpflanzenarten von nur lokaler Bedeutung. (Flannery 1973; Pickersgill 1977, MacNeish 1977)

Das älteste domestizierte Tier Mittel- und Südamerikas war wie in Eurasien der Wolfsabkömmling Hund, der schon die Jäger der Eiszeit begleitet haben dürfte. Weitaus spärlicher als in der Alten Welt war in der Neuen die übrige für Tierhaltung geeignete Wildtierfauna. Insgesamt blieb es bei sechs domestizierten Arten. Und nur eine davon, der aus Mittelamerika oder dem Süden Nordamerikas stammende Truthahn, sollte sich später über sein Ursprungsgebiet hinaus verbreitet haben. Die Cameliden Llama und Alpaka, die beide vom Wildtier Guanaco abstammen, eine mittelamerikanische Entenart sowie das Meerschweinchen blieben auf ihr Ursprungsgebiet beschränkt. (Harlan 1976; Wing 1977)

Die ersten domestizierten Pflanzen Chinas, zwei Hirsearten, erschienen vor 6000 Jahren – um 4000 v. Chr. – in Nordchina, in Südostasien wahrscheinlich etwa gleichzeitig der erste Reis. Da diese nordchinesischen Funde aus einer schon weit entwickelten Bauernkultur stammen, ist zu vermuten, daß die noch nicht entdeckten Anfänge der Domestizierung weiter zurückreichen und so alt wie in Amerika sind.

Die ersten chinesischen Bauern verfügten außerdem über Hanf und Seidenraupen zur Textilherstellung. Als Haustiere hielten sie Hunde und Schweine. Später kamen Kohl, Zwiebeln und Pfirsiche dazu. Weizen und Gerste aus Südwestasien erreichten China schon im 2. Jahrtausend v. Chr. Im folgenden brachte ein siegreicher Feldzug gegen ein mandschurisches Bergvolk die Sojabohne als Beute nach China. Soja ergänzte die fleischarme chinesische Küche um eine wichtige pflanzliche Eiweißquelle. (Harlan 1976, Ho 1977; Chang 1975 und 1977)

Viele Wildpflanzen und -tiere sind nicht nur einmal, sondern mehrfach domestiziert worden, so die Wildschweine und die Wildrinder im riesigen Raum zwischen Europa und Ostasien. Sowohl Afrikaner als auch Asiaten haben die in den großen tropischen Flußsystemen Westafrikas und Südostasiens heimischen Wildreisarten zu Nutzpflanzen entwickelt. Baumwolle wurde sowohl in der Alten als auch der Neuen Welt domestiziert, desgleichen Hirse in China, Amerika und Afrika. Unabhängig voneinander haben Asiaten, Afrikaner und Indianer die in ihren Gebieten heimischen Wildarten der Knollenfrucht Yams zu Nutzpflanzen entwickelt. Das reichhaltige Angebot unterschiedlicher Arten von Bohnen, Kürbissen und Chilipfeffer, das man heute auf indianischen Märkten findet, ist Ergebnis einer ähnlichen Mehrfachdomestikation im Gebiet zwischen Mittel- und Südamerika. (Harlan 1976, D. G. Coursey 1976)

3. Theorien über die Anfänge der Landwirtschaft

Die Frage, wem Menschen die Landwirtschaft zu verdanken haben, ist alt. Die Vorstellung von einem Kulturheros dürfte die erste Antwort gewesen sein, der weitverbreitete Mythos von einem Wesen mit übermenschlichen Fähigkeiten und wechselnden Namen. Bevor ihn die Menschen beerbten und die Landwirtschaft ihrem eigenen Erfindergeist zugute schrieben, haben zweieinhalb Jahrtausende alte chinesische Legenden den Hirseanbau auf einen Kulturheros namens Shen Nung zurückgeführt: »Die Alten aßen Fleisch von (wilden) Tieren und Vögeln. Zur Zeit Shen Nungs gab es so viele Menschen, daß die Tiere und Vögel nicht mehr ausreichten, und daher lehrte Shen Nung sie, ihre Nahrung anzubauen.« Eine andere Version berichtet davon, daß es Hirse vom Himmel geregnet habe. Shen Nung habe sie aufgehoben und angebaut. (Chang 1977)

Wissenschaftlich begann man in den letzten Jahrzehnten des 19. Jahrhunderts über die Anfänge der Landwirtschaft nachzudenken. Den Anfang machte der Schweizer Botaniker Alphonse de Candolle. In seinem Buch *Origins of Cultivated Plants* untersuchte er die Ursprungsländer und die Entstehungszeit von 245 Nutzpflanzenarten. Die Zahl der wissenschaftlichen Untersuchungen seitdem ist kaum noch überschaubar. Gemessen an noch immer verbreiteten veralteten

Vorstellungen, ist die Bilanz eines Jahrhunderts Forschung über die Entwicklung, die am Anfang unserer Zivilisation steht, dennoch dürftig.

Bis in die späten vierziger Jahre des 20. Jahrhunderts waren die Gelehrten zwar überaus produktiv, Theorien über die Anfänge der Landwirtschaft zu entwickeln, aber niemand unterzog sich der Mühe, diese Theorien archäologisch zu prüfen. Bis vor kurzem ließen die Archäologen sich von spektakuläreren Dingen faszinieren. Das Interesse galt Hochkulturen und in diesen wiederum der Kultur der Eliten: prachtvolle Tempel und Paläste, Königsgräber mit unermeßlichen Schätzen, Kunstwerke und schriftliche Überlieferungen. Wie die Masse der Menschen gelebt hatte, interessierte wenig. Unter dem Müll der Jahrtausende älteren kleinen prähistorischen Siedlungen nach den unscheinbaren Überresten der Lebens- und Wirtschaftsweise der ersten Bauern zu suchen, schien der Mühe nicht wert. Ruhm und Ansehen gewann man damit nicht.

Erstmals 1948 setzte sich ein Team der Universität Chicago unter Leitung von Robert Braidwood ein ehrgeizigeres Ziel. In einer kleinen prähistorischen Siedlung wollte Braidwood, »die Anfänge der Landwirtschaft... sowie die Entstehung dörflicher Siedlungen« untersuchen. Er entschied sich für Jarmo im kurdischen Bergland. Schon dieser erste archäologische Test genügte, um eine Theorie des großen englischen Prähistorikers Gordon Childe zu widerlegen, die sich seit den zwanziger Jahren einiger Beliebtheit erfreut hatte.

Childe hatte spekuliert, Klimawechsel nach dem Ende der Eiszeit habe große Gebiete Südwestasiens und Nordafrikas austrocknen und zur Wüste werden lassen. In den verbliebenen Oasen mit Pflanzen und Tieren auf engem Raum zusammengedrängt, habe sich dann »eine Art Symbiose zwischen Mensch und Tier« entwickelt, die mit »Domestikation« gleichzusetzen sei. Braidwood zeigte nun, daß die Oasentheorie nicht stimmen konnte. In Vorderasien waren die klimatischen Veränderungen am Ende der Eiszeit zu gering, um Childes Theorie zu stützen. Außerdem war es nicht zu einer Austrocknung gekommen. Mit der Erwärmung am Ende der Eiszeit hatten auch die Niederschlagsmengen zugenommen. (Nach Wright 1971)

Braidwoods Pionierleistung zog eine rasche Ausweitung des neuen Forschungsgebiets nach sich. Schon 1973, nur ein Vierteljahrhundert später, bemerkte der bedeutende amerikanische Archäologe Kent Flannery, der selber zu dieser Entwicklung maßgeblich beigetragen hat: »Vielleicht hat kein anderer Aspekt der Vorgeschichte in den letzten Jahren soviel Aufmerksamkeit erfahren wie der Ursprung der Landwirtschaft.« Dank dieser Arbeit haben einige der führenden Spezialisten auf diesem Gebiet heute einigermaßen klare Vorstellungen über die Anfänge der Nahrungserzeugung in den vier großen Kontinenten.

Doch wie häufig in der Wissenschaft, setzen sich neue Theorien nicht auf dem Weg von Überzeugung und Beweisen durch. Die Anhänger veralteter Theorien ziehen es vor, Neues zu ignorieren, oder sie beharren einfach auf den vertrauten älteren Positionen. Wie ein Spötter bemerkt hat, setzen sich bahnbrechende neue Theorien in der Wissenschaft meist auf biologische Weise durch: Die Anhänger veralteter Theorien sterben allmählich aus.

Nichts in unserer wissenschaftsorientierten Gesellschaft ist zählebiger als das Wissen von gestern. Es muß nur einem gängigen Klischee entsprechen. In diesem Fall deckt sich das Überholte geradezu perfekt mit dem Leitbild unserer auf Naturbeherrschung gegründeten Zivilisation. Im Spiegel der Vorgeschichte wähnen wir uns als legitime Vollender einer Tradition, die vor 10000 Jahren damit begann, daß der Mensch die Kontrolle über seine Ernährung gewann. Er entwickelte die Landwirtschaft, um sich aus der angestammten Abhängigkeit von der Natur zu befreien. Einst selbst ein Teil der Natur, so scheint es, schwang er sich nun zum Herrn über die Natur auf. Es ist der Ursprungsmythos unserer Zivilisation. Der Versuch, mit veralteten Vorstellungen aufzuräumen, lohnt daher die kritische Auseinandersetzung mit Theorien, die längst auf den Müll der Wissenschaftsgeschichte gehörten.

Wie nichts anderes hat das Vorurteil des Zivilisierten, allein Nahrungsanbau erlaube ein menschenwürdiges Dasein, die Köpfe verwirrt. »So frißt er auch mit den Gazellen das Gras, drängt er hin mit dem Wilde zur Tränke«, dieses fünf Jahrtausende alte Motiv des Gilgamesch-Epos von der Tierhaftigkeit des Wildbeuters findet sich noch in wissenschaftlicher Literatur des 20. Jahrhunderts: »Ein Mensch, der zeitlebens den Tieren folgt, nur um sie fürs Essen zu töten, oder sich von einer Beerenstelle zur nächsten bewegt, lebt selber wie ein Tier«, schrieb 1957 der Ausgräber von Jarmo, Robert Braidwood.

Vom wissenschaftlichen zum populärwissenschaftlichen Klischee ist nur ein kleiner Schritt. »Bevor sich der Mensch der Landwirtschaft widmete«, lebte er, so echot der Autor eines prächtigen Bandes über Gegenwart und Geschichte von Peru, »in einem tierähnlichen Zustand.« (Kauffmann-Doig 1982)

Zu kulturellem Hochmut gesellte sich Ignoranz. Wildbeuter, so versicherte der amerikanische Anthropologe Lowie, »müssen weitaus härter arbeiten als Ackerbauern und Viehzüchter, um ihren Lebensunterhalt zu gewinnen«. (1946, nach Sahlins 1972) In seiner *Marxistischen Wirtschaftstheorie* dozierte der Ökonom Ernest Mandel, je »primitiver ein Volk, desto größer der Teil seiner Arbeit, ja tatsächlich seines ganzen Daseins, der dazu dient, Nahrungsmittel zu suchen und herzustellen«. Vor Entstehung der Landwirtschaft sei der Hunger der evolutionäre Begleiter des Menschen gewesen, »eine ständige Gefahr für das Überleben der Gattung«. (1971)

Ein Standardwerk wie *Economic Anthropology* von M. Hershkowitz deutete die außergewöhnliche Vielfalt der Nahrungsquellen australischer Aborigines als Zeichen extremer Knappheit. Wer sich anstatt von Brot, Fritten, Steak und Kotelett von Hunderten verschiedener Arten von Tieren und Pflanzen ernährt, wem es selbst vor Maden und Heuschrecken nicht graust, der scheint nur einen Schritt vom Hungertod entfernt. »Überleben«, meinte Hershkowitz, sei daher nur durch »intensivstes Arbeiten« möglich gewesen. (1958)

Angesichts solcher Vorurteile ergab sich die Antwort, warum Landwirtschaft entstand, von selber: Am Anfang mußte der heroische Versuch des Menschen gestanden haben, das Schicksal in die eigenen Hände zu nehmen. Daß die bis in unser Jahrhundert überlebenden letzten Jäger und Sammler, wären sie dazu nur imstande gewesen, alles daran gesetzt hätten, Bauern zu werden, galt als ausgemacht. Sie schienen ganz einfach unfähig zu sein, ihr erbärmliches Wildbeuterdasein aus eigener Kraft zu überwinden. Man beobachtete sie mit dem naiven Hochmut des Zivilisierten, der den eigenen Wertmaßstab verabsolutiert. »Primitivität«, im Sinne einer wenig entwickelten Wirtschaft, wurde mit »Unfähigkeit« gleichgesetzt.

Überzeugt, der Wilde sei ein verhinderter Bourgeois, technisch inkompetent, aber von den gleichen Wünschen und Begierden nach einem Leben in Wohlstand getrieben, räsonierte Darwin über seine Eindrücke bei den Ureinwohnern der Südspitze Südamerikas. Die Oberflächlichkeit der Betrachtung von Angehörigen einer fremden Kultur ist um so bemerkenswerter, als der Schöpfer der Evolutionslehre bei Tieren und Pflanzen ein überaus genauer Beobachter war:

»Als ich die barbarischen Bewohner des Feuerlandes beobachtete, drängte sich mir plötzlich die Überzeugung auf, daß der Besitz eines bestimmten Eigentums, ein fester Wohnsitz und die Vereinigung vieler Familien unter einem Führer die unentbehrlichsten Grundlagen der

Zivilisation seien. Solche Gewohnheiten verlangen fast mit zwingender Notwendigkeit die Bebauung des Bodens...« (1871)

Von Adam Smith, dem Begründer der klassischen kapitalistischen Wirtschaftstheorie im 18. Jahrhundert bis zum Marxisten Ernest Mandel im 20. zieht sich durch die Vorstellungen über die Anfänge der Landwirtschaft die gleiche Botschaft: Der Mensch sei von seiner Natur her bestrebt, seine materiellen Lebensumstände zu verbessern. Seit Urzeiten scheine er sich nichts sehnlicher gewünscht zu haben, als die angestammte Wildbeutermisere zu überwinden. Während endlos langer Zeiten schien der Versuch jedoch am »ständigen Hunger« gescheitert zu sein, »der den Menschen zwingt, sich bei jeder sich bietenden Gelegenheit zu sättigen«. Erst nachdem es gelungen sei, durch Steigerung der Arbeitsproduktivität und Arbeitsteilung gewisse Nahrungsvorräte zu schaffen, so meint Mandel, sei auch »die Verwirklichung [!J.H.] der bedeutungsvollsten wirtschaftlichen Umwälzung« möglich geworden, »die der Mensch seit seinem Erscheinen auf der Erde gekannt hat«. (1971)

Erfindungsgabe und technisch-wirtschaftliche Rationalität wurden zu Mitteln, Kontrolle über die Ernährung zu gewinnen. In einem Werk mit dem bezeichnenden Titel *Man makes himself* (Die Selbstschaffung des Menschen) offenbart der Prähistoriker Gordon Childe, am Ende der Eiszeit habe sich ein fundamentaler Wandel im Verhältnis des Menschen zur Natur vollzogen. Während seiner Entstehung sei der Mensch Teil der Natur gewesen, nun habe er begonnen, »die Natur zu kontrollieren«. »Die erste Revolution [nämlich der Pflanzenanbau, J.H.], welche die menschliche Wirtschaft veränderte, gab dem Menschen die Kontrolle über seine Nahrungsvorräte.« (1936)

Eine zielgerichtete Suche nach geeigneten Mitteln schien am Anfang des Wegs in die Zivilisation gestanden zu haben. »Ursprünglich ein Fleischesser, der zu bestimmten Jahreszeiten zuweilen auch Körner und Früchte aß«, so verbreiteten 1977 die Verfasser eines prachtvollen Werks über die Ernährung der alten Ägypter, »konnte der Mensch sein nomadisierendes Jägerleben nicht aufgeben, nicht eine feste Gesellschaft planen und sich Gesetze geben, bevor er nicht über einen stabilen Vorrat an sättigender Nahrung verfügte und nicht mehr wie zuvor auf verderbliches Fleisch und verderbliche Früchte angewiesen war.« (Darby, Ghalioungui, Grivetti 1977)

Vom gleichen Standort aus hatte schon der renommierte Anthropologe J.H. Steward in den fünfziger Jahren verkündet: »Nachdem Landwirtschaft den Menschen einmal von der unaufhörlichen Nahrungssuche befreit hatte, war er imstande, sein ruheloses Umherziehen aufzugeben und sich in Dörfern niederzulassen, wo er Töpferei entwickelte, den Webstuhl und alle Errungenschaften des seßhaften Lebens«. (1955, nach Flannery 1972). Ähnlich klingt es noch zwei Jahrzehnte später bei H. D. Disselhoff nach, einem anerkannten Südamerika-Spezialisten: »Ein wirtschaftliches Element, nämlich reiche Maisernten, machte das Entstehen einer höheren Gesellschaftsordnung möglich...« (1974) Anscheinend, so ist zu vermuten, wurde Landwirtschaft zu dem Zweck entwickelt, die Errungenschaften eines seßhaften Lebens zu genießen und höhere Gesellschaftsordnungen zu entwickeln.

Solche Überzeugungen wiederum schlugen sich in der archäologischen Forschung nieder. Wem es selbstverständlich erscheint, erst Nahrungserzeugung habe den Menschen von Hunger und Not befreit, der feiert Domestizierung als eine heroische Tat. Im Wettstreit um die Priorität dieses Ereignisses haben Archäologen Berge vorgeschichtlichen Mülls sorgfältig nach den unscheinbaren Spuren der ältesten domestizierten Pflanze und des ersten Haustiers durchsucht. Und, was zu weiterer Verwirrung beigetragen hat, um der Priorität willen haben sie die Funde auf höchst unterschiedliche Weise bewertet.

Dem einen galten nur Pflanzenreste mit eindeutigen Domestikationsmerkmalen wie »feste Ähren« als Beweis; ein anderer begnügte sich mit vergrößerten Samenkörnern, die ebensogut von kräftigen Wildpflanzen stammen konnten; ein dritter sprach von Landwirtschaft, wenn er nur die entsprechenden Geräte vorweisen konnte; einem vierten schließlich schienen schon prähistorische Pflanzenreste ein Beweis für den Beginn der Landwirtschaft zu sein. Noch verworrener ist die Zuordnung bei den Anfängen der Tierzucht. (Vgl. Higgs, Jarman 1969, 1972; Jarman 1972) Je nachdem, für welches Kriterium sich der einzelne Forscher entschied, konnte er die Anfänge um Jahrhunderte oder Jahrtausende vor- oder zurückdatieren.

Als wäre postum ein Patent zu erteilen, reklamierte 1972 Wilhelm G. Solheim mit archäologisch höchst fragwürdigen Beweisen die Priorität für Thailand. 5000 Jahre vor Beginn der neolithischen Revolution in Vorderasien, so behauptete er, habe in Südasien »eine frühere landwirtschaftliche Revolution« stattgefunden. (1972) Einem anderen genügte ein einzelnes Exemplar einer fossilen Bohne, die durch Erdablagerungen von zwei Jahrtausenden vom nächstjüngeren Exemplar getrennt war, um die Anfänge der Domestikation um 2000 Jahre zurückzudatieren. Eine Ratte, die beim Höhlenbau ein solches

»Beweisstück« zufällig fünfzig Zentimeter nach unten beförderte, bekam auf diese Weise die Chance, menschliche Wirtschaftsgeschichte zu schreiben. (Flannery 1973)

»Die ersten Archäologen, die sich ernsthaft mit den Anfängen der Landwirtschaft beschäftigten, waren eine vorsichtige und selbstkritische Gruppe«, kritisierte Flannery zu Beginn der siebziger Jahre diese törichte Prioritätensucht. »Unglücklicherweise folgte ihnen eine Anzahl botanisch naiver, sensationssüchtiger Opportunisten, die mehr Interesse hatten, ›die älteste domestizierte Pflanze‹ zu finden, als die Vorgänge zu untersuchen, durch die Landwirtschaft entstand.« (1973)

Sachliche Ungenauigkeit trug zur weiteren Verwirrung bei. Die Anfänge der Landwirtschaft wurden mit dem Erscheinen von Domestikationsmerkmalen gleichgesetzt. Diese Gleichsetzung aber suggerierte einen scharf abgegrenzten Übergang zwischen zwei deutlich unterscheidbaren Wirtschaftsformen: zwischen dem Jagen und Sammeln in der Wildnis auf der einen und dem Pflanzenanbau und der Tierzucht auf der anderen Seite. Siedlungen, in denen nur Überreste von Tieren und Pflanzen mit Domestikationsmerkmalen gefunden worden waren, schienen von Wildbeutern bewohnt gewesen zu sein – Siedlungen, in denen Tiere und Pflanzen mit Domestikationsmerkmalen gefunden worden waren, dagegen von Bauern. Wurden sowohl Wildform als auch Domestikat gefunden, folgerte man, das eine müsse in der Wildnis gesammelt, das andere angebaut worden sein.

Eine solche Unterscheidung ließ in Vorderasien die Jahrhunderte um 7000 v. Chr. als Zeitalter eines radikalen Umbruchs erscheinen. In allen älteren Siedlungen kamen nur Überreste von Pflanzen ohne Domestikationsmerkmale vor. Auch wenn es Dörfer mit hundert oder mehr Einwohnern waren, schien es sich eben um Dörfer seßhafter Jäger und Sammler zu handeln. Ernährungsgrundlage, so stellte man sich vor, waren große Felder von wildem Getreide in der Umgebung. Jüngere Dörfer dagegen, in denen Pflanzenreste mit Domestikationsmerkmalen gefunden wurden, schienen von Getreide anbauenden Bauern bewohnt gewesen zu sein. Daß die vermeintlichen »Jäger und Sammler« ihre angeblich wildwachsenden Felder kaum weniger intensiv bewirtschaftet haben dürften als die »Bauern« die ihren, schien lange Zeit undenkbar zu sein. Solche Probleme werden uns im zweiten Teil des Kapitels eingehend beschäftigen.

Aus dieser Sicht wurde die Domestizierung von Pflanzen und Tieren zum datierbaren prähistorischen Ereignis: »Um 8000 v. Chr.«, so schrieb zum Beispiel Robert Braidwood, »kannten die Bewohner der

Hügel im Bereich des fruchtbaren Halbmonds ihren Lebensraum so gut, daß sie anfingen, die Pflanzen und Tiere, die sie zuvor gesammelt hatten, nun zu domestizieren.« (1960)

4. Mißverständnisse über ein Wildbeuterdasein

Daß ein Wissen, wie Pflanzen sich vermehren, noch keine Landwirtschaft hervorbringt, hätte man jederzeit bei den letzten Jägern und Sammlern der Erde erfahren können. Beim Stamm der australischen Gidjingali beobachtete der Ethnologe Rhys Jones noch im 20. Jahrhundert eine Gruppe beim Essen der Früchte des Kirschmyrthenbaums. Diese Aborigines erklärten ihm, dort, wohin sie die Kerne spuckten, würden demnächst weitere Kirschmyrthenbäume wachsen. Sie verfügten über das Basiswissen über den Pflanzenanbau, und indem sie Kirschmyrthen in der Umgebung ihrer Lager verzehrten, trugen sie auch zur Ausbreitung dieser Pflanze bei. Aber sie dachten nicht im Traum daran, ihr Wissen auch landwirtschaftlich zu nutzen. (Jones 1975)

Berücksichtigt man die Lebensweise von Jägern und Sammlern, dann entpuppt sich das heroische Bild von den Pionieren der Landwirtschaft als eine grandiose Selbsttäuschung des Zivilisierten. Die Vorstellung, Wildbeuter hätten unter Hunger und Zeitmangel gelitten, der Vorwurf, ihre Anspruchslosigkeit sei Ausdruck von Not, eine wenig entwickelte Technik sei Ausdruck technischer Inkompetenz gewesen, all das entpuppt sich bei genauerer Betrachtung als Vorurteil. An fehlendem Wissen jedenfalls lag es nicht, wenn Menschen noch im 20. Jahrhundert als Jäger und Sammler lebten. Die Tatsache, daß Tiere von Tieren geboren werden und Pflanzen aus Samenkörnern, Wurzelknollen oder Obstkernen wachsen, war Menschen, deren Überleben von denkbar genauer Naturbeobachtung abhing, durchaus bekannt. (Herbig 1984)

Immer wieder haben Ethnologen beobachtet, daß Jäger und Sammler, obwohl sie über das zum Nahrungsanbau erforderliche Wissen verfügten, die angestammte Lebensweise vorzogen. »Warum sollten wir pflanzen, wo es doch so viele Mongongo-Nüsse auf der Erde gibt?« erwiderten die südafrikanischen Kung-Buschmänner erstaunt auf die törichte Frage, warum sie nichts anbauen würden. Selbst die in unfruchtbare Steppen, in Wüsten und unzugängliche Urwälder abgedrängten letzten Jäger und Sammler des 20. Jahrhunderts waren besser ernährt als vergleichbar »primitive« Ackerbauern der gleichen Regionen.

Die Vielfalt der Nahrungsquellen, die dem Zivilisierten als Zeichen von Armut galt, war in Wirklichkeit Grundlage wirtschaftlicher Sicherheit. Bei Bauern, deren Überleben vom Wachsen und Gedeihen weniger Pflanzenarten abhing, genügte ein Monat Dürre, um Hunger ausbrechen zu lassen. Wildbeuter dagegen, die unter Hunderten Arten von Nahrungspflanzen und -tieren auswählten, konnten den Ausfall einzelner bevorzugter Arten jederzeit ausgleichen. Auch in schlechten Jahren gediehen genügend andere, mit denen sich die Zeit der Not überbrücken ließ. Ethnologen haben sogar beobachtet, daß einfache Bauern in Zeiten der Not zurück in die Wildnis gingen, um sich dort mit Sammeln durchzuschlagen. (Herbig 1984)

In den ersten Hochkulturen stellten große kommunale Kornspeicher zwar eine gewisse Vorsorge gegen Mißernten dar, aber dennoch blieben Hungersnöte nicht aus. Im alten China mit seiner hochentwickelten Landwirtschaft ernährten sich Hungernde noch in den ersten Jahrhunderten unserer Zeitrechnung von »göttlichem Reis«, das war Reis, der wild in flachen Seen, an Flußufern und Sümpfen wuchs. (Ho 1977)

Selbst im alten Ägypten, der späteren Kornkammer des Römischen Reichs, kam es zu Hungerkatastrophen. Der älteste Bericht über eine Hungersnot stammt aus der Regierungszeit des Pharao Djoser um 2750 v. Chr.: »Ich bin überwältigt von Mitleid für den Thron und die Bewohner des Palasts; mein Herz ist von großem Leid erfüllt, denn in meiner Zeit ist der Nil während sieben Jahren nicht voll gewesen. Es gibt kein Getreide, das Futter ist vertrocknet, und es herrscht Nahrungsmangel. Um nicht antworten zu müssen, wenn man um Hilfe bittet, wenden sich die Menschen ab. Kinder weinen, junge Menschen siechen dahin, die Herzen von Männern werden schwach, die Beine versagen den Dienst. Auf dem Boden kauernd, strecken sie uns die Hände entgegen.« Zur Zeit der 10. und 11. Dynastie (um 2000 v. Chr.) muß der Hunger so groß gewesen sein, daß Kannibalismus um sich griff. Die Lebenden ernährten sich von den Toten. (Nach Darby u. a. 1977)

Auch der angebliche Zeitmangel, der Wildbeuter daran gehindert haben soll, eine »anständige«, höherentwickelte Kultur zu entwickeln, ist eine Illusion des modernen Menschen. Von der eigenen Unersättlichkeit zur Rastlosigkeit verdammt, kann er sich nicht vorstellen, daß auch die Begrenzung von Bedürfnissen Zufriedenheit verschafft.

Jägern und Sammlern in verschiedenen Kontinenten genügten durchschnittlich drei Stunden täglich, um sich mit Nahrung zu versorgen. Bezieht man andere lebensnotwendige Tätigkeiten mit ein, die Herstellung von Werkzeugen und Kleidung, Reparaturarbeiten, Versorgung der Kinder und ähnliches, dann genügten vierzig Wochenstunden, um sämtliche Bedürfnisse zu befriedigen. »Arbeit« und »Muße« waren nicht getrennte Lebensbereiche, sondern gingen nahtlos ineinander über. (Herbig 1984)

Selbst die in unfruchtbare Randzonen abgedrängten Jäger und Sammler unseres Jahrhunderts lebten nach einem Wort des amerikanischen Anthropologen Marshall Sahlins noch in einer steinzeitlichen Überflußgesellschaft. Ihr Überfluß bestand jedoch nicht in materiellen Gütern, sondern in Muße. Ein Bruchteil der verfügbaren Zeit genügte, um sämtliche Bedürfnisse zu befriedigen. Anstatt die »überflüssige« Zeit zur Herstellung von Gütern zu nutzen, »investierten« diese letzten Wilden ihre Zeit in Riten, die sicherstellen sollten, daß die Welt so vollkommen blieb, wie die Götter sie geschaffen hatten.

Vom Standpunkt des Wildbeuters betrachtet, verliert das Bild von heroischen Pionieren der Landwirtschaft, denen die Menschheit Überfluß, Muße und Wohlstand verdankt, seinen Glanz. Die hohen Ernteerträge, die wirtschaftliche Grundlage der Hochkulturen waren, setzten harte knochenbrechende Arbeit voraus, die Wildbeutern fremd gewesen war. Ein ägyptischer Text zur Schulung angehender Schreiber aus der Zeit des Neuen Reichs (nach 1500 v. Chr.) schildert in düsteren Farben das harte Los des Bauern:

»Wenn das Wasser voll ist, bewässert er (die Felder) und bedient seine Geräte. Er verbringt den Tag damit, das Gerät zum Gerstenanbau zu schneiden, und in der Nacht dreht er Seile. Sogar in der Mittagszeit tut er Bauernarbeit.«

Doch eine nicht abreißende Kette von Katastrophen bringen den Bauern um den Erfolg aller Mühe: »Versetze dich«, so wird der Schreiberlehrling aufgefordert, »in die Lage des Bauern zur Zeit der Steuererhebung, wenn die Schlange das Getreide davongetragen und das Flußpferd den Rest verschlungen hat. Auf dem Feld wimmelt es von Mäusen. Heuschrecken fallen ein. Spatzen bringen Unglück über den Bauern. Der Rest, der schließlich auf den Dreschboden gelangt, wird von Dieben gestohlen. Und beim Dreschen und Pflügen ist das Joch Ochsen zugrunde gegangen.«

»Und dann landet der Schreiber am Flußufer«, treibt der Text die Ereignisse auf den Höhepunkt: »Unterstützt von Stöcke tragenden

Lakaien und Nubiern mit Keulen, verlangt er die Ernteabgabe. Er sagt: ›Bring Gerste!‹, aber es gibt keine, und er (der Bauer) wird heftig geschlagen. Er wird gefesselt und in einen Brunnen geworfen. Er wird untergetaucht und gründlich getränkt, während sein Weib in seiner Gegenwart gebunden wird und seine Kinder in Fesseln liegen. Die Nachbarn meiden ihn. Das ist das Ende; es gibt keine Gerste.« (Nach James 1984; Darby u. a. 1977)

Zweifellos hat hier die Absicht die Feder geführt, dem Schreiberlehrling die Annehmlichkeiten seines Berufs vor einem düsteren Hintergrund in leuchtenden Farben zu malen. Doch das Elend, das hier zu pädagogischen Zwecken auf einem einzigen Haupt versammelt wird, dürfte in etwas größerer Verteilung durchaus Alltag ägyptischer Bauern gewesen sein.

Schweiß und der gekrümmte Rücken des Volkes hatten das Fundament aller frühen Hochkulturen gebildet. Nicht der legendäre Gilgamesch hatte die prachtvolle Stadtmauer von Uruk mit ihren bronzeschimmernden Friesen gebaut, die ihm das Epos zuschreibt. Es waren die Massenheere abhängiger Bauern und Handwerker gewesen, die nach dem Gutdünken des Herrschers zu öffentlichen Arbeiten herangezogen werden konnten. Von ihren Taten und Leiden ist im Epos freilich nicht die Rede. Von Interesse sind allein die Taten und Leiden des Königs Gilgamesch auf seiner Suche nach Unsterblichkeit.

5. Der Beitrag des Kopfes

Wie man es auch betrachtet, Jäger und Sammler hatten wenig Grund, aus freien Stücken Bauern zu werden. Untersuchen wir nun, ob sie, hätte irgend etwas sie gezwungen, Pflanzen und Tiere domestizieren konnten, um Landwirtschaft zu entwickeln. In diesem Abschnitt steht daher die andere Seite unseres Vorurteils zur Debatte: der Mythos vom bewußt handelnden Menschen, der durch Erfindungsgabe und Veränderungswillen Herrschaft über die Natur gewinnt.

Das Beispiel vieler Ameisenarten zeigt, daß es keines menschlichen Verstandes bedarf, um Landwirtschaft hervorzubringen. Das Verhalten dieser Insekten folgt den wichtigsten Regeln der Landwirtschaft. Erstens nutzen sie domestizierte Lebewesen, zweitens bearbeiten sie den »Boden«, drittens schützen sie die domestizierten Lebewesen vor Schädlingen und viertens befinden sie sich wie Bauern in Abhängigkeit von ihren »landwirtschaftlich« genutzten Lebewesen. Unter diesen nahrungserzeugenden Insekten gibt es sowohl den Typus des »Ackerbauern«, nämlich Blattschneiderameisen, als auch den bekannteren des »Viehzüchters«, der von den Körperausscheidungen von Läusen lebt, die er wie »Haustiere« großzieht, pflegt und schützt.

Anders als der Name vermuten läßt, leben Blattschneiderameisen jedoch nicht von Blättern, sondern von Pilzen, die sie auf faulender Pflanzenmaterie züchten. Als Nahrung für ihre Pilze tragen sie Blattstücke, Gräser und Blüten in sorgfältig vorbereitete Erdnester. Ähnlich wie Gärtner, die in ein Humusbeet säen, impfen die Ameisen die gereinigte und zerkaute Pflanzenmaterie dann mit dem Mycel des »domestizierten« Pilzes. Indem sie Temperatur und Feuchtigkeit regeln sowie konkurrierende »wilde« Fäulniskeime ausjäten, die sonst die »domestizierten« Nahrungspilze rasch überwuchern würden, kontrollieren sie auch das Wachstum ihrer Pilzkolonien. (Nach Reed, 1977)

Selbstverständlich sind Menschen, die über Beobachtungsgabe und Verstand verfügen, zu bewußtem Handeln fähig. Anders als bei Insekten, stützt sich ihr Verhalten auf Erfahrung, Naturbeobachtung und intelligente Schlußfolgerungen. Dennoch wäre es ein Irrtum zu glauben, eine so vollkommene Anpassung an die Erfordernisse der Landwirtschaft wie die Umwandlung von Teosinte in Mais sei Ergebnis genauer Naturbeobachtung und gezielter Zuchtwahl gewesen. Das Domestikationsergebnis »Mais« ist nicht mit den Zielen der domestizierenden Menschen gleichzusetzen.

Zweifellos haben prähistorische Menschen bewußt und intelligent gehandelt. Bestimmt bevorzugten sie Pflanzen, die ihnen aufgrund vernünftiger Überlegung als geeignet erschienen. Nur war das, was sie beabsichtigten, nicht identisch mit dem, was am Ende entstand. Auch die weitsichtigste Indianerin Mittelamerikas, die um 5000 v. Chr. ein Stückchen Wildnis von Buschwerk, Kakteen und Gras befreite, um Platz für Teosinte zu schaffen, konnte die Folgen dieses kleinen Eingriffs in die Natur auf die Evolution einer Wildpflanze nicht vorhersehen.

Teosinte und die ersten primitiven Maissorten wurden anfangs in nur geringer Menge von nomadisierenden Jägern und Sammlern auf ihren Jahreswanderungen durch die Hochtäler Mittelamerikas angebaut und Monate später geerntet. Zusammen mit Borstenhirse, einem anderen Wildgras, dürfte – wie der Prähistoriker Kent Flannery, einer der führenden Mittelamerikaspezialisten, vermutet – dieses künstlich vermehrte Teosinte ursprünglich nur als Ergänzung gedient haben. Den weitaus größeren und gewiß schmackhafteren Teil der Ernährung steuerten in der Anfangsphase weiter Wildpflanzen und -tiere bei: Feigenkakteen, geröstete Agaven, Mesquiteschoten, Avocados, Eicheln, Beeren und Nüsse, Rehe, Kaninchen, Schildkröten und Tauben.

Aber auch unter den angebauten Pflanzen scheint Borstenhirse anfangs gegenüber Teosinte/Mais bevorzugt worden zu sein. Teosinte/ Mais dürfte ursprünglich hauptsächlich als Notration in besonders trockenen Jahren gedient haben. Wenn die Ernte an Borstenhirse nicht ausreichte, reifte einige Wochen später noch immer Teosinte/ Mais. Während sich Borstenhirse jedoch im Verlauf von Jahrtausenden des Anbaus und Erntens nicht veränderte, reagierte Teosinte auf nicht vorhersehbare Weise auf den Eingriff des Menschen. Aus der ursprünglich drittklassigen Hungerpflanze Teosinte entwickelte sich ertragreicher Mais. (Flannery 1973)

Niemand bei klarem Verstand hätte Wildkürbisse wegen ihres Fruchtfleisches angebaut. Denn das Fruchtfleisch der Wildpflanze ist ungenießbar. Der einzige Grund waren die schmackhaften Samen. In der Anfangsphase des Anbaus war nicht vorauszusehen, daß unter dem Einfluß des Menschen das Fruchtfleisch seine Bitterstoffe verlieren, saftig werden und eine dicke Schicht bilden würde. Niemand konnte daher gezielt auf solche Eigenschaften hin gezüchtet haben. Wenn Menschen in der Anfangsphase des Anbaus überhaupt einzelne Wildkürbisse aufgrund besonderer Merkmale bevorzugten, dann war das gewiß nicht die Qualität des Fruchtfleisches.

Die ersten Kürbisse mit genießbarem Fruchtfleisch müssen sich vollkommen unabhängig von menschlichen Zielen und Absichten entwickelt haben. Erst nachdem solche Kürbisse Jahrhunderte oder Jahrtausende nach den Anfängen des Anbaus entstanden waren, konnten Menschen daran gehen, gezielt auf die weitere Verbesserung des Fruchtfleischs hin zu züchten. Erst nachdem die Pflanze unbewußt domestiziert worden war, konnten sie bewußt Kürbisse pflanzen, deren Fruchtfleisch besser schmeckte als das der Wildpflanze.

Wie hätten die Bewohner Südwestasiens Wildgetreide bewußt domestizieren können? Wildgetreide hat brüchige Ähren, das erste domestizierte Getreide dagegen feste Ähren. Zwar treten in Feldern von Wildgetreide immer wieder einzelne Pflanzen mit festen Ähren auf, aber nichts, was sich auf einem solchen Feld beobachten ließe, erlaubt die zur bewußten Domestizierung notwendige Erkenntnis. Voraussetzung wäre das Wissen, daß aus den Samen von Pflanzen mit festen Ähren weitere Pflanzen mit festen Ähren entstehen. Nur dann könnte man als Saatgut gezielt die Ähren der wenigen Pflanzen aussuchen, die nach dem Reifen eines Wildgetreidefelds intakt am Halm geblieben sind.

Erst nachdem wie durch ein Wunder Getreidefelder entstanden waren, in denen Pflanzen mit nicht zerfallenden Ähren überwogen, konnten Menschen beobachten, daß das Merkmal feste Ähren vererbbar ist. Wie dies geschah, sei später diskutiert. Angenommen, sie hätten auf diese Weise die Grundlektion aller Züchtung begriffen. Sie wußten nun, daß Merkmale wie feste Ähren vererbbar sind. Dieses Wissen hätte ihnen jedoch nichts genutzt, um ein weiteres wichtiges Domestikationsmerkmal von Getreide hervorzubringen, nämlich die gleichzeitige Keimung des Saatguts.

Nur ein Teil der Samen von Wildgetreide keimt im ersten Jahr. Als Anpassung an eine Umwelt, in der Jahre der Dürre sonst die gesamte Pflanzenpopulation auslöschen würden, ruht der andere Teil weiter in der Erde, um erst in den folgenden Jahren zu keimen. Was für die Wildpflanze eine lebensnotwendige Risikostreuung ist, bedeutet für Bauern, die ihre Felder in Gebieten mit hoher Bodenfeuchtigkeit anlegen können, nur Verschwendung von Saatgut.

Nehmen wir also an, ein findiger Kopf hätte die Idee gehabt, Getreide zu züchten, bei dem sämtliche Samen im ersten Jahr keimen. Vernünftig wie er war, hätte er sein Wissen über die Vererbung des Merkmals »feste Ähren« zur Züchtung des nun gewünschten Merkmals »gleichzeitige Keimung« genutzt. Er hätte versucht, sein Saatgut nur von den Pflanzen zu gewinnen, die schon im ersten Winter nach der Aussaat gekeimt waren. Die Pflanze hätte in diesem Fall jedoch nicht mitgespielt. Gleichgültig, ob von Pflanzen des ersten Jahres oder von denen der folgenden Jahre gewonnen, aus Samen von Pflanzen mit verzögerter Keimung wachsen stets Pflanzen mit verzögerter Keimung. Zusammengefaßt: Gleichzeitige Keimung und feste Ähren, zwei grundlegende Domestikationsmerkmale von Getreide, können nicht durch gezielte Züchtung entstanden sein.

Ähnliches gilt für eine ganze Art. Brotweizen, heute eine der vier Säulen der Welternährung, ist nie aus einer Wildpflanze domestiziert worden, denn die Wildpflanze hat es nie gegeben. Brotweizen ist die Zufallskombination einer domestizierten Pflanze mit einer Wildpflanze. Er entstand in den Trockensteppen südöstlich des Kaspischen Meeres, als sich der dorthin verpflanzte domestizierte Emmer mit einem wilden Steppengras *Aegilops squarrosa* kreuzte, das in dieser

Region heimisch war. Zusätzlich zu den Erbanlagen des Emmer enthielt dieses Zufallsprodukt der Natur nun die eines Grases, das die neue Art an ein kaltes und trockenes Kontinentalklima anpaßte.

Diese zufällige Einkreuzung der Erbanlagen eines Wildgrases war es, die der neuen Pflanze Widerstandsfähigkeit gegenüber Kälte und Dürre verliehen, Eigenschaften, die Emmer aufgrund seiner Anpassung an das milde Klima des westlichen Mittelmeerraums nicht hatte. Eine Zufallskombination, nicht menschlicher Erfindergeist, schuf eine neue Naturpflanze, die von Menschen in kalte und trockene Klimazonen weit über das natürliche Ursprungsgebiet wilder Weizenarten hinaus ausgebreitet werden konnte. (Zohary 1969)

Ähnlich zufällig wurde Roggen zur Nutzpflanze. In seinem Ursprungsgebiet in Südwestasien wuchs er zunächst nur als Unkraut in wilden Weizen- und Gerstefeldern und wurde vermutlich zusammen mit der Hauptpflanze domestiziert. Nachdem Weizen und Gerste mit Ausbreitung der Landwirtschaft auch in rauhere Klimazonen vordrangen, setzte sich das kälteunempfindliche »Unkraut« Roggen gegenüber der kümmernden Hauptpflanze durch. (Harlan 1976, 1977)

Den Beitrag des Kopfes bei der Domestizierung von Pflanzen und Tieren zu relativieren, bedeutet nicht, den Pionieren der Landwirtschaft Kopflosigkeit zu unterstellen. Im Gegenteil, sie müssen über ein denkbar genaues und umfassendes Wissen über ihren Lebensraum verfügt haben. Nur dank dieses Wissens und durch genaue Naturbeobachtung konnten sie überleben. Aber was sie durch ihre Eingriffe in die Natur erreichten, war nicht beabsichtigt. Eher opportunistisch und gewiß ohne ein anderes Ziel, als ihr »täglich Brot« in der Wildnis zu finden, nutzten Menschen vielmehr klug die Möglichkeiten, die ihnen die Natur bot.

6. Pflanzen, die den Menschen suchen

Von den 400 000 botanisch registrierten Pflanzenarten haben Jäger und Sammler in allen fünf Kontinenten schätzungsweise ein Prozent genutzt – 3000 bis 6000 Arten. (D. R. Marshall 1977; Wilkes 1972) Landwirtschaftlich angebaut wurden sehr viel weniger, insgesamt nur etwa 500 Arten. Doch nur ein Bruchteil davon wurde Hauptnahrungsmittel. Mehr als die halbe Welternte besteht heute aus nur wenigen Getreidearten: Reis, Weizen, Mais, Hirse, Sorghum und Gerste.

Rechnet man die Gruppe der Knollen und Wurzeln dazu, Kartoffel, Yams, Maniok und Süßkartoffel, sowie die Gruppe der Leguminosen, darunter so wichtige Eiweißlieferanten wie Bohnen, Soja und Erbsen, dann bestreitet etwa ein Dutzend verschiedener Arten den weitaus größten Teil der Pflanzennahrung der modernen Menschheit. (Harlan 1976) Sämtliche heute wichtigen Nahrungspflanzen sind in der Vorgeschichte domestiziert worden. Alles, was bewußte Züchtung und genetische Wissenschaft seitdem vermocht haben, war die Verbesserung der von steinzeitlichen Bauern übernommenen Nutzpflanzen und -tiere.

Man ist versucht, an wundersame Fügung zu glauben. Welch intuitive Weitsicht muß vor Jahrtausenden die Pioniere der Landwirtschaft beflügelt haben, um unter den Tausenden von Pflanzenarten, die schon seit Urzeiten genutzt worden waren, zielsicher das Dutzend auszuwählen, das domestiziert zur Ernährungsgrundlage der heutigen Menschheit geworden ist.

So hat es der amerikanische Prähistoriker Samuel Cohen in seinem Buch über die Anfänge der Landwirtschaft tatsächlich gesehen: Nachdem Bevölkerungsdruck und Nahrungsmangel sie gezwungen hätten, vermehrten die Menschen nicht die Pflanzen, »die sie am liebsten aßen, sondern solche, die auf menschliche Tätigkeiten reagierten und dazu gebracht werden konnten, die meisten Kalorien pro Einheit Land zu erzeugen«: »Getreide und Knollen, für gewöhnlich eine besonders wenig begehrte Nahrung«. (Cohen 1977)

Natürlich konnte niemand eine solche Weitsicht haben. Niemand konnte Getreide und Knollen auswählen, weil er gewußt hätte, ausgerechnet diese Arten würden domestiziert Jahrtausende später hohe Erträge abwerfen. Und dennoch scheinen vorgeschichtliche Jäger und Sammler so gehandelt zu haben, als hätten sie das Ergebnis gekannt.

Auch dieses Paradoxon zeigt, daß etwas anderes als zielbewußt handelnde Menschen die Entwicklung geprägt haben muß. Es waren bestimmte Arten von Wildpflanzen und -tieren, in deren natürlicher Anpassung die besondere Beziehung zum Menschen vorgezeichnet war, die später zur Domestizierung und damit zum Erfolg der Landwirtschaft führen sollte. Sie erst veranlaßte Menschen, diese Pflanzen durch Eingriffe in den Lebensraum der Pflanzen verstärkt zu nutzen.

Daß Getreide und Knollen später innerhalb landwirtschaftlicher Systeme zu Hauptnahrungsmitteln wurden, ist nicht auf eine gezielte Auswahl am Beginn des Anbaus zurückzuführen. Es war die Folge ihrer Anpassung an landwirtschaftliche Ökosysteme. Menschen haben ursprünglich weitaus mehr Pflanzen angebaut, als sich später durchsetzten. Indem sich Getreide und Knollen den Erfordernissen der Landwirtschaft besser anpaßten als andere, wuchs ihr Nutzen für den Menschen. Folglich wurden sie in größerem Umfang angebaut, während andere an Bedeutung verloren oder ganz aufgegeben wurden.

Der eine Grund, warum das Überleben der heutigen Menschheit zum großen Teil von Getreide, Wurzeln und Knollen sowie Leguminosen abhängt, ist der *Nährstoffgehalt* der Vermehrungskörper. Er hatte schon Jäger und Sammler diese Pflanzen in der Wildnis suchen lassen. Doch Nährstoffe erklären nicht alles. Als zweites mußte irgend etwas die Pflanzen veranlaßt haben, auf menschliche Eingriffe in ihren Lebensraum zu reagieren. Die Pflanzen suchten die Nähe zum Menschen gewissermaßen selbst. Ursache dieser zweiten Eigenschaft ist die natürliche Anpassung der wilden Vorläufer der wichtigsten Nahrungspflanzen als *Kolonisatoren* nährstoffreicher Böden ohne konkurrierende Vegetation. Beides, Nährstoffgehalt und kolonisierende Eigenschaften, sind Merkmale schon der Wildpflanzen.

Der *Nährstoffgehalt* der Vermehrungskörper stellt eine lebenswichtige Energiereserve dar. Die verschiedenen Arten von Getreide, von Knollen und Wurzeln, von Leguminosen und weitere Nahrungspflanzen stammen ausnahmslos aus subtropischen bis tropischen Erdregionen mit einem ausgeprägten jahreszeitlichen Wechsel von Regen und Trockenzeit. Die stärke- und eiweißreichen Samen, Wurzeln und Knollen, die schon die Wildpflanze zur begehrten Nahrung gemacht hatten, sind in Anpassung an diese natürliche Gegebenheit entstanden. Sie dienen der Pflanze als Energie- und Feuchtigkeitsspeicher, um die Monate der Dürre zu überbrücken. (Hawkes 1969)

Beim Getreide und bei Hülsenfrüchten stirbt die Mutterpflanze in der Trockenzeit ab, und nur die Samen sichern den Fortbestand der Art. Bei den Wurzel- und Knollengewächsen Kartoffel, Yams, Maniok, Süßkartoffel und Taro verdorrt in der Trockenzeit der oberirdische Teil der Pflanze. Die stärke- und feuchtigkeitshaltigen Knollen und Wurzeln ruhen in der Erde, um mit dem Einsetzen des Regens neues Grün zu bilden.

Ebenso sind die *kolonisierenden* Eigenschaften, die viele der später domestizierten Arten veranlaßten, die Nähe zum Menschen zu suchen, Teil der natürlichen Anpassung der Wildpflanzen. Zum Verständnis dieser These, die Pflanzen scheinbar Absichten unterstellt, sei eine allgemeinere Betrachtung eingefügt.

Im Pflanzenreich lassen sich zwei Extreme ökologischer Spezialisierung unterscheiden: Das eine Extrem bilden Spezialisten zur Besiedlung einer *instabilen* Welt mit einem *Überfluß an Ressourcen*; die Arten des anderen Extrems sind dagegen auf harten Wettbewerb um *knappe Ressourcen* in einer *stabilen* Welt spezialisiert. Obwohl keine einzelne Art das eine oder andere Extrem ideal verkörpert, stehen die Wildformen der meisten später domestizierten wichtigen Nahrungspflanzen dem ersten Typus näher als dem zweiten.

Vegetationsfreie Böden mit einem Überfluß an Nährstoffen sind Mangelware in einer ungestörten Natur. Sie treten auf, wo Naturereignisse Störungen in der Landschaft hinterlassen haben: nach dem Abschmelzen von Gletschern wie am Ende der Eiszeit, nach Erdrutschen, Steppenbränden, Dürre, Überschwemmungen an Flußufern usw. Da solche gestörten nährstoffreichen Böden ideale Wachstumsbedingungen bieten, gibt es sie nur für kurze Zeit. Kolonisierende Pflanzen sind darauf spezialisiert, diese kurzfristig entstehenden offenen Stellen in der Landschaft möglichst schnell zu erreichen und sich dort schnell auszubreiten.

Da Kolonisatoren sich nicht in etablierten Pflanzengemeinschaften behaupten müssen, investiert die Pflanze daher relativ wenig Energie in die Durchsetzungsfähigkeit des einzelnen Samens. Um erfolgreich zu kolonisieren, muß sie vielmehr schnell Samen an offene Stellen in der Landschaft transportieren lassen, bevor andere, konkurrenzfähige Arten sich dort angesiedelt haben. Wichtig ist allein die Fähigkeit, jede sich bietende Chance schnell zu nutzen. Zu diesem Zweck produziert die Pflanze eine möglichst große Zahl von Samen, die in alle Himmelsrichtungen verstreut werden.

Durch diesen Ausbreitungsmechanismus sättigen kolonisierende Pflanzen offene Erde schnell mit einer großen Zahl von Nachkommen. Es entstehen relativ artenarme Biotope mit einer großen Zahl gleichartiger Pflanzen. Nach einem Erdrutsch, auf abgebrannten oder aufgegebenen Feldern, auf Müllhalden, auf gestörten Böden an Flußufern, Wegrainen und Böschungen siedeln sich in Südwestasien wilde Gerste und Wildweizenarten an. In Mittelamerika beobachtete der Archäologe Kent Flannery 20 Kilometer lange Felder aus 2 Meter hohen Teosintepflanzen, die sich von selbst in aufgegebenen Maisfeldern angesiedelt hatten. (Flannery 1973)

Die kolonisierenden Eigenschaften wild wachsender Nahrungspflanzen stellten die besondere Beziehung zum Menschen her, die später zur Domestizierung führen sollte. Diese Beziehung hatte vermutlich schon Zehntausende von Jahren vor dem Beginn der Landwirtschaft begonnen. Wo immer Jäger und Sammler für eine gewisse Zeit gelagert hatten, blieben vegetationsfreie, mit Nährstoffen angereicherte Böden zurück: auf Abfallhaufen, an den Rändern von Pfaden, im Bereich von Latrinen oder an Stellen, wo Lagerfeuer gebrannt hatten. Von Menschen unbeabsichtigt, siedelten sich dort von selbst kolonisierende Pflanzen an. Zu diesen Pionieren einer neuen Vegetation gehörten die wilden Vorläufer vieler der später domestizierten Nahrungspflanzen.

»Jäger und Sammler, die einen Lagerplatz vom dichten Dornbusch gesäubert hatten«, so berichtet etwa Kent Flannery über seine Erfahrungen im mexikanischen Bundesstaat Guerrero, »hätten dort bei ihrer Rückkehr im nächsten Jahr ein Teosintefeld vorgefunden. Mehr noch, zu unserer Überraschung wachsen in solchen Feldern wilde Bohnen und wilde Kürbisse, wobei die Bohnen sich um das Teosinte ranken. Die Triade aus Mais, Bohnen und Kürbis ist somit nicht eine Erfindung der Indianer; die Natur liefert das Modell.«* (Flannery 1973)

Zur Ausbreitung von Nahrungspflanzen in der Umgebung der Lager trugen nicht nur der Wind und verschiedene Tierarten bei, sondern unbewußt auch die Menschen selbst. Sie trugen Nahrungspflanzen, die sie in der Wildnis gesammelt hatten, in ihre Lager, um sie dort zuzubereiten und zu verzehren. Dabei fielen Samen auf die Erde; beim Zubereiten von Wurzeln und Knollen wurde der obere keimfähige Teil mit dem anhaftenden Kraut abgeschnitten und wanderte auf den Abfallhaufen; Kerne wilder Früchte wurden auf die Erde gespuckt. Aus den zufällig verstreuten Kernen, Samen, Knollen und Wurzelstücken wuchsen neue Nahrungspflanzen.

Auch der Versuch, überschüssige Wurzeln zu konservieren, wird zur Vermehrung beigetragen haben. Im feuchtheißen tropischen Klima faulen die Wurzeln von Maniok und manchen Yamsarten sowie Süßkartoffeln schnell. Haltbar werden die in der Wildnis gesammelten überschüssigen Wurzeln, wenn man sie im Bereich der Lager in der Erde vergräbt. Übersah man beim Wiederausgraben einige der so konser-

---

* Gemeinsam bildeten diese drei Arten die Grundlagen der Küche im prähistorischen Mesoamerika. Eine aus menschlicher Sicht zufällig in der Wildnis entstandene Pflanzengemeinschaft ergänzte sich in den Mägen der Menschen. Da dem Mais als Hauptnahrungsmittel lebenswichtige Eiweißbausteine fehlen, würde eine reine Maiskost zu Mangelerscheinungen führen. Nur gemeinsam mit der Bohne, die eben die fehlenden Bestandteile enthält, entsteht eine ausgewogene Kost.

vierten Wurzeln und Knollen, dann wuchsen dort im nachfolgenden Jahr neue Pflanzen. Selbst im Latrinenbereich sprossen Pflanzen aus unverdauten Samen.

Ein Beispiel für diese unbewußte Vermehrung wild wachsender Wurzeln lieferten die im Inneren Malaysias lebenden Senoi Semai. Diese Wildbeuter sammelten die Samen und Wurzeln einer Riesenart von wildem Yams. Auf diese Weise gelangte Yamssamen in die Umgebung menschlicher Lager. Dort zufällig verstreut bzw. mit dem Kot ausgeschieden, fanden einzelne Samen ideale Wachstumsbedingungen vor – nährstoffreiche Erde ohne konkurrierende Vegetation. Allein dadurch, daß sie Lager anlegten und dort in der Wildnis gesammelte Pflanzen zubereiteten und aßen, verbreiteten die Senoi Semai wilden Yams. Kehrten sie nach einiger Zeit zu früheren Lagerplätzen zurück, so fanden sie dort eine ihrer wichtigen Nahrungspflanzen wie in einem Garten gepflanzt, obwohl niemand bewußt gepflanzt hatte. (Bellwood 1970)

In der Umgebung von Lagerplätzen wurden so durch menschliche Tätigkeit Nahrungspflanzen angebaut. Lange bevor irgend jemand daran dachte, bewußt zu pflanzen, wurde unbewußt schon gepflanzt. Da Menschen auf diese Wiese die Vermehrungschancen ihrer Nutzpflanzen vergrößerten, hatten sie deren Evolution schon lange *vor* dem Erscheinen der ersten Domestikationsmerkmale geprägt. Domestizierung aus dieser Perspektive ist ein eher zufälliges Ergebnis einer langen, gemeinsamen Entwicklungsgeschichte von Pflanze und Mensch.

7. Die Manipulation von Ökosystemen

Einen Schritt weiter als dieses *unbewußte* Pflanzen geht die Vermehrung von Nahrungspflanzen durch Manipulation von Ökosystemen. Wie die Botanikerin Barbara Herbig in einer gründlichen Untersuchung festgestellt hat, war das Wissen über die kolonisierenden Eigenschaften von Nahrungspflanzen weit verbreitet. (1981) Feuer und Wasser, lebenspendende Urelemente bei den griechischen Naturphilosophen, dienten auch ethnologisch erforschten Wildbeutern als Instrumente zur gezielten Ansiedlung kolonisierender Arten. Um offene Flächen zu schaffen, beseitigten Jäger und Sammler durch gezielt angelegte Brände Wald, Buschwerk und trockenes Steppengras.

Bewässerung half dort, wo Trockenheit eine konkurrierende Vegetation nicht hochkommen ließ. Auf solchen Flächen entstanden Jahr für Jahr die Bedingungen für neue Kolonisation. Leben entstand dort wie von selbst.

Wissend, daß sich auf offenen Stellen in der Landschaft wilde Sonnenblumen und Wildgräser mit eßbaren Samen ansiedeln würden, legten die Indianer des waldreichen Nordkalifornien regelmäßig begrenzte Waldbrände an. In Südkalifornien, so berichteten zwei Anthropologen, »sorgten die durch Brände erzeugten Störungen für außergewöhnlich günstige Bedingungen für Pflanzen mit eßbaren Vermehrungsorganen.« Wie die Indianer in Kalifornien setzten auch südafrikanische Buschleute gezielt Feuer als Instrument zur Vermehrung von Nahrungspflanzen ein. Durch Abbrennen der Steppenvegetation vergrößerten sie die Ernte von Knollengewächsen. (Bender 1975; Mellars 1976)

Ebenso wurde Wasser zur Vermehrung wild wachsender Nahrungspflanzen genutzt. Um ihr Hauptnahrungsmittel, Gräser mit eßbaren Samen, in einer Trockensteppe anzusiedeln, bauten Pajute-Indianer kilometerlange Dämme aus Buschwerk, Erde und Steinen, durch die sie das Wasser von Gebirgsflüssen am Ostrand der kalifornischen Sierra in die Ebene leiteten. (Forde 1934) Zum gleichen Zweck stauten auf der entgegengesetzten Seite der Erde australische Aborigines das Wasser von Bächen und Flüssen. »Solche Gebiete«, berichtet der Ethnologe Norman Tindale, »galten als Kornfelder und wurden zur Ernte aufgesucht.« Die künstliche Vermehrung von Wildreis, Wasserkastanien und wildem Yams durch Aborigines läßt Tindale vermuten, Vorstufen der Landwirtschaft in der Vorgeschichte könnten ähnlich begonnen haben. (Tindale 1977, nach Rindos 1984)

Aus diesem natürlichen Modell der Besiedlung offener Stellen durch kolonisierende Wildpflanzen hat sich vor Jahrtausenden unsere Form der Landwirtschaft entwickelt. Durch Umgraben oder Pflügen und Säen imitiert der Bauer die Ökologie der Kolonisierung vegetationsfreier Erde durch Nahrungspflanzen. Eine andere, nicht weniger alte Form der Landwirtschaft entwickelte sich im tropischen Teil Südostasiens, Südamerikas und Afrikas. Auch sie ist aus einem natürlichen Modell abgeleitet – der Ökologie des tropischen Regenwalds. Konstante Temperaturen und regelmäßige Niederschläge sorgen dort während des ganzen Jahres für gleichbleibende Wachstumsbedingungen. Unter solchen Bedingungen bilden sich stabile artenreiche Pflanzengemeinschaften aus. Konkurrenzfähigkeit in einer mit Pflanzen gesättigten stabilen Welt – das andere Extrem ökologischer Spezialisierung – ist hier entscheidend.

Um sich in solchen Ökosystemen zu behaupten, muß die Pflanze an harten Wettbewerb um knappe Ressourcen angepaßt sein. Raum und Licht sind knapp, und der größte Teil der Nährstoffe ist häufig nicht im Boden, sondern in der Vegetation gespeichert. Die Nachkommen einer Pflanze müssen sich in der bestehenden dichten Vegetation durchsetzen. Daher investieren konkurrierende Arten in nur wenige, dafür aber besonders durchsetzungsfähige Nachkommen. Wettbewerbsfähigkeit ist weitaus wichtiger als die Zahl der Samen.

Die in solchen Regionen entstandenen Anbaumethoden imitieren die natürliche Artenvielfalt des tropischen Regenwaldes. In den Gärten der Indianer Amazoniens ebenso wie bei »primitiven« Bauern auf den Philippinen findet man Dutzende verschiedene Arten, von denen jede nur durch wenige Exemplare vertreten ist. Der ideale Garten, so erfuhr der amerikanische Anthropologe Harold Conklin bei den Hanunoo auf den Philippinen, enthält nicht weniger als 48 verschiedene Arten, darunter 42 Nahrungspflanzen, eine Fruchtart, Narkotika wie Tabak, Betel und Arecanüsse, technische Pflanzen wie Baumwolle und Indigo sowie eine Pflanze, die ein zum Fischfang benötigtes Gift liefert. (Conklin 1954)

Dieses von Menschen geschaffene »künstliche« Ökosystem imitiert das natürliche des Regenwalds. Die Bäume, Sträucher, Kräuter und Knollengewächse des Hausgartens erfüllen die ökologischen Funktionen der verschiedenen Wildpflanzenarten. Dabei ist es unerheblich, ob die angebauten Arten tatsächlich ausnahmslos domestizierte Abkömmlinge konkurrenzfähiger Urwaldpflanzen sind. Durch kulturellen Kontakt erreichten Abkömmlinge kolonisierender Arten wie Mais aus Mesoamerika schon früh den tropischen Regenwald Südamerikas und wurden dort in Urwaldgärten angebaut. Ausschlaggebend in der menschengeschaffenen Welt des Hausgartens ist nicht die ökologische Spezialisierung der angebauten Arten, sondern die von Menschen kontrollierte Ökologie des Gartens.

Die Ureinwohner des tropischen Regenwaldes ersetzten dabei nicht das natürliche Ökosystem durch ein künstliches. Sie veränderten vielmehr gezielt seine Bestandteile. Beim Anlegen der Gärten rodeten sie nicht wahllos alle Wildpflanzen, die auf den vorgesehenen Flächen wuchsen. Indianer des Amazonasbeckens schonten zum Beispiel Bäume und Sträucher, die bestimmte Funktionen erfüllten. Manche Baum- und Straucharten wurden als Schattenspender benötigt, andere trugen Früchte und Nüsse, lieferten technische Materialien wie Fasern oder enthielten narkotisierende Substanzen. In die gerodeten Flächen wurden nun Nutzpflanzen gesetzt, die im abgewandelten Ökosystem eine den Wildpflanzen vergleichbare Rolle spielten. Ein Bericht des Geographen David Harris über den Garten eines Waika-Anführers im tropischen Regenwald des oberen Orinoco in Venezuela vermittelt einen Eindruck des Vorgehens:

»Bananen waren die Hauptnahrungspflanzen... Etwa bis zur gleichen Höhe wachsend und zusammen ein lichtes Blätterdach bildend, gab es Lechosen oder Papayas und vereinzelte Büsche einer mehrjährigen Baumwolle. Darunter und in den Zwischenräumen war eine ganze Anzahl von Kräutergewächsen angepflanzt. Am häufigsten war die Okumapflanze, eine amerikanische Verwandte des südostasiatischen Taro. Okuma, deren Wurzelstöcke und Blätter als Nahrung dienen, wächst am besten in der Feuchtigkeit und im Schatten unter dem Blätterdach. Weitere krautartige Pflanzen im Garten waren Yams, Pfeilwurz, Bittermaniok, Totuma oder Flaschenkürbis, Zuckerrohr, Pfeilblatt und Tabak... Zweck dieser scheinbar willkürlichen Anbaumethode war es, der Sonne und dem Regen möglichst keine nackte Erde auszusetzen... Arten mit verschiedenen Wachstumseigenschaften und Wurzelsystemen – Bäume, Sträucher, Kräuter, kletternde und kriechende Pflanzen, Wurzelknollen und Früchte – zu kombinieren, sicherte auch eine wirksame Nutzung des Lichts, der Wärme, der Feuchtigkeit und der Nährstoffe.« (Harris 1971)

8. Der Beitrag der Hände

Am Anfang der Landwirtschaft steht also nicht der bewußt handelnde Mensch, der durch Domestizierung von Pflanzen Kontrolle über seine Ernährung zu gewinnen versucht hätte. Die besondere Beziehung zwischen Pflanzen und Menschen, die mit der Domestizierung enden sollte, war Teil der natürlichen Anpassung der Pflanzen. Der Mensch nutzte nur Chancen, die die Natur ihm bot. Erst nachdem Pflanzen die grundlegenden Domestikationsmerkmale von selbst entwickelt hatten, konnte er bewußt züchten.

Die Pflanzen, die sich auf menschengeschaffenen Stellen in der Landschaft ansiedelten, waren anfangs Wildpflanzen. Am Ende von Jahrhunderten gemeinsamer Entwicklung mit Menschen trugen sie

Domestikationsmerkmale, die ihren Nutzen deutlich vergrößerten. Die Frage, wie dies ohne einen bewußt züchtenden Verstand geschehen konnte, ist weitaus interessanter als die traditionelle vergebliche Suche nach dem steinzeitlichen Genie, dem die Menschheit angeblich die Landwirtschaft verdankt. Wie also konnten sich unbeabsichtigt Domestikationsmerkmale entwickeln, die, als sei es Absicht gewesen, den Nutzen der Pflanzen deutlich vergrößerten und zu Voraussetzungen der Landwirtschaft wurden?

Eine überzeugende Antwort hat der Botaniker David Rindos gegeben. (1984) Was Domestizierung aus der Sicht der Pflanzen bedeutet, zeigte Rindos an einem einprägsamen Beispiel. In traditionellen Darstellungen der Anfänge der Landwirtschaft wird das Domestikationsmerkmal »feste Ähren« wie eine Erbkrankheit behandelt, das seine Träger in der Wildnis zum Aussterben verdammt. Der Mensch, der dieses Merkmal systematisch nutzte, so die traditionelle Darstellung, machte eine krankhafte Abweichung von der Norm zur Grundlage der Landwirtschaft.

Rindos dagegen erklärt die »festen Ähren« zu einem Mittel der Pflanze, ihre Vermehrungschancen zu vergrößern. So widersprüchlich die These auf den ersten Blick erscheinen mag, das Ergebnis gibt ihm recht. Feste Ähren dienten dem Wildgetreide tatsächlich dazu, den Menschen als Mittel zur eigenen Ausbreitung zu benutzen. Ohne feste Ähren wäre Getreide wohl nie über sein begrenztes natürliches Verbreitungsgebiet hinaus vorgedrungen. Nur aufgrund dieses Merkmals wurde es schon früh in Regionen verpflanzt, wo wild kein einziger Getreidehalm wachsen würde.

Schon um 4000 v. Chr., drei Jahrtausende nachdem das Merkmal in Palästina entstanden war, bauten die Sumerer Weizen und Gerste in der mesopotamischen Tiefebene an. Wo sonst nur Sanddünen und schilfbestandene Sümpfe gewesen waren, wuchsen auf bewässerten Feldern nun dichte Bestände von Gerste und Weizen. Emmer, der als Wildpflanze auf ein kleines Gebiet am östlichen Rand des Mittelmeers beschränkt gewesen war, hatte sich um diese Zeit schon über ganz Südwestasien und Teile Europas ausgebreitet. Er war im Begriff, nach Indien vorzudringen, und sollte im 2. Jahrtausend vor unserer Zeitrechnung China erreichen.

Natürlich hatten sich nicht Pflanzen einen Trick ausgedacht, Menschen für ihre Zwecke einzuspannen. Das Erscheinen domestizierter Pflanzen, das den Menschen als Geschenk der Götter erschienen sein muß, war in Wirklichkeit ein normaler evolutionärer Anpassungsprozeß. Evolution aber verfolgt bekanntlich kein Ziel. Domestizierung, hinter der wir die prometheische Tat eines steinzeitlichen Genies vermuten, war ein einfacher Naturvorgang. Er gehörte zur gleichen Art von Ereignissen, die seit der ersten lebenden Zelle in Jahrmilliarden die Evolution der Arten bis zum Menschen geprägt hatten: *Mutation, sexuelle Vermehrung* und *Selektion*.

Mutationen, d. h. Veränderungen im Erbgut, die Merkmale wie feste Ähren oder gleichzeitige Keimung hervorrufen, sind Zufallsereignisse. Neben Tausenden anderer Mutationen treten sie mit einer geringen Wahrscheinlichkeit in den Nachkommen von Pflanzen mit festen Ähren und verzögerter Keimung auf. Ebenso nach dem Zufallsprinzip verfährt das andere verändernde Prinzip der Evolution, die *sexuelle Vermehrung*. Wahllos werden bei sexuell vermehrten Nahrungspflanzen und -tieren Zehntausende verschiedener Erbmerkmale der Eltern in den Nachkommen kombiniert.

Mutation und sexuelle Vermehrung produzieren so einen unaufhörlichen Strom zufallsabhängiger Veränderungen. Sie sind die Voraussetzungen der raschen Anpassung von Tier- und Pflanzenpopulationen an wechselnde Umweltbedingungen – die eine Grundlage evolutionärer Veränderung. Veränderung allein schafft jedoch noch keine evolutionäre Entwicklung. Erst in der Auseinandersetzung mit der Umwelt, der *Selektion*, zeigt sich, welche der zufällig entstandenen neuen Merkmale bzw. welche Kombinationen von Merkmalen vorteilhaft für ihre Träger sind und welche hinderlich. Maßstab evolutionärer Tauglichkeit aber ist die Zahl der Nachkommen. Individuen mit besser angepaßten Merkmalen bzw. Merkmalskombinationen hinterlassen eine größere Zahl von Nachkommen. Durch höhere Vermehrungsraten – und nicht in blutigem »Daseinskampf« – setzen sie sich auf friedliche Weise durch.

Das Erbprogramm einer höherentwickelten Pflanze besteht aus ungefähr 10000 unterschiedlichen Merkmalen. Jedes einzelne dieser Merkmale ist durch Mutation veränderbar. Sexuelle Vermehrung wiederum kann alle nur möglichen Kombinationen der 10000 Merkmale hervorbringen. Auf diese Weise entsteht eine riesige Zahl von Kombinationsmöglichkeiten. Aus diesem Grund dürften in einem Feld von wild wachsendem Getreide keine zwei gleichen Pflanzen zu finden sein. Das gleiche gilt analog für Tierpopulationen.

Diese natürliche *Variation* ist Ursache der Anpassungsfähigkeit von Pflanzenpopulationen an wechselnde äußere Bedingungen. Was wir »Domestizierung« nennen, ist damit nichts anderes als die natürliche

Reaktion von Pflanzenpopulationen auf menschengeschaffene Veränderungen ihres Lebensraumes. Feste Ähren, gleichzeitige Keimung, gleichzeitige Reifung usw. entstanden nicht, um Menschen zu veranlassen, der Pflanze größere Vermehrungschancen einzuräumen. Um es zu betonen: Mutationen, die einzelne Pflanzen mit Domestikationsmerkmalen erzeugen, haben sich nicht, wie manche Prähistoriker meinen, zu dem Zeitpunkt ereignet, als die mutierten Pflanzen zu landwirtschaftlichen Zwecken genutzt wurden. Es hat sie seit Urzeiten gegeben, ohne daß deswegen Landwirtschaft entstanden wäre. Sie sind immer neu entstanden und immer wieder ausgestorben, da sie in der Natur lebensuntauglich waren.

Ohne eine parallel verlaufende Veränderung im menschlichen Verhalten hatten ihre Träger jedoch keine Chance, sich durchzusetzen. Ihre Chance kam, als Menschen begannen, in die Wachstumsbedingungen der Pflanzen einzugreifen. Auf welche Weise, sei später ausführlich dargestellt. Domestizierung ist daher das Ergebnis des Zusammentreffens zweier Ereignisse: erstens der natürlichen Variation in Pflanzenpopulationen, zweitens von Veränderungen der menschlichen Ökonomie.

Daß es aber tatsächlich keines menschlichen Verstandes bedarf, um ein ursprünglich unabhängiges Lebewesen zu domestizieren, zeigt unser Beispiel der Symbiose der Blattschneiderameisen und ihrer Nahrungspilze. Über den Verdacht, ihre Pilze mit Absicht domestiziert zu haben, sind Insekten gewiß erhaben. Schon die Vermutung, die Initiative müsse von den »höherentwickelten« Ameisen ausgegangen sein, spiegelt das menschliche Vorurteil von der bewußten Domestizierung wider. Die Pilze waren am Zustandekommen der Symbiose nicht weniger beteiligt. Regie führte allein das evolutionäre Wechselspiel von Variation und Selektion.

Voraussetzung der Entstehung der Symbiose zwischen einer bestimmten Ameisen- und einer bestimmten Pilzart dürfte eine bereits zuvor bestehende offenere Partnerschaft gewesen sein. Vorläufer der Ameisen werden sich *unter anderem* von Vorläufern der Pilze ernährt haben. Ebenso waren Pilze *nicht ausschließlich* auf die betreffende Ameisenart angewiesen. Da beide Partner von der Vertiefung der anfangs offenen Partnerschaft »profitierten«*, konnte sich die gegenseitige Abhängigkeit durch Zusammentreffen weiterer zufallsabhängiger Veränderungen verstärken. Erforderlich waren parallel

---

* D.h. durch größere Vermehrungsraten in Symbiose als in offener Partnerschaft.

verlaufende Veränderungen im Verhalten der Insekten und im Vermehrungszyklus der Pilze. Am Ende befanden sich Ameisen und Pilze in gegenseitiger Abhängigkeit.

Ameisen wie Pilze zogen Nutzen aus ihrer Symbiose. Die Insekten übernahmen lebenswichtige Funktionen der »Wildform« der Pilze: Sie versorgten die »domestizierten« Pilze mit Pflanzenmaterie, jäteten konkurrierende Wildstämme und übernahmen die Vermehrung der Pilze. Von solchen lebenswichtigen Leistungen der »Wildform« befreit, »investierten« die Pilze einen größeren Teil der verfügbaren Energie in Wachstum. Da die Vermehrung durch die Ameisen sichergestellt war, die das Mycel fortpflanzten, konnten die Pilze selber am Ende gefressen werden, ohne auszusterben.

Diese Symbiose soll nun als Modell zum Verständnis der Domestizierung von Nahrungspflanzen durch Menschen dienen. So wie die Pilze ohne die Ameisen aussterben würden, haben domestizierte Pflanzen Funktionen verloren, die Voraussetzung des Überlebens in der Wildnis sind: brüchige Ähren, verzögerte Keimung und verzögertes Reifen, Schutz der Samen vor Insekten und dem Austrocknen durch harte, festanliegende Hüllen beim Getreide; Gift- und Bitterstoffe sowie Dornen als Schutz von Knollen und Wurzeln oder die Fähigkeit, Samen zu bilden.*

Es ist der Bauer, der das Überleben der domestizierten Pflanzen garantiert. Seine Mehrarbeit im Vergleich zum Wildbeuter besteht darin, daß er lebensnotwendige Funktionen der Wildpflanze übernimmt: 1. Durch Bodenbearbeitung und Düngung bzw. Erschließung unverbrauchter Böden verschafft er der Nutzpflanze ideale Wachstumsbedingungen. 2. Durch Säen übernimmt er die Vermehrung. 3. Durch Lagerung des Saatguts übernimmt er den Schutz der Samen. 4. Durch Jäten schützt er die wachsende Pflanze vor konkurrierenden wilden Artgenossen und Unkräutern. 5. Durch den Bau von Zäunen, durch Jagd auf Wild und Kontrolle seiner Haustiere schützt er die Pflanze vor Tieren. 6. Durch künstliche Bewässerung schützt er vor Trockenheit.

Da jede dieser Tätigkeiten die Wachstumsbedingungen beeinflußt, ist menschliche Arbeit in landwirtschaftlichen Systemen ein wichtiger

---

* Bittermaniok mit seinem Giftstoffgehalt und Dinkelweizen mit brüchigen Ähren, die beide noch Merkmale der Wildform tragen, sind Ausnahmen. In diesem Fall hielten sich Eigenschaften der Wildform auch in der domestizierten Pflanze, weil diese wegen anderer entscheidender Vorteile angebaut wurde: Beim Bittermaniok war es die Haltbarkeit des Mehls; beim Dinkel Widerstandsfähigkeit gegen Kälte und Pilzbefall.

Selektionsfaktor. Wie wichtig, zeigt sich beispielsweise in den Gärten tropischer Brandrodungsbauern. Nehmen wir die Gärten der Waika im Regenwald des Orinoco in Venezuela. (Harris 1971) Um freie Flächen für Nutzpflanzen zu schaffen, brannten diese Urwaldindianer zuerst natürliche Vegetation ab. Auf den freien Flächen pflanzten sie zwei bis drei Jahre lang eine außergewöhnliche Vielfalt unterschiedlicher Nutzpflanzenarten an, von niedrig wachsenden, stärkehaltigen Maniokwurzeln bis zu hohen Bananenstauden. Wenn nach drei Jahren mit der Bodenfruchtbarkeit auch die Maniokerträge sanken und hartnäckig vordringendes Unkraut immer schwieriger zu jäten war, wurde der Garten sich selber überlassen. Von nun an wurde nur noch geerntet, was von selbst wuchs.

Die nicht mehr bearbeiteten Gärten verwilderten stufenweise. Als erstes wurden niedrigwachsende Nutzpflanzen wie Maniok von Unkräutern und niedrigen Büschen verdrängt. In dieser Phase ernteten die Menschen weiter die Früchte größerer Büsche und Stauden wie die Banane. Doch unaufhaltsam drang weiter Wildnis vor. Nach vier Jahren fielen auch die Bananenerträge deutlich ab. Spätestens sechs Jahre nach dem Roden war der sich selbst überlassene Garten wieder vom Dschungel überwuchert und wurde nun endgültig aufgegeben.

Allein die Arbeit des Bauern sichert die Existenz der domestizierten Pflanzen. Im Austausch entwickelt die Pflanze Eigenschaften, die ihren Nutzen für den Bauern und dadurch ihre Vermehrungschancen im menschengeschaffenen Ökosystem erhöhen. Von überlebensnotwendigen Funktionen der Wildpflanze entlastet, kann die sich domestizierende Nutzpflanze Merkmale entwickeln, die sie in Wildnis aussterben ließen: feste Ähren, größere Fruchtkörper, gleichzeitige Keimung und Reifung, mehr Fruchtfleisch, Freiheit von Giften und Dornen, kompakte Ähren bzw. Rispen, die sämtliche Samen einer Pflanze vereinigen, Verlust von Schutzhüllen um die Samen, Verlust der sexuellen Vermehrungsfähigkeit wie bei Knollen und Wurzeln, die vegetativ nur durch Stecklinge fortgepflanzt werden, usw.

Aber ausgerechnet dieser entscheidende Faktor der Arbeit wird in den traditionell kopflastigen Betrachtungen über die Domestizierung von Pflanzen und Tieren vernachlässigt. Im Vordergrund steht menschlicher Erfindergeist, dem es gelingt, Nutzpflanzen aus Wildpflanzen zu züchten – wie wir gesehen haben, eine Illusion. Über dieser Kopflastigkeit wurde der Beitrag der Hände, der Beine und auch der nicht zu unterschätzende Beitrag von Magen und Darm ignoriert. Graben, Säen, Schutz vor Tieren und Unkraut, künstliche Bewässerung usw.

gelten nur als notwendige Unterstützung »lebensuntauglicher« domestizierter Pflanzen, die sonst keine Überlebenschancen hätten.

Tatsächlich ließe sich Domestizierung besser verstehen, würde man die Feldarbeit nicht mit dem Werturteil befrachten, der Bauer »schütze verzärtelte« Nutzpflanzen vor dem Aussterben. Diese Vorstellung enthält subjektive Werturteile, denen objektiv nichts entspricht, was auf dem Acker geschieht. In Wirklichkeit schafft der Bauer die spezielle Umwelt, der sich seine domestizierten Pflanzen angepaßt haben.

Nach diesem Modell ist Domestizierung zu verstehen. Wildpflanzen reagierten auf Eingriffe in die Wildnis, indem sie sich der menschengeschaffenen Umwelt anpaßten. Pflanzenpopulationen veränderten sich unter dem Selektionsdruck äußerer Ereignisse. Innerhalb der Population setzten sich Individuen durch, die den äußeren Faktor – im Fall von Domestizierung: menschliche Arbeit – als Teil ihres Vermehrungszyklus nutzten. Mutierte Pflanzen, die bis dahin ungenügende Vermehrungschancen hatten, erhielten entscheidende Vorteile gegenüber dem an die Wildnis angepaßten Normaltypus. Das überraschende Ergebnis, Domestizierung, ist von Menschen unbewußt herbeigeführt worden.

Diese Form unbewußter Züchtung durch Veränderung von Ökosystemen sollte nicht mit der schon 1859 von Darwin beschriebenen »unbewußten Zuchtwahl« verwechselt werden. Darwin meinte Züchtung ohne Kenntnis der Regeln und Ziele züchterischer Verbesserung. Im Vordergrund stand für ihn jedoch noch immer die bevorzugte Vermehrung von Individuen aufgrund bestimmter Eigenschaften.

Illustrieren wir den Unterschied an einem Beispiel: Auch wenn sie nicht wußten, daß Merkmale wie »hohe Milchleistung« vererbt werden, konnten einfache Bauern im Darwinschen Sinne »unbewußt« auf solche Eigenschaften hin züchten. Als wirtschaftlich denkende Menschen schlachteten sie Kühe mit ungenügender Milchproduktion schon nach dem ersten Kalb, weil es schlechte Futterverwerter waren. Da auf diese Weise die leistungsfähigeren Kühe größere Vermehrungschancen erhielten, stieg die Milchproduktion der Durchschnittskuh im Laufe der Generationen, obwohl niemand je mit dieser Absicht gezüchtet hatte.

Hier jedoch geht es um eine grundsätzlich andere Art unbewußter Züchtung: Züchtung, die Eigenschaften einzelner Pflanzen vollkommen ignoriert. Um geeignete Wachstumsbedingungen für erwünschte Pflanzen*arten* zu schaffen, verändert sie gezielt die Umwelt. Es sind die Pflanzen, die auf diese Eingriffe reagieren, indem sie neue Eigenschaften – Domestikationsmerkmale – entwickeln. Im folgenden Abschnitt werden wir daher untersuchen, durch welche Eingriffe in den Lebensraum Pflanzen und Tiere Domestikationsmerkmale entwickeln konnten.

9. Die Selbstdomestizierung der Pflanzen und Tiere

Am einfachsten ist die Entstehung des Domestikationsmerkmals »feste Ähren« von Getreide zu verstehen, bzw. das analoge Merkmal nichtplatzende »feste Schoten« von Bohnen und Erbsen. Um weitere analoge Beispiele zu vermeiden, bleibe ich beim Getreide. Für Hülsenfrüchte, die ebenfalls die Fähigkeit zur Selbstaussaat verloren haben, gilt entsprechend das gleiche.

Solange eine Wildpflanzenpopulation sich selbst vermehrt, bleibt, gleichgültig was sonst geschieht, das Merkmal »brüchige Ähren« erhalten. Die wenigen abweichenden Pflanzen mit festen Ähren bleiben am Halm und landen, falls Menschen sie ernten, ausnahmslos im Kochtopf. Wo nur geerntet, nicht aber gesät wird, bleibt die natürliche Anpassung von Wildgetreide erhalten.

Übernehmen Menschen dagegen die Aussaat, dann bekommen Pflanzen mit festen Ähren die gleichen Vermehrungschancen wie der Normaltyp mit brüchigen Ähren. Es ist die Technik des Erntens, die über die Zusammensetzung des Saatguts entscheidet. Wenn man wie die Bewohner Südwestasiens vor 10000 Jahren mit Steinsicheln Halme schneidet oder wie die Indianer Mittelamerikas die Kolben von Teosinte pflückt, reichert das Ernten Pflanzen mit dem Merkmal »feste Ähren« an.

Verzögertes Reifen und brüchige Ähren verhindern, daß auf einem Wildgetreidefeld sämtliche Samen geerntet werden. Häufig liegt die Ausbeute unter 50 Prozent. Ein Teil der reifen Ähren ist schon vor der Ernte zerfallen, ein anderer zerfällt beim Schneiden bzw. Pflücken. Während daher die Hälfte aller Samen aus brüchigen Ähren verlorengeht, erntet man jedoch stets die Samen aller Pflanzen mit festen Ähren. Jede weitere Aussaat und Ernte wiederholt den Effekt. Dadurch reichert sich in jeder Generation der Anteil der Pflanzen mit festen Ähren an. Äthiopischer Hafer ist ein »lebendes Fossil« dieser Form der Domestizierung. Ohne gezielte Auslese des Saatguts, nur durch Säen und Ernten, entstand eine Mischung von Pflanzen mit brüchigen und mit festen Ähren (Harlan, De Wet, Stemler 1976)

Wer dagegen wie im 19. Jahrhundert nordamerikanische Pajute-Indianer oder australische Aborigines erntet, indem er die reifen Ähren in Behälter ausschlägt, erhält nur Samen von Pflanzen mit brüchigen Ähren. In diesem Fall besorgen Wildpflanzen die Aussaat selbst, da stets genügend Samen auf die Erde fallen. Aber auch wenn er die durch Ausschlagen erhaltenen Samen wieder säen würde, wüchse auch aus ihnen Wildgetreide mit zerfallenden Ähren. (Wilke, Bettinger, King, O'Connell 1972)

Auch andere Domestikationsmerkmale von Getreide – gleichzeitiges Reifen und Keimen, Verringerung der Zahl der Halme und Ähren, Vergrößerung der Ähren und der Samenkörner, Rückgang der Samenhüllen und damit Dreschbarkeit – konnten ohne jede Züchtung nur durch Veränderung der Wachstumsbedingungen entstehen.* Diese Entwicklungen lassen sich vor dem Hintergrund der Anpassung der Wildpflanze an ihre natürliche Umwelt verstehen. Wird die Umwelt der Pflanze verändert, dann wird auch das Merkmal nicht mehr benötigt. Pflanzen mit anderen Merkmalen erhalten höhere Vermehrungschancen und setzen sich durch.

Enganliegende Hüllen schützen die Samen während der Monate der Dürre. Verzögertes Reifen und Keimen sichern gegen ausgedehnte Trockenperioden und massiven Insektenbefall. Da nicht alle Samen gleichzeitig keimen, nicht alle Pflanzen gleichzeitig reifen und auch jede einzelne Ähre nicht auf einmal, sondern stückweise von unten nach oben reift, richten Naturkatastrophen zwar Schäden an, aber sie gefährden nicht die Population. Denn Keimen und Reifen, die beiden entscheidenden Vorgänge, von denen der Fortbestand der Population abhängt, ziehen sich über längere Zeiträume hin. Durch buschartiges Wachstum mit weit um die Wurzel streuenden Ähren verhindern wilder Sorghum und Teosinte, daß die Nachkommen einer Pflanze sich gegenseitig ersticken.

Der Übergang vom Sammeln zum Pflanzen veränderte die äußeren Bedingungen. Auf dem Acker oder im Garten übernahm der Bauer entscheidende Funktionen der Wildpflanze. Indem er durch Säen die Fortpflanzung der Art garantierte, machte er Schutzfunktionen überflüssig, durch die Wildgetreide das Überleben der Nachkommen sicherte: verzögertes Keimen und Reifen sowie Schutzhüllen für die

---

* Voraussetzung war selbstverständlich, daß die betreffende Pflanzenart über das erforderliche genetische Potential verfügte: Das heißt, in Wildpflanzenpopulationen mußten entsprechende mutierte Pflanzen vorhanden sein, die sich unter dem Einfluß menschlicher Tätigkeiten im Vergleich zum Wildtyp durchsetzen konnten.

Samen. Die Samen mußten die Monate der Dürre nicht mehr in der Erde überstehen, sondern wurden in geschützten Vorratsbehältern gelagert und zum Beginn der Wachstumsperiode ausgesät.

Unter solchen Bedingungen konnten sich mutierte Pflanzen durchsetzen, die gleichzeitig keimten und reiften sowie verkleinerte Schutzhüllen hatten und damit gut dreschbar waren. Indem die Notwendigkeit entfiel, die Samen selbst ausreichend zu verteilen, konnten sich bei dem buschartig wachsenden Sorghum und bei Teosinte/Mais domestizierte Rassen mit einer geringeren Zahl von Halmen und kompakteren Ähren durchsetzen. (Harlan, De Wet, Stemler 1976)

Veränderungen mehrerer Merkmale, durch die sich eine Wildpflanze zur voll domestizierten Nutzpflanze entwickelt, vollziehen sich nicht auf einmal, sondern erfolgen schrittweise über längere Zeiträume hinweg. Die etwa 10000 Jahre alte erste Gerste mit dem Domestikationsmerkmal »feste Ähren« ist zweizeilig wie die Wildpflanze und trägt wie diese feste Samenhüllen. Es dauerte dreieinhalb Jahrtausende, bevor sich daraus die Gerste entwickelt hatte, die zum Grundnahrungsmittel der sumerischen Hochkultur wurde: »nackte« und daher gut dreschbare, sechszeilige Gerste, die sechs anstelle von zwei Samen pro Ährenknoten trug. (Hole, Flannery 1967)

Dreieinhalb Jahrtausende dauerte es auch, bis domestizierter Mais die für Landwirtschaft kritische Ertragskraft erreichte. (Flannery 1973) In diesem Fall dürfte zur langen Entwicklungszeit eine Besonderheit im Vergleich zum Getreide der Alten Welt beigetragen haben. Als selbstbestäubende Pflanzen sind Weizen und Gerste weitgehend vor Befruchtung durch ihre wilden Verwandten geschützt. Mais dagegen kann als fremdbestäubte Pflanze immer wieder von Teosintepollen befruchtet werden. Solange der erste angebaute Mais auf kleinen Feldern inmitten wilder Teosintebestände wuchs, wurden die allmählich entstehenden Domestikationsmerkmale daher immer wieder durch Vermischung mit der Wildpflanze verwischt. Indem Menschen die Maisanbauflächen ausweiten, wurde mit der Verringerung der Teosinteflächen allmählich auch das Ausmaß der Fremdbestäubung verringert. Mais konnte sich nun ungestörter entwickeln.

Die Domestizierung der in den Tropen wichtigen Wurzeln und Knollen – Kartoffel, Yams, Maniok, Süßkartoffel, Taro und verwandter Gewächse von lokaler Bedeutung – sei an dem von D.G. Coursey erforschten Beispiel der Yams untersucht. (Coursey 1976) Domestizierte Yams-Arten unterscheiden sich von ihren wilden Verwandten hauptsächlich durch zwei Merkmale: Das erste, der Verlust der Fähigkeit, vermehrungsfähige Samen zu bilden, ist Ergebnis einer langen Symbiose mit Menschen, in der die Pflanze ausschließlich vegetativ vermehrt worden ist. Nur über Stecklinge vermehrt, setzten sich Mutanten ohne die Fähigkeit zur Samenbildung durch. Was blieb, war die zweite Vermehrungsweise der Wildpflanze: die Fähigkeit, aus kleinen Gewebestücken vollständige neue Pflanzen zu regenerieren. Sie ist Grundlage des Anbaus von Yams und der meisten anderen Arten von Knollen und Wurzeln.

Schwieriger zu verstehen ist die Entwicklung des zweiten Merkmals von domestiziertem Yams: der Verlust des natürlichen Schutzes der Wildpflanze gegenüber Tierfraß durch Gifte, Bitterstoffe, Dornen und besonders tief liegende Wurzeln. Gegenüber Menschen, die über Hakken und Grabstöcke sowie über Extraktionsverfahren zur Entfernung von Giften verfügen, sind solche Schutzvorkehrungen der Wildpflanze wirkungslos. Nachdem Menschen gelernt hatten, diesen natürlichen Schutz der Wildpflanze technisch zu überwinden, entstand daher die Gefahr von Raubbau.

Während der Regenzeit, in der sich die Wurzelknolle entwickelt, ist Yams besonders empfindlich. Gräbt man die noch wachsende Wurzel zu früh aus, so ist die Pflanze sinnlos vergeudet, denn die Stärkevorräte der Wurzel sind noch klein. Reif dagegen kann die Wurzel geerntet werden, ohne die Pflanze zu zerstören. Man gräbt die Wurzel vorsichtig aus und schneidet den größeren unteren Teil als Nahrung ab. Steckt man den oberen Teil mit der noch anhaftenden Ranke zurück in die Erde, dann entwickelt sich eine neue Wurzelknolle. Aus diesem Grund haben Jäger und Sammler in Australien, auf den Andamanen-Inseln im Indischen Ozean und auf dem Neuguinea vorgelagerten Neukaledonien noch in unserem Jahrhundert wilden Yams durch magisch religiöse Verbote vor dem vorzeitigen Ernten geschützt.

D. G. Coursey und C. K. Coursey haben die interessante Theorie entwickelt, die Domestizierung von Yams sei das Ergebnis einer frühen Form ökologisch-ökonomischer Rücksichtnahme. Nach 40000 v. Chr. traten in der westafrikanischen Yamszone – etwa das Gebiet zwischen der Elfenbeinküste und dem westlichen Nigeria – große Steinhacken auf, wie sie später zum Graben nach Yams verwendet wurden. Die Courseys sehen darin ein Anzeichen, daß Menschen damit begannen, wilden Yams zu nutzen. Das bedeutet, der natürliche Schutz der Wildpflanze gegenüber Tieren war von Menschen zu durchbrechen.

Noch heute feiern westafrikanische Yams-Bauern das »Fest der Neuen Yams«. Die mit diesem Fest verbundenen Riten enthalten archaische Elemente wie das Verbot, Yams vor dem Fest zu ernten. Auch durften in bestimmten Ernteritualen keine Eisenwerkzeuge benutzt werden. Da solche rituellen Verbote in einer bäuerlichen Ökonomie sinnlos sind, erinnern sie an Praktiken vorgeschichtlicher Jäger und Sammler, die keine Metalle kannten. Die Courseys sehen darin die Überreste steinzeitlicher Traditionen, den noch wachsenden wilden Yams religiös zu schützen. (D. G. Coursey und C. K. Coursey 1971)

Religiöse Tabus schützen vor Menschen, nicht aber vor Tieren. Die Dornen, die tiefliegenden Wurzeln und die Giftstoffe der Pflanze werden sich daher erst zurückentwickelt haben, nachdem Menschen Tiere als Nahrungskonkurrenten für »ihre« Yams ausschalteten. Wie dies geschah, läßt sich archäologisch nicht rekonstruieren. Man kann jedoch vermuten, daß Menschen dazu übergingen, die im Bereich ihrer Lager wachsende Yams vor Tieren zu schützen, Gärten mit Zäunen zu umgeben und durch Jagen die Wildbestände zu kontrollieren. Vor Tierfraß geschützt, konnten sich nun mutierte Yamspflanzen ohne Gifte oder Dornen behaupten. (Coursey 1976)

Diese Überlegungen machen es wahrscheinlich, daß domestizierter Yams, süßer Maniok, Taro und möglicherweise auch die Kartoffel den biologischen Schutz der Wildpflanze nur als unbeabsichtigte Folge des Anbaus verloren haben. Denn die Gifte, Bitterstoffe oder Dornen der Wildpflanze haben Menschen, die den natürlichen Schutz technisch durchbrechen konnten, schon seit Urzeiten nicht abgehalten.

Veränderung der Wachstumsbedingungen durch Menschen erklärt auch die Evolution anderer Nutzpflanzenmerkmale. Die wilden Vorläufer domestizierter Bohnenarten sind von Natur aus Dickichtpflanzen. Um ans Licht vorzudringen, benutzen sie andere Pflanzen als Klettergerüst und bilden zu diesem Zweck Ranken. Von der Hauptranke ausgehend, kriecht eine Vielzahl von Nebenranken in verschiedenen Richtungen am Boden entlang. Wo immer sie auf den Stengel einer Teosintepflanze, auf einen Zweig oder ein Baumstämmchen stoßen, winden sie sich in die Höhe. Dabei bilden sie weitere Ranken, die auf Nachbarpflanzen und -zweige übergreifen. Am Ende sind die Trägerpflanzen von einem dichten Gewirr aus Bohnenranken überwuchert.

Vermutlich haben die Indianer Mesoamerikas die in der Wildnis entstandene Gemeinschaft von Wildbohnen, die Teosinte als Klettergerüst benutzten, übernommen. Paläobotaniker vermuten, daß Teosinte/Mais und Bohnen nach 5000 v. Chr. zunächst gemeinsam angebaut worden sind. Wie bei Teosinte entwickelten sich auch bei der Bohne charakteristische Domestikationsmerkmale: Durch wiederholtes Säen und Ernten verlor die Bohne zunächst zwei charakteristische Eigenschaften der Wildpflanze: erstens die Fähigkeit zur Selbstaussaat; zweitens die harte, nur schwer wasserdurchlässige Haut, die die Samen der Wildpflanze während der Monate in der Erde schützten. Indem Menschen die Lagerung der Samen und die Aussaat übernahmen, konnten sich mutierte Pflanzen mit beiden Domestikationsmerkmalen durchsetzen.

Ein weiteres Domestikationsmerkmal von Kletterbohnen ist die weitaus geringere Verzweigung als bei der Wildpflanze. Auch dieses Merkmal könnte schon früh entstanden sein. Nachdem Menschen Buschwerk und Bäume beseitigt hatten, bevor sie Bohnen zusammen mit Teosinte/Mais pflanzten, wurde der Kampf ums Licht weniger wichtig. Die Verzweigung als natürliche Anpassung einer Dickichtpflanze konnte zurückgehen. In einer späteren Phase, in der Mais und Bohnen getrennt angebaut wurden, konnte sich bei Bohnen sogar Zwergwuchs behaupten, eine für die Wildpflanze tödliche Veränderung. Buschbohnen sind also das Ergebnis der Aufhebung von Konkurrenz ums Licht. (Smartt 1969)

Wie die Botanikerin Barbara Pickersgill gezeigt hat, dürfte auch Chilipfeffer nur durch Veränderung des Lebensraumes domestiziert worden sein. (1969) Noch heute wird dieses begehrte Gewürz in den Gärten und auf den Äckern der Indianer des Amazonasgebiets nicht gesät. Die Wildpflanze nistet sich dort wie ein Unkraut von selbst ein. Im Gegensatz zu wirklichem Unkraut wird sie jedoch auch dann nicht gejätet, wenn sie inmitten einer Maniokpflanzung sprießt.

»Gesät« wird dieser wild wachsende Chili von Vögeln. Angelockt von der grellroten Farbe der demonstrativ nach oben ragenden Schoten, fressen sie das Fruchtfleisch selbst der schärfsten Arten. Ihren Dank an die Pflanze erstatten sie an anderer Stelle in Form der mit dem Kot ausgeschiedenen unverdauten Samenkörner. Auf diese Weise tragen Vögel zur Verbreitung der Wildpflanze bei. Außerdem verfügt wilder Chili über die Fähigkeit zur Selbstaussaat. Nach dem Reifen fallen die samengefüllten reifen Schoten auf die Erde. (Pickersgill 1969)

Auch bei Chili ist Domestizierung nichts anderes als das Ergebnis einer ökologischen Manipulation. Nachdem Menschen die Vermehrung übernommen hatten, war die Fähigkeit zur Selbstaussaat überflüssig geworden. Folglich setzten sich Pflanzen mit nicht abfallenden Schoten durch. Sogar die Vögel wurden um eine Frucht betrogen, zu deren Verbreitung und Entwicklung sie ursprünglich maßgeblich beigetragen hatten. Von Menschen gepflanzt, entwickelten sich Chilisorten mit hängenden Schoten, die, unter Blättern versteckt, vor Vögeln verborgen sind.

Ebensowenig wie die Pflanzen dürften unsere wichtigsten Haustiere bewußt domestiziert worden sein. Das Gruppenverhalten, die wichtigste Voraussetzung der Domestizierung, war Teil der natürlichen Anpassung. Hund, Auerochse, Schaf, Ziege, Wildschwein, Vicuña, die wilden Vorläufer unserer wichtigsten Haustiere, bilden Herden bzw. Rudel.

Rangordnungskämpfe stellen in Wildtierherden hierarchische Ordnungen mit dominierenden Tieren her, die in der Herde eine Führungsrolle spielen. Das in freier Wildbahn entstandene Sozialverhalten sicherte den inneren Zusammenhalt der Herde, auch nachdem Menschen die Kontrolle übernommen hatten. Hirten, die sich in die Rolle des Herdenführers drängten, wurden als »Leittiere« akzeptiert. Nur so ist überhaupt Herdenhaltung von Wildtieren, die am Anfang der Domestizierung steht, möglich gewesen.

Darwinsche »unbewußte Zuchtwahl« dürfte bei der Domestizierung von Tieren sicherlich eine größere Rolle gespielt haben als bei Pflanzen. Man kann sich leicht vorstellen, daß Menschen, die Herden von Wildtieren hielten, wohl bevorzugt die wildesten, am schwersten kontrollierbaren Exemplare geschlachtet haben. Das geschah nicht, um das Verhalten der Tiere züchterisch zu verändern. Bekanntlich fehlte das erforderliche Wissen. Der Grund war die Vereinfachung der Tierhaltung. Dennoch trug diese Strategie dazu bei, das Verhalten der Tiere im Verlauf vieler Generationen auch züchterisch zu verändern, d. h. sie zu domestizieren. Vermutlich hat die in kleinen, von Menschen kontrollierten Herden größere Inzucht als in der Wildnis diese unbewußte Züchtung erheblich beschleunigt.

Wirtschaftliche Überlegungen führten zum gleichen Ergebnis. In Südwestasien ging dem Auftreten der ersten Ziegen und Schafe mit morphologisch* feststellbaren Domestikationsmerkmalen eine Phase der Kontrolle wilder Herden voraus. Man hielt Herden von Tieren, die sich äußerlich nicht von Wildtieren unterschieden, und schlachtete bevorzugt männliche Jungtiere. Der Grund, junge Böcke zu töten, weibliche Jungtiere dagegen aufwachsen zu lassen, ist leicht zu erkennen. Weibliche Tiere werfen Junge, aber ein einziger Bock genügt, um

---

* D. h. in diesem Fall, anhand des Knochenbaus bzw. der Form der Hörner.

eine ganze Herde zu befruchten. Ohne den Bestand zu gefährden, konnte man auf diese Weise maximale Fleischerträge »ernten«.

Durch dieses wirtschaftlich motivierte Verhalten wurde im Darwinschen Sinne »unbewußt« gezüchtet. Während in der Wildnis Rangordnungskämpfe entschieden hatten, welcher Bock die meisten weiblichen Tiere befruchtete, trafen nun Menschen die Auswahl. In der Wildnis siegte der stärkste Bock, unter menschlicher Kontrolle bekamen schwächere und weniger aggressive Tiere die gleichen Vermehrungschancen wie die stärkeren. Daher dürfte auch dieses gezielte Schlachten männlicher Jungtiere zur Domestizierung beigetragen haben.

Ein dritter Domestikationsfaktor war die Einschränkung des Lebensraumes. Die meisten Haustierarten sind kleiner als ihre wilden Vorfahren, ein Merkmal, das häufig als Ergebnis gezielter Züchtung mißverstanden wird. Man meint, der riesige Auerochse sei zum Rind verkleinert worden, um ein leichter kontrollierbares Tier zu schaffen. In Wirklichkeit ist die Verkleinerung jedoch ein eher unbeabsichtigtes Ergebnis der Tierhaltung.

Anders als ihre wilden Verwandten konnten sich die vom Menschen kontrollierten Tiere ihre Weidegebiete nicht selbst aussuchen. Sie mußten vielmehr mit dem vorliebnehmen, was ihnen ihre Herren zugestanden – abgeerntete Stoppelfelder, gedroschenes Stroh oder das magere Gras der für Landwirtschaft ungeeigneten Steppe. Auf den besten Böden, die früher die bevorzugten Weidegebiete des Wilds gewesen waren, bauten Menschen nun Pflanzen an. Eine derartig eingeschränkte Ernährung wiederum gab den anspruchsloseren Exemplaren einer Herde größere Vermehrungschancen, und das waren die kleineren Tiere. (Higgs, Jarman 1969, 1972)

10. Das menschliche Verdienst

Die Pflanzen und Tiere, von denen wir leben, sind nicht domestiziert worden, sie haben sich selbst domestiziert. Menschlicher Erfindergeist hat zur folgenreichsten wirtschaftlich-technischen Entwicklung der kulturellen Evolution weitaus weniger beigetragen, als wir wahrhaben wollen. Domestizierung, Landwirtschaft und eine höherentwickelte Lebensweise hatte gewiß niemand im Sinn, der vor 10 000 Jahren einen Flecken Land rodete, um Raum für Wildgetreide zu schaffen.

Menschen haben die Vorarbeiten geleistet. Sie haben Büsche und Sträucher gerodet, Bäume entrindet, Steppengras abgebrannt, mit Grabstöcken und Steinhacken die Erde durchwühlt, geerntet, Samen, Wurzeln und Knollen in ihre Lager getragen, sie gespeichert, zubereitet, gegessen und wieder ausgeschieden, bewässert, gesät und gepflanzt, sowie Pflanzen vor Unkraut, vor Tieren und Raubbau geschützt.

Wenn überhaupt Absichten sichtbar werden, dann bei dem Versuch, Nutzpflanzen in der Wildnis auszusiedeln. Aber die Erfindungshöhe, um einen Begriff des Patentwesens zu entlehnen, war gering. Die Anbaumethoden waren der Natur abgeschaut. Im tropischen Regenwald, in dem das Klima ganzjährig gleichbleibende Wachstumsbedingungen schuf, imitierte man die Ökologie des tropischen Regenwalds. In subtropischen und gemäßigten Zonen mit ausgeprägtem Wechsel von Wachstums- und Ruhepausen imitierte man die Besiedlung freier Flächen durch kolonisierende Pflanzen. Die Anbaumethoden waren der Natur abgeschaut, und sie sind es auch heute noch. In subtropischen und gemäßigten Zonen mit einem ausgeprägten Wechsel von Wachstums- und Ruhephasen imitierte man die Besiedlung freier Flächen durch kolonisierende Pflanzen. Selbst die Monokulturen der modernen Landwirtschaft haben ihr natürliches Vorbild in den prähistorischen Wildgetreidefeldern Palästinas, den Wildhirsefeldern Afrikas und Chinas sowie den Teosintefeldern Mesoamerikas.* Auf ähnliche Weise imitierten die Bewohner des tropischen Regenwaldes Südostasiens und Südamerikas, wo das Klima ganzjährig gleichbleibende Wachstumsbedingungen schuf, die Ökologie ihres Lebensraums. Dort

---

* Die Schädlingsanfälligkeit moderner Getreidefelder – und des damit verbundenen Einsatzes chemischer Schädlingsbekämpfungsmittel – wird nicht *primär* durch eine Einschränkung natürlicher *Arten*vielfalt verursacht, wie man es häufig hört. Artenvielfalt ist nicht aufgrund eines allgemein gültigen Naturprinzips gleichbedeutend mit ökologischer Stabilität. So stabil der artenreiche tropische Regenwald ist, auch die Wildgetreidefelder des prähistorischen Vorderasien und Mesoamerika waren stabil. Am Ende der Dürreperiode entstanden dort Jahr für Jahr artenarme natürliche „Monokulturen". Auch haben in den dichtest besiedelten Teilen Südostasiens einfache Reisbauern ohne Chemie auf bewässerten Terrassen jahrzehntelang gleichbleibend hohe Reiserträge geerntet. (Geertz 1963) Hauptursache der Anfälligkeit moderner Monokulturen ist vielmehr die Einschränkung genetischer Vielfalt durch Züchtung. Während sich auf einem Wildgetreidefeld keine zwei genetisch gleichen Pflanzen finden lassen, besteht modernes Hochleistungssaatgut aus genetisch weitgehend einheitlichen Samen. Großflächig angebaut, bieten die aus solchem Saatgut sprießenden Pflanzen ideale Voraussetzungen für Viren, Bakterien und Pilze, sich zunächst auf den vorherrschenden Genotyp zu spezialisieren, um sich anschließend epidemieartig auszubreiten.

entsprach die außergewöhnliche Vielfalt verschiedener Nutzpflanzenarten in den Hausgärten dem Modell des angrenzenden Waldes. Die angebauten Arten übernahmen die ökologischen Funktionen der Wildpflanzen, die sie ersetzten – vom hochgewachsenen Baum bis zu kleinen krautartigen Gewächsen, die nur in seinem Schatten gediehen. Der einzige Unterschied war, daß die angebauten Arten menschlichen Zwecken dienten.

Es waren die Pflanzen, die sich in der so geschaffenen künstlichen Umwelt eingerichtet haben. Durch genetische Anpassung bezogen sie den Menschen in ihren Vermehrungszyklus ein. In der menschengeschaffenen Umwelt entwickelten sie Merkmale, die ihren Nutzen für den Menschen vergrößerten. Auf diese Weise wurde das Verhalten, das sie hervorgebracht hatte, durch einen von Menschen unvorhergesehenen wirtschaftlichen Erfolg prämiiert.

Alles was die ersten domestizierten Pflanzen gegenüber ihren wilden Vorläufern auszeichnete, höhere Erträge, bessere Verarbeitung, Geschmack usw., fiel Menschen, die lediglich Wildpflanzen vermehrt hatten, als Geschenk des Himmels in den Schoß. Als Geschenk haben die Alten es auch verstanden. Götter und Kulturheroen hatten den Menschen die Pflanzen und Tiere gebracht und sie in Techniken des Anbaus und der Verarbeitung unterrichtet.

Tatsächlich ist Domestikation das ungewollte Ergebnis der Anpassung von Pflanzen und Tieren an menschliche Tätigkeiten. Da der Erfolg der Nahrungserzeugung wesentlich von Domestikation abhängt, ist die Landwirtschaft ebensosehr Werk der Pflanzen und Tiere wie des Menschen. Leistung des Verstandes war es, praktisches Wissen und technische Fähigkeiten entwickelt zu haben, die es erlaubten, neue Nahrungsquellen zu nutzen: Naturerkenntnisse, Sicheln zum Ernten und Mahlsteine zum Zerkleinern von Getreide, Methoden zur Entfernung der Samenhüllen, Extraktionsverfahren für Gifte, Kochverfahren, Herdenhaltung usw.

Aber von Absicht oder gar von zielgerichtetem Handeln zu reden, wenn in Wahrheit die Technik des Erntens entscheidet, ob Wildgetreide Domestikationsmerkmale entwickelt oder nicht, wäre vermessen. Mit Sicheln erntende Wildbeuter erzeugten »feste Ähren« ebenso unbeabsichtigt, wie andere weiter Wildpflanzen vermehrten, weil sie die reifen Ähren durch Ausschlagen der Samen in Behälter ernteten. Es wäre absurd, das erste menschlichem Erfindergeist gutzuschreiben, weil es zufällig Landwirtschaft und kulturelle Entwicklung möglich machte, das andere dagegen auf die Unfähigkeit Primitiver zurückzuführen, ihre steinzeitliche Rückständigkeit zu überwinden. Selbst wenn verschiedene Erntetechniken unterschiedliche Langzeitfolgen hatten, so war deswegen die eine nicht fortschrittlicher als die andere. Zweck beider war schließlich nichts anderes gewesen, als Samen zu ernten. Behandeln wir Domestizierung und Landwirtschaft daher als das, was sie sind: als das ungewollte Ergebnis menschlicher Eingriffe in den Lebensraum von Pflanzen und Tieren.

Im Vordergrund stand bisher die Reaktion von Pflanzen und Tieren auf menschliche Eingriffe in ihren Lebensraum. Betrachten wir im folgenden Kapitel nun die menschliche Seite der Entstehung von Landwirtschaft: Was veranlaßte Jäger und Sammler, ihre Umwelt zu manipulieren, um künstlich Nahrung zu schaffen?

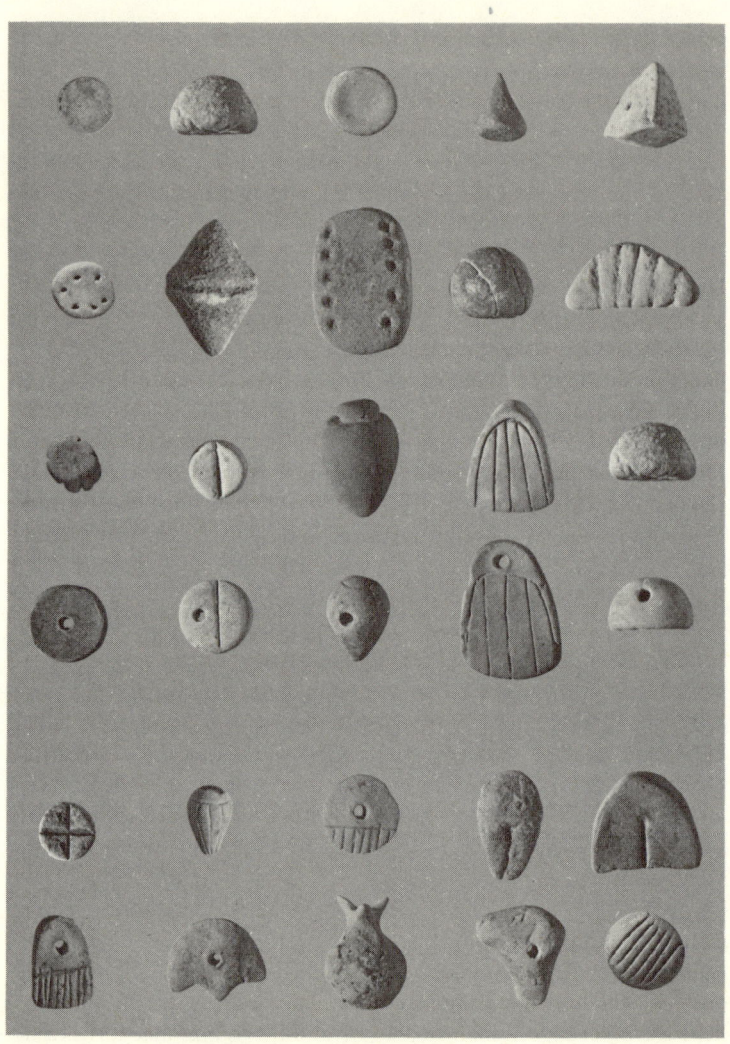

Das in Vorderasien entwickelte erste Abrechnungssystem der Menschheitsgeschichte: Kleine handgeformte Tonobjekte bezeichneten Wirtschaftsgüter wie Brot, Getreide, Kleidung, Schafe, Schmuck usw. Die abgebildeten Zeichen sind etwa 5000 Jahre alt, die ältesten wurden schon fünf Jahrtausende früher – um 8000 v. Chr. – benutzt.

4. Kapitel
Die Zivilisierung der Menschen

1. Illusion und Wirklichkeit

Die Frage, warum Menschen Landwirtschaft entwickelt haben, hatte sich einst von selbst beantwortet. Am Anfang, so schien es, stand der Versuch, das Elend des angestammten Jäger- und Sammlerdaseins zu überwinden. Seit Marshall Sahlins' Wort von der »steinzeitlichen Überflußgesellschaft« durch die Köpfe geistert, ist die Antwort nicht mehr so selbstverständlich. (Sahlins 1972) Man fragte sich, welchen Grund Menschen hatten, im Schweiß des Angesichts den Acker zu bestellen? Bevölkerungswachstum wurde zum steinzeitlichen Sündenfall, der die Menschen aus dem Paradies vertrieben und zur Nahrungserzeugung gezwungen hatte.

Zweifellos war Sahlins' Rehabilitierung des Steinzeitmenschen gegenüber jahrhundertealten Vorurteilen notwendig. Aber unkritisch verallgemeinert hat die Vorstellung eines steinzeitlichen Schlaraffenlandes, dessen Bewohnern die gebratenen Tauben anscheinend von selbst ins Maul geflogen waren, einige Verwirrung gestiftet. Aus der Sicht einer idealisierten Wildbeuterökonomie schien Landwirtschaft nur einen Vorzug zu haben. Sie erlaubte es, von der gleichen Fläche mehr Menschen zu ernähren. Bevölkerungswachstum wurde damit zum Leisten, über den man im Weltmaßstab die Anfänge der Landwirtschaft schlug.

Am prägnantesten hat der amerikanische Prähistoriker Samuel Cohen die Übervölkerungstheorie in *The Food Crisis in Prehistory* (Die Ernährungskrise in der Vorgeschichte) vertreten: »Etwa vor 11- oder 12 000 Jahren hatten Jäger und Sammler«, so Cohen »durch natürliche Bevölkerungsvermehrung und die damit verbundene territoriale Ausbreitung die Teile der Erde besiedelt, in denen ihre Lebensweise einigermaßen möglich war.« Weiteres Bevölkerungswachstum habe dann zwischen 7000 v. Chr. und der Zeitenwende »in der ganzen Welt« die Entwicklung von Landwirtschaft erzwungen: »Selbst wenn man örtlichen Unterschieden durch natürliche oder kulturelle Besonderheiten Rechnung trägt, gibt es nur einen Faktor, der den nicht rückgängig zu machenden und nahezu universalen Übergang zu einer landwirtschaftlichen Ökonomie erklären kann: Bevölkerungsvermehrung über die Dichte hinaus, die eine Wildbeuterökonomie ernähren kann.« (Cohen 1977)

Als ein archäologisches Beispiel, das ganze Seiten theoretischer Erörterungen ersetzt, seien dem Übervölkerungsmodell die ältesten bis heute entdeckten Hinweise auf Pflanzenanbau gegenübergestellt. Vor 18000 Jahren – das sind 6 Jahrtausende früher, als Cohen die Erde bis zur Tragfähigkeitsgrenze mit Jägern und Sammlern angefüllt wissen will – vermehrten Jäger und Sammler schon Getreide. Ort dieses ältesten Nahrungsanbaus ist das Wadi Kubbaniya, ein nördlich von Assuan in den Nil mündendes Wüstental. In einer Region, in der in den letzten 18000 Jahren kaum Regen gefallen sein dürfte, fanden die Archäologen Wendorf und Schild neben einer großen Zahl von Mahlsteinen auch einzelne versteinerte Gerste- und Weizenkörner. Da extreme Trockenheit ausschließt, daß Getreide dort wild gewachsen ist, folgerten die Ausgräber, es müsse von Menschen angebaut worden sein.

Nichts zu dieser Zeit weist auf Übervölkerung oder Not hin. Der damals höhere Wasserspiegel des Nils schuf während einiger Monate im Jahr Nahrungsüberfluß. Die jährliche Nilflut schwemmte im Sommer große Mengen von Fischen in das Wadi, die, nach dem Rückgang des Wassers zwischen Dünen eingeschlossen, in den langsam austrocknenden Tümpeln zu einer leichten Beute wurden. Diese Tümpel und im Nilschlamm wachsende Pflanzen lockten im Herbst und Winter auch durchziehende Gänse und Enten an, dazu kamen Wildrinder, Hartebeests und Gazellen. Im Gefolge der Tiere zogen dann Menschen im Frühherbst zu den Dünen. Sie lebten dort während einiger Wochen hauptsächlich vom Fischfang und von der Jagd. Bevor sie die austrocknende Dünenregion verließen, säten sie Samen von Einkorn und Gerste in den fruchtbaren, noch feuchten Nilschlamm. Sie kehrten dann, vermutlich im Spätwinter oder Frühjahr, zu den Dünen zurück, um das reife Getreide zu ernten.

Ob dieses älteste angebaute Getreide Domestikationsmerkmale trug oder nicht, konnten die Ausgräber an den wenigen gefundenen Körnern nicht feststellen. Doch solche Merkmale sind ohnehin ein eher zufälliges Ergebnis des Anbaus. Die große Zahl von Mahlsteinen zeigt, daß dieses Getreide einige Bedeutung für die Ernährung gehabt haben muß. (Wendorf, Schild 1981)

Alles spricht dafür, daß die spärliche Bevölkerung Oberägyptens vor 18000 Jahren auch ohne Getreide satt geworden wäre. Über die Bewohner der benachbarten Kom Ombo-Ebene, die nur wenig später in einer vergleichbaren Umwelt lebten, bemerkt der Prähistoriker Philip Smith: Sie »müssen zu den am besten ernährten Menschen der spätsteinzeitlichen Welt gehört haben«. Bevölkerungsvermehrung und Nahrungsmangel waren gewiß nicht der Grund, im Wadi Kubbaniya Getreide anzubauen, ja sie waren noch einmal die Folge.

»Mindestens 5000 Jahre lang«, stellten Wendorf und Schild anhand weiterer Ausgrabungen in Oberägypten fest, »hatte die Technik der beginnenden Nahrungserzeugung keinen sichtbaren Einfluß sowohl auf die Bevölkerungsdichte als auch auf die Größe menschlicher Gruppen.« Was immer die Besucher des Wadi Kubbaniya veranlaßt hat, Getreide anzubauen, läßt sich nicht feststellen. Eines jedoch ist sicher: Bevölkerungsdruck war es nicht.

Auch die Bewußtheit, mit der Cohen seine »Ernährungskrise in der Vorgeschichte« überwunden wissen will, ist eine gravierende Schwäche des Übervölkerungsmodells. Das Modell unterscheidet zwischen zwei scheinbar deutlich getrennten menschlichen Wirtschaftsformen – dem paradiesischen Leben aus der unberührten Natur und der beschwerlichen Nahrungserzeugung. Nachdem die Bevölkerungsdichte die kritische Grenze einer Jäger- und Sammlerökonomie überschritten habe, so meint Cohen, hätten sich Jäger und Sammler entschieden, die fehlende Nahrung nun künstlich zu erzeugen.

Die vermeintliche Schwelle zwischen den scheinbar gegensätzlichen Wirtschaftsformen des Lebens aus der unberührten Natur und der Nahrungserzeugung hat es in Wirklichkeit nicht gegeben. Sie erscheint nur in den Vorstellungen von Menschen, die aus der zeitlichen Distanz einiger Jahrtausende einen Bruch feststellen, wo sich in Wirklichkeit ein allmählicher Übergang vollzog. Landwirtschaft hatte sich nahtlos aus menschlichen Eingriffen in den Lebensraum von Pflanzen und Tieren entwickelt, die weit in die Zeit zurückreichen, die wir als Zeit der Jäger und Sammler ansehen.

Dieses Kapitel ergänzt somit das vorhergehende. Dessen Thema war die *genetische* Anpassung von Tier- und Pflanzenpopulationen an menschliche Eingriffe in den Lebensraum. In diesem werde ich die *kulturelle* Anpassung menschlicher Gemeinschaften unter dem Einfluß der sich domestizierenden Tiere und Pflanzen untersuchen. Beides zusammen ergab Landwirtschaft.

Anstatt einen eher oberflächlichen Überblick über die Anfänge der Landwirtschaft in den vier großen Kontinenten zu geben, werde ich die Entwicklung detaillierter an zwei sich ergänzenden Beispielen verfolgen: 1. im Hochland von Zentralmexico, wo eine dörfliche Lebensweise erst auf der Grundlage einer entwickelten Landwirtschaft entstehen konnte; 2. im östlichen Mittelmeerraum, wo Dörfer seßhafter »Wildbeuter« lange vor den ersten domestizierten Pflanzen und Tieren erschienen. Diese Beispiele, die sich durch andere ergänzen ließen, etwa die Wüstentäler an der Pazifikküste Perus und das angrenzende Hochland oder die Zagrosregion zwischen Iran und Irak, zeigen, daß Landwirtschaft aus den unterschiedlichsten Ausgangskonstellationen entstanden ist. Von Menschen unbeabsichtigt, führten verschiedene Entwicklungswege zum gleichen Ziel.

2. Ein Hochtal in Mexico

In Mesoamerika – dem Gebiet zwischen dem zentralen Hochland von Mexico und Guatemala – gehen die Anfänge der Nahrungserzeugung bis ins 5. Jahrtausend vor unserer Zeitrechnung zurück. Die ältesten Funde von Pflanzen mit Domestikationsmerkmalen stammen aus mehreren wüstenartigen Hochtälern im Landesinnern von Zentralmexico, wo Trockenheit den Zerfall pflanzlicher und tierischer Materie verhinderte.

Wenn vergleichbare Funde in den tiefliegenden Küstengebieten fehlen, bedeutet das nicht, daß vergleichbare Entwicklungen dort nicht stattfanden. Man sollte in den Hochtälern nicht die einzigen Zentren dieser Entwicklung sehen. Klima und Bodenbeschaffenheit haben jedoch in anderen Regionen die Konservierung von Tier- und Pflanzenresten verhindert.

Unter mehreren Hochtälern, in denen sich Spuren des frühen Nahrungsanbaus erhalten haben, ist das von Tehuacán, 250 Kilometer südlich von Mexico-City, am besten erforscht. Mehrere von vorgeschichtlichen Menschen bewohnte Höhlen enthielten große Mengen von Pflanzen- und Tierresten. Weil sie es erlaubten, die Veränderung der Wirtschaft und Lebensweise der Talbewohner über die Jahrtausende der Entstehungsgeschichte der Landwirtschaft hinweg zu verfolgen, entschied sich der bedeutende amerikanische Archäologe Richard MacNeish für dieses Tal. In den sechziger Jahren führte er dort mit einem großen interdisziplinären Team großangelegte Ausgrabungsunternehmen durch. (MacNeish 1964, 1967, 1971, 1972, 1973)

In der Anfangsphase der Besiedlung, etwa zwischen 10000 und 7000 v. Chr., hatten winzige Gruppen, vermutlich Familienverbände von drei bis acht Mitgliedern, auf Nahrungssuche das riesige Tal von Teohuacán durchstreift. Wirtschaftlich spielte die Großwildjagd, die der Epoche den Namen gab, eine weitaus geringere Rolle als angenommen. Um so wichtiger dürfte sie für die abendliche Runde am Lagerfeuer gewesen sein. Diese »Großwildjäger« werden froh gewesen sein, ab und zu Tiere von der Größe eines Pferdes oder einer größeren Antilope erbeutet zu haben. Wenn sie einmal im Leben auf ein Mammut stießen, so hat ein Kollege MacNeishs gespottet, dann hatten sie Gesprächsstoff für den Rest ihres Daseins. Wie ihre Nachfahren bestritten auch diese »Großwildjäger« den Löwenanteil ihres Fleischbedarfs mit Kleintieren wie Kaninchen, Ratten, Vögeln und Schildkröten.

Mit der Erwärmung am Ende der Eiszeit verschwanden auch diese wenigen Großtiere vor etwa 9000 Jahren, und die Abhängigkeit von Pflanzen und Kleintieren verstärkte sich weiter. Um 7000 v. Chr. nutzten die Bewohner des Tals von Tehuacán ein großes Spektrum von Wildpflanzen und Tieren. Sie scheuten weder die Mühe, kleinsamige Wildgräser zu ernten, noch ekelte es sie vor Eidechsen, Stinktieren und Mäusen.

Man könnte die Tatsache, daß Menschen überhaupt eine solche Region besiedelten, zur Rettung der Übervölkerungstheorie bemühen. Überzeugend ist auch dieser Versuch nicht, den Übergang zum Nahrungsausbau im Tal von Tehuacán auf Bevölkerungsdruck in anderen Jäger- und Sammlerrevieren zurückzuführen. Vor 12 000 Jahren, als im Tal von Tehuacán die ersten Menschen erschienen, war ganz Mesoamerika noch extrem dünn besiedelt. Nirgendwo gibt es Anzeichen von Übervölkerung.

Vom Fehlen archäologischer Beweise abgesehen, auch aus ökonomischen Gründen ist der Einwand nicht überzeugend. Wie die Tehuacáneros von einem möglichst großen Spektrum an Nahrungsquellen zu zehren, ist für Jäger und Sammler stets eine erfolgreiche Strategie gewesen.

Kann man sich einen größeren Gegensatz vorstellen als den zwischen den glorreichen Büffel jagenden Indianern der nordamerikanischen Prärien und ihren scheinbar armen »Verwandten« in den Wüsten des Great Basin im Westen im 19. Jahrhundert? Während die einen riesigen Büffelherden nachstellten, lebten die anderen wie die Tehuacáneros vor 9 Jahrtausenden von einem breiten Nahrungsspektrum aus Nüssen, Mesquiteschoten, Kaninchen, Heuschrecken, Eidechsen, Wildgräsern und weiteren Arten, die auf Verarmung schließen lassen.

Daß der Schein trügt, hat der Ethnologe C. D. Forde gezeigt: Diese Wüstenindianer »kannten den Hunger weniger als die wohlhabenden, spezialisierten Jäger der großen Ebenen, deren Wirtschaft in so hohem Maß vom Überfluß an einer einzigen Tierart abhing und für die folglich eine unerwartete Veränderung in den Wanderzügen der Herden Hungersnot bedeutete«. (1934)

Auch wenn die Talbewohner nie im Schlaraffenland gelebt haben, Übervölkerung und Nahrungsmangel waren dort gewiß kein Grund, um Pflanzen künstlich zu vermehren. In der archäologischen Phase zwischen 7200 und 5200 v. Chr., in der MacNeish die ersten Anzeichen von Nahrungserzeugung sieht, verloren sich drei oder vier Kleingruppen von vier bis acht Mitgliedern im gesamten Tal. Das sind nicht mehr als fünfzig Personen in einem Gebiet von 100 Kilometer Länge und 30 Kilometer Breite.

Umgerechnet standen einem Menschen 60 Quadratkilometer Land zur Verfügung. 6000 Jahre später, um 1000 v. Chr., lebten etwa 1000 Menschen im Tal, doch noch immer steuerten Wildpflanzen und -tiere mehr als die Hälfte aller Nahrung bei. Nur von der ökologischen Tragfähigkeit her gesehen, hätte das Tal wahrscheinlich für einige hundert Wildbeuter ausgereicht; die fünfzig um 7000 v. Chr. dürften gewiß genügend Nahrung gefunden haben. Etwas anderes als Übervölkerung und Nahrungsmangel muß sie veranlaßt haben, Pflanzen anzubauen.

Der Winter, die Zeit der größten Trockenheit, war im Tal von Tehuacán vor 9000 Jahren die Zeit des Mangels. Mit Ausnahme zweier Kakteenarten war im gesamten Tal keine pflanzliche Nahrung zu finden. Das Wild zog zu den Ufern der beiden ganzjährig wasserführenden Flüsse und zu einer Oase, wo es Äsung und Wasser fand. Mit dem Wild zogen auch die Menschen in Familiengruppen von höchstens 8 Mitgliedern zu den Flüssen und zur Oase. In dieser Jahreszeit trug die Jagd etwa Dreiviertel zur Ernährung bei; den Rest bestritt das Sammeln zweier Kakteengewächse, von Opuntien und Agaven, deren fleischige Blätter geröstet verzehrt wurden.

Im Frühjahr verbesserten sich die Lebensbedingungen allmählich. Das Wild verteilte sich wieder über das Tal. In den Flußebenen reiften zwischen März und Juni die Schoten wilder Mesquitebüsche und Akazien; und in den höhergelegenen *barrancas** konnte man auch die

---

* Barrancas sind tiefeingeschnittene Täler der Nebenflüsse, die nur während der Regenfälle im Sommer Wasser führen, aber auch in der Trockenzeit genügend Feuchtigkeit für Pflanzenwachstum speichern.

getreideähnlichen Samen von Amaranthen und Wildgräsern wie Borstenhirse ernten. Da Nahrung nun in allen Teilen des Tals zu finden war, verteilten sich die Menschen über sämtliche Lebenszonen von der Flußebene bis in höhergelegene Bergregionen.

Samen von Wildgräsern, vorwiegend von Amaranthen und Borstenhirse, die in Mörsern zerstoßen und mit Wasser gekocht als Grütze verzehrt wurden, lieferten in dieser Jahreszeit etwa die Hälfte aller Nahrung, ein Viertel steuerte die Jagd auf Rehe und Nabelschweine bei; Schoten von Mesquite und Akazien lieferten weitere 15 Prozent, und der Rest bestand aus Blättern, Wurzeln und kleinerem Getier, Kaninchen, Ratten, Schildkröten und Vögeln, Eidechsen und Stinktieren.

Die Regenfälle im Sommer brachten zwischen Mitte Juni und September die Jahreszeit des Überflusses. Üppiges Pflanzenwachstum erlaubte es dann, daß sich für einige Zeit größere Menschenansammlungen bildeten. In der Phase zwischen 7200 und 5200 v. Chr. haben MacNeish und sein Team erstmals Hinweise auf Zusammenschlüsse mehrerer Kleingruppen gefunden. 2 bis 3 Familienverbände vereinigten sich für einige Wochen an Orten, wo die Natur ausreichende Nahrungsmengen bereithielt. Mit Ausnahme der Schoten, deren Saison vorüber war, lebte man von den gleichen Arten wie im Frühjahr.

In dieses Wildbeuterdasein fügte sich zwischen 7200 und 5200 v. Chr. der Anbau von Pflanzen als eine unbedeutende Ergänzung ein. Aufgrund einiger Funde vergrößerter bzw. andersfarbiger Samen vermutet MacNeish, daß die Talbewohner mit dem Anbau von Pflanzen experimentierten.

Der Begriff »Anbau« suggeriert freilich einen Unterschied zum Sammeln, der in Wirklichkeit nicht existierte. »Sammeln« und »Anbau« dürften sich nicht grundsätzlich unterschieden haben. Durch das Anlegen von Lagern, die dadurch bedingten Störungen der natürlichen Vegetation und durch die Zubereitung von Nahrung siedelten sich kolonisierende Arten von selbst an. Vielleicht haben die Menschen zuweilen auch gesät und gepflanzt. Die entscheidenden Eingriffe in die Wildnis werden zunächst jedoch wohl nur die Unterstützung des Wachstums erwünschter Wildpflanzen gewesen sein: Steppengras und Buschwerk abbrennen, roden, Erde lockern, nach Regenfällen Wasser stauen, Unkraut jäten und die wachsenden Nahrungspflanzen vor Tieren schützen.

Auf diese Weise »vermehrten« die Talbewohner in der Anfangsphase die im Tal heimischen Amaranthen und Kürbisse in ihren Sommerlagern bei den *barrancas*. Von den Bewohnern einer regenreicheren Region hatten sie Avocados und Chilipfeffer erhalten, die sie wegen des größeren Feuchtigkeitsbedarfs vermutlich im Grundwasserbereich der Quellen und an den Ufern der ganzjährig wasserführenden Flüsse pflanzten. Dort wuchsen auch mehrere Arten einheimischer Obstbäume.

Die Anreicherung von Nahrungspflanzen im Bereich menschlicher Lager dürfte zu größerer Seßhaftigkeit beigetragen haben. Da an solchen Orten mehr Nahrung zu finden war als anderswo, kehrte man auch in den folgenden Jahren dorthin zurück. Auch trugen die im Bereich der Lagerplätze angereicherten Nahrungspflanzen dazu bei, die Dauer der Aufenthalte mehrerer Gruppen in den Sommerlagern zu verlängern.

Ohne gezieltere Eingriffe in die Natur als die Unterstützung des Wachstums von Wildpflanzen war ein folgenreicher Prozeß eingeleitet worden. Jahrtausende später sollte er zur Entstehung von Dörfern seßhafter Bauern führen. Doch von Seßhaftigkeit konnte um 5200 v. Chr. nicht die Rede sein. Lebensgrundlage der Bewohner des Tals von Tehuacán war nach MacNeishs Schätzung mit 94 Prozent aller Nahrung weiter die Wildnis. (54 Prozent stammten von Tieren, 40 von Pflanzen.) Nahrungsanbau trug lediglich dazu bei, die Dauer der Aufenthalte in den Sommerlagern zu verlängern.

Mit Beginn der Trockenheit im Herbst verschlechterten sich die Lebensbedingungen. Die größeren Sommerlager lösten sich auf, und die Familiengruppen verteilten sich wieder über das Tal. Im Frühherbst reiften Früchte einheimischer Baumarten sowie der eingeführten Avocados, von denen man eine Weile zehren konnte. Mit fortschreitender Jahreszeit jedoch wurden Opuntien- und Agavenblätter wieder zur einzigen pflanzlichen Nahrung. Das Wild zog zu den Flußufern und zur Oase, und die Menschen folgten, um sich wie zu Jahresbeginn in kleinen Familienverbänden durch den Herbst und Winter zu schlagen.

Diese Lebensweise änderte sich auch in den folgenden zwei Jahrtausenden nur unwesentlich. Zu den schon angebauten Arten kamen weitere dazu: eine weitere Kürbisart, eine Bohnenart und mehrere Sorten beerentragender Sapotebäume. Da Sapote in regenreicheren Gebieten heimisch ist, wurde er wie zuvor schon die Avocado in der Nähe der Quellen und an Flußufern gepflanzt. Bohnen und Kürbisse dagegen gediehen vermutlich in den *barrancas*.

Als langfristig folgenreichste Ergänzung sollte sich eine schon domestizierte Art von Primitivmais* mit korkengroßen Ähren erweisen. Die Erträge dieses ältesten Mais lohnten mit 80 Kilogramm pro Hektar noch nicht einmal das Roden der doppelt so ertragreichen Mesquitebüsche, die wild entlang der Flußufer wuchsen. Kent Flannery, ein Mitglied von MacNeishs Team, vermutet daher, daß dieser Mais zusammen mit Borstenhirse in den *barrancas* gepflanzt wurde. (Flannery 1973)

Um 3400 v. Chr., am Ende der dritten archäologischen Phase, hatten die Tehuacáneros also zwei verschiedene Anbausysteme entwickelt. Im Bereich der *barrancas* vermehrten sie Getreide, vorwiegend domestizierte Amaranthen und Mais, wahrscheinlich auch Borstenhirse und Bohnen; im Bereich der Flußufer und in der Nähe von Quellen gediehen Obstgärten mit Sapotebäumen, Avocados und einheimischen Obst- und Beerenarten. Die angebauten Pflanzen trugen gerade 14 Prozent zur Ernährung der auf 300 Menschen angewachsenen Bevölkerung bei. Noch immer lieferte die Wildnis 86 Prozent aller Nahrung. (52 Prozent stammten von Pflanzen, 34 von Tieren.)

Vier Jahrtausende nach den Anfängen ist das wenig genug, um von einem durchschlagenden Erfolg der Nahrungserzeugung zu reden. Zwar war die Bevölkerung auf das Sechsfache angewachsen, doch in einer Zeitspanne, so groß wie die zwischen dem Bau der Pyramiden und der mittelalterlichen Kathedralen, läßt sich kein Bruch mit traditionellen Lebensformen feststellen. Im Wechsel zwischen kleinen Familienverbänden und größeren Sommerlagern zogen die Tehuacáneros in diesen vier Jahrtausenden durch die verschiedenen ökologischen Zonen ihres Tals.

Unter dem Einfluß der angebauten Pflanzen verschoben sich jedoch unmerklich die Gewichte zwischen verschiedenen menschlichen Tätigkeiten. Anfangs waren die Talbewohner im Sommer zu den *barrancas* gezogen, um die Samen wild wachsender Grasarten zu ernten, zu jagen und gemeinsam mit anderen Gruppen für einige Wochen zu feiern. Später gingen sie dazu über, die Zeit des natürlichen Überflusses

---

* MacNeish und andere Autoren schreiben in früheren Veröffentlichungen zwar, der älteste in Tehuacán gefundene Mais sei Wildmais und folglich sei Mais dort domestiziert worden. Diese Theorie ist inzwischen überholt. Tehuacán liegt heute außerhalb des natürlichen Verbreitungsgebiets von Teosinte, das wahrscheinlich der nächste moderne Verwandte der Wildpflanze ist. Obwohl das Klima damals feuchter war, ist in diesem Tal bis heute kein Teosinte aus der Zeit des beginnenden Nahrungsanbaus gefunden worden. Folglich muß Teosinte mit einiger Wahrscheinlichkeit in einer anderen, bis heute nicht lokalisierten regenreicheren Region domestiziert und in das Tal von Tehuacán eingeführt worden sein. (Beadle 1977, Pickersgill, Heiser 1977)

produktiv zu nutzen. Sie investierten in landwirtschaftliche Tätigkeiten, die dann Erträge brachten, wenn in der Wildnis wieder Mangel begann. Während die Menschen von Wildpflanzen und -tieren lebten, bereiteten sie ihre Felder und Gärten in den *barrancas* vor. Wenn die Sommerregen einsetzten, begannen die künstlich vermehrten Pflanzen zu wachsen. Sie reiften im Herbst, wenn in der Wildnis die Nahrung wieder knapp wurde. Auf diese Weise dehnten die Menschen die Zeit des Überflusses allmählich aus. Dank Nahrungserzeugung konnten die größeren Lager nun bis weit in den Herbst hinein aufrechterhalten werden.

Einmal eingeleitet, verstärkte sich diese Entwicklung wachsender Seßhaftigkeit. In der folgenden archäologischen Phase zwischen 3400 und 2300 v. Chr. erschienen neben den bekannten kleinen und großen Lagern auch die ersten kleinen Weiler aus einfachen, in den Boden gegrabenen Erdhäusern. Vermutlich waren diese Weiler, die an den Ufern der ganzjährig wasserführenden Flüsse lagen, die Heimatbasen größerer Bevölkerungsgruppen. Von dort aus zogen anscheinend größere Gruppen in höhergelegene Teile des Tals, um wie schon zuvor in den *barrancas* Pflanzen anzubauen, zu sammeln und zu jagen.

Am Ende dieser archäologischen Phase gewannen die Tehuacáneros etwa ein Drittel ihrer Nahrung durch Anbau; Wildpflanzen und -tiere bestritten noch immer drei Viertel der Ernährung. Noch immer dürfte die angebaute Nahrung nicht ausgereicht haben, um ganzjährig an einem Ort zu leben. Im Winter verließen die Talbewohner ihre Siedlungen und schlugen sich, wie schon Jahrtausende zuvor, in Kleingruppen als Jäger und Sammler durch den Winter.

Die ersten dauerhaft bewohnten Siedlungen könnten zwischen 2300 und 1500 v. Chr. entstanden sein, doch ausgerechnet diese entscheidende Zeitspanne ist archäologisch nur lückenhaft erforscht. Um 850 v. Chr., am Ende der besser erforschten nächsten Phase, hatte das Tal etwa 1 000 Bewohner. Der größte Teil der Bevölkerung lebte nun in dauerhaften Häusern aus Flechtwerk und Lehm. Ganzjährig bewohnte Dörfer von 100 bis 300 Einwohnern breiteten sich entlang der Flußufer aus.

Sechs Jahrtausende nach den Anfängen trug Nahrungsanbau nun mit 40 Prozent zur Ernährung der 1 000 Talbewohner bei. Im Bereich der Flußufer pflanzten die Tehuacáneros Mais, verschiedene Kürbis- und Bohnenarten, Amaranthen, Chili und Baumwolle. In Flußnähe lagen auch die Obstgärten, in denen sie im Herbst Früchte und Beeren ernteten. Auch die Anbauflächen in den *barrancas* wurden weiter intensiv genutzt, vermutlich von Dorfbewohnern, die für einige Zeit im Jahr in diese Gebiete zogen. Von den Dörfern aus sammelte und jagte man weiter in der Wildnis. Die Jagd war um so wichtiger, als Hunde zu dieser Zeit noch die einzigen domestizierten Fleischlieferanten waren. Der in Nordmexico oder im südlichen Nordamerika domestizierte Truthahn sollte das Tal erst um die Zeitenwende erreichen.

Obwohl noch immer der größere Teil aller Nahrung aus der Wildnis stammte, hatte Landwirtschaft die dörfliche Lebensweise erst möglich gemacht. Voraussetzung war die Ausweitung der Anbaufläche, die Verbesserung der Anbaumethoden, sowie verbesserte Nutzpflanzen. Doch nicht alle Pflanzen waren gleichmäßig an dieser Entwicklung beteiligt. Berge von Maiskolben aus der Entstehungszeit der ersten Dörfer sowie eine große Zahl von Metaten und Manos, flache Mahlsteine und die dazugehörenden Handsteine zur Herstellung von Mehl, sind deutliche Hinweise dafür, daß Mais zum Grundnahrungsmittel geworden war.

Voraussetzung war eine Steigerung der Ertragskraft gewesen. Erstmals überschritt Mais zwischen 2000 und 1500 v. Chr. die kritische Schwelle von 200 Kilogramm pro Hektar. (Flannery 1973) Dreieinhalb Jahrtausende nach den Anfängen des Maisanbaus in den *barrancas* lohnte es sich nun, den dichten Mesquite-Busch entlang der Flußufer zu roden, um Maisfelder anzulegen. Außerdem war Mais unbegrenzt lagerfähig. Damit verfügten die Talbewohner erstmals über eine Pflanze, mit der sie in der Wachstumsperiode Nahrungsvorräte für das ganze Jahr erzeugen konnten. In geringerem Ausmaß dürften auch Amaranthen und Bohnen zu dieser Entwicklung beigetragen haben.

Eine regelrechte Bevölkerungsexplosion war die Folge. Sechs Jahrtausende hatte es gedauert, um aus 50 Talbewohnern 1000 werden zu lassen. Die folgende Verzwanzigfachung benötigte nur ein Jahrtausend: Zwischen 850 v. Chr. und 200 n. Chr. wuchs die Menschenzahl auf 20000 an. Wirtschaftliche Grundlage war eine intensive Landwirtschaft. Durch künstliche Kanäle und Gräben wurde nun Flußwasser in die Steppe geleitet. Dort standen ausreichende Anbauflächen zur Verfügung, die nur bewässert werden mußten, um mehrere Ernten im Jahr zu tragen.

Größere Menschenzahlen und die Intensivierung der Nahrungserzeugung aber verlangten neue Formen sozialer Organisation. Kurz nach 850 v. Chr. erschienen größere Dörfer inmitten von Gruppen kleiner Weiler. Zentrale Plätze und Plattformen auf Erdhügeln in solchen Dörfern sind Anzeichen der Entstehung von Machtzentren. Sie bildeten die zeremoniellen und administrativen Mittelpunkte der auf mehrere Weiler und Dörfer verteilten Bevölkerung größerer Gebiete. Erstmals weisen einzelne Gräber, in denen Tote mit besonders reichhaltigen Grabbeigaben bestattet worden sind, auf die Entstehung sozialer Unterschiede hin, die Ausdruck der Macht einer Elite über die Masse sind. Diese Entwicklungen seien im 6. Kapitel ausführlich diskutiert.

3. Nahrungserzeugung, Seßhaftigkeit, Bevölkerungswachstum

Das von MacNeish rekonstruierte Bild der landwirtschaftlichen Anfänge im Tal von Tehuacán ist komplex. Nichts weist auf Bevölkerungsdruck als unabhängig treibende Kraft beim Übergang zur Nahrungserzeugung hin. Am Anfang könnte der Versuch von Jägern und Sammlern gestanden haben, durch intelligente Nutzung der Wildnis die Lebensbedingungen im Rahmen der bestehenden Ökonomie zu verbessern. Die Vermehrung von Pflanzen trug anfangs dazu bei, die krassen Unterschiede im Nahrungsangebot zwischen Regen- und Trockenperiode zu überbrücken und die Dauer des Beisammenseins größerer Gruppen in den Sommerlagern zu verlängern.

Jahrtausendelang standen Bevölkerungswachstum und Nahrungserzeugung in einem dynamischen Gleichgewicht. Bessere Versorgung durch Ausgleich der jahreszeitlichen Schwankungen im Nahrungsangebot der Wildnis und zunehmende Seßhaftigkeit führten zu Bevölkerungswachstum. Dieses wiederum verlangte eine Intensivierung der Nahrungserzeugung. Obwohl die Lebensweise der Menschen am Ende der 6000 Jahre währenden Entstehungsphase der Landwirtschaft sich deutlich von den Anfängen unterscheidet, erfolgte nirgendwo ein radikaler Bruch. Bevölkerungswachstum, die Entwicklung neuer Formen des Zusammenlebens und der sozialen Organisation, intensivere Nutzung der Natur, neue Techniken und die genetische Anpassung der Pflanzen an menschliche Eingriffe in die Wildnis standen in wechselseitiger Beziehung. Keine dieser Veränderungen kann als Ursache aller anderen erklärt werden. Sie bedingten sich gegenseitig.

Die Frage, warum die Talbewohner das Bevölkerungswachstum nicht kontrolliert hätten, um Jäger und Sammler zu bleiben, dürfte sich den Tehuacáneros nicht gestellt haben. Untersucht man die Gründe für Kontrolle des Bevölkerungswachstums bei ethnologisch erforschten Jägern und Sammlern, dann zeigt sich, daß keiner auf die Talbewohner anwendbar ist. Wenn Geburten in Abständen von weniger als vier Jahren für Wildbeuter unerwünscht waren, dann nicht primär aus ökologischer Umsicht. Rascherer Geburtenfolge standen vielmehr die nomadisierende Lebensweise und der wirtschaftliche Beitrag der Frau im Wege. Einen Säugling neben einem noch zu stillenden Zweijährigen großzuziehen, verringerte beider Lebenschancen. Und die Mittel zur Geburtenkontrolle waren einfach genug. Da stillende Frauen mit wenig Fettgewebe eine deutlich verringerte Fruchtbarkeit haben, waren Stillzeiten von vier Jahren ein wichtiges natürliches Regulativ. Dennoch gezeugte und geborene »überzählige« Kinder wurden häufig von der Mutter unmittelbar nach der Geburt getötet.

Mit der allmählichen Veränderung der Lebensweise entfielen in Tehuacán die Gründe für lange Geburtenabstände. Zunehmende Seßhaftigkeit und bessere Versorgung setzten beide Regulative außer Kraft, die Wildbeuterpopulationen kontrolliert hatten. Sicherere Ernährung und verringerte Mobilität verringerten die biologisch bedingten langen Geburtenabstände. Angesichts der veränderten wirtschaftlichen Lage gab es auch keinen kulturellen Grund, Kinder zu töten, die in kürzeren Abständen als vier Jahre geboren worden waren.

Im Tal von Tehuacán war nicht die Gesamtmenge an Nahrung das Problem gewesen, sondern der Ausgleich jahreszeitlicher Schwankungen im Nahrungsangebot der Wildnis. Nachdem die Vermehrung von Pflanzen dieses Problem zunächst ohne dramatischen Wandel gelöst hatte, konnte die Bevölkerung wachsen, ohne daß ökologisch-ökonomische Probleme aufgetreten wären, die eine Kontrolle verlangt hätten. Daß die angestammte Lebensweise auf diese Weise langsam, aber unwiderruflich verändert werden würde, war weder am Anfang noch irgendwann im Verlauf eines Jahrtausende währenden Wandels zu erkennen. Einmal eingeleitet, war ein nicht rückgängig zu machender Prozeß in Gang gesetzt worden, der sich unabhängig von menschlichem Wollen vollzog.

4. Die Folgen einer Wildgetreideernte in der Türkei

Wie im Hochland Mesoamerikas hat die Nahrungserzeugung auch in Vorderasien zunächst nur als Ergänzung begonnen. Noch Jahrtausende nach den Anfängen bestritten die Jagd und das Sammeln einen wichtigen Anteil an der Ernährung. Was beide Regionen unterschied, war die Bevölkerungsdichte. Um 9000 v. Chr., ein Jahrtausend vor dem Erscheinen der ersten Pflanzen mit Domestikationsmerkmalen, lebten in Palästina auf 27 000 Quadratkilometern etwa 10 000 Menschen. (Reed 1977) Damit war die Bevölkerungsdichte etwa zwanzigmal größer als im Tal von Tehuacàn in der vergleichbaren Phase um 7000 v. Chr.

Ebenso unterschied sich die Lebensweise. Obwohl sie Pflanzen anbauten, hatten die Bewohner des Tals von Tehuacán dreieinhalb Jahrtausende lang die nomadisierende Lebensweise von Jägern und Sammlern beibehalten, bevor um 1500 v. Chr. Dörfer entstanden. In Palästina dagegen gab es Dörfer schon zwei Jahrtausende vor den ersten domestizierten Pflanzen. Im größten dieser sogenannten Jäger- und Sammlerdörfer, Ain Mallaha im oberen Jordantal, lebten vor zwölf Jahrtausenden 200 Menschen. (Perrot 1977) Das sind etwa zehnmal mehr als um 7000 v. Chr. in den Sommerlagern im Tal von Tehuacán.

Wildgetreide war die wirtschaftliche Grundlage dieser Siedlungen. Wie gut es sich am Ende der Eiszeit davon leben ließ, demonstrierte in den sechziger Jahren der amerikanische Botaniker Jack Harlan. Mit einer Steinzeitsichel, einem Holzschaft mit eingefügten Flintstücken als Schneide ausgerüstet, zog er ins Hügelland der südöstlichen Türkei, wo noch im 20. Jahrhundert dichte Felder von wildem Einkorn wuchsen.

In einer Stunde erntete Harlan zweieinhalb Kilogramm dieser Wildweizenart. Ohne besondere Mühe, so folgerte er, hätte eine Familie geübter Steinzeitsammler in drei Wochen den Bedarf eines Jahres ernten können. Sie hätte nur, die unterschiedlichen Reifezeiten verschiedener Höhenlagen nutzend, ihre Ernte im Tal beginnen und sich allmählich bergauf arbeiten müssen. (Harlan 1967)

»Warum sollte jemand Getreide dort anbauen, wo die natürlichen Vorkommen so dicht sind wie auf einem angebauten Feld? Warum sollte ein Mensch mühsam den Boden bestellen und bepflanzen, wenn er unbegrenzte Mengen von Wildgetreide ernten kann?«, hatten Harlan und sein Kollege Zohary rhetorisch gefragt. Ausgehend von der heutigen Verteilung der verschiedenen Wildgetreidearten, hatten die beiden auf die natürlichen Vorkommen nach dem Ende der Eiszeit geschlossen. In den besten Gebieten, so folgerten sie, mußten einst auf Dutzenden von Quadratkilometern dichte Felder der Wildformen von Einkorn, Emmer und Gerste gewachsen sein. Landwirtschaft in Vorderasien könnte daher nicht innerhalb der Zone größten natürlichen Überflusses begonnen haben. Ihre Anfänge seien außerhalb der optimalen Zone zu suchen, wo wildes Getreide nicht in ausreichenden Mengen gewachsen war. (Harlan, Zohary 1966)

Die Schlußfolgerung, Getreide müsse dort angebaut und domestiziert worden sein, wo es von Natur aus nicht wuchs, schien logisch zu sein. Tatsächlich stammen in Vorderasien einige der ältesten Funde domestizierter Gerste- und Weizenarten aus Siedlungen außerhalb der natürlichen Verbreitungsgebiete der Wildpflanzen. In der Levante (Palästina, Jordanien und Syrien) sind es das in einer Wüstenoase gelegene Jericho, Beidha südlich des Toten Meeres und das nördlich der großen Wildgetreidevorkommen des Jordantals gelegene Ramad, dazu kommt Ali Kosh in den südlichen Ausläufern der Assyrischen Steppe. (Wright 1971)

Dennoch wies die vernünftige Frage auf eine falsche Fährte. Sie suggerierte eine deutliche Trennung zwischen dem Sammeln in einer scheinbar unberührten Natur und dem Anbau auf dem Acker. Man nahm an, es habe bevorzugte Gebiete gegeben, in denen Menschen nur sammeln mußten, was Natur dort wachsen ließ, und marginale Randzonen, in denen Menschen, um zu überleben, Getreide anbauen mußten. Unterscheidungskriterium waren botanische Merkmale von Pflanzen. Getreide mit Domestikationsmerkmalen mußte angebaut worden sein; Getreide, das Merkmale der Wildform trug, mußte wild gewachsen sein und war nur gesammelt worden.

Der Weg in die Sackgasse war vorgezeichnet. Wenn die Bewohner einer Siedlung wie Ain Mallaha nur ernten mußten, was von selbst vor der Haustür wuchs – was anderes als Not konnte Menschen veranlaßt haben, in marginalen Gebieten wie Jericho, Beidha oder Ali Kosh mühsam den Acker zu bestellen? Der Grund, den von der Natur mit Überfluß gesegneten Zonen den Rücken zu kehren, aber konnte nur Bevölkerungswachstum gewesen sein. Anscheinend hatten die Bewohner der besten Zonen sich übermäßig vermehrt. Bevölkerungsdruck hatte die Abwanderung in Randzonen erzwungen, wo Wildgetreide nicht in ausreichenden Mengen wuchs. Dort waren die Vertriebenen aus dem Jäger- und Sammlerparadies gezwungen, sich mit Hilfe von Nahrungsanbau durchzuschlagen. (Flannery 1969)

Wie jede Theorie, die einfache Lösungen für komplizierte Probleme anbietet und halbwegs plausibel erscheint, fand auch diese rasch eine große Zahl wissenschaftlicher Anhänger. Es spricht für Kent Flannery, der 1969 das Übervölkerungsmodell zur Erklärung der Entstehung von Landwirtschaft in Südwestasien vorgeschlagen hatte, dessen Schwächen vier Jahre später als erster erkannt zu haben. Über die unkritische Annahme durch eine Vielzahl seiner Kollegen erschrokken, nannte Flannery seine Theorie »unbewiesen und hochspekulativ«.

Im Widerspruch zu seiner Theorie, so gab er zu bedenken, wuchs die Bevölkerung am schnellsten nicht in den optimalen Zonen wie dem Hügelland des Libanon. Sie vermehrte sich vielmehr am meisten in den sogenannten marginalen Gebieten wie dem Negev. Außerdem laufe ein solches Modell Gefahr, eindimensional Bevölkerungswachstum oder Klimawechsel zur Antriebskraft des kulturellen Wandels zu machen. Es könne sehr wohl sein, deutete er an, daß die Ursachen, die Nahrungsbau in Vorderasien »als gute Idee erscheinen ließen«, weitaus vielschichtiger gewesen seien. (Flannery 1973)

Doch der Fehler des Modells ist grundsätzlicher, als Flannery wahrhaben will. Ebensowenig wie in Mesoamerika stellte Pflanzenanbau in Vorderasien einen Bruch mit Wildbeuterstrategien dar. Flannery aber unterstellt genau das, indem er Nahrungsanbau zur »guten Idee« erklärt. Das Mißverständnis liegt erneut darin, die An- oder Abwesenheit von Domestikationsmerkmalen zum Kriterium für menschliche Tätigkeiten zu machen.

Getreide mit dem Wildpflanzenmerkmal »feste Ähren« kann durchaus von Menschen gepflanzt worden sein. Die Unterschiede zwischen den sogenannten *Bauern*dörfern und den sogenannten *Jäger- und Sammler*dörfern waren in Wirklichkeit weitaus geringer als die zwischen Pflanzen mit und ohne Domestikationsmerkmalen. Die folgenden archäologischen Beispiele werden zu den Ursachen des Mißverständnisses führen. Menschen, die von den Archäologen als Wildbeuter eingestuft worden sind, bestritten ihren Unterhalt auf ähnliche Weise wie andere, die als Bauern galten. Wo scheinbar eine deutliche Grenze zwei verschiedene Lebens- und Wirtschaftsformen trennte, verliefen die Übergänge in Wirklichkeit fließend.

Wie in Mesoamerika gehen in Vorderasien die Anfänge der Nahrungserzeugung nahtlos aus einer intensivierten Nutzung der Wildnis hervor. Eingesetzt hatte diese Entwicklung schon mehr als 10000 Jahre vor dem Erscheinen der ersten domestizierten Pflanzen und Tiere mit einer Ausweitung der Ernährungsgrundlage. Aus diesem Grund werde ich nicht wie üblich den Übergang von der Jagd und vom Sammeln zur Landwirtschaft in den Vordergrund stellen. Ich werde vielmehr eine weit in die Jäger- und Sammlervergangenheit zurückreichende Ausweitung der Ernährungsgrundlage untersuchen, in deren Verlauf an einzelnen Orten vor 10000 Jahren die ersten domestizierten Tiere und Pflanzen erschienen. Außerdem werde ich die Betrachtung weitgehend auf die Levante (Jordanien, Palästina, Syrien) beschränken, wo die entscheidenden Veränderungen stattgefunden haben.

5. Ein Geschenk der Götter

Kent Flannery, der zusammen mit seinem Kollegen Frank Hole die Spuren dieser Ausweitung der Ernährungsgrundlage in einem Hochtal im Iran genauer erforscht hat, hat den Begriff »broad spectrum revolution« geprägt, etwa »Breitband-Revolution«. (Flannery, Hole 1967, Flannery 1969) Nach dem Erscheinen des modernen Menschen vor etwa 45000 Jahren in Vorderasien hatte zunächst die Jagd auf Huftiere den Löwenanteil an der Ernährung bestritten. 99 Prozent aller Fleischnahrung bestand aus großem und mittelgroßem Wild wie Auerochsen, Wildziegen, Hirschen, Wildeseln und Wildschafen. (Flannery 1969) Hinweise auf Pflanzennahrung fehlen in dieser Phase vollständig, wozu gewiß auch die Vergänglichkeit pflanzlicher Materie beigetragen hat. Bestimmt werden diese »Jäger« Beeren, Nüsse, Früchte und Kräuter verzehrt haben, wo immer sie auf sie stießen. Aber im Vergleich zu später dürfte es nicht viel gewesen sein.

Zur Abhängigkeit von der Jagd trug auch die klimabedingte Verarmung der Pflanzenwelt während der Eiszeit bei. Vor 35000 bis 14000 Jahren vor der Zeitwende lagen die Temperaturen um 5 bis 8 Grad niedriger als heute. Große Teile Südwestasiens waren eine baumlose, von kältefesten Gräsern und Kräutern bewachsene Trockensteppe. Die später so wichtigen Nahrungspflanzen – Eichen, Pistazien, Feigen, Walnuß- und Mandelbäume, Emmer, Einkorn, Gerste, Wicken, Flachs, Linsen und Erbsen – hatten sich in geschützte Refugien zurückgezogen. In geschützten Tälern am Küstenstreifen in Mittelmeernähe überstanden sie die Kältephase. (Van Zeist 1969, Wright 1977, Flannery 1973)

Klima allein erklärt die Einseitigkeit der Ernährung jedoch noch nicht. Die Ausweitung der Ernährungsgrundlage, Flannerys »broad spectrum revolution«, begann vor 20000 Jahren während des Höhepunkts der Eiszeit. Die Ergänzung der »Breitband«-Ökonomie durch Wildgetreide am Ende der Eiszeit setzte später diese Entwicklung nur fort.

Zwar lieferten Huftiere auch nach 20000 v. Chr. noch immer 90 Prozent des Hauptnahrungsmittels Fleisch, aber zusätzlich nutzten die Menschen eine Vielzahl kleinerer Tierarten. Unter den Essensabfällen der Eiszeit»jäger«, fanden die Archäologen nun häufiger Knochen von Rebhühnern, von Wasservögeln, kleineren Säugetieren, Überreste von Fischen, Schildkrötenpanzer sowie Berge von Schneckenhäusern, von Muscheln und Flußkrebsschalen.

Was war die treibende Kraft dieser »Breitband-Revolution«? Flannery und andere haben in ihr eine Reaktion auf Bevölkerungswachstum gesehen. Bevölkerungsdruck zwang, einen immer größeren Teil der Nahrungsquellen des Lebensraumes auszuschöpfen. (Flannery 1969; Cohen 1977) Der britische Prähistoriker James Mellaart, der in der Levante und in der südöstlichen Türkei durch Ausgrabungen selbst maßgeblich zur Aufklärung der Vorgeschichte Vorderasiens beigetragen hat, widerspricht der Übervölkerungstheorie. Auch Mellaart stellt nach 20000 v. Chr. zwar eine deutliche Zunahme der Zahl der Siedlungen fest, »aber sie weisen kaum auf Übervölkerung hin«. (1975) Anstatt Bevölkerungswachstum zum Motor der Breitband-Ökonomie zu erklären, sollte man auch den Beitrag zur Sicherheit der Versorgung in den Vordergrund stellen. Flannery hatte das ursprünglich ebenso gesehen: »Jägern und Sammlern, die wußten, welche Tiere und Pflanzen zu jeder Jahreszeit in den verschiedenen Lebenszonen verfügbar waren, in welcher Mikroumwelt die gewünschten Arten in größeren Mengen gefunden werden konnten und welche Arten sich am besten zur Vorratshaltung eigneten, stand eine unglaublich reichhaltige Kost zur Verfügung.« (1965)

Der Anteil, den das Sammeln von Kleintieren, der Fischfang und die Jagd auf Vögel in Südwestasien nach 20000 v. Chr. zur Ernährung beisteuerte, blieb bescheiden. Er betrug nur ein Zehntel des Beitrags der Jagd auf Huftiere. Kleintiere halfen jedoch, Schwankungen im Erfolg der Jagd auf größeres Wild auszugleichen. Denn kalkulierbar ist das Jagdglück nie gewesen. Das wenig spektakuläre Sammeln von

Kleintieren, das Fallenstellen, die Vogeljagd und der Fischfang dagegen brachten sichere Erträge. Außerdem erlaubte es Frauen mit Kleinkindern, unabhängig einen wirtschaftlichen Beitrag zur Nahrungsversorgung zu leisten. (Herbig 1984)

Der Klimawechsel am Ende der Eiszeit gab dieser »Breitband«-Ökonomie entscheidende neue Impulse. Mit der langsamen Erwärmung und den zunehmenden Niederschlägen nach 12000 v. Chr. verbesserten sich die Wachstumsbedingungen in größeren Teilen des Fruchtbaren Halbmonds. Die bis dahin auf den Küstenstreifen am Mittelmeer beschränkten wilden Vorfahren von Einkorn, Gerste und Emmer, dazu wilde Erbsen, Kichererbsen und Linsen breiteten sich zusammen mit Eichen und Pistazien allmählich über die Levante aus. Ein parkähnlicher Mischwald aus Eichen und Pistazien mit einzelnen Mandel- und Feigenbäumen bedeckte nun das Hügelland Palästinas. In Lichtungen wuchsen auf basalt- und kalkhaltigen Böden Felder der Wildformen von Gerste und Emmer. (Harlan, Zohary 1966; Zohary 1969)

Wie schnell die Menschen auf diese Veränderungen reagierten, läßt sich in Palästina erkennen. In der letzten Phase der Eiszeit, nach 20000 v. Chr., war die Bevölkerung in nomadisierenden Kleingruppen vorwiegend durch den Küstenbereich und in die tiefergelegenen Landesteile gezogen, wo die günstigsten Lebensbedingungen herrschten. Die Küstenbewohner jagten Huftiere, hauptsächlich Gazellen, die in großer Zahl die Küstenebene und die angrenzenden Täler durchstreiften; sie fingen Fische, stellten Vögeln nach und sammelten ein breites Spektrum an Kleintieren und Pflanzen. Zu ihren Nahrungspflanzen gehörten wahrscheinlich schon die später intensiv genutzten Wildformen von Emmer und Gerste. Einzelne Mörser und Stößel aus dieser Zeit könnten zum Zerkleinern von Getreide und Eicheln verwendet worden sein, die in Mittelmeernähe die Eiszeit überdauerten.* (Mellaart 1975; Hassan 1977)

Das Erscheinen neuer Nahrungsquellen muß den Küstenbewohnern wie ein Geschenk der Götter erschienen sein. Teile der Bevölke-

---

* Ob diese Mörser und Stößel tatsächlich zur Zubereitung pflanzlicher Nahrung verwendet wurden, läßt sich anhand der Geräte allein nicht entscheiden. Ursprünglich dienten die vom Neandertaler entwickelten Mörser und Stößel zur Herstellung von Ockerfarbstoff, und zu diesem Zweck blieben sie auch später in Gebrauch. Nachdem pflanzliche Nahrung wichtiger wurde, wurden sie auch zum Entfernen der Samenhüllen und zum Zerstoßen der Körner von Wildgetreide, zum Zerstampfen von Eicheln und ähnlichen Zubereitungsarten gebraucht.

rung zogen ins Hügelland. Der Schwerpunkt der Besiedlung verlagerte sich vor etwa 12 000 Jahren von den tiefer gelegenen Landesteilen ins Hügelland Palästinas. (Mellaart 1975; Hassan 1977)

Auch bei dieser Umorientierung scheint Bevölkerungswachstum zunächst keine Rolle gespielt zu haben. »Die Hypothese, Bevölkerungsdruck habe die Menschen der Natufium-Kultur* nach neuen Nahrungsquellen suchen lassen«, resümiert James Mellaart den Stand der Erkenntnis, »ist durch die wenigen verfügbaren Fakten wissenschaftlich nicht bestätigt worden..., es gibt keinen Beweis, daß sie (die Vertreter der Natufium-Kultur) anfangs zahlreicher gewesen wären als ihre Kebaran-Vorfahren*.« Die Verlagerung des Schwerpunkts der Besiedlung ins Hügelland, so stellt Mellaart fest, »scheinen durch die Erkenntnis ausgelöst worden zu sein, daß dort neue Möglichkeiten der Ausbeutung und Konservierung von Nahrungsquellen entstanden waren, die versuchsweise schon von der Kebaran-Kultur erprobt worden waren«.

Obwohl Getreide eine wichtige Nahrungsquelle gewesen ist, lebten die Bewohner des Hügellandes von der überaus reichhaltigen Kost einer typischen Breit-Ökonomie aus Sammeln, Jagd und Fischfang. Unter archäologisch konservierten tierischen Nahrungsquellen identifizieren Zoologen Gazellen, Auerochsen, Damwild, Wildesel, Wildschweine, Wildkatzen, Vögel, Ziegen, Bären, Marder, Dachse, Wölfe, Hyänen, Füchse, Kaninchen, Leoparden, Hasen, Schildkröten, Muscheln, Schnecken, und weder Ratten noch Schlangen oder Eichhörnchen, Maulwürfe und Igel wurden verschmäht. (Bender 1975)

Dennoch prägt die Getreidenutzung der neuen Lebensweise den Stempel auf. Wie Harlan auf seiner Expedition zu den wilden Einkornfeldern Anatoliens gezeigt hat, konnte eine Familie geübter Steinzeitsammler ihren Jahresbedarf von 1 000 Kilogramm dieser Wildweizenart in wenigen Wochen mühelos ernten. Aber ein Jahresvorrat ließ sich nicht Hunderte von Kilometern auf dem Rücken tragen. Auch die Geräte zur Verarbeitung von Getreide standen dem Nomadisieren im Weg. Getreide sinnvoll zu nutzen, lohnte nur in Verbindung mit einer gewissen Seßhaftigkeit.

Im Hügelland mit seinen Feldern von wild wachsendem Getreide entstanden Lagerstätten mit allen Anzeichen größerer Seßhaftigkeit als zuvor. Eines der archäologisch am besten erforschten Lager der

---

* Kulturstufen in der Levante. Kebaran 15 000 vis 11 000 v. Chr., das anschließende Natufium endete 8000 v. Chr. (Hassan 1977)

Natufium-Kultur ist El Wad, eine Höhle im Karmelgebirge südlich von Haifa. Dort fanden die Archäologen eine Vielzahl von Sicheln mit dem vom Schneiden von Halmen charakteristischen Glanz; Mörser aus Kalkstein und basaltene Stößel dienten zum Zerkleinern der Körner; um ihre Vorräte zu lagern, hatten die Bewohner Löcher in den Fels gehauen. Auch der schlechte Zustand ihrer von Mörsersplittern abgeschliffenen und von Karies zerfressenen Zähne bestätigt, daß Grütze ein Hauptnahrungsmittel war.

Die Zahl von etwa sechzig Toten, die dort bestattet worden waren, läßt erkennen, daß El Wad das Hauptlager einer größeren Gemeinschaft gewesen sein muß. Bewohnt wurde es während mehrerer Monate im Frühjahr und im Sommer. In dieser Zeit reifte das Getreide, und die Sümpfe und Wasserlöcher der Umgebung lockten das Wild einer größeren Region an. (Bender 1975)

Das im oberen Jordantal gelegene alte Ain Mallaha, vor 12 000 Jahren schon ein Dorf, weist sogar Merkmale ganzjähriger Besiedlung auf. Es bestand aus etwa fünfzig in die Erde versenkten Rundhäusern unterschiedlicher Größe um einen zentralen Platz. Nach Schätzung des Ausgräbers Perrot lebten in Ain Mallaha 200 Menschen. (Perrot 1977)

Wie die meisten anderen Lager und Siedlungen der Natufium-Kultur war auch Ain Mallaha mit dem üblichen Gerätearsenal zur Getreidenutzung ausgerüstet. Die Erdhäuser enthielten Herde und schwere in den Boden eingelassene Mörser zum Entfernen der Samenhüllen und zum Zerstoßen der Körner. In den Fußböden und neben den Häusern entdeckten die Ausgräber eine große Zahl von Erdlöchern, Vorratsbehälter, die zum Schutz gegen Feuchtigkeit mit Lehm und Sand verputzt waren. Außerdem wurden große Mengen scharfkantiger Steinsplitter gefunden, die einst als Schneiden in hölzernen Sichelgriffen gesteckt hatten. (Bender 1975; Mellaart; Oates, Oates 1976)

Aus verschiedenen Gründen ist weder in Ain Mallaha noch in den anderen Siedlungen der Natufium-Kultur im Hügelland Palästinas auch nur ein einziges Getreidekorn gefunden worden.* Daran, daß Getreide im Natufium (bis 8000 v. Chr.) in Palästina Grundnahrungsmittel war, besteht unter Prähistorikern und Paläobotanikern indessen kein Zweifel.

---

* 1. Pflanzenreste erhalten sich im dortigen Klima nur dann, wenn sie etwa beim Rösten verkohlt wurden; 2. das fehlende Interesse der Ausgräber für die Ernährungsgrundlagen früher Kulturen; 3. das Fehlen geeigneter Techniken zur systematischen Suche nach verkohlten Getreidekörnern zur Zeit der Ausgrabungen.

Getreide mit den Merkmalen der Wildpflanze dürfte daher wirtschaftliche Grundlage dieser Lager und Siedlungen innerhalb des Wildgetreide-»Gürtels« gewesen sein. Aber auch außerhalb des natürlichen Verbreitungsgebietes wilder Getreidearten entstanden fast gleichzeitig Siedlungen mit Anzeichen einer intensiven Getreidenutzung. Im Gegensatz zu Palästina wurden dort große Mengen versteinerter Getreidekörner gefunden. Sie trugen ausnahmslos das charakteristische Wildpflanzenmerkmal »zerfallende Ähren«.

Eine dieser Siedlungen, Abu Hureyra am Oberlauf des Euphrat im Norden Syriens, entstand vor elfeinhalb Jahrtausenden nur 500 Jahre später als Ain Mallaha im oberen Jordantal. Auch in diesem Dorf waren die runden Erdhäuser und -höhlen mit dem charakteristischen Gerätearsenal zum Ernten und zur Zubereitung von Getreide ausgerüstet. In Abu Hureyra gelang es den Ausgräbern, mit Hilfe ausgefeilter Techniken insgesamt 1000 Liter Pflanzenreste aus mehreren Siedlungsphasen zu gewinnen. Die Reste aus der ersten Siedlungsphase* stammten ausnahmslos von Wildpflanzen. Die Botaniker identifizierten große Mengen von Einkorn, dazu kamen Gerste und Roggen. Ergänzt wurde das Getreide durch Linsen, Kapern und Wicken sowie mehrere Arten von Früchten und Nüssen. (Moore 1979)

Wildes Einkorn war Hauptnahrungsmittel auch im benachbarten Mureybit. Etwa 40 Kilometer stromaufwärts am Euphrat gelegen, entwickelte sich Mureybit um 8100 v. Chr. aus einem älteren kleinen Lager von Fischern und Jägern zu einem großen Dorf mit 200 Rundhäusern. Neben Einkorn wurden hier auch die Überreste mehrerer Wildpflanzenarten gefunden: Gerste, Linsen, Wicken, Pistazien und weitere Arten.

Die Herkunft des »wilden« Getreides von Abu Hureyra und Mureybit hat eine fruchtbare Kontroverse ausgelöst. Alle übrigen Arten wachsen in der Umgebung beider Dörfer: Pistazien im benachbarten Hügelland, Linsen, Kapern und Wicken in der angrenzenden Steppe. (Mellaart 1975) Für Einkorn jedoch ist das Gebiet am Oberlauf des Euphrat zu trocken. Die nächsten Vorkommen der Wildpflanze liegen mehr als 100 Kilometer entfernt in der südöstlichen Türkei. Angesichts der benötigten Mengen ist es unwahrscheinlich, daß die Bewohner beider Siedlungen Einkorn aus solchen Entfernungen bezogen. Es wäre

---

* Die erste Siedlungsphase von Abu Hureyra begann um 9500 v. Chr. und endete aus unbekannten Gründen um 8500 v. Chr. Nach einem Jahrtausend wurde Abu Hureyra um 7500 v. Chr. erneut besiedelt. Das nun entstehende Bauerndorf entwickelte sich, bevor es um 5500 v. Chr. endgültig verlassen wurde, zu einer der größten Siedlungen in der Levante.

einfacher gewesen, sich in der südöstlichen Türkei niederzulassen, als die benötigten Mengen auf dem Rücken ins nordwestliche Syrien zu schleppen.

Auch die zweite Möglichkeit, vor 10000 Jahren könnte in dieser Region Einkorn tatsächlich wild gewachsen sein, ist unwahrscheinlich. Zwar lagen die Temperaturen unter den heutigen, und anscheinend regnete es auch häufiger, aber beide Siedlungen liegen unterhalb von 300 Metern Meereshöhe. Einkorn aber gedeiht heute nur oberhalb von 600 Metern. Aus diesem Grund vermuten die Botaniker van Zeist und Casparie, wild sei Einkorn auch zur Blütezeit beider Siedlungen nie näher als heute vorgekommen. (Nach Wright 1971)

Damit bliebe als letzte Möglichkeit der Anbau: Wie läßt sich Anbau jedoch beweisen, wenn das übliche Kriterium »brüchige Ähren« das Gegenteil zu bezeugen scheint? Getreideanbau, so überlegte Hillman, der Ausgräber von Abu Hureyra, beseitigt die natürliche Vegetation und schafft offene Flächen, auf denen sich auch charakteristische Unkräuter ansiedeln. Hätten Menschen in dieser Region vor 11000 Jahren Einkorn angebaut, dann hätten sich in die Felder auch einige der Unkräuter eingeschlichen haben müssen, die dort auch heute noch auf künstlich bewässerten Getreidefeldern wachsen. Eine genaue Suche nach Unkrautsamen unter den prähistorischen Einkornresten förderte tatsächlich Melde, Steinkraut und Steinsamen zutage, die gleichen Unkräuter wie heute.

Diese Funde bestätigten Hillmans Annahme, die Bewohner von Abu Hureyra hätten »wildes« Getreide und vielleicht auch Linsen und Wicken angebaut. Um von den ungenügenden Niederschlägen in dieser Region unabhängig zu sein, so vermutet Hillman, hatten die Menschen vor 11000 Jahren Einkorn in einem damals wasserführenden Seitental des Euphrat gepflanzt. Dort konnten sie durch Ableitung von Flußwasser mit einfachen Mitteln künstlich bewässern. (Moore 1979) Ähnlich dürfte die Herkunft des »wilden« Einkorn von Mureybit zu erklären sein.

Daß Getreide in beiden Siedlungen über Jahrhunderte hinweg angebaut werden konnte, ohne Domestikationsmerkmale zu entwickeln, widerspricht dieser Theorie nicht. Wie wir gesehen haben, sind Merkmale wie »feste Ähren« das Ergebnis bestimmter Anbau- und Erntetechniken. Durch Anbau- und Eernteversuche in der Türkei stellte Hillman tatsächlich fest, daß wildes Einkorn trotz jahrhundertelanger Kultivierung die Merkmale der Wildpflanze beibehalten kann.

Das angebaute »wilde« Einkorn von Abu Hureyra und Mureybit

läßt die Fragwürdigkeit der üblichen Klassifizierung prähistorischer Menschen in Wildbeuter und Bauern erkennen. Botanische Merkmale wie »brüchige Ähren« oder »feste Ähren« eignen sich nicht als Kriterien zur Unterscheidung zwischen Anbau und Sammeln. Getreide mit »festen Ähren« muß zwar angebaut worden sein, solches mit »brüchigen Ähren« kann ebensogut in der Wildnis gewachsen wie angebaut worden sein. Botanische Merkmale als Unterscheidungskriterien für menschliche Wirtschaftsformen machen daher einen fließenden Übergang zwischen dem Sammeln und dem Pflanzenanbau, der sich über Jahrtausende hinzog, zum abrupten Ereignis. Die Wirtschaft und die Lebensweise vieler Gruppen der Übergangsphase, die noch als »Jäger und Sammler« eingestuft worden sind, dürften sich kaum von der anderer Gruppen unterschieden haben, die schon als »Bauern« galten.

Möglicherweise waren auch die Bewohner einer Siedlung wie Ain Mallaha nicht die reinen »Sammler« gewesen, als die man sie angesehen hat. Um 200 Menschen mit Getreide zu versorgen, dürfte die unberührte Natur kaum ausgereicht haben. Als die Botaniker Harlan und Zohary 1966 feststellten, in dieser Region müsse Getreide einst auf Dutzenden Quadratkilometern so dicht wie auf gesäten Feldern gewachsen sein, hatten sie die heutige Landschaft vor Augen. Sie übersahen, daß Menschen dort seit Jahrtausenden Bäume gerodet, Buschwerk abgebrannt und Tiere geweidet haben. In der unberührten Landschaft am Ende der Eiszeit werden zunächst sehr viel kleinere Flecken von Wildgetreide inmitten von Wäldern und dichtem Buschwerk gewachsen sein. (Moore 1982) Um Wildgetreide in ausreichenden Mengen zu ernten, werden die Bewohner von Ain Mallaha und anderer Siedlungen die Wildnis in erheblichem Ausmaß verändert haben. Vermutlich haben sie systematisch großflächig Bäume gerodet und Buschwerk abgebrannt.

Was solche »Sammler« von »Bauern« wie den Bewohnern von Abu Hureyra oder Mureybit unterschied, ist ein aus der Sicht der Betroffenen wohl eher nebensächliches Detail: Im Hügelland Palästinas, innerhalb des natürlichen Verbreitungsgebietes von Wildgetreide, konnten Menschen sich darauf verlassen, daß sich ihre Nahrungspflanzen auf den offenen Flächen von selbst ansiedeln würden. Am Rand der Steppe am Oberlauf des Euphrat, außerhalb des natürlichen Verbreitungsgebietes von Einkorn, mußten sie säen und künstlich bewässern. Wer für seinen täglichen Topf Grütze härter arbeiten mußte, ist schwer zu entscheiden. Das Säen und der Bau einfacher Dämme und Gräben in der Steppe dürfte kaum beschwerlicher gewesen sein als das Roden im Hügelland.

6. Ein Garten in Eden

Vor etwa 10000 Jahren, als Abu Hureyra wieder verlassen war und in Mureybit »wildes« Einkorn angebaut wurde, erschien in Jericho 500 Kilometer weiter südlich das erste domestizierte Getreide: Emmer und Gerste mit festen Ähren. (Mellaart 1975) Doch ausgerechnet an diesem Ort sind die Hinweise dafür, daß Menschen, um kulturelle Großtaten zu vollbringen, auch essen müssen, besonders dürftig. Ein wenig Einkorn und Gerste mit Domestikationsmerkmalen, ein paar verkohlte Linsen, Feigenkerne und einige Pflanzenabdrücke in Lehmziegeln ist alles, was die Ausgräber über die pflanzliche Nahrung der Bewohner gefunden haben.

Vom Glanz der legendären Stadtmauer Jerichos geblendet, interessierte man sich zur Zeit der Ausgrabungen in den fünfziger Jahren nur wenig für die Ökonomie, die solches Bauen möglich machte. Die Ausbeute, verkohlte Samenkörner, schien im Vergleich zu den eindrucksvollen Bauwerken die Mühe einer gezielten Suche nicht wert. Außerdem war die Technik zur Suche nach Pflanzenresten wenig entwickelt. Wie technikabhängig unser Wissen über die Steinzeitökonomie ist, möge eine Erklärung des Archäologen Frank Hole belegen: »Flannery und ich haben einmal geschrieben, Samenkörner seien selten in Ali Kosh*, während wir in Wirklichkeit bei der Suche nur die falsche Technik anwandten.« Eine zweite Suche, diesmal mit der richtigen Technik, förderte dort nicht weniger als 45000 verkohlte Pflanzensamen zutage. (Hole 1971; Flannery 1969)

Auch wenn in Jericho nur spärliche Pflanzenreste gefunden worden sind, gibt es keine andere vernünftige Erklärung für die Existenz dieser Siedlung als Pflanzenanbau in Verbindung mit künstlicher Bewässerung. Im Vergleich zum größten Dorf des Natufiums, dem 12000 Jahre alten »Jäger- und Sammlerdorf« Ain Mallaha, war das 2000 Jahre jüngere Jericho eine kleine Stadt. Ausgehend von einem kleinen, nur vorübergehend aufgesuchten Lager im Natufium, entwickelte es sich nach 8300 v. Chr. zu einer Stadt von 2000 bis 3000 Einwohnern. Das war im Vergleich zu Ain Mallaha ein Sprung auf zehnfache Größe.

Die Bewohner der Stadt lebten in aus brotlaibförmigen Lehmzie-

---

* Eine kleine prähistorische Siedlung im Süden der Assyrischen Steppe, in der vor etwa 9000 Jahren domestizierte Pflanzen erschienen.

geln gebauten, in die Erde vertieften Rundhäusern. Der Durchmesser von 4 bis 5 Metern läßt auf ein für diese Zeit komfortables Wohnen schließen. Nachdem sie die ersten Häuser erbaut hatten, errichteten die Bewohner von Jericho eine massive Stadtmauer von 3 Metern Dicke und 4 Metern Höhe. An der Innenseite ragte ein 10 Meter dicker Rundturm fast 9 Meter in die Höhe. An der Außenseite war die Mauer von einem 8 Meter breiten und über 2 Meter tiefen, in den Fels des Untergrunds gehauenen Graben umgeben.

Bevor Jericho um 7300 v. Chr. ohne Spuren äußerer Gewalteinwirkung aufgegeben wurde, hatte es ein Jahrtausend bestanden.* Während in Ain Mallaha nur 3 Siedlungsschichten gefunden worden sind, türmten die Bewohner dieser ersten Stadt bis zu 25 Häuserschichten übereinander. Über zerfallene und eingeebnete Lehmhäuser bauten sie ein Jahrtausend lang immer neue Häuser. Um einst hohe Mauern wieder zu erhöhen, die durch den sich ansammelnden Schutt erniedrigt worden waren, türmten sie Steinschicht für Steinschicht auf alte Mauern. (Bender 1975; Mellaart 1975)

Zwar sind die Spuren des Pflanzenanbaus äußerst dürftig, aber es ist schwer vorstellbar, mehr als 2 000 Menschen hätten sich vorwiegend durch Nahrungsimporte ernährt. Von Transportproblemen abgesehen, war dazu auch das karge Umland viel zu dünn besiedelt. In der Wüstenoase von Jericho in der Jordansenke, 200 Meter unter dem Meeresspiegel, gab es nur eine Möglichkeit, solche Menschenzahlen zu ernähren: Nahrungsanbau.

Der wenige Regen, den der Himmel schickte, reichte für Getreide nicht aus. Doch Jericho verfügte über genügend Land unterhalb einer reichlich fließenden Quelle, das nur bewässert werden mußte, um reiche Ernten zu tragen. In einem Anbauversuch in Anatolien erzielte der Prähistoriker William Allen auf vergleichbaren Böden im Abflußbereich einer Quelle zwölfmal höhere Erträge als im Regenfeldbau. (Allen 1972) Auch James Mellaart sieht in der Quelle einen wesentlichen Grund für das rasche Wachstum der Siedlung. Zunehmende Trokkenheit verschlechterte in der zweiten Hälfte des 9. Jahrtausends v. Chr. die Lebensbedingungen in großen Teilen der Levante. Von Trokkenheit und Hunger bedroht, zog die Bevölkerung aus dem Umland zur Oase, wo die Quelle Wasser für Nahrungsanbau lieferte. (Mellaart 1975; Narr 1979)

---

* Eine zweite Besiedlung durch Angehörige einer anderen Kultur begann nach einer Zwischenphase, in der Jericho zur Geisterstadt geworden war, kurz vor 7000 v. Chr.

Kann man sich einen größeren Kontrast vorstellen als die grüne Oase von Jericho inmitten des Gelbbrauns einer Wüste? Die 3000 Jahre alte biblische Paradieslegende vermittelt einen Eindruck, wie Jericho 7000 Jahre zuvor auf die Wüstenbewohner der Umgebung gewirkt haben mag: »Und Gott der Herr pflanzte einen Garten in Eden gegen Osten hin... Und Gott der Herr ließ aufwachsen aus der Erde allerlei Bäume, verlockend anzusehen und gut zu essen... Und es ging aus von Eden ein Strom, den Garten zu bewässern... Und Gott der Herr nahm den Menschen und setzte ihn in den Garten, daß er ihn bebaute und bewahrte.« (1. Moses 2)

Manche Prähistoriker vermuten, daß die legendäre Mauer, die seit den Tagen des biblischen Josua mit Krieg und Verteidigung in Verbindung gebracht wird, zur Kontrolle von Wasser diente. Der biblische Josua jedenfalls ist ein schlechter Zeuge für die Wehrhaftigkeit der Stadt, denn zur Zeit der Posaunen von Jericho lag die Mauer längst in Trümmern. Rätselhafte tankartige Gebilde am Turm könnten die Speicher eines Bewässerungssystems gewesen sein. Sedimentschichten in diesen mit Lehm abgedichteten großen Kammern lassen auf eine frühere Wasserfüllung schließen. (Bender 1975; Narr 1979) Der Archäologe Ofar Bar-Yosef von der Hebrew University in Rehovoth sieht in Mauerresten, die ursprünglich als Befestigungswerk gedeutet worden sind, sogar Teile eines Flutkontrollsystems. Nach Bar-Yosefs Überzeugung diente es der Kontrolle von Wasser, das aus angrenzenden Wadis nach Jericho strömte. (Nach Meyers 1986)

Nur wenig später als in Jericho erschienen domestizierte Pflanzen auch an anderen Fundorten in der Levante. In Tell Aswad, einer um 7800 v. Chr. entstandenen Siedlung im Becken von Damaskus, traten schon zu Beginn der Besiedlung domestizierte Erbsen, Linsen, Emmer und möglicherweise auch Gerste auf. (Moore 1982) Um 7500 v. Chr. wurde Abu Hureyra am Oberlauf des Euphrat, nach einem Jahrtausend, an dem der Ort wieder zur Steppe geworden war, erneut besiedelt. Obwohl das Sammeln »wilder« Ressourcen und die Jagd auf das Wild der Umgebung zur Ernährung beitrugen, entwickelte es sich im 7. Jahrtausend auf der Grundlage von Landwirtschaft zu einer Siedlung von mehreren tausend Einwohnern. Wie die Ausgräber vermuten, bewässerten die Bewohner ihre Felder mit Wasser aus einem Nebenfluß des Euphrat. Außerdem hielten sie Herden von Gazellen, Schafen und Ziegen. (Moore 1979)

7. Vom Wildtier zum Haustier

Fließend verlief auch der Übergang von der Jagd zur Tierhaltung. Ebensowenig wie bei den Pflanzen erfolgte ein abrupter Wandel von einer Wirtschaftsform zur anderen. Nach 10 000 v. Chr. begannen die Bewohner verschiedener Teile Vorderasiens auch wilde Tierherden zu kontrollieren. Unter den tierischen Überresten vieler Lager und Siedlungen aus der Übergangsphase herrscht eine einzige Wildart vor. In den Siedlungen in der Levante, Ain Mallaha, El Wad, Nahal Oren und Abu Hureyra haben Gazellen 45 bis 80 Prozent des Fleischbedarfs gedeckt. Wildziegen hatten eine vergleichbare Bedeutung für die Ernährung im 80 Kilometer südlich des Toten Meeres gelegenen Beidha; Wildschafe wiederum dominierten in Zawi Chemi Shanidar im Zagrosgebirge.

Nichts unter den gefundenen Knochen und Hörnern weist auf Domestikation hin. Morphologisch stammen sie von Wildtieren. Daher könnte man vermuten, die jeweilige Art habe deswegen auf dem Speisezettel vorgeherrscht, weil sie das häufigste Wild der Umgebung gewesen sei. Wildziegen waren an das felsige Gelände um Beidha angepaßt, Schafe an das Hügelland um Zawi Chemi Shanidar und Gazellen an die Steppen und Täler Palästinas. Das Argument ist richtig, aber unvollständig.

Einen deutlichen Hinweis, daß Tiere, die äußerlich noch »wild« waren, sich dennoch unter menschlicher Kontrolle befanden, haben diese selbst in Lehm aufgezeichnet. In Ganj Dareh, einem kleinen Dorf im Zagrosgebirge, entdeckten die Archäologen in einzelnen Hütten aus der Zeit kurz vor 7000 v. Chr. Hufabdrücke von Ziegen. Unter den Küchenabfällen der Bewohner von Ganj Dareh fanden sich jedoch nur Knochen, die sich von denen von Wildziegen nicht unterschieden. (Mellaart 1975) Es ist indes kaum vorstellbar, daß eine Herde wilder Ziegen durch den noch feuchten Lehm der Ziegel einer prähistorischen Baustelle gestapft ist. Es muß sich um Tiere gehandelt haben, die von Menschen kontrolliert wurden.

Größere Siedlungen hätten ihren Fleischbedarf nicht jahrhundertelang durch Jagd decken können, ohne die Wildbestände in der Umgebung auszurotten bzw. zu vertreiben. Man kann vermuten, daß die Bewohner von Ain Mallaha, Abu Hureyra, Mureybit und Jericho Bestände von Wildtieren schonten. Die am jeweiligen Ort auf dem Speisezettel vorherrschende Art wird vermutlich nicht nur in freier

Wildbahn gelebt haben, sondern befand sich schon teilweise unter menschlicher Kontrolle. (Mellaart 1975; Moore 1979) Wo sich Zoologen eingehend mit den tierischen Überresten solcher Siedlungen befaßt haben, entdeckten sie tatsächlich deutliche Hinweise auf Hege bzw. Herdenhaltung.

Morphologisch stammten etwa drei Viertel der Tierknochen von Zawi Chemi Shanidar von Wildschafen, 10 Prozent von Wildziegen und der Rest von Hirschen. Während bei den Ziegen der Anteil der Jungtiere mit 25 Prozent etwa dem in Wildziegenherden entsprach, lag er bei den Schafen doppelt so hoch. Aus diesen Relationen läßt sich eine aufschlußreiche Schlußfolgerung ziehen: Bei ihrem Hauptfleischlieferanten, dem Schaf – nicht aber bei Ziegen –, töteten die Menschen von Zawi Chemi Shanidar bevorzugt Jungtiere, vermutlich die Böcke. Diese Schafe – nicht aber die Ziegen –, so ist zu vermuten, wurden von Menschen in Herden kontrolliert. Die Strategie, bevorzugt die Tiere zu schlachten, die für den Fortbestand der Herde unwichtig waren, erklärt den hohen Anteil von Jungtieren – es waren vermutlich junge Böcke. (Perkins 1964; Bender 1975)

Die gleiche Strategie wandten die Bewohner von Beidha bei den in ihrer Region heimischen Wildziegen an. So wie ihre Zeitgenossen in Zawi Chemi Shanidar im kurdischen Hügelland Schafe hegten, begannen sie, die Wildziegenherden der Felsklippen in der Umgebung unter Kontrolle zu bringen. Die Überreste von sechs der acht Tiere aus der ersten Siedlungsphase stammten von Jungtieren. Bei einem weitaus größeren Muster von insgesamt 165 Exemplaren aus einer späteren Siedlungsphase im 7. Jahrtausend stammten 54 Prozent von Jungtieren – ein Indiz für Herdenhaltung. Denn unter den gleichzeitig erbeuteten Gazellen entsprach der Anteil von Jungtieren mit 30 Prozent etwa dem natürlichen Anteil in wildlebenden Herden. (Perkins 1966)

Ähnlich können die Bewohner der Ebenen und Täler zwischen Palästina und Nordsyrien versucht haben, Gazellenherden unter Kontrolle zu bringen. In der großen Höhlensiedlung von Nahal Oren bei Haifa am Karmelgebirge wurden ganze Berge von Tierknochen gefunden. Drei Viertel stammten von Gazellen und darunter wiederum mehr als die Hälfte von Jungtieren. Gazellen dominierten anfangs auch unter den Beutetieren anderer Siedlungen der Region, zum Beispiel in Mureybit und Abu Hureyra sowie in Jericho.

Die verschiedenen Tierarten reagierten jedoch höchst unterschiedlich auf die Kontrolle durch Menschen. Etwa drei Jahrtausende nach den Anfängen der Herdenhaltung entwickelten Ziegen und Schafe zwischen 7000 v. Chr. und 6000 v. Chr. morphologische Domestikationsmerkmale. Die Gazellen dagegen veränderten sich nicht. Sie blieben Wildtiere. (Bender 1975; Higgs, Jarman 1972)

In Ali Kosh in den südlichen Ausläufern der Assyrischen Steppe haben sich bei Ziegen archäologische Spuren des Übergangs zum domestizierten Tier erhalten. In der ersten Siedlungsphase zwischen 7500 und 6800 v. Chr. stammte die Mehrheit aller Ziegenknochen von jungen Böcken, die noch die Merkmale von Wildziegen trugen. In der folgenden archäologischen Phase zwischen 6800 und 6000 v. Chr. blieb das Verhältnis in der Alterszusammensetzung der geschlachteten Tiere fast gleich; doch nun wiesen sie deutlich veränderte Hörner als morphologisch erkennbares Domestikationsmerkmal auf. (Hole, Flannery 1967)

Seitdem sich domestizierte Ziegen und Schafe besser als Haustiere eigneten, gab man in der Levante die Kontrolle der Gazellenherden wieder auf. Statt dessen wurden domestizierte Schafe und Ziegen aus anderen Regionen übernommen. Archäologisch ist dieser Übergang an mehreren Stellen dokumentiert. Zu Beginn der zweiten Besiedlungsphase von Abu Hureyra (7500 bis 5500 v. Chr.) hatten die Bewohner weitaus mehr Gazellen als Ziegen und Schafe verzehrt. Anschließend nahm die Zahl der Gazellen jedoch rasch ab. Ziegen und Schafe wurden nun Hauptfleischlieferanten. Nachdem die Bewohner von Abu Hureyra zu Beginn des 6. Jahrtausends v. Chr. auch noch domestizierte Rinder und Schweine hielten, verschwanden Gazellen nahezu ganz von der Speisekarte. (Moore 1979) Ähnlich verdrängten domestizierte Ziegen und Schafe um die Mitte des 7. Jahrtausends v. Chr. die Gazelle als Hauptfleischlieferant von Jericho. (Hassan 1977)*

8. Die Geschichte der Landwirtschaft in Vorderasien – entheroisiert

Wie in Mesoamerika entwickelte sich in Vorderasien die Nahrungserzeugung nahtlos aus der bestehenden Lebensweise von Jägern und Sammlern. Das Erscheinen von Pflanzen und Tieren mit Domestika-

---

* Nach einem anderen Erklärungsmodell wurden Wildgazellen durch Überjagen stark dezimiert. Unter dem Druck von Fleischmangel begannen die Bewohner der betroffenen Teile Syriens und Palästinas domestizierte Tierarten aus anderen Regionen Vorderasiens zu halten. (Legge und Rowley-Convy 1987) tionsmerkmalen war das unbeabsichtigte Ergebnis einer systematischeren Nutzung der Natur, die schon Jahrtausende früher mit der »Breitband«-Ökonomie begonnen hatte. Diese Entwicklung brachte an manchen Orten domestizierte Pflanzen und Tiere hervor, an anderen nicht.

Ob domestiziert wurde oder nicht, darüber entschieden ebensowenig wie in Tehuacán bewußt handelnde Menschen. Domestikationsmerkmale entstanden aus dem zufälligen Zusammentreffen zweier Faktoren. Erstens dem genetischen Potential von Nahrungspflanzen und -tieren; zweitens den Menschen, die sich in einer gegebenen Umwelt einrichteten und zu diesem Zweck Techniken entwickelten, mit denen sie die Pflanzen und Tiere ihres Lebensraumes nutzten. Das genetische Potential der Pflanzen und Tiere entschied über das Auftreten von Domestikationsmerkmalen, die den Nutzen für den Menschen drastisch vergrößerten.

Geplant war die Gesamtentwicklung gewiß nicht. Von Menschen durchdacht waren einzelne Elemente: Techniken zur Nutzung von Getreide, zum Ernten, Säen, Rösten, zur Vorratshaltung, zum Zerstoßen und Mahlen. Durchdacht war die Manipulation von Ökosystemen zum Beispiel durch Roden oder Abbrennen der natürlichen Vegetation, durch Bewässerung usw. Durchdacht war auch die Strategie, durch gezielten Abschuß männlicher Jungtiere von einer Herde die größtmöglichen Fleischerträge zu »ernten«. Nachdem aus menschlicher Sicht zufällig domestizierte Pflanzen und Tiere entstanden, wurden die Vorteile erkannt und systematisch genutzt. Andere Arten, die bis dahin im Vordergrund gestanden hatten, wurden wieder aufgegeben, seit sich domestizierte Tiere und Pflanzen besser eigneten.

»Landwirtschaft« beruht also auf der Verbindung älterer Techniken der gezielten Naturveränderung mit dem Erscheinen von Domestikationsmerkmalen, die den Nutzen dieser Techniken vergrößerten. So gesehen ist die Entwicklung der Landwirtschaft nichts weniger als eine wirtschaftlich-technische *Revolution*, wie es der von dem bedeutenden englischen Prähistoriker Gordon geprägte Begriff »Neolithische Revolution« suggeriert. In Vorderasien war sie nur ein weiterer Schritt auf dem Weg der Intensivierung der Naturnutzung in der Tradition der »Breitband«-Revolution nach 20 000 v. Chr. und des Übergangs zur Getreideökonomie nach 11 000 v. Chr.

Auch die Vorstellung, erst durch Landwirtschaft habe der Mensch eine Kontrolle über seine Ernährung gewonnen, die er davor *nicht* gehabt habe, trifft für Vorderasien nicht zu: Nicht erst Landwirtschaft, sondern schon die Nutzung von Wildgetreide schuf die Voraussetzungen der neuen Lebensweise. Sie erlaubte Vorratshaltung, förderte Seßhaftigkeit und die Entstehung größerer menschlicher Gemeinschaften. Die Entwicklung der Landwirtschaft verstärkte und beschleunigte diese Entwicklung nur.

Zweifellos wuchs die Bevölkerung Südwestasiens in der Übergangsphase zur Landwirtschaft. Im südwestlichen Iran nahm sie nach einer Schätzung von Hole und Flannery zwischen 10000 und 7000 v. Chr. um das Zehnfache zu; in Palästina rechnet Charles Reed mit einer Vermehrung auf das Siebenfache zwischen 9000 und 7000 v. Chr. (Hole, Flannery 1967; Reed 1977)

Fraglich ist jedoch, ob das Bevölkerungswachstum die Ursache des Übergangs zur Nahrungserzeugung war. Es ist ebenso Folge wie Ursache des wirtschaftlich-technischen Wandels. Klimaveränderung, wirtschaftlich-technische Entwicklung, Veränderung der Lebensweise und Bevölkerungswachstum gingen Hand in Hand.

Der Übergang zur intensiven Nutzung von Wildgetreide vor 12000 Jahren war eine wirtschaftliche Reaktion auf die Verbreitung wilder Getreidefelder im Hügelland am Ende der Eiszeit. Zweifellos trugen die damit verbundene wirtschaftliche Sicherheit und die größer werdende Seßhaftigkeit zum Bevölkerungswachstum bei. (Hassan 1981) In der Umgebung wachsender Siedlungen und größerer Lager reichten die natürlichen Getreidevorkommen und Wildbestände bald nicht mehr zur Ernährung der gewachsenen Bevölkerung aus. Um zusätzliches Getreide anzusiedeln, rodeten die Menschen Bäume und brannten Buschwerk ab. Zur Fleischversorgung begannen sie, Herden von Wildtieren durch Hege und gezielten Abschuß männlicher Jungtiere unter ihre Kontrolle zu bringen.

Die Grenzen dieser im Hügelland erfolgreichen neuen Wirtschaftsform bestanden in der Abhängigkeit von den schwankenden jährlichen Niederschlagsmengen. In Dürreperioden konnten die Erträge auf einen Bruchteil normaler Jahre sinken. So seltsam es auf den ersten Blick erscheinen mag, die Übertragung dieser Wirtschaftsform in die sogenannten »marginalen« Gebiete außerhalb der Wildgetreidezone befreite von dieser Einschränkung. Indem sie künstliche Bewässerung erzwang, machte sie von schwankenden Niederschlagsmengen unabhängig.

Aber auch die Entstehung größerer Siedlungen in Gebieten, in denen man bewässern mußte, um Getreide anzubauen, war nicht Folge von Bevölkerungswachstum und Hunger im »Wildgetreidegürtel«. Siedlungen wie Abu Hureyra, Jericho, Ali Kosh oder Mureybit entstanden viel zu früh, als daß sie von »Vertriebenen« aus den besten Getreidegebieten hätten gegründet worden sein können. Abu Hureyra, wo Menschen am Rande der Steppe wildes Einkorn pflanzten, entstand nur wenige Jahrhunderte nach Ain Mallaha. Es ist schwer vorstellbar, daß die Bewohner von Abu Hureya vor elfeinhalb Jahrtausenden in der »Wildgetreidezone« kein Auskommen gefunden hätten. Wildgetreidefelder lagen nicht allzuweit entfernt in der nur dünn besiedelten südöstlichen Türkei. Warum also ließen sich Menschen an Orten wie Abu Hureyra oder Mureybit nieder und nicht 100 Kilometer nordwestlich in Anatolien?

Überzeugend erscheint mir die Übervölkerungstheorie zur Erklärung des Getreideanbaus in den sogenannten »marginalen« Gebieten nicht. Außer für Getreide waren diese Regionen keinesfalls marginal. Im Gegenteil, die Bewohner von Abu Hureyra und Mureybit hatten Zugang zu zwei reichhaltigen Nahrungsquellen: zum Euphrat mit Fischen, Muscheln und Wasservögeln und dann zur Steppe mit Wild und einer Vielzahl eßbarer Pflanzen. Der Anbau von Einkorn dürfte die bestehende Wirtschaft dort anfangs nur ergänzt haben.

Ein weiterer gravierender Nachteil des Übervölkerungsmodells ist, daß es Bevölkerungswanderungen zur Erklärung des Getreideanbaus in den sogenannten »marginalen« Gebieten benötigt. Die Wanderung von Ideen ist die sehr viel naheliegendere, elegantere Lösung. Wahrscheinlich wurde die in der Getreideregion entwickelte Wirtschaftsform von anderen Gruppen übernommen und Lebensräumen angepaßt, in denen Getreide wild nicht wuchs. So führt Andrew Moore, einer der Ausgräber, den Getreideanbau in Abu Hureyra auf lokale Entwicklungen zurück. (1981) Nach Moore hatten die Bewohner dieser Region nach dem Ende der Eiszeit die Nahrungsquellen des Euphrat und der Steppe durch den Anbau von wildem Einkorn ergänzt, weil sie Seßhaftigkeit und eine dörfliche Lebensweise möglich machten.

Diese Abwandlung einer im Wildgetreidegürtel entwickelten Wirtschaftsform auf die Gegebenheiten marginaler Zonen sollte weitreichende Folgen haben. Ein auffälliges gemeinsames Merkmal ist dort die Notwendigkeit, künstlich zu bewässern bzw. Vorkommen von Oberflächenwasser zu nutzen. Während die Bewohner des »Wildgetreidegürtels« sich auf Regen verließen, den der Himmel schickte, waren die Bewohner von Abu Hureyra, Mureybit, Jericho, Beidha oder Ali Kosh auf ihre eigenen Fähigkeiten angewiesen. Damit

Getreide wuchs, mußten sie selbst für Wasser sorgen. Die Bewohner von Ali Kosh pflanzten an den Rändern eines Sumpfes; in Jericho lieferte die Quelle das benötigte Wasser; die Einwohner von Abu Hureyra und Mureybit bewässerten vermutlich mit dem Wasser von Nebenflüssen des Euphrat.

Was unter dem Zwang der Verhältnisse entstanden war, sollte sich als Vorteil erweisen. Künstliche Bewässerung und Nutzung eines hohen Grundwasserspiegels verschafften eine Unabhängigkeit vom Wetter, die die Bewohner der optimalen Wildgetreidezonen nicht besaßen. Während in den optimalen Zonen die Erträge in schlechten Jahren um Größenordnungen zurückgingen, erzeugte man in den bewässerten Gebieten Jahr für Jahr gleichmäßig hohe Ernten. Diese Sicherheit vor Schwankungen im Naturgeschehen dürfte ein wesentlicher Grund für das rasche Bevölkerungswachstum in den marginalen Gebieten sein. Die Einwohnerzahl Jerichos mit seiner Quelle »explodierte« um 8000 v. Chr., in einer Zeit, in der die gesamte übrige Region von Trockenheit heimgesucht wurde.

Ein zweiter Faktor kam hinzu. Gerste und Weizen in für Wildgetreide wenig geeigneten Gebieten zu ernten, setzte Säen voraus. Säen aber war die Voraussetzung dafür, daß Getreide mit dem zufällig entstandenen Domestikationsmerkmal »feste Ähren« überhaupt fortgepflanzt wurde. Das gleiche gilt für weitere Merkmale wie Dreschbarkeit, gleichzeitige Keimung und Reifung. Pflanzen mit Domestikationsmerkmalen, die den Nutzen des Anbaus drastisch vergrößerten, sind daher wahrscheinlich zuerst den Bewohnern der marginalen Gebiete zugute gekommen, in denen gesät werden *mußte*, um zu ernten. Von Menschen ungewollt, erwiesen sich auch in diesem Fall Zwang und Notwendigkeit als entscheidener Vorteil.

Beides, die größere Unabhängigkeit von Niederschlägen und die Vorteile domestizierter Pflanzen, trug zum Wohlergehen der Bewohner der sogenannten »marginalen« Gebiete bei. Dort wuchs die Bevölkerung nun schneller als im Hügelland, wo die neue Lebensweise auf der Grundlage einer Wildgetreidenutzung entstanden war. Der Schwerpunkt der Besiedlung verlagerte sich erneut. Die optimalen Getreidezonen im Hügelland Palästinas lagen nun abseits des Hauptstroms der kulturellen Entwicklung.

9. Jenseits des Bewußtseins

Unabhängig von den Absichten und Zielen der handelnden Menschen hat Landwirtschaft die kulturelle Evolution geprägt. Ausgehend von unterschiedlichen Ausgangsbedingungen hat sie zu ähnlichen kulturellen Entwicklungen geführt. Rufen wir noch einmal die Gegensätzlichkeit der Anfänge in Erinnerung.

In den Hochtälern Mesoamerikas – fast gleichzeitig auch in Südamerika im Hochland der Anden – standen winzige Gruppen nomadisierender Wildbeuter am Anfang. Dörfer seßhafter Bauern erschienen dort erst Jahrtausende nach den ersten domestizierten Pflanzen und Tieren. In Palästina dagegen gab es – ähnlich wie auch in den Wüstentälern der peruanischen Pazifikküste – Dörfer schon Jahrtausende vor den ersten domestizierten Pflanzen.

Falls sich aus dem spärlichen archäologischen Material überhaupt auf menschliche Absichten schließen läßt, dann hat Nahrungserzeugung in verschiedenen Erdregionen ursprünglich unterschiedlichen Zwecken gedient. In den Hochtälern Mesoamerikas und der Anden lieferte sie die wirtschaftliche Grundlage für die sommerlichen Zusammenkünfte der sonst isolierten kleinen Familiengruppen. Der Grund dafür, sich zu größeren Verbänden zu vereinigen, so legen ethnologische Beispiele nahe, dürfte alles andere als ökonomischer Zwang gewesen sein. Es könnte die Durchführung gemeinsamer Riten gewesen sein, der Wunsch, Verwandte und Freunde in anderen Gruppen wiederzusehen, Ehen zu stiften und Partnerschaften zu erneuern, kurz der Versuch, die Einsamkeit in der Wildnis zu überwinden.

Solche Treffen isolierter Kleingruppen möglich zu machen, dürfte nun wiederum im östlichen Mittelmeerraum kein Grund für Nahrungserzeugung gewesen sein. Dort hatten sich größere Gruppen schon durch Jagen und Sammeln ernährt. Landwirtschaft entstand dort durch Übertragung der im »Wildgetreide-Gürtel« Palästinas entstandenen dörflichen Lebensweise in Gebiete, in denen dafür nicht genügend Wildgetreide wuchs. Gründe, sich an solchen Orten niederzulassen, gab es genügend. Es konnte eine günstige Lage in Austauschnetzen gewesen sein, durch die prähistorische Menschen ihre Rohstoffe und begehrte Schmuckartikel bezogen; ein zweiter Grund waren reichhaltige Vorkommen wild wachsender Nahrung, die durch Getreideanbau und Herdenhaltung ergänzt wurden, ein dritter, wie in Jericho, war die sichere Wasserversorgung in einer Trockenzone.

Andere Ausgangsbedingungen herrschten einige hundert Kilometer östlich in der Zagrosregion, dem Hügel- und Bergland parallel zur Grenze zwischen dem heutigen Iran und Irak. Kent Flannery hat gezeigt, daß klimatische Unterschiede zwischen der tiefliegenden Assyrischen Steppe und den Höhen des Zagrosgebirges in dieser Region eine nomadische Lebensweise förderten. In der Übergangsphase zur Nahrungserzeugung zogen dort Wildbeuter auf jahreszeitlichen Wanderungen von der Ebene in die Bergregionen und wieder zurück. (Flannery 1965) Den Winter verbrachten sie in der tiefliegenden Assyrischen Steppe. Dort fanden sie zu dieser Jahreszeit Herden von Auerochsen, Gazellen und Wildeseln und ein reichhaltiges Angebot wilder Gemüsearten. Wenn die Steppenvegetation im Frühjahr verdorrte und auch das Wild abwanderte, zogen die Menschen in höhergelegene Lagen, um auf 600 bis 1200 Meter Höhe im späten Frühjahr unter anderem die Wildformen von Weizen und Gerste zu ernten. Im Sommer erreichten sie den höchsten Punkt ihrer Jahreswanderung, die Hochtäler des Zagros mit reichen Beständen an Wildziegen und Schafen.

Auch aus dieser nomadischen Lebensweise ging der Pflanzenanbau nahtlos hervor. Anstatt das Nahrungsangebot allein der Wildnis zu überlassen, säten die Menschen zusätzlich an Orten, an denen sie ihr Jahreszyklus zur Reifezeit im folgenden Jahr vorbeiführen würde. Nahrungserzeugung entstand dort nach Flannery aus dem Versuch, wildes Getreide, wilde Linsen und Erbsen zu bestimmten Zeiten und an gewünschten Orten zu ernten. Das Ziel war nicht Landwirtschaft, sondern die Verbesserung der bestehenden Wildbeuterökonomie.

Mehr als anderswo dürfte Bevölkerungswachstum in den Wüstentälern an der Küste Perus zur Verbreitung des Pflanzenanbaus beigetragen haben. Nur stammte keine wichtige Nahrungspflanze und kein Nutztier aus der Küstenregion selbst. Sie waren zuerst in den beiden anderen großen Lebenszonen des tropischen Südamerika angebaut worden – im Hochland der Anden und dem im Westen angrenzenden tropischen Regenwald des Amazonasbeckens. Dort aber weist zu dieser Zeit nichts auf Bevölkerungsdruck hin. Im tropischen Regenwald dürfte die Domestizierung von Pflanzen kaum mehr als das unbeabsichtigte Ergebnis der Besiedlung entlang der großen Flußsysteme gewesen sein. Beim Anlegen von Lagern wurden einzelne Nutzpflanzenarten geschont, andere unbewußt angereichert, dies wiederum vergrößerte die Anziehungskraft ehemaliger Lagerstätten und damit auch die Verweildauer menschlicher Gruppen. Pflanzen und Menschen gerieten so in wachsende gegenseitige Abhängigkeit – die klassische Ausgangssituation für Domestikation. (Lathrap 1970)

Nahrungserzeugung diente ursprünglich den unterschiedlichsten Zwecken. Auch waren die Ziele, die den jagenden und sammelnden Pionieren der Landwirtschaft vor Augen schwebten, gewiß nicht weiter als bis zur nächsten Ernte gesteckt. Nirgendwo erkennt man die Absicht, die angestammte Lebensweise zu überwinden. Nirgendwo finden sich Anzeichen dafür, daß Pflanzenanbau und Tierhaltung große Entdeckungen gewesen wären, deren Vorteile den Übergang zu einer neuen Lebensweise begründet hätten. Tiere und Pflanzen mit Domestikationsmerkmalen trugen einen zunächst verschwindenden Bruchteil zur Ernährung bei.

Daß sich unter dem Einfluß menschlicher Eingriffe in die Wildnis langsam, aber unwiderruflich auch die Lebensweise verändern würde, war weder beabsichtigt, noch dürften die Beteiligten es wahrgenommen haben. Ihr Leben war geprägt durch den Wechsel von guten und schlechten Jahren, von Überfluß und Hunger, durch Zeiten des Friedens und des Konflikts. Solche Erfahrungen werden ihr Verhalten beeinflußt haben. Hunger wird sie veranlaßt haben, vorübergehend mehr zu tun, um etwa durch Abbrennen von Steppengras und Buschwerk Platz für Wildgetreide zu schaffen. Doch das geschah in der Erwartung, daß sich die Zeiten wieder normalisieren würden und daß man zum gewohnten Zustand zurückkehren könnte. Und wahrscheinlich trat das Erwartete auch häufig genug ein.

Vor dem Erfahrungshorizont der Beteiligten stellte sich die Veränderung als Schwankung um einen Normalzustand dar. In größeren Zeiträumen verschoben sich jedoch unmerklich die Gewichte. Das Verhältnis zwischen Menschen und der Natur sowie die Beziehungen der Menschen in der Gesellschaft veränderten sich allmählich. Doch das wurde von niemandem wahrgenommen. Die Entwicklung zog sich über unzählige Generationen hin. Das bedeutet, sie vollzog sich jenseits des Bewußtseins der handelnden Menschen. Mit Ausnahme der Wüstentäler Perus, wo rasches Bevölkerungswachstum die Entwicklung beschleunigte, dauerte es Jahrtausende, bevor der Pflanzenanbau und die Tierhaltung auch nur die Hälfte zum Speisezettel beisteuerten.

Trotz unterschiedlicher Ausgangsbedingungen hat die Nahrungserzeugung die kulturelle Evolution in verschiedenen Erdregionen auf ähnliche Weise geprägt. Unabhängig voneinander entstanden vier bis fünf Jahrtausende nach den ersten domestizierten Pflanzen die ersten komplexeren Gesellschaften. Nicht mehr die Familiengruppe von wenigen Menschen wie in den Hochtälern Mittelamerikas und der Andenregion, nicht mehr die Dorfgemeinschaft von einigen Dutzend Mitgliedern wie im Hügelland Palästinas und an der peruanischen Pazifikküste waren die größten wirtschaftlichen und sozialen Einheiten. Verbände von Tausenden von Menschen entstanden, die in der ethnologischen Literatur »Häuptlingstümer« genannt werden. An einzelnen Orten entwickelten sich weitere ein bis zwei Jahrtausende später Staaten, in denen Zehn- bis Hunderttausende unter einheitlicher Herrschaft zusammenlebten und -arbeiteten – in Vorderasien und Nordafrika, in China ebenso wie in Meso- und Südamerika.

Die Zeitdimension zu beachten, ist wichtig. Nur so läßt sich verstehen, warum keinem der Teilnehmer am Prozeß der Zivilisierung ein Bruch mit der angestammten Lebensweise bewußt geworden sein dürfte. Der Übergang von der Wildbeutergruppe zu staatlich organisierten Gesellschaften zog sich über Zeiträume hin, die sich dem menschlichen Zeitgefühl entziehen. In Südwestasien und Nordafrika dauerte es etwa von 8000 bis 3000 v. Chr., in China von 5000 v. Chr. bis 1600 v. Chr., in Mittel- und Südamerika von 5000 v. Chr. bis zur Zeitenwende. Im Durchschnitt waren das vier Jahrtausende, das entspricht der Lebensspanne von 130 Menschengenerationen.

Was sich in der Lebenszeit einer Generation veränderte, war weitaus geringer als die üblichen Wechselfälle des Lebens – der Wechsel von guten und schlechten Jahren, von Zeiten der Knappheit und des Überflusses; das Entstehen von Konflikten innerhalb wachsender Siedlungen; Spaltung und Besiedlung von Neuland, wenn die Konflikte unüberbrückbar wurden; das Erscheinen von Personen, die es verstanden, Gemeinschaften trotz wachsender Spannungen zusammenzuhalten; die Ankunft neuer Menschen mit fremdartigen Sitten; friedliche Ergänzung oder kriegerische Auseinandersetzungen mit Neuankömmlingen oder Nachbarn; der Wechsel von guten und schlechten Häuptlingen und auch der Wechsel von Frieden und Krieg.

Schwankungen im Naturablauf veranlaßten die Betroffenen, nach den Ursachen zu fragen. Ursachen all dessen, was geschah, aber waren Götter, Geister und vergöttlichte Ahnen. Um sie zu versöhnen, veränderte man sein Verhalten vielleicht ein wenig, ergänzte die Riten und Glaubensüberzeugungen. Doch keine dieser Veränderungen dürfte den Rahmen der überlieferten Normen und Traditionen gesprengt haben. Der Bruch mit der Überlieferung ergab sich aus der Summe winziger Schritte, von denen jeder notwendig und legitim zur Sicherung des Bestehenden erschienen sein dürfte.

Man kann die Entwicklung der Landwirtschaft also als Ko-Evolution von Menschen und Nutzpflanzen sowie -tieren deuten, in der sich die einen *kulturell*, die anderen *genetisch* entwickelten. Mittels Technik griffen Menschen in den Lebensraum von Pflanzen und Tieren ein. Manche – keinesfalls alle – Pflanzen- und Tierarten reagierten auf diese Eingriffe durch *genetische* Anpassung. Durch Entwicklung von Domestikationsmerkmalen vergrößerten sie ihre Vermehrungschancen in dem von Menschen veränderten Ökosystem.

Diese genetischen Veränderungen innerhalb von Tier- und Pflanzenpopulationen steigerten den Nutzen für den Menschen im Vergleich zum Wildtypus der Pflanzen und Tiere. Die Menschen reagierten durch *kulturelle* Anpassung. Da Domestikationsmerkmale die Produktivität und den Ertrag menschlicher Arbeit steigerten, nutzten Menschen vermehrt domestizierte Pflanzen und Tiere. Nutzpflanzen und -tiere beanspruchten einen zunehmenden Anteil der fruchtbarsten Böden und der besten Weideflächen, die ihren wilden Artgenossen verlorengingen. Ungewollt verstärkte diese Verdrängung von Wildpflanzen und -tieren die Abhängigkeit von der Nahrungserzeugung. Die wachsende Abhängigkeit von erzeugter Nahrung bedeutete zunehmende Seßhaftigkeit, und das wiederum ließ die Bevölkerung wachsen.

Seßhaftigkeit und wachsende Bevölkerungsdichten verlangten veränderte Formen des Zusammenlebens. Die Entwicklung neuer Formen sozialer Organisation von egalitären Jäger- und Sammlerhorden über Häuptlingstümer bis zu Staaten war für die kulturelle Anpassung auf menschlicher Seite nicht weniger wichtig als die von Technik und Wirtschaft. Ohne die Anpassung des Sozialverhaltens an die neuen Gegebenheiten hätte die kulturelle Evolution Jäger- und Sammlerniveau ebensowenig überschritten wie ohne Landwirtschaft. Ebenso wie von der Landwirtschaft waren komplexe arbeitsteilige Gesellschaften von Normen und Institutionen abhängig, die das Zusammenleben und das Zusammenarbeiten großer Menschenzahlen regelten. Ohne veränderte Formen des Sozialverhaltens würde die Menschheit, ein Bruchteil der gegenwärtigen, wie vor 10000 Jahren in Kleingruppen leben. Diese Entwicklung und die damit verbundene Anpassung des Sozialverhaltens an die Funktionsbedingungen komplexer arbeitsteiliger Gesellschaften sind Themen der folgenden Kapitel.

Übermalter und mit Gips nachmodellierter Schädel eines Ahnen aus Jericho um 7000 v. Chr. Zusammenhalt in Dörfern egalitärer Bauern garantierte allein der vergöttlichte Ahne – und nicht wie später in Häuptlingstümern die Macht einer priesterlichen Elite. Der Ahne war das Bindeglied zwischen der Gemeinschaft der Menschen und den Geistern und Göttern, die deren Leben beherrschten.

5. Kapitel
Gebein zu Gebein und Fleisch zu Fleisch

1. Teilen und »horten«

Landwirtschaft setzte ebenso einen Wandel des Sozialverhaltens voraus wie domestizierte Pflanzen und Tiere. Normen, die seit den Anfängen von *Homo sapiens* Zehntausende von Jahren Grundlagen des Zusammenlebens in der Gemeinschaft gewesen waren, mußten der neuen Wirtschaftsform angepaßt werden.

Nehmen wir als ethnologisches Beispiel zwei von Richard Lee überlieferte Episoden. (1979) Das traurige Schicksal zweier Buschleute, denen beim Versuch, Bauern zu werden, die angestammte Wildbeutermoral im Wege stand, zeigt die gegensätzlichen Werte und Normen beider Wirtschaftsformen.

Diese Buschleute scheiterten nicht an persönlicher Unfähigkeit, ein Leben als Bauer zu bestreiten; sie scheiterten auch nicht an externen ökonomischen Faktoren wie eine schlechte Agrarpolitik. Ihrem Erfolg als Bauern standen Gruppenloyalität und Wildbeuternormen im Wege, die uneingeschränktes Teilen verlangten.

Der eine, ein Mann namens Debe, hatte nach vermutlich jahrelanger harter Arbeit als Tagelöhner genügend gespart, um sich ein Stück Land und einige Ziegen und Rinder kaufen zu können. Da er fleißig war und von Landwirtschaft etwas verstand, hatte er anfangs Erfolg. Doch wann immer im Busch das Wild knapp wurde, kamen seine jagenden und sammelnden Verwandten, baten um Fleisch, und Debe war noch Buschmann genug, um seine Wildbeutermoral über die Erfordernisse der Tierzucht zu stellen. Eine Ziege nach der anderen fiel seinen ehemaligen Gefährten zum Opfer. Anstatt sich zu vergrößern, wurde die Herde immer kleiner. Irgendwann erkannte Debe, daß er als Viehzüchter gescheitert war, und verschenkte oder verkaufte, was von seiner Herde übriggeblieben war. Aus dem gleichen Grund mißlang ihm der Maisanbau. Großzügig teilte Debe seine Vorräte mit unersättlichen Verwandten. Um die Verpflichtung gegenüber seinen ehemaligen Gruppengefährten zu erfüllen, beschloß er, die Anbauflächen zu vergrößern. Da ein einzelner jedoch nicht Mais für eine ganze Gruppe anbauen kann, bat Debe seine Gäste, nicht nur beim Essen, sondern auch bei der Feldarbeit zu helfen. Vergeblich. Als Wildbeuter scheuten diese jede überflüssige Arbeit. Debe versorgte sie auch so.

Debes Fehler als Bauer war es, seine Vernunft der Moral unterzuordnen. Ein anderer Buschmann namens Bo stellte Vernunft über die Moral und scheiterte ebenso. Wie Debe von ehemaligen Gruppengefährten heimgesucht, entschied Bo, Großzügigkeit müsse für einen Bauern Grenzen haben. Kleinlich war auch er nicht. Jedem seiner zahlreichen Besucher tischte er ein reichliches Mahl auf, und wenn er ihn am nächsten Tag wieder in die Wildnis schickte, gab er ihm zum Abschied einen Beutel voll Tabak mit.

Doch begrenzte Großzügigkeit genügte Wildbeutern nicht. Um als Bauer zu überleben, mußte Bo mit seinen Vorräten haushalten. Dafür jedoch hatten seine ehemaligen Gefährten als Wildbeuter wenig Verständnis. Prompt erhielt er die Quittung für seine »Hartherzigkeit«. Bo wurde als geizig verachtet und geriet in den Verdacht der Hexerei. Isoliert und enttäuscht gab auch er auf, verkaufte, was ihm geblieben war, und wanderte aus.

Im Vertrauen darauf, daß die Wildnis jederzeit ein Mahl für sie bereithielt, konnten Jäger und Sammler bis zum letzten Bissen teilen. Das Vertrauen in die Großzügigkeit der Natur war grenzenlos. »Warum sich um das Morgen sorgen, wo man heute im Überfluß schwelgen kann«, charakterisierte der Ethnologe Basedow in den zwanziger Jahren diese Unbekümmertheit gegenüber der Zukunft. Man lebte im Heute.

»Morgen werden wir ein neues Fest feiern mit dem, was wir dann gefangen haben«, hatten Montagnais-Indianer im Osten Kanadas dem Jesuiten LeJeune im 17. Jahrhundert während einer Hungersnot versichert. An der Erfahrung der letzten Hungerwochen gemessen, war diese Zuversicht durch nichts begründet. Dennoch hatten sie ein paar Biber, die sie in Wochen erbeutet hatten, gemeinsam mit ihren Nachbarn auf einem einzigen Fest verpraßt. »Es war«, seufzte LeJeune, »als sei das Wild, das sie jagen wollten, in einem Stall eingeschlossen.« (Nach Sahlins 1972)

Die Norm, bedingungslos zu teilen, und das blinde Vertrauen in die Großzügigkeit der Natur waren Voraussetzungen der Lebensweise als Jäger und Sammler. Beim Nomadisieren hätten Vorräte nur behindert. Mit anderen zu teilen, war daher die weitaus bessere Versicherung gegen die Wechselfälle des Glücks als Vorräte. Ging man selber leer aus, dann war ein anderer erfolgreich und teilte ebenso. Wer größere

Nahrungsvorräte anlegte, zog, wie Richard Lee bei Buschleuten beobachtete, den Vorwurf zu »horten« auf sich. »Horten« aber war in einer Gesellschaft, die Teilen verlangte, ein schlimmer Verstoß gegen die guten Sitten. (1979)

Wildbeuter hatten eindeutige Vorstellungen von persönlichem Besitz sowohl an ihrer spärlichen Habe als auch an Nahrung. Pflanzliche Nahrung und Kleintiere gehörten dem, der sie gesammelt hatte. Ähnlich verhielt es sich mit größerem Wild. Es gehörte entweder dem Jäger oder, wie bei Buschleuten, dem Besitzer des Pfeils, mit dem das Tier erbeutet worden war. Da man sich häufig Pfeile lieh und verlieh, war Besitzer meist noch nicht einmal der Jäger.

Aber Nahrung zu besitzen, bedeutete in der Regel nicht mehr als die Verpflichtung, sie großzügig mit anderen zu teilen. Größeres Wild als knappe Ressource wurde nach einem festen System verteilt, das jedem Gruppenmitglied einen gerechten Anteil an der Beute sicherte. Ebenso wurde jedoch auch pflanzliche Nahrung geteilt, die jeder sich mit geringer Mühe selbst beschaffen konnte. So lag vor jeder Zweighütte der Buschleute ein Stapel des Hauptnahrungsmittels Mongongo-Nüsse. Nähere Verwandte der Familie und Nachbarskinder konnten sich jederzeit am Feuer vor der Hütte niedersetzen und Nüsse knacken. Andere Gruppenmitglieder mußten gewisse Formalitäten einhalten. Sie kamen gewöhnlich, wenn ein Familienmitglied Nüsse röstete, begannen ein unverfängliches Gespräch und warteten so lange, bis ihnen der Besitzer wortlos einen Haufen Nüsse hinschob. (Lee 1979)

Anzeichen von Vorratswirtschaft erscheinen in Palästina mit dem Übergang zur Seßhaftigkeit während der Natufium-Kultur (10000 bis 8000 v. Chr.) In dem etwa 12000 Jahre alten Wildbeuterdorf Ain Mallaha und in der Höhlensiedlung von El Wad wurden Behälter gefunden, in denen einst Nahrungsvorräte gelagert worden waren.

Architektur ist häufig materialisierte Sozialstruktur. Die Anlage von Ain Mallaha gewährt Einblick in die soziale Ökonomie des größten Natufium-Dorfes. Die 150 bis 200 Einwohner lebten in 50 runden, in die Erde versenkten Hütten, die einem bis drei Menschen Platz boten. Ihre Vorratsbehälter, zum Schutz gegen Feuchtigkeit mit Lehmputz ausgekleidete Erdlöcher, befanden sich entweder in den Hütten oder unmittelbar daneben.

Die Vorräte lagen somit innerhalb der persönlichen Sphäre der Bewohner einer Hütte. Außerdem waren sie nicht größer als der Getreidebedarf einer Person bzw. einer Kleinfamilie. Nirgendwo fanden die Ausgräber Anzeichen größerer gemeinschaftlicher Vorratsbehälter. Die Schlußfolgerung liegt nahe, daß die Bewohner jeder Hütte Nahrungsvorräte kontrollierten, die der Verpflichtung zum uneingeschränkten Teilen entzogen waren. Denn Vorräte sind, wie die Episode des Buschmannes Debe gezeigt hat, nur dann sinnvoll, wenn der Besitzer Bitten um Nahrung auch abschlagen kann.

Dieser an der Architektur einer Natufium-Siedlung erkennbare Wandel des Wertsystems verstärkte sich nach der Entstehung der Landwirtschaft. In der zweiten Hälfte des 8. Jahrtausends erschienen in ganz Vorderasien Dörfer aus rechtwinklig gebauten Stein- und Lehmhäusern, Mureybit am Oberlauf des Euphrat, Beidha etwa 150 Kilometer südlich des Toten Meeres oder Jarmo im Zagrosbereich. Diese Häuser enthielten Geräte sowohl von typisch männlichen als auch von weiblichen Tätigkeiten, etwa Jagdwaffen und Utensilien zur Zubereitung von Nahrung. Daher sind sich die Prähistoriker einig, daß diese Häuser von einzelnen Familien bewohnt wurden.

Die Grundfläche vieler dieser Häuser von 25 bis 35 Quadratmetern war in deutlich unterscheidbare Funktionsbereiche gegliedert: Sie enthielten einen Schlaf- und Wohnbereich, eine Küche mit Ofen und Mahlsteinen zum Zerkleinern von Getreide. Durch Mauern nach außen abgeschirmt, befanden sich im Hausinneren nun auch die Vorratskammern als fest in das Haus eingegliedertes architektonisches Element. (Flannery 1972)

Um die Mitte des 7. Jahrtausends v. Chr. umgab ein Teil der Bewohner von Beidha sogar die freie Fläche um das Haus mit Mauern. Abgeschirmte Höfe entstanden, in denen Hausarbeiten durchgeführt und wohl auch Ziegen gehalten wurden. (Kirkbridge 1966, 1968) Ähnliche Pferche legten die Bewohner von Jarmo um ihre Häuser an. Auch das Vieh, also lebende Nahrungsvorräte, war nun dem öffentlichen Bereich entzogen, architektonisch der Familie zugeordnet.

Die gleiche Einbeziehung der Nahrungsvorräte in den Familienbereich läßt sich auch in Mesoamerika nach dem Übergang zur Seßhaftigkeit erkennen. Die ersten Bauerndörfer im Hochtal von Oaxaca in Mexico bestanden um 1500 v. Chr. aus rechtwinkligen, durch Abstände von 20 bis 40 Meter getrennten Häusern. Auch in ihnen wurden Überreste »männlicher« und »weiblicher« Tätigkeiten gefunden, d. h. sie wurden von einzelnen Familien bewohnt.

Jede Familie hatte ihre eigenen Kornspeicher, zwei bis sechs in den weichen Fels gehauene glockenförmige Löcher unmittelbar neben dem Haus, die bis zu anderthalb Tonnen Mais aufnehmen konnten.

Berücksichtigt man, daß nicht alle diese Erdlöcher gleichzeitig als Vorratsbehälter dienten, sondern nach einer gewissen Zeit mit Müll angefüllt oder als Grabstätte benutzt worden sind, dann entsprach die Speicherkapazität des einzelnen Hauses ungefähr dem Jahresbedarf der Familie, die in ihm wohnte. (Flannery 1972; Winter 1976)

Nahrungserzeugung und Seßhaftigkeit ließen in weit entfernten Erdregionen die Familie zur wirtschaftlichen Grundeinheit innerhalb von Dorfgemeinschaften werden. Diese Gleichheit der Ergebnisse ist um so bemerkenswerter, als die Ausgangsbedingungen unterschiedlich waren. Wie Flannery gezeigt hat, spielte vor Entstehung der Landwirtschaft die Familie in der Alten und in der Neuen Welt eine unterschiedliche Rolle. (Flannery 1972)

Im Hochland Mesoamerikas hatte die Zeit der Nahrungsknappheit im Herbst und Winter die Familie zur wirtschaftlichen Einheit gemacht. Während dort die Familie als wirtschaftliche Grundeinheit fortbestand, schuf erst Landwirtschaft um 1500 v. Chr. die wirtschaftlichen Grundlagen für die Entstehung größerer dauerhafter Gemeinschaften. Im Gegensatz dazu hatte in Vorderasien seit den Tagen des Neandertaler Zusammenarbeit über Familiengrenzen hinweg die Wirtschafts- und Lebensweise geprägt. Vor Entstehung der Landwirtschaft war dort das Basislager aus drei bis vier Dutzend Menschen beiderlei Geschlechts und aller Altersgruppen die wirtschaftliche Grundeinheit gewesen. Vom Basislager aus zogen spezialisierte Arbeitsgruppen aus drei bis acht Mitgliedern, Jägern und Sammlerinnen, in die nähere oder weitere Umgebung. Was sie erbeuteten und sammelten, wurde zum Basislager zurückgetragen und dort über Familiengrenzen hinweg unter die Mitglieder der Gemeinschaft verteilt.

Landwirtschaft ließ in Vorderasien die wirtschaftliche Bedeutung der Familie wachsen. In Mesoamerika dagegen wurde Landwirtschaft zur Grundlage des Zusammenlebens vieler Familien in größeren Gemeinschaften. Von den Akteuren unbeabsichtigt, führten so von entgegengesetzten Ausgangspunkten zwei Wege zum gleichen Ziel. Das Ergebnis waren Dörfer mit einzelnen Familien, die primär für den Eigenbedarf wirtschafteten.

Damit entstand ein gemeinsames neues Problem: der Partikularismus wirtschaftlich autonomer Familien innerhalb größerer Dorfgemeinschaften. »Die soziale Ökonomie ist in lauter kleine Existenzen gespalten, jede so organisiert, um sich unabhängig von den anderen zu entfalten, und jede dem häuslichen Prinzip verpflichtet, für sich selbst zu sorgen«, charakterisiert Marshall Sahlins in seiner ethnologischen

Untersuchung *Stone Age Economics* das anarchische Grundprinzip einer solchen Ökonomie. »Arbeitsteilung? Jenseits des Haushalts verliert sie an Bedeutung... Nichts in dieser Infrastruktur der Produktion verpflichtet die verschiedenen Haushalte, einen Pakt einzugehen«, um zugunsten der Gemeinschaft »etwas von ihrer Autonomie aufzugeben«. (Sahlins 1972)

Ethnologische Beispiele zeigen, daß in solchen Dorfgemeinschaften beträchtliche Unterschiede zwischen Produktion und Verbrauch der einzelnen Haushalte – d. h. Familien – geherrscht haben. Aufgrund von Schicksalsschlägen, durch Unglücksfälle, Krankheit oder persönliche Unfähigkeit war eine geringe Anzahl von Haushalten auf Dauer unfähig, sich selbst zu versorgen. Andere Haushalte gerieten vorübergehend in Schwierigkeiten, wenn das Verhältnis zwischen abhängigen Kindern und arbeitsfähigen Erwachsenen ungünstig war. Andere Familien wiederum mit einem günstigen Verhältnis zwischen Produzenten und Konsumenten verbrauchten weniger Nahrung, als sie erzeugten.

Sollen solche Dörfer auf Dauer bestehen, so ist Ausgleich unter den Familien unumgänglich. Auch ohne eine zentrale Autorität, die den einen nimmt, was sie den anderen gibt, glichen sich in ethnologisch erforschten Dörfern Produktion und Verbrauch unter den einzelnen Haushalten aus. Haushalte, die mehr erzeugten, als sie verbrauchten, halfen denen, die Nahrung benötigten.

»Zumindest scheint niemand in einem Moala-Dorf zu hungern, obwohl offenkundig manche Männer nicht genügend Nahrung für ihre Familien erzeugen«, beobachtete Sahlins auf der zur Fidji-Gruppe gehörenden Südseeinsel. »Ebenso scheint (mit einer möglichen Ausnahme) kein Dorf nennenswerten Überfluß zu haben, obwohl manche Familien weitaus mehr Nahrung erzeugen, als sie verbrauchen.« In einem Iban-Dorf auf Borneo im südchinesischen Meer schätzte der Ethnologe Derek Freeman, daß die Ernten etwa von 20 bis 30 Prozent aller Haushalte in normalen Jahren unter Substistenzniveau lagen. In einem schlechten Jahr fielen sogar zwei Drittel aller Haushalte unter dieses Niveau. Nur in besonders guten Erntejahren erwirtschafteten sämtliche Haushalte genügend Nahrung. Dennoch hungerte niemand. (Freeman 1955; Sahlins 1962; Pospisil 1963; alle nach Sahlins 1972)

Vor dem Hintergrund des uneingeschränkten Teilens unter Wildbeutern stellen die Nahrungsvorräte und Herden »primitiver« Bauern tatsächlich eine Ausweitung von Besitzansprüchen dar. Dies bedeutet jedoch nicht, angeborenes Besitzstreben habe sich nun mit Hilfe der

Landwirtschaft durchgesetzt. Wenn es sich archäologisch auch nie feststellen läßt, wie im einzelnen die Bewohner von Ain Mallaha oder von San José Mogote das Problem gelöst haben, schon die Existenz solcher Dörfer ist der Beweis, daß sie es gelöst haben müssen. Das Solidaritätsprinzip als oberste Maxime der primitiven Ökonomie blieb weiter in Kraft. Die gesellschaftliche Norm, welche Art von Besitz respektiert werden müsse, war nur den neuen Erfordernissen der Vorratshaltung angepaßt worden.

Verbunden mit Landwirtschaft war der Anspruch auf ein relativ eng umgrenztes Gebiet, der nicht weniger neu war als die Einschränkung des Teilens. Nahrung auf Feldern in der Nähe der Siedlung zu gewinnen, setzte territoriale Bindungen voraus, die nomadisierenden Jägern und Sammlern fremd gewesen waren.

Wildbeuter hatten die Landschaft extensiv genutzt. Kleine Gruppen zogen nomadisierend durch riesige Gebiete. Von einem neuen Lager aus erntete man zunächst die in der Nähe wachsenden Pflanzen und zog zu Jagdausflügen in die nähere Umgebung. Wurden nach einigen Tagen oder Wochen die Anmarschwege zu weit, wurde mit dem Wechsel der Jahreszeit das Nahrungsangebot knapp, dann war es Zeit, das Lager abzubrechen und ein Gebiet mit noch unerschöpften Nahrungsquellen aufzusuchen. Alles Gerät, das sich für diese Lebensform eignete, mußte tragbar sein oder sich mit wenigen Handgriffen an Ort und Stelle herstellen lassen.

Landwirtschaft dagegen beruhte auf der intensiven Nutzung eines sehr viel kleineren Gebiets – von Feldern, auf denen man Nahrung anbaute. Auch waren die wichtigsten Geräte und Einrichtungen, mit denen man als Bauer sein Leben bestritt, nicht transportierbar, sondern ortsgebunden: Unterkünfte, Nahrungsvorräte, Vorratsbehälter und Geräte wie Mahlsteine oder Rösteinrichtungen. Sie herzustellen, hatte beträchtliche Arbeit erfordert, und der Verlust hätte Hunger bedeutet. Die im Vergleich zu nomadisierenden Wildbeutern stärkere territoriale Bindung von Bauern hatte wirtschaftliche Gründe. Mit der Abhängigkeit von einem Stück Land und den dort geschaffenen dauerhaften Einrichtungen mußte ein territorialer Anspruch von einer Ausschließlichkeit erhoben werden, die neu war in der menschlichen Evolution. Bedeutet das, mit Hilfe der Landwirtschaft hätten sich nun angeborene territoriale Instinkte durchgesetzt?

In beispielhaften archäologischen Untersuchungen haben Kent Flannery und seine Mitarbeiter im Hochtal von Oaxaca die Territorialordnung »primitiver« Bauern genauer untersucht. (Flannery Hrsg.

1976) Um 1000 v. Chr. lagen dort entlang des Atoyak-Flusses in Abständen von jeweils fünf Kilometern fünf Bauerndörfer. Flannery errechnete, daß bei diesen Abständen jedem einzelnen Dorf weitaus mehr fruchtbares Ackerland zur Verfügung stand, als zur Ernährung der Bevölkerung erforderlich war. Flannerys Berechnungen zeigten, daß nicht ökologische Tragfähigkeit, sondern soziale Faktoren die Abstände zwischen den Dörfern bestimmt hatten.

Dennoch war keines der fünf Dörfer wirtschaftlich autark. Innerhalb des ihnen theoretisch zustehenden Umfelds von zweieinhalb Kilometern um den Dorfmittelpunkt konnten die Bewohner keines Dorfs ihren Bedarf an Wild, an wildwachsenden Pflanzen und Rohstoffen decken. Vom größten aus gesehen, dem zentral gelegenen San José Mogote, konnte man innerhalb dieses Gebiets nur genügend Landwirtschaftsprodukte erzeugen. Zum Sammeln der meisten Wildpflanzen und zur Jagd auf einige Kleintierarten benötigte man schon ein Gebiet mit 5 Kilometern Radius um das Dorf. Nur innerhalb dieses zweiten, größeren Kreises fanden die Dorfbewohner auch die wichtigsten Mineralien: Salz, Ton, Sand, Kalkstein und Hornstein. Dieser zweite Kreis überschnitt sich jedoch mit dem Sammelgebiet und den Rohstofflagern der beiden nächstgelegenen Nachbardörfer.

Größeres Wild, wild wachsende Walnüsse, Avocados und Eicheln sowie zum Hausbau benötigte Pinienstämme mußten die Bewohner von San José Mogote aus bis zu 15 Kilometer Entfernung heranschaffen. In dieser Zone überschnitten sich jedoch die Interessensphären sämtlicher fünf Dörfer am Atoyak. Exotische Materialien wie das zur Herstellung von Spiegeln benötigte Eisenerz Hämatit oder ein besonders heller Ton für eine bestimmte Keramik, fanden die Bewohner von San José sogar erst in 40 Kilometer Entfernung und gerieten dort in die Einflußsphäre anderer Dörfer.

Wie regelten »primitive« Bauern das Problem sich derart überschneidender Ansprüche? Archäologie allein kann diese Frage nicht beantworten. Archäologisch läßt sich nur negativ feststellen, daß es Indizien für militärische Konflikte um Rohstoffe und Sammel- oder Jagdreviere nicht gibt. Anscheinend regelten die Talbewohner das Problem sich überschneidender Interessen im 1. Jahrtausend der Besiedlung zwischen 1500 und 550 v. Chr. friedlich.

Ein ethnologisches Beispiel muß daher Flannerys Analyse ergänzen. Ähnlich wie die prähistorischen Indianer im Hochtal von Oaxaca nutzten Pueblo-Indianer vom Stamme der Tewa im Südwesten der Vereinigten Staaten drei verschiedene Wirtschaftszonen. Mit zunehmender Entfernung vom Dorf überschnitten sich diese Wirtschaftszonen mit denen einer wachsenden Anzahl anderer Gruppen und wurden gemeinsam genutzt.

Ein relativ kleines Gebiet am Fluß und in den angrenzenden Vorbergen galt als ausschließlicher Besitz der Tewa. Dort lagen die Felder, das Pueblo mit seinen Einrichtungen und die Vorräte. Dort waren auch die Ahnen begraben, und dieses Gebiet wurde als Besitz betrachtet, den die Tewas notfalls mit Waffengewalt verteidigt hätten.

In einer sich anschließenden größeren Region sammelten sowohl die Tewa als auch die Einwohner benachbarter Dörfer wild wachsende Nahrung. Auf diese zweite Wirtschaftszone, in der sich die Interessensphären mehrerer Gruppen überschnitten, meldete niemand Besitzansprüche an. Begegneten sich Angehörige verschiedener Gruppen, so gingen sie als gute Nachbarn freundschaftlich miteinander um.

An den zweiten Wirtschaftsraum schloß sich ein dritter, noch größerer an – eine Gebirgsregion, in der die Tewa ihre Jagdreviere hatten und in der sie ihre Bergheiligtümer aufsuchten. In dieses Gebiet drangen nur noch die Männer vor. Dort trafen sie auf Jagdexpeditionen, die schon unterschiedliche Dialekte sprachen. Obwohl sich in dieser Wirtschaftszone die Interessensphären weit entfernter Gruppen überschnitten, verkehrte man auch dort freundschaftlich miteinander.

Kulturelle Faktoren, nicht instinktives Territorialverhalten bestimmten die Landbesitz- und Nutzungsordnung der Tewa und ihrer Nachbarn. Fest gebunden waren sie nur an ein relativ kleines Gebiet um das Pueblo mit den Feldern und den Gräbern der Ahnen. An der Grenze dieses inneren Wirtschaftsraumes hörte die territoriale Bindung jedoch nicht auf. Sie umfaßte, mit zunehmender Entfernung vom Pueblo schwächer werdend, weit entfernte Jagdreviere in den Bergen. Auch dieses gemeinsam mit vielen anderen Gruppen genutzte Gebiet war nicht Niemandsland, in das die Tewa einfach eindrangen. Die Heiligtümer, die sie dort hatten, dokumentierten eine religiös begründete Bindung. Diese Art territorialer Bindung ließ es zu, sich ein Gebiet trotz territorialer Bindungen mit einer Vielzahl von Gruppen friedlich zu teilen, die ähnliche territoriale Ansprüche auf dasselbe Gebiet hatten. (Flannery 1976)

2. Die Familie und die Gemeinschaft

Seßhaftigkeit und das Zusammenleben in Gemeinschaften von 100 und mehr Menschen verlangten verbindlichere Formen sozialer Organisation als in nomadisierenden Kleingruppen. Die Bindung an ein Stück Land, an Vorräte und an ein Haus mit stationären Einrichtungen stand der Art der Konfliktvermeidung im Wege, die unter Menschen stets die einfachste gewesen ist – sich aus dem Weg zu gehen. Auch wenn man nicht miteinander auskam, mußte man nun dennoch miteinander leben.

Die Schwierigkeit, im Zweifelsfall einander ausweichen zu können, hat in Çatal Hüyük, der größten Siedlung des 6. Jahrtausends v. Chr. Spuren hinterlassen. In dieser in Anatolien gelegenen »Weltstadt« lebten nach Schätzungen des Ausgräbers James Mellaart 5000 bis 6000 Menschen. Fugenlos mit gemeinsamen Mauern aneinandergebaut, waren die einzelnen Häuser nur mit Hilfe von Leitern durch Öffnungen in den Dächern zugänglich. Der Weg zur eigenen Wohnung führte daher über die Dächer der Häuser anderer Familien, ein, wie die vielen Knochenbrüche und Schädelverletzungen an den Skeletten der Bewohner verbürgen, nicht ganz ungefährlicher Zugang zu den eigenen vier Wänden. Mellaart vermutet, »zu große Nähe zum Nachbarn« habe die Einwohner öfters zum Knüppel greifen lassen, als der öffentlichen Gesundheit zuträglich gewesen sei, »die vielen Schädelverletzungen beweisen es«. (Mellaart 1975)

Unter nomadisierenden Jägern und Sammlern hatten schon die häufigen Besuche in benachbarten Gruppen wesentlich zum Abbau von Spannungen beigetragen. Richard Lees Untersuchung am »Dobe«-Wasserloch einer Gruppe von Buschleuten vermag eine Vorstellung davon zu geben. Innerhalb nur eines Monats erhielten die 27 ständigen Mitglieder der »Dobe«-Gruppe Besuch von insgesamt 49 Angehörigen anderer Gruppen. Im Durchschnitt bestand ein Viertel aller Menschen im Lager aus Besuchern, während sich ein Zehntel der Dobe-Gruppe selbst auf Besuch bei anderen Gruppen befand. (Lee 1979)

Auf die gleiche Weise ließen sich offene Konflikte lösen. Nichtige Anlässe konnten zu unüberbrückbaren Gegensätzen führen. Bevor man sich wie in Çatal Hüyük die Schädel einschlug, besuchte man Verwandte in anderen Gruppen. Nach Tagen oder Wochen, wenn der Qualm verzogen war, kehrte man wieder zurück. Half auch das nichts, dann verließ man die Gruppe, um sich einer anderen anzuschließen. Irgendwo gab es immer Verwandte, mit denen man sich verstand. Verwandtschaftsverhältnisse und Heiratsregeln lieferten in nomadisierenden Kleingruppen nur die allgemeine Struktur, Beziehungen zwischen Menschen zu regeln. Wo und mit wem man wirklich zusammenlebte, darüber entschieden zusätzliche Faktoren – unter anderem auch, ob man miteinander auskam.

»Im wesentlichen«, so beobachtete Richard Lee, »besteht ein Lager der Kung-Buschleute aus Sippenmitgliedern und ihrem Anhang, die herausgefunden haben, daß sie gut zusammenleben und zusammenarbeiten können. Nach diesem flexiblen Organisationsprinzip können Brüder vereint oder getrennt sein, Väter und Söhne zusammen oder getrennt leben. Mehr noch, durch ständige Besuche kann ein Individuum im Verlauf seines Lebens mehr oder weniger lange an verschiedenen Wasserlöchern leben, da an dem einen zu sein, nicht den Anspruch an einem anderen aufzugeben bedeutet.« (1979)

Kaum schmerzhafter verlief die Spaltung, wenn die Gruppe über eine bestimmte Größe hinausgewachsen war. Jede egalitäre Gesellschaft hatte eine kritische Größe, an der die Spaltung unvermeidlich wurde. Wo diese Grenze lag, darüber entschied meist nicht die ökologische Tragfähigkeit des Territoriums.* Sowohl Jäger und Sammler als auch egalitäre Bauerngemeinschaften trennten sich, *bevor* sie an ökologische Grenzen ihrer Ökonomie gestoßen waren. (Sahlins 1972)

Ausschlaggebend war vielmehr der soziale Zusammenhalt. Ab einer bestimmten Größe zerfiel die Gemeinschaft in Fraktionen, die nur mühsam zusammenhielten. Unter nomadisierenden Jägern und Sammlern lag die Grenze bei wenigen Dutzend Menschen. Wuchs die Gruppe über die kritische Größe hinaus, genügte ein geringfügiger Anlaß, um die Trennung auszulösen. Starb zum Beispiel eine ältere, von allen anerkannte Person, dann spaltete sich die Gruppe. Ein Teil packte seine Siebensachen und zog seiner Wege. Beweglichkeit und Vertrauen in die Großzügigkeit der Natur waren Voraussetzungen solcher Konfliktlösungen gewesen. Wirtschaftlich hatte man nichts zu verlieren, wenn man die Gruppe verließ. In Gemeinschaften, die sich nur durch Zusammenarbeit und Teilen gegen Not versicherten, war man überall gleich gut versorgt.

Der Bruch mit dieser relativ unbeschwerten Art des Zusammen-

---

* Eine Ausnahme waren vermutlich die nomadisierenden Wildbeuter im Hochtal von Tehuacán. Dort scheint das Nahrungsangebot während der Trockenperiode tatsächlich die Gruppengröße bestimmt zu haben.

lebens zeichnete sich in Palästina schon Jahrtausende vor Entstehung der Landwirtschaft ab. Die wild wachsenden Getreidefelder im Hügelland mögen zunächst nur als eine willkommene neue Nahrungsquelle erschienen sein. Sie systematisch zu nutzen, bedeutete jedoch, wirtschaftliche Abhängigkeiten einzugehen, die auch neue soziale Bindungen bedeuteten. Gebunden waren diese Dorfbewohner an ihre Felder in der Umgebung der Siedlungen und durch Vorräte, die Nahrung für Monate bedeuteten. Gebunden waren sie durch Häuser, Vorratsbehälter, Mahlsteine und andere stationäre Einrichtungen. All das konnte man nicht leichten Herzens aufgeben, nur weil man sich mit seinem Nachbarn wegen einer Lappalie in die Haare geraten war.

Der Übergang zur Seßhaftigkeit hatte daher mehrere sich gegenseitig verstärkende Wirkungen. Erstens führte Seßhaftigkeit zu höheren Geburtenraten und damit zu dem archäologisch dokumentierten Bevölkerungswachstum. Zweitens erschwerte wirtschaftliche Abhängigkeit von Feldern und stationären Einrichtungen die Spaltung, wenn die Gruppe eine bestimmte Größe überschritt. Drittens hatte das Zusammenleben in größeren Gemeinschaften unbestreitbare Vorteile, wenn es gelang, die mit zunehmender Größe wachsenden wirtschaftlichen Probleme zu lösen und soziale Konflikte zu regeln.

Im Dorf war man auf der Grundlage gegenseitiger Hilfe besser vor Not und vor Feinden geschützt als auf isolierten Siedlungen in der Wildnis. Im Dorf konnten sich über Familiengrenzen hinweg Arbeitsgruppen bilden. Größere Projekte wie das Roden von Wald und Buschwerk und das Umbrechen des Bodens, der Bau von Bewässerungsanlagen erledigten sich in Gemeinschaft mit anderen wie von selbst.

»Wenn mehrere von uns zusammen sind, scheint die Arbeit schnell getan zu sein«, erfuhr der Ethnologe Ian Hogbin vom Mitglied einer Busama-Arbeitsgruppe an der Nordostküste Neuguineas. »Wir schwatzen und lachen und scherzen, und bei Sonnenuntergang merken wir plötzlich, daß alles schon fertig ist. Wer jedoch allein loszieht, denkt immer nur, nie fertig zu werden. Dann wird er träge schon mittags nach Hause gehen, und am nächsten Tag muß er wiederkommen. Den Busch allein zu roden, ist wie den Ozean mit einem Schöpfeimer leeren zu wollen – endlos.« (Hogbin 1951)

Drei Faktoren – Bevölkerungswachstum, Abhängigkeit von Feldern, Vorräten und festen Einrichtungen, sowie die Vorteile größerer Gemeinschaften – erklären, warum die seßhaften Wildbeuter des Natufium in größeren Gemeinschaften lebten als ihre nomadisierenden Vorfahren. Trennung war nicht unmöglich. Auch die Lager und Siedlungen des Natufium hatten ihre kritische Größe. Immer wieder führte Bevölkerungswachstum zur Abspaltung von Gruppen, die anderswo neue Siedlungen gründeten. Aber schon das Beispiel Ain Mallahas mit seinen 200 Einwohnern zeigt, daß diese Grenze deutlich über derjenigen nomadisierender Wildbeuterhorden lag.

Die gleichen Faktoren sind Ursachen auch der weiteren Zunahme der Siedlungsgröße nach der Entstehung von Landwirtschaft. Mit Ain Mallaha als größter Siedlung des Natufium (11 000 bis 8 000 v. Chr.) hatte die maximale Größe menschlicher Gemeinschaften gegenüber derjenigen nomadisierender Wildbeuter schon um einen Faktor von etwa vier zugenommen. Auf der Grundlage von Nahrungserzeugung wuchs sie bis 7500 v. Chr. in Jericho mit 2000 Einwohnern gegenüber Ain Mallaha noch einmal um das Zehnfache. Weitere anderthalb Jahrtausende später lebten in der größten Siedlung Vorderasiens Çatal Hüyük in der Konya-Ebene in Anatolien bereits 5000 bis 6000 Menschen.

Seßhaft und von Feldern abhängig geworden, mußten die Menschen ihre wirtschaftlichen und sozialen Beziehungen verbindlicher und eindeutiger regeln als ihre nomadisierenden Vorfahren. Angesichts der Größe einer Siedlung wie Ain Mallaha ist es kaum vorstellbar, daß jeder einzelne Haushalt seine Getreidevorräte nach eigenem Ermessen geerntet haben könnte. Gewiß gab es bevorzugte Sammelreviere in unmittelbarer Nähe zum Dorf, andere in größerer Entfernung dagegen dürften weniger begehrt gewesen sein. Außerdem erforderte die kurze Zeitspanne zwischen dem Reifen und dem Zerplatzen der Ähren von Wildgetreide eine sorgfältige Planung des Erntens.

Harlans Ernteversuch mit wildem Einkorn zeigte, daß eine *einzelne* Familie ihren Jahresbedarf *nur* dann decken konnte, wenn sie in tieferen Lagen mit dem Ernten begann und sich mit fortschreitender Jahreszeit bergauf arbeitete. Wenn schon eine Familie das Ernten sorgfältig planen mußte, welche Koordinationsprobleme ergaben sich erst auf der Ebene eines Dorfs mit einigen Dutzend Familien! Das Risiko, sich in die Quere zu kommen, während anderswo die Körner ungenutzt vom Halm fielen, ließ sich nur durch Abstimmung vermeiden. Die kurze Zeitspanne zwischen dem Reifen und dem Zerfallen der Ähren verlangte eine wohlorganisierte Zusammenarbeit des ganzen Dorfs.

Nach einem anderen System mußte die Fleischversorgung gesichert werden. Mit Ausnahme von Treibjagden auf größere Tierherden war es für größere Siedlungen vorteilhafter, mehrere kleine Jagdtrupps in verschiedene Richtungen auszusenden, als alle Jäger auf die gleiche Fährte zu setzen. Man vergrößerte die Erfolgschancen. Voraussetzung einer solchen Risikoverteilung auf Dorfebene aber war, daß Jagdtrupps, die ohne Beute heimkehrten, von den erfolgreichen mitversorgt wurden.

Wie die Bewohner von Ain Mallaha und die späterer größerer Bauerndörfer Arbeiten koordinierten, welche wirtschaftlichen Strategien sie anwandten und wie sie Verteilungsprobleme lösten, ist archäologisch nicht feststellbar. Aber schon die Fragen zeigen, daß ad hoc-Lösungen wie unter nomadisierenden Jägern und Sammlern ausgeschlossen waren.

Zusammenhalt und Kooperation innerhalb der Gemeinschaft waren lebensnotwendig. Aber es gab weder eine politische Zentralgewalt, die es hätte erzwingen können, noch wirkliche Arbeitsteilung, die es aufgrund gegenseitiger wirtschaftlicher Abhängigkeit notwendig gemacht hätte. Um als Dorfgemeinschaft zu bestehen, mußten die Familien gewisse Freiheiten »freiwillig« zugunsten der Gemeinschaft aufgeben. Auf verschiedenen Ebenen sozialer Integration und wirtschaftlicher Zusammenarbeit mußten Beziehungen zwischen ihnen und ihre gegenseitigen Verpflichtungen festgelegt werden. Wie das geschah, sei zunächst am Beispiel einfacher Bauerngesellschaften untersucht. Im folgenden Abschnitt seien dann die archäologischen Indizien für ähnliche Lösungen in der Vorgeschichte diskutiert.

Soziale Grundeinheit der von Hogbin erforschten Busama auf Neuguinea war der Haushalt: Mann und Frau sowie kleinere Kinder. Zuweilen gesellten sich weitere Personen dazu: unverheiratete Söhne der Schwester des Mannes, dessen Eltern oder Schwiegereltern und weitere Verwandte, jedoch auch Einzelgänger ohne andere verwandtschaftliche Beziehung im Dorf. Innerhalb der Haushaltsgemeinschaft wurde die tägliche Arbeit organisiert.

Nächsthöhere Einheit war die Abstammungsgruppe. Sie vereinigte fünf bis sechs Haushalte, die sich in mütterlicher Linie von einem einige Generationen früher lebenden Ahnen herleiteten. Da die Abstammungsgruppe die landbesitzende Einheit der Busama war, wurde auf dieser Ebene die Landzuteilung zwischen den Familien geregelt. In diesem Rahmen organisierten die Haushalte auch größere gemeinschaftliche Unternehmungen wie das Roden von Buschwerk und Wald, um neue Gärten anzulegen. Außerdem hatte die Abstammungsgruppe einst gewisse rituelle Aufgaben gehabt.

Als dritte, noch größere Einheit folgte der sogenannte »Klub«. Ihm gehörte man durch Abstammung und persönliche Neigung an. Jeder der insgesamt 14 Klubs der 600 Busama verfügte über ein eigenes Haus. Es diente den männlichen Mitgliedern als Versammlungsort, und in ihm waren einst die Ritualobjekte des Klubs aufbewahrt worden. Wirtschaftlich trat der Klub bei Unternehmungen in Aktion, die Zusammenarbeit in größerem Maßstab als Abstammungsgruppen erforderten. Der Bau von Häusern oder von Kanus und die Veranstaltung von Hochzeiten waren typische Aktivitäten, bei denen die Mitglieder eines Klubs zusammenarbeiteten.

Auf Dorfebene schließlich bildete die Verwandtschaftsgruppe die oberste soziale Einheit – das war die Gemeinschaft derjenigen, die sich als verwandt betrachteten. 1945 existierten im Dorf zwei solcher Verwandtschaftsgruppen, zwischen denen als Folge von Kolonialismus und Zweitem Weltkrieg nicht eben freundschaftliche Beziehungen herrschten. Die Verwandtschaftsgruppe trat bei Projekten in Aktion, die Zusammenarbeit im Dorfmaßstab verlangten. Mußten zum Beispiel beim Bau eines Hauses viele schwere Baumstämme aus dem Wald ins Dorf geschleppt werden, dann arbeiteten die arbeitsfähigen Mitglieder einer Verwandtschaftsgruppe zusammen. (Hogbin 1951)

Verwandtschaft, das muß zum Verständnis hinzugefügt werden, hatte für sogenannte »Primitive« eine andere Bedeutung als für uns. Wie der Ethnologe Raymond Firth auf der kleinen Südseeinsel Tikopia am westlichen Rand des Pazifik am eigenen Leib erfuhr, bedeutete Verwandtschaft nicht primär eine genealogische Beziehung: »Verwandtschaft ist im Grund ein sozialer Mechanismus, zur Regulierung von Beziehungen zwischen Menschen.« Firth selber wurde in das Verwandtschaftssystem seiner Gastgeber eingegliedert. Um eine familiäre Beziehung herzustellen, aber zugleich den Rangunterschied zu betonen, kamen der Ethnologe und einer der Häuptlinge überein, dieser sei sein »Sohn«, und folglich war jener für Firth ein »Vater«; jüngere Tikopia sagten »Vater« zu Firth und behandelten ihn mit Ehrerbietung; gleichaltrige nannten ihn »Bruder« und erlaubten sich Scherze mit ihm. Da er Junggeselle war, hieß er für kleine Kinder »unverheirateter Vater«, ebenso wie ein unbeweibter Onkel angeredet wurde. Jede dieser unterschiedlichen Bezeichnungen legte ein genau umschriebenes Verhältnis zwischen zwei Menschen fest.

Ein Busama war daher Mitglied eines Haushalts, einer Abstammungsgruppe, eines Klubs und einer Verwandtschaftsgruppe, ein Tikopia Mitglied eines Haushalts, eines Clans und eines Dorfs. Busama der gleichen Abstammungsgruppe lebten in der Regel in benachbarten

Häusern, auf Tikopia dagegen waren Mitglieder des gleichen Clans – einer Abstammungsgruppe – über verschiedene Dörfer verteilt. Andere Länder, andere Sitten – das Prinzip war jedoch ähnlich. Jede Zugehörigkeit zu verschiedenen Gruppen verschaffte dem Einzelnen bestimmte Rechte auf die Hilfe anderer. Jede verpflichtete ihn, mit den anderen Mitgliedern der jeweiligen Gruppe zu bestimmten Anlässen zusammenzuarbeiten. Als Mitglied seines Clans, so berichtete Firth, erhielt ein Tikopia Schutz und ein Anrecht auf die Produkte des Clan-Landes, während er klein war; später erhielt er selber einen Anteil am Land des Clans; der Clan wies ihm einen Standort für sein Haus und den damit verbundenen Namen zu; heiratete er, so erhielt er vom Clan wirtschaftliche und rituelle Unterstützung und das Privileg, zur Beschwörung der Ahnengeister bestimmte religiöse Formeln zu benutzen. (Firth 1939)

So unterschiedlich die Organisationsprinzipien ethnologisch erforschter Bauernkulturen auch waren, eines war ihnen gemeinsam. Gemeinschaften seßhafter Bauern regelten ihre Angelegenheiten weitaus verbindlicher als nomadisierende Kleingruppen. Der Einzelne war Mitglied verschiedener sozialer Einheiten, die ihn mit zunehmender Größe vom Haushalt bis zum Dorf, zum Clan oder Stamm, mit einer wachsenden Zahl anderer Menschen verbanden. Als Mitglied jeder dieser Einheiten hatte er bestimmte Rechte, etwa Rechte an Land; als Mitglied jeder dieser Einheiten konnte er bestimmte wirtschaftliche und ökonomische Hilfeleistungen von anderen erwarten und war selbst den gleichen Hilfeleistungen gegenüber anderen Mitgliedern der gleichen Gruppe verpflichtet.

3. Ordnung über den Tod hinaus

Wo die Lebenden den Toten besondere Aufmerksamkeit widmen, ist die Welt der Toten häufig ein Abbild der Welt der Lebenden. Nehmen wir das Extrem des Totenrituals nomadisierender Wildbeuter, das ein Ethnologe in Westaustralien beobachtet hat. Das Skelett ein und derselben Person wurde an nicht weniger als vier verschiedenen Orten begraben. Zweck dieser mühevollen Prozedur war die rituelle Wiederholung von vier kritischen Übergangsphasen im Leben des Verstorbenen. Bedingt durch die Lebensweise hatten sie an vier verschiedenen Orten stattgefunden.

»Die Leute vom Lyne River haben den erstaunlichen Brauch, die Gebeine eines Erwachsenen in drei Bündel aufzuteilen. In eines werden Arme, Schienbeine, Hände, Schulterblätter, Schlüsselbeine und Rippen gepackt; Oberschenkelknochen, Füße, das Becken, die Wirbelsäule und die Zähne in ein zweites; die Kniescheiben, das Brustbein, die Spitze der Wirbelsäule und der Unterkiefer in ein drittes. Das eine Bündel wird zu dem Tümpel gebracht, wo der Verstorbene einst von seinem Vater als Geistkind ›gefunden‹ wurde. Ein zweites Bündel wird an dem Ort in die Erde gelegt, an dem einst seine Nabelschnur begraben worden war. Das dritte wird von einem Bruder der Mutter zu dem Ort gebracht, wo ein Toter initiiert, eine Tote nach der Geburt mit Holzkohle abgerieben worden war. Der Schädel eines Mannes wird zu dem Stein getragen, der an sein erstes erbeutetes Känguruh erinnert, der einer Frau zu dem Ort, an dem sie einst krabbeln gelernt hat.« (Nach Tainter 1978)

Vor diesem Hintergrund tritt die veränderte Beziehung schon der seßhaften Wildbeuter des Natufium (10000 bis 8000 v. Chr.) zu dem Ort hervor, der Mittelpunkt ihres Lebens gewesen war: die Siedlung bzw. das Hauptlager einer Gruppe. In den Gräbern der rund 200 Toten dieser Phase, von denen die meisten in Ain Mallaha und El Wad gefunden worden sind, hat der Prähistoriker Gary Wright aufschlußreiche Hinweise auf die Sozialstruktur entdeckt. (Wright 1978)

Viele dieser Toten waren dort, wo sie gefunden wurden, nicht zum erstenmal bestattet worden. Am Fundort hatten sie nur ihre *letzte* Ruhestätte gefunden. Die sekundären Begräbnisse der noch halbnomadischen Menschen des Natufium stammen wahrscheinlich von Individuen, die irgendwo unterwegs gestorben waren. Dort zunächst nur provisorisch begraben oder skelettiert, wurden sie bei der Rückkehr in die Siedlung endgültig beigesetzt. (Mellaart 1975)

Doch die neuentstandene Bindung bezog sich anscheinend nicht nur auf den Ort, an dem eine Person gelebt hatte, sondern ebenso auf die Gruppe, der sie angehört hatte. Ihr gehörte sie selbst noch im Tod an. Tote wurden in Gemeinschaftsgräbern von zwei bis zehn Individuen bestattet. Das Totenritual sah die Vereinigung von Menschen gleicher sozialer Zugehörigkeit vor. Vermutlich liegen in den Gemeinschaftsgräbern des Natufium Mitglieder einer Familie bzw. einer Abstammungsgruppe, d. h. einer Gruppe von Menschen, die sich von einem gemeinsamen Vorfahren hergeleitet hat.

Besonders aufschlußreich waren die Gemeinschaftsgräber von El Wad, wo sich zwei verschiedene Totenrituale erkennen lassen. Zehn

Tote in einem Gemeinschaftsgrab im Höhleninnern waren nach dem einen Ritual bestattet worden. Nach einem anderen lagen 22 weitere Tote in Gruppen von zwei bis sieben Individuen in der Erde der Terrasse vor der Höhle. Da beide Arten von Gräbern etwa gleichzeitig entstanden sind, vermutet Wright, daß sie die sterblichen Überreste zweier Untergruppen der Gemeinschaft enthalten.

In den fünf Gemeinschaftsgräbern unter der Terrasse wies Wright Anzeichen einer sozialen Differenzierung nach. Einer unter den Toten jeder Gruppe – und zwar nur einer – trug Schmuck aus den im Hügelland seltenen Dentalium-Muscheln aus dem Mittelmeer. Alle übrigen Mitglieder seiner Gruppe waren ohne Grabbeigaben bestattet worden. Wo das Geschlecht des ausgezeichneten Toten bestimmt werden konnte, war es männlich.

Daß sich unter den ausgezeichneten Toten auch ein Kind befand, legt eine weitere Vermutung nahe. Der durch den Muschelschmuck ausgedrückte Rang – vielleicht als nominelles Oberhaupt einer Familie bzw. Abstammungsgruppe – war nicht durch persönliche Leistung, sondern durch Geburt erworben. Vermutlich lieferten daher Abstammungsgruppen die soziale Grundstruktur der größeren Lager und Siedlungen des Natufium.

Die Freiheit von Jägern und Sammlern, nur dann zusammenzuleben, wenn man sich auch verstand, dürften die Bewohner von Ain Mallaha oder Ed Wad nicht gehabt haben. Geburt, nicht persönliche Entscheidung entschied über soziale Zugehörigkeit im Leben wie im Tod. Selbst wer irgendwo in der Wildnis gestorben war, wurde skelettiert zurück ins Dorf bzw. Lager geholt, um im Tod mit den anderen Mitgliedern seiner Sippe vereint zu werden. Abstammung legte fest, mit wem man zusammenlebte und zusammenarbeitete. Verteilungsfragen wie die Nutzung von Feldern oder Organisationsprobleme wie die Zusammenstellung von Arbeitsgruppen dürften über solche Gruppen geregelt worden sein.

Die gleiche Abstammungsideologie, die Dorf und Friedhof vereint und Menschen, die einander im Leben verbunden waren, auch im Tod zusammenführt, ist unabhängig auch in anderen Erdregionen entstanden. Deutliche Hinweise finden sich unter den Überresten der ersten Bauernkultur Nordchinas, der sogenannten Yang Shao-Kultur. Diese im Vergleich zur Natufium-Kultur weitaus komplexere bäuerliche Kultur mit Dörfern bis zu 600 Einwohnern florierte im 5. und in der ersten Hälfte des 4. Jahrtausends v. Chr. im Bereich des Mittellaufs des Huang Ho.

Die Yang Shao-Bauern begruben ihre Toten auf eigenen, vom Wohnbereich des Dorfes abgegrenzten Friedhöfen. Noch deutlicher als in den Gemeinschaftsgräbern des Natufium weist die Anlage der Friedhöfe auf ausgeprägtes Sippenbewußtsein hin. In Gemeinschaftsgräbern und wohlgeordneten Reihengräbern lagen vermutlich Mitglieder der gleichen Sippe. (Chang 1977)

Die Anzeichen, daß der Einzelne seine soziale Rolle aufgrund von Abstammung einnahm, werden in späteren Phasen der Yang Shao-Kultur sogar noch deutlicher. Nachdem Bevölkerungswachstum die Spaltung bestehender Dörfer erzwang, gründeten die Aussiedler in einiger Entfernung ein neues Dorf. So wie die Menschen des Natufium in Palästina Skelette zurück in die Siedlung getragen und dort bestattet hatten, trugen die Bewohner des neuen Yang Shao-Dorfes ihre Toten zurück zum Friedhof des alten Dorfes.

»Uns wurde dann klar«, schrieb J.G. Anderson, einer der Erforscher dieser Kultur, »daß die Siedler im Tal des T'ao in dieser Phase ihre Toten mehr als zehn Kilometer weit von ihrem eigenen Dorf über steile Pfade zu Hügelkuppen trugen, wo diese 400 Meter über den Wohnungen der Lebenden ihre letzte Ruhe fanden. Von dort sahen sie im weiten Rund den Ort, an dem sie aufgewachsen waren, gearbeitet hatten und gealtert waren.« (Nach Chang 1977)

Wichtig für Yang Shao-Bauern freilich dürfte weniger die Aussicht vom Friedhof gewesen sein, als der Glaube, Menschen, die zusammen gelebt hatten, müßten auch im Tod zusammen liegen. Treffend vergleicht der chinesische Prähistoriker Pin-Ti Ho die Anlage der Yang Shao-Friedhöfe mit denen nordamerikanischer Irokesen. Ein weißer Beobachter notierte dort zu Beginn des 19. Jahrhunderts, Glaube habe diesen Indianern verboten, »die Gebeine eines Verwandten mit denen eines Fremden zusammenzulegen, da Gebein zu Gebein gehört und Fleisch zu Fleisch«. (Ho 1975)

Zeichen auf über 100 Keramikscherben aus dem 5. Jahrtausend v. Chr., die im Yang Shao-Dorf Pan-p'o gefunden worden sind, ergänzen das Bild. Die Archäologen unterschieden 22 verschiedene Zeichen. Einheitlich in den äußeren Rand von Schalen geritzt, stellte ein Teil dieser Zeichen wahrscheinlich das Signum des jeweiligen Töpfers dar. Ein anderer Teil scheint jedoch die Zugehörigkeit des Besitzers zu größeren Familienverbänden oder Clans zu bezeichnen. Die meisten der 72 Scherben mit dem einfachsten Zeichen, einem vertikalen Strich, wurden innerhalb eines Areals von nur 100 Quadratmetern gefunden. Auch die Bewohner anderer Yang Shao-Dörfer verwendeten ähnliche Topfmarkierungen. (Ho 1975)

Das gleiche Organisationsprinzip von Abstammung als Grundlage gesellschaftlicher Organisation wiesen Archäologen in Mesoamerika im Hochtal von Oaxaca nach. In Hausruinen und Gräbern fanden sie aus der Zeit zwischen 1350 und 650 v. Chr. insgesamt 600 Scherben zerbrochener Töpfe, die zwei verschiedene Zeichen trugen: erstens das abstrakte Symbol einer Feuerschlange, das auf schwarze und graue Keramik gemalt war; und zweitens das eines Wer-Jaguars* auf weißer und gelber Keramik. Beide Zeichen symbolisieren mythische Wesen, die zu den ältesten und am weitesten verbreiteten Göttern der frühen Kulturen Mesoamerikas zählten.

Scherben mit dem einen oder dem anderen Symbol waren keinesfalls gleichmäßig unter den Haushalten und in den Gräbern eines Dorfs verteilt. Wo das eine Symbol gefunden wurde, war das andere in der Regel abwesend. In Häusern im östlichen und westlichen Teil des größten Orts San José Mogote befanden sich fast ausschließlich Scherben mit dem Symbol der Feuerschlange. Das gleiche Symbol war in weiteren kleinen Orten verbreitet, Tomaltepec und Abasolo. Genau umgekehrt verhielt es sich in zwei anderen kleinen Dörfern, in Huitzo und Tierras Largas, sowie im südlichen Wohnbereich von San José Mogote. Dort wurde fast ausschließlich das Motiv des Wer-Jaguars gefunden. Außerdem befand sich Keramik mit den gleichen Motiven unter den Totengaben von etwa fünfzig Gräbern. Auch in diesem Fall waren die Symbole nicht nach Zufallsprinzip verteilt. Die meiste Keramik mit einem der beiden Symbole befand sich in Männergräbern. Auch Kindern, aber nur selten Frauen, wurden Töpfe mit einem der beiden Symbole ins Grab gegeben.

Aus diesen auffälligen Regelmäßigkeiten hat die Prähistorikerin Nannette Pyne mehrere Schlußfolgerungen gezogen. Die Bevölkerung leitete sich von wenigstens zwei verschiedenen mythischen Wesen ab, dem Wer-Jaguar und der Feuerschlange. Da auch Kleinkindern Keramik mit dem Feuerschlangen-Symbol ins Grab gelegt wurde, muß soziale Zugehörigkeit zu einer der beiden Gruppen durch Abstammung erworben worden sein. Die Tatsache, daß Mitglieder der gleichen Gruppe in benachbarten Häusern lebten, zeigt außerdem, daß Zugehörigkeit zu einer der beiden Abstammungsgruppen Grundprinzip der territorialen Ordnung in Oaxaca war.

So unterschiedlich die Ausgangsbedingungen in Palästina, China

---

* Dieses in Mesoamerika verbreitete mythische Wesen ist Abkömmling einer menschlichen Frau und eines männlichen Jaguars.

und Mesoamerika gewesen sind, alle drei Kulturen weisen eine ähnliche soziale Grundstruktur auf. Abstammung hatte auch unter nomadisierenden Wildbeutern als Grundlage sozialer Organisation gedient. Im Gegensatz zur Ordnung nomadisierender Wildbeuter bedeutete Abstammung nun jedoch dauerhafte körperliche Bindung an die Gruppe, in die man geboren worden war. Selbst im Tod blieb man noch an sie gebunden.

Hätten australische Aborigines ihre Clan-Embleme überall dort hinterlassen, wo sie gerade lebten, wären in einem Territorium stets die Embleme mehrerer Clans gefunden worden. In der Bauerngesellschaft Oaxacas dagegen befanden sich am gleichen Ort nahezu ausschließlich die Symbole nur einer Abstammungsgruppe. In den Gemeinschaftsgräbern des Natufium ebenso wie auf den Friedhöfen der Yang Shao-Kultur wurden Menschen mit verschiedenen Lebensspannen, Biographien und Sterbeorten nur aufgrund ihrer gemeinsamen Abstammung im Tod wiedervereint. Gemeinschaft bis ins Grab spiegelte das Grundprinzip der sozialen Organisation dieser frühen Entwicklungsphase seßhafter Gesellschaften wider.

4. Vorgeschichtliche Austauschnetze

Seßhaft geworden, lebten die Menschen auf einem umgrenzten Gebiet mit dem Dorf und den Feldern. Dieses Gebiet betrachteten sie als ihr Territorium, dort waren sie geboren, dort lagen die Gräber der Ahnen, und dieses Kernland hätten sie notfalls mit Waffengewalt verteidigt. Ein äußerer Wirtschaftsraum schloß sich an, der in zunehmender Entfernung vom Dorf gemeinsam mit einer wachsenden Zahl anderer Dörfer bzw. Gruppen genutzt wurde. In dieser äußeren Zone sammelte man, hatte seine Jagdgründe, und von dort holte man auch wichtige Rohstoffe wie Bau- und Brennholz, Ton, Farbstoffe oder Stein zur Werkzeugherstellung. In der Regel dürften nahezu alle wirtschaftlich wichtigen Produkte innerhalb eines Gebiets von maximal 50 Kilometern um das Dorf zu beschaffen gewesen sein.

Man sollte erwarten, die Welt der ersten Bauern habe einige Dutzend Kilometer vom Dorfmittelpunkt geendet. Wo Archäologen indessen die mühevolle und wenig spektakuläre Suche nach unscheinbaren Spuren von Kontakten zwischen entfernten Menschengruppen nicht gescheut haben, kamen sie zu einem überraschenden Ergebnis.

Das traditionelle Bild von vereinzelten Dörfern, in denen Bauern an die Scholle gebunden und von kulturellen Entwicklungen anderswo abgeschirmt, selbstgenügsam vor sich hinwirtschaften und sich gegen alles Fremde abschirmen, ist falsch.

Die fünftausendköpfige Bevölkerung von Çatal Hüyük, der in Anatolien gelegenen »Weltstadt« des 6. Jahrtausends, bestand auch aus einem wahrhaft »internationalen« Rassengemisch. Anatomisch lassen sich drei verschiedene Rassen unterscheiden, eine europäisch-afrikanische, die schon das eiszeitliche Europa besiedelt hatte, eine zierlichere mediterrane und schließlich eine alpine. Vor diesem Hintergrund offenbart sich die ganze Provinzialität heutiger »Überfremdungs«-Ängste und ihrer pseudowissenschaftlichen Verbrämung. »Die Heterogenität dieser Bevölkerung«, so meint Mellaart, der Ausgräber von Çatal Hüyük, »trug wesentlich zum raschen kulturellen Fortschritt bei, den wir in Çatal Hüyük erkennen.« (Mellaart 1975)

Seßhaft und von einem Stück Land abhängig geworden, gaben die Menschen die Kontakte zu anderen Gruppen und Siedlungen nicht auf. Im Gegenteil, Austausch von Rohstoffen, wertvollen Schmuckobjekten, exotischen Artikeln, von Handwerksprodukten, von Haustieren und Nutzpflanzen nahm zu.

Die Hinweise auf weiträumige wirtschaftliche Austauschbeziehungen verdichten sich in Vorderasien mit der Ausbreitung der Landwirtschaft um die Mitte des 8. Jahrtausends v. Chr. Bestes Indiz ist die Verbreitung von Obsidian, einem vulkanischen Glas, das einen der begehrtesten Werkstoffe von Steinzeitmenschen darstellte. In Vorderasien gibt es Obsidianlagerstätten nur in zwei größeren Regionen im Norden des Subkontinents. Die eine Gruppe liegt bei Çiftlik in Anatolien, die andere in der Gegend des Van-Sees in Armenien. Aller Obsidian, der in Siedlungen bis zu dem 1000 Kilometer südlich gelegenen Beidha gefunden wurde, mußte daher aus einem der beiden Gebiete stammen. Durch Analyse der in Obsidian enthaltenen Spurenelemente ließ sich sogar die Herkunft von der einen oder anderen Gruppe von Lagerstätten bestimmen. Auf diese Weise wurde eine genaue Rekonstruktion des prähistorischen Obsidian»handels« im riesigen Wirtschaftsraum des prähistorischen Vorderasien möglich.

Um 7500 v. Chr. erreichte anatolischer Obsidian schon Jericho in der Jordansenke, nicht weniger als 800 Kilometer Luftlinie vom Ursprungsort entfernt. Die Verbreitung des gleichen Obsidian in einer Vielzahl von Siedlungen in der Levante in den folgenden Jahrhunderten läßt auf regelmäßigen Austausch mit Anatolien schließen. Zu

Beginn des 7. Jahrtausends v. Chr. verwendeten sogar die Bewohner von Beidha, weitere 150 Kilometer südlich von Jericho, Obsidian aus dem 1000 Kilometer entfernten Anatolien.

In Vorderasien gab es nicht weniger als drei solcher Austauschnetze. Das eine ließ sich vom heutigen Jordanien parallel zur Mittelmeerküste durch die Levante bis nach Anatolien zurückverfolgen. Für die Levante blieb zwar Anatolien stets wichtigste Obsidianquelle, aber gegen Ende des 7. Jahrtausends v. Chr. erreichten erstmals auch geringe Mengen von Obsidian aus den armenischen Lagerstätten das nördliche Palästina. Diese zweite Obsidian-Verbindung führte daher von Armenien über das Zagrosgebirge nach Südwesten in die Levante. Von den armenischen Lagerstätten erstreckte sich ein drittes Obsidian-Austauschsystem in die Zagrosregion und die Assyrische Steppe. Im 7. Jahrtausend v. Chr. bezogen die Bewohner von Ali Kosh in der Deh Luran-Ebene nordwestlich des persischen Golfs Obsidian aus den armenischen Lagerstätten.

Wichtig zum Verständnis der Bedeutung dieses wirtschaftlichen Austauschs für die kulturelle Entwicklung Vorderasiens ist die Art der Beschaffung. Theoretisch kommen zwei Möglichkeiten in Betracht: erstens durch Expeditionen zu den Lagerstätten; zweitens durch Tausch von Gruppe zu Gruppe, von Dorf zu Dorf. Hätten einzelne Siedlungen sich ihren Obsidian nach dem ersten Modell selber an der Lagerstätte besorgt, dann wäre für Obsidian in einigem Abstand von den Lagerstätten ein charakteristisches Verteilungsmuster zu erwarten gewesen: Einzelne besonders unternehmerische Siedlungen hätten über große Mengen Obsidian verfügt, ihre Nachbarn dagegen über nur wenig oder gar keinen. Doch Obsidian wurde in nahezu jeder prähistorischen Siedlung gefunden. Dabei nahm der relative Anteil dieses wertvollen vulkanischen Glases im Verhältnis zu örtlichem Steinmaterial mit der Entfernung von der Lagerstätte ab. Unmittelbar an der Quelle bestanden die meisten Steinwerkzeuge aus Obsidian. In großer Entfernung dagegen, etwa in Beidha oder Ali Kosh, dominierte örtliches Material, und nur ein Bruchteil aller Werkzeuge war aus Obsidian hergestellt.

Ein solches Verteilungsmuster spricht für den Tausch von Dorf zu Dorf, von Gruppe zu Gruppe. Gruppen in Anatolien und am Van-See beuteten die Lager aus und tauschten Obsidian gegen andere Erzeugnisse. Die ersten Empfänger behielten einen Teil des Obsidian für sich. Den anderen gaben sie an ihre Nachbarn weiter. Dieser Vorgang wiederholte sich mehrfach zwischen Lagerstätte und den Endpunkten. Dabei stieg der relative Wert von Obsidian mit zunehmender Entfernung von der Quelle. Bevor er Ali Kosh oder Beidha an den Endpunkten der Kette erreichte, war der Obsidian vielleicht durch ein Dutzend Hände gegangen. Bei jedem Austausch hatte er, gegen was immer er ausgetauscht worden war, relativ an Wert gewonnen. Auf diese Weise war aus einem Gebrauchsgut im Bereich der Lagerstätte an den Endpunkten des Austauschsystems ein Luxusartikel geworden.

Was im Austausch gegen Obsidian von Süden nach Norden gegeben wurde, ist unbekannt. Es dürfte sich um die unterschiedlichsten Dinge gehandelt haben. Werkstätten in Beidha aus der Mitte des 7. Jahrtausends v. Chr. gewähren einen gewissen Einblick in die Herstellung von Handwerksprodukten für den »Export«. Es handelt sich um mehrere rechtwinklige Gebäude mit dicken Steinmauern. Jedes dieser Werkstattgebäude bestand aus sechs kleinen Kammern, die nischenartig in zwei Dreiergruppen um einen zentralen Korridor gruppiert waren. Einer der Handwerker war Metzger. Andere stellten aus Stein, Muscheln, Horn und Knochen schöngeformte Perlen und verschiedene Werkzeuge her. (Kirkbridge 1966, 1968) Mit ziemlicher Sicherheit diente nur ein Teil dieser Handwerkserzeugnisse der Eigenversorgung dieses kleinen Dorfes. Ein anderer Teil wurde zum Tausch mit benachbarten Siedlungen oder nomadisierenden Gruppen hergestellt, die Beidha besuchten und von denen die Bewohner exotische Rohstoffe wie Obsidian bezogen haben könnten.

Wie sich an den Werkstätten von Beidha erkennen läßt, ist Obsidian daher nicht das einzige Objekt des prähistorischen Austauschs gewesen. Wahrscheinlich war er noch nicht einmal das wichtigste. Er war vielmehr eines der wenigen Materialien, die sich erhalten haben und deren Spuren archäologisch verfolgt werden können. Die meisten Produkte, die ausgetauscht wurden, dürften aus vergänglichem Material gewesen sein. Gebrauchsgegenstände und Schmuck aus Holz und Leder, Gewebe, Flechtwerk, Farbstoffe, Salz, Bitumen und Schwefel.

Das in der Jordansenke am Toten Meer gelegene Jericho zum Beispiel war im 8. und 7. Jahrtausend zweifellos ein Knotenpunkt in diesen Austauschnetzen. Es verband, wie Gary Wright in seiner Studie über den prähistorischen »Handel« annimmt, kleinere Siedlungen im Jordantal wie Munhata und Beisamoun sowie Beidha im Süden mit den Lagerstätten für Mineralien in Anatolien und dem Taurusgebirge. Es bezog Obsidian und Türkis aus dem Norden sowie Schmuckmuscheln aus dem Mittelmeer. Selber könnte Jericho Salz, Bitumen als Haftmittel und zur Abdichtung sowie Schwefel exportiert haben.

Diese Rohstoffe, die in der Umgebung des Toten Meeres vorkommen, könnten von Nomaden gesammelt und in Jericho gegen jene Produkte getauscht worden sein, die Jericho »importierte«. Ein anderes Tauschobjekt dürfte Nahrung gewesen sein, die Jericho dank seiner Quelle erzeugte. (Wright 1969)

Mellaart nimmt an, daß die Lage Çatal Hüyüks als Zentrum prähistorischer Austauschnetze wesentlich zur raschen wirtschaftlichen und kulturellen Entwicklung dieser Stadt im 6. Jahrtausend beigetragen hat. Lagerstätten einiger der begehrtesten Rohstoffe neolithischer Kulturen lagen innerhalb eines Kreises von 200 Kilometer Durchmesser um die Stadt: Mehrere Vulkane im Nordosten boten reiche Obsidianvorkommen. In der gleichen Region fand man Kalzit und Alabaster. Weißer Marmor und Grünstein wurden in Westanatolien gewonnen. Die Hügelregion westlich Çatal Hüyüks barg Lagerstätten mehrerer verschiedenfarbiger Eisenerze; aus der gleichen Gegend stammte auch der leuchtendrote Zinnober. Bunte Kupfererze wie grüner Malachit und blauer Azurit, das silbern schimmernde Eisenerz Hämatit, schwarzes Manganerz und Bleiglanz stammten vermutlich aus verschiedenen Lagerstätten im südlich gelegenen Taurusgebirge. Von Süden jenseits des Taurus kamen Kaurimuscheln in die Stadt. »Die verbreitete Nutzung all dieser Steine und Mineralien«, so Mellaart, »zeigt deutlich, daß Schürfen und Austausch ein herausragendes Merkmal der Wirtschaft dieser Stadt war und zweifellos erheblich zu ihrem Wohlstand beitrug.« (Mellaart 1967)

Der friedliche Austausch zwischen Nachbarn trug also dazu bei, ganz Vorderasien mit einem dichtgewebten Netz wirtschaftlicher Kontakte zu überziehen, durch das Rohstoffe, Schmuckgegenstände, Nutzpflanzen und nicht zuletzt Ideen bis in die entferntesten Winkel des Subkontinents vordrangen. Parallel zur Entstehung dieser Austauschnetze verbreitete sich auch die Landwirtschaft über ganz Südwestasien. Nutztiere und domestizierte Pflanzen hätten sich ohne diese wirtschaftlichen und kulturellen Kontakte nicht mit der gleichen Geschwindigkeit ausgebreitet. Schon bald nachdem sie im Ursprungsgebiet unter menschliche Kontrolle geraten waren, erschienen Pflanzen und Tiere in Regionen weit außerhalb der natürlichen Verbreitungsgebiete. Um 7000 v. Chr. bauten die Bewohner von Ali Kosh domestizierten Emmer an. Die wilden Vorläufer waren dort nie heimisch gewesen, sie stammten aus Palästina. In umgekehrter Richtung müssen die Schafe gewandert sein, die um 6000 v. Chr. Munhatta in Palästina erreichten. Sie stammten aus dem Zagros nordwestlich von

Ali Kosh. (Hole, Flannery 1967; Dixon, Cann, Renfrew 1968; Wright 1969; Renfrew, Dixon 1970; Mellaart 1975)

Wie in Vorderasien ist die Ausweitung des überregionalen Austauschs auch in Mesoamerika eine Begleiterscheinung der dörflichen Lebensweise nach 1500 v. Chr. Flannerys und seiner Mitarbeiter Untersuchungen im Hochtal von Oaxaca gewähren einen Einblick in die Beziehungen zwischen den verschiedenen kulturellen und ökologischen Zonen zwischen Guatemala im Süden und dem Zentralen Hochland von Mexico im Norden, dem Pazifik im Westen und dem Atlantik im Osten. (Flannery Hrsg. 1976)

Obsidian bezogen die Bewohner des Hochtals von Oaxaca von mehreren Lagerstätten sowohl aus dem Norden als auch aus dem Süden. Am weitesten wanderte der wegen seiner Qualität geschätzte Obsidian von Barranca de los Estetes, einer Fundstelle in dem etwa 400 Kilometer nordwestlich gelegenen Tal von Mexico. Muschelschalen und Schneckengehäuse, Schildkrötenpanzer, Stachelrochenspitzen sowie Federn und Bälge bunter tropischer Vögel erhielten sie von den Bewohnern der tiefliegenden tropischen Küstenregionen am Golf von Mexico und an der Pazifikküste.

Selbst stellten die Bewohner von Oaxaca für den Austausch mit anderen Regionen *Delfina*-Keramik sowie kleine polierte Spiegel aus dem silbern glänzenden Eisenerz Hämatit her. Auf der Brust getragen, dienten diese etwa daumengroßen Spiegel der Olmekenelite im 250 Kilometer nördlich gelegenen San Lorenzo als religiöse Statussymbole.

Außerdem war das Tal von Oaxaca Umschlagstation für den Austausch zwischen verschiedenen Teilen Mesoamerikas. Dort überlagerten sich mehrere Austauschnetze, die große Teile Mesoamerikas umspannten. Sie verbanden die Pazifikküste Guatemalas mit der Atlantikküste des Golfs von Mexico und erstreckten sich über 1000 Kilometer nach Norden bis ins Hochland Zentralmexicos mit dem Tal von Mexico als nördlicher Grenze. Die Rekonstruktion der Archäologen Marcus Winter und Jane Pires-Fereira vermag einen Eindruck zu vermitteln, welche Wege die Spezialitäten verschiedener Landesteile und Kulturen nahmen:

»Weitere Güter (neben Obsidian), die im Guadelupe-Victoria-Netz (zwischen Oaxaca, der Golfküste und Puebla) zirkuliert sein mögen, waren weiße *Xochiltepec*-Keramik, Trommeln aus Schildkrötenpanzern, perlmuttschimmernde Frischwassermuscheln, Stachelrochenspitzen, Haizähne und Trompeten aus Meeresschnecken, von denen viele Oaxaca wahrscheinlich von der Golfküste her erreichten. Einiges davon wird Oaxaca seinerseits an das zentrale Hochland durch das Barranca de los Estetes-Austauschsystem weitergegeben haben. In diesem Austauschsystem zirkulierte auch *Delfina*-Keramik, die bis nach Tlapacoya im Tal von Mexico vordrang. Diese in Oaxaca hergestellte Keramik erreichte außerdem Aquiles Serdan an der Küste von Chiapas (am Pazifik im äußersten Südwesten Mexicos), möglicherweise durch indirekte Verbindung mit dem El Chayal-Netz (das sich bis nach Guatemala im Süden erstreckte). Andere Güter von der Pazifikküste, die den Obsidian aus El Chayal nach Oaxaca begleitet haben können, schließen Perl-Austern und andere Muscheln mit ein.« (Winter, Pires-Fereira 1976)

5. Ein prähistorisches Abrechnungssystem

Die Bedeutung des prähistorischen Austauschs in Vorderasien läßt sich daran erkennen, daß dort vor etwa 10 000 Jahren das erste Abrechnungssystem der Menschheit entstand. In mühevoller Spurensuche in Museen in aller Welt ist es der Prähistorikerin Denise Schmandt-Besserat gelungen, Teile dieses Systems zu rekonstruieren. (Schmandt-Besserat, 1974, 1978, 1979) Wie häufig in der Wissenschaft, steht am Anfang einer überraschenden Entdeckung ein vollkommen anderes Ziel. Auf der Suche nach der ersten Verwendung von Ton stieß Schmandt-Besserat auf Tausende kleiner Objekte aus gebranntem Lehm von einem bis vier Zentimeter Größe. Heute in Museen und Sammlungen über alle Welt verstreut, stammen sie aus steinzeitlichen Siedlungen in Jordanien, in der Türkei und vom Persischen Golf.

Die ältesten wurden in Tepe Asiab und Ganji-Dareh gefunden, zwei 10 000 Jahre alten Dörfern im Zagrosbereich. In den folgenden Jahrtausenden verwendete man solche Zeichen in nahezu jeder Siedlung. Allein in Jarmo, einem Dorf im Zagrosbereich aus dem 8. Jahrtausend, entdeckten die Ausgräber mehr als 1 400 dieser rätselhaften kleinen Keramikobjekte. In den Ausgrabungsberichten erscheinen diese Stücke häufig als »Murmeln«, »phallische Symbole«, »Spielsteine« oder »Objekte unbestimmter Verwendung«. Mit solchen »Erklärungen« unzufrieden, machte Schmandt-Besserat sich zunächst an eine Klassifizierung.

Die Gesamtmenge von Tausenden dieser Stücke aus ganz Vorderasien ließ sich in 15 verschiedene Grundformen einordnen: Kugeln, Scheiben, Kegel, Doppelkegel, Pyramide, Zylinder, Birnenform, Dreieck, Viereck usw. Das sind Formen, die mit den Fingern durch Kneten, Rollen und Ritzen leicht herstellbar sind. Variiert wurden diese Grundformen durch Hinzufügungen: durch gerade oder halbmondförmige Kerben, aufgesetzte kleine Lehmringe und -kügelchen, Linien, kreuzförmige Einkerbungen, schneckenartige Windungen und flache kreisförmige Einbuchtungen, aber auch unterschiedliche Größe war anscheinend eines der Unterscheidungsmerkmale.

Auf diese Weise ließ sich die Gesamtmenge in insgesamt 209 verschiedene Gruppen einteilen, von denen in ein und derselben Siedlung freilich nur ein Bruchteil vorkam. Zum Beispiel benutzten die Bewohner von Tepe Sarab im Zagrosbereich nur 28 verschiedene Objektarten. Schmandt-Besserat folgerte, daß diese Objekte Zeichen mit einer bestimmten Bedeutung sein mußten.

Ein weiterer wichtiger Hinweis war das Brennen des Lehms. Bei Spielsteinen, Murmeln oder phallischen Symbolen hätte sich angesichts der Kunstlosigkeit der Objekte das Brennen erübrigt. Offensichtlich wurde Wert auf Haltbarkeit gelegt. Was immer die Form bedeutete, sie sollte auch Monate oder vielleicht sogar Jahre nach der Herstellung erkennbar bleiben.

Einen dritten Anhaltspunkt lieferten Ausgrabungen in Jarmo. Dort fanden die Ausgräber, daß die gebrannten Tonobjekte nicht zusammen mit anderem Hausrat auf den Fußböden der ehemaligen Häuser verstreut waren, sondern im Bereich der Vorratskammern lagen. Offensichtlich waren sie in Lederbeuteln oder Körbchen dort aufbewahrt worden, wo sich auch die Nahrungsvorräte befanden. Anscheinend bezeichneten sie eine Art von Besitz, der Nahrungsvorräten entsprach.

Einen weiteren Hinweis liefert die Kontinuität der Formen, mit der die Objekte bis ins 2. Jahrtausend nahezu unverändert hergestellt wurden. Diese Kontinuität erlaubte eine Identifizierung durch die Ähnlichkeit mit der ältesten sumerischen Schrift. Diese sumerischen Schriftzeichen aus den Jahrhunderten vor 3000 v. Chr. bezeichneten Dinge wie Schaf, Kuh, Matte, Holz, Kleidung, Öl und auch Zahlen. Sie dienten in der Wirtschaft der sumerischen Tempel zur Abrechnung von Leistungen und Gütern.

In flache Tontafeln geritzt, die anschließend gebrannt wurden, stellten die frühsumerischen Zeichen das Bedeutete zwar nur in zwei Dimensionen dar, aber die Ähnlichkeit mit den älteren dreidimensionalen Tonobjekten ist teilweise frappierend. Ein von einem Kreuz durchzogener Kreis auf frühsumerischen Abrechnungstafeln bedeutete: »Schaf«, ein Halbmond mit einem Zacken: »Rind«, ein von mehreren parallelen Linien durchzogener Kreis: »Gewand«, und ein Viereck mit einem Ährensymbol »Kornspeicher«. Dreidimensional finden sich diese Zeichen auch unter den älteren Objekten aus gebranntem Ton: eine Scheibe mit kreuzförmiger Einkerbung, ein zackentragender Halbmond, eine Scheibe mit parallelen Linien, ein Rechteck mit einem Ährensymbol.

Schon unter den 10000 Jahre alten ersten Tonobjekten von Tepe Asiab finden sich ähnliche Formen. Am häufigsten waren etwa 100 Kugeln, 70 schneckenförmige Gebilde, dazu Scheiben, Birnen, Dreiecke, Rechtecke usw. Was diese Zeichen genau bedeutet haben, ist unbekannt. Wahrscheinlich bezeichneten sie Nahrung und Güter, die wichtig genug waren, um als Tonobjekte registriert zu werden. (Schmandt-Besserat 1978, 1979)

Wozu diente das Registrieren von Nahrung, Tieren oder Gütern? Um den Getreidebestand im eigenen Speicher, die Größe der Herde im Pferch vor dem Haus oder den Bestand an bestimmten Bedarfsartikeln zu registrieren, hätte sich die Mühe nicht gelohnt. Augenschein hätte genügt. Nahrung und Güter in Form dauerhafter Zeichen zu registrieren, ist nur sinnvoll, wenn es um Austausch und Verpflichtungen zwischen verschiedenen Personen geht.

Die Objekte werden daher Nahrung, Tiere oder Güter bezeichnet haben, die der unmittelbaren Einflußsphäre desjenigen entzogen waren, der sie aufbewahrte. Theoretisch könnten sie die eigene Verpflichtung dargestellt haben: »Schafe, Korn, Obsidian zu geben an...« Wahrscheinlicher jedoch ist, daß sie eigenen Besitz bezeichneten, der sich in den Händen anderer befand. Sie hätten dann die Verpflichtung bedeutet, »Schafe, Korn, Güter zu erhalten von...«.

Welche der beiden Möglichkeiten zutreffen mag, läßt sich nicht entscheiden. Für uns bedeutet beides das gleiche. Es gab Besitz, und der Austausch zwischen verschiedenen Besitzern wurde registriert. Für die bezeichneten Dinge galt nicht mehr die Verpflichtung, auf der Grundlage von Gegenseitigkeit mit anderen zu teilen. Schafe, Kühe, Korn und was immer sonst die Zeichen bedeuteten, gab man anscheinend nicht mit großzügiger Geste, um auf eine großzügige Gegengabe zu hoffen. Man rechnete ab.

Offen ist allerdings, ob die neue Abrechnungsmentalität sich auf den Austausch innerhalb des Dorfes bezog. Ethnologische Beobachtungen lassen eine solche Vermutung als unwahrscheinlich erscheinen. Innerhalb der Dorfgemeinschaft galt das Motto: »Da Verwandte zusammenleben, sind Menschen, die zusammenleben, auch verwandt. Verwandte aber beschenken sich gegenseitig und rechnen nicht miteinander ab.« Ethnologisch erforschte »Primitive« unterschieden daher zwischen verschiedenen Formen des Austauschs. Innerhalb eigener Gemeinschaften mußte man geben. Mit bekannten Tauschpartnern in fremden Gruppen durfte man zwar handeln, aber schon um die notwendige freundschaftliche Verbindung aufrechtzuhalten, hielt man sich an gewisse Regeln. Im Verkehr mit Fremden dagegen waren sämtliche Tricks eines levantinischen Händlers erlaubt. (Sahlins 1972)

Die Parallelität der Verbreitung dieser Zeichen mit der Ausweitung des wirtschaftlichen Austauschs zwischen verschiedenen Siedlungen und Gruppen in Vorderasien ist daher gewiß kein Zufall. Sie macht es wahrscheinlich, daß die Zeichen zur Abrechnung des Austauschs zwischen Mitgliedern verschiedener Gruppen bzw. Dörfer gedient haben.

6. Erzeugung für den Eigenbedarf

Man würde den »primitiven« Austausch indessen verkennen, sähe man in der Bewegung von Gütern über Hunderte von Kilometern den Zweck, Bedarf in größeren Entfernungen zu befriedigen. Wenn sie Oaxaca oder Jericho erreichten, dann hatte Obsidian aus dem zentralen Hochland Mexicos oder anatolischer Obsidian wahrscheinlich ein dutzendmal den Besitzer gewechselt. Jeder dieser Besitzer behielt einen Teil für sich und gab nur so viel weiter, wie er selber entbehren konnte.

Weder dürfte man in der Umgebung der Lagerstätten von der Existenz San José Mogotes oder Jerichos gewußt haben, noch hatten die Endverbraucher in beiden Siedlungen eine Ahnung, woher ihr Obsidian tatsächlich kam. Sie hatten ihn einfach von einem Partner in einer anderen Gruppe erhalten. Der Tauschpartner, nicht der Mann an der Lagerstätte, war ihre Obsidianquelle.

Steht hinter dieser Verteilung von Gütern, von Tieren und Pflanzen innerhalb größerer Räume die »unsichtbar ordnende Hand« der liberalistischen Wirtschaftstheorie? Die Klärung dieser Frage ist wichtig, weil sie zum Dreh- und Angelpunkt wirtschaftlicher Motivation in Gesellschaften führt, in denen niemand Macht über andere hat.

Einen Markt, in dem Angebot und Nachfrage über den Preis reguliert worden wären, gab es nicht. Es versteht sich, daß man in Jericho ein Stück Obsidian als wertvoller ansah als in Anatolien. Angenommen, die Gegengabe wäre in beiden Fällen Weizen gewesen (eine extreme Vereinfachung, da Obsidian, bevor er Jericho erreichte, gegen die verschiedenartigsten Dinge getauscht worden sein dürfte): In diesem Fall hätte ein Bewohner von Jericho vielleicht zehnmal soviel Weizen für die gleiche Obsidianmenge gegeben wie der erste Tauschpartner südlich der Lagerstätte. Doch auch eine solche versteckte »Preisbildung« hatte keinen Einfluß auf die Gütererzeugung.

Wieviel ein Bewohner Jerichos zu »zahlen« bereit war, hätte den Erzeuger nicht interessiert. Angenommen, der Preis in Jericho wäre bis zur Lagerstätte weitergegeben worden. In diesem Fall hätte der Mann an der Quelle nicht mehr, sondern *weniger* gearbeitet. In Gesellschaften ohne Macht wurde die Erzeugung von Gütern nicht von der Nachfrage der Verbraucher, sondern vom Bedarf der Erzeuger bestimmt. Im Gegensatz zum Credo der liberalistischen Wirtschaftstheorie von der Unbegrenztheit der menschlichen Bedürfnisse, sind die Bedürfnisse einer »primitiven« Ökonomie begrenzt. (Sahlins 1972) Hätte die Frau oder der Mann an der Lagerstätte mehr Getreide für ein Stück Obsidian erhalten, dann wäre eben früher Feierabend gewesen. Der Nachschub für einen in der gesamten Levante begehrten Rohstoff wäre im selben Augenblick versiegt, in dem die Erzeuger in Anatolien und Armenien neben gefüllten Kornspeichern gesessen hätten. Angenommen, in Mesoamerika hätte *Delfina*-Keramik aus dem Tal von Oaxaca über einige Zwischenstationen die Pazifikküste von Chiapas im Austausch gegen Perlausternschalen erreicht. Gleichgültig wie groß an der Küste die Nachfrage nach *Delfina*-Keramik war, ein Bewohner von Oaxaca hörte auf, Töpfe herzustellen, wenn er genügend Muscheln hatte.

Nur Druck konnte die Produzenten veranlassen, mehr zu tun, als zur Deckung ihrer unmittelbaren Bedürfnisse notwendig war. Bis zur Entstehung von Gesellschaften, in denen eine Elite Macht über die Erzeuger hatte – das Thema des nächsten Kapitels –, konnte nichts Menschen veranlassen, auch nur einen Schlag mehr als notwendig zu tun. Man kann diese Relation jedoch auch von der anderen Seite betrachten. Die Stärke der Erzeuger, nur für den Eigenbedarf zu arbeiten, ist die Schwäche der Verbraucher. Wenn eine kleine Zahl von Erzeugern ein Monopol über die Versorgung einer großen Zahl von Verbrauchern hat, dann bleibt die Mehrzahl aller Wünsche offen.

Eine Zwischenlösung zur Produktionssteigerung war die Einschaltung wirtschaftlich überflüssiger Güter. In der »primitiven« Ökonomie diente sie als ein wichtiges Antriebsmoment. Um die Produktion und den Austausch an *Gebrauchs*gütern wie Obsidian, Getreide oder Ziegen zu steigern, schufen die Abnehmer einen Bedarf nach *Luxus*artikeln, das waren meist bedeutungsbefrachtete Ritualobjekte, die nur sie und niemand anders liefern konnten. An elementaren Bedürfnissen gemessen, war das meiste, was die Bewohner von Oaxaca aus den tiefliegenden Landesteilen an der Golfküste und am Pazifik bezogen, Firlefanz. Zum Überleben war es etwa so notwendig wie die prächtigen Meßgewänder katholischer Priester. Muschelschalen und Schneckengehäuse, Haifischzähne, Stachelrochenspitzen, Schildkrötenpanzer, für die man in Oaxaca gewiß teuer »bezahlte«, waren Artikel des gehobenen religiösen Bedarfs. Materialistisch gesehen, taugten solche Ritualobjekte, für die man teuer mit Gebrauchsgütern bezahlte, zu nichts Besserem als zu Riten, in denen Götter, die es nicht gab, um Regen angefleht wurden, der entweder auch so gefallen oder ausgeblieben wäre. Solche Objekte wurden nur dadurch wertvoll, daß Menschen an die religiöse Symbolik glaubten, mit der sie befrachtet waren.

Da Religionen – wie wir in den folgenden Abschnitten sehen werden – für diese Gesellschaften jedoch tatsächlich lebensnotwendig waren, trug auch der rituelle Firlefanz, für den man teuer bezahlte, zum Überleben bei. So absurd uns die zugrunde liegenden Glaubensvorstellungen anmuten, so willkürlich die Handlungen der menschlichen Akteure uns auch erscheinen, sie halfen Dorfgrenzen zu überwinden und Menschen zu verstärkten produktiven Leistungen zu veranlassen. Von Menschen betrieben, die nicht weiter als bis zur nächsten Ernte dachten und deren geographischer Horizont 50 Kilometer von der Siedlung entfernt in den Jagdgründen endete, trug der Austausch zur raschen Verbreitung von Rohstoffen und Gütern, von Ideen und neuen Techniken, von domestizierten Pflanzen und Tieren über ganze Subkontinente bei. Die Fundamente aller späteren Zivilisation wurden auf so irrationale Weise gelegt.

7. Ordnung in der Welt

Was konnte Menschen veranlassen, Freiheiten aufzugeben, um, seßhaft geworden, in größeren Gemeinschaften zu leben? Was brachte sie dazu, ihre persönlichen Wünsche und Interessen den Erfordernissen des Zusammenlebens in Dörfern und Kleinstädten unterzuordnen? Eine zentrale Autorität, die imstande gewesen wäre, Übereinkunft herbeizuführen, gab es nicht.

Die Macht, Übereinstimmung notfalls gewaltsam zu erzwingen, sollte erst Jahrtausende später nach der Entstehung von Staaten zum Mittel sozialer Kontrolle werden. Dennoch herrschte nicht der Hobbessche Naturzustand, der »Krieg eines jeden gegen jeden«. Der Haushalt wirtschaftete für sich selbst und verfügte über eigene Vorräte und Besitztümer, zugleich aber unterstützten sich die Haushalte auf Dorfebene. Dorfbewohner besetzten abgegrenzte Territorien, zugleich überwanden sie diese Grenzen aber durch friedlichen Austausch und kulturelle Kontakte. Sicherlich ist es innerhalb von Dörfern immer wieder zu Streit gekommen, ebenso zu Konflikten zwischen verschiedenen Dörfern und zu Unstimmigkeiten zwischen Tauschpartnern. Aber das war nicht Regel, sondern Ausnahme. »Naturzustand« waren nicht Krieg und Konflikt, sondern Einigkeit, Frieden und Ausgleich.

Was konnte solche Bedingungen herbeiführen? War es Vernunft? Sahen die Beteiligten ein, daß es sinnvoll war, sich zu arrangieren? Dachten sie, um der Vorteile des Lebens in der Gemeinschaft willen sei es besser, individuelle Freiheiten aufzugeben und auf Ausgleich bedacht zu sein? Stand am Anfang territorialer Ordnungen die Einsicht, da man selber genügend Land habe, sei es sinnlos, den Nachbarn von seinem Gebiet zu vertreiben?

Die Philosophen der Aufklärung, Hobbes und Rousseau allen voran, haben es einst so gesehen. »Todesfurcht, das Verlangen nach Dingen, die zu einem angenehmen Leben notwendig sind, und die Hoffnung, sie durch Fleiß zu erlangen«, vermutete Hobbes im 17. Jahrhundert, habe Menschen veranlaßt, den Naturzustand zu überwinden, in dem jeder nur seinen eigenen Begierden gefolgt und niemand der Früchte seiner Arbeit, ja sogar des Lebens sicher gewesen sei. »Und die Vernunft legt die geeigneten Grundsätze des Friedens nahe, auf Grund derer die Menschen zur Übereinstimmung gebracht werden können.« (Hobbes 1651)

Der gleiche Vernunftglaube findet sich bei Rousseau: »Wie findet man eine Gesellschaftsform, die mit der ganzen gemeinsamen Kraft die Person und das Vermögen jedes Gesellschaftsgliedes verteidigt und schützt?« Vernunft diktiert auch Rousseaus Gesellschaftsvertrag: »Jeder von uns stellt gemeinschaftlich seine Person und seine ganze Kraft unter die oberste Leitung des allgemeinen Willens, und wir nehmen jedes Mitglied als untrennbaren Teil des Ganzen auf.« (Rousseau 1762)

Selbst in der Zivilisationskritik des biologischen Fatalismus schimmert ein matter Abglanz dieses Vernunftglaubens. Der an das Zusammenleben in überschaubaren Gesellschaften angepaßte Menschenverstand, so eine der beiden Hauptthesen, sei von seiner Natur her nicht imstande, die Komplexität der modernen Welt zu begreifen. Anscheinend, so wäre zu folgern, hat es einst eine paradiesische Zeit gegeben, in der die Welt einfach genug war, um vom menschlichen Verstand begriffen und vernünftig geordnet zu werden.

Der Glaube an die Vernunft als Gründungsorgan der Gesellschaftsordnung beruht auf Illusion. Nichts führt an der Erkenntnis vorbei, daß die Ordnung der Welt zu begreifen, gerade in den einfachsten aller Gesellschaften, nicht Aufgabe für den Verstand gewesen ist. Wie ich im 2. Kapitel (»Die Magie der Bilder und Zeichen«) gezeigt habe, war die Weltordnung der Jäger und Sammler nicht auf Vernunft gegründet. Sie hatte sich in unmerklich kleinen Schritten aus der Lebenserfahrung ungezählter Generationen entwickelt. In Form von Glaubensvorstellungen und Riten überliefert, war sie durch die Autorität des Heiligen vor der Infragestellung vor der Vernunft geschützt. Man befolgte die Regeln des Zusammenlebens in Gemeinschaft mit anderen nicht, weil es vernünftig gewesen wäre; man befolgte sie, weil Wesen, die sich dem Verstand entzogen, es wollten.

Am Totenritual lassen sich wichtige Elemente der sozialen Ordnungsfunktion von Glaubensvorstellungen und Riten in den frühen Bauerngesellschaften erkennen. Eines der herausragenden gemeinsamen Merkmale der ersten Dörfer in Vorderasien, in China und Mesoamerika war die Verbindung von Friedhof und Dorf. Hätte das Begräbnis nur Fürsorge für einen verstorbenen Angehörigen ausdrücken sollen, dann wäre es sinnlos gewesen, Skelette von weither zurück in die Siedlung zu tragen. Ein Grab in der Wildnis mit Totengaben hätte genügt. Tote in den Siedlungen zu begraben war nur sinnvoll, wenn man glaubte, auch im Tod gebe es noch eine Beziehung zu den verstorbenen Mitgliedern der Gemeinschaft.

Daß in den Glaubensvorstellungen der Lebenden die Toten nicht tot waren, lassen auch einige Gräber in Ain Mallaha erkennen. Anscheinend um sie an der Rückkehr zu hindern, hatte man den Toten die Köpfe zwischen Steinblöcken eingeklemmt und die Gliedmaßen mit Steinen beschwert. (Mellaart 1975) Die Toten waren nicht tot und als Seelen allenfalls noch schemenhafte Beobachter. Sie lebten in veränderter Form weiter und hatten Macht über die Welt der Lebenden.

Diese Praxis, die Toten in der Siedlung oder sogar unter den Häusern zu begraben, verbreitete sich mit der Ausbreitung der Landwirtschaft über große Teile Vorderasiens. Man fand Skelette unter Häusern in einer Vielzahl von Orten, so in Jericho, Ramad und Beidha in Palästina, in Çatal Hüyük in Anatolien und in Tell Es-Sawwan im Norden Mesopotamiens. Im 7. Jahrtausend v. Chr. läßt sich in einzelnen Siedlungen auch eine Abstraktion vom Skelett zum Abbild des Ahnen erkennen. Die Bewohner von Jericho und Ramad modellierten skelettierte Menschenschädel mit Gips aus und bemalten das rekonstruierte Gesicht mit schwarzer und roter Farbe. Muscheln, die in den Augenhöhlen eingefügt waren, vervollständigten das Ahnenbild. Kleine kopflose Tonfiguren dienten anscheinend als Untersätze für nachmodellierte Ahnenköpfe.

Am Ende des 7. Jahrtausends wurden schließlich auch die Schädel wirklicher Ahnen überflüssig. In Jericho fanden Archäologen nahezu lebensgroße Figuren aus Gips, die offensichtlich Ahnen darstellten. Auch modellierten die Bewohner von Siedlungen wie Jericho, Ramad, Tell Aswad, Beidha und Munhatta nun kleinere, meist weibliche Figuren. (Mellaart 1975) Mit diesen Kleinplastiken war die Abstraktion von den Überresten eines wirklichen Menschen zum Bild abgeschlossen. Das Ahnenbild repräsentierte den Ahnen. Im Bild wie im Skelett schien der Ahne weiterzuleben, der in die Welt der Lebenden eingreifen bzw. bei den Göttern zugunsten seiner Nachkommen intervenieren konnte.

Funde in Mesoamerika lassen auf einen ähnlichen Ahnenglauben schließen. Die Bewohner der ersten Bauerndörfer im Hochland Mesoamerikas, die nach 1500 v. Chr. entstanden, begruben Tote unmittelbar neben den Häusern, etwa in aufgegebenen Vorratslöchern. Andere wurden auf Friedhöfen ebenfalls im Bereich der Siedlung beigesetzt. (Winter 1976; Flannery 1983) In San José Mogote fanden Archäologen in einem flachen Erdloch unter einem Haus vier kleine Figuren aus gebranntem Ton, die zu einer aufschlußreichen Szene arrangiert waren. Drei der Figuren hielten in der gleichen charakteristischen Haltung, mit der man Tote bestattete, die Arme über der Brust verschränkt und die Beine leicht gespreizt von sich gestreckt. Ihnen beigeordnet lag quer eine vierte, etwas kleinere Figur in einer Art Lotussitz. In der Nähe des Hauses befand sich ein Grab, in dem eine Frau mittleren Alters zusammen mit reichhaltigen Totengaben aus Jade in der gleichen Stellung wie die drei Tonfiguren beerdigt war. (Drennan 1976)

Die Gleichartigkeit der Haltung legt die Vermutung nahe, daß die drei größeren, in Begräbnishaltung abgebildeten Tonfiguren die Ahnen der Hausbewohner dargestellt haben. Wie in Vorderasien handelt es sich jedoch nicht nur um eine unterirdische Ahnengalerie. Man begrub diese Ahnenbilder rituell unter dem Haus, weil man sich von ihnen Einwirkung auf das eigene Leben versprach. Drei Jahrtausende später, zur Zeit der zapotekischen Hochkultur, die die spanischen Eroberer im 16. Jahrhundert in Oaxaca vorfanden, spielten die Ahnen noch immer die gleiche Rolle als Beschützer der Lebenden. Zum Verdruß spanischer Missionare waren die Zapoteken nicht davon abzubringen, den Geistern ihrer Ahnen zu opfern. Günstig gestimmt, konnten diese bei den Göttern, in deren Reich sie eingekehrt waren, ein gutes Wort für ihre Nachkommen einlegen. (Flannery 1976)

Welche Funktion hatte dieser weitverbreitete Ahnenkult für das Zusammenleben von Menschen? Das Phänomen war sowohl in den frühen Bauernkulturen Mittelamerikas als auch Vorderasiens und Chinas verbreitet. Für die Evolution menschlicher Gesellschaften muß es mehr bedeutet haben, als nur der zufällig entstandene bizarre Glaube, die Toten seien nicht tot, sondern hätten Macht über die Lebenden.

Jede Religion, so hat Émile Durkheim gelehrt, entspricht einer Notwendigkeit. »Die barbarischsten und seltsamsten Riten, die fremdesten Mythen bedeuten irgendein menschliches Bedürfnis. Die Gründe, die der Gläubige sich selbst gibt, um sie zu rechtfertigen, können falsch sein, und sie sind es meistens; trotzdem gibt es wahre Gründe. Es hängt von der Wissenschaft ab, sie zu entdecken.« (Durkheim 1912)

Dieser Aufforderung ist der Anthropologe Guy Swanson in einer umfangreichen Untersuchung der Glaubensvorstellungen einer großen Zahl verschiedenartiger Gesellschaften gefolgt. Seine Studie *Birth of the Gods* (Die Geburt der Götter) zeigt auffällige Regelmäßigkeiten zwischen Gesellschaftsform und Glaubensüberzeugungen – zum Beispiel von Vielgötterei, Monotheismus, Reinkarnation, Immanenz der Seele, Hexenglauben. (Swanson 1960) Zu diesen Glaubensüberzeugungen zählte auch die Vorstellung, Tote könnten als Ahnengeister durch Helfen und Strafen in das Leben ihrer Nachkommen eingreifen. Swanson fand, daß dieser Glaube in einer ganz bestimmten Art von Gesellschaft verbreitet war: Wo immer Verwandtschaftsgruppen, die mehrere Kleinfamilien umfaßten, souveräne soziale Einheiten bildeten, fand sich mit einiger Wahrscheinlichkeit auch Ahnenkult.

Für die Gläubigen lebte der Ahne weiter. Ebenso wie vor Jahrtausenden die prähistorischen Bewohner von Ain Mallaha, von Jericho und Çatal Hüyük begruben die Bewohner der winzigen Südseeinsel Tikopia ihre Toten entweder unter oder unmittelbar neben dem Haus. Im Haus lag säuberlich ausgebreitet auf einer Seite eine Reihe von Kokosmatten, die übliche Schlafunterlage der Inselbewohner, die jedoch von niemandem mehr benutzt wurden. Sie waren als Ruhelager für die Toten reserviert.

Ein Stück Nahrung vor dem Essen mit den Worten dargebracht:
»Männliche Vorfahren, kommt und eßt,
zieht gestärkt von dannen«,
erinnert, so Firth, »die versammelte Gruppe an ihre verwandtschaftlichen Beziehungen und an ihre Einheit.« Im Ahnen verkörperten sich die Bindung und die Kontinuität einer Gruppe von Menschen, die von ihm abstammten. Man verstand sich als zusammengehörig, weil man durch ihn verbunden war. Auf Tikopia trugen Häuser oft Namen, die an bestimmte Ahnen erinnerten. »Diese Tradition, Standorten von Häusern dauerhafte Namen zu geben, trug«, so Firth, »entscheidend zur sozialen Kontinuität bei. Häuser zerfallen, Menschen sterben, aber das Land bleibt ewig. Was immer das Schicksal menschlicher Gruppen sein mag, der Standort eines Hauses stellt immer die Grundlage für die Kristallisierung von Verwandtschaftsgruppen in bezug auf den Wohnort dar.« (Firth 1957)

Die Erinnerung an konkrete Personen verblaßte nach wenigen Generationen. Wie die Verwendung der Symbole des »Wer-Jaguars« und der »Feuerschlange« als Embleme unterschiedlicher Verwandtschaftsgruppen in Oaxaca zeigt, konnte der Ahne, von dem man sich herleitete, sogar ein Fabelwesen sein. In eine mythische Urzeit verlagert, verdichtete sich eine ganze Generationenkette zu einer einzigen imaginären Person. Abstammung und Verwandtschaft wurden daher eher gesellschaftlich als genealogisch, eher kulturell als biologisch interpretiert.

Der Glaube an einen gemeinsamen Ahnen – nicht Blutsbande oder die genetischen Verwandtschaftskoeffizienten der Soziobiologie – war die Grundlage des Zusammenlebens einer Gruppe von Menschen.

Ahnenglaube erklärte, warum Menschen ein bestimmtes Gebiet besiedelten, zusammenarbeiteten und sich gegenseitig unterstützten, gewisse Normen des Zusammenlebens befolgten und gemeinsame Riten durchführten. Der Ahne verkörperte die kulturelle Identität einer Gemeinschaft von Menschen. Die von dem Ahnen hinterlassenen Normen zu verletzen, hieß, Sanktionen heraufzubeschwören.

Die Wirkung solcher Glaubensüberzeugungen sei am Beispiel der Territorialordnung der Tsembaga untersucht. Die Tsembaga lebten im dichtbesiedelten Hochland Neuguineas von Gartenbau und von der Schweinezucht. Objektiv dürfte Landmangel dort tatsächlich Ursache einer nicht abreißenden Kette von Kriegen zwischen benachbarten Gruppen und deren Verbündeten gewesen sein. Aus ihrer subjektiven Motivation zogen die Beteiligten jedoch nicht in den Krieg, um fremdes Gebiet zu erobern. Die Besetzung fremder Territorien konnte Folge von Kriegen sein, aber sie mußte es nicht sein. Krieg wurde vielmehr in Abständen von einigen Jahren nach einem für beide Parteien verbindlichen Ritual erklärt. In der Zeit, in der dieses Ritual Frieden garantierte, hätte niemand den Gegner zu überfallen gewagt.

Keine irdische Macht, sondern nur der Glaube an eine von den Ahnen geschaffene Ordnung garantierte für Feind und Freund gleichermaßen verbindlich die Einhaltung des rituellen »fair play«. Der Glaube, die Geister der Ahnen würden jeden Bruch der rituellen Regeln bestrafen, war der Grund, warum die meisten Kriege Scharmützel blieben und nie unmittelbar zu Landnahme und Vertreibung führten. Gegen den Feind verteidigte man sich zwar mit Waffen, aber die bestehende Territorialordnung wurde nicht militärisch geschützt. Sie war von den Geistern der Ahnen garantiert.

Furcht vor der Rache der Ahnen der landbesitzenden Gruppe genügte, um auch nach vernichtenden Niederlagen die Sieger an der Landnahme zu hindern. Da man zum Sieg die Unterstützung auch der eigenen Ahnen benötigte, war die Territorialordnung gleich doppelt gesichert. Auch die eigenen Ahnen hätten den Bruch der Regeln bestraft. »Falsch spielenden« Nachkommen hätten sie die notwendige Unterstützung entzogen.

Fremde Territorien konnten nur besetzt werden, wenn für einige Zeit das rituelle Pflanzen eines bestimmten Baums ausblieb. Während er wuchs, bedeutete dieser sogenannte »rumbin«-Baum »Frieden«. Eine rituelle Entwurzelung leitete neue Kämpfe ein. Wurde dieser Baum nach Beendigung der Kämpfe nicht mehr gepflanzt, dann war das ein Zeichen dafür, daß die landbesitzende Gruppe ihr Gebiet verlassen hatte und die Geister ihrer Ahnen mit in das neue Gebiet gezogen waren. Obwohl man das verlassene Territorium nun rechtmäßig besetzen konnte, blieb dennoch weiter Unsicherheit zurück. (Rappaport 1967)

Wenn die prähistorischen Dorfbewohner Vorderasiens, Mesoamerikas und Chinas ihre Toten im Dorf bestatteten, so taten sie es nicht aus rationalen Erwägungen. Wir sind versucht, in solchen Bestattungsbräuchen eine Instrumentalisierung der Toten zum Schutz territorialer Ansprüche zu sehen: Das Skelett unter dem Hausflur zur Abschreckung von Feinden! In der Vorstellungswelt der Gläubigen unterstützten die Ahnen jedoch nicht blindlings die eigene Brut. Mit Unterstützung war nur dann zu rechnen, wenn man sich an die von Ahnen geschaffene Ordnung hielt. Die Ahnen schützten nicht nur das eigene Gebiet, sie garantierten eine Territorialordnung, die auch die Rechte der Feinde mit einbezog.

Wie die Tsembaga müssen auch die prähistorischen Bauern an eine von den Ahnen geschaffene, verbindliche Weltordnung geglaubt haben. Teil dieser Ordnung war die Garantie der territorialen Ansprüche. Hätte man die Toten zur Abschreckung von Gebietsfremden instrumentalisiert, dann hätten sie ihre »abschreckende« Wirkung bald verloren. Was von der Vernunft ausgedacht ist, läßt sich von der Vernunft auch durchschauen.

Voraussetzung solcher Ordnungen dürfte auch beim Menschen »Territorialität« sein – verstanden als eine angeborene *Neigung* zu einem bestimmten Verhalten. Territorialität von Tieren läßt, da sie genetisch programmiert ist, für jede biologische Art nur eine »Landbesitzordnung« zu. Kulturell formbar paßt sich dagegen die menschliche verschiedenen Wirtschafts- und Lebensformen an: Nomadisierende Jäger und Sammler lebten aufgrund wirtschaftlicher Notwendigkeit in weitaus offeneren Territorialordnungen als Bauern. Die Nutzung bestimmter Gebiete im Rahmen der jeweiligen Wirtschafts- und Lebensweise beruhte daher auf menschlicher »Territorialität«, sie wurde jedoch nicht von ihr kontrolliert. Im Gegenteil, kulturelle Notwendigkeit prägte das Territorialverhalten. Die Ahnen, die solche Ordnungen garantierten, verkörperten nichts anderes als eine in die Welt des Heiligen entrückte menschliche Lebenspraxis. Beim Übergang von der Jäger- und Sammlerhorde zu den ersten Bauerndörfern hatten sich, den Akteuren unbewußt, die mit der jeweiligen Wirtschafts- und Gesellschaftsform verbundenen Glaubensvorstellungen mit angepaßt.

Der Kreis schließt sich. Die Gemeinschaft der Gläubigen durchschaute weder das System, nach dem ihre Welt geordnet war, noch war ihr der soziale Hintergrund der religiösen Empfindung bewußt. Sie befolgte, was Glaube ihr vorschrieb. Während die Menschen in langatmig erzählten Mythen die Erschaffung der Welt und ihrer Ordnung rekapitulierten, während sie prächtig geschmückt tanzend und singend die vorgeschriebenen Riten zelebrierten und im Überschwang der kollektiven Aktion heilige Schauer empfanden, vollzog sich jenseits ihres Bewußtseins eine zweite, kollektive Aktion mit konkretem Bezug zur Wirklichkeit ihres Daseins.

Indem die religiöse Empfindung die Existenz der vergöttlichten Ahnen, der Geister und Götter bestätigte, bestärkte sie das System ritueller Gebote und Glaubenssätze, das die Grundlage der sozialen Ordnung war. Die wirkliche Ursache der besonderen Empfindungen, aus denen religiöse Erfahrung besteht, so hat Émile Durkheim erkannt, sind nicht Götter, es ist die menschliche Gesellschaft. Aber diese rationale Erkenntnis vor den Menschen zu verbergen, war gerade der Zweck des Religiösen. Die Menschen befolgten, was Glaube ihnen vorschrieb.

8. Brücken zu den Göttern

Wer die sozialen Funktionen »primitiver« Religionen analysiert, versteht die Wirkung auf die Gläubigen nicht. Um zu ermessen, wie Religion das Leben in solchen Dörfern prägte, müßten wir die Gläubigen in Aktion sehen. Da das nicht möglich ist, bleibt nur der Versuch, anhand des archäologischen Materials ein Bild zu rekonstruieren. Zur Vorbereitung seien religiöse Phänomene nach Durkheim zwei verschiedenen Kategorien zugeordnet: *Glaubensüberzeugungen* und *Riten*. (Durkheim 1912)

Glaubensüberzeugungen unterscheiden zwischen zwei getrennten Bereichen. Der eine umfaßt alles, was heilig ist. Der andere ist der Bereich des Profanen, in dem der Gläubige lebt. Heilige Dinge sind durch Verbote geschützt, profane sind das, worauf sich diese Verbote beziehen. *Riten* schreiben dem Gläubigen vor, wie er sich heiligen Dingen gegenüber zu verhalten hat.

Die Wirkung von *Glaubensüberzeugungen* soll der von Michael Coe rekonstruierte Ursprungsmythos Mesoamerikas illustrieren: »Am

Anfang bestand die Welt aus einem Ozean, in dem zwei Kreaturen lebten: Der Feuergott und die Gefiederte Schlange. Aus diesem Gegensatz entstand das trockene Land. Dann zeugten der ursprüngliche Vatergott und die ursprüngliche Muttergöttin, die in der Mann-Frau-Dualität des Feuergottes weiterbestanden, vier göttliche Nachkommen: die vier Tezcatlipocas, von denen jeder einer Farbrichtung zugeteilt war; der dritte davon war die Gefiederte Schlange Quetzalcoatl, der vierte der Aztekengott Huitzilopochtli, der Sonnengott ihres Stammes. Die beiden letzten erschufen sowohl die Götter des Todes und des Wassers als auch das Feuer. Als Wichtigstes schufen sie das erste Paar gewöhnlicher Menschen, die Macehualli, und stellten so für alle Zeiten den unterschiedlichen Ursprung des göttlichen Geschlechts der Tezcatlipoca und der Plebejer her.«

Weiter berichtet der Mythos vom Ursprung und von der Zerstörung der ersten vier Welten, den vier ersten Sonnenzeitaltern, sowie vom Gegensatz zwischen Tezcatlipoca und Quetzalcoatl. Letzterer, die Gefiederte Schlange, stürzte Tezcatlipoca am Ende des ersten Sonnenzeitalters vom Himmel ins Meer, wo er sich in einen großen Jaguar verwandelte.

Man erfährt auch, wie die vier Tezcatlipocas das vorläufig letzte, fünfte Sonnenzeitalter schufen. Nach der Zerstörung des vierten Sonnenzeitalters richteten sie den auf die Erde gestürzten Himmel wieder auf und stützten ihn auf die vier Weltbäume. Anschließend schufen sie die Halbgötter und Helden, die zu Ahnen der Herrschergeschlechter Mesoamerikas wurden, und richteten die Welt so ein, wie die Spanier sie im 16. Jahrhundert vorfanden. (Coe 1972)

Coes Mythos gibt zwar nicht Glaubensüberzeugungen aus der Entstehungsphase der dörflichen Lebensweise um 1500 v. Chr. wieder, aber er dürfte bis in diese Zeit zurückgehen. Coe hat ihn aus gemeinsamen Elementen mehrerer mesoamerikanischer Hochkulturen rekonstruiert, deren gemeinsame Wurzeln in diese Zeit zurückreichen: aus der Ikonographie der Olmeken (um 1000 v. Chr.) sowie aus der Kosmologie der Maya und der Azteken im 16. Jahrhundert n. Chr. Jene Elemente, die den unterschiedlichen Ursprung von Herrschergeschlechtern und dem gemeinen Volk erklären, sind mit Sicherheit erst später hinzugekommen, nämlich mit der Entstehung von Staaten um die Zeitenwende. Wichtiger jedoch als die Frage nach dem ursprünglichen Mythos um 1500 v. Chr. ist eine allgemeine Erkenntnis.

Indem er die Entstehung der Welt und ihrer Ordnung beschrieb, erklärte der Mythos scheinbar, warum die Welt war, wie sie war: Götter hatten sie geschaffen. Natürliche Phänomene wie Land oder Feuer und soziale Phänomene wie der Unterschied zwischen Aristokraten und Gemeinen wurden auf Schöpfung zurückgeführt. Tatsächlich erklärt der Mythos nichts. Er stellt Behauptungen auf. Die Aussage, Götter hätten die Welt in ihrer gegenwärtigen Form geschaffen, kann niemand beweisen, und niemand im prähistorischen Mesoamerika wäre auf die Idee gekommen, dies zu verlangen. Das Dogma wurde geglaubt, so wie die unbefleckte Empfängnis und die Heilsgeschichte nur geglaubt werden können. Da aber Glaube menschliches Handeln begründete, bedeutete das, die vorhandene Ordnung als gegeben hinzunehmen.

Das gleiche Prinzip, gesellschaftliche Ordnung durch Glauben zu begründen, läßt sich in Çatal Hüyük erkennen. In den insgesamt 40 erforschten Heiligtümern dieser zwischen 6200 und 5400 v. Chr. florierenden Stadt wurde eine Vielzahl von Statuetten und Gipsreliefs einer der beiden Hauptgottheiten gefunden, eine üppige, meist nackte oder mit einem knappen Umhang aus Leopardenfell bekleidete Frau. Die Posen und Situationen, in denen sie erscheint, illustrieren verschiedene Aspekte dieser Gottheit.

Häufig wird sie als Muttergottheit dargestellt. Auf einem Relief gebiert sie den Schädel eines Bullen, vermutlich ein Symbol für männliche Potenz; ein anderes Mal, gestützt auf zwei Leoparden, ein menschliches Kind. In einer anderen Szene wird sie mit zwei jungen Leoparden auf dem Schoß dargestellt. Die Verbindung mit dem Leoparden, dem wildesten Tier der Region, zeigt, daß die Bewohner von Çatal Hüyük in dieser Göttin nicht nur eine Muttergottheit, sondern auch die Herrin der Tiere sahen. In ihrer dritten Rolle wiederum erscheint diese Göttin inmitten blühender Felder. Außerdem wurde die Statuette einer gebärenden Göttin im Getreidespeicher eines Heiligtums gefunden. Diese Aspekte sind Zeichen der Zuständigkeit für das Wachstum auf den Feldern und für reiche Ernten. (Mellaart 1967)

Man ahnt, daß die Bewohner Çatal Hüyüks in dieser weiblichen Gottheit nicht nur die Ursache der Fruchtbarkeit von Menschen und Tieren, sondern auch des Bodens sahen. Den lebenspendenden Aspekten der Gottheit steht eine unverkennbare Verbindung mit dem Tod gegenüber. Die Große Göttin erscheint mit einem Raubvogel, wahrscheinlich einem Geier; den Geiern wiederum überließ man in Çatal Hüyük die Toten zum Entfleischen. In vielen Heiligtümern wurden außerdem Reliefs von Frauenbrüsten gefunden, aus denen als Todessymbole Geierschnäbel, Schädel von Füchsen und Wieseln sowie Eberzähne ragen.

Mit der Göttin verbanden sich also Glaubensüberzeugungen, die den Menschen Geburt und Tod sowie Wachstum und Fruchtbarkeit der Felder erklärten. Es waren die Ereignisse, die das Leben und Sterben in Çatal Hüyük beherrschten. Aber so wichtig diese Vorgänge im menschlichen Leben waren, nichts an den Darstellungen der Großen Göttin läßt erkennen, daß die mit ihr verbundenen Vorstellungen die objektive Welt der Gläubigen erfaßten. Der Glaube an die Göttin und ihre vielen Funktionen für das menschliche Leben war irrational.

Nicht anders verhält es sich mit den *Riten*. Ebensowenig wie Glaubensüberzeugungen wirken sie über die Vernunft. Riten sind erlebte und häufig auch durchlittene Aktion. Sie wecken Gefühle und Empfindungen. Ein Blick auf das rituelle Instrumentarium genügt, um die »Irrationalität« auch der Mittel zu erkennen, mit denen prähistorische Bauerngesellschaften ihre Beziehungen zu heiligen Dingen regelten. Verbindung zu heiligen Dingen zu suchen aber bedeutete in Wirklichkeit, soziale Beziehungen zu regeln.

Im Tal von Oaxaca – und anderen Teilen Mesoamerikas – sind aus der Zeit zwischen 1500 und 500 v. Chr. Tausende kleiner anthropomorpher Figuren gefunden worden. Viele davon stellen reich kostümierte Tänzer dar, die rituell die Verbindung zu den Göttern suchten. Den Inhalt dieser Riten werden wir zwar nie erfahren, aber die Materialien, die in ihnen verwendet wurden, geben Aufschluß über die Wirkung auf die Menschen.

Die Mitwirkenden an diesen Tänzen verwandelten sich mit prächtigen Fellen, bunten Federn, Masken aus Holz, Leder und Keramik oder durch Körperbemalung in Fabelwesen. Halb Mensch, halb Vogel, Jaguar oder Alligator, scheinen sie Wesen aus einer mythischen Vergangenheit darzustellen. Aus der gleichen Zeit stammen auch Überreste von Instrumenten, auf denen rituelle Musik gespielt worden sein dürfte. Es sind Rasseln aus Gürteltierpanzern und Flaschenkürbissen, Trommeln aus Schildkrötenpanzern, auf denen man mit Schlegeln aus Geweih harte rhythmische Töne erzeugte, dazu kamen Holzflöten sowie Hörner aus großen Wasserschnecken, deren dumpfer Klang die Dorfbevölkerung einst zu Zeremonien und anderen öffentlichen Veranstaltungen gerufen haben mag.

In einem anderen verbreiteten Ritual wurden die Spitzen von Stachelrochen verwendet, die von der Golfküste eingeführt wurden. Dem gleichen Zweck dienten Imitationen aus Geweih oder Obsidian. Diese Spitzen wurden, wie Jahrtausende später Spanier in ganz Mesoamerika beobachteten, zur rituellen Selbstverstümmelung benutzt. Um die Götter günstig zu stimmen, zapfte man sich durch schmerzhafte Schnitte in die Zunge, in die Lippen oder in den Penis Blut ab. Nach einem Bericht fügten die Azteken im 16. Jahrhundert sich durch Selbstverstümmelung mit dem Messer entsetzliche Qualen zu, oder sie zogen einen Faden mit aufgereihten Kaktusdornen durch die Zunge. (Flannery 1976)

Aus dem Bericht eines indianischen Informanten aus dem 16. Jahrhundert geht hervor, Ziel solcher qualvollen Prozeduren seien ekstatische Flüge durch die Sphären des Himmels und die Begegnung mit den Göttern gewesen. Wir erfahren, um der Ekstase willen habe Quetzalcoatl, eine der Hauptgottheiten Mesoamerikas, auf den vier heiligen Bergen sich mit einem Jademesser schmerzhafte Wunden zugefügt. In diesem Zustand war er imstande, sich von seinem Körper zu lösen und durch die Sphären des Universums zum obersten Schöpferpaar zu fliegen:

»... Sie sagen, daß er seine Gebete, sein Flehen in das Herz des Himmels sandte, und er rief aus Rand-der-Sterne, Licht-des-Tages, Frau-die-uns-ernährt, Eingehüllt-in-Kohle, Eingehüllt-in-Schwarz, Die-der-Erde-Festigkeit-gibt, Er-der-die-Erde-mit-Baumwolle-bedeckt. Und sie wußten, daß er den Ort der Zweiheit anrief, der über den neunfachen Himmeln liegt. So wußten jene, die dort wohnen, daß er bei ihnen vorsprach und sie auf das demütigste und reuevollste bat.« (Nach Carrasco 1984)

Weitere Hinweise finden sich in einem Haus in San José Mogote aus der Zeit um 1350 v. Chr., das die Ausgräber als »öffentliches Gebäude« einstufen. Nicht größer als die Wohnhäuser dieser Zeit, unterscheidet es sich durch seine besondere Architektur. (Drennan 1983) Es bestand aus einem etwa mannshohen kalkverputzten Raum von etwa viereinhalb mal fünfeinhalb Meter Grundfläche, der auf einer Plattform stand. Im Innern säumte eine Sitzbank die Wände, und in der Mitte der Südwand bildete eine Stufe eine Art Altar. Im Fußboden vor diesem Altar befand sich ein kreisförmiges Loch mit Kalkpulver. Ähnliche kalkgefüllte Löcher wurden in drei weiteren »öffentlichen« Gebäuden gefunden.

Wozu diente Kalk? Das Kalkpulver, so vermuteten Flannery und Marcus, wurde einst zur Aufbereitung von Drogen verwendet, die in bestimmten Riten eingenommen wurden. Noch in der Neuzeit benutzten die Nachfolger dieser Urbevölkerung, die Zapoteken, einen stark narkotisierenden Tabak zu rituellen Zwecken. Mit Tabak vermischt, so nehmen Coe, Flannery und Marcus an, steigerte das in den Löchern vor den Altären gefundene Kalkpulver die halluzinogene Wirkung. (Drennan 1983)

Wilder Tabak war unter Indianern ein verbreitetes Mittel, um Halluzinationen herbeizuführen. »Von Zeit zu Zeit nimmt er einen tiefen Zug aus einer langen, in Tawari-Rinde gerollten Zigarre«, so ein Bericht über einen indianischen Schamanen. »Der Rauch in Verbindung mit dem Rhythmus des Gesangs und des Tanzes berauschen ihn bald. Man nennt das den Geist ›rufen‹. Der Geist antwortet nur auf bestimmte Gesänge, und der Schamane kann ihn nur empfangen, wenn er große Mengen Tabakrauch inhaliert hat... Dann ›ist der Geist stark‹, und der Schamane verliert das Bewußtsein.« Über eine Brücke aus Tabakrauch erreicht er dann in Trance die Welt der Geister und Götter. (Nach Wilbert 1972)

Zu rituellen Zwecken rauchte man den Tabak nicht nur, sondern man schnupfte, kaute, aß, saugte oder leckte ihn auch. Das in den »öffentlichen« Gebäuden Oaxacas gefundene Kalkpulver dürfte, da es in Verbindung mit Speichel die berauschenden Alkaloide freisetzt, bei der oralen Aufnahme die halluzinogene Wirkung verstärkt haben.

Eine weitere dem Bewußtsein vorgelagerte Ebene archetypischer Wahrnehmungen und Empfindungen weckten gewisse Riten, die im 6. Jahrtausend die Bewohner von Çatal Hüyük in Anatolien zelebrierten. Von den insgesamt etwa 140 ausgegrabenen Häusern dienten nicht weniger als 40 religiösen Zwecken. Auf den Wänden dieser Heiligtümer fanden die Archäologen Gemälde, die Menschen in ritueller Aktion zeigen. Andere Wände trugen Reliefs oder Gipsfiguren, die Gottheiten wie die Große Göttin und lebensgroße Bullenschädel mit mächtig ausladenden Hörnern darstellten. Es gab Räume mit Bänken, die von Reihen der gleichen gewaltigen Rinderhörner gesäumt waren, und Plattformen, auf denen Menschenschädel standen.

Nord- und Ostwände, in deren Bereich auch Menschen begraben lagen, enthielten stets Plastiken mit Todessymbolen: Frauenbrüste, aus deren Warzen Teile fleischfressender Tiere hervortreten – Geierschnäbel, riesige Eberzähne, Schädel von Wieseln oder Fuchszähne. Todessymbolik findet sich auch auf vielen Wandgemälden. Auf einzelnen Wandbildern in diesen Heiligtümern sind realistische Szenen zu erkennen, die offensichtlich Riten darstellten. Man erkennt Menschen, die mit riesigen Auerochsen, mit Wildschweinen, Hirschen, Bären oder Löwen tanzen, nackte Akrobaten, die große Sprünge vollführen und einen trommelschlagenden Mann. Besonders eindrucksvoll sind Bilder, die vermutlich die erste Phase des Totenrituals darstellen: die Skelettierung von Leichen, die man zunächst den Geiern aussetzte, um sie anschließend unter dem Hausboden zu begraben.

Riesige, annähernd lebensgroße Geier machen sich auf diesen Bildern über kleine Menschenleiber her, die symbolisch schon in Begräbnishaltung gezeigt werden. »Es ist nicht schwer, sich die Ehrfurcht und den Schrecken vorzustellen«, berichtet James Mellaart, der Ausgräber, über seinen Eindruck, »die um 6200 v. Chr. die Menschen des Neolithikum ergriffen haben müssen, wenn sie in das Heiligtum VII.8 eintraten und dort die Wandgemälde sahen. Ein Fries über die gesamte Nord- und Ostwand hinweg zeigte sieben Geier mit ausgestreckten Flügeln, die sich an sechs kleinen kopflosen Menschen labten.« (Mellaart 1967, 1975)

Die archäologisch dokumentierten Riten weckten nicht Bewußtsein, sondern sie umgingen oder verführten es. Dazu dienten die verschiedensten Mittel: ekstatische Tänze oder mythische Schauspiele, die heilige Schauer hervorriefen; das Auslösen ekstatischer Freude, aber auch lähmender Furcht und Höllenqualen; das Anrühren archetypischer Bilder, die als evolutionäre Hinterlassenschaft der Urzeit irgendwo in den Tiefen der menschlichen Psyche ruhen.

In Riten wurden die unterschiedlichsten Empfindungs- und Wahrnehmungsarten mobilisiert, ästhetisches Empfinden, rhythmische Impulse, Gruppeninstinkt oder lähmende Furcht. Ergänzt wurden sie durch die Fähigkeit des Organismus, in Zuständen äußerster Anstrengung oder großer Qualen – wie in Trancetänzen oder beim Blutopfer – durch Ausschüttung körpereigener bewußtseinsverändernder Hormone Ekstase herbeizuführen. In einem Zustand des Außer-sich-Seins wähnten die Gläubigen sich in Übereinstimmung mit einer höheren als einer menschengeschaffenen Ordnung.

Ebensowenig wie die Glaubensüberzeugungen appellierten die Riten an die Vernunft der Gläubigen. Glaubensüberzeugungen bedienten sich des menschlichen Verlangens nach Erklärung der Welt. Ihre Wirkung indessen beruhte jedoch nicht auf Erklärung, sondern auf unüberprüfbaren Behauptungen, die durch Gebote und Verbote abgesichert waren. Tatsächlich *überzeugte* religiöser Glaube nicht, er befahl der Vernunft, und Riten verführten die Gefühle. Sie verführten durch ästhetische Wahrnehmung, durch Rhythmik und Tänze, durch Überschwang und Freude, durch Schrecken, Furcht, Qualen und Halluzination. Das Ergebnis dieser Verführung, der heilige Schauer wiederum bestätigte scheinbar die Glaubensüberzeugungen, die den Riten zugrunde lagen. Götter, die imstande waren, solche Empfindungen auszulösen, mußten existieren. Der Kreis der religiösen Verführung war hermetisch in sich abgeschlossen.

Und dennoch hatten diese Glaubensüberzeugungen und Riten, so willkürlich sie dem Nichtgläubigen auch erscheinen mögen, den denkbar härtesten Test bestanden. Die evolutionäre Bewährungsprobe ihrer Gültigkeit bestand nicht im Beweis der Existenz der verehrten Götter oder der Richtigkeit von Kosmologien. Evolutionär bestanden »primitive« Religionen ihre Bewährungsprobe dadurch, daß die Gemeinschaft der Gläubigen sich in ihrer Welt behaupten konnte.

Die geheiligten Glaubenssätze galten als wahr, solange es Menschen gab, die an sie glaubten. Die verehrten Götter existierten, solange es Menschen gab, die durch Riten Verbindung zu ihnen suchten. Gültig waren »primitive« Religionen dadurch, daß Glaubensdoktrinen und Riten dazu beitrugen, das Überleben der Gemeinschaft der Gläubigen als wirtschaftlicher und sozialer Einheit zu sichern. Gelang das nicht, dann verlor nicht nur eine Kirche Mitglieder, mit den Gläubigen verschwand auch die Religion.

9. »Brate deine Ratte im Fell«

Der evolutionäre Zweck aller Religion hatte einst darin bestanden, Beziehungen zwischen Menschen und das Verhältnis zur Natur auf einer der menschlichen Einsicht übergeordneten Ebene zu regeln. Blind für soziale, ökonomische und ökologische Zwecke folgten die Gläubigen ihrem religiösen Impuls – und das heißt: Sie nahmen eine Glaubensdoktrin für bare Münze und ließen sich in Riten von ihren Gefühlen mitreißen.

Religion vermittelte also zwischen den subjektiven Empfindungen der Akteure und der objektiven Wirklichkeit einer Welt, für die Religion den Orientierungsrahmen lieferte. Wie Riten zur Übereinstimmung zwischen subjektivem Glauben und objektiver Wirklichkeit beitragen konnte, hat der Anthropologe Roy Rappaport zu Beginn der siebziger Jahre am Beispiel der Tsembaga untersucht. (Rappaport 1971) Er fand, daß Riten mehr als nur Gruppenerlebnisse waren, die den inneren Zusammenhalt menschlicher Gemeinschaften stärkten. Über diese Stärkung sozialer Bindung hinaus bestätigten sie objektive soziale Zustände, die für jedermann erkennbar zur Grundlage vernünftigen Handelns wurden.

Eine Gruppe von Menschen, die gemeinsam ißt, singt und tanzt, ist nur für die Dauer des Festes eine Gemeinschaft. Danach werden die Teilnehmer vielleicht für eine Weile freundschaftlich verbunden bleiben. Vielleicht werden sie auch die Versprechungen einlösen, die sie anderen Teilnehmern gegeben haben. Möglicherweise werden die Gäste auch das Bedürfnis verspüren, sich irgendwann einmal beim Gastgeber zu »revanchieren«.

Ein mit einem solchen Fest verbundener Ritus dagegen kann die Teilnehmer auch noch Monate später, ja sogar zeitlebens zur Zusammenarbeit und zur gegenseitigen Unterstützung verpflichten. Eine sonst unverbindliche Zusage wird zum geheiligten Schwur, den zu brechen göttliche Sanktionen herausfordern würde. Durch die Autorität des Heiligen geschützt, werden im Ritus verbindliche Zusagen gegeben. Darüber hinaus vermittelt der Ritus ein eindeutiges Bild von der Größe und Zusammensetzung der Gemeinschaft, die sich zur gegenseitigen Unterstützung verpflichtet hat. Jeder Teilnehmer und jeder Beobachter weiß, mit wem er es bei einem bestimmten Anlaß zu tun hat.

Erinnern wir uns an das Beispiel des Buschmannes Debe, der Bauer geworden war. Ständig von hungrigen ehemaligen Gruppengefährten heimgesucht, wollte er mehr Mais anbauen und hatte zu diesem Zweck seine Gäste um Beistand auch bei der Feldarbeit gebeten. Der Plan scheiterte daran, daß diese nur Feste feiern, nicht aber bei der Feldarbeit helfen wollten. Wenn es ans Arbeiten ging, war Debe auf sich allein gestellt. Ein mit dem Feiern verbundener Ritus, dessen Teilnehmer sich zur gegenseitigen Unterstützung hätten verpflichten müssen, hätte das Problem gelöst. Einmal wären die Gäste nun unwiderruflich zur Hilfe verpflichtet gewesen, und des weiteren hätte Debe sich ein genaues Bild der Größe und Zusammensetzung der Gruppe verschaffen können, die er zum Essen *und* zum Arbeiten hätte erwarten können. Dieses Wissen aber wäre notwendig gewesen, um die Größe der Anbauflächen und die Organisation der Arbeit zu planen.

Übertragen wir diese Erkenntnis nun auf Riten aus der Entwicklungsphase dörflicher Kultur im Tal von Oaxaca zwischen 1500 und 500 v. Chr. In ihrer sorgfältigen Analyse des archäologischen Zusammenhangs, in dem Überreste verschiedener ritueller Handlungen gefunden worden waren, erkannten Kent Flannery und seine Mitarbeiter drei Arten von Riten: persönliche Riten; Riten, die mehrere Personen bzw. Familien verbanden; schließlich Riten des gesamten Dorfs bzw. mehrerer Dörfer. (Flannery 1976; Flannery, Marcus 1976)

1. *Persönliche Riten.* Zu dieser Art Riten gehörten die Blutopfer, durch die eine einzelne Person die Götter um Regen anflehte. Ihnen für Regen Tropfen des eigenen Blutes anzubieten, schien einem Denken, das auf Analogien beruhte, nur konsequent. Im Haus aufbewahrt, wurden die für die Blutung verwendeten Spitzen jedoch nicht nur in den eigenen vier Wänden benutzt. Überreste gebrauchter Stachelrochenspitzen wurden auch im Bereich der »öffentlichen« Gebäude gefunden. Anscheinend hatten sich Bauern die schmerzhaften Schnitte in die Zunge, die Lippen oder den Penis in aller Öffentlichkeit zugefügt.

Natürlich hatte das Ritual keinen Einfluß auf die Niederschlagsmenge. Um seine wirkliche Funktion zu erkennen, darf man die Götter, an die sich der Opfernde wandte, getrost vergessen. Die soziale Funktion des Ritus offenbart sich vor dem Hintergrund menschlichen Verhaltens. Flannery und Marcus stützten sich bei ihrer Untersuchung auf Kenntnisse über »primitive« zapotekische Bauern, die neuzeitlichen Nachfolger der Urbevölkerung von Oaxaca.

Ein zapotekischer Bauer bestellte nur so viel Land, wie er zum Unterhalt seiner Familie und zur Erfüllung seiner zeremoniellen Verpflichtungen benötigte. Diese Einstellung war Ausdruck einer auf Ausgleich bedachten Ethik, nach der die Gesamtmenge an Glück auf der Welt nicht vermehrbar ist. Wenn des einen Glück des anderen Pech ist, dann brachte ein Bauer, der seinen eigenen Anteil am Glück über Gebühr vergrößerte, Unglück über einen anderen.

Nur so viel Land zu bestellen, wie unbedingt notwendig, setzte voraus, die zu erwartende Niederschlagsmenge zur Pflanzzeit richtig einzuschätzen. Diese jedoch wechselten von Jahr zu Jahr. Kündigten Wolkenansammlungen im Mai und Juni ein regenreiches Jahr an, dann bauten die Bauern mehr Mais in den nichtbewässerten, nur in solchen Jahren genutzten Teilen des Tales an. Auf diese Weise gaben sie den stärker beanspruchten Böden im bewässerten Teil Zeit zur Erneuerung. Was als notwendige Vorsorge für regenarme Jahre gedacht war, in denen das Überleben von bewässerten Feldern abhing, konnte jedoch im Desaster enden. Hatte ein Bauer seinen Mais im nichtbewässerten Teil des Tals angebaut und fielen dann die erwarteten Niederschläge zu gering aus, dann drohte seiner Familie Hungersnot.

In dieser Situation erfüllte das Ritual seinen Zweck. Um von den Göttern Regen zu erflehen, zog der betroffene Bauer, bewaffnet mit einer Stachelrochenspitze, zum »öffentlichen« Gebäude und vollzog dort das rituelle Blutopfer. Wenn es anschließend regnete, hatte für ihn das Ritual seinen Zweck erfüllt. Die Götter schienen ihn erhört zu haben. Natürlich beruhte dieser subjektive Effekt auf Täuschung. Es hätte auch ohne das Blutopfer geregnet. Blieb dagegen der erwünschte Regen aus, dann erfüllte das Ritual auch objektiv seinen Zweck.

Der wirkliche Adressat des Rituals waren nicht Götter, sondern Menschen. Nicht Götter halfen denen, die in Not geraten waren, sondern andere Menschen. Von den Göttern unbeachtet, opferte derjenige, der sich öffentlich Schmerzen zufügte, nicht vergebens. Sein Opfer wurde von anderen gesehen. Durch die Autorität des Heiligen als »wahr« gekennzeichnet, vermittelte das Ritual die unanfechtbare Botschaft, eine Familie sei in Not. Das aber – so nehmen Flannery und Marcus an – könne bedeutet haben, daß die gleiche göttliche Autorität andere Haushalte mit ausreichenden Vorräten zur Hilfe verpflichtete.

2. Neben Riten, die von einzelnen Personen bzw. einzelnen Familien vollzogen wurden, vereinigte die zweite Gruppe von Riten mehrere Personen bzw. Haushalte zu größeren Verbänden, sogenannten *Bruderschaften*. Zu den archäologischen Merkmalen dieser Art von Riten zählt die Vielzahl kleiner Tonfiguren, die kostümierte Tänzer darstellen. Sie befanden sich in großer Zahl unter den Überresten nahezu jedes einzelnen Hauses der Dörfer im Tal von Oaxaca.

Einzelne Gräber enthielten auch Keramikmasken, die offensichtlich Teil der Kostümierung bei solchen rituellen Tänzen gewesen sind. Der Tote war Mitglied einer Bruderschaft gewesen und hatte anscheinend in ihren Tänzen die Rolle eines mythischen Wesens gespielt. Im Bereich der Häuser wurden auch Knochenreste buntgefiederter exotischer Vögel sowie Rasseln aus Armadillopanzern gefunden, die aus den tiefliegenden tropischen Landesteilen an der Küste stammten.

Die Mitglieder solcher »Bruderschaften« bewahrten ihre Kostüme, Rasseln und Masken in ihren Häusern auf. Sie trafen sich zu bestimmten Anlässen, um die vorgeschriebenen rituellen Tänze zu vollziehen. Auf ähnliche Weise bitten noch heute Pueblo-Indianer wie die Hopi im wüstenartigen Norden von Arizona die Götter in ausgedehnten zeremoniellen Zyklen um Regen.

Außer den erwähnten kleinen Tänzer- und Ahnenfiguren wurden in Oaxaca und anderen Teilen Mesoamerikas aus der Zeit zwischen 1500 und 500 v. Chr. Tausende weiterer kleiner Menschenfiguren gefunden. Man fand sie in Gräbern, unter Hausruinen oder in der Erde vergraben und zu rituellen Szenen arrangiert. Aufgrund der schieren Menge und Verbreitung dieser Figuren vermuten Flannery und Drennan, daß die mit ihnen verbundenen Zeremonien regelmäßig stattfanden. (1976) Vermutlich waren es Riten zur Beeinflussung jahreszeitlicher Ereignisse, die in Oaxaca eine wichtige Rolle spielten: der Beginn der Regenzeit, das Keimen der Saat und das Wachstum der Pflanzen, die Erntezeit usw.

Solche Riten brachten eine zeitliche Struktur in das Leben einer bäuerlichen Bevölkerung. Sie dienten zur Festigung sozialer Bindungen innerhalb verschiedener Abstammungsgruppen wie der »Wer-Jaguare« und der »Feuerschlangen« und zur Herstellung von Beziehungen innerhalb größerer Gemeinschaften. Wahrscheinlich war mit solchen Riten auch die zeremonielle Verteilung von Nahrungsüberschüssen und »Reichtümern« verbunden, um die immer wieder entstehenden wirtschaftlichen Ungleichgewichte zwischen einzelnen Haushalten auszugleichen.

3. Schließlich fanden die Archäologen Anzeichen für *kommunale Riten*. Archäologisches Merkmal sind die erwähnten »öffentlichen« Gebäude nach 1350 v. Chr. Obwohl sie Vorformen der späteren Tempel Mesoamerikas sind, nennen die Ausgräber sie nur »öffentliche Gebäude«, da sich keine eindeutige Trennung zwischen sakralen und profanen Funktionen feststellen lassen. Solche »öffentlichen Gebäude« wurden nur in bestimmten Orten gefunden, zum Beispiel in San José Mogote, nicht aber in den Nachbardörfern. Flannery vermutet daher, daß mit diesen »öffentlichen« Gebäuden Riten verbunden waren, die ein ganzes Dorf bzw. mehrere benachbarte Dörfer betrafen.

Obwohl die Art der Riten unbekannt ist, dürfte in ihnen ein charakteristisches Instrument verwendet worden sein. Es sind Trompeten aus den Gehäusen großer Meeresschnecken, die von der 200 Kilometer entfernten Golfküste stammten. Noch in unserem Jahrhundert dienten solche Trompeten in einigen Indianerdörfern von Oaxaca dazu, die Dorfbevölkerung zu öffentlichen Arbeiten herbeizurufen.

Auch die Bruderschaftsriten und die kommunalen Riten werden mehr bedeutet haben als nur die Schaffung eines familienübergreifenden, diffusen Zusammengehörigkeitsgefühls innerhalb größerer Gemeinschaften. Die Notwendigkeit, rituell eindeutige Bindungen mit klar festgelegten Verpflichtungen innerhalb größerer Gemeinschaften herzustellen, läßt sich am besten vor dem Hintergrund des »Debe-Syndroms« verstehen.

Menschen – auch der romantisch verklärte »edle Wilde« – kommen lieber zum Essen als zum Arbeiten. »Ein entfernter Verwandter im im Winter, ein Sohn im Herbst«, hinter diesem vom Ethnologen Raymond Firth überlieferten Sprichwort der neuseeländischen Maori verbirgt sich die gleiche Haltung. Das »Debe-Syndrom« dürfte zu den Universalien menschlichen Verhaltens gehören. Wer zur Pflanzzeit im Winter nur entfernter Verwandter ist, wird bei der Ernte im Herbst zum Sohn. Oder, nach einem weiteren Maori-Wort: »Rohe Nahrung gehört einem selbst, gekocht geht sie an einen anderen«, der ironische Rat, wie man seinen Sonntagsbraten der Verpflichtung zum Teilen entzieht: »Brate deine Ratte im Fell.« Nach Sahlins bezeichnen »die gleichen (neuguineischen) Bemba, die einen Verwandten als jemanden definieren, dem man Nahrung gibt, eine Hexe als jemanden, der kommt und sagt: ›Ich nehme an, daß du bald kochst. Was für ein schönes Stück Fleisch du doch hast‹«. (Firth 1926, nach Sahlins 1972; Sahlins 1972)

Der Gegensatz zwischen der Autonomie der Produktionseinheiten – einzelne Haushalte, die für den Eigenbedarf wirtschafteten – und den Erfordernissen der Gemeinschaft war Grundproblem der »primitiven« Ökonomie. Alle Bekenntnisse zur Gastfreundschaft, zum Teilen und zur Solidarität können nicht darüber hinwegtäuschen, daß das Zusammenleben und die Zusammenarbeit über Haushaltsgrenzen hinweg stets bedroht war. Das berühmte »Wir die Tikopia« entpuppte sich als leere Phrase, als die Bewohner dieser winzigen Pazifikinsel zu Beginn der fünfziger Jahre von mehreren schweren Hurrikanen heimgesucht und Häuser und Ernten vernichtet wurden. In der folgenden bitteren Hungersnot, als bedingungslose Solidarität am dringendsten benötigt worden wäre, zerfiel die Gemeinschaft unter dem Deckmantel fortbestehender Etikette in ihre Elemente.

Die Tikopia beschworen zwar weiter Solidarität und Gastfreundschaft, aber jeder erwartete sie nur noch vom anderen. Mißtrauisch verbarg jede Familie das bißchen Nahrung, das ihr verblieben war, vor Nachbarn und Verwandten; man aß heimlich; selbst Brüder, die sich sonst bedingungslos geholfen hatten, hörten auf, sich gegenseitig zu unterstützen; jeder wurde vom anderen bestohlen, und jeder bestahl einen anderen. Der Hunger, so Firth, »atomisierte« die größeren Verwandtschaftsgruppen und stärkte die Bindungen innerhalb des einzelnen Haushalts: »Die Hungersnot *offenbarte* die Solidarität der Kleinfamilie.« (Firth 1959)

»In diesen primitiven Gesellschaften«, so Sahlins, »befindet sich der einzelne Haushalt in dem Dilemma, fortwährend zwischen dem Eigenwohl und seinen weitergehenden Verpflichtungen gegenüber den Mitgliedern der Sippe manövrieren zu müssen, stets hoffend, die letzteren zu erfüllen, ohne das erstere zu gefährden«: »Der Haushalt geht nie ganz in der größeren Gemeinschaft auf, und die Beziehungen unter seinen Mitgliedern sind nie frei von Konflikten mit weitergehenden verwandtschaftlichen Bindungen.« (Sahlins 1972)

Riten der zweiten und dritten Gruppe lösten dieses Dilemma zumindest teilweise. Durch gemeinsame Riten überwanden Menschen die Grenzen der Haushalte: auf der Ebene von Bruderschaften oder Tanzgesellschaften, auf der Ebene des Dorfes und sogar mehrerer Dörfer. Denn rituell besiegelte Bindungen innerhalb solcher größerer Gemeinschaften bedeuteten mehr als nur die unverbindliche Zusage, sich gegenseitig zu unterstützen.

Rituelle Bindungen stellten weitaus verbindlichere Verpflichtungen her. Wer sich einer rituell besiegelten Verpflichtung zur Zusammenarbeit, zur gegenseitigen Unterstützung und zur Hilfe entzog, hatte mehr als nur ein böses Wort seiner Nachbarn zu befürchten. Er zog Schicksalsschläge auf sein Haupt. Geister und Götter straften durch Mißernten, durch Krankheit, Unglücksfälle und Tod. Damit halfen Riten, den Gegensatz zwischen der Autonomie der Haushalte und kommunalen Erfordernissen zu überwinden.

Darüber hinaus aber stellten sie selbst eine wichtige wirtschaftliche Antriebskraft dar. Sie trugen dazu bei, die Schwäche einer Ökonomie zu überwinden, deren Produktionseinheiten primär für den Eigenbedarf wirtschafteten. Die Haushalte neigten dazu, keinen Schlag mehr als notwendig zu tun. Rituelle Verpflichtungen konnten die Haushalte zur Mehrarbeit mobilisieren. »Der ökonomische Druck auf den Haushalt der Eltern«, schreibt Firth über einen mit der Initiation junger Männer verbundenen Ritus, »ist beträchtlich«.

Solche Riten waren häufig mit rauschenden Festen verbunden. Sie regten damit nicht nur die Produktion an, sondern erfüllten die Menschen mit freudiger Erwartung und neuer Motivation. Zu solchen Anlässen strömte die Bevölkerung des ganzen Dorfes, häufig sogar mehrerer Dörfer zusammen. Um 100 und mehr Menschen zu bewirten, mußten Tonnen von Grütze, Pudding, Früchten, Nüssen usw. bereitgestellt und ganze Tierherden geschlachtet werden.

Wirtschaftlich überschritt die Menge an Nahrung, die auf solchen Festen verpraßt wurde, den Eigenbedarf der Haushalte bei weitem. Sie mußte eigens für solche Anlässe erzeugt werden. »Ohne Feste«, so verriet ein Bewohner Neuguineas dem Ethnologen Hogbin, »würden wir nicht unsere ganzen Eßkastanien ernten oder so viele Bäume pflanzen. Satt würden wir wahrscheinlich schon, aber wir hätten niemals wirklich üppige Mahlzeiten.« (Hogbin 1938–39; nach Sahlins 1972) Je mehr solcher zeremoniellen Feste notwendig waren, um die Götter zufriedenzustellen, und je größer die Zahl der Gäste, desto härter mußte gearbeitet werden.

Darüber hinaus wirkte der zeremonielle Austausch zwischen verschiedenen sozialen Einheiten, zwischen verschiedenen Haushalten, Clans oder Dörfern der Gefahr wirtschaftlicher Isolation entgegen. Auf Tikopia beobachtete Firth ein ständiges Hin- und Herreichen von Nahrung zwischen verschiedenen Teilen der Insel zu Anlässen wie Begräbnissen, Hochzeiten, Initiation usw. Zum Beispiel »gibt es im zeremoniellen Zyklus *Die Arbeit der Götter*«, so Firth, »eine ständige Wechselbeziehung ritueller und wirtschaftlicher Verpflichtungen zwischen den Clans«. Um ihre gegenseitige Abhängigkeit zu bestätigen, tauschten die Oberhäupter der Clans große Körbe mit Nahrung untereinander aus: »Man sagt dabei: ›Der Clan *sa Kafika* ist verbunden mit *sa Taumako*‹.« (Firth 1957)

»In einer Ökonomie ohne Markt und ohne Währung«, berichtet der Ethnologe Kalvero Oberg über die Tlingit-Indianer an der Pazifikküste des nördlichen Nordamerika, »erfüllen die Gabe und das Fest die Funktionen, ohne die eine Wirtschaft nicht funktionieren könnte«: Austausch von Gütern, Bezahlung für Dienste und die Investition von Überschüssen. »Ob sich die Tlingit dessen bewußt sind oder nicht, die Nahrungsgabe und das Fest erfüllen Aufgaben von größter Wichtigkeit für ihre Gesellschaft. Man erkennt leicht, daß es Mechanismen für die Verteilung wirtschaftlicher Überschüsse in einem System sind, in dem die Produktion noch weitgehend von den Risiken der Produktionseinheit bestimmt wird, den Haushalten.« (Oberg 1973)

Außerdem trugen Riten zur Überwindung von Dorfgrenzen bei. Wie wir gesehen haben, war ein erheblicher Teil der Produkte, die in den prähistorischen Handelsnetzen Vorderasiens und Mesoamerikas über große Entfernungen weitergegeben wurden, »Firlefanz«. Güter wie exotische Meeresschnecken, Vogelbälge, Armadillo- und Schildkrötenpanzer, die in das Tal von Oaxaca »importiert« wurden, dienten ebenso wie die »exportierten« Magnetitspiegel ausschließlich rituellen Zwecken. Die Herstellung und Beschaffung dieser Artikel indessen hatte erhebliche wirtschaftliche und kulturelle Bedeutung.

Der Bedarf an solchen Produkten trug dazu bei, die wirtschaftliche Autonomie einzelner Haushalte und Dörfer zu überwinden. Er zwang die einzelnen Familien dazu, mehr zu arbeiten, als zur Eigenversorgung notwendig war. Zur Erfüllung seiner rituellen Verpflichtungen gegenüber den Göttern war man von Produkten abhängig, die nur andere liefern konnten. Und da die eigenen Götter stets eine krankhafte Vorliebe fürs »Exotische« gehabt haben, mußte man schon ziemlich hart arbeiten, um dem Austauschpartner in einer anderen Gruppe eine großzügige Gegengabe für die benötigten rituellen Artikel zu bieten.

Aus welcher Perspektive man die »primitive« Gesellschaft auch betrachtet, aus der ökonomischen, der religiösen oder der sozialen, bleibt gleich. Ökonomie, Religion und Gesellschaft sind verschiedene Begriffe für ein und dieselbe Ordnung. Um die Schwachstellen ihrer Wirtschafts- und Gesellschaftsordnung zu überwinden, hätten die Gläubigen die Götter schon erfinden müssen. Aber für sie existierten die Götter und Geister vergöttlichter Ahnen tatsächlich, und daher war ihre Erfindung nicht notwendig.

Nachfolgende Seite: El Lanzon, der Große Mann, ein mit einem Jaguarfang ausgestatteter Gott der Chavin-Kultur (800–200 v. Chr.) im Hochland der peruanischen Anden. Den Gläubigen verborgen, befand sich diese viereinhalb Meter hohe Statue im Zentrum einer riesigen Tempelanlage. Sie war das Symbol der religiös begründeten Macht der priesterlichen Herrscher von Chavin.

6. Kapitel
Den Ruhm des Anführers essen
Über die Ursachen der Ungleichheit
unter den Menschen

1. Das Mandat des Himmels

Die Frage nach den Ursachen der Ungleichheit unter den Menschen ist so alt wie diese Ungleichheit selbst. Die Wirklichkeit nicht einfach als Tatsache hinzunehmen, sondern nach Ursachen und Notwendigkeit zu fragen, ist unmittelbar mit den Bedingungen unseres Menschseins verbunden. Obwohl wir in Wildbeuterhorden zu Menschen geworden sind, ist unser Verhalten nicht genetisch an die Sozialstruktur dieser egalitären Kleingruppen gebunden. Das Verlangen, Sinn zu erkennen, der unsere Existenz begründet, ergänzt diese relative Freiheit. Nicht mehr genetisch programmiert, muß die Ordnung der Gesellschaft kulturell begründet werden. Die Suche nach dem Sinn aber führte in den Kulturen, von denen hier die Rede ist, unmittelbar zum göttlichen Ursprung der gesellschaftlichen Ordnung. Damit muß am Anfang der Ungleichheit unter den Menschen auch die Frage nach ihren Ursachen gestellt und beantwortet worden sein.

Ist die Rangordnung in einem Wolfsrudel durch Drohen und Kämpfen erst einmal festgelegt, so bedarf es bis zur nächsten Beißerei keiner weiteren Erklärung. Wer die schärferen Zähne hat, den stärkeren Nakken, wer eindrucksvoller droht, hartnäckiger und listiger ist, muß sich nicht weiter legitimieren. Tatsachen zu schaffen genügt. Wer dagegen in der menschlichen Gesellschaft einen hohen Rang einnimmt, wird ihn auf Dauer nur behalten, wenn er nicht nur über die Körper, sondern auch in den Köpfen von Menschen herrscht.

Nach dem Ende von Rangordnungskämpfen, dann, wenn in der Tierherde die Rangordnung festgelegt ist, beginnt in der menschlichen Gesellschaft die nicht weniger wichtige Aufgabe, die Macht in den Köpfen der Menschen zu verankern. Soll sie auf Dauer bestehen, dann muß sie sich legitimieren. Macht, die nur militärisch erobert wird, bleibt Episode. Um Bestand zu haben, muß sie von den Beherrschten als legitim und notwendig anerkannt werden. Zwei Beispiele aus der

Geschichte der frühen Staaten sollen den Gegensatz zur Tierherde verdeutlichen. In beiden geht es um den Versuch siegreicher Fürsten, militärische Macht religiös zu legitimieren.

In China hatte im Jahr 1027 v. Chr. die Streitmacht der Chou einen glanzvollen Sieg über die Armee der Shang-Dynastie errungen. Der König von Chou hatte den letzten Shang-Herrscher geköpft und die Macht übernommen. Dennoch stützten die Sieger ihren Herrschaftsanspruch nicht auf ihren militärischen Sieg. Der Herzog von Chou, ein Onkel des jungen Königs, verkündete vielmehr, das Mandat zu herrschen, verleihe nur der Himmel. Nur der gerechte und tugendhafte Fürst erhalte es. Die letzten Herrscher der Shang hätten dieses Mandat mißbraucht. Der Himmel habe es ihnen daher entzogen und auf das Geschlecht der Chou übertragen:

»Seht doch, ihr vielen Offiziere«, appellierte er an die militärischen Anführer der Shang, »wie hätten wir, ein kleines Reich, es wagen können, das Mandat von Yin (Shang) anzustreben? Die Entscheidung gegen Yin traf der Himmel; ohne daß wir Nutzen aus den allgemeinen Wirren gezogen hätten, half er uns. Wie hätten wir es wagen sollen, selber den Thron anzustreben?« (Nach Ho 1975) Eine religiöse Theorie, nicht militärische Überlegenheit legitimierte die Herrschaft der Chou.

Ähnliches geschah in Ägypten nach der Reichseinigung. Kurz vor 3000 v. Chr. war nach Generationen währenden Kämpfen zwischen mehreren rivalisierenden Fürstengeschlechtern eines als Sieger hervorgegangen. Der Überlieferung zufolge hatte der legendäre Menes das Reich geeinigt, die Pharaonenherrschaft über Ober- und Unterägypten etabliert und als neue Hauptstadt Memphis gegründet.

Eine Schminkpalette aus dieser Zeit, die berühmte »Narmer-Palette«, verherrlicht diese Reichseinigung in symbolischer Form. Indem sie den militärischen Sieg als Verwirklichung eines göttlichen Plans darstellt, zeigt die Palette den doppelten Aspekt der Herrschaft: Auf der einen Seite erkennt man, wie der Pharao majestätisch die Leichen geköpfter Feinde besichtigt. Auf der anderen erschlägt er selbst den Anführer der gegnerischen Truppen. Darunter liegen in gekrümmter Haltung weitere erschlagene Feinde. An der militärischen Grundlage der Herrschaft wird somit kein Zweifel gelassen. Zugleich aber lassen Art der Darstellung und Symbolik erkennen, daß der Sieg als Verwirklichung einer göttlichen Ordnung verstanden wird. Die Feinde repräsentieren das Chaos, das der in übermenschlicher Größe als Gott dargestellte Pharao überwindet. (Frankfort 1948)

Obwohl militärisch erobert, wurde die Macht theologisch konsolidiert. Priester vollendeten, was Krieger begonnen hatten. Damit die Pharaonenherrschaft als Erfüllung eines göttlichen Schöpfungsplans erscheinen konnte, mußten die heterogenen religiösen Vorstellungen der verschiedenen Reichsteile zu einer Einheit verschmolzen werden. Wie der bedeutende amerikanische Prähistoriker Henri Frankfort in seinem Werk *Kingship and the Gods* gezeigt hat, wurde dieses Meisterwerk in der sogenannten Memphitischen Theologie vollbracht. (1948) Daß das Alte Reich 800 Jahre Bestand hatte, ist nicht zuletzt der theologischen Begründung der Pharaonenherrschaft zu verdanken.

Ein wichtiges Element der Homogenisierung der Götterordnungen der veschiedenen Reichsteile war die »Erfindung« des neuen Schöpfergottes Ptah, der den existierenden Göttern übergeordnet wurde. Selbst Atum, der bis dahin *der* Schöpfergott gewesen war, mußte anerkennen, er selber sei von Ptah geschaffen worden. Die bisherigen Götter wurden damit zu Schöpferwerkzeugen Ptahs. Da ihre Existenz nunmehr auf den neuen Schöpfergott zurückging, hatte Ptah das sichtbare und das unsichtbare Universum und alle Lebewesen geschaffen, aber auch die Gerechtigkeit, die Künste usw.

In komplexen mythischen Konstruktionen verankerte diese Theologie die menschengeschaffene neue Institution der Pharaonenherrschaft in Ptahs Schöpfungsordnung. Das Ergebnis ist nicht ohne Ironie. Ein Pharao, der sein Reich mit Waffengewalt *erobert* hatte, wurde zur Inkarnation des Gottes Horus erklärt. Horus aber hatte die Herrschaft über Ägypten als *legitimer* Nachfolger seines toten Vaters Osiris angetreten. Die Eroberung der Macht erschien so als die Erfüllung eines göttlichen Plans, als die Vollendung der Schöpfungsordnung.

Durch die Verankerung im uralten Mythos des Gottes Horus, der seinem toten göttlichen Vater Osiris auf den Thron folgt, wurde auch das Nachfolgeproblem – die kritische Phase einer Monarchie – theologisch geregelt. Mit dem Tod des alten Königs war das Reich in Gefahr, wieder in kleinere Einheiten zu zerfallen. Die Memphitische Theologie löste auch dieses Problem. Sie machte den lebenden Pharao zur Inkarnation des Gottes Horus und seinen verstorbenen Vorgänger zur Inkarnation des toten Gottes Osiris. Damit wechselte ein Pharao im Tod die Inkarnation. Er wurde vom Horus zum Osiris, während die freigewordene Inkarnation des Horus unmittelbar durch den neuen Pharao besetzt wurde. Dieser Inkarnationswechsel, durch den ein lebender Gott zum toten Gott und sein menschlicher Nachfolger zum lebenden Gott befördert wurde, wiederholte sich mit jeder Thronfolge.

Mythisch dramatisiert wurde die irdische Thronfolge dadurch zur Wiederholung der Geschichte zweier Götter, ohne die nach den Glaubensüberzeugungen der Ägypter das Land unfruchtbar geblieben wäre. Denn beide, der lebende Pharao als Inkarnation von Horus und der tote als Inkarnation von Osiris, waren mit den Naturereignissen verbunden, von denen das Überleben der Ägypter abhing: erstens der jährlichen Nilüberschwemmung, in einer regenlosen Wüste die einzige Quelle von Fruchtbarkeit; zweitens dem Keimen des Getreides, das die Ägypter als ein Wiedererwachen des Lebens aus dem Tod verstanden.

Nur göttliche Intervention ließ den Nil über die Ufer treten und erweckte das tote Getreidekorn zu neuem Leben. Nur den Göttern Osiris und Horus, dem toten und dem lebenden Pharao, verdankten die Ägypter damit die Nilüberschwemmung, das Keimen der Saat, das Wachstum der Pflanzen und reiche Ernten. Leben und Wohlergehen des Volkes waren von den Inkarnationen beider Götter abhängig, von Horus als dem lebenden Pharao und Osiris als dem toten. Sie geboten über die Naturkräfte.

Die Pharaonenherrschaft legitimierte sich durch die Notwendigkeit, die Natur und die Gesellschaft in Übereinstimmung mit der göttlichen Schöpfungsordnung zu bringen. In einem denkwürdigen Text verbreitete Pharao Amenemhet I. (um 1900 v. Chr.) über seine Regentschaft: »Ich war derjenige, der Gerste erzeugte und den Getreidegott liebte. Der Nil achtete mich bei jedem Durchgang. Niemand hungerte während meiner Zeit und niemand durstete.« Amenemhet rühmte sich nicht, das Volk durch eine gute Agrarpolitik zufriedengestellt zu haben. Er rühmte sich vielmehr, die Nilüberschwemmungen kontrolliert und die Gerste zum Wachsen gebracht zu haben.

Als Folge dieser Theologie, so Frankfort, war für den Ägypter »selbst die Natur nicht ohne den König von Ägypten vorstellbar. Die Memphitische Theologie zeigt dies deutlich; sie demonstriert, daß die Doppelmonarchie mit Sitz in Memphis einen göttlichen Plan erfüllt. Die Ordnung der Gesellschaft, so wie Menes sie schuf, ist Teil der kosmischen Ordnung.« (Frankfort 1948) Theologie hatte Geschichte in die Zeitlosigkeit einer göttlichen Ordnung entrückt.

2. Ungleich vor den Göttern

Wenn schon Fürsten und Könige, die über Armeen geboten, ihre Herrschaft theologisch legitimierten, was anderes als Glauben kann die Anfänge der Ungleichheit unter den Menschen begründet haben? Nicht grundlos sind die ältesten archäologischen Hinweise, daß einzelne Personen höheren Rang und größeren Wohlstand als andere hatten, in verschiedenen Weltreligionen stets in Verbindung mit religiöser Spezialisierung gefunden worden.

In Gesellschaften ohne erkennbare Rangunterschiede waren Götter – allgemeiner: heilige Dinge – die einzige den Menschen übergeordnete Autorität gewesen. Sie standen allen Mitgliedern der Gesellschaft gleich fern. Jeder konnte versuchen, sich ihnen im Ritual zu nähern. Dabei mochten die Mitglieder ein und derselben Gruppe verschiedene rituelle Aufgaben erfüllen: Es gab Eingeweihte und Nichteingeweihte, Rituale, an denen nur Männer, und solche, an denen nur Frauen teilhatten, Geheimrituale und öffentliche – im Prinzip jedoch hatte jeder im Ritus den gleichen Zugang zur Welt der Götter.

Werfen wir einen Blick auf die Überreste des Tanzplatzes von Gheo-Shih im Tal Oaxaca im Hochland des südlichen Mexico. Zwischen 5000 und 4000 v. Chr. hatte dort eine größere Jäger- und Sammlergruppe gelagert und dabei Hinweise auf Riten hinterlassen. Neben den üblichen ungeordneten Überbleibseln eines Lagers fanden die Ausgräber eine etwa zwanzig Meter lange und sieben Meter breite, von zwei parallelen Steinreihen gesäumte Fläche. Anscheinend um eine Tanzfläche zu schaffen, hatten die Besucher dieses Areal im Gegensatz zum umliegenden Gelände sorgfältig von Steinen und Abfällen gesäubert und in der Mitte am Ende der einen Längsseite einen Steinhaufen aufgeschichtet. Alles weist darauf hin, daß auf diesem Platz eine größere Menschengruppe ihre Tänze veranstaltet hatte, wobei der Steinhaufen als Wendepunkt gedient haben könnte. Der Tanzplatz war offen und außerdem groß genug für sämtliche Mitglieder der Gemeinschaft. (Drennan 1976)

Mit der Entstehung wirtschaftlicher und sozialer Ungleichheit verbunden war Ungleichheit auch gegenüber den Göttern. Stellen wir dem offenen, jedem zugänglichen Tanzplatz von Gheo-Shih die etwa 3000 Jahre jüngeren ersten »öffentlichen« Gebäude von San José Mogote im Tal von Oaxaca gegenüber. Diese Gebäude, in denen wahrscheinlich kommunale Riten vollzogen wurden, hatten eine Grundfläche von etwa 25 Quadratmetern. Damit boten sie vielleicht einem Dutzend Menschen Platz. Um 1150 v. Chr. aber hatte San José Mogote etwa 150 Einwohner. Schon aus Platzgründen hat also nur etwa jeder zehnte Dorfbewohner Zugang zu bestimmten kommunalen Riten gehabt haben können.

Rituell teilte sich die Dorfbevölkerung damit in zwei Gruppen auf. Hinter Mauern abgeschirmt, vollzog eine Minderheit Eingeweihter kommunale Riten für die ausgeschlossene Mehrheit. Folglich hatte sie privilegierten Zugang zu den Göttern, und das bedeutete eine gewisse Macht über den Rest der Bevölkerung. Wenn eine Gemeinschaft von Menschen glaubt, ihr Leben und Wohlergehen hinge von ständiger göttlicher Intervention ab, dann verfügen diejenigen, die als Mittler zu den Göttern auftreten, eben über Macht. (Drennan 1983)

Außerdem gab es im Tal von Oaxaca Dörfer ohne »öffentliche« Gebäude und solche, die wie San José Mogote über öffentliche Gebäude verfügten. Sie bildeten offensichtlich die rituellen Zentren einer größeren Region mit mehreren abhängigen Dörfern und Weilern. Wie die weitere Entwicklung zeigt, war mit dieser religiösen Funktion auch wirtschaftliche und politische Macht der führenden Familien des Zentralorts über die größere Region verbunden.

Während die Nachbardörfer stagnierten, wuchs San José Mogote zwischen 1150 und 850 v. Chr. von etwa 150 auf 700 Einwohner, das ist die zehn- bis zwanzigfache Größe seiner Nachbarn. Obwohl San José nur über die Hälfte der landwirtschaftlichen Nutzfläche der anderen Orte verfügte, wuchs dort die Bevölkerung am schnellsten. Anders als in Tierpopulationen entschied nicht Verfügbarkeit von Land über das Bevölkerungswachstum im Tal von Oaxaca, sondern soziale Organisation. (Kowalewski, Fisch, Flannery 1983)

Ein vergleichbar privilegierter Zugang zu Göttern läßt sich in Çatal Hüyük in Anatolien im 6. Jahrtausend v. Chr. erkennen. Ein Wandbild in einem der Heiligtümer zeigt etwa 20 Menschen, die mit Röcken aus Leopardenfell bekleidet um zwei große Hirsche tanzen. Unterstützt werden sie von zwei nackten springenden Akrobaten und zwei kopflosen Figuren. Da Kopflosigkeit in Çatal Hüyük das Symbol für Tote war, bedeutete das, daß Ahnen an diesem Tanz teilnahmen.

Mellaart, der Ausgräber, deutet die Szene als Jagdritual: Da es äußerst unwahrscheinlich sei, daß sich die gesamte männliche Bevölkerung einer 5000 Einwohner zählenden Stadt in Leopardenfell gekleidet habe, müsse der Leopardenfellrock Zeichen der Priesterwürde sein. Nach Mellaart zeigt das Bild, wie Leopardenpriester, unterstützt von Ahnen, das Jagdritual vollziehen. Auch in Çatal Hüyük war also die Masse der Bevölkerung von einem wichtigen Ritual ausgeschlossen. (1967)

Der Einwand, es habe sich nur um religiöse Spezialisten gehandelt, verkennt die mit der Priesterwürde verbundene soziale Rolle. Dem Anschein nach sind die abgebildeten Leopardenpriester religiöse Spezialisten gewesen. Zugleich aber waren sie auch die ranghöchsten und wohlhabendsten Einwohner der Stadt. Die reiche Ausstattung ihrer Gräber und die Einrichtung ihrer Wohnungen, die auch die Heiligtümer des Orts waren, zeigen deutlich, daß mit religiöser »Spezialisierung« Rang und Wohlstand verbunden waren.

Tempelanlagen in Gesellschaften mit ausgeprägten Rang- und Wohlstandsunterschieden enthalten deutliche architektonische Merkmale einer Unterscheidung zwischen öffentlichen und geheimen Riten. Nehmen wir das riesige Tempelzentrum von Chavin im Hochland der Anden. Beherrscht von einer priesterlichen Elite, war es zwischen 800 und 200 v. Chr. das religiöse, kulturelle und vermutlich auch administrative Zentrum der ersten überregionalen Kultur Perus.

Die Anlage bestand aus zwei großen Tempelkomplexen. Jeweils ein Pyramidenkegel als Mittelbau umgab mit zwei seitlichen Anbauten U-förmig einen offenen »versenkten« Hof. Von der Masse andächtiger Gläubiger umgeben, dürften in den offenen Höfen Priester öffentliche Riten zelebriert haben. Selbst bei öffentlichen Riten war die Masse der Bevölkerung von aktiven Teilnehmern zu Zuschauern geworden.

Zusätzlich scheint es Geheimriten gegeben zu haben, zu denen nur noch die priesterliche Elite zugelassen war. Im Zentrum beider Anlagen standen die voluminösen Pyramidenstümpfe, die, ihrem massiven Äußeren zum Trotz, im Innern von einem System von Galerien, Gängen und Kammern durchzogen waren. Im Zentrum des älteren Tempels befand sich eine kreuzförmig angeordnete Galerie mit einem Kultobjekt in der Mitte, das vermutlich eine der Hauptgottheiten von Chavin darstellte, das sogenannte »Große Bild«.

Es handelt sich um eine etwa fünf Meter hohe menschenähnliche Gestalt aus weißem Granit mit einem Kopf, der den Entdecker Julio Tello an eine gereizte Raubkatze erinnerte. »Die Ausmaße dieses Großen Bildes und seine Aufstellung in einem dunklen Gang erwecken einen furchterregenden Eindruck, dem sich selbst ein nichtgläubiger moderner Besucher nicht entziehen kann«, beschreibt der amerikanische Prähistoriker John Rowe seine Empfindungen angesichts dieses Götterbildes. (Rowe 1962)

Die öffentlichen Riten, die in den offenen Höfen zelebriert wurden, demonstrierten die Macht der Priester von Chavin. Legitimiert aber wurde diese Macht durch kultische Handlungen im verborgenen Innern der Tempel. Zu diesem Teil der Kultanlagen hatten anscheinend nur Priester und vielleicht auch nur besondere Priester Zugang. »In dieser ›unterirdischen Welt‹«, vermutet der Leiter des peruanischen Chavin-Projekts, Frederico Kauffmann Doig, »wurden aller Wahrscheinlichkeit nach geheime Riten vollzogen, abgewandt von den lichtüberfluteten ›öffentlichen‹ Plätzen.« Die steinernen Kultobjekte, die schreckenerregende, raubkatzenartige Wesen mit mächtigen Reißzähnen zeigen, lassen Kauffmann Doig vermuten, in Chavin habe eine Priesterhierarchie »mit magisch-religiös bestimmtem Terror auf die breite Masse« der Bauern in weitem Umkreis eingewirkt. (Kauffmann Doig 1984)

Ungehorsam in einem solchen Herrschaftssystem verletzte nicht menschliches, sondern göttliches Recht. Götter aber mußten in solchen Gesellschaften häufig durch Menschenopfer versöhnt werden, vollzogen von denen, die sie auf Erden vertraten. Opferszenen, die in den Stein der Nordfront der Tempelanlage von Sechin im Tal des Casma an der Pazifikküste geritzt sind, zeigen mit nicht zu übertreffender Deutlichkeit den religiösen Terror aus der Endphase der Chavin-Kultur. Man erkennt halbierte und geviertelte Menschen mit herausquellenden Eingeweiden, abgeschnittene Köpfe, verstümmelte Gliedmaßen und gräßlich zugerichtete Gesichter, denen wie ein Schrei ein Schwall Blut aus dem Rachen schießt. Daneben stehen zu würdevoller Pose erstarrt diejenigen, die das Massaker zur Versöhnung der Götter vollzogen haben: Priester oder ihre Handlanger: Wie Szepter halten sie die Opferinstrumente, Äxte aus einem Holzschaft mit Steinschneide, in den Händen. (Lavallée, Lumbreras 1986)*

---

* Der Eindruck, rituelle Menschenopfer seien eine »Errungenschaft« der Zivilisation, wäre falsch. Vereinzelt haben schon Neandertaler ihre Artgenossen geopfert, und diese Praxis setzt sich in der gesamten Frühgeschichte des modernen Menschen fort. Neu in der Zivilisation waren die Qualität und auch die Quantität. Menschenopfer dienten nun zur Manifestation der Macht über Menschen. Neu ist auch die Bestialität der Opfer. Hatte zuvor ein Schlag auf den Schädel genügt, so tötete man nun, um Terror zu verbreiten. Als drittes kam dazu, daß Menschen nun zu kalendarischen Ereignissen wie Frühlingsanfang, Regenzeit oder Ernte geopfert wurden.

3. Vermutungen über die Ursachen der Ungleichheit

Aufgeklärt über die soziale Funktion von Glaubensvorstellungen sind wir versucht, in der Bereitschaft, daran zu glauben, daß Herrschaft vom Himmel gesandt sei, nur eine Illusion der Beherrschten zu sehen. Für Menschen in vorwissenschaftlicher Zeit gab Religion indessen Antwort auf die existentielle Frage nach dem *Warum*. Glauben war der einzige Weg, die Welt als ein geordnetes und notwendiges Ganzes zu begreifen. Denken bedeutete, die Welt in religiösen Kategorien zu erfassen.

Hätte sich die soziale Funktion von Religion auf die Legitimation von Herrschaft beschränkt, wäre Religion *nur* »Opium fürs Volk« gewesen, wie Karl Marx gespottet hat, so hätte sich die Memphitische Theologie wohl erübrigt. Über die Legitimation der Herrschaft hinaus lieferte Religion einen Denk- und Handlungsrahmen, der von Naturphänomenen bis zu den wirtschaftlichen und sozialen Beziehungen der Menschen in der Gesellschaft sämtliche Lebensbereiche umfaßte. Weitaus mehr als nur Legitimation von Herrschaft, zeigte Religion, daß die Welt, so wie sie nun einmal existierte, notwendig war.

Dies bei der folgenden Analyse der sozialen Funktion früher Religionen im Auge zu behalten, ist wichtig. Sonst erschiene sie uns nur als ein Trick der Herrschenden, die Beherrschten über die wahre, die irdische Natur des Herrschaftssystems zu täuschen. Nichts wäre weiter von der Wahrheit entfernt. Herrschende wie Beherrschte waren gleichermaßen überzeugt, daß die Ordnung, in der sie lebten, einer höheren als einer menschengeschaffenen Notwendigkeit entsprang.

Daß es in Wirklichkeit jedoch keines Gottes bedarf, um die einen zu Herren und die anderen zu Knechten zu machen, haben schon einige griechische Sophisten im 4. Jahrhundert v. Chr. gewußt. Rousseau hat es 1754 in seiner berühmten *Abhandlung über den Ursprung und die Grundlagen der Ungleichheit unter den Menschen* bestätigt. Kenntnis des Menschen genüge. Was also sind die realen, die menschengeschaffenen Grundlagen gesellschaftlicher Ungleichheit?

Rousseau hatte erkannt, daß der Ungleichheit unter den Menschen eine gesellschaftliche Notwendigkeit entsprochen haben muß. Ausgehend von einem Naturzustand isolierter und deshalb noch sprachloser Einzelwesen, die ungebunden durch die Wildnis streifen, baute er schrittweise die bürgerliche Gesellschaft auf. Treibende Kraft war,

»die Erfahrung, welche ihn (den Menschen) lehrte, daß die Neigung zum Wohlleben die einzige Triebfeder menschlicher Handlungen ist«. Eine Reihe von Entdeckungen – der Vorteile beim Zusammenschluß von Einzelwesen zur Gemeinschaft, Landwirtschaft, Eigentum, Arbeitsteilung und Austausch usw. – brachte die Menschen zwar dem ersehnten Ziel näher, zugleich schuf sie jedoch auch neue Abhängigkeiten und Ungleichheit.

Von der Warte unseres besseren archäologischen und anthropologischen Wissens mag eine solch fiktive menschliche Frühgeschichte reichlich naiv erscheinen. Dennoch hat Rousseau das Phänomen im Prinzip richtig gedeutet. Ungleichheit der Menschen in der Gesellschaft ist weder Folge göttlichen Willens noch unterschiedlicher individueller Begabung. Sie ist das Ergebnis eines gesellschaftlichen Prozesses. Entstanden ist sie aus der Wechselwirkung zwischen individuellen Zielen und den sich verändernden wirtschaftlichen und sozialen Bedingungen der Gesellschaft, in der die Individuen leben.

Sehr viel genauer haben Marx und Engels die zweite, die gesellschaftliche Variable dieser Entwicklung erfaßt. Im Vorwort zur *Kritik der Politischen Ökonomie* begründet Marx 1859 den Historischen Materialismus in allgemeiner Form: »In der gesellschaftlichen Produktion ihres Lebens gehen die Menschen bestimmte, notwendige, von ihrem Willen unabhängige Verhältnisse ein, Produktionsverhältnisse, die einer bestimmten Entwicklungsstufe ihrer materiellen Produktivkräfte entsprechen. Die Gesamtheit der Produktionsverhältnisse bildet die ökonomische Struktur der Gesellschaft, die reale Basis, worauf sich ein juristischer und politischer Überbau erhebt und welcher bestimmte gesellschaftliche Bewußtseinsformen entsprechen.« (Marx 1859)

Auf »primitive« Gesellschaften angewandt, muß diese allgemeine Formulierung etwas modifiziert werden. Der »Überbau« primitiver Gesellschaften war Teil der Produktionsverhältnisse. Erst im Verlauf der Entwicklung staatlich organisierter Gesellschaften kam es zu der von Marx postulierten Trennung. Besonders deutlich zeigt sich die ursprüngliche Integration von Produktionsverhältnissen und Überbau in der Mehrfachfunktion kommunaler Riten. Solche Riten bestätigten in »primitiven« Gesellschaften nicht nur das Überbauphänomen der Glaubensvorstellungen, sondern waren darüber hinaus selbst *Teil* der Produktionsverhältnisse. *Ökonomisch* stimulierten sie einen wichtigen Teil der Produktion und des Austauschs von Nahrung und Gütern. Indem sie außerdem Bindungen und Verpflichtungen zwischen Menschen herstellten, die für »Primitive« *die* Produktionsverhältnisse waren, enthielten solche Riten auch Elemente der *Gesellschaftsstruktur*.

So bleibt also die Frage nach den verändernden Faktoren der gesellschaftlichen und zivilisatorischen Entwicklung. Marx und Engels sahen die Antwort in der Entwicklung der Produktivkräfte und damit verbunden der Produktionsverhältnisse. »Hiernach sind die letzten Ursachen aller gesellschaftlichen Veränderungen und politischen Umwälzungen zu suchen nicht in den Köpfen der Menschen, in ihrer zunehmenden Einsicht in die ewige Wahrheit und Gerechtigkeit, sondern in Veränderungen der Produktions- und Austauschweise«, erklärte Engels im *Anti-Dühring*. (Engels 1876–78)

Noch deutlicher formulierte er die Beziehung zwischen Produktivkräften und gesellschaftlicher Entwicklung im Vorwort zum *Ursprung der Familie, des Privateigentums und des Staats*: »Je weniger die Arbeit noch entwickelt ist, je beschränkter die Menge ihrer Erzeugnisse, also auch der Reichtum der Gesellschaft, desto überwiegender erscheint die Gesellschaftsordnung beherrscht durch Geschlechtsbande. Unter dieser auf Geschlechtsbande begründeten Gliederung der Gesellschaft entwickelt sich indes die Produktivität der Arbeit mehr und mehr; mit ihr Privateigentum und Austausch, Unterschiede des Reichtums, Verwertbarkeit fremder Arbeitskraft und damit die Grundlage von Klassengegensätzen... Die alte, auf Geschlechtsverbänden beruhende Gesellschaft wird gesprengt im Zusammenstoß der neu entwickelten gesellschaftlichen Klasse; an ihre Stelle tritt eine neue Gesellschaft, zusammengefaßt im Staat...« (Engels 1884)

Antriebskräfte waren Engels zufolge also:

1. die Entwicklung von Techniken, mit denen Menschen ihren Lebensunterhalt bestritten haben;

2. die mit verschiedenen Stufen der Technikentwicklung verbundenen Formen der Organisation menschlicher Arbeit und des Austausches der Produkte dieser Arbeit.

Nach diesem Schema definiert Engels mehrere Hauptepochen der Menschheitsgeschichte: »Wildheit, Barbarei und Zivilisation«. Welche Phasen der Evolution menschlicher Gesellschaften diese Hauptepochen umfassen, sei nicht weiter diskutiert. Wichtig ist vielmehr, daß Engels in bestimmten Techniken gleichsam die »Leitfossilien« für verschiedene Phasen gesellschaftlicher Entwicklung sieht. So läßt er die Phase der »Wildheit« mit der Entwicklung von Sprache beginnen, führt sie über den Fischfang weiter und beendet sie mit der Entwicklung von Pfeil und Bogen. Die Phase der »Barbarei« beginnt mit der

Einführung der Töpferei, führt dann über die Domestizierung von Pflanzen und Tieren usw. (1884)

Produktivkräfte und Produktionsverhältnisse freilich entwickeln sich nicht von selbst. Sie werden von Menschen entwickelt, die bestimmte Ziele verfolgen, von Interesssen geleitet sind und unter vorgefundenen Zwängen handeln. Rousseau hatte in der »Neigung zum Wohlleben« die Antriebskraft menschlichen Handelns gesehen. Für Engels war es Eigennutz. Seine Antwort auf die Frage nach der menschlichen Komponente hinter der Entwicklung von Produktivkräften und Produktionsverhältnissen läßt an Deutlichkeit nichts zu wünschen übrig:

»Die Macht dieser naturwüchsigen Gemeinwesen mußte gebrochen werden – sie wurde gebrochen. Aber sie wurde gebrochen durch Einflüsse, die uns von vornherein als eine Degradation erscheinen, als ein Sündenfall von der einfachen sittlichen Höhe der alten Gentilgesellschaft. Es sind die niedrigsten Interessen – gemeine Habgier, brutale Genußsucht, schmutziger Geiz, eigensüchtiger Raub am Gemeinbesitz –, die diese neue zivilisierte, die Klassengesellschaft einweihen; es sind die schmählichsten Mittel – Diebstahl, Vergewaltigung, Hinterlist, Verrat –, die die klassenlose Gentilgesellschaft unterhöhlen und zu Fall bringen. Und die neue Gesellschaft selbst, während der ganzen dritthalbtausend Jahre ihres Bestehens, ist nie etwas anderes gewesen als die Entwicklung der kleinen Minderzahl auf Kosten der ausgebeuteten und unterdrückten Mehrzahl, und sie ist dies jetzt mehr als zuvor.« (1894)

So präzis Marx und Engels die gesellschaftliche Komponente zivilisatorischer Entwicklung erfaßt haben, so unscharf bleibt die individuelle. Eigennutz, die Antriebskraft kapitalistischen Unternehmertums im 19. Jahrhundert, scheint seit Urzeiten der Motor allen zivilisatorischen Fortschritts gewesen zu sein. Anscheinend hatte er sich jedoch so lange nicht durchsetzen können, wie die Produktivkräfte noch nicht genügend entwickelt waren, um Überschüsse anzusammeln. Damit wurde für Engels die Entstehung der Landwirtschaft zum Wendepunkt. Sie schuf die Voraussetzungen dafür, daß einzelne sich das Produkt fremder Arbeit aneignen konnten.

In einer Wildbeuterökonomie, so Engels, hatte die menschliche Arbeitskraft noch keinen beachtenswerten Überschuß über ihre Unterhaltskosten hinaus geliefert. »Mit der Einführung der Viehzucht, der Metallbearbeitung, der Weberei und endlich des Feldbaus wurde das anders. Wie die früher so leicht zu erlangenden Gattinnen einen Tauschwert bekommen hatten und gekauft wurden, so geschah es mit den Arbeitskräften, besonders seitdem die Herden endgültig in Familienbesitz übergegangen waren.« (1884)

Lassen wir Detailfragen wie die zivilisatorischen Entwicklungsstufen Wildheit, Barbarei und Zivilisation oder veraltete Vorstellungen über die Entstehung der Familie außer Betracht. Ebensowenig wie Rousseaus *Abhandlung* sollte Engels' *Ursprung der Familie, des Privateigentums und des Staats* am modernen Wissen über die Vorgeschichte gemessen werden. Was interessiert, ist allgemeiner: die Wechselbeziehung zwischen individuellen Antriebskräften und den gesellschaftlichen Rahmenbedingungen, innerhalb derer die Individuen ihren persönlichen Neigungen nachgehen. Nach Engels scheint die Ausbeutung von Menschen durch Menschen nur eine Frage des technischen Entwicklungsstandes zu sein. Das so bildhaft beschriebene Arsenal schmählicher Verhaltensweisen konnte virulent werden, nachdem Landwirtschaft die wirtschaftlichen Voraussetzungen geschaffen hatte.

Engels ist darin zuzustimmen, daß sich bei Menschen, die keine Überschüsse erzeugen können, Ausbeutung nicht lohnt. Damit jedoch erschöpft sich die Übereinstimmung. Tatsächlich sind die Verhältnisse zwischen technischem Entwicklungsstand und gesellschaftlicher Organisation weitaus komplexer, als Engels es dargestellt hat:

Erstens sind soziale Entwicklungen nicht durch Technik determiniert. Die Macht von einzelnen, andere auszubeuten, entstand nicht *gleichzeitig* mit der Landwirtschaft, sondern erst Jahrtausende später.

Zweitens entstand solche Macht nicht durch *landwirtschaftliche Technik*, sondern durch zunehmende Größe und Komplexität menschlicher Gesellschaften. Obwohl Landwirtschaft die wirtschaftlich-technischen Voraussetzungen dafür lieferte, entschieden soziale Faktoren und nicht Techniken über die gesellschaftliche Entwicklung. Noch im 20. Jahrhundert gab es egalitäre Bauerngesellschaften, die unberührt von der kulturellen Entwicklung anderswo ein Leben wie seit Urzeiten führten.

Drittens entschieden nicht individuelle Impulse über die zivilisatorische Entwicklung, sondern gesellschaftliche Notwendigkeit. Das Phänomen der Ausbeutung läßt sich erst in einer relativ späten Phase gesellschaftlicher Entwicklung feststellen.

In der Entstehungsphase von Rang- und Wohlstandsunterschieden waren nicht die »niedrigsten Interessen« die Antriebskräfte zivilisatorischer Entwicklung, sondern im Gegenteil, es war dies Großzügigkeit bis zur Selbstverleugnung. Ethnologisch erforschten »Primitiven« dienten die Anführer als Arbeitstiere und Bankiers der Gemeinschaft. Im Unterschied freilich zum modernen Bankgeschäft hatten die Zinsen, die diese Anführer erhielten, keinen materiellen, sondern einen ideellen Wert. Sie bestanden in der Anerkennung durch die Gemeinschaft. Persönliche Armut war häufig das Kennzeichen der Häuptlingswürde.

Bevor ich die wirtschaftlichen und sozialen Ursachen der Ungleichheit unter den Menschen genauer untersuche, sind im folgenden Abschnitt einige grundlegende Begriffe zu klären. Begriffe wie »Gleichheit« und »Ungleichheit«, »Rang«, »egalitäre Gesellschaft«, »Macht« werden häufig gebraucht, ohne daß ihre Bedeutung mit der erforderlichen Genauigkeit geklärt ist.

4. Anführer, Großer Mann, Häuptling

Die Begriffe »Gleichheit« und »Ungleichheit«, »egalitäre Gesellschaft«, »Herrschaft«, »Rang«, »Macht« habe ich bisher im Sinne des allgemeinen Sprachgebrauchs verwendet. Auch wenn die Wissenschaft für eine Vielzahl von Begriffen der Alltagssprache genaue Definitionen entwickelt hat, verwenden wir Laien sie zu Recht weiter so, wie wir es gelernt haben. Verabsolutiert kann der Anspruch von Wissenschaftlichkeit auch Enteignung, oder, was das gleiche ist, Vergewaltigung von Sprache bedeuten. Aber auch in akademischen Zirkeln verbirgt sich hinter dem Vorwurf an den Kollegen, »unwissenschaftlich« zu arbeiten, nicht selten etwas anderes. Vor allem im deutschen Sprachraum ist der Anspruch der »Wissenschaftlichkeit« leider allzuoft eine Entschuldigung für schlechten Stil.

An dieser Stelle ist jedoch eine Klärung notwendig. Dabei lassen wir uns nicht auf die Feinheiten der soziologischen Analyse ein. Wir versuchen vielmehr die Bedeutung einiger Begriffe deutlich herauszuarbeiten. Worum es geht, sind nicht unfruchtbare theoretische Abgrenzungen, sondern praktisch handhabbare Begriffe.

Ungleichheit sei nicht als natürliche, sondern als soziale Ungleichheit verstanden. Daß Menschen aufgrund unterschiedlicher Fähigkeiten und Interessen auch zu verschiedenen Tätigkeiten begabt sind – der eine zur Jagd, der andere zum Tanzen, ein dritter die schönsten Gesänge kannte, ein vierter die besten Steinwerkzeuge machte oder über besondere Pflanzenkenntnisse verfügte –, war in *egalitären Gesellschaften* wohlbekannt.

Gleichheit in *egalitären Gesellschaften* bedeutete nicht Unterdrükkung individueller Fähigkeiten, nicht »nivellierende Gleichmacherei«. Sie beruhte vielmehr auf einer unausgesprochenen gesellschaftlichen Vereinbarung: Trotz offensichtlicher Unterschiede der Begabung und Interessen werden alle Menschen als gesellschaftliche Wesen gleich geboren.

Egalitäre Gesellschaften schlossen eine geschlechtsspezifische Arbeitsteilung zwischen Mann und Frau nicht aus. Betrachtete man die Arbeitsteilung zwischen sammelnden Frauen und jagenden Männern als Kriterium für gesellschaftliche Ungleichheit, dann hätten schon vor 60000 Jahren Menschen nicht mehr in egalitären Gesellschaften gelebt. Archäologisch läßt sich die Aufgabenverteilung zwischen sammelnden Frauen und jagenden Männern bis in die Zeit des Neandertaler zurückverfolgen. Wahrscheinlich dürfte sie sogar noch weitaus älter sein. Wirtschaftliche Aufgabenteilung bedeutet noch nicht soziale Ungleichheit. (Herbig 1984)

Macht sei nach Max Weber als jede »Chance« (im Sinne von »Fähigkeit«) verstanden, »innerhalb einer sozialen Beziehung den eigenen Willen auch gegen Widerstreben durchzusetzen«. Dabei ist es nach Weber gleichgültig, worauf diese »Chance« (Fähigkeit) beruht, auf persönlichem Charisma, auf körperlicher Kraft, militärischer Gewalt, religiöser Autorität oder auf wirtschaftlicher Abhängigkeit. (Bernsdorf 1969)

So definiert, schließen Macht und Egalität sich nicht gegenseitig aus. Die unzähligen Stämme Neuguineas waren in unserem Sinn egalitäre Gesellschaften. Jeder hatte dieselbe Möglichkeit, jeden Rang zu erreichen, den die Gesellschaft bot. Trotzdem verfügten bestimmte Personen über Macht; es waren dies die sogenannten Großen Männer. Sie kontrollierten eine erhebliche Gefolgschaft, hatten die Macht, den eigenen Willen auch gegen Widerstreben durchzusetzen und verfügten über erhebliche Reichtümer.

Der Große Mann war wie alle anderen Mitglieder seines Stammes als gewöhnlicher »kleiner Mann« geboren worden. Seine Macht war erworben. Er verdankte sie seiner Fähigkeit, durch großzügige Gaben und grandiose Feste andere in seine Abhängigkeit zu bringen. Die benötigten Reichtümer schuf er mit seinen Frauen und Gefolgsleuten durch eigener Hände harte Arbeit.

Die Institution des Großen Mannes zeigt auch, daß es egalitäre Gesellschaften gab, in denen Männer über Frauen dominierten und sie ausbeuteten. Die Macht des Großen Mannes beruhte zwar zu einem erheblichen Teil auf eigener Arbeit, zu einem größeren Teil aber auf der Arbeit seiner Frauen und Gefolgsleute. Während er für seine Arbeit Macht und Ruhm gewann, blieb seinen Frauen und Gefolgsleuten allenfalls ein Abglanz davon.

Zugleich erkennen wir an diesem Beispiel die Schwächen der Anwendung exakter soziologischer Definitionen auf »primitive Gesellschaften«. Die Aussage, der Große Mann habe Macht gehabt, suggeriert eine Dominanz, die in Wirklichkeit höchst fragil und nur vorübergehend war. Seine Macht währte keinen Augenblick länger als die Fähigkeit, andere durch Gaben zu verpflichten. Ein Großer Mann, der alt und gebrechlich wurde, wurde auch schnell wieder zum gewöhnlichen »kleinen Mann«.

In Wahrheit war die Gefolgschaft des Großen Mannes durch kaum mehr als durch ihre Teilhaberschaft an dem Ruhm gebunden, dessen Grundlagen sie zum größten Teil durch ihre Mehrarbeit selbst geschaffen hatte. Wie Ureinwohner der Solomonen-Inseln östlich von Neuguinea scharfsinnig erkannt haben, bestand der wahre Lohn ihrer Arbeit darin, »das Ansehen des Anführers zu essen«. Ein Großer Mann war ein Selfmade-Mann, der es verstand, andere zu überzeugen und in Abhängigkeit zu bringen.

Daher war seine Macht stets von einer Güterabwägung derjenigen abhängig, über die sie ausgeübt wurde. Wurde die Gefolgschaft durch Arbeit und Verpflichtungen ohne adäquate Gegenleistung überstrapaziert, so konnte sie das Machtverhältnis jederzeit beenden. Ein Großer Mann, der den Bogen überspannte, riskierte nicht nur seine Gefolgschaft, sondern sogar sein Leben. »Du solltest nicht der einzige reiche Mann sein, wir sollten alle gleich sein, daher bleibst du auch gleich mit uns«, bekam ein Großer Mann der Paniai auf Neuguinea zu hören. Anschließend wurde er von seiner Gefolgschaft unter Anführung der eigenen Brüder und Söhne getötet.

Worüber jedoch auch ein von allen respektierter Großer Mann nicht verfügte, war *institutionelle Macht*. Seine Macht war persönliche Macht. Starb er, dann nahm nicht ein anderer aufgrund einer geregelten Nachfolge die vakant gewordene Position in der Gesellschaft ein. Denn eine solche Position gab es nicht. Ein Vakuum entstand. »Der Tod eines Anführers«, schreibt Marshall Sahlins, »kann für eine ganze Region zum politischen Trauma werden: ... die Gruppe zerfällt ganz oder in Teilen, und schließlich gruppieren sich die Leute neu um aufstrebende Große Männer.« (Sahlins 1963)

Ein Zeichen *institutioneller Macht* in »primitiven« Gesellschaften ist die Verbindung von Macht mit religiöser Autorität im sakralen Häuptlingstum. Verankerung im Glauben bedeutet Bestand. Der Häuptling mochte alt werden und sterben, ohne daß ein Machtvakuum entstanden wäre wie nach dem Tod eines Großen Mannes. Eine durch Glauben begründete Macht, wie schwach sie auch immer sein mochte, war unabhängig vom jeweiligen Amtsinhaber. Der Nachfolger wurde entweder gewählt, oder er kam durch Geburt zur Macht. Institutionelle Macht ist uns in der Einleitung dieses Kapitels in Gestalt der priesterlichen Eliten von Oaxaca und Çatal Hüyük und selbstverständlich auch im Pharao begegnet.

Schwieriger ist es, den Begriff *Rang* zu klären. Das Wort »Rang« wird, meist ohne daß die Benutzer dessen gewahr wären, zur Bezeichnung zweier verschiedener gesellschaftlicher Phänomene gebraucht. Den Unterschied herauszustreichen ist wichtig.

Unter *Rang* kann man jede Art von Dominanz und Unterordnung in den Beziehungen zwischen Individuen verstehen. In diesem Sinn verwendet die Verhaltensforschung den Begriff. So gesehen, erscheinen »Rang«streben und »Rang«ordnungen als verbreitete Phänomene gruppenbildender Lebewesen – vom Tierrudel bis zur menschlichen Gesellschaft. Rangordnungen bilden sich auch in Gruppen spielender Kinder heraus: Einzelne geben »den Ton« an; andere, die zu Anpassung neigen, sind Gefolgschaft, die bereitwillig jedes Spiel der Anführer mitmacht. (Eibl-Eibesfeldt 1984)

Solche Rangordnungen, in denen einzelne bei bestimmten Tätigkeiten dominieren, haben sich gewiß seit Urzeiten schon in Jäger- und Sammlerhorden eingestellt. Gewiß werden seit jeher geschickte Jäger die Gruppenentscheidungen bei der Jagd stärker beeinflußt haben als andere, während in anderen Angelegenheiten erfahrene ältere Frauen und Männer dominierten.

Bezeichnet man im Sinne der Verhaltensforschung jede Art von Dominanz und Unterordnung bei gruppenbildenden Lebewesen als Rangordnung, dann scheint der Übergang von der Schafherde über die Kinderschar, den Männergesangverein bis zum modernen Industriestaat nur graduell zu sein. Der Kanzler eines modernen Industriestaates erschiene dann als das menschliche Analogon zum Leithammel.

So verlockend eine solche Analogie zuweilen auch erscheinen mag, Rangordnungen in menschlichen Gesellschaften unterscheiden sich grundsätzlich von denen in Tierherden. Unter Menschen gibt es zwei verschiedene Arten von Rang: Erstens die erwähnten *informellen*

Rangordnungen, in denen *persönliche Beziehungen* zwischen Menschen entscheiden. Zweitens Rangordnungen, die auf *formellen gesellschaftlichen Vereinbarungen* beruhen: Personen oder Institutionen wird eine mit Macht, also mit der Fähigkeit, den eigenen Willen auch gegen Widerstreben durchzusetzen, ausgestattete Führungsrolle zugestanden.

Zur Unterscheidung müßte ich diese zweite Art Rang »gesellschaftlichen Rang« nennen, während die erste dann als »informeller Rang« zu bezeichnen wäre. Da fortan jedoch fast ausschließlich vom Rang der zweiten Art die Rede sein wird, sei der Einfachheit halber unter Rang stets gesellschaftlicher Rang verstanden. Nur dort, wo eine Unterscheidung notwendig ist, werde ich das erforderliche Adjektiv hinzufügen.

Herrschaft schließlich bedeutet nach Weber »die Chance, für einen Befehl bestimmten Inhalts bei angebbaren Personen Gehorsam zu finden« (nach Bernsdorf 1969). Vereinfacht: Herrschaft bedeutet die Fähigkeit, Macht innerhalb einer dauerhaften gesellschaftlichen Struktur auszuüben. Der Große Mann herrscht nicht, da er seine Macht durch persönliche Intervention in einem wechselnden Personenkreis ausübt. Herrschaft setzt eine festgelegte gesellschaftliche Struktur voraus, innerhalb derer Macht ausgeübt werden kann. Wenn ein König Befehle an die Inhaber der diversen Verwaltungspositionen seines Staates erteilen kann, bedeutet das Herrschaft im Sinne der Definition.

5. Die Anfänge von Ungleichheit unter den Menschen

Wenden wir uns nach diesem Exkurs nunmehr der Entstehung archäologisch dokumentierter Rangunterschiede zu. In den Zentren der kulturellen Entwicklung – in Südwestasien, in Meso- und Südamerika sowie in China – blieb die Gleichheit der Menschen auch nach dem Übergang zur Seßhaftigkeit und den Anfängen der Landwirtschaft zunächst erhalten. Unter den Toten in den Gemeinschaftsgräbern ragte niemand durch reichhaltigere Totengaben oder durch andere erkennbare Zeichen von Reichtum und Rang aus der Masse der Toten heraus.

Die Verbindung von Menschen mit den Höhlen- und Terrassengruppen von El Wad, die Gräberreihen und Clan-Embleme der Yang Shao-Bauern, die »Wer-Jaguar«- und »Feuerschlangen«-Symbole im Tal von Oaxaca lassen zwar eine deutliche soziale Struktur erkennen, aber nichts weist auf soziale Ungleichheit hin. Mitglieder ein und derselben Gruppe – nämlich des Lagers bzw. des Dorfes – gehörten aufgrund von Abstammung einer von mehreren Untergruppen an.

In dieser Phase gibt es keine Anzeichen dafür, daß einzelne größere Reichtümer angesammelt oder gar über institutionelle Macht verfügt hätten. Wo Unterschiede erkennbar sind, scheinen sie der Zuordnung von Menschen zu bestimmten Untergruppen innerhalb größerer Gemeinschaften gedient zu haben. Es scheinen Klassifizierungs- und nicht Rangmerkmale gewesen zu sein. Sie dienten dazu, die Stellung des Individuums innerhalb einer Gemeinschaft von hundert und mehr Mitgliedern zu bestimmen.

Erst ab einer bestimmten Größe der Gesellschaft verdichten sich die archäologischen Hinweise auf Ungleichheit. So verschiedenartig die Merkmale in unterschiedlichen Kulturen auch sind, gemeinsam ist ihnen eines: Die Gesellschaft trennt sich nicht in verschiedene Klassen auf, sie fächert sich vielmehr in einem kontinuierlichen Spektrum von Wohlstands- und Rangunterschieden auf. Am oberen Ende der Skala verfügten einzelne über relativ große Reichtümer, genossen größeres Ansehen, hatten privilegierten Zugang zu den Göttern und verfügten anscheinend auch über institutionalisierte Macht. Am unteren Ende waren die Totengaben bescheidener, und Rangmerkmale fehlten, aber Klassenschranken, durch die ein Teil der Gesellschaft sich vom Rest abgetrennt hätte, sind nicht zu erkennen.

An der peruanischen Küste lassen sich um die Wende zum 2. Jahrtausend v. Chr. im Begräbnisritual erste Rangunterschiede erkennen. Diese soziale Differenzierung vollzieht sich parallel zur Entstehung mehrere Siedlungen umfassender Wirtschaftssysteme mit Austausch zwischen Bauern- und Fischerdörfern. Die Mehrzahl der Toten, die gefunden worden sind, lag in Müllhalden vor den Siedlungen. Daneben gab es jedoch auch eigene Friedhöfe. Warum manche Tote in Friedhöfen, andere dagegen unter Schutt und Haushaltsabfällen begraben worden sind, ist unbekannt. Wahrscheinlich hat es mit der sozialen Rolle des Verstorbenen zu tun.

Eine genaue Untersuchung der Grabbeigaben von etwa fünfzig Toten an einem dieser Fundorte (Asia) bestätigte das Bild einer Gesellschaft mit beginnenden Rang- und Wohlstandsunterschieden. An den Totengaben gemessen gab es beträchtliche Unterschiede zwischen Reichen und Armen. Beliebteste Totengabe waren Textilien aus Baumwolle. Aber nicht jedermann hatte gleichen Zugang zu diesem begehrtesten Handwerksprodukt der Küstenkulturen. Einzelne Tote waren mit dreimal mehr Textilien ausgestattet worden als der Durchschnitt. Am oberen Ende der Skala hatte derjenige mit dem meisten Baumwollstoff auch eine komplette Aussteuer an Geräten erhalten: Kürbisbehälter, Werkzeuge aus Knochen, hölzerne Röhren, eine Schlinge, ein Schiefertablett, einen Kamm und weitere Gegenstände des täglichen Bedarfs. Auf der anderen Seite der sozialen Skala waren Menschen fast nackt begraben worden. (Moseley 1974)

Ähnliche Hinweise auf Ungleichheit finden sich in Nordchina gegen Ende des 4. Jahrtausends. Zwar waren schon davor vereinzelt Tote mit reichhaltigeren Grabbeigaben als andere versehen worden, doch unter den Gräberreihen gleichrangiger Yang-Shao-Bauern findet man sie nur in verschwindender Zahl. Erst nach dem Übergang zur sogenannten Longshanoid-Kultur um die Mitte des 4. Jahrtausends v. Chr. wurden die Unterschiede deutlicher.

So wie in den Wüstenkulturen Südamerikas Baumwolle, war Keramik in China die charakteristische Grabbeigabe. Die meisten Toten hatten nur einen Topf erhalten; den wenigen mit vielen Töpfen waren außerdem wertvolle Schmuckstücke, Werkzeuge, Schweine und Hunde mitgegeben worden. In einigen Gräbern fanden sich sogar Hinweise auf Menschenopfer beim Tod einer herausragenden Persönlichkeit – und herausragend waren ausschließlich Männer. Damit ihnen im Jenseits keine Freude entgehen sollte, hatte man ihnen Frauen in den Tod nachgeschickt. In einem Grab rahmten die gekrümmten Skelette zweier Frauen das eines auf dem Rücken ausgestreckten Mannes ein. (Ho 1975; Chang 1977)

In Vorderasien gibt es Hinweise auf institutionelle Macht schon im 8. Jahrtausend v. Chr. in Jericho. In dieser größten Siedlung ihrer Zeit sind zwar keine Anzeichen nennenswerter sozialer Unterschiede unter den Bewohnern gefunden worden, aber das beweist nicht, daß es sie nicht gegeben hätte. Nur ein Bruchteil der Siedlung wurde ausgegraben. Alle Toten, die gefunden worden sind, lagen ohne Grabbeigaben unter Häusern oder in angrenzenden Grundstücken. Im erforschten Teil Jerichos befanden sich auch keine Heiligtümer.

Dennoch muß es eine zentrale Autorität gegeben haben, die imstande war, die Arbeitskraft von 2000 Menschen für öffentliche Bauten zu mobilisieren. Bauwerke wie der riesige Turm, die mächtige Stadtmauer und der breite Graben, die Jericho umgaben, werden nicht von Menschen geschaffen, die nur ihren eigenen Impulsen folgend geduldig einen Stein auf den andern schichten. An der Mauer und am Turm war jahrhundertelang gebaut worden. Eine kollektive Unternehmung dieser Größe und Dauer setzt Planung und Organisation voraus. Wer immer sie organisiert haben mag, er muß nicht nur die Macht eines charismatischen Anführers gehabt haben, der seine Gefolgsleute kraft seiner Persönlichkeit überzeugte. Es muß eine Institution gegeben haben, die über die erforderliche Macht verfügte und mehrere Jahrhunderte Bestand hatte.

Hinweise auf institutionelle Macht finden sich zwei Jahrtausende später in Çatal Hüyük, das die dreifache Größe von Jericho erreichte. Dort verkörperte eine priesterliche Elite die oberste kommunale Autorität. Die unter den Heiligtümern begrabenen Toten, Männer wie Frauen, hatten reichhaltigere Grabbeigaben als ihre Zeitgenossen unter gewöhnlichen Häusern. Zum symbolischen Zeichen ihrer Priesterwürde waren einige außerdem mit Spiegeln aus poliertem Obsidian ausgestattet, die Skelette waren mit rotem Ocker gefärbt und in einen Rock aus Leopardenfell gekleidet. (Mellaart 1967)

Aufgrund der Abwesenheit charakteristischer Werkzeuge in den Heiligtümern vermutet Mellaart, daß die Priester und Priesterinnen dieser Stadt nur einen Teil ihres Unterhalts selbst bestritten: »Die Priester und Priesterinnen unterzogen sich offensichtlich nicht der Mühe, Kleider zu weben oder Steinwerkzeuge herzustellen«, so Mellaart. »Auch ernteten sie nicht ihr Getreide, ebensowenig spannen sie ihre Wolle, und die Idee von Heimarbeit hätte bei diesen eleganten Kultivierten vermutlich Stirnrunzeln ausgelöst.« (1967)

Die Mitglieder dieser priesterlichen Elite hoben sich zwar deutlich von der Masse ab, dennoch bildeten sie keine vom Volk abgegrenzte eigene Klasse. Ihre Wohnungen, die Heiligtümer, waren nicht größer oder luxuriöser ausgestattet als die des Volkes. Von gewöhnlichen Wohnungen unterschieden sie sich durch ihre sakralen Elemente. Priester und Priesterinnen verfügten über eigene Kornspeicher, bereiteten ihre Nahrung selbst zu und führten Haushaltsarbeiten wie Reparatur von Kleidern und Geräten durch.

Hergestellt wurden die erlesenen Handwerksprodukte, die Kleidung, die Geräte und der reichhaltige Schmuck, die in den Quartieren der Elite gefunden worden sind, in anderen Teilen Çatal Hüyüks. Dieser Teil der Stadt einschließlich der »Handwerkszone« liegt jedoch noch unter bis zu 19 Meter hohen Ablagerungen. Ausgegraben und erforscht wurde vorwiegend der von den Priestern bewohnte Teil. Das ist nur ein Dreißigstel der Gesamtfläche. Unbekannt ist daher auch, ob diejenigen, die Handwerksprodukte herstellten, ihre Nahrung selbst erzeugten oder reine Spezialisten waren. Solange die Austauschbedingungen zwischen Elite, Handwerkern und Bauern aber unbekannt sind, bleibt auch die wirtschaftliche Grundlage des »Herrschaftssystems« von Çatal Hüyük im dunkeln.

Immerhin vermittelt der ausgegrabene Teil der Stadt das Bild einer Gesellschaft mit Rang- und Wohlstandsunterschieden, mit handwerklicher Spezialisierung und der Vergabe von Nahrung und Handwerksprodukten im Austausch gegen »priesterliche Leistung«. Die Macht, Handwerksprodukte und Nahrung notfalls durch physische Gewalt einzutreiben, dürften die von der Masse der Bevölkerung abgehobenen Priester und Priesterinnen jedoch ebensowenig gehabt haben wie die Elite von San José Mogote. Sie herrschten über die Köpfe und Seelen der Menschen. Vermutlich waren die einzigen Sanktionen, die sie verhängen konnten, Strafen, an deren Sinn geglaubt werden mußte, damit sie ihre Wirkung hatten.

Am meisten zum Verständnis sozialer Differenzierung in der Vorgeschichte haben Flannery und seine Mitarbeiter beigetragen. Im Vergleich zu den systematischen Untersuchungen im Tal von Oaxaca ist das Bild in anderen Erdregionen bestenfalls impressionistisch: zusammengesetzt aus heterogenen Details, die zu verschiedenen Zeiten von Ausgräbern aufgedeckt worden sind, die mit verschiedenen Fragestellungen in einzelnen Siedlungen nach den unterschiedlichsten Dingen gesucht haben. Flannery und sein Team dagegen suchten nach dem Zusammenhang zwischen der Entstehung sozialer Ungleichheit und der demographischen und wirtschaftlichen Entwicklung in einer ganzen Region. (Flannery Hrsg. 1976; Flannery, Marcus Hrsg. 1983)

Geringfügige soziale Unterschiede zeichnen sich in San José Mogote, dem größten Dorf Oaxacas, um 1150 v. Chr., schon drei Jahrhunderte nach den Anfängen der Seßhaftigkeit ab. Weit davon entfernt, durch Klassenschranken getrennt zu sein, fächerte sich die Dorfbevölkerung von etwa 700 Menschen in einem kontinuierlichen Spektrum von Wohlstands- und Rangunterschieden auf.

Ein einfaches Haus bestand aus einem einzigen großen Raum von 15 bis 25 Quadratmetern Fläche. Gebaut war es aus lehmbeworfenem Flechtwerk über einem Balkengerüst. Der Fußboden bestand aus gestampftem Lehm mit einer Oberfläche aus Flußsand. Die Häuser etwas besser gestellter Dorfbewohner hatten ein Fundament aus Felsbrocken, die Holzpfosten waren etwas dicker, und eine weiße

Kalkschicht überzog die Lehmwände. An dritter Stelle in der architektonischen Hierarchie rangierte ein Haus mit einem rechtwinklig angrenzenden Anbau. Der so geschaffene Innenhof wurde von einem Graben entwässert, der in einer Zisterne mündete. Das Haus, das Flannery als das des höchstrangigen Mitglieds der Gemeinschaft einstuft, stand – ebenso wie die zu rituellen Zwecken benutzten »öffentlichen« Gebäude – auf einer meterhohen Plattform und war mit weißem Kalk getüncht.

Der unterschiedlichen Stellung ihrer Bewohner entsprechend, fanden sich unter Hausüberresten auch Hinweise auf Besitzunterschiede. Im Schutt der Häuser der zweiten Kategorie fanden die Ausgräber einen höheren Anteil an exotischem Schmuck aus Meeresmuscheln und Glimmer sowie hochwertigem Hornstein zur Werkzeugherstellung als in dem der ersten. Offensichtlich hatten die Bewohner privilegierten Zugang zu exotischen Materialien. Neben großen Mengen von Hornstein fand man im Schutt des Hauses der dritten Kategorie auch Stachelrochenspitzen, die vermutlich von der Golfküste stammten. Während die Ärmeren sich zu rituellen Blutopfern mit Imitationen aus Geweih begnügten, fügte sich, wer es sich leisten konnte, mit den originalen Stachelrochenspitzen aus dem Meer die rituell vorgeschriebenen Qualen zu.

Auch die Quelle des Wohlstands des reichsten Haushalts blieb den Ausgräbern nicht verborgen. Im Bereich des auf der Plattform stehenden Hauses fanden sie große Mengen von Hämatit und eine Anzahl münzengroßer polierter Spiegel, die aus diesem silberglänzenden Eisenerz hergestellt worden waren. Offensichtlich kontrollierten die Bewohner dieses Teils von San José Mogote die Herstellung dieses begehrten »Exportartikels«. Austausch mit den Bewohnern anderer Regionen war eine der Quellen von Wohlstand und Rang in Oaxaca.

Auch das Begräbnisritual spiegelt den fließenden Übergang zwischen arm und reich wider. Zwischen 1150 und 850 v. Chr. wurden manche Tote einfach in aufgegebenen Vorratslöchern verscharrt, andere lagen auf eigens angelegten Friedhöfen. Die meisten dieser Toten trugen ein oder mehrere Stücke Jade im Mund, oder man hatte ihnen Jade in einem Topf mit ins Grab gegeben. Einzelne Tote hatten die Reise ins Jenseits jedoch ganz ohne Totengaben angetreten, während andere mit vielen Töpfen und mehr als einem Dutzend Jadestücken beerdigt worden waren. Eine mit besonders reichen Totengaben ausgestattete Frau trug zwei schöne Ohrgehänge aus Jade und einen Lippenpflock aus dem gleichen Halbedelstein.

So deutlich erkennbar soziale Unterschiede in den Jahrhunderten um 1000 v. Chr. auch sind, niemand in dieser Phase beginnender Ungleichheit wohnte in einem Haus, das er nicht selbst hätte bauen können. Niemand verfügte über Reichtümer, die er nicht mit Unterstützung seiner Familie, einiger Gefolgsleute und Tauschpartner in anderen Regionen selbst hätte schaffen können. Obwohl sich die Unterschiede in den folgenden Jahrhunderten weiter ausprägten, grundsätzlich änderte sich das Verhältnis zwischen den führenden Familien und der übrigen Bevölkerung bis etwa 500 v. Chr. nicht.

Zwischen 700 und 500 v. Chr. muß es in San José Mogote eine Institution mit der Macht gegeben haben, ein monumentales »öffentliches Gebäude« errichten zu lassen. Es handelt sich um einen auf einer hohen Plattform errichteten »Tempel« mit einer Grundfläche von 22 mal 28 Metern. Der Altar im Innern bestand aus zwei Fünftonnenblöcken aus Stein. Ein solches Bauwerk setzte Kontrolle über die Arbeitskraft eines großen Teils der etwa 1400 Einwohner des Dorfes und der angrenzenden Region voraus. Um 600 v. Chr. verfügten in San José Personen also über genügend Macht, um die Bevölkerung für große kommunale Bauprojekte zu mobilisieren.

Zu dieser Zeit waren die Kornspeicher der Elite etwa fünfmal so groß wie die gewöhnlicher Familien. Um 500 v. Chr. war auch der große »Tempel« außer Dienst gestellt worden. Nach einer Übergangsphase hatte die führende Familie die Plattform als Fundament für ihre eigene Residenz reklamieren können. Obwohl sie nun 15 Meter über den Häusern ihrer Mitbürger residierte, konnte sie zum Bau der eigenen Residenz noch keine Fronarbeit anordnen. Die Häuser der Elite waren nicht größer, als es die Arbeitskraft der Familien zuließ, die in ihnen wohnten. Kommunale Arbeitsverpflichtung bestand nur für den Bau »öffentlicher Gebäude«. (Flannery, Marcus 1983)

Die Mächtigen in der herausragenden Siedlung des Tals von Oaxaca im 1. Jahrtausend v. Chr. bildeten damit ebensowenig eine eigene Klasse wie die Anführer beim Mauerbau in Jericho im 8. oder die Priester von Çatal Hüyük im 6. Jahrtausend. Die Macht, sich das Produkt fremder Arbeit anzueignen, sei es durch Kontrolle über das wichtigste Produktionsmittel Grund und Boden oder durch physischen Zwang, hatten sie nicht.

Jahrtausende nach den Anfängen der Nahrungserzeugung war die Macht der Eliten in Südwestasien ebenso wie in Mesoamerika noch immer von der religiös begründeten Zustimmung der Masse abhängig. Was aber konnte die Masse veranlassen, solche Macht zu akzeptieren?

Die naheliegende Antwort, der Glaube, Götter hätten es so gewollt, ist aus der Sicht der Gläubigen zwar richtig, aber Glaube fällt nicht vom Himmel. Um sich zu etablieren, muß Glaube den wirtschaftlichen und sozialen Erfordernissen der Gesellschaft entsprechen. Ein glaubensabhängiges Herrschaftssystem, das nur Hunger produziert, bricht zusammen. Denn in Gesellschaften, in denen Eliten zwischen den Menschen und den Göttern vermitteln, ist Hunger ein untrügliches Zeichen dafür, daß irgend etwas mit den Mächtigen nicht stimmt. Der Mensch lebt zwar nicht vom Brot allein, aber Menschen mit knurrendem Magen sind auf Dauer nur schwer zu überzeugen, daß eine Herrschaft, die nur Hunger beschert, vom Himmel gewollt sei.

6. Die sozialen Grundlagen der Macht

Was waren die materiellen Ursachen der Ungleichheit unter den Menschen? Welchem gesellschaftlichen Zweck diente der Anführer? Über welche Eigenschaften mußte er verfügen? Was waren die Mittel, mit denen Macht ausgeübt wurde? Diese Fragen kann Archäologie allein nicht beantworten.

Ebenso wie der Ausgräber von prähistorischen Menschen nur noch Knochen zutage fördert, findet er von schriftlosen Gesellschaften, in denen diese Menschen gelebt haben, nur Überbleibsel aus toter Materie. Aber ebenso wie die Anatomie von drei Millionen Jahre alten Beckenknochen Rückschlüsse auf Zweibeinigkeit und den freien Gebrauch der Hände erlaubt, lassen sich aus den Überresten von öffentlichen Bauten und ähnlichem archäologischen Material Rückschlüsse auf die gesellschaftliche Organisation ziehen. Verständlich werden solche Anhaltspunkte freilich erst vor dem Hintergrund ethnologischer Beobachtungen in Gesellschaften von vergleichbarer Größe und Komplexität.

Resümieren wir zunächst die archäologischen Fakten.

In prähistorischen Siedlungen wie Çatal Hüyük oder San José Mogote verfügten die führenden Familien über größeren Wohlstand als der Rest der Bevölkerung, und sie zeichneten sich durch höheren Rang aus. Verbunden damit war eine religiöse Führungsrolle. Parallel dazu findet man häufig größere öffentliche Bauten wie Tempel, dazu Hinweise auf wachsende wirtschaftliche Spezialisierung und auf Tauschbeziehungen zwischen den verschiedenen Siedlungen. Offensichtlich besaßen die führenden Familien die Macht, die Bevölkerung zur Mitarbeit an größeren öffentlichen Bauten zu verpflichten und den Austausch zwischen spezialisierten Erzeugern zu organisieren. Dem gleichen Phänomen sind wir schon im 3. Kapitel begegnet: im Tal von Tehuacán, in den Wüstentälern der peruanischen Pazifikküste und im Hochland der Anden.

Diese Parallelität von sozialer Ungleichheit und größeren kommunalen Arbeitsprojekten, von wirtschaftlicher Spezialisierung und Austausch zwischen verschiedenen Zonen ist ein universales Phänomen. Mit zunehmender Größe einer Gesellschaft und mit wachsender Komplexität der wirtschaftlichen Beziehungen entsteht soziale Ungleichheit. Die meisten dieser Anführer dürften jedoch ebenso Bauern geblieben sein wie diejenigen, über die sie »herrschten«. Ihre Häuser waren zwar meistens etwas größer und auch besser ausgestattet, aber nicht so groß und prunkvoll, als daß die Arbeitskraft der Bewohner nicht ausgereicht hätte, um sie selbst zu erbauen.

Selbst die Priester und Priesterinnen von Çatal Hüyük, die sich ihre Nahrung von anderen zuteilen ließen, waren nicht durch Klassen- oder Kastenschranken von der Masse getrennt. Wie Mellaart vermutet, waren sie mit Haushalten außerhalb des »Priesterviertels« verwandtschaftlich verbunden. Für sie dürfte derselbe Kodex sozialer Verhaltensnormen wie für die übrige Bevölkerung gegolten haben. Neben sakralen Aufgaben verrichteten die Priesterinnen und Priester von Çatal Hüyük zum Beispiel die üblichen Haushaltsarbeiten.

Gewiß verfügten die führenden Familien über größere Reichtümer als der Durchschnitt. Insbesondere hatten sie bevorzugten Zugang zu exotischen Waren aus anderen Regionen. Dennoch blieb das Wohlstandsgefälle fließend. Auch die Familien am unteren Ende der sozialen Skala waren nur relativ »arm«. Wenn zum Beispiel die den einzelnen Haushalten einer Siedlung verfügbare Obsidianmenge auch variierte, so hatte doch jeder Haushalt Zugang zu Obsidian. Niemand in dieser Entwicklungsphase hatte die Macht, anderen seinen Willen notfalls mit physischer Gewalt aufzuzwingen. Niemand konnte andere mittels wirtschaftlicher Abhängigkeit beherrschen. Reiche wie Arme, Ranghohe wie Rangniedere hatten Zugang zum wichtigsten Produktionsmittel – Grund und Boden.

Um das gesellschaftliche Verhalten dieser damals lebenden Menschen dazurstellen, kleiden wir dieses archäologische Gerüst nun mit ethnologischem Material aus. Wir unterstellen dabei nicht, ethnologisch erforschte »Primitive« seien »lebende Fossilien« der kulturellen

Evolution. Sie sollen uns daher nicht als *historische* Beispiele dienen, sondern als *funktionale* Modelle der Organisation menschlichen Verhaltens. Wir gehen dabei von der Annahme aus, daß es nur eine begrenzte Anzahl von Möglichkeiten gibt, menschliches Verhalten in Gesellschaften von einer bestimmten Größe und Komplexität zu organisieren. Die Ähnlichkeit der Normen und Werte vergleichbarer »primitiver« Gesellschaften in verschiedenen Erdregionen wird dies deutlich zeigen.

Was also zeichnete denjenigen aus, der in der »primitiven« Gesellschaft eine Führungsrolle spielte?

Beginnen wir mit nomadisierenden Jägern und Sammlergruppen von wenigen Dutzend Mitgliedern. Auch in Jäger- und Sammlergruppen wie den im südlichen Afrika lebenden !Kung gab es Personen, denen eine gewisse Führungsrolle zukam. Einen solchen Anführer namens Toma hat 1959 die Ethnologin Elisabeth Marshall Thomas beschrieben. Gesellschaftlichen Rang hatte Toma nicht, und erst recht hatte er keine Macht. Was ihn auszeichnete, war persönliches Ansehen, also informeller Rang. Ihm hörte man aufmerksamer zu als anderen, wenn er im allgemeinen Palaver das Wort ergriff. Versuchte er andere zu überzeugen, dann hatte seine Stimme Gewicht. (Marshall Thomas 1959)

Großzügigkeit verbunden mit Bescheidenheit war die Grundlage dieses Ansehens. Toma, so Marshall Thomas, »hatte fast keinen Besitz, und was in seine Hände kam, gab er weg. Er vermittelte zwischen den anderen, für seine selbstauferlegte Armut gewann er die Achtung und Gefolgschaft aller Leute.« »Wir hörten, daß ein Anführer mit seinen Gaben eher großzügig sein wird«, schreibt Lorna Marshall, »und jemand bemerkte, daß dies einen Anführer arm machen könnte.« (Marshall 1961) »Wie verstiegen auch ihre Sprache sein mag«, berichtet Richard Lee über den gleichen Typus des Anführers der !Kung, »ihr persönlicher Lebensstil ist bescheiden, und ihr Besitz minimal. Wie groß ihr persönlicher Einfluß auf Gruppenentscheidungen auch ist, sie benutzen ihn nie, um größeren Besitz oder mehr Muße als andere zu haben.« (Lee 1979)

Der Sprung auf die nächste Stufe gesellschaftlicher Komplexität führt uns mehrere Tausend Kilometer in nordöstlicher Richtung zu den von Gartenbau und Schweinezucht lebenden Busama auf Neuguinea. Obwohl auf ein kleines Dorf von einigen Hundert Menschen im Südosten Neuguineas bezogen, lassen sich die Bemerkungen des Ethnologen Ian Hogbin über den »Klubhausführer« der Busama auf einen in

Melanesien* verbreiteten sozialen Typus verallgemeinern. Es ist der »Selfmade-Typus« des Großen Mannes, der in den egalitären Gesellschaften Melanesiens durch persönliches Verdienst vorübergehend Rang und Macht erwirbt. (Hogbin 1951)

Geburt und Alter spielten beim Aufstieg eines Mannes zum Klubhausführer zwar eine gewisse Rolle, aber, so Hogbin, »die Hauptqualifikation für den Titel ist Reichtum«. Reichtum, hauptsächlich in Form großer Schweineherden und großer Mengen der Knollenfrucht Taro, sammelte der Große Mann jedoch nicht an, um selbst ein Leben in Muße und Wohlstand zu führen. Seine Reichtümer waren zur Verteilung bestimmt.

So wurden Ereignisse wie der Bau eines Hauses oder eines Kanus, aber auch Hochzeiten durch grandiose Feste besiegelt, zu denen alle Dorfbewohner große Mengen Nahrung beisteuerten. Die Höhe der Beiträge ist nur verständlich, wenn man bedenkt, daß ein Fest nur dann als gelungen galt, wenn die Teilnehmer sich bis zur Bewußtlosigkeit vollstopfen konnten. Schon von einem gewöhnlichen Haushaltsvorstand wurden ein bis vier Schweine erwartet, eine Tonne Taro und mehrere Hundert Kilo Sago-Mehl, aber das war nichts gegen die Erwartung an einen Klubhausführer. Die Großen Männer der Busama mußten nicht weniger als ein Dutzend Schweine und entsprechend höhere Mengen an Taro und Sago geben. Hogbin berichtet von Festen, zu denen Klubhausführer sogar mehr als hundert Schweine beisteuerten.

Trotz ihres für eine »primitive« Ökonomie legendären Reichtums behielten die Klubhausführer für sich selbst nicht mehr als ein !Kung-Anführer. Hogbin: »Der Klubhausführer hat einen hohen Rang, aber sonst wenig. So mag er in der Lage sein, oft Fleisch zu verteilen, aber er selbst erhält weniger davon als andere; seine Kleidung, sein Schmuck und die Einrichtung seines Hauses unterscheiden sich nicht von denen des anspruchslosesten Dorfbewohners... Erzählungen über legendäre Anführer der Vergangenheit berichten, daß diese Männer, obwohl sie ›mehr Schweine hatten, als man zählen konnte, und größere Gärten, als man jetzt hat‹, alles verschenkten.«

Einer der Eingeborenennamen für diesen Typus – »Männer, welche Knochen nagen und Kalk kauen« – spricht die soziale Grundlage der

* Zu Melanesien gehören die Inseln am westlichen Rand des Pazifik, allen voran das riesige Neuguinea, dazu die Inseln im Nordosten und Osten bis zu den Neuen Hebriden. Im Osten schließt sich Polynesien an, die Inselwelt im riesigen Dreieck zwischen Neuseeland im Südwesten, Hawaii im Norden und der Osterinsel im Osten.

Macht des Großen Mannes aus: Großzügigkeit. Der Anführer hatte Schweine gemästet und Betelnüsse angebaut, die zusammen mit Kalk gekaut, als beliebtes Stimulans dienten. Das Fleisch und den Betel hatten andere genossen. Was dem Großen Mann außer abgenagten Knochen und Kalkresten blieb, waren Ruhm und Macht. Denn jeder, der seine Gaben entgegengenommen hatte, war ihm verpflichtet.

Wie gelangte man in einer Gesellschaft zu Reichtum, in der man aufgrund von Geburt eine bevorzugte Stellung einnahm? Der Weg zu Reichtum und Macht führte über Arbeit. Wer Reichtümer ansammeln wollte, mußte härter als andere arbeiten, mehr Schweine großziehen und größere Tarogärten anlegen. Um ein bedeutender Großer Mann zu werden, genügte die eigene Arbeitskraft jedoch bei weitem nicht. Der Aspirant mußte sich eine Gefolgschaft verpflichten, die mit ihm arbeitete, aber nicht der eigenen, sondern seiner Karriere verpflichtet war. Am Anfang mochten das seine Frau und die nächsten Verwandten sein. Aber auch das genügte nicht. Im Verlauf seiner Karriere gliederte der aufstrebende Anführer weitere Personen in den eigenen Haushalt ein, zum Beispiel Witwen und Waisen.

»Zusätzliche Frauen sind besonders nützlich«, bemerkt Marshall Sahlins nicht ohne Sarkasmus: »Je mehr Frauen ein Mann hat, desto mehr Schweine hat er.« Oder, wie ein neuguineischer Informant in Pidgin-Englisch verriet, »noch eine Frau gärtnern gehn, noch eine Frau Feuerholz holen gehn, noch eine Frau Fische fangen gehn, noch eine Frau ihm kochen – Mann, er singt aus, viele Leute kommen kaikai (d. h. zum Essen)«. (Nach Sahlins 1963)

»Jede neue Heirat verschwägert dem Großen Mann weitere Menschen, von denen er wirtschaftliche Vorteile erlangen kann«, schreibt Sahlins. Schließlich setzt sich die Karriere eines Anführers fort, wenn er andere Männer und ihre Familien in seine Gefolgschaft eingliedert und ihre Arbeit seinem Ehrgeiz nutzbar macht. Das geschieht durch berechnende Großzügigkeit, er verpflichtet andere zu Dank, indem er ihnen auf irgendeine großartige Weise hilft. Ein verbreitetes Mittel ist es, ehewilligen jungen Männern den Brautpreis zu bezahlen.« (Sahlins 1963)

Aber so kalkuliert dieses Spiel zur Erlangung von Macht auch sein mochte, von den Reichtümern, die er kontrollierte, blieben dem Großen Mann nur Ruhm und Macht. Die Reichtümer verpraßten andere. Innerhalb des »Ausbeutungssystems«, das diese Reichtümer schuf, war er der härteste Arbeiter. Den Klubhausführer, so berichtet Hogbin, erkenne man schon von weitem. »Seine Hände sind nie frei von Dreck, und von seiner Stirn rinnt immer der Schweiß.« (1951)

Stellen wir dem Klubhausführer der Busama einen !Kung-Anführer wie Toma gegenüber. Aus dem Verhalten beider lassen sich Gemeinsamkeiten und Unterschiede im Verhalten erkennen, die für zwei verschiedene Gesellschaftsformen charakteristisch sind. Gemeinsam ist beiden Typen von Anführern Großzügigkeit und persönliche Armut.

Ein !Kung-Anführer mußte darauf achten, andere nicht durch übertriebene Großzügigkeit zu beschämen. Ihnen Geschenke zu machen, die sie niemals erwidern konnten, wäre ihm ebenso ungebührlich erschienen wie den Empfängern. Wer es dennoch tat, wurde verspottet. Auf diese Weise gewann er nicht Ansehen, sondern verlor es.

Im Gegensatz dazu zielt beim melanesischen Großen Mann nach Sahlins »jede öffentliche Handlung darauf ab, sich mit anderen zu messen, um im Wettbewerb seine Überlegenheit gegenüber der Masse herauszustreichen... So muß ein Mann zeigen, daß er achtunggebietende Fähigkeiten besitzt – magische Kräfte, gärtnerische Geschicklichkeit, rhetorische Begabung und vielleicht auch Tapferkeit in Fehden und Kriegen. Entscheidend ist jedoch der Einsatz persönlicher Fähigkeiten und Anstrengungen zu einem ganz bestimmten Ziel: zur Ansammlung von Gütern, meist Schweinen, Muschelwährung und Pflanzennahrung, die so zu verteilen sind, daß man den Ruf ritterlicher Großzügigkeit, wenn nicht von Mitgefühl erwirbt.« (Sahlins 1963)

Eine andere Form gesellschaftlicher Organisation fand der Ethnologe Raymond Firth Ende der zwanziger Jahre 2000 Kilometer östlich von Neuguinea auf der winzigen Pazifikinsel Tikopia vor. Die etwa 1200 zu den Polynesiern gehörenden Tikopia gliederten sich in vier Clans mit jeweils einem Häuptling an der Spitze. Obwohl die Menschenzahl unter einem Häuptling etwa der unter einem Großen Mann der Melanesier entsprach, verfügten die Häuptlinge der Tikopia über institutionelle Macht. Auch wenn der Sohn eines Häuptlings nicht automatisch Nachfolger seines Vaters war, sondern gewählt werden mußte, durch die Wahl wurde er *tabu* und verfügte dann über institutionelle Macht. (Firth 1939)

Wie im übrigen Polynesien beruhte die Macht der Tikopia-Häuptlinge auf einem religiös begründeten Amt. Die Häuptlinge sowie weitere rituelle Anführer von geringerem Rang kontrollierten die wichtigsten Riten des Pflanzens und Erntens. Solche Riten waren notwendig, um die Götter günstig zu stimmen. Ähnlich wie die Ägypter dem Pharao Macht über den Nil und das Keimen der Saat zuschrieben, schrieben die Tikopia ihren Häuptlingen, freilich in weitaus bescheidenerem Rahmen, Macht über die Naturkräfte zu. Aufgrund ihrer rituellen Sonderrolle schienen die Häuptlinge – die Ariki – eine gewisse Macht über den Sturmwind, über die Sonne und den Regen zu haben. Die Ariki waren daher nicht wie die melanesischen Großen Männer auf ständiges wirtschaftliches und politisches Manövrieren angewiesen. Die Ariki kontrollierten ihre Leute mit Hilfe von Glaubensvorstellungen und Riten. Der Druck zur Mehrarbeit ging nicht vom Ehrgeiz eines Menschen aus, sondern von den Bedürfnissen der Götter. Die Götter und Ahnen mußten durch Riten zufriedengestellt werden, und die damit verbundenen zeremoniellen Feste verlangten die Bereitstellung großer Nahrungsmengen.

Die Arbeit der Haushalte, so beobachtete Firth auf Tikopia, wurde nicht allein von den autonomen Bedürfnissen ihrer Mitglieder bestimmt. Eine wesentliche Antriebskraft der Produktion der Haushalte waren die Entscheidungen von Männern von Rang, Riten durchzuführen und große gemeinschaftliche Feste abzuhalten. Die für solche Feste benötigte Nahrung und die zeremoniell verteilten Güter wie Matten oder Rindenkleidung verlangten den Haushalten erhebliche produktive Anstrengungen über den Eigenbedarf hinaus ab. Der Häuptling setzte das Beispiel und begann, ein zusätzliches Stück Land zu umbrechen. Wissend, daß er wahrscheinlich ein großes Fest plante, zu dem große Mengen von Nahrung benötigt würden, folgten seine Leute dem Beispiel und bauten ebenfalls zusätzliche Nahrung an.

Im Gegensatz zur Autorität des Großen Mannes war die des Häuptlings auf Tikopia unangefochten, zweifellos ein erheblicher Vorteil. Mochte der Große Mann außer seinen Schweinen zuweilen auch magische Kräfte im politischen Manöver einsetzen, der Häuptling der Tikopia übte sein Amt kraft göttlicher Autorität aus. Wie auch auf anderen Inseln Polynesiens war das »Herrschaftssystem« auf Tikopia daher weitaus stabiler als das der Melanesier. Der Tod eines Großen Mannes hinterließ ein Vakuum. Er konnte, wie Marshall Sahlins bemerkt hat, ein »politisches Trauma« auslösen. (Sahlins 1963) Starb dagegen ein Ariki, d.h. ein Häuptling der Tikopia, dann wurde ein Nachfolger gewählt. Das Amt bestand weiter.

Trotz der Autorität des Amts unterschieden sich die wirtschaftlichen und sozialen Verpflichtungen des Tikopiahäuptlings jedoch kaum von denen eines Großen Mannes. »Ich fand, daß der Ariki Kafika derjenige in der Gemeinschaft war, der die meiste Arbeit leistete«, berichtete Firth über einen der vier Häuptlinge. »Ständig wurde er von irgendwelchen Riten beansprucht; bevor sich andere auch nur rührten, mußte er morgens meist sehr früh aufstehen oder seine Mittagsruhe unterbrechen und eine Unterhaltung beenden. In dieser Zeit mußte er die Kava vollziehen, andere um sich scharen und sich um Dinge von öffentlichem Belang kümmern, mit Unterstützung seiner Familie genügend Nahrung anbauen, die für die beinahe täglichen rituellen Gaben benötigt wurde. Zusätzlich trug er in seiner eigenen Vorstellung und der seiner Leute die Last der Verantwortung gegenüber den Ahnen und Göttern, falls die rituellen Gaben nicht angemessen waren. Kein Wunder, daß er mir im Verlauf des sechswöchigen rituellen Zyklus ›Die Arbeit der Götter‹ anvertraute: ›Groß ist die Arbeit, Freund!‹«

Materiell zogen die Häuptlinge der Tikopia keine Vorteile, weder aus ihrer Mehrarbeit noch aus ihrem Rang. In der Vorstellungswelt der Inselbewohner konnten sie zwar *tabus* verhängen, deren Bruch Tod bedeutete, tatsächlich bestand ihr Amt jedoch hauptsächlich aus Pflichten. »Häuptlingen billigt man zu, große Mengen von Nahrung zu kontrollieren und eine Anzahl wertvoller Güter in ihren Häusern aufzubewahren«, so Firth. »Aber man erwartet, daß sie Vorräte, die sie ansammeln, zum Wohl ihrer Leute verteilen.«

Wenn ein Ariki etwa zum Bau eines Kanus, das später der Allgemeinheit zugute kam, die Dienste von Spezialisten beanspruchte, dann beglich er wie jeder andere auch die Leistung der Bootsbauer durch Gaben von Nahrung und Rindenstoff. Was ihn von seinen Gefolgsleuten unterschied, war die Verpflichtung, bei seinen Gegengaben besonders großzügig zu sein. Ein großer Teil der Erträge seiner Gärten und Kokospflanzungen sowie der Güter, die er besaß, kam der Allgemeinheit zugute. Der Häuptling war so zugleich Arbeitstier und Bankier der Gemeinschaft. Er übernahm die wichtigsten wirtschaftlichen, rituellen und organisatorischen Aufgaben seines Clans.

Weitaus stärker war das wirtschaftliche Fundament der Macht auf den Trobriand-Inseln. Die mächtigeren unter den Häuptlingen dieser Neuguinea vorgelagerten Inselgruppe herrschten nicht wie die Ariki der Tikopia über einige Hundert, sondern über mehrere Tausend Menschen, verteilt auf mehr als ein Dutzend Dörfer. Grundlage ihrer wirtschaftlichen Macht war Polygamie, in Verbindung mit einem besonderen Brauch.

Auf den Trobriand-Inseln war jeder Mann verpflichtet, die Hälfte der eigenen Ernte an den Haushalt seiner verheirateten Schwestern abzugeben. Umgekehrt wurde sein eigener Speicher zur Hälfte von den Brüdern seiner Frau gefüllt. Das Recht, sich mehrere Frauen zu nehmen, verschaffte daher dem Häuptling – und nur ihm – Zugriff auf die Arbeitskraft einer Vielzahl von Männern. Die Häuptlinge nutzten dieses Recht zur systematischen Steigerung ihrer Einkünfte. Ihre bevorzugten Ehepartner waren Töchter oder Verwandte der Vorsteher abhängiger Dörfer. Auf diese Weise erreichten sie, daß praktisch die gesamte Bevölkerung solcher Dörfer für sie arbeitete.

Der große Ethnologe Malinowski berichtete 1922, in früheren Zeiten habe der Häuptling von Omarakana vierzig Gemahlinnen gehabt und 30 bis 50 Prozent der Ernteerträge eines ganzen Distrikts kontrolliert. Dementsprechend war sein Rang: »Von einigen Männern gleichen Rangs abgesehen, wird sogar in den heutigen Tagen der Stammesauflösung kein Eingeborener auf den Trobriand-Inseln aufrecht stehen bleiben, wenn der große Häuptling von Omarakana sich nähert. Wo immer er hingeht, wird er als die bedeutendste Person angesehen, auf einer hohen Plattform plaziert und mit großem Respekt behandelt.« (Malinowski 1922)

Trotz ihres Ranges und ihrer wirtschaftlichen Macht arbeiteten auch die Trobriander-Häuptlinge wie jeder andere in den Gärten. Die immensen Einkünfte, mit denen ihre Schwäger das Herrschaftssystem unterhielten, waren nicht zum persönlichen Verbrauch bestimmt. Sie stellten eine kommunale Reserve dar, aus der die Häuptlinge die Stammesriten und die damit verbundenen grandiosen Feste finanzierten, Expeditionen zum Austausch mit den Bewohnern anderer Inseln ausrüsteten oder Krieg führten.

Für den Häuptling galt derselbe Kodex von Verhaltensnormen wie für den geringsten seiner Untergebenen. Daher mußte er nach dem Prinzip der Gegenseitigkeit Dienste, die er von Mitgliedern seines Stammes erhielt, durch großzügige Gaben ausgleichen. Ließ er im Dienst an der Gemeinschaft ein hochseetüchtiges Kanu bauen, dann entlohnte er die Erbauer mit Hilfe der Reichtümer, die sich bei ihm ansammelten. Nach Malinowski waren die »Ansammlung und die Rückverteilung... kein eitles Spiel bloßen Hin- und Herreichens: In seinem Verlauf nimmt ein Teil dieses Reichtums die Gestalt dauerhafterer Gegenstände an, und zahlreiche Ereignisse und Institutionen des Stammeslebens werden durch Konzentration und Redistribution organisiert.« (Malinowski 1935)

Was die Häuptlinge der Trobriander von den Ariki der Tikopia unterschied, war die Größe und Komplexität der Gesellschaft, der sie vorstanden. Aber im Prinzip galten für sie dieselben Regeln wie für ihre Kollegen auf dem winzigen Tikopia im Osten. Wie diese waren sie verpflichtet, großzügig von ihren Reichtümern zu geben.»Von einem Häuptling wird ganz natürlich erwartet, daß er jeden Fremden, jeden Besucher, sogar den Nichtstuer vom anderen Ende des Dorfes mit Lebensmitteln versorgt«, beobachtete Malinowski.»Hauptzeichen der Macht ist also Reichtum, und Reichtum zeigt sich durch Großzügigkeit. In der Tat ist Knausrigkeit die am meisten verabscheute Untugend und der einzige Gegenstand strenger moralischer Grundsätze unter den Eingeborenen, während Großzügigkeit das Wesen der Rechtschaffenheit ausmacht.« (Malinowski 1922)

Die Verbindung von Reichtum, Großzügigkeit und Rang war nicht auf Neuguinea und die Inselwelt am westlichen Rand des Pazifik beschränkt. Unabhängig von Rasse und kulturellen Traditionen ist sie ein universales Merkmal»primitiver« Gesellschaften gewesen. Für die Tlingit-Indianer im Süden Alaskas auf der anderen Hälfte der Erde war der»gute Mann« synonym mit der»reiche Mann«. Prädikate wie »gut« und»reich« freilich erwarb man sich nicht durch Horten.»Gut«, schreibt Calvero Oberg in seiner Untersuchung der Tlingit-Ökonomie, ist jemand,»der viele Feste für die Dorfbevölkerung gegeben hat. Soziale Dienste werden durch soziale Anerkennung entlohnt.« (Oberg 1973)

Das Prinzip, durch Großzügigkeit Rang zu erwerben, ist umkehrbar. Wer nicht großzügig war, verlor Ansehen. Geiz war asozial und wurde durch Mißachtung und Rangverlust bestraft. Hogbins Bemerkung, ein Busama, der andere übervorteile, werde verachtet, sinke auf die unterste Stufe und verlöre die Unterstützung durch die Gemeinschaft, läßt sich auf»Primitive« in aller Welt verallgemeinern. (Hogbin 1951)

In ihrem Buch *Affable Savages* (Freundliche Wilde) über die Uruburu an der Küste Nordwestbrasiliens berichten Francis Huxley und R. Hart-Davis vom traurigen Schicksal eines Häuptlings, der diesen Normen nicht entsprach. Obwohl mutig und fleißig, wurde er von seiner Gruppe verlassen, weil er hart und geizig war. Für das Glück seiner Leute zu sorgen, war Häuptlingspflicht, und Großzügigkeit war das Mittel zum Zweck. In einigen Stämmen erkannten Huxley und Hart-Davis die Häuptlinge daran, daß sie den schäbigsten Schmuck trugen. Ihre Großzügigkeit hatte sie arm gemacht. (Huxley, Hart-Davis 1956)

Am Rande erwähnt sei eine Form von Macht, die nicht mit sozialer Verpflichtung verbunden war: die Macht des Magiers.»Böse« Schamanen übten zum Beispiel unter den Indianern Südamerikas Macht aus – es war Macht durch mythischen Terror, durch die Fähigkeit, Menschen in blinde Angst zu versetzen. Die Macht des Magiers ist jedoch ein Sonderfall ohne Folgen für die soziale Evolution. Denn der Magier war eine seinem Wesen nach asoziale Figur, die sich den Normen der Gesellschaft entzog. Das zeigt sich schon daran, daß er dem Kodex des Gebens und Nehmens entzogen war. Manche südamerikanischen Schamanen arbeiteten wie Geschäftsleute auf »eigene Rechnung«. Während in der übrigen Gesellschaft Gaben durch Gegengaben ausgeglichen wurden, mußte man solche Schamanen im wörtlichen Sinne »bezahlen«. »Der Magier hat eine Kundschaft und keine Kirche, und seine Kunden brauchen untereinander keine Beziehungen zu haben«, hat schon Durkheim erkannt. »Er ist eher isoliert; statt die Gesellschaft zu suchen, flieht er sie vielmehr.« (Durkheim 1912)

Im Hinblick auf soziale Evolution war der Magier daher ein »Parasit«. Seine Existenz setzte ein funktionierendes Gemeinwesen voraus, für das andere Regeln galten. Auch wenn die Häuptlinge der Trobriander Magier engagierten, um im Dienst an der Gemeinschaft Unbotmäßigkeit mit magischen Mitteln zu bestrafen, so blieb der Magier auf die »Henkerrolle« beschränkt. Seine parasitäre Existenz verdankte er ungelösten sozialen Konflikten. Aus diesem Grund ist er hier keiner weiteren Erwähnung wert.

7. Die Verbindung von Großzügigkeit und Macht

Die Wege, auf denen der einzelne in »primitiven« Gesellschaften zu Ansehen und Einfluß, zu Rang und Macht gelangte, unterschieden sich. Man erwarb sie wie der Anführer der !Kung oder der melanesische Große Mann durch persönliches Verdienst, oder man erhielt sie aufgrund von Geburt bzw. durch die Wahl zum Häuptling. Macht bzw. Einfluß war im ersten Fall an die Person gebunden, im zweiten an das Amt. Die Erwartung an den Mächtigen und Ranghohen dagegen war universal. Wer einen hohen Rang innehatte und Macht besaß, mußte großzügig sein.

Ein solches Phänomen, das sich ebenso auf tropischen Südseeinseln wie im Norden Amerikas fand, das unter den indianischen Bewohnern der tropischen Regenwälder Südamerikas und im Hochland von Neuguinea verbreitet war, kann nicht zufällig entstanden sein. Hinter dieser Verbindung von Eigenschaften muß sich ein allgemeineres Prinzip verbergen, das unabhängig ist von den unterschiedlichen kulturellen Traditionen verschiedener Völker.

Bei genauerem Hinsehen fächert sich die scheinbar einfache Frage nach den Ursachen dieser Verbindung von Großzügigkeit, Rang und Macht jedoch in vier verschiedene Dimensionen auf: Man erkennt psychologische, verhaltensbiologische, wirtschaftlich-soziale und entwicklungsgeschichtliche Komponenten. Psychologisierend ist zu fragen, aufgrund welcher Reaktion Menschen durch Großzügigkeit Macht über andere gewannen. Verhaltensbiologisch interessiert die kulturelle Anpassung der gleichen »angeborenen Verhaltensweisen« an unterschiedliche Anforderungen in Gesellschaften von verschiedener Größe und Komplexität. Ökonomisierend ist nach den sozialen Funktionen von Macht in »primitiven« Gesellschaften zu suchen. Historisierend schließlich ist zu fragen, warum Rangunterschiede und Macht erst in einem bestimmten Stadium der Evolution menschlicher Gesellschaften auftraten.

Die Antwort auf die erste Frage ist im Bereich unmittelbarer Beziehungen zwischen Individuen zu suchen. In diesem Bereich, wo Menschen einander gegenüberstehen, werden Beziehungen weniger durch abstrakte Verhaltensnormen als durch spontane Handlungen und Gesten geregelt, die alle Menschen gleich anwenden und verstehen. In diesem Bereich spielen die »angeborenen Verhaltensweisen« der Verhaltensforschung eine überragende Rolle. Die zweite hat mit der kulturellen Prägung »angeborener Verhaltensweisen« zu tun. Sie bezieht sich auf das Verhältnis von Natur und Kultur in unserem Verhalten. Wie und zu welchem Zweck werden »angeborene Verhaltensweisen« kulturell geordnet? Die dritte Frage beschäftigt sich mit der ökonomischen und sozialen Funktion von Macht in primitiven Gesellschaften. Die vierte Frage schließlich bezieht die Zeit als Faktor in der Entwicklung menschlichen Verhaltens mit ein. Aufgrund welcher Notwendigkeit und wie veränderte sich die kulturelle Struktur zur Organisation menschlichen Verhaltens im Verlauf der Evolution von Gesellschaften?

8. Die Psychologie des Gebens und Nehmens

Die Frage, warum Großzügigkeit Macht verschafft, läßt sich am besten an der Figur des Großen Mannes beantworten. Unverfälscht durch eine religiöse Verklärung des Häuptlingsamtes, erklärt sein Verhalten die psychologische Dimension *erworbener* Macht.

Schon in den zwanziger Jahren hatte der französische Soziologe Marcel Mauss in seinem berühmten Essay *Die Gabe* gefragt: »Welches ist der Grundsatz des Rechts und Interesses, der bewirkt, daß in den rückständigen oder archaischen Gesellschaften das empfangene Geschenk zwangsläufig erwidert wird? Was liegt in der gegebenen Sache für eine Kraft, die bewirkt, daß der Empfänger sie erwidert?« Seine Antwort: Geben und Nehmen stelle über den wirtschaftlichen Zweck hinaus soziale Bindungen zwischen Menschen her. (Mauss 1925)

Soziale Bindung herzustellen, konnte der einzige Zweck des Gebens sein. Wenn etwa Buschleute das Geben und Nehmen von Fleisch fortsetzten, obwohl jedes Gruppenmitglied schon versorgt war, dann war das Teilen wirtschaftlich sinnlos geworden. Es diente nur noch der Festigung von Beziehungen zwischen Menschen, die sich durch Geben und Nehmen ihre Zuneigung und gegenseitige Abhängigkeit bestätigten. Das gleiche, wegen des Ausmaßes wirtschaftlicher Sinnlosigkeit schon absurd anmutende Hin- und Herbewegen großer Nahrungsmengen beobachtete Malinowski auf den Trobriand-Inseln. »Zur Erntezeit sind alle Straßen voll von großen Menschengruppen, die Lebensmittel schleppen. Aus dem hohen Norden von Kiriwina muß eine Gruppe vielleicht etwa 12 Kilometer bis zur Tukwa'ukwabucht laufen, dort die Kanus besteigen, dann kilometerweit die seichte Lagune entlangstaken und noch einen beträchtlichen Fußmarsch von Sinaketa ins Innere unternehmen – und dies alles, um das Yamshaus eines Mannes zu füllen, der dies sehr gut selbst tun könnte, wäre er nicht verpflichtet, seine gesamte Ernte an den Ehemann seiner Schwester abzugeben.« (Malinowski 1922) Hinter dieser gewaltigen wirtschaftlichen Vergeudung von Zeit und Mühe tritt die soziale Komponente des Gebens und Nehmens deutlich hervor.

Die Annahme der Gabe besiegelt einen Freundschaftspakt. Um eine einfache !Kung-Frau zu zitieren: »Wenn zwei Menschen sich nicht mögen, aber einer dem anderen ein Geschenk gibt, so stiftet das Frieden zwischen beiden.« (Marshall 1961) Damit eine Beziehung zustande kommt, ist das Nehmen ebenso wichtig wie das Geben. Die Annahme einer Gabe zu verweigern, hieße, eine Freundschaftsgeste abzulehnen, was als verletzende, wenn nicht sogar feindliche Handlung verstanden wird. »Niemandem steht es frei, ein angebotenes Geschenk abzulehnen«, schrieb Radcliffe Brown über die Etikette der Ureinwohner der Andamanen im Indischen Ozean. (Nach Mauss 1925)

Der Verhaltensforscher Eibl-Eibesfeldt hat gezeigt, daß das Geben und Nehmen zur Herstellung sozialer Bindung auf angeborene, also genetische Elemente zurückgeht. (Eibl-Eibesfeldt 1984) Schon Kleinkinder geben Nahrung oder Spielzeug, wenn sie freundschaftliche Kontakte zu Familienangehörigen oder auch zu Fremden herstellen wollen. Wer hätte nicht schon einmal von einem Kleinkind mit strahlendem Blick einen abgelutschten, stark durchfeuchteten Zwieback angeboten bekommen? Angeboren ist natürlich nicht das Geben und Nehmen, schließlich können Gaben auch verweigert werden, sondern Geben und Nehmen als Teil einer sozialen Strategie: des Versuchs, freundschaftliche Beziehungen herzustellen.

Damit ist Mauss' Frage freilich noch nicht beantwortet, was den Empfänger verpflichtet, die Gabe mit einer Gegengabe zu erwidern. Auf Erklärungen eines neuseeländischen Maori gestützt, hat Mauss selber seine Frage animistisch beantwortet. In den Dingen selbst wohne eine geistige Macht, das *hau* der Dinge. Dieses *hau* verpflichte den Empfänger. Genüge er dieser Verpflichtung nicht, könne Böses daraus entstehen, vielleicht sogar der Tod. Mauss:»Das, was in dem empfangenen oder ausgetauschten Geschenk verpflichtet, kommt daher, daß die empfangene Sache nicht leblos ist. Selbst wenn der Geber sie abgetreten hat, ist sie noch ein Stück von ihm. Durch sie hat er Macht über den Empfänger«. (Mauss 1925)

Diese animistische Deutung ist eine metaphorische Beschreibung der Psychologie des Gebens und Nehmens. Die Vorstellung, ein in den Dingen wohnender Geist räume dem Geber so lange Macht über den Empfänger ein, bis dieser die Gabe erwidert habe, erfaßt den psychologischen Zustand des Nehmenden. Wer eine Gabe entgegennimmt, empfindet nicht nur Freundschaft und Dankbarkeit. Darüber hinaus empfindet er eine Verpflichtung gegenüber dem Gebenden. Auf dieser Psychologie des Gebens und Nehmens beruhte die Strategie des Großen Mannes, Macht zu gewinnen. Sein Ziel war es, sich andere dadurch zu verpflichten, daß er mehr gab, als diese zurückgeben konnten. Das so erzeugte Gefühl einer nicht ausgeglichenen Schuld war die Grundlage seiner Macht. »Der Mann, der lange Zeit großzügig gewesen ist«, schreibt Hogbin über den Klubhausführer der Busama, »hat viele Personen in seine Schuld gebracht. Das ist kein Problem, wenn ihm diese ebenbürtig sind – die Armen tauschen unbedeutende, die Reichen üppige Gaben untereinander aus. Wenn jedoch die Gaben des einen größer als die der Empfänger sind, wird für diese der Ausgleich unmöglich, und sie geraten in Verzug. Schmerzlich ihrer Lage bewußt, drücken sie ihre Demut in Form von Unterwürfigkeit und Achtung aus.« (Hogbin, 1951)

Auch wenn der eine ständig mehr gab als der andere zurückgeben konnte, so war das Prinzip der Gegenseitigkeit nur scheinbar aufgehoben. Es bestand fort, freilich übersetzt in eine andere Dimension. Die Verpflichtungen, die sich bei den Empfängern der Gaben des Großen Mannes ansammelten, wurden zur Grundlage von Rang und Macht. Die Empfänger hatten zwar einen unmittelbaren materiellen Vorteil, aber »gratis« waren diese Gaben nicht. Sie »bezahlten«, indem sie dem Geber einen höheren Rang zuerkannten, ihm Gefolgschaft leisteten und Dienste erwiesen.

Ins Extrem getrieben steht das gleiche Prinzip, durch Großzügigkeit Rang zu erwerben, hinter den legendären Potlach der Nordwestküsten-Indianer Nordamerikas. In ihrer besten Zeit im 19. und zu Beginn des 20. Jahrhunderts herrschte unter den führenden Männern dieser Stämme eine erbarmungslose Rivalität um Rang. Um den ererbten Rang gegen den Anspruch anderer zu bewahren und möglichst zu verbessern, veranstaltete man grandiose Feste, auf denen Gaben zeremoniell verteilt wurden, die Potlachs.

Damit er den Potlach als Erfolg verbuchen konnte, mußte ein Häuptling schon in die Vollen greifen. Um seine Rivalen zu übertrumpfen, mußte er seine Gäste nicht nur üppig bewirten, sondern sie zusätzlich mit Gaben überhäufen, die alles Dagewesene in den Schatten stellten. Auf dem Potlach eines großen Häuptlings wurden Hunderte, zuweilen Tausende prachtvoller Decken nach einem genau festgelegten Ritual an die Gäste verschenkt, kostbare Kupferplatten im Wert von einigen Tausend Decken, kunstvoll verzierte Einbäume, Bündel prächtiger Tierfelle, Sklaven, Matten, Körbe, Behälter mit Fischöl, buntgefiederte Vogelbälge und wertvolle Obsidianklingen.

Die Reichtümer für einen solchen Potlach anzusammeln, hatte Jahre gedauert, sie mit großem zeremoniellen Pathos zu verteilen, dauerte wenige Tage. War das Fest vorüber, waren die Reichtümer verteilt oder, was den Ruhm noch steigerte, in Aktionen sinnloser Zerstörung vernichtet worden, dann war der Veranstalter wieder so arm wie Jahre zuvor. Gewonnen hatte er nur den Ruhm, einen noch grandioseren Potlach gegeben zu haben, als sein Rivale im Nachbardorf. (Codere 1950)

Der psychologische Vorgang ist umkehrbar. Wenn Großzügigkeit Macht verschafft, dann wird vom Mächtigen auch dann Großzügigkeit erwartet, wenn ein Amt die Grundlage seiner Macht ist. Auch wo Tribute die Grundlage der Reichtümer von Häuptlingen waren, blieb das »noblesse oblige« als Fiktion erhalten. Mit bemerkenswertem Zynismus verglich der polynesische Überlieferer hawaiischer Sitten, David Malo, die Speicher der Oberhäuptlinge ganzer Inseln mit Fischreusen. Ebenso wie der Köder die Beutefische anlocke, bänden der Anblick gefüllter Speicher und die Erwartung fürstlicher Großzügigkeit das Volk:

»Diese Vorratshäuser wurden vom Kalaimoku (dem Oberverwalter) entworfen, um die Leute zufrieden zu halten, so daß sie den König (Oberhäuptling) nicht verließen. Sie wurden wie Reusen zum Fangen des *hinalea*-Fischs benutzt. Der *hinalea* dachte, in der Reuse sei etwas Gutes und schwamm heran. Genauso dachten die Menschen, in den Vorratshäusern sei Nahrung, und schauten auf den König. Ebenso wie Ratten die Speisekammer nicht verlassen,... wenn sie an Nahrung denken, werden die Leute den König nicht verlassen, solange sie Nahrung in seinen Vorratshäusern vermuten.« (Malo 1903, nach Sahlins 1963)

War der Mächtige und Ranghohe nicht großzügig, konnte er im Potlach nicht mithalten, dann verlor er Ansehen und Rang. Er konnte, wie der erwähnte Uruburu-Häuptling, seine Gefolgschaft verlieren oder er verlor, wie nicht wenige polynesische Häuptlinge, sogar sein Leben. Im Zwiespalt, kommunale Projekte sowie eigenen Lebensunterhalt durch Tribute zu finanzieren, und der Notwendigkeit, die Fiktion fürstlicher Großzügigkeit zu erhalten, zeigten die Häuptlinge größerer polynesischer Inseln eine für sie zuweilen fatale Neigung. Sie »aßen zuviel von der Macht der Regierung«, wie es auf Tahiti hieß.

Ihr Schicksal war es, so Sahlins, eben keine wirklichen Könige, sondern nur die Oberhäupter führender Familien zu sein. Durch Abstammungsideologie noch mit dem gemeinen Volk verbunden, hatten die Häuptlinge zwar Macht und Rang, aber sie waren durch keine unüberwindbare Barriere vom Volk getrennt. Für den Oberhäuptling einer ganzen Insel mit Zehntausenden von Menschen galt die gleiche familiäre Ethik wie für den letzten seiner Untergebenen. Als Verwalter institutioneller Macht konnte er durch Tabu ganze Meeresbuchten für seine Untertanen sperren, er lebte von Tributen und verfügte in den Glaubensvorstellungen seiner Leute über Kräfte, die wir »übernatürlich« nennen. Als Person galt für ihn trotz aller Macht noch derselbe Kodex von Verhaltensregeln und Erwartungen wie für jeden seiner Untertanen. (Sahlins 1963; 1972)

9. Die kulturelle Prägung angeborener Verhaltensweisen

Bei der Untersuchung der verhaltensbiologischen Aspekte von Rang und Macht begegnet uns die Frage nach dem Verhältnis zwischen dem Individuellen und dem Gesellschaftlichen wieder. Wie lassen sich die im Individuum verankerten angeborenen Verhaltensweisen mit übergeordneten Erfordernissen der Gesellschaft vereinbaren? Die Antwort ist in der Organisation gesellschaftlichen Verhaltens in »primitiven« Gesellschaften von unterschiedlicher Größe und Komplexität zu suchen.

Das Beispiel des Großen Mannes hat gezeigt, daß man durch harte Arbeit und geschicktes Manövrieren im Rang aufsteigen und Macht gewinnen konnte. Die Psychologie dieses Vorgangs ist bekannt. Was jedoch gab den Ausschlag für das evolutionäre Phänomen der Entstehung von Rang und Macht? Obwohl sie aus dem gleichen biologischen Substrat *Homo sapiens sapiens* bestanden, hatte in den Kleingruppen, die am Beginn der Evolution menschlicher Gesellschaften stehen, niemand über gesellschaftlichen Rang und Macht verfügt. Kann individuelles Machtstreben das evolutionäre Phänomen erklären, daß in einer bestimmten Phase der Entwicklung menschlicher Gesellschaften einzelne Macht über andere ausüben konnten?

Die Frage ist von allgemeinerer Bedeutung. Eine beliebte soziobiologische Annahme ist es, »angeborene Verhaltensweisen« determinierten gesellschaftliches Verhalten. Die evolutionäre Entstehung von Rang und Macht kann daher als Test dafür dienen, ob die im Individuum verankerten »angeborenen Verhaltensweisen« gesellschaftliche Phänomene hervorbringen.

Die Verhaltensforschung hat gezeigt, daß Rangstreben angeboren ist. Um das Dilemma soziobiologischer Zivilisationstheorien zu erkennen, genügt schon eine oberflächliche Betrachtung. Das soziobiologische Modell müßte erklären, warum archäologische Anzeichen von gesellschaftlichem Rang und Hinweise auf Macht erst spät in der Evolution menschlicher Gesellschaften auftreten. Hätten »angeborene Verhaltensweisen« das gesellschaftliche Verhalten des modernen Menschen determiniert, dann müßten Anzeichen für Rangordnungen gleichzeitig mit der Verbreitung von *Homo sapiens sapiens* über die Erde feststellbar sein. Wie wir gesehen haben, treten die ersten archäologischen Hinweise auf Rangunterschiede jedoch erst 30 000 Jahre später in Gesellschaften von einer bestimmten Größe und Komplexität auf.

Ein Ausweg aus dem Dilemma bestünde in der Annahme, die »angeborenen Verhaltensweisen« des Menschen hätten sich in den letzten Jahrtausenden verändert. Selektion, so könnte man vermuten, habe nach Entstehung der Landwirtschaft und komplexerer Gesellschaften das *angeborene* Rangstreben verstärkt. Mit solch fragwürdigen Argumenten haben Mohr und v. Ditfurth die zunehmenden kriegerischen Tendenzen nach Entstehung der Landwirtschaft tatsächlich zu erklären versucht. Durch Krieg sei seit einigen Jahrtausenden auf *angeborene* Aggressivität hin gezüchtet worden. Aufgrund genetischer Veranlagung – nicht durch kulturelle Faktoren – seien wir Menschen der Industriezivilisation kriegslüsterner als unsere jagenden und sammelnden Vorfahren vor 10000 Jahren.

Eine solche Annahme ist nicht nur unbewiesen, sie ist längst widerlegt. Die Verhaltensforscher haben festgestellt, daß sämtliche Vertreter des modernen Menschen über das gleiche Repertoire »angeborener Verhaltensweisen« verfügen. Die kulturellen Entwicklungen der letzten Jäger und Sammler des 20. Jahrhunderts und der ersten Bauerngesellschaften trennten sich vor 10000 bis 7000 Jahren. Dennoch unterscheiden sich die »angeborenen Verhaltensweisen« moderner Abkömmlinge der ersten Bauerngesellschaften nicht von den letzten Jägern und Sammlern. Durch Geburt sind die jagenden und sammelnden Buschleute nicht mehr oder weniger aggressiv und nicht mehr oder weniger rangorientiert und autoritätsgläubig als wir.

Diese Tatsache läßt nur eine Schlußfolgerung zu: Das unterschiedliche gesellschaftliche Verhalten in den verschiedenen Kulturen von heute ist Ausdruck unterschiedlicher kultureller Prägung und nicht unterschiedlicher »angeborener Verhaltensweisen«. Die »angeborenen Verhaltensweisen« haben sich seit der Ausbreitung des modernen Menschen über die Erde vor 40000 Jahren nur wenig verändert. Was sich vor allem verändert hat, ist die kulturelle Prägung des Verhaltens.

Untersuchen wir daher, wie gesellschaftliches Verhalten in verschiedenen Formen von »primitiven« Gesellschaften organisiert worden ist. Dabei orientieren wir uns an Verhaltensweisen, die von Verhaltensforschern als »angeboren« bezeichnet werden: Besitznorm, Rangstreben und das Gegenstück Autoritätsgläubigkeit. Es soll gezeigt werden, daß nicht isolierte »angeborene Verhaltensweisen« über die Organisation von gesellschaftlichem Verhalten entscheiden. Ausschlaggebend ist vielmehr ein kultureller Konsens über richtiges und über falsches Verhalten, der den wirtschaftlichen und sozialen Erfordernissen der Gesellschaft entspricht.

In den Horden nomadisierender Buschleute bedeutete Besitz kaum mehr als die Verpflichtung zu geben, wann immer ein anderer darum bat. Größeren Besitz oder größere Vorräte anzusammeln, wäre als »Horten« verurteilt worden. Wer großzügig *und* bescheiden war, genoß Ansehen. Gesellschaftlichen Rang oder Macht hatte er nicht. Der Versuch, andere durch übermäßige Gaben in Abhängigkeit zu bringen, um, wie der melanesische Große Mann, Ruhm und Macht zu gewinnen, wäre am Widerstand der Gemeinschaft gescheitert. Die Gleichheit der Menschen in der Gesellschaft mußte dadurch sichergestellt werden, daß niemand Gaben machen durfte, die der Empfänger nicht erwidern konnte. Systematisch ermunterten Buschleute die Erfolglosen. Erbarmungslos verspotteten sie jeden, der versuchte, sich über die anderen zu erheben. (Herbig 1984) Autorität wurde zwar anerkannt, aber diese Anerkennung blieb unverbindlich. Die Gruppe konnte sich jederzeit anders als derjenige entscheiden, der im jeweiligen Bereich eine Führungsrolle innehatte.

Dieses Verhalten und die ihm zugrunde liegenden Normen waren der Lebensweise kleiner nomadisierender Wildbeutergruppen angepaßt. Größere Vorräte oder Besitztümer hätten auf tagelangen Wanderungen nur behindert. Aus diesem Grund mußte jeder Anreiz zur Mehrproduktion vermieden werden. Das Zurschaustellen von Reichtum, seien es größere Mengen an Nahrung oder an Gütern, war daher geächtet. Die Macht eines einzelnen, den eigenen Willen gegen das Widerstreben anderer durchzusetzen, wurde nicht benötigt. Gruppen von wenigen Dutzend konnten ihre Angelegenheiten im Palaver klären.

Rangstreben schuf nur unnötige Konflikte zwischen rivalisierenden Bewerbern um den gleichen Rang. Da weder Rang noch Macht benötigt wurden, mußte jede Demonstration persönlicher Verdienste vermieden werden. Sie hätte einen anderen herausfordern können. Bescheidenheit war daher eine der Kardinaltugenden. Nur wer sein Licht unter den Scheffel stellte, hatte die Chance, von anderen anerkannt zu werden.

Die durchschnittliche Größe melanesischer Gruppen um einen Großen Mann betrug 150 bis 300 Menschen. Die gewachsene Gruppengröße ließ die geringe Produktion wirtschaftlich autonomer Haushalte zum gesellschaftlichen Problem werden. Über die Produktion selbstgenügsamer Haushalte hinaus hatten Gemeinschaften dieser Größe zusätzliche Bedürfnisse. Diese Gruppen waren außerdem zu groß, als daß das tägliche Geben und Nehmen noch soziale Bindungen zwischen sämtlichen Mitgliedern hätte herstellen können. Diese Funktion übernahmen die mit Riten verbundenen großen Feste, die regelmäßige Umverteilung von Nahrung und Gütern zur Erfüllung zeremonieller Verpflichtungen und ähnliches. Nur um die Dorfgemeinschaft zusammenzuhalten und kommunale Unternehmungen zu ermöglichen, wurden somit zusätzliche Mengen an Nahrung und Gütern benötigt. Der Große Mann, der mit seiner Gefolgschaft die Dorfökonomie subventionierte, war die melanesische Lösung des Problems.

Solchen Notwendigkeiten entsprechend waren in melanesischen Dörfern einige der grundlegenden Normen und Werte von Buschleuten ins Gegenteil verkehrt. Um die Produktion anzuregen, wurde Besitz anerkannt und demonstrativ zur Schau gestellt. »Wenn sie von der Feldarbeit zurückkommen, schütten die Frauen ihre Ladungen auf der Veranda aus, damit alle sie sehen können«, berichtet Hogbin. »›Das ist Busama-Art‹, hörte ich. ›Wir zeigen, was wir haben, und verbergen es nicht. Niemand kann dann behaupten, wir hätten nicht genug.‹« (Hogbin 1951) Wie von Anführern der Buschleute wurde auch vom melanesischen Großen Mann Großzügigkeit erwartet. Obwohl er beträchtliche Reichtümer kontrollierte, war auch er persönlich arm. Was ihn von diesen unterschied, war ein durch nichts verbrämtes Rangstreben und die Bereitschaft der anderen, dies anzuerkennen. Wirtschaftlich diente Rangstreben diesen Gesellschaften als Mittel, um einzelne zu gesteigerten Produktionsleistungen anzuspornen.

Noch deutlicher tritt die gesellschaftliche Formbarkeit individuellen Rangstrebens bei den Trobriandern zutage, die in Häuptlingstümern von einigen Tausend Mitgliedern lebten. Wie vom Großen Mann wurde auch vom Trobriander-Häuptling Großzügigkeit erwartet. Aber Großzügigkeit war nicht die Grundlage seiner Macht. Nach dem Motto »noblesse oblige« war sie vielmehr nur deren Ausdruck. Sein Amt nahm er durch Geburtsrecht ein, und seine Macht war durch das Amt begründet. Für das Erreichen der Häuptlingswürde war Rangstreben somit vollkommen bedeutungslos. Obwohl niemand hoffen konnte, auf diese Weise zu gesellschaftlichem Rang aufzusteigen – sämtliche dieser Positionen waren durch Geburtsrecht blockiert –, wurde Rangstreben in der Trobriander-Gesellschaft dennoch gefördert: Um den Arbeitseifer des gemeinen Volks anzustacheln, das den Speicher des Häuptlings zu füllen hatte, stachelte dieser systematisch den Ehrgeiz seiner Untertanen an.

Ansehen genoß, wer ein guter Gärtner war und reiche Ernten einbrachte. »Bei den Trobriandern gibt es keine größere Beleidigung, als einem Mann zu sagen, er habe nichts zu essen«, berichtete Malinowski. Eine eher beiläufige abfällige Bemerkung genügte, um einen keinesfalls freundschaftlichen und auch nicht immer friedlichen Wettstreit zwischen zwei Dörfern um ihren Ruf als Gärtner auszulösen. Eine von Malinowski beschriebene Episode zeigt, wie ein Häuptling geschickt den Ehrgeiz seiner Untertanen nutzte, um zwei Dörfer gegeneinander auszuspielen. Wegen einer Nichtigkeit waren sich zwei Männer aus benachbarten Dörfern in die Haare geraten, und man hatte die Angelegenheit vor den Häuptling gebracht. Anstatt die Wogen zu glätten, ergriff dieser jedoch Partei für das eine Dorf. Beiläufig bemerkte er, die Bewohner des anderen sollten, »wenn sie schon keine anständigen Gärten hätten und keine geziemenden Tribute leisten könnten, wenigstens nicht mit ihrem Essen prahlen«. (Malinowski 1935) Diese Kränkung genügte. Sie konnte nur durch einen zeremoniellen Austausch der Ernten aus der Welt geschaffen werden. Um zu demonstrieren, daß sie keine Hungerleider seien, leerten die Bewohner des beleidigten Dorfes ihre wohlsortierten Yamsspeicher bis auf die letzte Knolle und trugen sie, Tonnen von Yamswurzeln, unter sengender tropischer Sonne kilometerweit auf dem Rücken in das andere Dorf. Dort übergaben sie ihren Beleidigern mit großer Geste ihre gesamten Vorräte. Um das Gesicht zu wahren, waren diese verpflichtet, nun ihrerseits Gleiches mit Gleichem zu vergelten. Also leerten auch sie ihre Speicher, schleppten Tonnen von Nahrung in das andere Dorf und übergaben sie mit nicht weniger großer Geste. Gewonnen hatte, wer seinen Gegner durch eine Draufgabe beschämen konnte, die dieser nicht zu erwidern vermochte.

Da die oberen Positionen besetzt waren, wurde auf den Trobriand-Inseln jedoch nur das Rangstreben der Untertanen systematisch gefördert, und auch das nur bis zur kulturell tolerierbaren Grenze. Zwar zeigte man, was man hatte, aber, wie Malinowski betont: »Der Ruhm des Gärtners« durfte »nie das Privileg überspielen..., dem zufolge die Akkumulation von Nahrungsmitteln nur den Vornehmen gestattet ist. Wohl darf man sich den Ruf erwerben, ein guter Gärtner zu sein, aber seine Kräfte muß man dazu verwenden, das Yamshaus des Häuptlings oder Dorfvorstehers zu füllen. Ein Gemeiner, der zu reich wird oder für jemanden arbeitet, der nicht wirklich an der Macht ist, erntet nicht Ruhm, sondern Krankheit und sogar Tod durch Zauberei.« (1935)

Somit äußerte sich Rangstreben auch auf den Trobriand-Inseln nicht als ein blind auf Verwirklichung drängender Trieb. Die Elite hielt sämtliche Positionen von gesellschaftlichem Rang besetzt. Für ihre Stellung war Rangstreben bedeutungslos. Nicht dagegen im Volk, wo Rangstreben gefördert wurde. Kontrolliert wurde diese »angeborene Verhaltensweise« durch die Autorität des Häuptlingsamts und die Bereitschaft der Masse, diese Autorität anzuerkennen. Kulturell domestiziert, diente Rangstreben so zur Ansammlung von Nahrung in den Vorratshäusern des Häuptlings.

Aber auch für die Elite war das Privileg, Nahrung und Besitz anzusammeln, stets mit der Verpflichtung zur Verteilung verbunden. Auch das Besitzstreben des Häuptlings, der alles tat, um seine Tributbasis auszubauen, war kulturell kontrolliert. Vom Yamshaus des Häuptlings in gemeinschaftliche Unternehmungen investiert, in Riten und in Feste, in Austausch mit anderen Gruppen, in öffentlichen Bauten, Kriegsführung usw., floß das Produkt der Mehrarbeit des Volks zurück in die Gesellschaft. Gesellschaftlich geförderte und gesellschaftlich kontrollierte »angeborene Verhaltensweisen« des Individuums – Besitznorm, Autoritätsgläubigkeit und Rangstreben – dienten der wirtschaftlichen Sicherheit und dem Zusammenhalt einer Gesellschaft von einigen Tausend Mitgliedern.

Rang, Macht und Wohlstandsunterschiede entstanden also nicht, weil Landwirtschaft technisch die Voraussetzung für die Befriedigung individueller Antriebskräfte wie Ehrgeiz, Machthunger oder Besitzstreben geschaffen hätte. Die Gesellschaft bediente sich der Antriebskräfte und Fähigkeiten ihrer Mitglieder, kontrolliert wurde sie von ihnen nicht. Gesellschaftliche Notwendigkeit entschied darüber, welche Kombination aus dem Arsenal »angeborener Verhaltensweisen« die Chance zur Durchsetzung bekam. Vor diesem entwicklungsgeschichtlichen Hintergrund offenbart sich die Torheit des Versuchs, die moderne Gesellschaft an der Elle isolierter Verhaltensweisen zu messen. Menschliches Verhalten hat sich stets aus einer Vielzahl unterschiedlicher »angeborener Verhaltensweisen« zusammengesetzt, die zum Teil einander entgegengesetzt waren, sich ergänzten und kontrollierten. Einzelne davon zum Maßstab für gesellschaftliches Verhalten zu nehmen, hieße, die Teile mit dem Ganzen zu verwechseln.

10. Die Überwindung der Haushaltsökonomie

Die evolutionäre Entstehung von Macht muß vor dem Hintergrund einer Steinzeitökonomie gesehen werden. Wirtschaftliche Einheit waren autonome Haushalte, die primär für den eigenen Bedarf arbeiteten. Da die Bedürfnisse begrenzt waren und jeder Haushalt sämtliche Dinge herstellen konnte, die er benötigte, war die Produktion begrenzt. Im Gegensatz zum Vorurteil von der naturgegebenen Unersättlichkeit des Menschen war die Ursache des geringen Güterausstoßes einer »primitiven« Ökonomie nicht die wenig entwickelte Technik; Ursachen waren begrenzte Bedürfnisse.

Pädagogische Erwartungen von Weißen, die »Wilde« mit Eisenwerkzeug beglückten, wurden regelmäßig enttäuscht. Zwar erledigten die Empfänger fortschrittlicherer Werkzeuge ihre traditionellen Arbeiten erwartungsgemäß schneller als zuvor, aber sie dachten nicht im Traum daran, die eingesparte Zeit im Sinne der Geber »produktiv« zu nutzen. Anstatt mehr zu erzeugen, arbeiteten sie weniger. Technischer Fortschritt war gut, wenn er half, die »Lebensqualität« zu verbessern. Aber niemandem wäre es eingefallen, mehr zu erzeugen, nur weil er Arbeitszeit eingespart hatte. An Zeit hatte auch vorher schon kein Mangel bestanden. (Herbig 1984)

Bei begrenzten Bedürfnissen blieb die Arbeitszeit auf durchschnittlich wenige Stunden am Tag begrenzt. Ohne zusätzliche Antriebskraft arbeiteten die Mitglieder eines Haushalts gerade soviel, um sich selbst zu versorgen, darüber hinaus gewisse rituelle und verwandtschaftliche Verpflichtungen zu erfüllen und die Wünsche ihrer Tauschpartner in anderen Gruppen zu erfüllen, von denen sie exotische Güter erhielten.

Das Grundprinzip einer solchen Haushaltsökonomie läßt sich mit dem russischen Ökonomen A. V. Chayanow folgendermaßen formulieren: Je größer die Arbeitskapazität eines Haushalts, desto weniger arbeiten seine Mitglieder. Ein einfaches Beispiel möge Chayanows Regel illustrieren. Angenommen, zwei Haushalte bestünden aus jeweils einem Elternpaar mit vier Kindern. Die Kinder der einen Familie seien im arbeitsfähigen Alter, die der anderen nicht. Nehmen wir an, die arbeitenden Kinder verbrauchten Erwachsenenrationen, die anderen nur die Hälfte.

Der Nahrungsbedarf der ersten Familie beträgt dann sechs Rationen, der der zweiten vier Rationen. Die beiden arbeitsfähigen Mitglieder des zweiten Haushalts müssen folglich doppelt solange arbeiten wie die sechs des ersten. Anders gesehen: In einer »Chayanow-Ökonomie« produziert der Haushalt mit der größeren Arbeitskapazität nicht mehr als der mit der geringeren. Am Ende des Wirtschaftsjahres sind beide gleich arm. Die Mitglieder des Haushalts mit der größeren Arbeitskapazität machen früher Feierabend.

Zweifellos vereinfacht das Beispiel. In Wirklichkeit arbeitete stets ein Teil der Haushalte ein wenig mehr, als zur Deckung des Eigenbedarfs erforderlich war. Mit den Überschüssen wurden andere Haushalte unterstützt, in denen das Verhältnis von Verbrauchern zu Erzeugern ungünstig war oder in denen man sich einfach auf Unterstützung verließ. Als Beispiel kann die Getreideproduktion in Mazulu, einem Dorf in Valley Tonga in Nordrhodesien, dienen. Sahlins Analyse der Ernten ergab, daß die Arbeitsintensität von acht der insgesamt 20 Haushalte um ein Viertel über dem Durchschnitt lag. Anstatt früher Feierabend zu machen, arbeiteten die Mitglieder dieser acht Haushalte etwas länger als zur Deckung des Eigenbedarfs notwendig. Mit den Überschüssen »subventionierten« sie andere Haushalte bzw. Aktivitäten des gesamten Dorfes. Der Anteil dieser Überschüsse von nur 8 Prozent der Gesamtproduktion des Dorfes war allerdings ziemlich gering.

Weitaus krasser dagegen waren die Unterschiede der Süßkartoffelernten der 16 Haushalte des Kapauku-Dorfes Botukebo im Westen Neuguineas. Neun dieser Haushalte arbeiteten mit einer Intensität von nicht weniger als 80 Prozent über dem Durchschnitt. Am einen Ende der Skala erzeugte jedes *arbeitsfähige* Mitglied des »fleißigsten« Haushalts 2000 Kilo Süßkartoffeln, am anderen brachte jedes *arbeitsfähige* Mitglied des »faulsten« Haushalts knapp 270 Kilo ein. In diesem Dorf trug die Mehrarbeit der neun Haushalte nicht weniger als 35 Prozent zur Gesamtproduktion des Dorfes bei. (Sahlins 1972)

Für die Bewohner des neuguineischen Dorfs scheinen somit zwei verschiedene Arten von Arbeitsmoral gegolten zu haben. Der eine Teil der Bevölkerung tat nicht mehr als notwendig, ja er verließ sich darauf, in Krisen von anderen unterstützt zu werden. Der andere dagegen arbeitete weitaus mehr, als der Eigenbedarf erfordert hätte. Im Gegensatz dazu arbeiteten sämtliche Bewohner des rhodesischen Dorfs ungefähr nach dem Chayanow-Prinzip.

Welche sozialen Faktoren gaben den Ausschlag für die unterschiedliche Arbeitsmoral in beiden Dörfern? Die technische Basis war ungefähr gleich, ausschlaggebend war die Sozialstruktur. Im neuguineischen Dorf gab es Personen, die über Macht verfügten, im rhodesischen nicht. Motor der gesteigerten Produktion im ersten war der für Melanesien charakteristische Große Mann mit seinem Gefolge. Er trieb den produktiveren Teil der Dorfbevölkerung zur Arbeit an. Zufrieden, daß es andere gab, die bereit waren, für sozialen Aufstieg zu schuften, führte der eine Teil der Bevölkerung ein bequemes Leben. Der andere dagegen arbeitete hart, um mit dem Produkt seiner Mehrarbeit Unternehmungen des gesamten Dorfes zu subventionieren. Er war es, der die Grenzen einer Haushaltsökonomie überwand. Das Produkt der Mehrarbeit war die Grundlage einer Dorfökonomie.

Die Bewohner eines solchen Dorfes in schlaue Faulpelze und dumme Arbeitstiere einzuteilen, würde die Dinge zu sehr vereinfachen. Anzunehmen, nur blinder Ehrgeiz und eine Portion Dummheit hätten einen Menschen veranlassen können, für das bißchen Rang des Großen Mannes zu schuften, hieße die Vielschichtigkeit menschlicher Motivation zu unterschätzen. Traditionsbewußtsein und Verantwortung konnten für die Bereitschaft, den Rang des Großen Mannes anzustreben, wichtiger als persönlicher Ehrgeiz sein. In einer aufschlußreichen Episode beleuchtet Hogbin die Motive eines angehenden Großen Mannes bei den Busama. (Hogbin 1951)

Nach dem Tod des alten Führers geriet das Klubhaus in Verfall, und die Dorfbevölkerung begann, sich in Fraktionen zu spalten. In dieser Notlage suchte eine Abordnung älterer Dorfbewohner einen Mann namens Ahipum auf, der als fleißig und weise galt und allgemeine Achtung genoß. Alles andere als ehrgeizig und machtgierig, sondern klug taxierend, was auf ihn zukommen würde, ließ sich Ahipum einige Tage Zeit, bevor er dem Auftrag widerstrebend folgte:

„Hätte ich die Aufgabe nicht übernommen, dann wäre der Klub wahrscheinlich zerfallen«, erklärte er Hogbin seine Gründe, die Bürde des Amts auf sich zu nehmen. »Nun gut, der Klub durfte nicht verschwinden, das konnte ich nicht zulassen. Seit der Gründung von Busama hatten wir ein Haus namens Sawatu, und es wäre unangenehm gewesen, den Namen zu verlieren, wenn ich ihn noch retten konnte. Außerdem müssen unsere jungen Männer einen eigenen Klub haben. Warum sollten sie sich verstreuen und woanders hingehen? So entschloß ich mich schließlich, die Sache zu übernehmen. Glaub' mir, ich hab mich nicht danach gedrängt. Ich muß viele Kinder ernähren, und zusätzlichen Taro anzubauen und noch mehr Schweine zu mästen, bedeutet harte Arbeit.«

Wirtschaftlich bedeutet die melanesische Institution des Großen

Mannes die Überwindung einer reinen Haushaltsökonomie. Der Große Mann, seine Frauen und seine Gefolgsleute mästeten zusätzliche Schweine, bauten mehr Knollenfrüchte an, erzeugten mehr Betel und stellten mehr Güter her, als in einer »Chayanow-Ökonomie« erzeugt worden wäre. Etwas Ähnliches entwickelte sich, wenn auch unter anderen ökonomischen Voraussetzungen, in den Prärien Nordamerikas. »Häuptlinge« dort waren die Prärieversion des melanesischen Großen Mannes. Arbeit für die Gemeinschaft war die Grundlage des Aufstiegs zur Macht. (Sahlins 1972)

Ebenso wie der Große Mann trug der wirkliche Häuptling, wie er Reisenden und Ethnologen in der polynesischen Inselwelt begegnete, zur Steigerung der Produktion bei. Im Unterschied zu jenem verfügte er jedoch über institutionelle Macht. Obwohl die kleinen Häuptlinge einer winzigen Insel wie Tikopia härter arbeiteten als jeder andere, war ihre Macht nicht vom Produkt ihrer eigenen Arbeit abhängig. Ein alternder Häuptling blieb bis an sein Lebensende Häuptling. Seine Macht war durch Glauben begründet. Daher unterschieden sich die Mittel, mit denen der Häuptling die Haushalte antrieb, von denen des Großen Mannes. Der Häuptling konnte sich auf die Autorität der Götter stützen.

Die Götter und Ahnen hatten Bedürfnisse. Sie mußten durch ausgedehnte rituelle Zyklen und grandiose Feste günstig gestimmt werden. Um den günstigen Ausgang zu sichern, mußten Übergangsphasen im Naturablauf und im Leben von Menschen, jahreszeitliche Ereignisse wie Pflanzen und Ernten rituell begleitet werden. Verantwortlich für die Befriedigung der Bedürfnisse der Götter und Ahnen waren die Häuptlinge. Sie setzten die Zeichen für die Haushalte, mehr zu erzeugen, als zur Deckung des Eigenbedarfs benötigt wurde. Auch die mit den Riten verbundenen grandiosen Feste und der zeremonielle Austausch von Nahrung und Gütern unter den Teilnehmern überwanden die Grenzen einer Ökonomie autonomer Haushalte.

Mit bewundernswerter Klarheit hat Firth auf seiner winzigen Südseeinsel Tikopia das Verhältnis zwischen jenseitiger und diesseitiger Macht analysiert. Die Notwendigkeit, Riten für die Götter durchzuführen, war in der gesellschaftlichen Wirklichkeit das Machtmittel des Häuptlings. Seine rituelle Verantwortung erlaubte es ihm, die Produktion im gesellschaftlichen Bereich voranzutreiben. Zur Erfüllung ritueller Verpflichtungen veranlaßte er die Haushalte, größere Tarofelder anzulegen, mehr Kokospalmen zu pflanzen, mehr Güter zu erzeugen und mehr Fische zu fangen. Außerdem konnten die Häuptlinge mit *tabus* in die Haushaltsökonomie eingreifen. Wurden für ein Fest größere Mengen der knappen Kokosnüsse benötigt, so verhängte der Häuptling ein *tabu* über die Ernte. Er zwang so die Haushalte, anstelle von Kokosnüssen von anderer Nahrung zu leben. Die Notwendigkeit, die Götter und Ahnen durch kommunale Riten zufriedenzustellen, diente dem Häuptling zur Steuerung der Produktion. (Firth 1939) »Bekehrung« trug zum Niedergang der Eingeborenenökonomie in der polynesischen Inselwelt oft mehr bei als Ausbeutung. Ahnungslos zerstörten christliche Missionare rituelle Traditionen, die Antriebskraft produktiver Anstrengungen gewesen waren. Für sie hatte Glaube nichts mit diesseitiger Lebensfreude, nichts mit ökonomischer Motivation und vollen Bäuchen zu tun, sondern nur mit der unauslotbaren Hoffnung auf ein besseres Jenseits. Von der Verarmung betroffen war nicht die Haushaltsökonomie. Sie funktionierte weiter, betroffen war der kommunale Teil der Ökonomie, der Mehrarbeit und Zusammenarbeit über Haushaltsgrenzen hinweg verlangte. (Firth 1939)

Auch der wirtschaftliche Austausch zwischen verschiedenen Gruppen weitete sich unter dem Einfluß von Macht und gesellschaftlichem Rang aus. Handwerkliche Spezialitäten wie Steinäxte, Keramiktöpfe und andere Gebrauchsartikel, Rohstoffe, die verschiedenartigsten Schmuckartikel, Ritualobjekte, Nahrung und Salz wurden über große Entfernungen weitergegeben. Indem der Große Mann, der Häuptling und andere Personen von Rang systematisch exotische Artikel zur Verteilung innerhalb der eigenen Gruppen »importierten«, trugen sie dazu bei, Bedürfnisse zu befriedigen, die in einer reinen Haushaltsökonomie noch nicht einmal entstanden wären.

Wie ein Beispiel aus der melanesischen Inselwelt illustriert, konnte dieser »Handel« beträchtliche Ausmaße annehmen. Eine von Malinowski aufgestellte Liste der Güter, die zwischen den Bewohnern der Amphlett-Inseln mit den angrenzenden Inseln ausgetauscht wurden, liest sich wie ein steinzeitlicher Versandhauskatalog: Sagomehl, Schweine, Kokosnüsse, Betelnüsse, Taro, Yams, Steine zur Werkzeugherstellung, Holzgeschirr, Körbe, Ebenholztöpfe, die für Halsketten benötigten Samenkörner von Wildbananen, Rotangstreifen für Gürtel, die bunten Federn vom Kasuar und roten Papageien als Tanzschmuck, Fasergürtel und Bambusspeere mit Widerhaken wurden von Inseln aus einem Umkreis von 100 Kilometern auf die Amphlett-Inseln eingeführt. Zum Austausch erzeugten die Bewohner der Amphlett-Inseln Keramiktöpfe, auf die sie in weitem Umkreis das Monopol hatten, Schildpattohrringe und Nasenstäbchen; außerdem lieferten sie roten Ocker, Bimsstein sowie Obsidian, und zusätzlich gaben sie einen Teil der Produkte, die sie selbst importiert hatten, an Partner auf anderen Inseln weiter. (Malinowski 1922) Auch durch ihre zentrale Stellung im Fern»handel« trugen die Anführer dazu bei, die Produktion anzutreiben und die Grenzen einer reinen Haushaltsökonomie zu überwinden.

Die übliche Vorstellung, Rang und Macht hätten sich erst auf der Grundlage einer Überschußwirtschaft entwickeln können, ist daher falsch. Das Verhältnis zwischen Überschußproduktion und Macht ist genau umgekehrt. Nennenswerte Überschüsse wurden erst unter dem Einfluß von Macht geschaffen. So gesehen, brachte das Herrschaftssystem die beträchtlichen Überschüsse an Nahrung und Gütern erst hervor, die sein Unterhalt benötigte.

Nehmen wir als Extrem vorstaatlicher Macht den Oberhäuptling größerer hawaiischer Inseln, der über einige Zehntausend Menschen herrschte. Im Gegensatz zu melanesischen Großen Männern oder kleinen Häuptlingen arbeitete die hawaiische Aristokratie nicht mehr selbst auf dem Feld. Sie lebte von Tributen. Aber auch hier war es das Herrschaftssystem, das die Produktion auf das im Vergleich zu Tikopia oder Neuguinea gestiegene Niveau vorantrieb. Das technische Potential der Hawaiianer unterschied sich nur unwesentlich von dem der Hochlandbewohner Neuguineas oder der Tikopia. Die enormen Unterschiede der wirtschaftlichen und kulturellen Entwicklung beider Gesellschaften gehen hauptsächlich auf verschiedene Formen sozialer Organisation zurück.

Das gleiche gilt für handwerkliche Spezialisierung. Auch sie entstand erst unter dem Einfluß von Macht. Die bekannte Formel, Landwirtschaft habe Überschüsse hervorgebracht und diese hätten handwerkliche Spezialisierung möglich gemacht, ist falsch. Tatsächlich entwickelte sich handwerkliche Spezialisierung unter dem Einfluß von Rang und Macht. In der Südsee waren es die Häuptlinge und andere Personen von Rang, die größere Projekte wie den Bau eines mit prächtigen Schnitzereien versehenen hochseetüchtigen Kanus oder eines Tempels initiierten, zu dem Handwerker benötigt wurden.

In den einfacheren Gesellschaften bauten »Handwerker« und »Handwerkerinnen« ihre Nahrung selbst an. Im Haupt»beruf« waren sie Bauern, die über besondere Fähigkeiten verfügten. Wer sie für handwerkliche Leistungen benötigte, übernahm während der Bauzeit ihre Versorgung und beschenkte sie darüber hinaus mit angemessenen

Gaben. Die benötigten wirtschaftlichen Mittel waren auf kleineren Inseln wie Tikopia zum größten Teil vom Häuptling und seiner Familie und anderen ranghohen Personen selbst erzeugt worden. Auf den größeren Trobriand-Inseln stammten diese Mittel aus dem Fundus an Gaben, die dem Häuptling aufgrund seines Amts zuflossen. Am weitesten entwickelt war handwerkliche Spezialisierung in den größeren polynesischen Häuptlingstümern. Tribute verschafften den führenden Familien beträchtliche Einnahmen, mit denen sie die unterschiedlichsten Spezialisten unterhielten: Kanubauer, Axthersteller, Steinmetze, Hausbauer, Vogelsteller, Heiler, Zauberer und andere. (Sahlins 1958)

Die Steigerung der Produktion, die Förderung von Handwerk und »Handel« erklären freilich noch nicht die soziale Bindung durch Macht. Mehr Schweine, mehr Knollenfrüchte und mehr Güter allein halten noch keine Gesellschaft zusammen. Die scheinbar absurde Frage, wie die zusätzlich erzeugten Schweine, Taro, Yams, Güter, Kokosnüsse usw. in sozialen Zusammenhalt umgesetzt werden könnten, führt zur evolutionären Funktion der Macht. Die Antwort ist, wie meist beim Menschen, auf mehreren Ebenen zu suchen: einer ästhetisch-kulinarischen, einer religiösen und einer organisatorischen.

11. Feiern verbindet

Beginnen wir auf der Ebene, die mehr zu unserem Handeln beiträgt, als Wissenschaftler für gewöhnlich wahrhaben wollen: dem Ästhetisch-Kulinarischen. Die Gründe für dieses wissenschaftliche Defizit sind schwer zu verstehen. Vielleicht werden manche Forschungsbereiche zu sehr von Asketen beherrscht, als daß das große Fressen zum legitimen Gegenstand der Analyse werden dürfte. Aber gerade in dieser akademischen *Terra incognita* finden sich Motive, die aus der Sicht der Beteiligten mehr zum Zusammenhalt beigetragen haben dürften als alles, was zum Beispiel Soziologen bisher über »primitive« Gesellschaften zutage gefördert haben. Die kulturelle Orientierung von »Wilden« ist, so hat Marshall Sahlins spitz bemerkt, weder apollinisch noch dionysisch, sondern gastrisch. (Sahlins 1972)

»Als ich einmal an einem solchen Tag mit einer Gruppe nach Kwaybwage gekommen war«, erinnerte sich Malinowski an seinen Aufenthalt auf den Trobriand-Inseln, »brachte mein junger Freund

Toyagwa, der sich eben mit Fleisch und Taro vollstopfte, alles im Leben Wünschenswerte auf die Formel: ›Wir kauen, wir essen: wir kotzen tags, wir kotzen nachts – so viel Fett um uns‹.« (Malinowski 1935) Die gleiche Erfahrung hatte schon der Jesuit LeJeune im 17. Jahrhundert bei den Ureinwohnern der Neuen Welt gemacht: »Unter Wilden zu essen, ist wie unter den Trinkern Europas zu saufen. Diese trockenen und immerdurstigen Seelen würden gern ihr Leben in einem Bottich voll Malvasierwein beenden, die Wilden in einem Topf voll Fleisch; dort spricht man nur übers Trinken, hier übers Essen.« (Nach Sahlins 1972)

Riten waren Anlässe für große Feste, auf denen diesen Neigungen ausgiebig entsprochen wurde. Wirtschaftliche Unternehmungen wie der Bau eines hochseetüchtigen Kanus, eines Hauses oder eines Tempels, Übergangsphasen im menschlichen Leben oder im Naturablauf, Geburt, Initiation, Heirat und Tod, Frühjahr oder Regenzeit, Pflanzen und Ernten mußten von ausgedehnten Riten begleitet werden. Zu solchen Riten und den mit ihnen verbundenen Festen strömte die Bevölkerung in weitem Umkreis herbei. »Unsere Feste«, so erklärte anschaulich ein Ureinwohner Neukaledoniens, »sind die Bewegung der Nadel, die die Teile des Strohdachs zusammennäht, so daß sie ein ganzes Dach bilden.« (Nach Mauss 1925)

»Das Fest war schon Tage und Wochen vorher herbeigesehnt worden, und wo immer Gruppen von Dorfbewohnern zu einem Schwätzchen zusammenkamen, war es stets das Hauptgesprächsthema«, schildert Hogbin eine Hauseinweihungszeremonie auf Guadalcanal, einer Pazifikinsel nordöstlich von Neuguinea. »Als der Tag kam, war das ganze Dorf ein Schauplatz hochfliegender Fröhlichkeit, trotz der harten Arbeit, die noch zu bewältigen war. Jeder zog seine beste Kleidung an, und viele trugen wertvollen Schmuck. Fremde kamen aus 8 bis 10 Kilometer entfernten Dörfern, zweifellos angelockt von dem Gedanken, Verwandte, die Nahrung erhielten, würden ihnen etwas davon abgeben – eine Erwartung, der reichlich entsprochen wurde. ... Alle blieben in Atanas Weiler, bis der letzte Brocken Nahrung verteilt war, und jede Bewegung wurde mit gespannter Aufmerksamkeit verfolgt. Der Anblick der Nahrung« – fünf Tonnen Yams zu Pudding verarbeitet, in Schüsseln abgefüllt und malerisch dekoriert, geräucherter Fisch im Überfluß, Betelnüsse und mehrere gebratene Schweine in angemesse Portionen aufgeteilt – »erfüllte mit ungeheurer Befriedigung, und wo immer sich eine Möglichkeit bot, nahm man sie voller Begeisterung in die Hand. Besondere Bewunderung zog die Dekoration der

Puddingschüsseln auf sich. ›Wir werden essen‹, sagten sie, ›bis uns schlecht wird und wir uns übergeben‹.« (Hogbin 1937/38)

Grandiose Feste, die als zeremonielle Präsentation von Nahrung begannen und in einem großen Fressen endeten, trugen in der ganzen melanesischen Welt zur Lebensfreude und zum sozialen Zusammenhalt bei. »Die Männer, die sich noch an die Ereignisse erinnern können«, so Hogbin 1951 über die Busama auf Neuguinea, »behaupten, daß auf der großen, eigens für diesen Zweck errichteten Plattform manchmal mehr als 500 geschlachtete Schweine zur Schau gestellt wurden, dazu Taro in langen zylinderförmigen Behältern aus Rindenstoff und Pfählen. Die Menge verbrachte einige Stunden damit, die Nahrung zu bewundern, und die Gastgeber verteilten dann Hundezähne an alle Anführer, die Gaben mitgebracht hatten. Anschließend kam es zur Verteilung, und, so berichten meine Informanten, jeder aß sich bis zur Bewußtlosigkeit voll.« (Hogbin 1951)

Die gleiche Freude am Überfluß läßt Firths Bericht über ein Fest des Ariki Tafua – eines der vier Tikopiahäuptlinge – erkennen: »Nach Serematas Angaben wurden allein zwei Tage lang Kokosnüsse herangeschleppt, gefolgt von Taro, Yams, Riesentaro, Bananen, Pseudo-Yams, Brotfrucht und Zuckerrohr. Fünf Tröge wurden bereitgestellt, und in jedem geraspelte Taro hoch aufgeschichtet. Jeder stammte von einem der drei anderen Ariki, einer von Pa Rarovi und einer von Tafua selber. Auf diese Weise steuerte jeder der fünf führenden Männer von Tikopia einen riesigen Behälter bei, dessen Inhalt ihm später als sein Anteil am Fest zugewiesen wurde. Als jeder dieser Tröge zu seinem Platz auf der Seeseite von Marae getragen wurde, stießen die Träger begeisterte Schreie aus. Auf der Landseite von Marae wurden große Mengen gegorener Taro- und Brotfruchtpaste angehäuft. ›Ich zählte die Körbe‹, sagte mein Informant, ›da war ein ganzes Hundert voll, und es blieben 50 im zweiten Hundert.‹ Nach dem Mahl mit ihren Gästen verteilten die Gastgeber die Nahrung. So groß waren die Mengen, daß es hieß, ... ›Wir, die wir die Nahrung holten, kamen halbtot von der Last auf unseren Schultern zurück.‹« (Firth 1939)

Wenn ein kleiner Häuptling oder ein Großer Mann im Sinn der Weberschen Definition auch über Macht verfügte, den eigenen Willen gegen Widerstreben durchzusetzen, im Kulinarischen rannte er offene Türen ein. »Dies waren die Vergnügungen, an denen sich die Eingeborenen wirklich begeistern konnten und die ihrem Leben hauptsächlich Bedeutung gaben. Heute«, so klagte Malinowski in den zwanziger Jahren über die Folgen des Kolonialismus auf den Trobriand-Inseln, »ist dieser Zeitvertreib daher weitgehend zum Erliegen gekommen, weil sich Reichtum und Macht nicht mehr in den Händen des Häuptlings befinden.«

Die Macht des Anführers freilich hätte auf tönernen Füßen gestanden, wäre das große Fressen Selbstzweck gewesen. Das Kulinarische lieferte die Motivation. Die Riten, die der Anlaß für solche Feste gewesen waren, stellten nach einem festgelegten System soziale Bindungen her: Mit den Riten und Festen verbunden war der zeremonielle Austausch von Nahrung und Gütern zwischen verschiedenen Untergruppen: zwischen Haushalten, Verwandtschaftsgruppen, Clans usw. Ohne erkennbaren wirtschaftlichen Nutzen, nur um rituelle Verpflichtungen zu erfüllen, wurden Berge von Nahrung hin- und hergegeben. »Das Wesen des Festes« bemerkt Malinowski, »liegt im Geben und Nehmen und Weiterreichen und in der Erfüllung der Verwandtschaftspflichten, indem man zunächst an der Zusammenlegung, dann an der Wiederverteilung der Ernteerträge teilhat.« (Malinowski 1935)

Wo die Haushalte auf einem Fest zu einem gemeinsamen Fundus beisteuerten, wurde darauf geachtet, daß niemand Nahrung verzehrte, die er selber mitgebracht hatte. So wichtig das Essen auch war, der Austausch von Nahrung sollte Bindungen zwischen verschiedenen Haushalten, Clans und anderen Untergruppen herstellen. Das Mitgebrachte selber zu verzehren, hätte diesen Zweck verfehlt.

Die Durchführung der Riten und Feste stellte selbst einen Zusammenhang her. Die damit verbundenen produktiven Anstrengungen erforderten Zusammenarbeit über die Grenzen einzelner Haushalte, Verwandtschaftsgruppen und Clans hinweg. Die zeremonielle Verpflichtung zwischen Clan A und Clan B, Nahrung auszutauschen, bestätigte nicht nur gegenseitige Abhängigkeit. Darüber hinaus festigte die gemeinsame wirtschaftliche Anstrengung auch den inneren Zusammenhalt des Clans. Außerdem bestätigten die Riten eine soziale Ordnung, die in der Vorstellungswelt der Betroffenen nicht menschengeschaffen, sondern gottgewollt war.

In einer Haushaltsökonomie, so hat Marshall Sahlins erkannt, stellt die Gabe zwar Bindungen her, bestätigt aber gleichzeitig die Existenz wirtschaftlich unabhängiger Haushalte: »Gegenseitigkeit ist eine ›Zwischen‹-Beziehung. Sie löst die verschiedenen Parteien nicht in einer höheren Einheit auf, sondern im Gegenteil, indem sie deren Gegensätzlichkeit überbrückt, setzt sie diese fort.« (Sahlins 1972) Einfacher ausgedrückt: Wenn ein Haushalt einem anderen eine Gabe macht, dann bedeutet das nicht Arbeitsteilung zwischen zwei Haushalten, sondern nur gegenseitige Hilfe. Es ist eine soziale Handlung, aber nicht wirtschaftliche Zusammenarbeit.

Die gemeinsamen produktiven Anstrengungen für Riten und die mit ihnen verbundenen Feste überwanden diese Grenze. Sie waren Anlässe einer der Haushaltsökonomie übergeordneten produktiven Anstrengung größerer Gemeinschaften. Nahrung und Güter, die zum gemeinschaftlichen Zweck der Durchführung von Riten erzeugt wurden, durchbrachen die Grenzen einer Ökonomie wirtschaftlich unabhängiger Haushalte. Sieht man mit Durkheim hinter den Göttern die obersten Zwecke menschlicher Gesellschaften, dann war es Nahrung für die Götter. Und so haben es schon lange vor Durkheim unbewußt auch die Sumerer gesehen.

In den Gesellschaften mit der am wenigsten entwickelten Macht – den kleinen Häuptlingstümern der Tikopia und den melanesischen »Großer-Mann-Systemen« – beschränkte sich der Anführer darauf, wirtschaftlich autonome Haushalte zu zusätzlicher Arbeit anzutreiben. Die Notwendigkeit, Riten durchzuführen, war, wie Firth betont hat, auf Tikopia das wichtigste Machtmittel der Ariki. Nicht der Anführer, sondern die rituelle Ordnung organisierte die Gesellschaft. Der Anführer bestritt seinen Lebensunterhalt selbst, es waren die Riten und Feste, die den Haushalten zusätzliche produktive Anstrengungen abverlangten. Die Häuptlinge trugen zum Zusammenhalt der Gesellschaft primär als Antriebskräfte und Organisatoren der rituellen Ordnung bei.

In unsere Vorstellungswelt übersetzt stellten rituelle Ordnungssysteme den Regierungs- und Verwaltungsaufwand der Gesellschaft dar: Rituelle Ordnungen erfüllten wesentliche Funktionen, die in der unseren der Verwaltungsapparat des Staats und die Regierung erfüllen. »Innenpolitisch« stellten sie eindeutige Beziehungen zwischen Individuen, Haushalten, Verwandtschaftsgruppen usw. her. »Juridisch« veranlaßten sie Menschen, sich konform zu den Normen des Zusammenlebens zu verhalten. »Kulturpolitisch« trugen sie wesentlich zur Lebensfreude und zum Gefühl von Zusammengehörigkeit bei. »Außenpolitisch« regelten sie Beziehungen zu Mitgliedern anderer Gruppen, schafften Bündnisse und halfen, Fragen von Krieg und Frieden zu regeln. »Wirtschaftspolitisch« veranlaßten sie die Haushalte zu Mehrarbeit und gemeinschaftlichen produktiven Anstrengungen, den »Steuern« solcher Gesellschaften.

12. Die evolutionäre Dimension der Macht

Die Frage nach den evolutionären Ursachen der Macht läßt sich nun beantworten. Rang und Macht entstanden aus *gesellschaftlicher* Notwendigkeit. Ausschlaggebend waren nicht Rangstreben oder Machthunger von Individuen, sondern der Versuch, die mit zunehmender Größe wachsenden Spaltungstendenzen »primitiver« Gesellschaften zu überwinden. Archäologische Anzeichen von Rang und Macht treten nur in Gesellschaften von einer gewissen Größe und Komplexität auf. Beginnen wir mit einer Bestandsaufnahme.

In den ethnologischen Beispielen war uns der Anführer begegnet, der die Produktion in jenem Bereich vorantrieb, der von der Selbstversorgungswirtschaft autonomer Haushalte vernachlässigt wurde: Produktion für die Gemeinschaft. Als Mittel zur Überwindung der Haushaltsökonomie dienten der rituelle Bedarf der Götter und das menschliche Verlangen nach Zeremonien und Festen. Um die nicht grundlos gleichartigen Bedürfnisse von Göttern und Menschen zu befriedigen, veranlaßte der Häuptling die Haushalte, zusätzliche Nahrung und Güter zu erzeugen. Die Riten stellten eindeutige wirtschaftliche und soziale Beziehungen zwischen verschiedenen sozialen Untergruppen her, zwischen Haushalten, Verwandtschaftsgruppen, Clans, Tanzgesellschaften usw. Die mit den Riten verbundenen Feste stärkten den inneren Zusammenhalt der Gemeinschaft und bekräftigten Partnerschaften mit anderen Dörfern.

Aus dem Ertrag der von ihm kontrollierten Dorfökonomie organisierte der Häuptling gemeinschaftliche Projekte wie den friedlichen Austausch mit anderen Gruppen, wie Kriegführung, den Bau hochseetüchtiger Kanus, von Tempeln, von Bewässerungssystemen oder Schutzwällen. Außerdem verkörperte er eine den Interessengegensätzen übergeordnete Autorität. Wie schwach seine Macht auch war, die Autorität des Amts trug dazu bei, daß Verteilungsfragen geregelt und Streitfälle zwischen Angehörigen verschiedener Gruppen geregelt werden konnten.

Rang und Macht entsprachen also wirtschaftlichen und sozialen Notwendigkeiten, die in einer bestimmten Phase der Evolution menschlicher Gesellschaften aufgetreten sind. Sie erschienen, wann immer eine Gesellschaft eine gewisse Größe erreicht hatte und die Intensivierung der Produktion im kommunalen Bereich notwendig wurde. Die Stärke der Macht und das Ausmaß der Rangunterschiede entsprachen ungefähr der Größe der Gesellschaft und der Komplexität der wirtschaftlichen Beziehungen.

Das Erscheinen von Rang und Macht wiederum wirkte auf die wirtschaftliche, demographische und kulturelle Entwicklung der Gesellschaft zurück. Wie sich im folgenden Kapitel zeigen wird, wuchsen Dörfer, in denen archäologische Anzeichen von Rang und Macht feststellbar sind, schneller als ihre Nachbarn. Sie entwickelten sich zu wirtschaftlichen, administrativen und religiösen Zentren größerer Regionen, die eine Anzahl abhängiger Dörfer und Weiler kontrollierten. Einmal entstanden, verstärkten Macht und Bevölkerungswachstum sich gegenseitig.

Wir sollten uns freilich davor hüten, in den Gesellschaften unserer ethnologischen Modelle aufeinanderfolgende Stufen evolutionärer Entwicklung zu sehen. Zu meinen, am Anfang stünde der Anführer der Buschleute, ihm folge der melanesische Große Mann, diesem wiederum der Ariki der Tikopia, dann käme der Trobriander-Häuptling, wäre naiv. Jede der vier Formen von Macht – die selbsterworbene schwache Macht des Großen Mannes, die schwache, aber institutionell verankerte Macht der Ariki, die schon größere des Trobriander-Häuptlings – hat ihre eigene Geschichte. Jede hat sich in der Auseinandersetzung mit einer anderen sozialen und natürlichen Umwelt entwickelt.

Auch befindet sich eine Gesellschaft, die den einen Zustand erreicht hat, nicht aufgrund evolutionärer *Gesetzmäßigkeit* auf dem Weg zur nächsthöheren Stufe. Selbst wachsende Bevölkerungsdichte, die diesen Sprung häufig nach sich zieht, bedeutet nicht *zwangsläufig* »höherentwickelte« Formen der Macht und der gesellschaftlichen Organisation.

Das zeigt sich deutlich an der außergewöhnlichen Stabilität der »Großer-Mann-Systeme« Neuguineas. Obwohl in einer der dichtbesiedeltsten vorindustriellen Erdregion siedelnd, haben die Ureinwohner Neuguineas noch im 20. Jahrhundert in egalitären Gesellschaften gelebt. Wer Macht über andere hatte, mußte sie sich selbst erarbeiten, und sein Machtbereich umfaßte höchstens 300 Menschen. (Forge 1972)

Zeit genug für »Höherentwicklung« hätte die Bevölkerung auf Neuguinea gehabt. Das Zentrale Hochland, wo im 20. Jahrhundert bis zu 200 Menschen auf einem Quadratkilometer lebten, scheint schon früh dicht besiedelt gewesen zu sein. Die ältesten Hinweise auf Nahrungsanbau stammen aus der Zeit um 7000 v. Chr. Schon um 3000 v. Chr.

wurden dort große Waldflächen gerodet, anscheinend, um Felder zur Ernährung einer relativ dicht siedelnden Bevölkerung anzulegen. (Brookfield, Brown 1963; Golson 1970; White, Allen 1980) 9000 Jahre seit den Anfängen der Nahrungserzeugung aber wäre Zeit genug gewesen für die Entstehung evolutionär »höherentwickelter« Formen gesellschaftlicher Organisation als die »Großer-Mann-Systeme«.

Auf Hawaii dagegen, einer erdgeschichtlich jungen Insel vulkanischen Ursprungs, sind noch um 400 n. Chr. Vögel die einzigen warmblütigen Lebensformen gewesen. Die ersten Menschen erreichten Hawaii um 500 n. Chr. Anschließend dauerte es nur 1300 Jahre, um aus egalitären Gesellschaften ein Häuptlingstum von fast hunderttausend Menschen entstehen zu lassen. (Tuggle 1979)

Daß auf Neuguinea die Entwicklung über das evolutionäre Stadium einer egalitären Gesellschaft ausblieb, während sie auf Hawaii stattfand, zeigt eines sehr deutlich: Autonome Gesellschaften folgen nicht allgemeinen entwicklungsgeschichtlichen Gesetzmäßigkeiten. Entwicklung zu größerer Komplexität konnte, aber mußte nicht stattfinden.

Man kann ethnologisch erforschte Gesellschaften als Modelle nehmen, an denen sich allgemeinere Prinzipien sozialer Organisation in Gesellschaften einer bestimmten Größe erkennen lassen. Mit dieser Einschränkung können wir im Ariki der Tikopia und im Großen Mann der Melanesier ein Modell für die evolutionären Anfänge von Macht sehen. Sie standen den kleinsten Gesellschaften vor und verfügten über die am wenigsten entwickelte Macht.

Untersuchen wir die Funktionen der Ariki und der Großen Männer genauer, dann gelangen wir zu einer überraschenden Erkenntnis: Macht muß unabhängig von menschlichem Wollen entstanden sein. Was uns als Revolution in der Organisation menschlicher Gesellschaften erscheint, entpuppt sich bei genauerer Betrachtung als etwas ganz anderes: Die bahnbrechende evolutionäre Neuerung des Entstehens von »Macht« ist das unbeabsichtigte Ergebnis des Versuchs, die traditionelle Form des Zusammenlebens unter erschwerten Bedingungen beizubehalten.

In Gesellschaften ohne Macht stellten Glaubensüberzeugungen und Riten eine den persönlichen Bindungen übergeordnete gesellschaftliche Struktur her. Daß Menschen in geregelten Beziehungen zueinander lebten, verdankten sie rituellen Ordnungssystemen. Die von Göttern und Ahnen geschaffene Ordnung verpflichtete die Menschen, die übergeordneten Regeln des Zusammenlebens einzuhalten.

Die Anforderungen an das rituelle System als gesellschaftlichen Ordnungsfaktor wuchsen mit der Menschenzahl. Irgendwann im Verlauf des demographischen und wirtschaftlichen Wachstums einer Gesellschaft mußte dieses System an eine Grenze stoßen. Diese Grenze war die Bereitschaft wirtschaftlich autonomer Haushalte, Mehrarbeit zu leisten. Das Anarchische einer Haushaltsökonomie ließ sich in Gesellschaften ohne Macht nur bis zu einem gewissen Grade überwinden.

Wurde diese Grenze erreicht, dann drohte im Rahmen einer Ökonomie wirtschaftlich autonomer Haushalte die Spaltung. Sie konnte nur dadurch verhindert werden, daß einzelne Haushalte zu zusätzlichen Anstrengungen bereit waren. Wie wir gesehen haben, waren dies in den Gesellschaften mit der am wenigsten entwickelten Macht die Haushalte der Häuptlinge bzw. Großen Männer. Der größte Teil ihrer Mehrarbeit floß in die Subventionierung des rituellen Systems, also in die Produktion für kommunale Zwecke.

Erinnern wir an die Seufzer eines der tikopianischen Ariki: »Groß ist die Arbeit, Freund«. Die Hauptlast des rituellen Zyklus »Die Arbeit der Götter« lag in Wahrheit auf den Schultern des Häuptlings. In aller Herrgottsfrühe, während alle anderen noch ruhten, schufteten schon die Anführer, um die gottgewollte Ordnung auf Erden zu alimentieren.

Wenden wir dieses Wissen über die wirtschaftliche Funktion des Anführers nun zur Lösung des Problems der *evolutionären* Entstehung von Macht an. Gewiß stand am Anfang nicht der Versuch, Macht zu schaffen, um die Produktion für den steigenden rituellen Bedarf anzukurbeln. Zu vermuten, ab einer gewissen Größe habe die Gesellschaft die Notwendigkeit zusätzlicher Arbeit erkannt und zum Anreiz für ein Arbeitstier die Häuptlingswürde ausgeschrieben, wäre reichlich naiv. In der Vorstellung der Betroffenen befriedigte der Häuptling nicht primär menschliche, sondern göttliche Bedürfnisse. Aus menschlicher Sicht kann Macht daher nicht Ursache, sondern nur Folge von Mehrarbeit gewesen sein.

Bahnbrechende evolutionäre Neuerungen schlagen nicht wie Blitze aus heiterem Himmel ein. Sie entstehen aus scheinbar unbedeutenden Veränderungen bestehender Elemente. Der überwiegende Anteil aller evolutionären Veränderung ist konservativ und dient der Aufrechterhaltung der bestehenden Lebensweise in einer sich ändernden Umwelt. Unter dem Druck veränderter äußerer Bedingungen setzen sich kleine Veränderungen durch, die es erlauben, die Lebensweise, an die der Organismus angepaßt ist, trotz veränderter äußerer Bedingungen aufrechtzuerhalten. Was als unscheinbare Ergänzung des Bestehenden beginnt, kann jedoch der erste Schritt auf dem Weg in eine neue evolutionäre Dimension sein.

Dieses allgemeine evolutionäre Prinzip hat der Biologe A. S. Romer gegen Ende der dreißiger Jahre bei Amphibien entdeckt. Die Entwicklung der Gliedmaßen von Amphibien im Devon ist Reaktion auf die zunehmende Austrocknung des Lebensraumes im seichten Wasser. Größere Gliedmaßen bedeuteten bessere Beweglichkeit an Land. Amphibien mit solchen Veränderungen konnten die angestammte Lebensweise im Grenzbereich zwischen Wasser und Land beibehalten. Trocknete eine Wasserstelle aus, so konnten Amphibien mit besser entwickelten Gliedmaßen zur nächsten wechseln, die herkömmlichen dagegen starben. Was ursprünglich nur der Beibehaltung der angestammten Lebensweise diente, wurde zur Voraussetzung für eine revolutionäre Veränderung: die Besiedlung des Landes. Aus Wechslern zwischen austrocknenden Tümpeln und Pfützen entwickelten sich die ersten Landtiere. Daß das feste Land von Wirbeltieren besiedelt werden konnte, geht somit paradoxerweise auf den Versuch von Amphibien zurück, im Wasser zu bleiben. (Nach Hockett, Ascher 1964)

Dieses Prinzip läßt sich auf die evolutionären Anfänge der Macht anwenden. Macht wird aus dem Versuch entstanden sein, den Zusammenhalt egalitärer Gesellschaften über die Grenze der ursprünglichen Integrationsfähigkeit ritueller Ordnungssysteme in machtfreien Gesellschaften hinaus zu erhalten. Wirtschaftlich lagen diese Grenzen in der geringen Bereitschaft autonomer Haushalte, Mehrarbeit über den Eigenbedarf hinaus zu leisten. Da der erforderliche wirtschaftliche Aufwand aber mit der Größe und Komplexität der Gesellschaft wuchs, wurde durch Bevölkerungswachstum irgendwann die Grenze des Zusammenhalts erreicht. Macht als evolutionäres Phänomen ist das Ergebnis des erfolgreichen Versuchs, den gesellschaftlichen Zusammenhalt gegen die mit zunehmender Größe wachsenden zentrifugalen Tendenzen aufrechtzuerhalten. Die Intensivierung des rituellen Ordnungssystems verlangte zusätzliche Arbeit. Wie wir gesehen haben, gab es zwei Möglichkeiten, durch Mehrarbeit die Grenzen ritueller Ordnungssysteme machtfreier Gesellschaften zu überwinden.

Der Häuptling, der sein Amt kraft göttlicher Autorität innehatte, überwand sie von innen. Er selbst arbeitete hart, aber seine eigene Arbeit war nur Teil der Mehrproduktion. Seine Verantwortung für die Durchführung von Riten diente ihm dazu, die Last der Mehrarbeit über alle Haushalte zu verteilen. Im Gegensatz dazu überwand der Große Mann die Grenzen des rituellen Systems von außen. Während alle anderen Haushalte nicht mehr taten als zur Eigenversorgung notwendig, schufen er und seine Gefolgschaft durch zusätzliche Arbeit die Mittel, mit denen sie das rituelle System subventionierten.

Als *evolutionäres* Phänomen ist die Macht des Großen Mannes das Ergebnis opportunistischer Toleranz durch die Gesellschaft. An der Grenze des sozialen Zusammenhalts einer Gemeinschaft beginnen einzelne das rituelle Ordnungssystem durch Mehrarbeit zu subventionieren. Sie arbeiten härter als andere und geben daher zwangsläufig ständig mehr, als sie nehmen. An dieser Stelle tritt als unabhängiges Element die Psychologie des Gebens und Nehmens in Aktion. Wer ständig mehr empfängt, als er gibt, gerät in Abhängigkeit. Wer ständig mehr gibt, als er empfängt, bringt andere in Abhängigkeit. Die so entstehenden Abhängigkeitsverhältnisse sind die Grundlage der Macht des Gebenden. Die einzige gesellschaftliche Innovation ist die Tolerierung eines Ungleichgewichts in den sozialen Beziehungen. Macht entsteht auf diese Weise nur als Nebeneffekt der Hinnahme eines Ungleichgewichts beim Geben und Nehmen.

Im Fall des Häuptlings ist dieses Ungleichgewicht im rituellen Ordnungssystem selbst verankert. Um anerkannt zu werden, muß der kleine Häuptling zwar ebenso wie der Große Mann hart arbeiten und großzügig sein, aber er übt ein durch göttliche Autorität gesichertes Amt aus. Seine Macht leitet sich nicht primär aus seiner Großzügigkeit ab. Sie ist aufgrund gesellschaftlicher Konvention bereits vorhanden und muß durch Großzügigkeit nur bestätigt werden. Wenn der Häuptling durch sein Vorbild ein Zeichen für die Haushalte setzt, Nahrung für bevorstehende Riten anzubauen, dann wird dieses Zeichen nicht kraft menschlicher Macht, sondern kraft göttlicher Autorität befolgt. Es sind Götter, die Bedürfnisse haben, und es ist Pflicht der Menschen, diese zu befriedigen. Um die Götter günstig zu stimmen, die Fruchtbarkeit der Erde zu erneuern, Regen zu erbitten usw. müssen die Menschen Riten durchführen, und das bedeutet für die Haushalte zusätzliche Arbeit.

Als *evolutionäres* Phänomen ist die Macht des kleinen Häuptlings daher Ergebnis einer religiösen Akzeptanz durch die Gesellschaft. Sie geht nahtlos aus der ursprünglichen Ordnungsfunktion von Riten hervor. An der Grenze des sozialen Zusammenhalts egalitärer Gesellschaften genügt die unausgesprochene Vereinbarung, einem einzelnen die Verantwortung für die Durchführung der Riten zu übertragen. Der

Rest ergibt sich zwangsläufig. Da die Götter Fruchtbarkeit bringen, da die Ahnengeister über das Wohlergehen ihrer Nachkommen wachen, nimmt ein Mensch, der für die Befriedigung der Bedürfnisse der Götter zuständig ist, unter anderen Menschen eine Sonderrolle ein. Die Götter und Ahnengeister hatten schon immer die Macht gehabt, in das Leben der Menschen einzugreifen. Nun erwirbt auch ein Mensch, der Götter und Ahnengeister günstig stimmen kann, aufgrund seiner Mittlerrolle Macht über andere Menschen.

Evolutionär erwies sich die religiöse Verankerung der Macht des Häuptlings als weitaus entwicklungsfähiger als die psychologisch begründete Macht des Großen Mannes. Die Obergrenze der »Großer-Mann-Systeme« Neuguineas lag bei 300 Menschen, die großen polynesischen Häuptlingstümer umfaßten bis zu 100000. Diese unterschiedliche Entwicklungsfähigkeit erklärt sich aus der unterschiedlichen Fähigkeit des Anführers, Arbeit zu gesellschaftlichen Zwecken zu mobilisieren.

Im Fall des Großen Mannes beschränkte sie sich auf seine Gefolgschaft, und das war ein Bruchteil der Bevölkerung eines Dorfes. Sein politischer Ehrgeiz aber umfaßte das gesamte Dorf und erstreckte sich bis hinein in Nachbardörfer. Je größer die Menschenzahl, die er in seinen Machtbereich einzugliedern versuchte, desto größer wurden die Anforderungen an diejenigen, die durch Arbeit die wirtschaftlichen Grundlagen schufen. Mit zunehmender Menschenzahl mußte ein immer größer werdender Teil der von seiner Gefolgschaft erwirtschafteten Überschüsse für andere abgezweigt werden. Aus der Sicht der Betroffenen bedeutete das immer härtere Arbeit für immer weniger Gegenleistung. Wenn schließlich nur noch »der Ruhm des Anführers zu essen« blieb, so war die Grenze erreicht. Der Große Mann wurde von seiner Gefolgschaft verlassen.

In das vergleichbare Dilemma, gestürzt zu werden, weil er »zuviel von der Macht der Regierung aß«, geriet der Häuptling mit sakraler Macht erst auf einem sehr viel höheren Niveau wirtschaftlicher und sozialer Komplexität. Einem Großen Mann mochte man magische Kräfte zuschreiben, schon Häuptlinge über Gruppen vergleichbarer Größe wie die Ariki der Tikopia übten ihr Amt aufgrund göttlicher Autorität aus. Ihre Rolle als Mittler zu den Göttern gab ihnen die Macht, die Mehrarbeit zur Sicherung des Zusammenhalts auf sämtliche Haushalte zu verteilen. Die ganze Gesellschaft – und nicht eine Fraktion – leistete die zur Sicherung des Zusammenhalts erforderliche Arbeit. Der Haushaltsökonomie überlagerte sich eine Dorfökonomie.

Unbeabsichtigt entstanden, prägte sakrale Macht der Evolution menschlicher Gesellschaften ihren Stempel auf. Indem sie zu wirtschaftlicher Sicherheit beitrug, schuf sie die Grundlagen für weiteres Bevölkerungswachstum und zunehmende Siedlungsgröße. Irgendwann im Verlauf dieser Entwicklung erreichten einzelne Dörfer Größen, in denen die Bevölkerung sich im Rahmen der bestehenden sozialen Organisation nicht mehr mit allen lebensnotwendigen Gütern versorgen konnte.

Austausch zwischen benachbarten Dörfern aber war ein Austausch zwischen unabhängigen Haushalten in getrennten Wirtschaftssystemen. Nicht der Gesamtbedarf zweier Dörfer entschied, was produziert und was ausgetauscht wurde, sondern der Bedarf der Haushalte in verschiedenen Dörfern. Wuchs daher ein Dorf unter dem Einfluß von Macht, während das andere stagnierte, so konnten im ersten Versorgungsmängel auftreten, obwohl das zweite die benötigten Produkte hätte beschaffen können.

Nehmen wir ein einfaches Beispiel: Die Haushalte eines Fischerdorfes an der Küste und eines landeinwärts gelegenen Bauerndorfes stehen im Austausch, wobei die Fischer ihre gesamte Pflanzennahrung von den Bauern und diese ihren gesamten Eiweißbedarf von den Fischern erhalten. Angenommen, unter dem Einfluß einer zentralen Autorität wüchse das Bauerndorf, während das Fischerdorf stagnierte. In diesem Fall wären die Bauern darauf angewiesen, daß die Fischer mehr Meerestiere fingen, als sie im Tausch zur Deckung ihres Pflanzenbedarfs benötigten.

Nichts in einer solchen Ökonomie kann die Fischer veranlassen, das benötigte zusätzliche Eiweiß zu liefern. Ihr Bedarf an Pflanzen ist gesättigt. Obwohl das Meer voller Nahrung ist, stößt die Entwicklung des Bauerndorfes an die Grenze der Ökonomie des Fischerdorfs. Einem ähnlichen Problem sind wir beim prähistorischen Obsidianaustausch begegnet. Obwohl im Bereich der Lagerstätten genügend Obsidian zur Verfügung stand, stagnierte die Produktion, sobald der Bedarf der Obsidianerzeuger an Tauschprodukten gedeckt war.

Jeder Versuch, den Tauschpartner durch erhöhte Gaben zur Mehrproduktion zu veranlassen, hätte das Gegenteil des Erhofften bewirkt. Er hätte die Austauschrelation zu Ungunsten des wirtschaftlich abhängigen Dorfs verändert. In einer Wirtschaft autonomer Dörfer erzeugen die Haushalte nur so viel, wie sie benötigen, um den Eigenbedarf zu decken und ihren rituellen Verpflichtungen innerhalb der Dorfökonomie nachzukommen. An dieser Grenze stagniert die Entwicklung. Obwohl ausreichende Ressourcen zur Verfügung stehen, bleiben sie ungenutzt, weil der Bedarf derjenigen gedeckt ist, die sie kontrollieren.

Theoretisch gibt es drei Möglichkeiten, dieses Problem zu lösen. Die erste ist Krieg und Unterwerfung der Fischer durch die Bauern bzw. der Obsidianerzeuger durch die Verbraucher. Die zweite ist, im Fischerdorf einen zusätzlichen Bedarf nach Produkten zu schaffen, die nur die Bauern beschaffen können, zum Beispiel Bedarf nach einer bestimmten Keramik oder den Federn bunter Urwaldvögel. Die dritte Lösung des Problems ist religiöse »Unterwerfung«. Als Zentrum religiös begründeter Macht verfügt das Bauerndorf über besondere Kulte sowie einen Häuptling, deren magische Potenz auch auf die Bewohner kleinerer Siedlungen der Umgebung ausstrahlt. Durch Teilnahme an den Riten und die Inanspruchnahme der Dienste religiöser Spezialisten wird die Bevölkerung unabhängiger benachbarter Siedlungen in die Ökonomie des religiösen Zentrums eingebunden. Ökonomisch findet ein Tausch religiöser Dienstleistungen gegen die im Hauptort benötigten Wirtschaftsgüter und Nahrungsmittel statt.

Wie das folgende Kapitel an archäologischen Beispielen zeigen wird, finden sich bei der Entstehung von Hochkulturen in wechselnden Anteilen Anzeichen aller drei Lösungen. Durch Krieg und Unterwerfung, durch wirtschaftliche Differenzierung und schließlich durch Ausweitung der religiösen Autorität wurden unabhängige Siedlungen in die Wirtschaft wachsender Zentren eingegliedert. Komplexere Wirtschaftssysteme mit einer ganzen Anzahl von Dörfern in unterschiedlichen geographischen und ökologischen Zonen entstanden. An der Spitze solcher Häuptlingstümer aus Tausenden bis Zehntausenden von Menschen stand ein Oberhäuptling, dessen Amt wie das der kleinen Häuptlinge der Tikopia durch Glauben begründet war. Im Gegensatz zu diesen trieb er die Haushalte jedoch nicht durch eigenes Vorbild und mit Hilfe des rituellen Bedarfs der Götter zu vermehrter Arbeit an. Er hatte die Macht, Mehrarbeit und Abgaben zu erzwingen.

Bis dahin war der Austausch von Nahrung, von Gütern, Ritualartikeln und Rohstoffen ein Austausch zwischen Tausenden von unabhängigen Haushalten gewesen, von denen jeder seine eigenen Ziele verfolgte. In größeren Häuptlingstümern wurde er zum Austausch innerhalb eines einzigen, Tausende von Familien umfassenden Riesenhaushalts. Anstelle von Produktion zur Versorgung des Haushalts trat in Häuptlingstümern die Produktion für den Bedarf größerer Einheiten. Wer wie Oberhäuptlinge über größere polynesische Inseln mit einer Vielzahl von Dörfern und Weilern herrschte, konnte die Produktion und die Verteilung von Nahrung, Rohstoffen und Gütern in einem Rahmen organisieren, der von der See bis ins Gebirge reichte und Zehntausende von Menschen umfaßte.

Obwohl in solchen Gesellschaften der Haushalt weiter die wirtschaftliche Grundeinheit blieb, entschied über die Produktion nicht der Eigenbedarf und auch nicht die Dorfökonomie. Die Haushalte wurden zu zusätzlichen Anstrengungen und zur Abgabe von Tributen gezwungen. Umverteilt deckten diese Überschüsse den Bedarf anderer Dörfer oder dienten zum Austausch mit fremden Häuptlingstümern. Um Nahrungsreserven für größere öffentliche Projekte zu schaffen, konnte ein hawaiischer Häuptling auch die Felder und Ernten eines ganzen Distrikts unter *tabu* stellen. Auf diese Weise zwang er die Haushalte, mehr Nahrung anzubauen. Wo sonst keine weiteren Anstrengungen erforderlich gewesen wären, begann die Plackerei von neuem.

In der Fähigkeit, die Haushalte zu Abgaben und Frondiensten zu zwingen, lag die Stärke von Häuptlingstümern. Tribute, die den Haushalten abverlangt und innerhalb des Gesamtsystems umverteilt wurden, überwanden die Grenzen einer Ökonomie autonomer Haushalte und auch Dörfer. Erzeugung und Austausch von Nahrung, Rohstoffen und Gütern konnten dem Bedarf größerer sozialer Einheiten angepaßt werden. Zugleich setzte das Fortbestehen der Haushalte als Produktionseinheiten der Entwicklung von Häuptlingstümern Grenzen. Ihre fundamentale Schwäche war die unzureichende wirtschaftliche Integration der Haushalte in das Gesamtsystem. Die Haushalte und größeren Familienverbände bestanden als wirtschaftlich selbständige Einheiten weiter. Sie mußten durch außerökonomische Mittel zur Mehrarbeit gezwungen werden, deren Ertrag eingetrieben und umverteilt die Grundlage von Arbeitsteilung und Austausch in der Gesellschaft bildete.

Auf diese Weise entstand ein Verwaltungs- und Kontrollaufwand, der mit zunehmender Größe des Wirtschaftssystems überproportional wuchs. In Gesellschaften mit wenig entwickelter Macht war der Verwaltungsaufwand Teil des rituellen Ordnungssystems gewesen. Der Anführer, ein kleiner Häuptling oder ein Großer Mann bestritten ihren Lebensunterhalt selbst. Zwar mußten die Haushalte mehr arbeiten als in einer reinen Haushaltsökonomie, aber der Ertrag der Mehrarbeit kam ungeschmälert der Gemeinschaft zugute. Umgewandelt in Zeremonien und große Feste sowie öffentliche Güter und Einrichtungen, schuf er wirtschaftliche Sicherheit, vermittelte Lebensfreude, diente zur Herstellung von Gebrauchsgütern und half, Not zu überwinden.

In Tributsystemen dagegen wuchs mit der Größe der Gesellschaft auch die Beanspruchung der Haushalte durch das Herrschaftssystem. Personen, die sich nicht mehr selbst versorgten, sondern Führungs- und Verwaltungsaufgaben wahrnahmen, mußten miternährt und öffentliche Bauten mußten finanziert werden. Damit stießen Häuptlingstümer, die eine bestimmte Größe erreicht hatten, an die Grenzen des sozialen Zusammenhalts.

Schneller als die Zahl der Erzeuger wuchs die Zahl der Führungs- und Verwaltungspositionen. Die Menschenzahl, die eine Person kontrollieren kann, ist begrenzt. Um mehrere Aufseher unter einheitlicher Leitung zu organisieren, wird eine übergeordnete Führungsposition benötigt. Wächst die Gesellschaft weiter, so wird ein Anführer über die Anführer benötigt. Mit zunehmender Größe bilden sich Hierarchien von Führungspositionen, Familienoberhäupter, Dorfvorsteher, Unterhäuptlinge, Distrikthäuptlinge und schließlich der Oberhäuptling.

Mögen die unteren Stufen in solchen Führungshierarchien noch selbst für ihren Unterhalt aufkommen, so werden die mittleren und oberen Kader schon durch Mehrarbeit der anderen getragen. Sie nehmen dauerhafte administrative Positionen ein. Je höher ihr Rang, desto größer die Ansprüche. Mit zunehmender Entfernung von der Basis wächst die Notwendigkeit, die Führungsposition symbolisch vom Volk abzugrenzen: durch persönlichen Pomp und luxuriöse Lebensführung, aber auch durch religiöse Demonstration der gewachsenen Macht in Gestalt von monumentalen Tempeln und durch majestätisches Zeremoniell.

»In den am weitesten entwickelten Häuptlingstümern Polynesiens wie Hawaii und Tahiti wurde ein erheblicher Teil der Einkünfte des Häuptlings zum Unterhalt des Herrschaftssystems abgezweigt und war damit der allgemeinen Umverteilung entzogen«, schreibt Marshall Sahlins: »Zu einem gewissen Teil schlugen sich die vom Volk erbrachten Güter und Dienstleistungen in den Großen Häusern, Versammlungsplätzen, Tempelplattformen oder in Häuptlingsbezirken nieder. Zum anderen Teil wurde aus ihnen die Lebensführung des Höflingskreises um einen mächtigen Oberhäuptling bestritten, darunter viele nahe Verwandte. Nicht alle waren nutzlose Anhängsel. Viele dienten als politische Kader: als Aufseher über die Vorräte, als Redehäuptlinge (die für den Häuptling redeten), als zeremonielle Gehilfen, als Hohe Priester, die eng mit den politischen Geschäften verbunden waren, sowie als Boten zur Übermittlung von Anweisungen innerhalb des Häuptlingstums.« Dazu kamen Kriegerscharen, die jederzeit gegen rebellierende Distrikthäuptlinge einsetzbar, die innere Stabilität sichern mußten. Denn, so Sahlins, »ein Oberhäuptling auf Hawaii oder Tahiti verfügte über überzeugendere Sanktionen als eine Tirade. Er kontrollierte eine Einsatztruppe, eine bewaffnete Henkergruppe, die ihm jederzeit Zugriff insbesondere auf die niedrigrangigen Mitglieder der Gemeinschaft sicherte.« (Sahlins 1963)

Ab einer gewissen Belastung ist ein im Häuptlingstum angelegter Gegensatz nur schwer zu überbrücken. Die wachsende ökonomische Beanspruchung der Haushalte durch administrativen Aufwand steht im Konflikt mit der unzureichenden Legitimation des Herrschaftssystems durch das Volk. Im Häuptlingstum bestanden die traditionellen Verwandtschaftsbeziehungen und die mit ihnen verbundene Ideologie des Gebens und Nehmens egalitärer Gesellschaften fort. So groß in ethnologisch erforschten Häuptlingstümern die Rangunterschiede auch waren, ideologisch war das ganze alte Hawaii mit seinen rivalisierenden Distrikthäuptlingen und dem zuweilen bis an die Grenze des Erträglichen beanspruchten Volk »one big happy family«. Der Oberhäuptling, die Distrikthäuptlinge und die Anführer größerer Verwandtschaftgruppen bildeten keine vom Volk abgegrenzte herrschende Klasse. In der Vorstellung der Hawaiianer war jeder mit jedem verwandt. Die Herrschenden waren nur ranghohe Mitglieder eines die gesamte Gesellschaft umfassenden Verwandtschaftssystems. Mit zunehmender Entfernung von einem gemeinsamen Ahnen zwar hierarchisch abgestuft, verband das Verwandtschaftssystem sie dennoch mit dem letzten ihrer Untertanen.

In der Verwandtschaftsideologie des Häuptlingstums waren Tribute daher Gaben an den Häuptling, die durch Gegengaben erwidert werden mußten. Das »noblesse oblige« des hart arbeitenden Ariki über 400 Tikopia galt auch noch für Oberhäuptlinge über 100000 Menschen. Vor der Wirklichkeit indessen entpuppte es sich immer wieder als Fiktion. Reale Grundlage der Macht des Oberhäuptlings waren Tribute. Die Haushalte schuldeten ihm das Produkt von Mehrarbeit im voraus. Zurück erhielten sie mit nobler Geste aber nur den Teil, der nach Abzug der Unterhaltskosten des Herrschaftssystems übriggeblieben war. »Das weit entwickelte Häuptlingstum schafft sich das Paradox, die Rebellion zu schüren, indem es seine Autorität fundiert«, hat Marshall Sahlins scharfsinnig erkannt. (Sahlins 1963)

Die Gegengaben, also der Rest, der umverteilt an das Volk zurückgegeben wurde, fielen mit wachsender Größe des Häuptlingstums zwangsläufig immer schäbiger aus. Irgendwann entpuppte sich die bis dahin akzeptierte Verwandtschaftsideologie, durch die sich die Herrschaft legitimierte, als Ideologie der Herrschenden. Kommunale Riten und Feste wurden dann nicht mehr von allen gefeiert, sondern von der Elite nur öffentlich zelebriert. Das Kulinarische verlor seinen gemeinschaftstiftenden Zweck. Die Belastungen für die Masse wurden größer, die Freuden und Belohnungen kleiner. Der Zweifel begann. Wurde die Diskrepanz zwischen der religiösen Verklärung der Macht und der ökonomischen Wirklichkeit der Masse zu groß, dann brach entweder das ganze politische System zusammen, oder es entwickelten sich in den ersten Staaten neue Formen sozialer Organisation. Dort hieß die Lösung Aufhebung der Autonomie der Haushalte und Zerschlagung der Verwandtschaftsideologie, die Herrschende und Beherrschte verband.

Im Häuptlingstum zeigen sich daher die Folgen des Romer-Prinzips, nach dem evolutionäre Revolutionen konservativ beginnen. Am Anfang der Ungleichheit unter den Menschen hatte der Versuch egalitärer Gesellschaften gestanden, den Zusammenhalt trotz wachsender Bevölkerungszahlen zu wahren. Einmal entstanden, hat Macht dann die Entwicklung der Gesellschaft geprägt. Spätestens in Häuptlingstümern waren nur noch Reste der früheren egalitären Lebensweise vorhanden. Unter dem Mantel einer fortbestehenden Verwandtschaftsideologie waren die einst gleichen Menschen durch große Rang- und Wohlstandsunterschiede getrennt. Anstelle des Gebens und Nehmens waren Tribute getreten, mit denen sich das Herrschaftssystem finanzierte.

In der folgenden evolutionären Entwicklungsphase, den aus Häuptlingstümern hervorgegangenen ersten Staaten, wurden auch diese letzten Reste der egalitären Gesellschaft beseitigt. In Häuptlingstümern hatte der Anführer kein Gewaltmonopol gehabt. Zwar mochte er über bewaffnete Eingreiftruppen verfügen, aber auf unteren Ebenen seines Häuptlingstums existierten weiter größere Verwandtschaftsgruppen. Ihre Anführer, Distrikthäuptlinge, konnten mächtig genug werden, sich ihm zu widersetzen. Durch Übertragung des Gewaltmonopols auf den Staat hatte der Herrscher endgültig jede konkurrierende Macht innerhalb seines Herrschaftsbereichs ausgeschaltet. Aufgehoben war auch die Autonomie des Haushalts. Die Familie war endgültig den funktionellen Erfordernissen einer arbeitsteiligen Gesellschaft unterworfen worden.

Im folgenden Kapitel werden wir den am ethnologischen Modell untersuchten inneren Gegensätzen und Konflikten von Häuptlingstümern an drei archäologischen Beispielen wiederbegegnen. Aus Krisen in Häuptlingstümern gingen in Mesoamerika mit Monte Albán und Teotihuacán, sowie im Süden des Zweistromlands mit Uruk und weiteren Städten die ersten Staaten hervor.

Der Grund dafür, den scheinbar gleichen Vorgang in verschiedenen Kulturen zu verfolgen, ist nicht ein Bemühen um historische Vollständigkeit. Diese Beispiele sollen vielmehr zeigen, daß einheitliche Theorien der Staatsbildung – zum Beispiel Theorien, die den Krieg zum Vater des Staats erklären – der Vielschichtigkeit kultureller Entwicklungsprozesse nicht gerecht werden. Anstatt die Staatsbildung über den Leisten einheitlicher Theorien zu schlagen, werden wir versuchen, sie in der Vielfältigkeit unterschiedlicher Wege zum Staat zu begreifen.

Die Neue Archäologie: Ihre Vertreter suchen nicht nach Königsgräbern mit Schätzen und prachtvollen Kunstwerken, monumentalen Tempeln und Palästen. Sie spüren vielmehr unscheinbaren Hinweisen auf wirtschaftliche Tätigkeiten und soziale Beziehungen nach.

Was die Archäologen im Hintergrund – die von Flannery so liebevoll charakterisierten »Real Mesoamerican Archaeologists« – zu finden hoffen, ist noch unter dem unscheinbaren rechtwinkligen dunklen Fleck im Zentrum verborgen. Er markiert die Grundfläche eines drei Jahrtausende alten einfachen Bauernhauses in Oaxaca im Süden Mexicos. In der Erde darunter sind nur die Haushaltsabfälle kleiner Leute zu erwarten: Asche, Nahrungsreste, Steinschaber und Steinmesser, Hammersteine, Mahlsteine, unscheinbare Ritualobjekte und bescheidener Schmuck, Steinsplitter von der Werkzeugherstellung, Nadeln, Spindeln, Tonscherben usw. Trotz der Unscheinbarkeit der Objekte, die sie zutage fördert, verdanken wir der Neuen Archäologie wichtigere Erkenntnisse über die Lebensweise und die Gesellschaftsstruktur vorgeschichtlicher Menschen als der bekannten spektakulären Göttergräberundgelehrtenarchäologie.

7. Kapitel
Markt, Heiligtum, Krieg und Planwirtschaft
Drei Wege zum Staat

1. Archäologische Sündenbekenntnisse

Archäologie hat einst als eine besondere Form der Schatzsuche begonnen. Mit Göttergräberundgelehrtenblick haben Archäologen unter den Überresten der ersten Hochkulturen nach dem Monumentalen und Spektakulären gesucht. Sie fanden riesige Tempel, prächtige Paläste, Herrschergräber mit unermeßlichen Schätzen und Kunstgegenstände von erhabener Schönheit. Dazu kamen schriftliche Überlieferungen, die Aufschluß über das Leben und Denken in früheren Zeiten gaben – Abrechnungen und Verwaltungstexte, Weissagungen, Kalender, Königslisten, Mythen und Glaubenssätze, Totensprüche, historische Aufzeichnungen und nicht zuletzt die erste Literatur.

Es lag in der Natur dieser Suche nach dem Spektakulären, daß die sozialen und wirtschaftlichen Grundlagen der ersten Hochkulturen archäologisch im Dunkel blieben. Um gerecht zu sein, sie wurden so weit erforscht, wie schriftliche Aufzeichnungen Verwaltungsvorgänge überlieferten. Aber das war wenig genug.

»Ausgrabungen an Fundorten des 4. und 3. Jahrtausends v. Chr.«, kritisiert der Prähistoriker Robert McC. Adams die Archäologie der wichtigen Entstehungsphase der sumerischen Hochkultur im Süden des Zweistromlands, »blieben praktisch auf die großen Städte beschränkt. Innerhalb dieser schon einseitig ausgewählten Gruppe lag der Schwerpunkt außerdem bei öffentlichen Gebäuden und den damit verbundenen Archiven und Kunstgegenständen, aber nicht bei der Lebensweise der Masse der Bevölkerung. Tier- und Pflanzenreste, die besonders wichtig für die Erforschung der Lebensgrundlagen sind, blieben beinahe vollständig unbeachtet. Die schriftlichen Quellen, so aussagekräftig sie für andere Zwecke auch sein mögen, zeigen die gleichen Unzulänglichkeiten.« (McC. Adams 1972)

Auf diese Weise entstand ein Bild der Gesellschaft wie aus der Vogelperspektive: Von oben gesehen erschienen der Herrscher und seine Umgebung groß und deutlich. Mit zunehmender Entfernung von der Spitze der gesellschaftlichen Hierarchie wurden die Figuren jedoch rasch kleiner und verloren an Kontur. Ganz unten bildete die Basis, das gemeine Volk, eine konturlose Masse.

Abgehoben von der übrigen Gesellschaft erschien das Herrschaftssystem als Selbstzweck. Es – und nicht die Gesellschaft – war Gegenstand der Forschung. In der Pracht, mit der sich die Elite umgab, in der Monumentalität ihrer Bauten, in der sich die Absolutheit ihrer Macht spiegelte, wurde ein allgemeines menschliches Streben nach Größe und Vollkommenheit gesehen; im Herrscherportrait und in den aus ihm abgeleiteten Portraits der hohen Beamten schien sich *der* prähistorische Mensch zu spiegeln. Wenn sich im Verlauf der Jahrhunderte die Art änderte, in der sich der Herrscher porträtieren ließ, dann schien das einen Wandel des *Menschenbilds* zu signalisieren.

Noch heute prägt diese Archäologie die Vorstellungen von der Vorgeschichte. Wer einschlägige populärwissenschaftliche Bücher liest, wer die großen archäologischen Wanderausstellungen besucht, erfährt vor allem von der Kultur der Eliten. Fasziniert von der Pracht und Herrlichkeit, mit der sich prähistorische Herrscher in Leben und Tod umgaben, vergißt er, daß Lehmhütten weitaus charakteristischer waren als Paläste. Er rätselt über den Fluch der Pharaonen und empfindet behagliche Schauer beim Gedanken an die Frauen, Diener und Höflinge, die ihrem Herrn und Gebieter ins Grab gefolgt sind. Geschichte wird zum Drama in Technicolor.

Die sozialen und wirtschaftlichen Prozesse, die zur Entwicklung von Hochkulturen geführt hatten, wurden von der archäologischen Forschung dieser Phase erst recht vernachlässigt. Die Rekonstruktion der Wirtschaft und Sozialstruktur längst vergangener Kulturen anhand von Textuntersuchungen ist nur dort möglich, wo Menschen auch schriftliche Aufzeichnungen hinterlassen haben. Da aber die Anfänge der Schrift in Südwestasien und Ägypten mit der Entstehung der Hochkulturen zusammenfallen, blieb die soziale Ökonomie der davorliegenden Epochen weitgehend unbekannt. Frühere Phasen in der Entwicklung zur Hochkultur interessierten nur dann, wenn sie Dinge hinterlassen hatten, in denen sich Ansätze der später erreichten Vollkommenheit und Größe zeigten.

Kulturelle Höherentwicklung schien irgendwie selbstverständlich zu sein. Es war, als verfolge Geschichte das Ziel, schöne Paläste, imposante Stadtmauern, eine entwickelte Kunst, grandiose Grabdenkmäler und reiche Schätze hervorzubringen. Nicht zufällig wurde eine ihrer Fußnoten, ein im Jünglingsalter verstorbener Pharao namens Tutenchamun, zum Inbegriff des Alten Ägypten.

Diese Göttergräberundgelehrtenarchäologie ist gottlob überwunden. Seit drei, vier Jahrzehnten suchen nun Archäologen mit großer Sensibilität für das Detail und bewundernswertem Scharfsinn nach Spuren menschlicher Tätigkeiten, die zu unscheinbar sind, um je in Museen ausgestellt zu werden. Ziel dieser Forschung ist die Untersuchung der bisher sträflich vernachlässigten Wirtschafts- und Sozialstruktur vorgeschichtlicher Gesellschaften.

Diese neue Archäologie hat uns in kurzer Zeit entscheidende Schritte auf dem Weg zum Verständnis der kulturellen Evolution vorangebracht. Erinnern wir nur an den Beitrag der Archäologie zur Revision veralteter Vorstellungen über die Anfänge der Landwirtschaft seit 1948. Dennoch sollten wir uns vor der Illusion hüten, im Prinzip sei alles Wissenswerte bekannt. Weitaus größer als die wenigen gesicherten Fakten sind die Lücken dazwischen. Um wirklich zu verstehen, muß man auch die Grenzen seines Wissens kennen. Und das bedeutet stets die Methode im Auge zu behalten, mit der Wissen gewonnen wird.

In früheren Kapiteln haben wir gesehen, daß die kulturelle Evolution schon früh den Rahmen einzelner Dörfer sprengte. Sie verlief, wie sich in einigen der besterforschten Regionen Mesoamerikas, in den Wüstentälern Perus und im Hochland der Anden zeigte, in verschiedenen Erdregionen nach dem gleichen Schema: Ausgehend von einem Weiler oder einem Dorf, bildeten sich durch Bevölkerungswachstum im Lauf der Zeit in einiger Entfernung weitere Siedlungen. Diese ursprünglich gleichartigen Siedlungen entwickelten sich in der Folgezeit unterschiedlich. Während die übrigen stagnierten, wuchs die eine weiter. Dort fanden sich Hinweise auf Rangunterschiede und Macht: Gräber mit etwas reichhaltigeren Totengaben, Hausüberreste mit einem größeren Anteil an exotischen Gütern und »öffentliche Bauwerke«, die von gemeinschaftlichen Anstrengungen mehrerer Haushalte zeugen.

Verbunden mit der Entstehung von Rangunterschieden im größten Dorf der Region war die Stärkung des sozialen Zusammenhalts. Unter dem Einfluß von Macht wurden Überschüsse an Nahrung, an Gütern und Leistungen erzeugt und die Grenzen der Haushaltsökonomie überwunden. In Riten und in öffentliche Bauten investiert, in Tempel, kommunale Speicher und Bewässerungssysteme, stärkten sie den Zusammenhalt der Gemeinschaft. Dörfer mit Anzeichen von Rangunterschieden und Macht wuchsen auch in der folgenden Zeit schneller als ihre Nachbarn. Im Lauf der Zeit entwickelten sie sich zu wirtschaftlichen, religiösen und politischen Zentren größerer Regionen, die eine Anzahl von Weilern und kleineren Dörfern kontrollierten.

Im gleichen Ausmaß, wie sich das Wirtschaftssystem in verschiedenartige ökologische Zonen mit unterschiedlichen Ressourcen ausdehnte, nahm auch die wirtschaftliche Spezialisierung zu. Sie wuchs sowohl in den Dörfern selbst als auch im Austausch zwischen dem Zentrum und den abhängigen Dörfern. Mit weiterem Bevölkerungswachstum, zunehmender wirtschaftlicher Spezialisierung sowie wachsendem Austausch nahmen die Rangunterschiede zu. Es scheint, als hätten einzelne Haushalte im Hauptdorf die Wirtschaft der Region kontrolliert.

Schon diese Skizze der vielfältigen Wechselwirkungen innerhalb eines eine größere Region umfassenden Wirtschaftssystems zeigt den Umfang, den ein archäologisches Forschungsprojekt haben müßte. Um die kulturelle Entwicklung der Region zu rekonstruieren, genügt es nicht, im Hauptort nach den »Museumsstücken« zu suchen, also den Quartieren der Elite, den Tempeln und Verwaltungsgebäuden, sowie nach repräsentativer Kunst. Es genügt auch nicht, die Ausgrabung auf das Hauptdorf zu beschränken. Die Region hat sich als Ganzes entwickelt. Darüber hinaus stand sie im Austausch mit weiter entfernten Kulturen, von denen sie wichtige Rohstoffe wie Obsidian oder Ritualobjekte bezog.

Eine Betrachtung Kent Flannerys über die verschiedenen Ebenen wirtschaftlicher und gesellschaftlicher Organisation im frühen mesoamerikanischen Dorf gibt eine Vorstellung davon, welches Ausmaß die erforderlichen archäologischen Untersuchungen annehmen können: Die unterste Ebene ist eine *Tätigkeitszone*, an der eine oder mehrere Personen irgendwelche Verrichtungen durchgeführt haben. Ihr schließen sich unterschiedliche *Teile des Hausbodens* an, die etwa eine Arbeitsteilung zwischen Mann und Frau erkennen lassen. Als nächsthöhere Ebene folgt das *Haus*, dann der *Haushaltskomplex* aus dem Haus, den außenliegenden Vorratslöchern, den Gräbern, den Abfallhaufen und den sonstigen Hinterlassenschaften der Hausbewohner. Auf der nächsten Ebene findet man *mehrere Haushaltskomplexe* um einen gemeinsamen Hof; in größeren Siedlungen gruppieren sich mehrere solcher Hofgruppen in sogenannten *barrios*, etwa »Wohnvierteln«. Mehrere dieser Viertel bilden das *Dorf* und mehrere Dörfer, Weiler und Lager schließlich den *Wirtschaftsraum*, einen Verband aus mehreren Dörfern, Weilern und Lagern, die etwa in einem gemeinsamen Tal in unmittelbaren wirtschaftlichen und sozialen Beziehungen standen. Aber auch damit ist die Grenze noch nicht erreicht. Da auch diese Wirtschaftssysteme im Austausch standen, folgt als oberste Ebene die kulturelle Interaktionszone *Mesoamerika*. (Flannery 1976)

Um die vielfältigen wirtschaftlichen und sozialen Wechselbeziehungen innerhalb des Wirtschaftsraumes zu erforschen, müßten theoretisch jedes Dorf, jeder Weiler und auch jedes Lager in einem ganzen Tal ausgegraben werden. Da das nicht möglich ist, begnügt man sich in der Praxis mit einer Auswahl, in der das Zufallsprinzip entscheidet, wo gegraben wird. Die mathematischen Details der Auswahl sollen uns nicht beschäftigen. Wichtig ist das einer »Schatzsucherarchäologie« diametral entgegengesetzte Prinzip. Man gräbt nicht dort, wo man die »Museumsstücke« erwartet. Nach dem Zufallsprinzip verteilt man die Grabungsorte innerhalb der Region vielmehr so, daß jede menschliche Tätigkeit die gleiche Chance hat, entdeckt zu werden. Wenn zum Beispiel eine Siedlung nicht als Ganzes ausgegraben werden kann, dann wird nicht eine große zusammenhängende Fläche ausgegraben, sondern mehrere, nach dem Zufallsprinzip über den gesamten Ruinenhügel verteilte kleine Flächen. Auf diese Weise ist die Wahrscheinlichkeit am größten, die verschiedenen wirtschaftlichen Spezialisierungen und die Rangordnung unter den Haushalten innerhalb des Dorfs zu erfassen.

Einen Archäologen der klassischen Tradition, der nach spektakulären Stücken sucht, muß eine solche Ausgrabungsstrategie frustrieren. Denn nach einer kurzen Erprobungszeit weiß er als erfahrener Ausgräber, wo die »Museumsstücke« zu suchen wären. Darauf zu verzichten, diesen Bereich zur Gänze auszugraben, um statt dessen an der Peripherie »minderwertiges« Zeug zu suchen, verlangt einige Überwindung.

Eine solche Untersuchung einer Region kann sich auch nicht mit einer Momentaufnahme begnügen. Um die kulturelle Entwicklung über einen längeren Zeitraum wie in einem Film zu verfolgen, müßten Schicht für Schicht die Ablagerungen von Jahrhunderten und Jahrtausenden mit der gleichen Sorgfalt untersucht werden. Zusätzlich müßten auch die Menge und Herkunft wichtiger »Import«artikel sowie die Produktion für den »Export« der Region untersucht werden. »Eine herkulische Aufgabe«, könnte man sagen, wären Methoden, wie sie Herkules beim Ausmisten des Augiasstalls anwandte, nicht genau das Gegenteil des Verlangten. Verlangt wird die naturwissenschaftlich genaue Erforschung auch der unscheinbarsten Details.

Solche Methoden wurden erst spät entwickelt und vorwiegend in der Archäologie der Neuen Welt angewandt. Bedenkt man, daß von den für die kulturelle Evolution in Vorderasien so wichtigen Siedlungen wie Jericho und Çatal Hüyük nur Bruchteile erforscht sind, dann gewinnt man einen Eindruck der Grenzen unseres Wissens über diese Region. Die Anfänge von Çatal Hüyük sind überhaupt nicht erforscht.

Bei der Ausgrabung der Überreste späterer Entwicklungsphasen aber wurde genau nach dem Prinzip verfahren, das zwar spektakuläre Stücke zutage fördert, aber nur oberflächliche Aussagen über die Wirtschafts- und Sozialstruktur erlaubt. Die Ausgräber legten ein Dreißigstel des Stadtgebietes frei, einen zusammenhängenden Bezirk, in dem sich überwiegend die Heiligtümer mit den Quartieren der Elite befanden. Woher die Vielzahl der dort gefundenen Gebrauchsgüter, Luxusartikel und Ritualobjekte kam, wer sie herstellte und wie die Austauschverhältnisse zwischen Elite und Volk waren, darüber kann auch der Ausgräber Mellaart nur spekulieren. (Mellaart 1967)

Zweifellos waren Çatal Hüyük und Jericho religiöse und wirtschaftliche Zentren größerer Regionen mit einer ganzen Anzahl abhängiger Dörfer oder nomadisierender Gruppen, mit denen sie im Austausch standen. Aber diese für die Ökonomie beider Städte entscheidenden Beziehungen zu abhängigen Siedlungen und Gruppen der Region liegen vollkommen im dunkeln. Was bleibt, sind Vermutungen. Nehmen wir Mellaarts Resümee als repräsentativ für den Stand der Archäologie Vorderasiens:

»So wie es war, schritt die Urbanisierung sowohl im 8. Jahrtausend v. Chr. (Jericho und Aşikli) als auch im 7. und 6. voran (Çatal Hüyük); keine dieser Siedlungen waren reine ›Dörfer‹. Das gleiche gilt für Beidha, Tell es-Sawwan, Can Hasan oder Hacilar. Denn was sie produziert haben, stimmt nicht mit dörflicher Selbstgenügsamkeit überein. Fundstellen mit Heiligtümern und Tempeln, Handwerkstätten, Wohnquartieren usw. passen nicht in das Bild eines ›Dorflebens‹. Im Gegenteil, sie stellen etwas dar, was eher mit dem klassischen Modell einer Stadt zu vereinbaren ist, einem Zentrum der Macht über eine Region*, wie gering immer diese (Macht) war. Wer könnte die neolithischen Fundorte Çatal Hüyük, Can Hasan, Aşikli, Cucurkent, Hacilar, Jericho, Beidha, Tell es-Sawwan, Choga Mami, Ali Kosh usw. als reine Bauerndörfer bezeichnen? Waren es nicht vielmehr regionale religiöse und kulturelle Zentren, also Sitze von Regierungen? Der Unterschied zwischen Çatal Hüyük (6. Jahrtausend) und Uruk gegen Ende des 4. Jahrtausends ist quantitativ, das allgemeine Muster ist gleich.« (Mellaart 1972)

Die Gewißheit wirtschaftlicher und sozialer Wechselbeziehungen zwischen Zentren und abhängigen Siedlungen, die dieser Text verbrei-

---

* Wörtlich übersetzt: »Kern eines Staates«. Um Verwechslungen mit genaueren soziologischen Definitionen des »Staates« auszuschließen, habe ich den Begriff vermieden und sinngemäß übersetzt.

tet, ist archäologisch nicht gerechtfertigt. Möglicherweise hat Mellaart recht, aber das wäre erst zu beweisen. Denn nicht Wirtschaftsräume sind erforscht, sondern nur einzelne Orte, und von diesen wie in Çatal Hüyük und Jericho meist nur Bruchteile.

Vergleichsweise gut erforscht aus der Anfangsphase der Landwirtschaft vor 10000 bis 8000 Jahren sind in Vorderasien dagegen eine Anzahl kleinerer verstreuter Bauerndörfer an der Peripherie. Eines davon ist Jarmo, ein kleines Dorf hinter den sieben Bergen im Zagrosbereich. Auch wenn es als Modell für Braidwoods Erforschung der landwirtschaftlichen Anfänge wichtig war, dürfte es für die kulturelle Evolution in Vorderasien kaum repräsentativ gewesen sein. Unerforscht bleiben, wie Joan Oates bemerkt hat, einige der vermutlich wichtigsten Siedlungen. Zur Zeit der Hochkulturen haben in Mesopotamien große Städte wie Niniveh, Tell al Hawa, Erbil und Kirkuk ganze Regionen dominiert. Obwohl diese Siedlungen schon seit den Anfängen der Landwirtschaft existiert und sich vermutlich früh zu Zentren größerer Wirtschaftsräume entwickelt hatten, bleibt diese entscheidende Phase unbekannt. (Oates 1972)

In der Archäologie Vorderasiens hat man solche Modelle bisher aus den unterschiedlichsten Gründen akzeptiert. »Der nahe Osten«, so zitiert Kent Flannery seinen älteren Kollegen Sir Mortimer Wheeler, »ist das Land der archäologischen Sünde«. Wheelers Befund ist um so vernichtender, als die Vorgeschichte Vorderasiens länger erforscht worden ist als die der meisten anderen Erdregionen. Wenn Flannery allerdings hinzufügt, wie Wheeler über Vorderasien könne nur jemand urteilen, der nie in Mesoamerika gearbeitet habe, dann übertreibt er in sympathischer Bescheidenheit. Wie in dem von Flannery herausgegebenen Standardwerk *The Early Mesoamerican Village* und im folgenden *The Cloud People* (zusammen mit Joyce Marcus) ausgiebig dokumentiert ist, wurde die Entwicklung der Hochkulturen in Mesoamerika genauer und systematischer erforscht als anderswo. (1976 und 1983)

Daß wir mehr über die Entstehung differenzierter Gesellschaften in der Neuen als in der Alten Welt wissen, hat unter anderem historische, finanzielle, technische und wohl auch politische Gründe. Den Ausschlag aber gab in Tälern wie Oaxaca, Tehuacán oder im Tal von Mexico die andere Forschungsstrategie. In Vorderasien wurden traditionell immer nur einzelne Fundorte, häufig sogar nur Bruchteile davon untersucht. In den am besten erforschten Tälern Mesoamerikas dagegen verfuhren die Ausgräber nach der beschriebenen Strategie, ganze Wirtschaftsräume zu erforschen. Anstatt die Ausgrabungen auf die Quartiere der Elite zu beschränken, um vieles über Göttervorstellungen und Riten in einer neolithischen Stadt, aber kaum etwas über die Wirtschaft zu erfahren, wurde dort gezielt nach dem Zusammenhang zwischen Wirtschaft, Gesellschaftsstruktur und religiösen Vorstellungen gesucht. Anstatt nach Hinweisen auf einen hohen kulturellen Entwicklungsstand zu suchen, wurde dort die kulturelle Entwicklung selbst erforscht.

Den Forschertypus, dem wir dieses Wissen verdanken, beschreibt Flannery mit liebevoller Ironie als die Synthese dreier dialektisch entgegengesetzter Persönlichkeiten: dem »Sceptical Graduate Student«, einem theoriegesättigten, praxisfernen, aber intellektuell geschliffenen, skeptischen Doktoranden; dem »Great Synthesizer«, einem hochrangigen Forschungsverwerter, der vor Jahrzehnten entdeckt hat, daß es wissenschaftlich lukrativer ist, anderer Leute Arbeit in eigenen Übersichtsartikeln zu verwerten, als selbst zum Spaten zu greifen; schließlich dem »Real Mesoamerican Archeologist«. (Flannery 1976) Dieser »Real Mesoamerican Archeologist«, das Arbeitstier auf dem Feld, ist Motor und Seele des Ganzen. Flannerys Charakterisierung läßt keinen Zweifel daran, wem unter den dreien seine Sympathie gehört.

»Wie so viele mesoamerikanische Archäologen ist er liebenswert, freundlich, loyal und gastfreundlich. Er ist unsterblich in Mesoamerika verliebt, seine Speisen, seine Getränke, seine Menschen. Er glaubt noch immer an seine Romanze mit der Archäologie; und wenn er ein olmekisches Jadestück betrachtet, dann glänzen seine Augen, und die Stimme wird heiser. Er ist offen und unglaublich freigiebig mit seinen unveröffentlichten Forschungsergebnissen. Er würde auf ein Essen verzichten, um dir seine gesammelten Keramikscherben zu zeigen, aber um ein Bier mit dir zu trinken, würde er auf das Vorzeigen seiner Scherben verzichten. Vielleicht wird er sich nicht immer an den kürzesten Weg zu seiner Ausgrabungsstelle erinnern, aber er erinnert sich genau, welcher Platz am Ort die besten *carnitas* hat. Selbst in seiner Freizeit, weit weg von der Ausgrabungsstelle, ist er noch immer Mesoamerikanist; das heißt, er gehört zu einer Gruppe mit den farbigsten Charakteren und größten Biertrinkern, Himmelundhölleinbewegungsetzern, Volksliedsingern, Kneipenasseln, Satyrn, Nymphomanen und Geschichtenerzählern in der ganzen Archäologie.«

Leider muß jedoch auch in Mesoamerika eine Einschränkung gemacht werden. Die Anfänge der ersten olmekischen Hochkultur, die alle späteren Hochkulturen Mesoamerikas bis zu den Azteken beeinflußt hat, liegen im dunkeln. Welche wirtschaftlichen, sozialen und historischen Faktoren zwischen 1500 und 1150 v. Chr. aus einer egalitären bäuerlichen Gesellschaft das von mächtigen, kriegerischen Häuptlingen beherrschte zeremonielle Zentrum von San Lorenzo Tenochtitlán entstehen ließen, ist eines der großen ungelösten Rätsel der Archäologie. Es gibt zwar eine Anzahl von Theorien, aber kaum Beweise.

Über die Anfänge der olmekischen Hochkultur wird auch in einem Standardwerk wie Coes und Diehls *In the Land of the Olmec* in Begriffen wie »es scheint« oder »jemand muß« gerätselt. (1980) Die Ursache sind das feuchtheiße Klima an der Golfküste im Süden des heutigen mexikanischen Bundesstaates Veracruz in Verbindung mit sauren Böden, die organisches Material haben verrotten lassen. Damit sind die wichtigsten Hinweise auf die Lebensweise einer egalitären bäuerlichen Bevölkerung und die Anfänge sozialer Differenzierung zum größten Teil zerstört.

Wie aus dem Nichts erscheinen nach 1100 v. Chr. die dauerhafteren Manifestationen der Kultur der Herrschenden: aus riesigen Basaltblöcken gemeißelte Herrscherportraits und Statuen, große Erdpyramiden und Plattformen, auf denen einst Tempel oder Residenzen standen, Luxusgegenstände und anderes mehr. Es scheint, als habe die Olmekenkultur aus zwei verschiedenen Teilen bestanden: aus einer zivilisierten Elite, die in hochentwickelten, prächtigen Zentren wie San Lorenzo lebte, und einer in winzigen Weilern und auf Höfen weit in der Landschaft verstreuten bodenständigen bäuerlichen Bevölkerung. (Coe, Diehl 1980)

Über die Entwicklung zur Hochkultur und die wirtschaftlichen und sozialen Beziehungen zwischen verschiedenen Bevölkerungsteilen lassen sich jedoch nur Vermutungen anstellen. Anstatt uns in Spekulationen über eine Kultur zu verlieren, über die schon genug spekuliert worden ist, wenden wir uns drei anderen zu, an denen sich die Entwicklung von der egalitären Gesellschaft zum Staat besser verfolgen läßt:

A. Die Entstehung des Zapoteken-Staates im Tal von Oaxaca um 200 v. Chr.

B. Die Entstehung des Stadtstaates von Teotihuacán im Tal von Mexico um die Zeitenwende.

C. Die Entstehung der sumerischen Stadtstaaten im Süden des Zweistromlandes um 3000 v. Chr.

Der Vergleich des scheinbar gleichen Vorgangs in drei verschiedenen Kulturen soll uns zeigen, daß eine einheitliche Theorie der Staatsbildung vor der Vielfalt möglicher kultureller Entwicklungswege versagt. Nicht die Wege zum Staat ähnelten sich, sondern die Gebilde, zu denen sie führten.

Oben: Die sogenannten »Danzantes«. Einige der etwa 300 großen Steinplatten, die einst die Wände eines Tempels aus der Übergangsphase zwischen 500 und 300 v. Chr. zierten. Diese »Danzantes«, in denen man einst tanzende Priester gesehen hat, stellen in Wirklichkeit gemarterte Menschen dar – vermutlich die Anführer von einmal unabhängigen Gemeinschaften, die sich dem Führungsanspruch der Herrscher von Monte Albán widersetzt hatten, dann unterworfen und zu Tode gequält worden waren.

Unten: Einer der sogenannten »Eroberungssteine« aus einem späteren Tempel aus der Zeit zwischen 200 v. Chr. und 100 n. Chr. Auch er dokumentiert eine Eroberung durch Monte Albán, das sich inzwischen zum Staat entwickelt hatte. Der besiegte gegnerische Anführer wird nicht mehr durch Nacktheit gedemütigt und zu Tode geschunden, wie es in den früheren Stammeskriegen üblich gewesen war. Mit buchhalterischer Distanz registrierten Steinmetze im Auftrag der Herrscher von Monte Albán lediglich eine weitere Eroberung: Das Bild des besiegten Gegners wurde zum Zeichen der Unterwerfung wie ein geleerter Topf auf den Kopf gestellt. Weitere Schriftzeichen verzeichnen das unterworfene Gebiet und das Datum der Unterwerfung.

A. Monte Albán
Krieg und Konflikt als Selektionsfaktoren

2. Die kulturelle Organisation territorialer Ordnungen

Seßhaftigkeit und dörfliches Leben hatten in Mesoamerika später als in den anderen Zentren der frühen Landwirtschaft begonnen. (vgl. 4. Kapitel) Erst dreieinhalb Jahrtausende nach dem Erscheinen der ersten Domestikationsmerkmale beim späteren Grundnahrungsmittel Mais entstanden um 1500 v. Chr. winzige Weiler von 1 bis 2 Hektar Fläche, also bis zu 20000 Quadratmetern. Die größten darunter dürften aus vielleicht einem Dutzend Haushalten bestanden haben.

Ein Jahrtausend später, um 550 v. Chr. hatten sich an mehreren Stellen Mesoamerikas große Dörfer gebildet. Eines davon war San José Mogote im Tal von Oaxaca. Auf einer Fläche von 40 Hektar lebten insgesamt 500 bis 700 Menschen. Größer noch scheint zu dieser Zeit Chimalhuacan im Tal von Mexico mit 600 bis 1 200 Menschen auf 45 Hektar Fläche gewesen zu sein. Das Olmekenzentrum von San Lorenzo im Bundesstaat Veracruz dagegen hatte schon zwischen 1150 und 950 eine Größe von 1 000 Einwohnern erreicht.

Die meisten Siedlungen waren jedoch auch um 550 v. Chr. kleine Weiler von 1 bis 2 Hektar Größe und maximal 50 bis 60 Einwohnern. Joyce Marcus schätzt, daß in den vorstaatlichen Gesellschaften Mesoamerikas 90 Prozent aller Siedlungen kleiner als 2 Hektar gewesen sind. Warum Siedlungen die Größe von 50 bis 60 Einwohnern nicht überschritten, bedarf nun keiner weiteren Erklärung mehr. In Abwesenheit einer zentralen Autorität war das die kritische Größe. Wuchs ein Dorf über diese Größe hinaus, dann packte ein Teil der Bevölkerung seine Siebensachen und gründete in gebührender Entfernung eine neue Siedlung.

Um die Anfänge der Zivilisation in Mesoamerika zu verstehen, muß man mit Marcus nach den Ursachen der Stabilität der verbleibenden 10 Prozent aller Siedlungen forschen: »Was Erklärung verlangt, ist die Art, wie bestimmte Dörfer 20 bis 50 Hektar erreichten, Zusammenhalt und Frieden bewahrten und die natürliche Tendenz zur Spaltung überwanden.« Insbesondere interessierten unter den größeren Dörfern die »Riesen« von 20 bis 40 Hektar. Um solche Dörfer wie San José Mogote im Tal von Oaxaca lagen Ansammlungen winziger Weiler von weniger als einem Zwanzigstel Größe. Ein auffälliges Merkmal, das den Zentralort von den Weilern unterschied, waren die schon erwähnten »öffentlichen Gebäude«, in denen einst kommunale Riten zelebriert worden sind. (Marcus 1976)

Die fünf Weiler, die um 900 v. Chr. in der Etla Region des Tals von Oaxaca das Hauptdorf San José Mogote umgaben, lagen in regelmäßigen Abständen von etwa 5 Kilometern entlang des Atoyak-Flusses. Zwei befanden sich nördlich, drei südlich des Hauptortes. Flannery vermutet, daß die Besiedlung des Tals von dem in der Talmitte an einer Furt gelegenen späteren Hauptort San José Mogote aus erfolgt war. Nachdem der erste Ort durch Bevölkerungswachstum die kritische Grenze erreicht hatte, gründeten die sich abspaltenden Gruppen etwa in der Mitte zwischen dem nördlichen und südlichen Talende und dem Hauptort Tochtersiedlungen. In einem nächsten Schritt entstanden weitere Orte in der Mitte zwischen den ersten Tochtersiedlungen und San José Mogote. Zwischen 700 und 550 v. Chr. war die Zahl der Weiler in der Nachbarschaft von San José Mogote auf 18 bis 20 angewachsen. (Flannery 1976)

Man könnte daher annehmen, Bevölkerungswachstum und Ökologie hätten die Siedlungsgeschichte des Tals von Oaxaca geprägt. Ein moderner Malthusianer würde vermuten, die biologische Gattung *Homo sapiens* fülle die sich bietenden ökologischen Nischen bis zur Grenze der Tragfähigkeit aus. Sei die Grenze erreicht, dann stagniere entweder das Bevölkerungswachstum, oder es entwickelten sich neue Techniken und neue Formen der wirtschaftlichen und sozialen Organisation, die höhere Bevölkerungsdichten erlaubten.

Tatsächlich kann ein solches malthusianistisches Modell die Entstehung komplexerer Gesellschaften ebensowenig erklären wie die Anfänge der Landwirtschaft. Das Verhältnis zwischen sozialer Organisation, Technik, Bevölkerungswachstum und ökologischer Tragfähigkeit des Lebensraumes ist weitaus komplexer. Die Siedlungsgeschichte im Tal von Oaxaca liefert ein Modell.

Grenzen der »ökologischen Tragfähigkeit« haben dort bei der Entstehung komplexerer Gesellschaften keine Rolle gespielt. Archäologisch treten Anzeichen von Rangunterschieden und Macht auf, lange bevor die Grenzen der ökologischen Tragfähigkeit erreicht waren. Ausschlaggebend für die Besiedlung des Tals waren kulturelle Faktoren. Dies archäologisch bewiesen zu haben, ist eines der Verdienste des

Bier trinkenden, Himmel und Hölle in Bewegung setzenden, Geschichten erzählenden »Real Mesoamerican Archeologist« und seiner beiden Alter ego.

Das von Bergen gesäumte Tal von Oaxaca ist im Norden von zwei Flüssen durchzogen, die sich wie die beiden Arme eines Y im zentralen Teil vereinigen. Das beste Ackerland liegt im flachen Überschwemmungsgebiet beiderseits der Flüsse. Dort, im Bereich des hohen Grundwasserspiegels, ließen sich Felder mit Hilfe von Wasser künstlich bewässern, das man aus Erdlöchern schöpfte. Die wechselnde Entfernung zu den Vorbergen bestimmte die Größe der Anbauflächen und damit auch die ökologische Tragfähigkeit des jeweiligen Flußabschnitts.

Die ersten festen Siedlungen im Tal von Oaxaca erschienen um 1450 v. Chr. in der Etla-Region, das ist der linke Arm des Y. Dort ist das Tal relativ eng und die ökologische Tragfähigkeit eines Flußabschnitts daher am geringsten. Ausgerechnet in diesem Abschnitt des Tals wuchs jedoch im folgenden Jahrtausend die Bevölkerung am schnellsten. Um 550 v. Chr. lebten in der Etla-Region 1300 bis 1400 Menschen, im mittleren und unteren Teil des Y mit weitaus größeren Anbauflächen dagegen nur etwas über 400. (Blanton, Kowalewski, Feinman, Appel 1981)

Trotz relativ hoher Bevölkerungsdichte stand jeder der sechs Siedlungen in der Etla-Region um 900 v. Chr. weitaus mehr fruchtbarer Boden im Schwemmland des Flusses zur Verfügung als benötigt. Zur Ernährung der Bevölkerung der fünf Weiler reichten etwa 10 Prozent der verfügbaren Anbauflächen aus. Aber auch San José Mogote, der größte und älteste Ort des Tals, verfügte über große ungenutzte Ackerflächen. Um 900 v. Chr., Jahrhunderte nach Entstehung der ersten Tochtersiedlungen, war San José Mogote mit etwa 400 Einwohnern weit von den Grenzen der Tragfähigkeit seines Gebiets entfernt. Theoretisch hätte das Land für die vierfache Einwohnerzahl ausgereicht. (Flannery 1976)

Die Dominanz kultureller Faktoren über ökologische Tragfähigkeit zeigt sich auch im unterschiedlichen Wachstum der sechs Siedlungen. Einmal auf acht bis zwölf Haushalte angewachsen, blieb die Entwicklung jedes der fünf Weiler bei dieser Größe stehen. Obwohl es nur 10 Prozent des verfügbaren Ackerlandes nutzte, wuchs zum Beispiel Tierras Largas, 10 Kilometer südlich von San José Mogote, zwischen 1450 und 550 v. Chr. nie über die Größe von zwölf Haushalten hinaus. Im selben Jahrtausend vermehrte sich die Bevölkerung von Mogote dagegen auf das Zwanzigfache. Ursprünglich selbst ein Weiler wie Tierras Largas, entwickelte sich San José zwischen 1150 und 550 v. Chr. zu einem 40-Hektar-Dorf mit 500 bis 700 Einwohnern. Rechnet man die angrenzenden Wohnviertel dazu, die San José wie Vororte umgaben, dann lebten dort um 550 v. Chr. 1000 Menschen auf einer Fläche von 62 Hektar. (Marcus 1976; Winter 1976; Flannery, Marcus 1983)

Was war die Ursache der unterschiedlichen Entwicklung der Weiler und des zentralen Orts? Der Bruch in der demographischen Entwicklung trat um 1150 v. Chr. ein. Während die Weiler stagnierten, wuchs San José Mogote in nur zwei Jahrhunderten bis 900 v. Chr. auf die zehnfache Größe. (Winter 1976) Man könnte von einer Bevölkerungsexplosion reden, würde der Begriff nicht die falschen Assoziationen wecken. San José wuchs und wuchs, aber es explodierte nicht. Nahezu die Hälfte des Bevölkerungswachstums im gesamten Tal von Oaxaca – und nicht nur in der Etla-Region – im Jahrtausend zwischen 1450 und 550 v. Chr. geht auf das Wachstum dieses einen Ortes zurück. Es waren die Weiler, die explodierten, wenn sie eine bestimmte Größe erreichten.

Welche inneren, »gesellschaftlichen« Faktoren unterschieden den Zentralort von seinen Nachbarn? Das wichtigste archäologische Merkmal, das San José schon um 1350 v. Chr. von dem damals nur wenig kleineren Tierras Largas unterschied, waren die erwähnten »öffentlichen Gebäude«, in denen kommunale Riten zelebriert wurden. Wie wir gesehen haben, sind diese »öffentlichen Gebäude« Anzeichen einer sozialen Differenzierung. Schon um 1300 v. Chr. zelebrierte eine kleine Gruppe ritueller Anführer, vielleicht Oberhäupter von Abstammungsgruppen, gewisse kommunale Riten für die Mehrheit der Dorfbevölkerung. Die im letzten Kapitel beschriebenen sozialen Funktionen solcher Anführer erklären die Integration der wachsenden Bevölkerung. (Drennan 1983)

Über die Gründe, warum die Bewohner von San José, nicht aber anderer Siedlungen um 1350 v. Chr. »öffentliche Gebäude« errichteten, kann man nur Vermutungen anstellen. Eine mögliche Ursache könnte die Siedlungsgeschichte der Region sein. Erster Ort in der Region scheint San José gewesen zu sein. Tochtersiedlungen wie Tierras Largas sind vermutlich von Familien gegründet worden, die sich vom ersten Ort abspalteten, und das werden vermutlich die rangniederen, jüngeren Linien gewesen sein. Die zwischen beiden Siedlungen fortbestehenden verwandtschaftlichen Bindungen werden nach der Spaltung rituell regelmäßig bekräftigt worden sein. Als Sitz der älteren, ranghöheren Linien, die den gemeinsamen mythischen Ahnen beider Siedlungen am nächsten standen, wird die rituelle Oberhoheit daher im ältesten Ort geblieben sein.

Die Entwicklung der folgenden Jahrhunderte bestätigt die Vermutung. Nur einer der Weiler in der Umgebung von San José errichtete bis 550 v. Chr. eigene »öffentliche Gebäude«, nämlich Tierras Largas. Aber diese »öffentlichen Gebäude« von Tierras Largas entstanden erst spät und blieben im Vergleich zu denen des Hauptortes bescheiden. Rituell war die Bevölkerung der 18 bis 20 Weiler im Einflußbereich von San José Mogote auch noch um 550 v. Chr. vom Zentrum abhängig. Die insgesamt etwa 1400 Bewohner der Etla-Region dürften zum Bau der großen Tempelplattformen beigetragen haben, die nach 700 v. Chr. in San José entstanden sind. Und sie wird auch an den dort zelebrierten Riten und Festen teilgenommen haben. (Flannery, Marcus 1983)

3. Antriebskräfte der Produktion

Wie gering in der Anfangsphase von San José Mogote die sozialen Unterschiede zwischen Anführern und Geführten auch waren, sie hatten einen weitreichenden Einfluß auf die Entwicklung des Orts und der Region. Die Macht der Anführer, die Haushalte zu Mehrarbeit zu veranlassen, manifestiert sich archäologisch erstmals um 1300 v. Chr. in Gestalt der »öffentlichen Gebäude«. Um 1000 v. Chr. wird sie auch im engeren wirtschaftlichen Bereich sichtbar.

Als archäologisches Leitfossil dieser Veränderungen dient Obsidian. Dieses Material ist der ideale Indikator für die tiefgreifenden sozialen und wirtschaftlichen Veränderungen in San José Mogote unter dem Einfluß von Rangunterschieden und Macht. Erstens läßt sich seine Herkunft genau bestimmen. Zweitens war Obsidian im Tal von Oaxaca ein knappes und begehrtes Material. Seine Verteilung unter den Haushalten gibt daher Aufschluß über soziale Beziehungen.

Die mesoamerikanischen Obsidianlagerstätten, fünf größere vulkanische Regionen mit Vorkommen von unterschiedlicher Qualität, lagen in größerer Entfernung nordwestlich und südöstlich von Oaxaca. Um Obsidian zu erhalten, mußten die Oaxacaner in Austauschbeziehungen zu anderen Kulturen stehen, und solche Beziehungen hatten seit den Anfängen auch tatsächlich bestanden. Obsidian läßt sich in geringen Mengen schon in den ältesten Siedlungsschichten von Tierras Largas und San José Mogote um 1450 v. Chr. nachweisen.

In der Anfangsphase der Besiedelung hatte sich jeder Haushalt seinen Obsidian durch Tausch mit persönlichen Partnern in anderen Siedlungen selbst beschafft. Da die Haushalte Kontakte in alle Himmelsrichtungen unterhielten, erreichte in der Anfangsphase Obsidian aus allen wichtigen Lagerstätten das Tal von Oaxaca. Außerdem wurden unter den Überresten der Häuser ungefähr gleich große Mengen des begehrten Materials gefunden.

Dieses Beschaffungssystem mit seinem charakteristischen Verteilungsmuster änderte sich um 1000 v. Chr. Erinnern wir daran, daß San José Mogote nach 1150 v. Chr. rasch zu wachsen begann. Die »öffentlichen Gebäude« als Indizien für eine zentrale Autorität wurden größer. Nach 1150 v. Chr. traten auch geringe Unterschiede im Rang und im Wohlstand der Bewohner in Erscheinung, die sich in den folgenden Jahrhunderten immer deutlicher ausprägten. Parallel dazu veränderten sich auch die Obsidianbeschaffung und dessen Verteilung.

Um 1000 v. Chr. begannen führende Familien größere Mengen von Obsidian und bereits fertige größere Obsidianklingen nach San José Mogote einzuführen. Dieser Obsidian stammte aus zwei Lagerstätten im zentralen Hochland im Norden. Folglich nahm unter den in Oaxaca gefundenen Obsidianmustern der Anteil dieser Lagerstätten zu. Ein Teil dieses Obsidians diente zur Deckung des Eigenbedarfs der führenden Familien, ein anderer wurde an Gefolgsleute verteilt. Daher bezog nicht mehr jeder Haushalt seinen Obsidian durch Tausch mit Partnern in benachbarten Gruppen. Ein Teil der Haushalte wurde zentral versorgt. Auch verfügte nicht mehr jeder Haushalt über gleiche Mengen dieses begehrten Materials, sondern es gab bevorzugte Haushalte. Diese zentral gesteuerte Obsidianbeschaffung und -verteilung gewann allmählich an Bedeutung und beherrschte nach 850 v. Chr. die Obsidianversorgung von San José Mogote.

In kleineren Nachbarorten wie Tierras Largas beschafften die Haushalte sich ihren Obsidian weiter auf traditionelle Weise. Daher ist zu vermuten, daß die Weiler zwar rituell vom Hauptort abhängig waren, aber ökonomisch zunächst unabhängig blieben. Anzeichen einer zentralisierten Obsidianbeschaffung traten in Tierras Largas erst um 850 auf, nachdem auch dort geringfügige Rang- und Wohlstandsunterschiede entstanden waren. Wie zuvor im Hauptort begannen die führenden Familien, Obsidian zur Verteilung an Verwandte und abhängige Haushalte aus dem zentralen Hochland einzuführen.

Im gleichen Ausmaß wie zentrale Autoritäten die »Importe« kontrollieren, verbesserte sich die Obsidianversorgung. Der Anteil von

Obsidian im Verhältnis zum örtlichen Flint nahm zu. Kam in Tierras Largas im 14. Jahrhundert v. Chr. auf zwölf Stücke Feuerstein nur ein Stück Osidian, so waren es im 6. schon zweieinhalb Stücke. Gleichzeitig verringerte sich die Zahl der genutzten Lagerstätten weiter. Unter den Obsidianfunden waren weniger Lagerstätten mit größeren Anteilen vertreten. Zusammengefaßt: Durch Zentralisierung der Einfuhren trug die Elite zur Verbesserung der Obsidianversorgung im Tal von Oaxaca bei. Mehr Material wurde von weniger Lagerstätten bezogen. Der Preis waren wachsende Versorgungsunterschiede zwischen den Haushalten. (Pires-Ferreira, Flannery 1976; Winter, Pires Ferreira 1976)

Parallel zu diesem Wandel der Obsidianbeschaffung nahm 1000 v. Chr. in San José Mogote auch die handwerkliche Spezialisierung zu. Teilzeithandwerker bearbeiteten Glimmer, stellten aus Muscheln, Meeresschnecken und Schildkrötenpanzern von der Golf- und der Pazifikküste Schmuckstücke her sowie die für öffentliche Riten benutzten großen Hörner und Trommeln. Außerdem fertigten sie einen der wichtigsten »Exportartikel« von Oaxaca an – kleine polierte Spiegel aus dem silberglänzenden Eisenerz Hämatit. Auf der Brust getragen, dienten solche Spiegel als religiöse Statussymbole der Eliten anderer Kulturen. Mit solchen Spiegeln meinten Priesterhäuptlinge anderen Menschen ins Herz sehen zu können. Ein Hämatitklumpen aus Oaxaca wurde in der mehr als 300 Kilometer nordwestlich gelegenen prähistorischen Siedlung von San Pablo, im mexikanischen Bundesstaat Morelos, gefunden.

Auch bei der Erzeugung und Verteilung dieser Reichtümer scheinen die führenden Familien von San José Mogote die Hand im Spiel gehabt zu haben. In dem von den ranghöchsten und wohlhabendsten Familien bewohnten Viertel des Orts wurden in großer Zahl Überreste verschiedener handwerklicher Tätigkeiten wie Muschel- und Glimmerbearbeitung entdeckt. In diesem Bereich lag auch die größte Werkstatt zur Herstellung von Hämatitspiegeln, die als Tauschobjekte mit den Anführern anderer Gesellschaften im Norden und Süden dienten. (Flannery, Pires-Ferreira 1976; Winter, Pires-Ferreira 1976)

Offensichtlich waren es die Eliten, die nach 1150 v. Chr. den überregionalen Austausch zwischen verschiedenen mesoamerikanischen Kulturen vorantrieben. Zu diesem Zweck mußten die Haushalte zu Mehrarbeit veranlaßt werden. Erinnern wir an Selbstgenügsamkeit als die grundlegende Schwäche einer reinen Haushaltsökonomie: Nichts hätte einen Haushalt an der Obsidianlagerstätte in Zentralmexico zu zusätzlichen Anstrengungen veranlaßt haben können, wenn sein Bedarf an dem Produkt gedeckt war, das er von seinem persönlichen Tauschpartner erhielt. Obwohl ein anderer Haushalt im 400 Kilometer südlich gelegenen Oaxaca für Obsidian gern weiter Hämatit auf Hochglanz poliert oder zusätzliche Delphina-Keramik hergestellt hätte, die Arbeit an der Lagerstätte im Hochland von Zentralmexico ruhte. Indem die führenden Familien die Haushalte veranlaßten, handwerkliche Spezialitäten zum »Export« herzustellen, trugen sie zur besseren Versorgung mit Importartikeln bei. Ihre Tauschpartner in anderen Regionen waren Eliten, die das gleiche in ihrem Bereich erreichten.

In San José Mogote als Sitz der führenden Familien des nordwestlichen Talarms wurden daher mehr »Importprodukte« als in den umliegenden Weilern gefunden. Wo man sich in einem Weiler wie Tierras Largas mit Imitationen aus örtlichem Material rituell zur Ader ließ, benutzte man in San José echte Stachelrochenspitzen von der entfernten Küste. Das gleiche galt für die meisten exotischen Materialien. Die Bevölkerung des Hauptorts verfügte über mehr Obsidian, mehr Schmuck aus Meeresmuscheln, wahrscheinlich auch über prächtigeren Federschmuck buntgefiederter tropischer Vögel als die der umliegenden Weiler. Aber auch im Dorf selber prägten sich zwischen 1150 und 700 v. Chr. schon deutliche Unterschiede aus. Nicht mehr alle hatten den gleichen Zugang zu knappen und daher begehrten Ressourcen, nicht mehr alle wohnten in Häusern gleicher Größe und Ausstattung, und auch im Tod waren die Menschen nicht mehr gleich.

In unsere eigene Vorstellungswelt übersetzt, waren die Wohnviertel der Bessergestellten zugleich Industrierevier, Bank- und Außenhandelszentrum, Werbeagentur und Regierungssitz. Auch die Kirche, das »öffentliche« Gebäude, lag gleich um die Ecke. In ihrer Funktion als Wirtschaftsbosse ließen die führenden Familien von Verwandten und Gefolgsleuten Exportartikel wie Hämatitspiegel herstellen. Als Bankiers verteilten sie Importe wie Obsidian, Schmuck aus Meeresmuscheln und andere begehrte exotische Artikel an die Bevölkerung. Als Werbefachleute propagierten sie den hohen Statuswert von Firlefanz, den nur sie beschafften und an diejenigen verteilten, die ihnen zu Diensten standen. Als Außenhandelskaufleute tauschten sie Obsidian, Muscheln, Hämatitspiegel usw. mit hochrangigen Partnern in Nachbargruppen. Als Priester zelebrierten sie in den »öffentlichen Gebäuden« Riten, die der Erhaltung ihrer Macht dienten. Als Regierungschefs schließlich legten sie die Steuersätze und Zahlungstermine fest. Sie verpflichteten die Haushalte zu Mehrarbeit, die Grundlage von »öffentlichen Gebäuden«, von Riten und Festen war. Das Priesteramt aber war Grundlage ihrer Macht. Der Glaube, Götter hätten diese Ordnung geschaffen, verband die übrigen Funktionen. Für die Riten wurden exotische Güter gebraucht, die nur die rituellen Anführer in ihrer Funktion als Außenhandelskaufleute beschafften und deren Gebrauch sie als Werbefachleute propagierten. Der so erzeugte Bedarf an exotischem Firlefanz wiederum setzte sie als Wirtschaftsbosse in die Lage, die Bereitschaft ihrer Gefolgsleute zur Mehrarbeit zu steigern.

Wir sollten die führenden Familien freilich nicht nur als Antriebskräfte einer Import- und Exportökonomie sehen. Im archäologisch rekonstruierten Bild: Manufaktur von Hämatitspiegeln zur Finanzierung von Obsidianimporten, findet sich zwangsläufig nur ein Bruchteil der tatsächlichen wirtschaftlichen Beziehungen. Es ist der Teil, der archäologische Spuren hinterlassen hat. Alles Vergängliche ist verrottet. Nur wenn wir uns hinter jeder erhaltenen Obsidianklinge, jedem exotischen Schmuckstück, jeder Trommel aus Schildkrötenpanzern und jedem Muschelhorn Berge von Nahrung, von Kleidung, von Schmuck und Gütern aus örtlichem, aber vergänglichem Material hinzudenken, gewinnen wir eine Ahnung von der Ausweitung der wirtschaftlichen Beziehungen unter dem Einfluß von Macht.

In dieser Phase dürfte das Instrumentarium der Macht freilich noch wenig entwickelt gewesen sein. Vermutlich werden die Anführer von San José Mogote Macht in erster Linie in ihrer Funktion als rituelle Oberhäupter und durch wirtschaftliche Anreize ausgeübt haben. Wie hawaiische Häuptlinge Tribute einfordern, konnten sie vermutlich nicht. Rang- und Wohlstandsunterschiede in San José Mogote sind zwischen 1150 und 700 v. Chr. zwar deutlich erkennbar, aber die Übergänge von unten nach oben bleiben fließend. Eine vom Volk abgegrenzte herrschende Schicht gab es nicht.

Das Amt wird den Anführern zwar einen Anteil am Mehrprodukt der Gemeinschaft gesichert haben, aber damit verbunden dürfte noch immer das Prinzip der Gegenseitigkeit gewesen sein. Man kann sich vorstellen, daß die führenden Familien diese Einkünfte nach Art der Trobriander-Häuptlinge einsetzten, um öffentliche Projekte zu finanzieren oder Teilzeithandwerker zu entlohnen. Die Finanzierung der Herstellung von Exportartikeln wiederum sicherte ihnen einen Nachschub an Importartikeln wie Obsidian zur Verteilung innerhalb des Dorfs. Die Macht, Mehrarbeit mit physischer Gewalt oder durch

Schaffung wirtschaftlicher Abhängigkeit zu erzwingen, werden diese Anführer wohl noch nicht gehabt haben. Ihre Macht lag in der religiösen Autorität des Amts begründet und in der Fähigkeit, Gefolgsleute großzügig zu belohnen.

4. Hoch über dem Dorf

Erst zwischen 700 und 550 v. Chr., in der Phase vor der Entstehung des Staates in Oaxaca, finden sich Anzeichen einer Ausweitung der Macht der führenden Familien von San José Mogote. Der Ort war auf etwa 1 000 Einwohner angewachsen, und sein Einflußbereich erstreckte sich über etwa 20 Weiler in der Umgebung mit weiteren 400 Menschen.

Die Dimensionen des größten und eindrucksvollsten Tempels der Epoche lassen die gewachsene Macht der Anführer in San José Mogote erkennen. Dieser Tempel mit einer Grundfläche von 28 mal 22 Metern bestand aus grob behauenen tonnenschweren Steinblöcken, die weniger durch Kunstfertigkeit als durch Größe beeindruckten. Hunderte von Menschen müssen diese Blöcke aus 5 Kilometer Entfernung herangeschleppt, über einen Fluß getragen und schließlich den 13 Meter hohen Tempelhügel hinaufgezogen haben. Wer immer einen solchen Bau organisierte, muß die Macht gehabt haben, die Bevölkerung des Hauptorts und der abhängigen Weiler zu Frondiensten zu verpflichten.

In dieser Phase läßt sich in einzelnen Weilern wie Fabrica San José auch eine wirtschaftliche Bindung an den Hauptort feststellen. In der Nähe von Mineralquellen gelegen, lieferte Fabrica San José Salz und die großen Travertinblöcke, die beim Tempelbau in San José Mogote verwendet worden sind. Wenn es sich auch nicht nachweisen läßt, so ist es angesichts der veränderten Gesellschaftsstruktur zumindest wahrscheinlich, daß die Austauschbedingungen vom größeren der beiden Partner diktiert wurden. (Drennan, Flannery 1983)

Der Wandel in den Austauschbeziehungen bestätigt das Bild. Der Anteil an Obsidian, der von den führenden Familien San José Mogotes eingeführt und zentral verteilt wurde, nahm weiter zu und die Beschaffung auf Haushaltsebene ab. Dagegen verlor der Austausch prestigeträchtiger exotischer Artikel ohne praktischen Wert zwischen verschiedenen mesoamerikanischen Kulturen an Bedeutung. Wie wir gesehen haben, hatten solche Güter als Produktionsanreize einer Haushaltsökonomie gedient. Um Federn bunter tropischer Vögel, Stachelrochenspitzen, Schildkrötenpanzer oder exotische Muscheln aus der Küstenregion zu erhalten, stellten die Bewohner des Hochtals von Oaxaca die zum Tausch benötigten Güter her.

Dies war nach 850 v. Chr. nur noch bedingt notwendig. Nun hatten die Häuptlinge die Macht, Produktion zu verlangen und Abgaben zu erzwingen. Diese Macht äußerte sich, wie Jane Pires-Ferreira festgestellt hat, in einer Abnahme des überregionalen Austauschs von Luxusartikeln. Statt dessen nahmen die Produktion und der Austausch von Gütern auf regionaler Ebene zu. Die Häuptlinge waren offensichtlich nicht mehr darauf angewiesen, durch rituelle und wirtschaftliche Anreize um Gefolgschaft zu werben. Sie konnten den Haushalten Abgabepflichten auferlegen. (Pires-Ferreira 1976)

Die neue Macht äußerte sich auch in den Residenzen der Elite. Irgendwann zwischen 700 und 550 v. Chr. hatte der beschriebene große Tempel als öffentliches Gebäude ausgedient. Dieses auf einem Hügel stehende monumentale Gebäude und die zu ihm führende Treppe aus gewaltigen Steinblöcken wurden nun von den führenden Familien als Baugrund reklamiert. Auf der flachen Oberseite des Tempels entstanden mehrere Wohnhäuser. 15 Meter über dem Dorf und nur über eine Treppe aus mächtigen Steinblöcken erreichbar, residierten die führenden Familien von San José Mogote nun deutlich vom Rest der Bevölkerung abgehoben.

Die Macht, andere zum Bau einer größeren Residenz einzusetzen, hatten sie freilich nicht. Ihre Häuser waren zwar größer und luxuriöser als die des Volks, aber noch immer sprengten sie nicht den Rahmen der Arbeitskraft weitverzweigter Familien. Die Anführer entsprachen damit dem sozialen Typus des Häuptlings, so wie der amerikanische Prähistoriker William Sanders ihn als Ergebnis einer umfassenden Untersuchung der ethnologischen Literatur charakterisiert. »Obwohl Häuptlinge große Menschenzahlen für ausgedehnte Zeit zum Bau von Tempeln und Grabdenkmälern heranziehen können, können sie die gleiche Arbeitsleistung nicht zum Bau eigener Residenzen einsetzen«. (1974, nach Flannery, Marcus 1983) Solche Macht sollte erst in staatlich organisierten Gesellschaften entstehen.

Ein weiterer Hinweis vervollständigt das Bild von den entwickelten Häuptlingstümern. Zum Bau des Tempels, der später zum Quartier der Elite wurde, war ein Mensch geopfert worden. Im schmalen Korridor zwischen dem beschriebenen Tempel und einem angrenzenden zweiten lag eine große Steinplatte mit einer eingemeißelten menschlichen Gestalt. Wer diesen Korridor passierte, trat auf das Abbild eines gekrümmt daliegenden Menschen mit geschlossenen Augen und einem schmerzverzerrten halboffenen Mund, dem, vermischt mit einem Blutschwall, die Eingeweide aus dem aufgerissenen Leib quollen. Eingemeißelt in die Platte ist das Kalenderdatum, »eins Erdbeben«, das älteste in Mesoamerika. Es stellt den Beginn des späteren Brauchs dar, Menschenopfer nach dem Geburtsdatum der Geopferten zu registrieren. (Flannery, Marcus 1983)

5. Eine Stadt im Niemandsland

Nach 500 v. Chr. vollzog sich im Tal von Oaxaca der nächste, der entscheidende Schritt auf dem Weg zum Staat. Aus dem Nichts entstand im Schnittpunkt der drei Arme des Y-förmigen Tals eine neue Siedlung – Monte Albán. Innerhalb kurzer Zeit überflügelte die Neugründung alle älteren Siedlungen und wurde zur Hauptstadt des Zapotekenstaates.

San José Mogote hatte ein Jahrtausend gebraucht, bis es die Zahl von 1 000 Einwohnern erreichte. Monte Albán benötigte gerade drei Jahrhunderte, um von null auf 10 000 bis 20 000 Menschen anzuwachsen. Monte Albán degradierte San José, das bis 500 v. Chr. die Vorherrschaft über 18 bis 20 Weiler in einem Teil des Tals von Oaxaca gehabt hatte, zur Provinzhaupt»stadt«. Ebenso erging es anderen Siedlungen, die bis dahin einzelne Talabschnitte dominiert hatten.

Schon drei Jahrhunderte nach der Gründung hatte die Stadt nicht nur uneingeschränkte Vorherrschaft über das gesamte Tal von Oaxaca, ihre Macht reichte weit über das Tal hinaus. Durch ein hierarchisch abgestuftes System primärer und sekundärer Regierungs- und Verwaltungszentren übte sie Macht über eine größere Region aus. Regionale Zentren kontrollierten einzelne Talabschnitte, San José Mogote zum Beispiel den linken oberen Arm des Y. Ihnen in der Hierarchie untergeordnet waren kleinere Dörfer als sekundäre Verwaltungszentren über eine Anzahl von Weilern.

Eine weitere Besonderheit zeichnete die neue Hauptstadt aus. Bis zur Gründung von Monte Albán hatte die Bevölkerung des Tals von Oaxaca die fruchtbare Talsohle im Überschwemmungsbereich der Hauptflüsse besiedelt. Dort mußte man nur Löcher in die Erde graben, um mit einfachsten Mitteln zu bewässern. Monte Albán dagegen wurde auf einem Hügel 400 Meter über dem Wasserspiegel der Flüsse gegründet. Nahezu das gesamte dramatische Bevölkerungswachstum im Tal von Oaxaca bis zum Jahr 350 v. Chr. war auf einen Kreis von 20 Kilometern um die Stadt beschränkt. Innerhalb dieses Umfeldes wuchs die Bevölkerung in nur anderthalb Jahrhunderten von annähernd null auf 10 000, von denen die Hälfte auf dem Hügel lebte. Schon in 30 Kilometer Entfernung vermehrte sich die Menschenzahl dagegen kaum. Das Bevölkerungswachstum in der Umgebung der neuen Hauptstadt hielt bis zum Ende der ersten archäologischen Phase um 200 v. Chr. an. Zu dieser Zeit dürfte die Stadt etwa 17 000 Einwohner gehabt haben, und weitere 10 000 Menschen lebten in 20 Kilometer Umkreis.

Diese Menschenansammlung im zentralen Teil des Tals mußte ernährt werden. Das Schwemmland im Flußbereich, wo Topfbewässerung möglich war, reichte bei weitem nicht aus. Im zentralen Teil des Tals drangen nun entlang von Seitentälern Siedlungen immer weiter in die Vorberge vor. Um von den schwankenden Niederschlagsmengen unabhängig zu sein, mußte man dort mit weitaus höherem Arbeitsaufwand als im Schwemmland Wasser aus Gebirgsbächen und Flüssen durch Dämme stauen und über Kanäle auf die Felder leiten. (Blanton, Kowalewski, Feinman, Appel 1981; Flannery, Marcus 1983; Blanton 1983; Kowalewski 1983)

Bestätigt das die »hydraulische« Theorie des Soziologen Wittfogel? (Wittfogel 1957) Vereinfacht besagt diese Theorie, die frühen Staaten seien aus den Sachzwängen einer Bewässerungswirtschaft hervorgegangen. Bei oberflächlicher Betrachtung könnte man hinter der Entwicklung von Monte Albán tatsächlich ein hydraulisches Paradebeispiel nach folgendem hypothetischen Muster vermuten:

Nachdem im Tal von Oaxaca die Talsohle bis zur Grenze der ökologischen Tragfähigkeit mit Menschen angefüllt war, mußten marginale Zonen besiedelt werden, die eine zentralisierte Bewässerungstechnik erforderten. Während in der Talsohle jeder Bauer sein eigenes Bewässerungs»system« kontrollierte, bestand im Vorgebirge die Notwendigkeit einer zentralisierten Bewässerung. In gemeinschaftlicher Arbeit mußten Staudämme und Kanäle gebaut, instandgehalten und die Wasserverteilung auf die Felder unterschiedlicher Besitzer geregelt werden. Solche Techniken schufen die wirtschaftlichen Grundlagen eines raschen Bevölkerungswachstums. Die Kontrolle großer Menschenmassen, die Koordinierung und Überwachung der notwendigen Arbeiten sowie die Regelung der Wasserzuteilung verlangten die Bildung einer mit Macht ausgestatteten zentralen Organisation und Verwaltung – den Staat.

Tatsächlich hat die Gründung von Monte Albán nichts mit Übervölkerung in günstigeren landwirtschaftlichen Zonen des Tals von Oaxaca zu tun. Um 500 v. Chr. war selbst die am dichtesten besiedelte Etla-Region um San José Mogote mit 1 400 Menschen nur zu einem Bruchteil genutzt. Weitaus dünner besiedelt waren die anderen Teile des Y. Im rechten oberen Arm, in der Mitte und im unteren Teil, wo sich die größten fruchtbaren Flächen befanden, lebten gerade 800 Menschen. Wären Übervölkerung und Hunger in den besiedelten Teilen des Tals von Oaxaca der Anlaß zur Gründung einer neuen Siedlung gewesen, dann hätte es wohl kaum einen weniger geeigneten Ort gegeben als Monte Albán.

Auch hatte Bewässerung keinen erkennbaren Einfluß auf die politische Organisation der Stadt. Die Bewohner bauten zwar zwei Dämme und legten unterhalb dieser Dämme auch terrassenförmige Felder an, aber die bewässerte Fläche von 50 Hektar reichte gerade aus, um 1 bis 2 Prozent der Stadtbevölkerung zu ernähren.

»Der Ort«, so Richard Blanton, eine der Autoritäten der Archäologie von Oaxaca, »wurde ohne Rücksicht auf ökonomische Gesichtspunkte ausgewählt.« (1983) Auf einem Hügel, auf den selbst Trinkwasser mühsam heraufgeschleppt werden mußte, war die Stadt selber wirtschaftlich zu keiner Zeit autark. Schon in der Gründungsphase war sie von Nahrungslieferungen aus den früher besiedelten Teilen des Tals abhängig. (Blanton, Kowalewski, Feinman, Appel 1981)

Wie schon bei der Besiedlung der Etla-Region ein Jahrtausend zuvor gaben auch bei der Gründung von Monte Albán soziale Faktoren den Ausschlag. Die Stadt lag im Schnittpunkt der drei Talarme von Oaxaca auf einem Hügel 400 Meter über der Talsohle. Ungeachtet wirtschaftlicher Rücksichten entschied allein die strategische Lage über die Wahl des Orts. Von dort aus ließen sich die drei Arme des Tals überblicken. Es scheint, als wäre die Neutralität eines Orts im Bereich zwischen den Interessensphären der bewohnten Arme des Y wichtig gewesen.

Alles spricht dafür, daß Monte Albán eine politische Gründung ist. Politische Faktoren bestimmten auch die weitere Entwicklung der Stadt. Wachstumsraten von 6 Prozent im Jahr wie in der ersten Entwicklungsphase der Stadt übertreffen selbst die heutige Bevölkerungsexplosion in sogenannten »Entwicklungsländern« auf der Grundlage moderner Medizin um das Zwei- bis Dreifache. Gemessen an der

Bevölkerungsentwicklung in der Etla-Region muß ein erheblicher Teil der Bevölkerung der bis dahin besiedelten Talarme nach Monte Albán gezogen sein. Zuerst schrumpfte das benachbarte Tierras Largas, dann folgten das weiter entfernte San José Mogote und sein Satellit Fabrica San José, und schließlich verlor auch das am weitesten entfernte Huitzo Menschen an Monte Albán.

Die Macht, die nach der »hydraulischen« Theorie durch die Sachzwänge einer Bewässerungswirtschaft erst entstehen sollte, war in Monte Albán von Anfang an vorhanden. Wer immer die Stadt gegründet haben mag, er konnte in einer groß angelegten Umsiedlungsaktion große Bevölkerungsteile dreier getrennter Talbereiche an einem Ort zusammenführen, an dem sich bis dahin Fuchs und Hase gute Nacht gesagt hatten. Freiwillig wäre wohl kein Bauer, der unten in der Talsohle von Tierras Largas, von San José oder Huitzo seine Felder bequem mit Grundwasser bewässerte, auf den von der Sonne ausgedörrten, felsigen Hügel von Monte Albán umgesiedelt. Und ohne die Macht, von den vorhandenen Siedlungen in der fruchtbaren Talsohle Nahrungstribute einzutreiben, wäre schon die erste Generation auf diesem Hügel verhungert. Was also hat zur Gründung geführt und was hat die Entwicklung in den folgenden Jahrhunderten vorangetrieben?

Die Stadt scheint als Konföderation dreier getrennter politischer Einheiten entstanden zu sein. In der ersten Siedlungsphase zwischen 500 und 350 v. Chr. lebten die Bewohner in drei getrennten Siedlungsbereichen. Im unbewohnten Raum dazwischen fanden Archäologen den heiligen Bezirk der Stadt mit drei »öffentlichen Gebäuden«. Anscheinend hatte jedes »Drittel« noch seinen eigenen Kult, und anscheinend war die Bindung an das eigene Herkunftsgebiet zu dieser Zeit stärker als die Integration im neuen Ort. Erst nach 350 v. Chr. verschmolzen die getrennten Stadtviertel von Monte Albán zu einer Einheit.

Wäre der Ort nicht auf einem Felsplateau gelegen, könnte man von einer Gründung auf der Grünen Wiese reden. Daß Monte Albán durch einen politischen Akt als Hauptstadt über das gesamte Tal von Oaxaca gegründet worden ist, zeigt sich auch in den Herkunftsgebieten seiner Bewohner. Als hätte man in den älteren Siedlungen von Anfang an die Oberhoheit der neuen Hauptstadt anerkannt, hörte der Bau monumentaler »öffentlicher Gebäude« an Orten wie Huitzo oder San José Mogote auf. Die drei früher besiedelten Talarme verloren ihre politische Autonomie. Die neue Stadt degradierte Siedlungen, die wie San José Mogote bis dahin Metropolen über ganze Talabschnitte gewesen waren, zu sekundären Zentren.

Die Mittel, mit denen die Einigung erzielt und die Expansion des »Reiches« vorangetrieben worden ist, läßt sich auf mehreren Hundert großen Felsplatten mit eingemeißelten menschlichen Gestalten erkennen, den sogenannten *Danzantes*. Die Platten waren einst in die Außenwände eines der drei »öffentlichen Gebäude« im heiligen Bezirk der Stadt eingelassen. Obwohl der größte Teil dieses sogenannten *Edificio des los Danzantes* unter einem späteren Gebäude begraben liegt, wurden insgesamt 320 Platten gefunden. Ganz offensichtlich hatte das, woran die *Danzantes* erinnerten, einige Bedeutung für Monte Albán.

Nach ihrer Wiederentdeckung im Jahr 1806 hat man in diesen *Danzantes* alles mögliche gesehen – Tänzer, Schwimmer, Priester in Ekstase oder Menschen mit angeborenen Anomalien, nur nicht die unverhüllt dargestellte brutale Wirklichkeit. Die *Danzantes* sind geopferte Menschen. Wenn etwas sie wie im Tanz in unnatürlicher Pose erstarren ließ, dann waren es Schmerz und Todesagonie. Wahrscheinlich waren die »Tänzer« Anführer selbständiger politischer Einheiten gewesen, die sich den Machthabern von Monte Albán widersetzt hatten, besiegt und geopfert worden waren. Diese Vermutung des Mesoamerikanisten Michael Coe wird inzwischen von den tonangebenden Vertretern des Faches anerkannt. (Nach Blanton, Kowalewski, Feinman, Appel 1981; Flannery, Marcus 1983)

»Die entstellte Haltung der Gliedmaßen, der offene Mund und die geschlossenen Augen deuten an, daß es sich um Leichen handelt, zweifellos von Häuptlingen oder Königen, die von den ersten Herrschern von Monte Albán getötet wurden. Die Geschlechtsteile vieler Individuen sind deutlich gezeichnet, in Mesoamerika, wo Nacktheit als skandalös galt, gewöhnlich das Stigma von Gefangenen. Weiter wurden einzelnen *Danzantes* die Geschlechtsteile verstümmelt, aus dem angeschnittenen Teil strömt blumig das Blut. Um die Gewalttätigkeit zu untermauern – ein *Danzante* ist nichts weiter als ein abgetrennter Kopf.«

In einem Umfeld, in dem kleine Häuptlingstümer bis dahin die größten politischen Einheiten gewesen waren, ist Coes Begriff »Könige« zweifellos zu hoch gegriffen. Auch dürften viele »Häuptlinge«, denen die fragwürdige Ehre zuteil wurde, auf den Platten verewigt zu werden, eher kleinen Dörfern, Weilern oder Verwandtschaftsgruppen als größeren Stämmen vorgestanden haben. Richtiger sehen Flannery und Marcus im *Edificio des los Danzantes* einen Hinweis auf »lokale Konflikte«, die bis in die Gründungszeit von Monte Albán zurückgehen. (1983)

Die auf den Steinplatten dargestellte Geschichte handelt von der

Unterwerfung einer Vielzahl ursprünglich unabhängiger kleinerer Einheiten durch Monte Albán zwischen 500 und 200 v. Chr. Vermutlich haben Auseinandersetzungen zwischen unabhängigen Häuptlingstümern schon bei der Gründung der Stadt eine wichtige Rolle gespielt. Das Urbild des *Danzante* stammt aus San José Mogote in der der Gründung von Monte Albán unmittelbar vorhergehenden Phase. Es ist die Steinplatte mit dem Geopferten zwischen den beiden Tempeln von San José Mogote.

Ob die Etla-Region, die um 500 v. Chr. wahrscheinlich über das größte Menschenpotential und über die straffste Form sozialer Organisation verfügte, die anderen Talarme zur Konföderation gezwungen hat, ist offen. Wie man am Beispiel der großen Militärbündnisse von heute erkennen kann, ist Waffen*brüderschaft* nicht synonym mit Brüderlichkeit in Waffen. Hätte – was wahrscheinlich ist – vor 500 v. Chr. im Tal von Oaxaca ein Häuptlingstum das Übergewicht über die anderen gehabt, dann waren seine Anführer klug genug, im »Pakt von Monte Albán« die anderen in der Illusion gleichberechtigter Partnerschaft zu lassen.

Daß Macht durch eine buchstäblich »schamlose« Darstellung des systematischen Terrors auf einem Tempel demonstriert wurde, zeigt die Bedeutung von Eroberungs- und Unterwerfungskriegen für das Wachstum von Monte Albán. Ebensowenig wie an den beiden anderen »öffentlichen Gebäuden« gibt es am *Edificio des los Danzantes* Hinweise auf Riten, in denen sich Menschen in demütiger Verehrung den Göttern nähern. Diese Art Riten blieb den älteren Dörfern vorbehalten. »Die Abwesenheit solcher Motive«, so folgern Blanton und seine Koautoren, »zeigt deutlich, daß die Hauptstadt ihre Macht nicht durch religiöse Vorherrschaft legitimierte«. (Blanton, Kowalewski, Feinman, Appel 1981)

6. Zur Eroberung verdammt

Die Verherrlichung von Eroberung und Terror war zwar ein wesentliches Element der Herrschaftsideologie von Monte Albán, aber nicht Selbstzweck der Herrschaft. Über die Ursachen der blutigen Unterwerfungs- und Eroberungspolitik in den ersten Jahrhunderten nach der Gründung kann man zwar nur Vermutungen anstellen, aber sie lassen sich mit guten Argumenten begründen.

Eine der wichtigsten Ursachen dürfte die Abhängigkeit der Stadt von Nahrungstributen gewesen sein. Da Monte Albán in einem zuvor kaum besiedelten Teil des Tals auf einem unfruchtbaren Felshügel gegründet worden und daher von Nahrungslieferungen abhängig war, mußte es sich die benötigte wirtschaftliche Basis in der Umgebung schaffen. Das bedeutete, die zentrale Autorität mußte die Besiedlung des Umlands erzwingen. Ökonomisch war die notwendige Bevölkerungsballung im Schnittpunkt der drei Talarme nicht sonderlich sinnvoll. Während in den Talarmen noch große fruchtbare Flächen brachlagen, drangen zwischen 350 und 200 v. Chr. im Kreuzungspunkt neue Siedlungen entlang von Seitentälern immer weiter in landwirtschaftlich weniger geeignete Bergregionen vor.

Mit dem damit wachsendem Risiko von Mißernten und Erosion bauten dort Bauern Nahrung auf immer kargeren und schwieriger zu bewirtschaftenden Böden an. Es gab nur einen Grund für die großangelegten Umsiedlungen und die Aufrechterhaltung einer hohen Bevölkerungsdichte im Umfeld der Hauptstadt. Von Nahrungslieferungen abhängig, schuf sich Monte Albán die benötigte wirtschaftliche Basis durch ein System abhängiger Dörfer und Weiler in der Umgebung. Wie das auf einem der drei »öffentlichen Gebäude« dargestellte Schicksal der *Danzantes* ahnen läßt, beruhte dieses System weniger auf freiwilliger Übereinstimmung als auf Terror.

Die Wirtschaft dieser abhängigen Siedlungen wurde von der Hauptstadt kontrolliert. Spuren dieser Kontrolle haben Blanton, Kowalewski, Feinman und Appel in der Entwicklung der Keramik von Monte Albán nachgewiesen. Die Keramik unterscheidet sich von derjenigen vorhergehender Epochen durch Standardisierung und geringere Qualität. Töpfe wurden nicht mehr als Einzelstücke für den persönlichen Bedarf erzeugt, sondern als Massenware. War schönes Aussehen zuvor ebenso wichtig wie die praktische Funktion gewesen, so entschied nun anstelle der Ästhetik die Geschwindigkeit der Herstellung eines Gebrauchsguts für den Massenbedarf. In die gleiche Richtung weist die archäologisch festgestellte zunehmende Konzentration von Töpferwerkstätten in administrativen Zentren der Region. Dort konnte die Verwaltung die Herstellung und Verteilung der massenhaft hergestellten Töpferware besser kontrollieren als in anderen Siedlungen. Hatten sich zwischen 500 und 350 v. Chr. nur 20 Prozent aller Töpferwerkstätten in Verwaltungszentren befunden, so waren es zwischen 350 und 200 v. Chr. 66 Prozent. (Blanton, Kowalewski, Feinman, Appel 1981)

Ganz offensichtlich reglementierte also die Verwaltung in zunehmendem Maß die Wirtschaft und Lebensweise der Bevölkerung im Machtbereich von Monte Albán. Die gleichen Anzeichen für ein zentral gesteuertes, wirtschaftliches Zweckmäßigkeitsdenken finden sich auch in den Ernährungsgewohnheiten. Erstmals erschienen *comales*, flache Pfannen aus gebranntem Ton zum Backen von *tortillas*. Diese gebackenen Maisfladen lassen sich auf Vorrat herstellen und eignen sich daher als Proviant für längere Aufenthalte auf den Feldern. (Blanton, Kowalewski, Feinman, Appel 1981)

Mit der wachsenden Größe dieses Wirtschaftssystems wuchsen auch die Probleme. Wie wir gesehen haben, ist der damit überproportional wachsende Verwaltungsaufwand eine der prinzipiellen Schwächen von Tributsystemen. Der Verwaltungs- und Herrschaftsapparat, der benötigt wird, um Überschüsse zu erzeugen, verschlingt einen wachsenden Teil dieser Überschüsse. Wächst ein Tributsystem über eine gewisse Größe hinaus, dann wächst die Zahl der Esser schneller als die Zahl der Erzeuger. Die Beanspruchung des produktiven Teils des Systems durch den unproduktiven Verwaltungs- und Herrschaftsapparat nimmt zu.

Auch diese Schwäche des Wirtschaftssystems ließ sich im Tal von Oaxaca archäologisch nachweisen. In den ersten drei Jahrhunderten von Monte Albán (500 bis 200 v. Chr.) wuchs die Bevölkerung der Siedlungen ohne »öffentliche Bauten« – also von reinen Bauerndörfern – um weniger als das Vierfache. Die Zahl der Orte mit architektonischen Merkmalen von Verwaltungs- und Regierungsfunktionen aber nahm um das Sechsfache zu. In dieser Gegenüberstellung ist noch nicht einmal die Stadt enthalten, in der das Mißverhältnis zwischen Erzeugern und Verbrauchern am größten war: die Hauptstadt selbst. An der Vielfalt und Reichhaltigkeit der Töpferware gemessen, war der Konsum in den Verwaltungszentren außerdem weitaus höher als in der Vielzahl der Weiler, auf denen die Hauptlast der Nahrungsversorgung des Systems lag. »Menschen, die in Verwaltungszentren lebten«, so resümieren Blanton und seine Mitautoren, »waren sehr viel wohlhabender als die Bewohner anderer Teile der Region.« (Blanton, Kowalewski, Feinman, Appel 1981)

Auch die wachsende Diskrepanz zwischen Bauern und Handwerkern auf der einen Seite und dem Regierungs- und Verwaltungsapparat auf der anderen scheint zum Terror des Herrschaftssystems beigetragen zu haben. Die zunehmende Belastung der Produzenten dürfte den Widerstand geschürt haben. Rebellion aber wurde mit den auf dem

Edificio des los Danzantes dargestellten Sanktionen bestraft. Auf den Tafeln des »Hauptheiligtums« von Monte Albán bekam die Bevölkerung die Geschichte ihrer eigenen Unterdrückung vorgeführt.

Dieser Druck ließ in der folgenden archäologischen Phase nach. Zwischen 200 v. Chr. und 300 n. Chr. lockerte sich der Zugriff von Monte Albán auf die Bevölkerung des Tals von Oaxaca. Die Vorgebirgsregion im Umkreis der Hauptstadt, die entscheidend für die erste Entwicklungsphase gewesen war, wurde nahezu aufgegeben. Ihre Bevölkerung verteilte sich anscheinend wieder über die drei Talarme, wo einfacher zu bearbeitendes fruchtbares Schwemmland zur Verfügung stand. Auch die Einwohnerzahl der Hauptstadt verringerte sich geringfügig. Regionale Zentren wie San José Mogote gewannen einen Teil ihres früheren Einflusses zurück. Dieses wiedergewonnene Gewicht der »Provinzhauptstädte« hat wahrscheinlich mit der verstärkten Nutzung des Schwemmlands durch Bevölkerungsteile zu tun, die zuvor um Monte Albán gesiedelt hatten. Im Tal von Oaxaca brach ein »goldenes Zeitalter« an. (Blanton, Kowalewski, Feinman, Appel 1981)

Die Bevölkerung anderer Täler im Norden und Süden von Oaxaca dürfte den Anbruch des »goldenen Zeitalters« der Oaxacaner freilich anders gesehen haben. Denn nun begann eine Phase militärischer Expansion zur Eroberung und Unterwerfung fremder Völker außerhalb des Tals von Oaxaca. Ungeachtet der geschrumpften wirtschaftlichen Basis um Monte Albán wurde das öffentliche Bauen im »heiligen Bezirk« der Stadt unvermindert fortgeführt. Mit immensem Arbeitsaufwand entstand aus einer Felsregion das heutige flache Plateau, dessen Tempel und Paläste eine der großen Touristenattraktionen des modernen Mexico sind.

Ein offensichtlich erheblicher Teil der wirtschaftlichen Grundlagen für diese Blüte wurde in anderen Regionen geschaffen. Monte Albán setzte seine Tradition der Eroberung und Unterdrückung unabhängiger politischer Einheiten fort. Diesmal richtete sie sich jedoch nach außen, und diese Expansionspolitik erlaubte es, den inneren Druck zu lockern. Keramik kann als Leitfossil dieser Ausweitung des Machtbereichs der Stadt dienen. War Oaxaca-Keramik bis 200 v. Chr. auf das Tal selbst beschränkt gewesen, kam sie danach in Regionen weit außerhalb des ursprünglichen Herrschaftsbereichs im Norden und Süden des Tals von Oaxaca vor.

Auch diese Phase der militärischen Expansion ist im Tempelbezirk von Monte Albán dokumentiert. Nach 200 v. Chr. lebten die *Danzantes* nur noch als Erinnerung an barbarische Auseinandersetzungen fort, in denen die Sieger ihren Triumph durch persönliche Demütigung der Besiegten gefeiert hatten. Zwischen 200 v. und 100 n. Chr. entstand ein weiterer Tempel zur Verherrlichung von Eroberung und Unterwerfung. In einem »öffentlichen Gebäude« mit pfeilspitzenförmigem Grundriß befanden sich über fünfzig große Steine, auf denen offensichtlich die Eroberung fremder Territorien dargestellt ist. Glypen, in Stein geschnittene Zeichen, symbolisieren Ortsnamen wie »Hügel des Vogels«, »Hügel der Chilipflanzen«, »Hügel des Kaninchens« usw. Ein Herrscherkopf mit charakteristischem Kopfschmuck zur »politischen« Identifizierung des Gegners und manchmal sogar das Datum der Unterwerfung vervollständigen den Eroberungsstein.

Im Vergleich zur barbarischen Unterwerfungszeremonie bei den *Danzantes* ist die Zivilisierung der Oaxacaner unverkennbar. Die Eroberung wird nicht mehr als persönliche Erniedrigung des gegnerischen Anführers gefeiert, sondern als politisches Ereignis registriert. Auf den Eroberungssteinen erkennt man nicht mehr persönliche Triumphe und Niederlagen, nicht mehr Schmach und Qualen, sondern nur noch neutrale politische Annexion. Wenn den Verlierer vielleicht ein ähnliches Schicksal wie die *Danzantes* erwartete, so wurde es zumindest nicht mehr dargestellt. Wie ein geleertes Glas auf den Kopf gestellt, diente das um 180 Grad gedrehte Bild des Herrscherkopfes als Symbol für die Unterwerfung eines Häuptlings. Emotionslos wie moderne Konzernstrategen die Eingliederung eines weiteren Unternehmens in ihre Wirtschaftsimperien bilanzieren, so registrierten die Herrscher der zweiten Entwicklungsphase von Monte Albán auf diesen Tafeln die Annexion fremder Gebiete.

Die wenigen identifizierten Ortsbezeichnungen auf diesen Steinen lassen erkennen, daß Monte Albán um 200 v. Chr. seinen Herrschaftsbereich weit über das Tal von Oaxaca nach Norden und Süden hin ausgedehnt hatte. Eingegliedert im Süden war das 120 Kilometer von Oaxaca entfernte Tututepec unmittelbar an der Pazifikküste. Nach Norden erstreckte sich die Herrschaft von Oaxaca bis zum 100 Kilometer entfernten Quiotepec im Tal des Rio Grande. In strategischer Lage am einzigen Paß zum Tal von Tehuacán gelegen, wurde dieser Ort von Monte Albán mit einer Stadtmauer befestigt. (Marcus 1983)

Um uns vor Illusionen über die Art der Beziehungen zwischen Oaxaca und den annektierten Gebieten zu bewahren, seien Ausgrabungen in der Cañada de Cuicatlán erwähnt. Dieses fruchtbare Gebiet um den Rio Grande bildet den Hauptverbindungsweg von Oaxaca nach Tehuacán mit dem Paß von Quiotepec als nördlichem Endpunkt. In der Zeit, bevor sich dort Oaxaca-Keramik und -Bauten verbreiteten, hatte die Bevölkerung der Cañada de Cuicatlán in kleinen Weilern in Flußnähe gelebt, wo sie mit geringem Aufwand ihre Felder bewässern konnte. Unter dem Einfluß von Oaxaca veränderte sich dieses Bild einer friedlichen bäuerlichen Subsistenzwirtschaft auf dramatische Weise.

Um Überschüsse zu erzeugen, siedelte man die Bevölkerung um. Bestehende Orte verschwanden, während neue in den Vorbergen entstanden. Um den Nahrungsertrag zu steigern, wurde Gebirgswasser mit einer aufwendigen Bewässerungstechnik über Aquädukte auf Felder geleitet. Ohne daß lokales Bevölkerungswachstum eine Ausweitung der Anbaugebiete erzwungen hätte, wurden nun alle verfügbaren Flächen genutzt. Gleichzeitig nahm der Anteil an tropischen Früchten und Nüssen zu, die in der Cañada von Ciucatlán auf 600 Meter Meereshöhe, nicht aber im 1000 Meter höher gelegenen Tal von Oaxaca wuchsen. Anscheinend produzierte die einheimische Bevölkerung Nahrung für Oaxaca. Man könnte von »cash crops« reden, gäbe es nur den geringsten Hinweis dafür, daß die Produzenten eine angemessene Gegenleistung erhalten hätten.

Die Archäologen Redmont und Spencer gewannen den Eindruck einer Herrschaft, die alles andere als gütig und gerecht gewesen ist. Oaxaca hatte selbständige Bauern zu tributpflichtigen Vasallen gemacht. Und es herrschte durch Gewalt und Terror. In der Siedlung von La Coyotera am südlichen Ende der Cañada der Ciucatlán fanden sie Überreste eines Schädelgerüsts mit einundsechzig Schädeln: »Wahrscheinlich diente es als Symbol der imperialen Macht der Zapoteken«, vermuten Redmont und Spencer. »Wer es versäumte, seinen Tributpflichten nachzukommen, oder sich aufzulehnen wagte, dessen Schädel fand sich alsbald auf dem Gerüst wieder.« (Spencer, Redmont, 1983)

7. Wehe den Besiegten

Monte Albán liefert das Paradebeispiel für Konflikt und Krieg als Antriebskräfte kultureller Evolution. Eine sich über Jahrhunderte hinziehende Reihe von Kriegen formte zwischen 600 v. Chr. und 200 v. Chr. aus Häuptlingstümern einen Staat. Dieser Staat weitete anschließend seinen Machtbereich bis 400 n. Chr. systematisch durch Eroberung aus.

Dieses Jahrtausend kriegerischer Auseinandersetzungen in Monte Albán soll uns als Modell dienen, um eine der Hauptthesen der biologistischen Zivilisationskritik zu überprüfen. Deren These war es, daß nach Entstehung der Landwirtschaft unerbittliche Kriege zwischen rivalisierenden Menschengruppen eine frühere, friedfertigere Spezies Mensch ausgemerzt hätten. Aus solchen Kriegen sei ein neuer aggressiverer Mensch mit einer stärkeren *angeborenen* Tötungsbereitschaft hervorgegangen – unsere Vorfahren.

Die Archäologie Oaxacas bestätigt die in einem gewissen Stadium der kulturellen Evolution wachsende Kriegsbereitschaft. Und Monte Albán mit seinen *Danzantes* ist keinesfalls ein Einzelfall. In Gesellschaften, die eine gewisse Größe und Komplexität erreicht haben, findet sich häufig* eine charakteristische Kombination von ausgeprägten Rangunterschieden und Anzeichen von Kriegen. Es sind Gesellschaften, die im Klassifizierungsschema des Anthropologen Elman Service – Horden, Stämme, Häuptlingstümer und Staaten – zu den Häuptlingstümern gehören. (Service 1975)

Die Landwirtschaft hat mit diesem Phänomen nur indirekt zu tun. Sie lieferte die Ernährungsgrundlage, ohne die in den meisten Erdregionen Häuptlingstümer nicht hätten entstehen können. Prähistorische Menschen in friedliche Jäger und Sammler und kriegerische Bauern einzuteilen, wäre daher töricht. Ebenso wie friedliche Bauern gab es kriegerische Wildbeuter. Wirtschaftliche Grundlage zum Beispiel der militanten Häuptlingstümer an der Pazifikküste Nordamerikas waren Fischfang, die Jagd und das Sammeln. Erstmals in Häuptlingstümern finden sich eindeutige *archäologische* Hinweise, daß der Krieg als Selektionsfaktor wichtiger wurde. Nicht daß Horden oder Stammesgesellschaften ihre Differenzen stets friedlich geregelt hätten. Aber *Krieg* zwischen verschiedenen Menschengruppen war zu selten, um deutlichere archäologische Spuren zu hinterlassen als eine vergleichsweise geringe Anzahl zerschmetterter Schädel oder einige Felszeichnungen mit Hordenkämpfen, die auf bewaffnete Auseinandersetzungen schließen lassen. (Vgl. Herbig 1984)

Die »Kriege« ethnologisch erforschter Stammesgesellschaften wie der Hochlandstämme Neuguineas glichen eher Scharmützeln mit begrenzten Verlusten. Glaubensvorstellungen und Riten verhinderten Eroberungs- oder Vernichtungskriege. Der Sieger behauptete das

---

* Wie das folgende Kapitel über die Entstehung des Stadtstaates von Teotihuacán zeigen soll, jedoch keinesfalls immer.

»Schlachtfeld«, der Verlierer floh, beide Parteien leckten ihre Wunden, und damit hatte es sich, so lange, bis einige Jahre später ein Ritual die nächste Runde im Kampf einläutete. In Häuptlingstümern dagegen nahm nicht nur die Kriegsbereitschaft zu, die Auseinandersetzungen wurden mit unerbittlicher Härte geführt. Sieg oder Niederlage konnten wie im Ausrottungskrieg der Israeliten gegen die Midianiter das Überleben eines ganzen Volks entscheiden:

»Und der Herr redete mit Mose und sprach: Übe Rache für die Kinder Israel an den Midianitern... Und sie zogen aus zum Kampf gegen die Midianiter, wie der Herr es Mose geboten hatte, und töteten alles, was männlich war... Und Mose wurde zornig über die Hauptleute des Heeres... und sprach zu ihnen: Warum habt ihr alle Frauen leben lassen?... So tötet nun alles, was männlich ist unter den Kindern, und alle Frauen, die nicht mehr Jungfrauen sind, aber alle Mädchen, die unberührt sind, die laßt für euch leben.« (4. Buch Mose, 31)

Archäologische Hinweise auf prähistorische Kriege gibt es nicht nur in Monte Albán. Im China des 3. Jahrtausends v. Chr. findet man unter den Überresten der sogenannten Longshanoid-Kultur die für viele Häuptlingstümer charakteristische Kombination von ausgeprägten Rangunterschieden und Kriegführung. Diese Entwicklung ist um so bemerkenswerter, als unter den Überresten von älteren egalitären Bauerngesellschaften der Yang Shao-Kultur nichts auf militärische Auseinandersetzungen hinweist.

An der Lungshanoid-Fundstelle von Chien-Kou im südlichen Hopei wurden in Erdlöchern und ehemaligen Brunnen haufenweise menschliche Skelette gefunden. Eines dieser Löcher erwies sich als Massengrab mit zehn Toten. Wer immer das Dorf überfallen hatte, er hatte wahllos Junge und Alte, Männer und Frauen niedergemetzelt. In einem Brunnenschacht wurden fünf übereinanderliegende Schichten menschlicher Skelette gefunden. Einige Opfer hatte man geköpft, bevor man sie in den Schacht warf. Andere waren, wie an den Spuren ihres Todeskampfes feststellbar, lebendig hineingeworfen worden. (Chang 1977)

Krieg, Unterwerfung und Menschenopfer gehörten zu den bevorzugten Motiven bemalter Keramik aus der Frühzeit der Chimú-Kultur, die zwischen 600 und 800 n. Chr. in den Tälern des Moche und Chicama in Nordperu blühte. Wie auf einem Filmstreifen ist auf einer Vase im Britischen Museum jede Phase des Kriegs abgebildet. Man sieht marschierende Krieger, die sich dem Gegner nähern. In einer anderen Szene verfolgt ein Krieger in voller Rüstung einen fliehenden Feind, der seinen Streitknüppel, sein Panzerhemd und seinen Kopfschmuck weggeworfen hat. An Stricken um den Hals werden Gefangene, die als Zeichen ihrer Erniedrigung nackt sind, von den Siegern fortgeführt. Bemerkenswert an diesen Kriegsszenen ist, daß die Gegner gleich gekleidet und bewaffnet sind. In den Schlachtszenen tragen beide Seiten das charakteristische Gewand und die Waffen der Chimú. Man kann daraus nur folgern, daß diese Kriege nicht zwischen verschiedenen Völkern geführt wurden, sondern Bruderkriege waren. Eine Vase im Natural History Museum in New York zeigt das Schicksal, das den Besiegten blühte. In Sänften werden die Anführer von ihren nackten Untertanen zu einer großen Stufenpyramide getragen, wo majestätisch der siegreiche Häuptling thront. In geringer Entfernung von der Pyramide warten in einem kleineren Gebäude die Henker. Neben dieser Gruppe erkennt man Tierdämonen, die einen nackten Gefangenen opfern. Nackte Leichen, abgeschlagene Gliedmaßen und Köpfe liegen, von bekleideten Menschen und Tierdämonen umgeben, am unteren Bildrand. Auf einem weiteren Vasenbild erkennt man einen Menschen mit abgezogener Gesichtshaut, die wie eine Maske herabhängt. Er soll zu Tode gesteinigt und anschließend den Vögeln zum Fraß überlassen werden. (Kutscher 1950)

Eine ähnliche Botschaft vermitteln die Opferplatte vor dem Tempel von San José Mogote und die ihre verwandten Platten mit den *Danzantes* von Monte Albán. Zwischen 600 und 200 v. Chr. kam es im Tal von Oaxaca immer wieder zu bewaffneten Auseinandersetzungen, die mit der Opferung der Besiegten endeten. Grausame Menschenopfer sind Thema auch der Friese auf den Tempelmauern von Sechin an der nordperuanischen Küste um 200 v. Chr. Diese Beispiele zu einem vollständigen Katalog prähistorischer Kriege und Bestialitäten zu ergänzen, erübrigt sich. Feststeht, daß in Häuptlingstümern und später in Staaten die kriegerischen Tendenzen zunahmen. Wie die *Danzantes*, die Opferszenen auf dem Tempel von Sechin und auf Chimú-Keramik erkennen lassen, wächst in einigen Gesellschaften auch die Bereitschaft, den besiegten Gegner mit triebhafter Grausamkeit und ausgeklügelten Foltertechniken langsam zu Tode zu quälen. Bestätigt das die biologistische These von den angeborenen Mörderinstinkten des Menschen, von instinkthafter Kriegsbereitschaft und angeborener Grausamkeit?

Dringt man durch die Oberfläche des archäologischen Faktums »Krieg« zu den sozialen Zusammenhängen vor, die solche Fakten geschaffen haben, dann offenbart sich die Haltlosigkeit der Theorie. Diese Kriege haben keine biologischen, sondern kulturelle Ursachen.

Diese Ursachen liegen in der bereits erwähnten inneren Schwäche von Häuptlingstümern. Um Macht auszuüben, muß der Häuptling erhebliche wirtschaftliche Ressourcen kontrollieren. Zugleich aber ist er noch mit dem letzten seiner »Untertanen« verwandt. Daher gilt für ihn derselbe Kodex von Verhaltensnormen wie für diese.

Der Häuptling steckt also in einer Zwickmühle. Auf der einen Seite muß er zur Ausübung seiner Funktion als Häuptling von »Untertanen« Tribute einfordern. Andererseits sieht er sich den Erwartungen seiner »Verwandten« – der »Untertanen« – ausgesetzt, für ihre Gaben – die Tribute – angemessene Gegengaben zu erhalten. Mit der Größe des Häuptlingstums wachsen die Anforderungen an das Herrschaftssystem. Zur Ausweitung seiner Macht muß der Häuptling die gleichen »Verwandten«, die Großzügigkeit von ihm erwarten, in ihrer Untertanenrolle immer stärker beanspruchen. Da mit zunehmender Größe eines Häuptlingstums die Regierungs- und Verwaltungskosten schneller steigen als die Menschenzahl, wird dieser Gegensatz immer schwerer überbrückbar.

Die Belastungen durch den Regierungsapparat wachsen, und damit nimmt die Unzufriedenheit zu. Mit der Schwächung der Autorität des Häuptlings bilden sich Fraktionen, an deren Spitze andere Angehörige der Aristokratie stehen. An diesem Punkt erfüllt der Krieg seinen politischen Zweck. Erstens kann durch Krieg die Spaltung verhindert werden. Zweitens kann der Anführer einer Fraktion versuchen, den bisherigen Amtsinhaber durch Waffengewalt zu stürzen. Drittens können die Eroberung fremder Gebiete und die Unterwerfung einer bis dahin unabhängigen Bevölkerung das Problem der inneren Unzufriedenheit lösen.

Für den Umgang mit der unterworfenen Bevölkerung gelten andere Regeln. Da keine verwandtschaftlichen Bindungen bestehen, gilt für die Beziehung zwischen Eroberern und Eroberten auch nicht mehr der gleiche Verhaltenskodex und Erwartungshorizont. Einer fremden Bevölkerung können einseitige Tributpflichten auferlegt werden, denen keine Verpflichtung zu Gegengaben gegenübersteht. Wie David Webster erkannt hat, schafft sich das Herrschaftssystem auf diese Weise eine wirtschaftliche Basis, die den Einschränkungen des Verwandtschaftssystems entzogen ist. In diesem Bereich entscheiden nicht mehr Verwandtschaft und die Psychologie des Gebens und Nehmens, es entscheiden wirtschaftliche Erfordernisse und politische Interessen. Nach Webster ist das ein wichtiger Schritt auf dem Weg zur Versachlichung sozialer Beziehungen im Staat. (Webster 1975)

Beginnt eines unter mehreren Häuptlingstümern, in einer größeren Region militärisch zu expandieren, dann folgt mit einiger Wahrscheinlichkeit eine Lawine weiterer Kriege. Der Verlust der Unabhängigkeit für den Verlierer ist zu groß, als daß er sich widerstandslos in sein Schicksal fügen würde. Als unabhängiges Häuptlingstum zu überleben aber setzt voraus, sich gegen den Aggressor angemessen zu verteidigen. Ein Rüstungswettlauf setzt ein, der in Steinzeitgesellschaften freilich weniger durch Waffentechnik als durch die Entwicklung militärisch überlegener Formen der sozialen Organisation ausgetragen wird. Bei mehr oder weniger gleicher Waffentechnik entscheidet die straffere Organisation.

Da erfolgreiche Kriegführung ausreichende Nahrungsvorräte und militärische Disziplin voraussetzt, prämiert der Krieg die Umformung der Gesellschaft. Es setzen sich diejenigen durch, die wirtschaftliche und militärische Rationalität vor die Bindungen durch das Verwandtschaftssystem stellen. Das heißt, es setzen sich Gesellschaften durch, die nicht mehr große Häuptlingstümer, sondern schon kleine Staaten sind. In ihnen haben sich Formen sozialer Organisation entwickelt, in denen die zentrale Autorität Gehorsam erzwingen kann. Der Herrscher und die Aristokratie sind nicht mehr ranghohe Verwandte der Masse, sondern bilden eine vom Volk abgegrenzte Führungsschicht. Auf diese Weise ist der Krieg, wie Webster betont, zwar nicht der Vater aller Dinge, wohl aber ein überaus wirksamer Katalysator bei der Umformung eines Häuptlingstums zum Staat. (Webster 1975)

Solche Entwicklungen werden wir im dritten Teil dieses Kapitels, »Sumer, Planwirtschaft und Krieg«, am Beispiel der Entstehung der sumerischen Stadtstaaten im Zweistromland eingehender verfolgen. Wo es wie in Monte Albán keine schriftlichen Aufzeichnungen gibt, läßt sich die Entwicklung vom Häuptlingstum zum Staat nur relativ abstrakt anhand von Siedlungsmustern und anderen archäologisch rekonstruierbaren Veränderungen verfolgen. Die Sumerer dagegen haben schriftliche Aufzeichnungen hinterlassen, in denen uns Menschen aus Fleisch und Blut begegnen werden. Die Abschnitte 20 bis 22 werden das vorliegende abstrakte Bild ergänzen.

Dennoch genügt das archäologische Material auch in Oaxaca, um Websters theoretisches Modell der Staatsbildung durch Krieg zu konkretisieren.

Wahrscheinlich sind der Gründung von Monte Albán Kriege zwischen kleineren Häuptlingstümern in den drei Armen des Tals von Oaxaca vorausgegangen. Der auf der Steinplatte vor dem Tempel von

San José Mogote abgebildete geopferte Mensch, der später in Monte Albán Hunderte von Leidensgenossen finden sollte, die Wahl des Ortes der neuen Hauptstadt in strategischer Lage zwischen den drei Armen und auch die anfangs getrennten Siedlungsbereiche von Monte Albán weisen in diese Richtung. Auslöser dieser Kriege könnte der Versuch eines der Häuptlingstümer in den drei Talarmen gewesen sein, den mit wachsender Größe überproportional steigenden Verwaltungs- und Regierungsaufwand durch Eroberungszüge auf Kosten der anderen zu kompensieren. Sicher jedenfalls ist, daß *nicht* Übervölkerung und Landmangel in den besiedelten Teilen des Tals von Oaxaca der Anlaß sein konnten. Die Gründung von Monte Albán im Niemandsland zwischen drei getrennten Einheiten geht auf »politische« Prozesse zurück. Wer zuerst gegen wen zu Feld zog, bleibt unbekannt, das Ergebnis war eine Konföderation dreier Einheiten.

Die Hauptstadt dieser Konföderation wurde jedoch ohne Rücksicht auf wirtschaftliche Belange auf neutralem Boden gegründet. Damit war die weitere kriegerische Entwicklung programmiert. Auf dem kargen Hügel in einer strategisch, nicht aber wirtschaftlich günstigen Lage stand Monte Albán als Sitz der Konföderation um 500 v. Chr. vor der Notwendigkeit, sich zuerst eine eigene wirtschaftliche Basis zu schaffen. Ursprünglich dürften Tributlieferungen aus den besiedelten Talarmen die Versorgung gesichert haben. Doch dies hat nur ein Provisorium sein können. In größerer Entfernung von der neuen Hauptstadt war die Bevölkerung der früher besiedelten Talarme nur schwer zu kontrollieren. Wirtschaftlich und religiös unabhängig von der Hauptstadt, blieb sie stärker an bestehende regionale Zentren wie San José Mogote gebunden.

Im demographischen Vakuum entstanden, mußte Monte Albán, wollte es auf Dauer Macht über die regionalen Zentren ausüben, sich eine eigene Bevölkerungsbasis schaffen. Erst nachdem es selbst ausreichende wirtschaftliche und menschliche Ressourcen im unmittelbaren Zugriffsbereich um die Stadt kontrollierte, konnte es wirksam Macht über die sekundären Zentren in den Talarmen ausüben. Es erreichte dieses Ziel durch systematische Umsiedlung großer Teile einer bis dahin unabhängigen bäuerlichen Bevölkerung aus den bisher besiedelten Talarmen und wohl auch aus anderen Gebieten. Krieg dürfte eines der Mittel gewesen sein. Daß die Betroffenen dem Lockruf vom Hügel nicht freiwillig folgten, dafür legen die gedemütigten und zu Tode gequälten Gestalten auf dem *Edificio de los Danzantes* eindrucksvoll Zeugnis ab.

Drei Jahrhunderte nach den Anfängen dieser schmerzvollen »Reichseinigung« scheint die Herrschaft von Monte Albán im Tal von Oaxaca konsolidiert gewesen zu sein. Die dort herrschende Schicht hatte nun genügend Macht, um von der Bevölkerung Frondienste nicht nur zur Errichtung öffentlicher Gebäude, sondern auch zum Bau eigener Paläste zu verlangen. Damit waren nach der oben geschilderten Charakterisierung die Grenzen des Häuptlingstums überschritten. Im Gegensatz zum Häuptling waren der Herrscher und seine Familie nicht mehr durch Verwandtschaftsideologie mit dem Volk verbunden. Sie bildeten eine vom Volk abgegrenzte eigene Schicht, den Göttern vermutlich näher als den Menschen, über die sie herrschten.

Aus der Standardisierung der Keramik und der Verlagerung der Keramikwerkstätten in administrative Zentren läßt sich ableiten, daß das Herrschaftssystem der Wirtschaft des Tals zunehmend seinen Stempel aufprägte. Für einen Handelsplatz ist Monte Albán auf seinem Hügel ein denkbar ungünstiger Ort gewesen. Im Gegensatz zu Teotihuacán hatte es nie einen Markt gehabt, auf dem in nennenswertem Umfang Nahrung und Güter ausgetauscht worden wären. Von Monte Albán aus wurde regiert, militärische Macht ausgeübt und verwaltet. (Flannery, Marcus 1983) Zunehmende staatliche Kontrolle der Produktion und Verteilung von Nahrung und Gütern ließen den Regierungs- und Verwaltungsaufwand wachsen. Öffentliche Bauten, Tempel, Paläste und der große zentrale Platz, die heutige Touristenattraktion der Stadt, sowie der wachsende Luxus der Elite, beanspruchten ein wachsendes Arbeitspotential. Regierung und Verwaltung, also der nichtproduzierende Teil der Bevölkerung, stellten eine größer werdende Belastung dar. Die Belastung der Bauern und Handwerker wuchs.

Militärische Expansion zur Verbreiterung der wirtschaftlichen Basis hieß die Lösung, die Monte Albán auch für dieses Problem fand. Nach 200 v. Chr. begann es erstmals in Gebiete außerhalb des eigenen Tals vorzustoßen. Systematisch wurden bis dahin unabhängige Bauerngesellschaften im Süden und Norden unterworfen und wie in der Cañada de Cuicatlán tributpflichtig gemacht.

Diese Unterwerfungspolitik setzte sich in den folgenden Jahrhunderten fort. Auch ihre Spuren finden sich in Stein gemeißelt. Auf der großen Plaza von Monte Albán, dem Regierungs- und Tempelbezirk der Stadt, wurden aus der Zeit zwischen 100 und 400 n. Chr. etwa fünfzehn Steinmonumente gefunden. Zwei davon zeigen lanzenschwingende Männer in prächtigen Gewändern, wahrscheinlich siegreiche

Zapotekenherrscher. Sechs weitere stellen gefesselte Gefangene dar. Diese Gefangenen stehen auf den charakteristischen Hügelzeichen für das unterworfene Gebiet. Bemerkenswert ist, daß keines dieser Hügelzeichen sich mit denen der vorhergehenden Epoche deckt. (Marcus 1983)

Monte Albán behielt seine Eroberungs- und Unterwerfungspolitik nahezu ein Jahrtausend bis ins vierte Jahrhundert n. Chr. bei. Wenn an der Rekonstruktion der Kriegsursachen auch vieles notgedrungen ungeklärt bleibt, so zeigt sie eines jedoch vollkommen klar: Diese Kriege hatten kulturelle und nicht biologische Ursachen. Die Herrscher und Krieger von Monte Albán haben nicht Krieg geführt, weil angeborene Krieger- und Killerinstinkte sie drängten. Ihre Kriege waren vielmehr militärische Mittel, um durch Unterwerfung neuer Gebiete und Eingliederung neuer Bevölkerungselemente in das eigene Tributsystem die wirtschaftlichen und politischen Probleme ihres Herrschaftsbereichs zu lösen.

8. »Den Toten wird am schlimmsten mitgespielt«

Selbstverständlich werden im Krieg auch angeborene Verhaltensweisen wie Aggression mobilisiert und Tötungshemmungen ausgeschaltet. Aber die Schlußfolgerung, der prähistorische Krieg habe auf eine Verstärkung angeborener Aggression und eine Herabsetzung angeborener Tötungshemmungen selektiert, ist unhaltbar. Im Krieg setzte sich keinesfalls stets der Kontrahent durch, der über die aggressiveren, bedingungslos tötenden Krieger verfügte. Kriege sind zu verschiedenen Zeiten auf höchst unterschiedliche Weise geführt worden. In diesem Abschnitt werde ich zeigen, daß siegreiche Kriege, die eine staatlich organisierte Gesellschaft wie Monte Albán gegen Häuptlingstümer geführt haben wird, ein vollkommen anderes Verhalten prämierten.

Betrachtet man die Stelen, auf denen die Sieger ihre Triumphe verewigt haben, so scheint in Monte Albán im Verlauf von einem Jahrtausend Krieg eine bemerkenswerte Zivilisierung vonstatten gegangen zu sein. Nach 200 v. Chr. wurden nicht mehr geschundene Menschen dargestellt, sondern die symbolische Unterwerfung eines Häuptlings. Damit sei nicht behauptet, was nicht auszuschließen ist: Der besiegte Anführer könnte auch weiter umgebracht worden sein. Die Exekution

– sollte sie stattgefunden haben – wurde jedoch nicht mehr dargestellt, sondern es wurde statt dessen neutral ein Sieg verbucht, der den eigenen Machtbereich ausweitete.

Die Versachlichung der Darstellung einer Eroberung, der Verzicht auf persönliche Gefühle, die Unterdrückung der sadistischen Lust an der kunstvollen Verstümmelung des Besiegten und das Fehlen jedes Anzeichens unkontrollierter Aggression müssen etwas bedeuten: Was wir als Humanisierung empfinden, könnte Ausdruck eines Wandels in der Kriegführung beim Übergang vom Häuptlingstum zum Staat sein. Persönliche Gefühle zählen nicht mehr, im Vordergrund stehen militärische Erfolge und politische Rationalität.

Diese Steinbilder freilich gewähren nur begrenzte Einblicke in die Art der Kriege, die Monte Albán als Häuptlingstum und als Staat geführt hat. Zur Untersuchung, wie gesellschaftliche Organisation die Art der Kriegführung und damit verbunden menschliches Verhalten prägt, sind wir auf historische Beispiele aus dem eigenen Kulturkreis angewiesen. Der Jahrhunderte währende Abwehrkampf des Römischen Reichs gegen die Germanenstämme der Völkerwanderung widerlegt eine Hauptthese soziobiologischer Zivilisationskritik. Krieg führt nicht zwangsläufig zur Verstärkung angeborener Aggression oder zur Verringerung angeborener Tötungshemmungen. Zwar ist der Krieg ein wichtiger Selektionsfaktor gewesen, aber er hat vor allem auf kulturelles Verhalten hin selektiert. In der militärischen Auseinandersetzung zwischen unterschiedlichen Gesellschaftsordnungen – zwischen den in Häuptlingstümern organisierten Germanen und dem Staat der Römer – wurden auf ein und demselben Schlachtfeld in Wahrheit zwei verschiedene Kriege geführt.

Bei dieser Darstellung stütze ich mich auf die vortreffliche Untersuchung des Germanisten Herfried Münkler *Das Blickfeld des Helden.* (1983) Münkler untersucht die philologische Frage, warum in der germanischen Heldensage, die sich auf Kriege zwischen Römern und Germanen im 4. bis 6. Jahrhundert bezieht, der Gegner nicht in Erscheinung tritt. Seine Antwort: In die germanische Heldensage seien die Römer deswegen nicht aufgenommen worden, weil die Tugenden der römischen Söldner und Feldherrn dem Wertsystem der Germanen diametral entgegengesetzt waren. Im Blickfeld des kämpfenden germanischen Helden erschien weder der römische Feldherr, der die Schlacht vom Hügel aus leitete, noch der römische Söldner, weil deren Verhalten dem eigenen Wertsystem nicht entsprach. Münklers philologische Untersuchung überschreitet jedoch die Fachgrenzen seiner Wissenschaft. In einer brillanten Analyse der Kriegführung beider Seiten untersucht er die gesellschaftlichen Ursachen militärischer Erfolge und Niederlagen.

Auf dem Schlachtfeld siegten in der Regel nicht die wild anrennenden Kriegerscharen der Germanen, sondern die taktisch überlegenen und mit strategischer Weitsicht geführten Römer. Die vernichtende Niederlage in der Schlacht im Teutoburger Wald wurde den Römern von einem Germanen beigebracht, der von den Römern gelernt hatte, auf römische Weise zu kämpfen. Unter Arminius siegten die Germanen nicht weil, sondern obwohl sie Germanen waren. Anerkennend urteilt ein römischer Chronist über einen weiteren erfolgreichen germanischen Heerführer, den Markomannenkönig Marbod: »Mehr seinem Stamme als seinem Verstand nach ein Barbar«.

Die übliche Schlacht zwischen Römern und Germanen verlief wie der ungestüme Angriff der Franken auf die oströmische Armee unter dem berühmten Feldherrn Narses, den Agathias überliefert hat: »Alle gingen vor Kampfbegier gerade auf die Römer los, nicht ruhigen Schritts und wohlgeordnet, sondern als ob sie gar nicht schnell genug vorwärtskommen könnten, eilfertig und stürmisch, wie wenn sie im ersten Anlauf das feindliche Heer über den Haufen werfen wollten. Ihre Schlachtordnung hatte die Form eines Keils...: da, wo sie spitz zuging, waren die Schilde eng ineinandergeschoben, so daß es wie ein Eberkopf aussah.«

Dieser Stoßkeil war die übliche taktische Formation der verschiedenen Germanenvölker. Diese Formation eignete sich jedoch nur für den Angriff. Mißlang der Durchbruch durch die Phalanx des Gegners, dann bestand die Gefahr, eingekesselt und vernichtet zu werden. Nach Sippen und Gefolgschaften geordnet, kämpften Germanen nach dem Prinzip persönlicher Bindungen nebeneinander. Häufig kämpften Verwandte nicht nur Seite an Seite, sondern fesselten sich aneinander, damit kein Gegner ihre bedingungslose Bereitschaft durchbrechen konnte, sich im Kampf wie im Sterben beizustehen. Die Spitze des Stoßkeils bildete der germanische Heerführer, der nach der Art homerischer Helden seinen Gefolgsleuten kämpfend ein Beispiel setzte.

An der Spitze des Stoßkeils hatte der letzte Ostgotenkönig Teja 552 n. Chr. in Süditalien am Mons Lactarius heldenmütig gegen die Soldaten einer oströmischen Armee gekämpft. Obwohl Zielscheibe für die Römer, hatte er mehrere Stunden dem Speerhagel standgehalten. Den mit Speeren gespickten Schild immer wieder wechselnd, hatte Teja Scharen von Römern getötet, bevor er selbst beim Schildwechsel tödlich getroffen wurde. Den gegnerischen Feldherrn Narses, der das Geschehen vom Feldherrnhügel aus sicherer Entfernung überblickte, hatte der tapfere Gotenführer vermutlich kein einziges Mal zu Gesicht bekommen. Seine Gegner waren Kämpfer, nicht der Stratege.

Ähnlich verlief der von Agathias beschriebene Kampf des Frankenherzogs Butilin. Die Franken griffen im Stoßkeil an, und tatsächlich gelang es ihnen auch, die römische Front in der Mitte einzudrücken. Doch der Durchbruch, ihre einzige Siegeschance, mißlang. Vom Feldherrnhügel aus die Schlacht leitend, befahl Narses, auch hier Anführer des oströmischen Heeres, aus der Defensive zum Gegenangriff überzugehen – ein Manöver, das den Germanen fremd war: »Da bog und dehnte Narses allmählich die Flügel, so daß sie nach vorn herumgriffen, und befahl den Bogenschützen zu Pferd (seiner Eingreifreserve), von beiden Seiten die Feinde im Rücken zu beschießen.« Wie »in ein Netz verstrickt« wurde die Schlachtordnung der Franken »gänzlich zertrümmert«.

In den Auseinandersetzungen mit römischen Heeren war das nicht trotz, sondern wegen ihres Heldenmuts das übliche Germanenschicksal. Die meisten – nicht alle – Schlachten der Germanen gegen Römer endeten in katastrophalen Niederlagen. Daß das römische Weltreich dennoch zerbrach und der Ansturm der Germanen dabei eine nicht unwesentliche Rolle spielte, hat andere als militärische Gründe. In der Schlacht entschieden über Sieg oder Niederlage nicht Aggression, nicht physische Stärke, nicht größerer Mut oder größere Bereitschaft zu töten. Der »furor teutonicus« unterlag.

Die römischen Söldner kämpften für Geld. Wenn etwas den einzelnen Soldaten veranlaßte, sich wild angreifenden Germanen zu stellen, dann war es eher Disziplin als Mut, eher Furcht vor der Exekution als Angriffswut. Disziplin gestattete kein Ausbrechen, weder nach hinten, noch nach vorn. Livius berichtet vom römischen Diktator Postumus Tubero, der 432 v. Chr. seinen eigenen Sohn töten ließ, weil dieser aus der Phalanx ausgebrochen war, um in einem schnellen Angriff einige Feinde zu töten. Solche Helden waren nicht gefragt, gefährdeten sie doch die Taktik des Feldherrn. Zynisch macht sich der Dichter Archilochos, ein römischer Söldner, über die Illusion des Heldentods lustig: »Niemand ist nach seinem Tod hochgeehrt und vielgerühmt bei den Bürgern; eher suchen wir Lebendige die Gunst der Lebendigen. Den Toten wird am schlimmsten mitgespielt.«

Die Beschränkung der Germanen auf den Stoßkeilangriff, das Fehlen taktischer Disziplin, die nicht selten trotz besserer Ausgangslage zu verheerenden Niederlagen führten, und schließlich auch die Mängel der Befehlsstruktur wurzelten in der gesellschaftlichen Organisation. Verwandtschaft und persönliche Verpflichtungen bildeten die Grundlagen sozialer Beziehungen. Der Germanen»König« war eben kein König, und er konnte auch nicht befehlen und Gehorsam erzwingen wie der römische Feldherr. Er war eher ein Oberhäuptling, der durch sein persönliches Beispiel führte. Von seinen durch keine Gehorsamspflicht gebundenen Krieger konnte er jedoch etwas erwarten, was ihm kein römischer Söldner gegeben hätte – Treue. Doch eben diese Nibelungentreue war ein weiterer entscheidender Nachteil der Germanen. Denn sie bedeutete Gefolgschaft selbst in den Tod.

Obwohl auch Germanenheere ihre Hierarchien hatten, gab es keine Subordination wie in der römischen Armee. Die Treue, die Heerführer und Gefolgschaft miteinander verband, beruhte vielmehr auf einer persönlichen Bindung zwischen Führern und Geführten, die für beide Seiten gleichermaßen verbindlich war. Treue verpflichtete die Gefolgsleute dazu, ihrem Anführer im Kampf zur Seite zu stehen, ihn zu schützen und es ihm an Tapferkeit gleichzutun. Treue verpflichtete den Anführer, durch persönliches Beispiel voranzugehen und jede taktische Klugheit hintanzustellen.

Daß ein Treueverhältnis als militärisches Organisationsprinzip immer wieder in Katastrophen endete, lag in der Natur der Sache. Verpflichtet, als der Tapferste unter den Tapferen selbst voranzustürmen, war dem germanischen Heerführer der strategische Blick vom Feldherrnhügel verwehrt. Er sah daher weder die Manöver des Gegners, noch war er persönlich geschützt. In vorderster Reihe als Spitze des Stoßkeils kämpfend, war er vielmehr die am meisten gefährdete Person. Fiel er, dann zerfiel mehr als nur die durch ihn personalisierte Befehls»struktur«. Durch Treueeid gebunden, folgten ihm seine Gefolgsleute selbst in einem militärisch sinnlosen Tod. Obwohl Flucht möglich gewesen wäre, so berichtete Agathias, blieben die Gefolgsleute der Heruler-Anführers Phulkaris bei ihrem gefallenen Herrn zurück, um kämpfend den Tod zu suchen. Wer seinen Herrn überlebte, zog Schmach auf sich und seine Sippe, denn es war heilige Pflicht gewesen, seinen Herrn mit dem eigenen Leib zu schützen.

Ziehen wir die Schlußfolgerung: Organisation und Kampfweise der Germanen beruhten in einem weitaus höheren Ausmaß als bei den Römern auf Verhaltensweisen, die im Sinn der Verhaltensforschung »angeboren« sind: auf Aggression, Gruppenloyalität sowie persönlichen Bindungen zwischen Individuen. Die Römer dagegen konnten der Angriffswut der Germanen »nur« nüchternes, rationales Kalkül entgegenstellen, persönlicher Treue »nur« Disziplin, der physischen Stärke und ihrem psychologischen Gegenstück, der Tapferkeit »nur« den taktisch geordneten Einsatz der Waffen. Und dennoch, besser *deswegen* siegten sie.

In den vernichtenden militärischen Niederlagen der Germanen zeigt sich, daß im Krieg nicht einfach Menschen gegeneinander kämpfen, daß nicht derjenige sich durchsetzen muß, der aufgrund seiner Natur stärker, aggressiver und loyaler ist. Aus den Schlachten zwischen Römern und Germanen läßt sich die entgegengesetzte Schlußfolgerung ziehen. Hätten diese Kriege überhaupt eine erkennbare *biologisch* selektierende Wirkung gehabt – was zu bezweifeln ist –, dann jedenfalls nicht in Richtung größerer Aggressivität, Gruppenloyalität Tötungsbereitschaft usw. Gerade das Verhalten der Germanen, das von der Emotion und nicht vom Verstand diktiert war, vom archaischen Gruppeninstinkt und nicht von militärischer Funktionalität, von physischer Gewalt und nicht von taktischer Disziplin, gerade dieses Verhalten war die Ursache vernichtender Niederlagen. Die Schlacht prämiierte ein kulturell organisiertes Verhalten.

Wenn diese Bereitschaft zum emotional gelenkten Handeln unter Hintanstellung des Verstandes auch heute noch, genauer: schon wieder »Deutschtum« prägt, ist auch das eine kulturelle Hypothek und nicht ein biologisches Erbe. Leiblich auferstanden wären Achilles und Ajax, die großen Kriegshelden des Homerischen Kampfs um Troja im 13. Jahrhundert v. Chr., den Athenern schon 800 Jahre später wie Don Quichote und Sancho Pansa erschienen. Helden wurden nicht mehr benötigt. Spätestens seitdem 490 v. Chr. ein Bürgeraufgebot bei Marathon Unterlegenheit im Einzelkampf gegen persische Elitekämpfer durch Geschlossenheit und Taktik wettgemacht hatte, zählte Heldentum nicht mehr. Es besteht also Anlaß zur Hoffnung auch für uns Deutsche. Irgendwann kann Verstand selbst über die kulturelle Erblast germanischer Helden triumphieren.

Teotihuacán, die Stadt als Abbild des Kosmos und als politischer und wirtschaftlicher Mittelpunkt Mesoamerikas. In dieser im Hochtal von Mexico gelegenen ersten Metropole lebten zur Blütezeit um 500 n. Chr. etwa 150 000 Einwohner, und der Einfluß der Stadt strahlte bis ins 1 000 Kilometer südlich gelegene Guatemala aus.

Im Vordergrund erkennt man die riesige Pyramide des Mondes, dahinter die über einem uralten Quellheiligtum errichtete, noch größere Pyramide der Sonne, das größte Bauwerk der Stadt. Für die Bewohner Mesoamerikas bildete die das Bild diagonal querende tempelgesäumte »Straße der Toten« eine der beiden Achsen der Welt; die im Hintergrund nur schemenhaft erkennbare, sie rechtwinklig kreuzende zweite Prachtstraße, war die andere Achse. Im Kreuzungspunkt beider Achsen, dort wo Himmel und Erde sich berührten, befanden sich der – ebenfalls nur schemenhaft erkennbare – abgeschirmte Regierungsbezirk mit dem Tempel des Quetzalcoatl als dem Symbol für die göttliche Legitimation irdischer Herrschaft und rechts davon der – nicht sichtbare – zentrale Markt.

B. Teotihuacán
Heiligtum und Markt

9. Sitz der Götter, Mittelpunkt der Welt

Im Gegensatz zu Monte Albán entstand der zweite mesoamerikanische Staat, das legendäre Teotihuacán, ohne Anzeichen von Krieg. Vom Konflikt zwischen einer unzureichenden wirtschaftlichen Basis und hohen politischen Zielen angetrieben, hatte Monte Albán seine wirtschaftlichen Probleme mit militärischen Mitteln gelöst. Teotihuacán dagegen verfügte über große Flächen bewässerbaren Landes. Es kontrollierte den Zugang zu den beiden wichtigsten Obsidianlagerstätten des zentralen Hochlandes und lag außerdem an der Haupt»handels«-route zur Golfküste. In der Entwicklungsphase zwischen 300 v. Chr. und 400 n. Chr. mußte Teotihuacán nur sein wirtschaftliches Potential ausschöpfen, um Mittelpunkt der mesoamerikanischen Welt zu werden. Erst in der Endphase zwischen 400 und 650 n. Chr. scheint auch dieser Staat die Grenzen seiner zivilen Entwicklungsmöglichkeiten erschöpft zu haben. Auch dort überforderten nun die Kosten des Herrschaftsapparates das wirtschaftliche Potential der Stadt. Im selben Maße wie Teotihuacán seine Macht mit Waffengewalt auszuweiten begann, zeichneten sich militaristische Tendenzen in der Gesellschaft ab.

Bis zum Niedergang um 650 n. Chr. und zur endgültigen Zerstörung im 8. Jahrhundert war Teotihuacán ein halbes Jahrtausend lang das religiöse, wirtschaftliche und politische Zentrum Mesoamerikas gewesen. Noch die Azteken, die es nur als Geisterstadt kannten, hatten dort den Sitz der Götter vermutet. Zu Beginn des 16. Jahrhunderts, wenige Jahre vor Ankunft der Spanier, pilgerte der letzte Aztekenherrscher Montezuma II. zu den Ruinen der Stadt, um den Beistand der Götter zu erflehen, so wie zur Blütezeit jahrhundertelang Menschen aus ganz Mesoamerika dorthin gepilgert waren. Montezumas düstere Vorahnungen trogen nicht, aber mit den Bewohnern hatten auch die Götter die Stadt verlassen. In den Ruinen verhallten Montezumas Gebete ungehört; niemand nahm seine Opfergaben an.

Zur Blütezeit im 6. Jahrhundert n. Chr. hatte die Stadt 150 000 bis 200 000 Einwohner. Doch der religiöse, kulturelle und wirtschaftliche Einfluß dieser ersten Metropole der Neuen Welt strahlte weit über die Stadtgrenzen bis ins 1 000 Kilometer entfernte Gebiet der Maya auf der Yucatan-Halbinsel und in Guatemala aus. Zu Tausenden dürften Menschen aus ganz Mittelamerika nach Teotihuacán gewandert sein, um religiöse Offenbarung zu suchen, um Verbindung zur Welt der Götter aufzunehmen, um Handel zu treiben und um die kosmopolitische Atmosphäre der ersten Metropole der Neuen Welt zu suchen.

Schon die Anlage der Stadt verkündet den Anspruch, das religiöse und wirtschaftliche Zentrum Mesoamerikas zu sein. Als seien es die Achsen der Welt, durchzogen zwei breite Straßen in Nord-Süd- und Ost-West-Richtung die Stadt. Für die Einwohner und Besucher waren sie nicht lediglich von Tempeln und Palästen umsäumte Prachtstraßen, sondern Schauplatz einer religiös-politischen Offenbarung, auf die sich Teotihuacáns Anspruch stützte, Mittelpunkt der Welt und Wohnort der Götter zu sein.

Im Kreuzungspunkt beider Achsen stand der riesige Herrscherpalast mit einem der Haupttempel der Stadt. Unmittelbar daneben lag ebenso groß der zentrale Marktplatz. »Nichts im prähistorischen Mittelamerika«, so stellt der Erforscher Teotihuacáns René Millon fest, »kommt diesen Anlagen an Größe und Entwurf gleich«. Hier befand sich das administrative, religiöse und wirtschaftliche Zentrum des Staats.

Vom Zentrum aus sah man am nördlichen Ende der Nord-Süd-Achse den Umriß des monumentalen »Tempel des Mondes«*; auf dem Weg dorthin wanderte man wie durch eine gigantische religiöse Theaterkulisse an weiteren kleineren Tempeln und Plattformen vorbei; auf halbem Wege lag etwas zurückgesetzt die über einem uralten Höhlenheiligtum aufgetürmte riesige »Pyramide der Sonne«. Archäologen schätzen, daß der Bau dieses größten Bauwerks der Stadt 10000 Menschen zwanzig Jahre beschäftigt haben mußte.

Außerhalb des Stadtkerns lebte die Masse der Bevölkerung in symmetrisch zu den Hauptachsen angeordneten Stadtteilen, von denen jeder seinen eigenen Mittelpunkt aus Tempel, öffentlichem Platz und ritueller Plattform hatte. Die einzelnen Stadtviertel setzten sich aus »Appartment«blöcken mit einer wechselnden Zahl von Wohnräumen zusammen. Jeder Block war um einen offenen Platz mit einem kleinen Tempel und einer rituellen Plattform gruppiert, so daß sich der Gesamtplan der Stadt bis hinunter zur kleinsten architektonischen Einheit wiederholte. Bewohnt wurden diese Blöcke vermutlich von

---

* Die Bezeichnungen »Tempel des Mondes«, »Tempel der Sonne«, »Straße der Toten« stammen ebenso wie »Teotihuacán« von Azteken. Wie die Stadtbewohner selbst diese Gebäude bzw. Straße genannt haben, ist unbekannt.

Verwandtschaftsgruppen aus zwanzig bis hundert Personen, die, wie ein Jahrtausend später im Aztekenbereich, die soziale Grundeinheit auch von Teotihuacán gebildet haben könnten.

Mit mehr als 500 Werkstätten war die Stadt während eines halben Jahrtausends auch das wirtschaftliche Zentrum Mesoamerikas. René Millon hat dort allein 400 Werkstätten gezählt, in denen Obsidian zu Werkzeugen verarbeitet wurde. Dazu kamen Hunderte weiterer Werkstätten, die Keramik, Figurinen, Schmuck aus Muscheln und kostbaren Steinen und Werkzeuge aus poliertem Stein herstellten. »Heiligtum und Markt, Ritual und wirtschaftlicher Austausch«, so schreibt Millon, »befruchteten und ergänzten sich gegenseitig, vom Staat Teotihuacán unterstützt und diesen ihrerseits stützend.« (Millon 1967, 1974; Cowgill 1974; nach Blanton, Kowalewski, Feinman, Appel 1981; Carrasco 1984)

10. Der Aufstieg der Stadt

Das Rätsel um die Entstehung dieser Riesenstadt ist bis heute nur teilweise gelöst. Dies vorausgeschickt, beginnen wir mit einer Skizze der geopolitischen Entwicklung im Tal von Mexico, an dessen nordöstlichem Rand das Tal von Teotihuacán liegt. Das Tal von Mexico ist ein von Bergen gesäumtes Hochlandbecken von etwa 120 Kilometer Länge in Nord-Süd-Richtung und 70 von Osten nach Westen. In vorgeschichtlicher Zeit bildete dieses Hochlandbecken ein in sich abgeschlossenes Drainagesystem. Seine Flüsse strömten nicht in den Ozean, sondern in ein zentrales Seensystem. Unter spanischer Herrschaft durch Verbindung mit dem Ozean trockengelegt, sind die einstigen Seen heute zum großen Teil von Mexico City überwuchert worden. Mit einer Gesamtfläche von etwa 700 000 Quadratkilometern ist das Tal von Mexico fast sechsmal größer als das von Oaxaca. (Blanton, Kowalewski, Feinman, Appel 1981)

Zwischen 1150 und 650 v. Chr., als sich San José Mogote in Oaxaca zur dominierenden Siedlung der Etla-Region entwickelte, gab es im Tal von Mexico nur eine geringe Anzahl unabhängiger Weiler und kleinerer Dörfer. Dieses Bild unabhängiger Siedlungen änderte sich in der folgenden archäologischen Phase zwischen 650 und 300 v. Chr., als die Bevölkerung auf das Dreieinhalbfache wuchs. Um 300 v. Chr., als Monte Albán schon uneingeschränkte Vorherrschaft über das gesamte Tal von Oaxaca errungen hatte, existierten im Tal von Mexico noch sechs verschiedene Häuptlingstümer. Das Tal von Teotihuacán im nordöstlichen Teil des Tals von Mexico lag als nur dünn besiedeltes Hinterland an der Peripherie des kulturellen Fortschritts. Größere Dörfer fehlten dort zu dieser Zeit gänzlich. Verteilt über das riesige Tal fanden Archäologen das charakteristische Muster mehrerer Gruppen von Weilern und Dörfern mit dünn besiedelten Gebieten dazwischen. Umgeben von kleineren Dörfern und von Weilern waren fünf Dörfer mit 1000 bis 3500 Einwohnern und bescheidenen »öffentlichen Bauten«, den religiösen und wirtschaftlichen Zentren der Häuptlingstümer. Lediglich das sechste, Cuicuilco im Südwesten des Tals, überragte mit 5000 bis 10000 Menschen die anderen Orte. Zwischen den Zentralorten und den kleineren Siedlungen der Umgebung dürfte eine ähnliche Beziehung bestanden haben, wie fünf Jahrhunderte zuvor zwischen San José Mogote und seinen Satelliten. Im Austausch gegen Nahrung und Güter lieferte der Hauptort »religiös-administrative« Dienste.

Diese Situation änderte sich in der dritten archäologischen Phase zwischen 300 und 100 v. Chr. auf dramatische Weise. In zwei Jahrhunderten verdoppelte sich die Bevölkerung des Tals, und im Südwesten sowie Nordosten bildeten sich zwei Schwerpunkte. Cuicuilco im Südwesten entwickelte sich zu einer Stadt mit 20000 Einwohnern und monumentalen öffentlichen Bauten. Das größte dieser Bauwerke, eine 20 Meter hohe kreisförmige Tempelplattform, die sich nach oben verjüngte, hatte an der Basis einen Durchmesser von 80 Metern. Doch Cuicuilco wurde durch eine Neugründung auf der entgegengesetzten Seite des Tals noch in den Schatten gestellt. Nahezu aus dem Nichts war eine Stadt mit 20000 bis 40000 Einwohnern entstanden – Teotihuacán. Ihre »öffentlichen Bauten«, heute unter denen späterer Epochen begraben, dürften denen Cuicuilcos ebenbürtig gewesen sein. Im Übergangsbereich der Vorberge zum Schwemmland des San Juan-Flusses in der Nähe mehrerer Quellen gelegen, vereinigte die Stadt 90 Prozent der Bevölkerung des Teotihuacán-Tals.

Cuicuilco, Teotihuacáns einziger ernsthafter Konkurrent um die Vorherrschaft im Tal von Mexico, hatte um 100 v. Chr. den Zenith seiner Entwicklung überschritten. Kurz zuvor hatten Lavamassen einen großen Teil der Anbauflächen der Stadt unter sich begraben, ein zweiter Vulkanausbruch im 3. Jahrhundert n. Chr. verwandelte die gesamte Region in eine Lavawüste. Glücklicher verlief die Entwicklung Teotihuacáns. Obwohl die Menschenzahl im übrigen Tal von Mexico zwischen 100 v. Chr. und 100 n. Chr. deutlich abnahm, verdoppelte Teotihuacán seine Bevölkerung in nur zwei Jahrhunderten auf

60000 bis 80000. Auf einer Fläche von nur 20 Quadratkilometern siedelten nun 80 Prozent der Bevölkerung des gesamten riesigen Tals von Mexico. Über die restlichen 7000 Qudratkilometer verteilt lebten nur noch etwa 15000 Menschen. (Sanders, Parsons, Santley 1979; Blanton, Kowalewski, Feinman, Appel 1981)

Das außergewöhnliche Wachstum Teotihuacáns läßt sich ebensowenig wie das Monte Albáns nur durch Bevölkerungsvermehrung innerhalb der Stadtgrenzen erklären. Teotihuacán verdankt seine Größe der Umsiedlung großer Bevölkerungsteile aus dem übrigen Tal von Mexico. Zum Aufstieg der Stadt hat gewiß auch die Naturkatastrophe beigetragen, die Cuicuilco zerstörte. Dennoch erklären Naturereignisse und eine für Bewässerungswirtschaft günstige Lage nicht diese Entwicklung Teotihuacáns. Sie stellen nur Voraussetzungen dar, aber sie erzwangen diese Veränderungen nicht.

Die Gesamtbevölkerung des Tals von Mexico hätte sich ebenso in größerer Verteilung ernähren können. Umgekehrt betrachtet existierten die natürlichen Gegebenheiten zur Versorgung einer 60000-Einwohner-Stadt auch in anderen Teilen des Tals von Mexico – zum Beispiel im Bereich der zentralen Seen, wo zur Aztekenzeit drei Städte vergleichbarer Größe entstanden. Nicht ökologische, sondern kulturelle Faktoren bestimmten Teotihuacáns Wachstum. Irgend etwas muß große Teile der Bevölkerung des Tals von Mexico zur Ansiedlung in dieser Stadt veranlaßt haben. Die Frage ist: was?

»Es sei verlockend«, meinen die Autoren eines wissenschaftlichen Standardwerks über die kulturelle Evolution im Tal von Mexico, »anzunehmen, daß diese enorme Umsiedlung eine Zwangskomponente hatte.« (Sanders, Parsons, Santley 1979) Eine solche Formulierung verwirrt. Sie suggeriert, die umgesiedelte Bevölkerung hätte zuvor zwanglos einfach irgendwo in der Landschaft gesiedelt. Aber um 300 v. Chr., kurz vor Beginn des phänomenalen Aufstiegs Teotihuacáns, herrschte im Tal von Mexico keinesfalls »Zwanglosigkeit«.

Der größte Teil der Bevölkerung des Tals von Mexico war in Häuptlingstümern organisiert. Um die Bevölkerung im eigenen Machtbereich zu kontrollieren, wurde in jedem Häuptlingstum wohl auch Zwang ausgeübt. Man kann sich vorstellen, daß Glauben wesentlich dazu beigetragen hat, die Bevölkerung zur Mitwirkung beim Tempelbau zu veranlassen. Aber zu unterstellen, die 80 Meter breite und 20 Meter hohe Tempelpyramide von Cuicuilco sei nur durch freiwillig erbrachte Arbeitsleistungen gläubiger Menschenmassen gebaut worden, wäre vermessen. Monumentale Bauten, die koordinierte Anstrengungen großer Menschenmassen verlangen, beruhen auf Frondiensten. Auch wenn er von den Betroffenen als legitim und notwendig zur Erfüllung der Wünsche der Götter anerkannt wird, bedeutet Frondienst Zwang. Die prinzipiell gleiche Art Zwang wird auch in Teotihuacán angewandt worden sein, wo um die Zeitenwende mit den beiden Riesenbauten der Pyramide der Sonne und des Mondes begonnen wurde. In bezug auf Zwang dürfte sich für die Masse der Menschen wenig geändert haben.

Am meisten von der Veränderung betroffen waren Herrschaftssysteme – die älteren Häuptlingstümer im Tal von Mexico. Unter dem Einfluß des Aufstiegs von Teotihuacán (im Fall Cuicuilcos auch einer Naturkatastrophe) verloren *sie* an Bedeutung, lösten sich auf oder gerieten in die Abhängigkeit von der aufstrebenden Metropole. Zur Debatte steht daher nur die Konkurrenz zwischen verschiedenen Machtzentren, also verschiedenen Häuptlingstümern, um wirtschaftliche Macht, und das bedeutete: um Menschen.

Zu fragen ist, ob diese Konkurrenz der Herrschaftssysteme auf friedliche Weise oder, wie zuvor in Monte Albán, durch Waffengewalt entschieden wurde. Dafür, daß Teotihuacán unabhängige Häuptlingstümer durch Krieg in seinen Machtbereich eingegliedert hätte, gibt es keine archäologischen Hinweise. In der Entstehungsphase von Teotihuacán fehlen nicht nur unmittelbare Indizien für Krieg zwischen verschiedenen Häuptlingstümern wie zertrümmerte Schädel und zerbrochene Knochen. In Teotihuacán fehlt auch jedes Indiz für einen Eroberungs- und Unterdrückungskult, wie er aus der Anfangsphase von Monte Albán und in der Endphase auch von Teotihuacán überliefert ist.

Die Abwesenheit archäologischer Indizien wäre natürlich noch kein Beweis des Gegenteils. Denkbar wäre zum Beispiel, daß Teotihuacán seine Skelette im Schrank versteckt hätte, anstatt sie wie in Monte Albán auf Tempelmauern zu verewigen. Aber auch die Abwesenheit eines vergleichbaren Eroberungskults in der Entstehungsphase ist ein wichtiges Indiz. Krieg, Eroberung, Unterwerfung und Terror waren in der Entwicklungsphase von Teotihuacán offensichtlich nicht wichtig genug, um Gegenstand eines Staatskults zu sein.

Später, ab 400 n. Chr., war man auch in Teotihuacán keinesfalls zimperlich, den Krieg zu verherrlichen. Auf Wandgemälden erschienen nun tanzende Krieger mit Messern, auf denen blutende menschliche Herzen stecken, die, wie es später die Azteken taten, den noch lebenden Opfern aus der Brust gerissen worden waren. Unter den Küchenabfällen von Maquixco, einem von Teotihuacán abhängigen Bauerndorf aus der Zeit zwischen 400 bis 600 n. Chr. fanden die Ausgräber auffällig viele Menschenknochen, die zur Markentnahme aufgebrochen worden waren. In der Spätphase von Teotihuacán findet sich die gleiche Kombination militaristischer Signale wie später im Aztekenreich: Krieg, Menschenopfer in Verbindung mit einem vielleicht nicht nur rituellen Kannibalismus, sowie einer Staatsreligion, die den Krieg und kriegerische Tugenden verherrlicht. Jaguar- und Adlergottheiten, die späteren Schutzgötter der toltekischen und aztekischen Kriegergesellschaften, erschienen schon Jahrhunderte früher, 400 n. Chr., auf Wandgemälden in Teotihuacán. (Adams 1977)

Spuren der militärischen Expansion Teotihuacáns nach 400 n. Chr. finden sich auch in den von ihm kontrollierten Gebieten. Steinerne Stelen im Bereich der Maya-Kultur auf der Yucatan-Halbinsel bis ins 1000 Kilometer entfernte Hochland von Guatemala zeigen Abgesandte Teotihuacáns. Man erkennt sie an einem charakteristischen Kopfputz, und sie begleiten den glupschäugigen Regengott Tlaloc, eine der beiden Hauptgottheiten der Stadt. Diese Abgesandten tragen Waffen in der Hand, es sind Krieger. Auch der Tlaloc zeigt seine Zähne, die Fangzähne des Jaguars. In der mesoamerikanischen Ikonographie mag das Zeigen der Waffen vielleicht nicht in *jedem* Fall Krieg und Eroberung bedeutet haben, aber es weist auf militärische Dominanz. Die Abgesandten Teotihuacáns in Oaxaca, zu dem Beziehungen wie unter gleichberechtigten Partnern bestanden, trugen keine Waffen. (Millon 1973)

Mißt man das Interesse von Menschen an Bildern, die sie hinterlassen haben, dann waren Konflikt und Krieg in der Entstehungsphase des Staats von Teotihuacán kein Thema. Die Wandgemälde dieser Zeit verherrlichen die Natur, sie zeigen opfernde Menschen und mythische Fabelwesen. Man erkennt Tempel mit einer Krone aus grünen Federn, die sich wie Maisfelder sanft im Wind wiegen. In der berühmten Darstellung von Tlalocan, dem Paradies des Regengottes, sprudelt eine gewaltige Wasserfontäne die Toten ins Jenseits. Ursprung dieser Fontäne sind zwei von Jaguaren bewachte Flüsse, deren Wasser über Kanäle auf Felder geleitet wird. Das Paradies erscheint als Ort der Glückseligkeit. Die Menschen, die dort eingegangen sind, spielen, tanzen und schwimmen von glupschäugigen Schmetterlingen des Regengottes umflattert. Ein Mann vergießt Freudentränen vor Glück. (Adams 1977)

Wenn nicht der Krieg, was sonst trug zum Aufstieg Teotihuacáns bei? Etwa 40 Quadratkilometer künstlich zu bewässerndes Schwemmland und kleinere potentielle *chinampa*-Anbaugebiete* im Umkreis der Stadt waren die Voraussetzung. Sie sind jedoch keine hinreichende Erklärung, warum um die Zeitenwende 80 Prozent der Bevölkerung des Tals von Mexico in Teotihuacán und seiner Umgebung lebten. Nahrungsmangel im übrigen Tal von Mexico spielte bei dieser Bevölkerungsverdichtung keine Rolle. Die Bevölkerung hätte sich ebensogut an anderen Orten ernähren können.

Ebensowenig erklärt nach Ansicht von René Millon, des Erforschers der Stadt, Wittfogels hydraulische Theorie die Entstehung des Staats in Teotihuacán: »Am wahrscheinlichsten ist, so meine ich, daß das landwirtschaftliche Potential im selben Maß erschlossen wurde, wie der Bedarf der zunehmenden Gruppe von Handwerkern und anderen Spezialisten in der rasch wachsenden Stadt stieg. Kurz, ich sehe das Bewässerungspotential des Tals weder als entscheidend für die Zentralisierung der Autorität in Teotihuacán an noch für die Entstehung des Staats. Die wichtigsten Ursachen des gesellschaftlichen Wandels in Teotihuacán scheinen in der Stadt selbst gelegen zu haben.« (Millon 1973)

11. Staat, Religion und eine steinzeitliche Schlüsselindustrie

Den Aufstieg zum Wirtschaftszentrum verdankt die Stadt ihrer Lage. Sie lag an der Schlüsselstelle der Austauschroute, die das Tal von Mexico mit den tiefliegenden Landesteilen an der Golfküste verband und weiter nach Süden bis ins Hochland von Guatemala reichte. Was immer von Süden nach Norden bis ins Tal von Mexico und umgekehrt von dort nach Süden gelangte, passierte das Tal von Teotihuacán. Dazu kam die Nähe zu den beiden wichtigsten Obsidianlagerstätten des Tals von Mexico. Die eine mit dem in ganz Mesoamerika begehrten grauen Obsidian von Barranca des los Estetes lag 16 Kilometer östlich der Stadt. Vom Flußwasser verfrachtete Obsidianbrocken aus dieser Lagerstätte konnten schon vor der Haustür aus dem Rio San Juan geholt werden. Weitere Lagerstätten mit feinerem grünen Obsidian, der sich besonders für die Herstellung von Klingen eignete, lag 50 Kilometer nordöstlich der Stadt. (Spence 1981)

Obsidian spielte in der Geschichte Teotihuacáns schon früh eine wichtige Rolle. Zwischen 150 v. Chr. und der Zeitenwende, als der Auf-

---

* In flachen Seen durch Aufschüttung angelegte Gärten wie die schwimmenden Gärten von Xochimilco bei Mexico City. Gedüngt wurden diese *chinampas* durch Pflanzenabfälle und Exkremente sowie durch Schlamm vom Seegrund. Diese Anbautechnik, die eine der Ernährungsgrundlagen der Aztekenhauptstadt Tenochtitlan war, wurde möglicherweise schon in Teotihuacán entwickelt.

stieg von einem großen Dorf zur 30000-Einwohner-Stadt begann, existierten am westlichen Rand neun Obsidian-Werkstätten. In ihnen wurden zu dieser Zeit Klingen und Schaber für den Eigenbedarf der Stadt hergestellt. Das spätere einträgliche Monopol für die Versorgung des gesamten Tals von Mexico mit Fertigprodukten hatte Teotihuacán damals noch nicht. Es gab weitere Obsidianwerkstätten in anderen Orten des Tals. Aufgrund seiner Nähe zu den Lagerstätten könnte Teotihuacán die Region jedoch schon mit dem Rohstoff versorgt haben. (Cowgill 1974; Spence 1981)

Das änderte sich zwischen 0 und 150 n. Chr., einer Phase entscheidender politischer Veränderungen im Tal von Mexico. Durch Umsiedlung großer Bevölkerungsteile aus den anderen Teilen des Tals wuchs die Einwohnerzahl auf 60000 bis 80000. Damals wurde die gigantische Sonnenpyramide erbaut, mit 1 Million Kubikmetern der größte Bau des prähispanischen Mesoamerika. Der Bau der Mondpyramide wurde begonnen und die zentrale tempelumsäumte Prachtstraße angelegt. In dieser Zeit scheint sich Teotihuacán zum Staat entwickelt zu haben, und diese Veränderungen spiegeln sich deutlich im wirtschaftlichen Bereich wider.

Die Zahl der Obsidianwerkstätten verfünffachte sich von 9 auf 48. Gemessen an der Verdoppelung der Bevölkerung bedeutet das ein überproportionales Wachstum einer steinzeitlichen Schlüssel»industric«. Gleichzeitig verschwanden sämtliche Obsidianwerkstätten aus dem übrigen Tal von Mexico. Teotihuacán kontrollierte nun nicht nur den Rohstoffnachschub, sondern die einträglichere Verarbeitung zu Werkzeugen, Waffen und Ritualobjekten. Konkurrierende Werkstätten außerhalb Teotihuacáns wurden kurzerhand von Rohstofflieferungen abgeschnitten. Wer immer im Tal von Mexico Obsidianprodukte benötigte, konnte sie nur durch Teotihuacán erhalten.

Bedenkt man, daß die Obsidianlagerstätten in einiger Entfernung von der Stadt lagen, dann kann ein Monopol, das Stadtfremde vom Rohstoffnachschub ausschließt, nur durch eine übergeordnete Autorität erreicht werden. Alles spricht dafür, daß es der Staat von Teotihuacán war, der die Monopolisierung der wichtigsten Handelsprodukte der Stadt zur Politik gemacht hat. (Spence 1981) Die Folgen zeigten sich bis 450 n. Chr. Das auf 150000 Menschen angewachsene Teotihuacán kontrollierte das Tal von Mexico nun auch politisch. Etwa ein Drittel der Stadtbevölkerung erzeugte seine Nahrung nicht mehr selbst. Ein Teil nahm Verwaltungs- und Regierungsfunktionen ein; der größere Teil bestand aus Handwerkern, unter denen wiederum die Obsidianverarbeiter dominierten.

Wie schon zuvor sicherte der Staat die Obsidianindustrie gegen äußere Konkurrenz, indem er die Lagerstätten kontrollierte. Darüber hinaus scheint er nun auch die Obsidianwerkstätten mit dem schwieriger zu beschaffenden grünen Obsidian versorgt zu haben. Den grauen Obsidian aus den nahegelegenen Lagerstätten von Barranca des los Estetes scheint jede Werkstatt dagegen selbst beschafft zu haben. Innerhalb der Stadt scheint der Staat jedoch keinesfalls eine allumfassende Kontrolle über die Obsidianhersteller ausgeübt zu haben. Die meisten Obsidianwerkstätten waren klein und ihre Besitzer dürften nur Teilzeithandwerker gewesen sein. Außerdem lagen sie außerhalb des Stadtzentrums verstreut in den einzelnen Wohnkomplexen, so daß sie den Bedarf der Nachbarschaft und vielleicht einiger Passanten deckten. Weit verstreute kleine Werkstätten entsprechen nicht dem Modell einer allumfassenden staatlichen Kontrolle.

Neben verstreuten kleinen Werkstätten fanden Archäologen größere regionale Werkstätten. Viele lagen entlang der Hauptstraßen in Nachbarschaft zu großen öffentlichen Gebäuden, der Mondpyramide, dem Herrscherpalast und dem großen Markt. Die Prachtstraßen, die Monumentalbauten und großen öffentlichen Plätze dürften einst die bevorzugten Aufenthaltsorte von Fremden gewesen sein. In den dort angesiedelten Werkstätten, so vermutet Michael Spence in seiner scharfsinnigen Analyse des Verhältnisses von Staat und Obsidianherstellung, wurde daher für Fremde aus weiter entfernten Teilen Mesoamerikas produziert.

Auch in diesem Fall scheint der Staat nur indirekte Kontrolle ausgeübt zu haben. In ihren eigenen Werkstätten arbeiteten die Handwerker auf eigene Rechnung. Ihre Gegenleistung für die Dienste des Staates könnte in einer Arbeitsverpflichtung bestanden haben. Dafür, daß der Staat ihr Monopol sicherte, einen Teil des Rohstoffs besorgte und durch seine Tempel und Rituale Pilger aus ganz Mesoamerika anlockte, arbeiteten sie einen Teil ihrer Zeit in staatlichen Obsidianwerkstätten. Diese lagen im unmittelbaren Bereich der Mondpyramide und des großen Marktplatzes und waren weitaus größer als die anderen. Aufgrund der architektonischen Anlage nimmt Spence an, daß dort Handwerker arbeiteten, die an anderer Stelle eigene Werkstätten betrieben und in wechselndem Turnus zum Dienst für den Staat herangezogen wurden. In diesen staatlichen Manufakturen dürfte Obsidian für den Bedarf des Staatsapparats, zum Verkauf auf dem zentralen Markt und wohl auch für Geschenke an fremde Herrscher verarbeitet worden sein.

Der Staat Teotihuacán, so resümiert Spence seine Untersuchung, »schützte und förderte die Obsidianindustrie, aber er versuchte nicht, sie vollständig zu reglementieren«. Er kontrollierte die Rohstoffversorgung, sicherte den Markt und betrieb in einem gewissen Umfang wohl auch selber Geschäfte. »In einem solchen System wird die Wirtschaft, insbesondere die Güterverteilung, in ganz erheblichem Ausmaß staatlich verwaltet. Das schließt unternehmerisches Handeln nicht aus, aber der Verwaltungsapparat kontrolliert im allgemeinen die Handwerker und Kaufleute.« (Spence 1981)

Zweifellos war die Obsidianverarbeitung wichtigster Handwerkszweig und Haupthandelsprodukt Teotihuacáns mit Fremden. Über diesem Material, dessen Spuren sich archäologisch am besten verfolgen lassen, sollte man die Vielzahl weiterer Handwerksberufe jedoch nicht vergessen. Auch sie trugen zum Aufstieg der Stadt als wirtschaftliches und kulturelles Zentrum Mesoamerikas bei. An zweiter Stelle nach den Obsidianherstellern kamen die Töpfer; dazu Handwerker, die Halbedelsteine und Muscheln zu Schmuck verarbeiteten; Schuster und Schneider, bei denen die Elite ihre Ledersandalen und prächtigen federgeschmückten Gewänder fertigen ließ, schließlich beschäftigten der Bau und die Dekoration der vielen reichgeschmückten Tempel und Paläste ganze Bataillone von Steinmetzen, Bildhauern und Malern. Um das Bild abzurunden, sollte man Handwerker hinzudenken, von denen wir nichts wissen, weil sie vergängliches Material bearbeitet haben. (Millon 1974; Adams 1977)

Außerdem scheint es Fernhändler gegeben zu haben. Einige Fundstellen am östlichen Stadtrand zeigen auffällig viele Scherben hochwertiger Keramik von der Golfküste auf. Ausgrabungen in diesem Viertel förderten auch ein Warenlager zutage. Millon vermutet dort das Viertel der Händler. Fernhandel könnte auch einer der Gründe für die Einmischung Teotihuacáns in die Politik der Maya auf der Yukatanhalbinsel und im Hochland von Guatemala gewesen sein. Dort unterhielt es in der Endphase seiner Entwicklung regelrechte Kolonien. Als habe Maya-Keramik zum Luxusbedarf wohlhabender Teotihuacános gehört, wurden im Stadtgebiet verstreut geringe Mengen von Scherben einer feinen glänzenden Keramik aus der zweiten großen Kulturzone Mesoamerikas gefunden. Außer Keramik könnte der Süden auch Baumwolle, Textilien, die Federn tropischer Vögel, Meeresmuscheln und die im Hochland begehrten Kakaobohnen nach Teotihuacán geliefert haben. (Adams 1977)

So erzeugten die Händler zwar selbst nichts Greifbares, trugen aber wesentlich dazu bei, daß Teotihuacáns Wirtschaft durch Austausch der Erzeugnisse verschiedener Spezialisten und Regionen florierte. Eines der architektonisch herausragenden Bauwerke, dessen Grundfläche jede andere Einrichtung übertraf, war in späterer Zeit der zentrale Marktplatz gegenüber dem Herrscherpalast – der sogenannte Great Compound. Die Größe und zentrale Position dieses Marktes läßt die Bedeutung von Spezialisierung und Austausch für die Hochkulturen des Tals von Mexico erkennen. (Blanton, Kowalewski, Feinmann, Appel 1981)

Illustrieren wir die Funktion des Marktes anhand eines Berichts aus dem 16. Jahrhundert: »Es gibt auch einen von Arkaden umgebenen Markt«, so berichtet Cortez über den Markt von Tlatelolco, der Nachbarstadt der Aztekenhauptstadt Tenochtitlán, »auf den täglich 60000 Menschen kommen, um zu kaufen oder zu verkaufen, und auf dem man jede Art von Ware findet, die in diesem Land hergestellt wird... Nahrungsmittel ebenso wie Schmuck aus Gold und Silber, aus Blei, Bronze, Kupfer, Zinn, Steinen, Knochen und Federn. Sie verkaufen auch Kalk,... Lehmziegel,... Kacheln... Es gibt eine Straße, in der Vögel von jeder Art verkauft werden, die es in diesem Land gibt... Auch sind da Straßen von Kräuterhändlern,... Apothekern,... Friseuren, die ihre Haare waschen und sie rasieren... Sie verkaufen... Honig, Wachs und Sirup aus Maiskolben,... Rehhäute, Mais als Korn oder Brot, Hühner und Fischpasteten..., und es gibt auch ein sehr großes Gebäude, vergleichbar einem Gericht, in dem zehn oder zwölf Menschen als Richter sitzen. Sie wachen über alles, was auf dem Markt geschieht, und bestrafen Verbrecher.« (Adams 1977)

Religion und Tempel waren nicht weniger wichtig für den Aufstieg der Stadt zur kulturellen Metropole Mesoamerikas. »Man kann sich nur schwer dem Eindruck entziehen«, so René Millon, »daß die Architekten der ›Straße der Toten‹ bewußt versuchten, den Betrachter durch die Monumentalität und das geistige Konzept der Straße mit ihren Pyramiden und Tempeln zu überwältigen... Denn die Großartigkeit dieser Szene und der Riten, die in einer solchen Umgebung stattgefunden haben werden, müssen einen tiefen Eindruck hinterlassen haben – auf Stadtbewohner wie auf Fremde. Sie trugen dazu bei, die Religion Teotihuacáns mit emotionalen und ästhetischen Werten zu versehen, die zumindest teilweise die Anziehungskraft erklären, die sie so lange hatte.« (Millon 1973)

Um die Wirkung des Hauptheiligtums, der Pyramide der Sonne, auf die Gläubigen zu ermessen, genügt es nicht, sich von der monumentalen Architektur beeindrucken zu lassen. Für die Gläubigen ebenso wichtig waren die mit ihm verbundenen religiösen Vorstellungen. Über einer unterirdischen Kaverne errichtet, die einst von stetig tröpfelndem Wasser befeuchtet wurde, waren die Pyramide und ihr Tempel das Heiligtum des Regengottes Tlaloc, dem im semiariden Mesoamerika wichtigsten Garanten für die Fruchtbarkeit der Felder.

»Die Erforschung der Religionsgeschichte lehrt uns«, deutet der amerikanische Religionswissenschaftler David Carrasco die Idee hinter diesem Riesenbau, »daß Heiligtümer und religiöse Monumente zwangsläufig auf ein wunderbares heiliges Ereignis oder eine religiöse Offenbarung hinweisen, die an diesem Ort stattgefunden hat. Diese heiligen Orte werden als Behältnisse seinsbestimmender Kräfte angesehen, die dem Priester und Pilger für immer zugänglich sind. In der gesamten Geschichte Mesoamerikas wurden Höhlen als heilige Orte angesehen, an denen die Götter, die Menschen und die Himmelskörper erschaffen worden sind. Höhlen sind Orte der Zwiesprache mit der Unterwelt und Ausgangspunkte der Reise von Menschen in Geistwelten, in denen Verbindung mit übernatürlichen Mächten aufgenommen wird. Manchmal stellen Höhlen den Mutterleib dar, der die Myriaden verschiedener Lebensformen geboren hat. Es gibt Berichte, daß die Sonne, der Mond und der Himmel aus Höhlen aufgestiegen sind, und ein Text erwähnt, daß der Mond in einer Höhle in Teotihuacán geboren wurde.« (Carrasco 1984)

Begonnen wurde mit der Inszenierung des religiös-politischen Spektakels, das Teotihuacán zur Wohnung der Götter und zum Mittelpunkt der mesoamerikanischen Welt machen sollte, kurz nach der Zeitenwende. In dieser Phase wuchs die Stadt durch Umsiedlung aus anderen Teilen des Tals von Mexico, und Anzeichen staatlicher Sicherung des Obsidianmonopols werden erkennbar. Es wurde mit dem Bau der Pyramiden der Sonne und des Mondes begonnen und die tempelumsäumte Nord-Süd-Straße angelegt. René Millon hat das Zusammenwirken wirtschaftlicher und religiöser Elemente treffend beschrieben:

»Teotihuacán scheint sich zu einer städtischen Gesellschaft entwickelt zu haben, deren Märkte, Tempel und Heiligtümer eine Vielzahl Fremder anzogen. In dieser Gesellschaft wurde die Institution des Marktplatzes zum Brennpunkt, in dem sich die konkurrierenden und gegensätzlichen Interessen der verschiedenen Sektoren der Gesellschaft von Teotihuacán und der Fremden überschnitten. Was immer diese Gegensätze gewesen sein mögen, gemeinsam war das Interesse an einem ›Marktfrieden‹. Die Institution des Marktplatzes könnte durch Teotihuacáns Religion und Ansehen gesichert worden sein, gestützt durch die Bedeutung seiner Riten und durch die Loyalität und Hingebung, die seine Symbole vermittelten.« (Millon 1974)

Das Zeichen einer neuen Abhängigkeit im Staat: Fünf Jahrtausende alte sumerische Abrechnungstafel aus gebranntem Ton, die im Tempelbezirk von Uruk, der ersten Metropole des Zweistromlands, gefunden wurde.

An die Stelle persönlicher Verpflichtungen zwischen Individuen in früheren Gesellschaften waren im Staat funktionale Beziehungen getreten. Arbeit wurde nicht mehr von autonomen Verwandtschaftsgruppen, sondern vom abhängigen Tempelpersonal geleistet. Geben und Nehmen zwischen »Verwandten« wurde durch die Abhängigkeit der Beherrschten von den Herrschenden ersetzt. Die abgebildete Tafel verzeichnet die Lebensmittelrationen, die einer Gruppe von 40 Arbeitern von der Tempelverwaltung für eine Fünftageperiode zugewiesen worden waren.

Die teilweise entzifferten Zeichen dieser Wortschrift bedeuten: Vertikale Spalte am linken äußeren Rand: »1. Tag«, »2. Tag«, »3. Tag«; das dreieckige Zeichen rechts unten: »Arbeiter«. Die Rückseite verzeichnet, daß jeder dieser Arbeiter seine tägliche Ration in Form einer bestimmten Menge von Gerste erhielt – der »Währung« dieser Zeit.

C. Sumer
Planwirtschaft und Krieg

12. Tempel als kommunale Wirtschaftsunternehmen

Das dritte Beispiel für die Entstehung komplexer Gesellschaften liefern die Sumerer im Süden von Mesopotamien. Die Entwicklung vom Häuptlingstum zum Staat ist dort das Gegenstück zu Teotihuacán. Ohne Marktwirtschaft gewesen zu sein, kam unter den ersten Staaten Teotihuacán ihr doch am nächsten. Wirtschaft und Gesellschaft der Sumerer im Süden des Zweistromlandes dagegen sind das Modell einer zentral gesteuerten Wirtschaft.

Bevor zu Beginn des 3. Jahrtausends unter dem Einfluß von Kriegen Staaten entstanden, waren die Haupttempel größerer Siedlungen die zentralen Autoritäten gewesen. Das Oberhaupt eines Tempels, der *en*, entsprach dem Typus des Häuptlings, der sein Amt aufgrund eines sakralen Auftrags innehatte. Häufiger als er erscheint in den Verwaltungstexten jedoch der *sanga*, dem die Verwaltung der großen Tempelgüter unterstand. Obwohl auch die *sangas* Priester waren, standen ihre Fähigkeiten als Manager und Oberbuchhalter der Tempelwirtschaft auf einer solideren Basis als ihre religiösen Funktionen. Während die Götter nur in den Köpfen herrschten, beherrschten in der Entstehungsphase der sumerischen Hochkultur gegen Ende des 4. Jahrtausends Tempel die Wirtschaft und Gesellschaft der Sumerer.

Sollte man die Eigenheiten einer Kultur durch ein charakteristisches Merkmal erfassen, dann wäre das für das frühe Teotihuacán die Verbindung von Tempel und Markt. In der sumerischen Kultur müßten es Tempel in Verbindung mit Buchhaltung und einer standardisierten Keramikform sein, die von Archäologen »beveled-rim-Schalen« genannt werden. Es sind Schalen mit abgeschrägtem Rand, die in großer Zahl seit der Mitte des 4. Jahrtausends hergestellt wurden. (Oates, Oates 1976) Gegenüber früherer Keramik, wie der zwei Jahrtausende älteren, kunstvollen und mit prächtigen geometrischen Mustern verzierten Halaf-Ware aus dem nördlichen Mesopotamien, unterscheiden sie sich durch plumpe Funktionalität.

In dieser Häßlichkeit den Ausdruck von kulturellem Niedergang zu sehen, wäre verkehrt. Die Schalen waren ein für diese Zeit überaus fortschrittliches Gerät. Hatten die Töpfer der Halaf-Kultur einst kunstvolle Einzelstücke hergestellt, so drückte man nun zur Massenherstellung standardisierter Ware den Ton einfach in Formen. Waren die Abnehmer der Halaf-Ware freie Bauern gewesen, für die schönes Aussehen nicht weniger wichtig war als die Funktion, so diente die neue Keramik vermutlich dem von den Tempeln abhängigen Personal zur Entgegennahme genau bemessener Lebensmittelrationen. (Oates, Oates 1976)

Zur Abrechnung entwickelten Priester um 3300 v. Chr. eine noch primitive Zeichenschrift. Aus ihr entstand Jahrhunderte später die sumerische Keilschrift. Mit buchhalterischer Akribie in Tontafeln geritzt und anschließend gebrannt, wurden nun die vielfältigen Transaktionen der Tempelwirtschaft registriert. Auf erhaltenen Tafeln erkennt man den Personalbestand. Es gab Leibeigene, Sklaven, Menschen, die zu Frondiensten verpflichtet waren, landlose Bauern, die gegen Ernteabgaben Tempelland bewirtschafteten, Tagelöhner, die zu bestimmten Anlässen für einige Wochen oder Monate beschäftigt wurden. Festgehalten sind auch ihre Tätigkeiten als Fischer, Bauern, Hirten, Handwerker, Ruderer und Steuerleute. Selbst die ihnen zugemessenen Rationen an Bier, Öl und Fisch wurden registriert.

Einen Markt wie in Teotihuacán, auf dem Bauern, Fischer, Hirten und Handwerker ihre Erzeugnisse tauschten, gab es nicht. Um genau zu sein, vermutlich werden auch die Sumerer auf Dorfebene Zwiebeln gegen Datteln und Weizen gegen Schafe getauscht haben, so wie Bauern überall auf der Erde tauschen. Aber nirgendwo finden sich Hinweise auf den Markt als eine von der zentralen Autorität legitimierte und überwachte Institution zum organisierten Austausch der Erzeugnisse einer arbeitsteiligen Wirtschaft.

Nicht daß Spezialisierung und Austausch im Süden des Zweistromlands weniger wichtig gewesen wären als im Tal von Teotihuacán. Im Gegenteil. Ökologisch war das flache Schwemmland um Euphrat und Tigris im Süden Mesopotamiens keineswegs so einheitlich, wie die Monotonie der Landschaft vermuten läßt. Es bot Raum für verschiedene wirtschaftliche Spezialisierungen. Auf Uferböschungen entlang der Flußläufe, im Randbereich von Sümpfen sowie im bewässerbaren Schwemmland beiderseits der Flüsse ließen sich Getreide und Dattelpalmen anbauen; Schafe und Rinder konnten auf abgeernteten oder brachliegenden Feldern und in der Steppe weiden; die Sümpfe und Flüsse schließlich boten ein reichhaltiges Angebot an Fischen, eine Haupteiweißquelle der Sumerer.

Aufzeichnungen aus historischer Zeit – ungefähr nach 3000 v. Chr. – zeigen, daß diese verschiedenen Lebensräume von spezialisierten Fischern, Hirten und Ackerbauern genutzt wurden. Die Archive der Tempelgemeinschaft der Göttin Bau in Lagash um 2400 v. Chr. führen 100 von insgesamt 1200 Mitgliedern als Hirten an, eine ähnliche Zahl von Fischern und weitere 125 Ruderer, Hafenarbeiter, Steuermänner, Lotsen und Seeleute. Auch gibt es archäologische Hinweise dafür, daß diese Spezialisierung weit in die Vorgeschichte zurückreicht. (Adams, R. McC. 1966)

Das gleiche gilt für handwerkliche Berufe. Auch hier verzeichnen Archive aus historischer Zeit eine Vielzahl von Spezialisten: Zimmerleute, Bootsbauer, Töpfer, Schilfweber, Steinmetze, Müller, Brauer, Weber, Lederverarbeiter, Schmiede und andere. Die Kunstfertigkeit hochwertiger Handwerksprodukte läßt ebenso wie die Massenherstellung von Keramik vermuten, daß die Anfänge handwerklicher Spezialisierung bis in die Mitte des 4. Jahrtausends zurückreichen. Nur gab es keinen Markt, auf dem Handwerker ihre Erzeugnisse hätten anbieten können, um selbst Fisch, Öl, Getreide oder Erzeugnisse anderer Handwerker zu erwerben.

Auf keinem Markt waren auch die im Süden Mesopotamiens dringend benötigten Rohstoffe und Luxusgüter aus anderen Teilen Vorderasiens zu erhalten: Obsidian mußte aus entfernten Lagerstätten im Hochland von Anatolien und Armenien beschafft werden; Kupfererz stammte ebenfalls aus Anatolien, in späterer Zeit wurde es auch aus dem Oman an der Südspitze des Persischen Golfs eingeführt; Hartholz stammte aus bewaldeten Gebirgsregionen im Norden und Nordwesten; das als Dichtungsmittel benötigte Erdpech kam aus der assyrischen Steppe; Halbedelsteine wie Lapislazuli und Karnelian wurden über Entfernungen von mehr als 1500 Kilometern aus Afghanistan herangeschafft; andere Luxusgüter wie die kunstvoll geschnitzten Specksteinschalen stammten aus Tepe Yahya im Süden Irans, etwa auf halbem Wege nach Indien; Silber und Gold stammten vielleicht aus Anatolien oder aus dem iranischen Hochland.

Handelsbeziehungen mit weit entfernten Regionen waren für die Sumerer sogar noch wichtiger als für die Bewohner Teotihuacáns. Während Teotihuacán von der Golfküste und aus dem Gebiet der Maya vorwiegend Luxusartikel bezog, mußten die Sumerer selbst Baumaterial und andere Rohstoffe von weither einführen. Der Süden Mesopotamiens war ein rohstoffarmes Land. Wirtschaftlich bot er nur eine Voraussetzung für eine Hochkultur – Fruchtbarkeit freilich nur in

Verbindung mit künstlicher Bewässerung. Gütererzeugung zum Austausch mit entfernten Rohstofflieferanten war daher eine der Voraussetzungen für die Entstehung der ersten Hochkultur der Menschheitsgeschichte.

Die meisten lebenswichtigen Funktionen lagen ursprünglich in den Händen des Tempelpersonals. Bevor um die Mitte des 3. Jahrtausends v. Chr. auch staatliche Güter entstanden, hatten Tempel die arbeitsteilige Wirtschaft der Sumerer organisiert. Sie veranlaßten Bauern dazu, Nahrungsüberschüsse zu erzeugen: die Grundlage für handwerkliche Spezialisierung und die lebensnotwendige Import-Exportwirtschaft. Tempel organisierten auch den Austausch zwischen den verschiedenen Spezialisten.

Tempel besaßen selbst riesige Ländereien. Um die Mitte des 3. Jahrtausends kontrollierte die 1200-köpfige Tempelgemeinschaft der Göttin Bau etwa ein Drittel der Gesamtfläche des Stadtstaates von Lagasch. Um Nahrung und andere Güter zu lagern, verfügte dieser Tempel über dreißig Vorratshäuser, von denen eines, wie ein Verwaltungstext überliefert, fast 10000 Tonnen Gerste enthielt. Ein weiterer Text aus der frühdynastischen Zeit (2900 bis 2400 v. Chr.) verzeichnet eine Tempelherde von fast 10000 Eseln.

Die Nahrungsvorräte und Tierherden der Tempel dienten nur zum Teil der Eigenversorgung des Personals. Aus den Tempelvorräten wurde auch der Unterhalt von Arbeitsgruppen bestritten, die von den Tempeln vorübergehend zu Arbeiten wie dem Umbrechen der Felder oder zum Graben von Bewässerungskanälen rekrutiert wurden. Außerdem stellten die Vorräte, Herden und Güter der Tempel eine öffentliche Reserve dar. Wer immer in Not geriet, konnte mit der Hilfe der Tempel rechnen. Tempel halfen bedürftigen Bauern, die Zeit bis zur nächsten Ernte zu überbrücken, sie lieferten Saatgut, stellten Zugtiere und Pflüge zur Verfügung und organisierten sogar das Pflügen der Felder. Ein Gesetzestext vom Beginn des 2. Jahrtausends schreibt vor, Tempel hätten das Lösegeld zum Freikauf eines im Ausland gefangenen Sumerers aufzubringen, falls die eigene Familie zu arm wäre.

Tempel waren in der sumerischen Gesellschaft auch die Zentren des technisch-administrativen Fortschritts. Eine Vielzahl von Neuerungen – die Schrift, eine Weiterentwicklung des Pflugs, Rad und Wagen, segelgetriebene Flöße und Schiffe sowie die Bronzeverarbeitung – stammt aus den Werkstätten und Verwaltungskontors sumerischer Tempel. Die mit Verwaltungsaufgaben betrauten Schreiber der Tempel schufen die erste Bürokratie der Menschheitsgeschichte. Das von ihnen geschaffene Buchhaltungssystem registrierte selbst die kleinste Bewegung im Tempelbestand. Jede Veränderung im riesigen Viehbestand der Tempel wurde erfaßt: Geburt eines Tieres, Schlachten, Opfern, Diebstahl, Scheren oder das Ausleihen als Zugtier.

In Tempelwerkstätten wurden die durch Fernhandel beschafften kostbaren Steine verarbeitet, Erze verhüttet und Metall bearbeitet. Lederwerkstätten verarbeiteten die Felle der Schlachttiere. Am wichtigsten war die Textilproduktion. In Massenherstellung stellten weibliche Sklaven aus Wolle Fäden und Kleidung her. Ein Teil dieser Güter diente zur Deckung des heimischen Bedarfs. Ein anderer, insbesondere Textilien, wurde im Fernhandel gegen die benötigten Rohstoffe und Luxusgüter getauscht.

Sklaven spielten in der Tempelwirtschaft eine wichtige Rolle. Weibliche Sklaven wurden zur Textilproduktion, zum Mahlen, Kochen und Brauen eingesetzt; männliche Sklaven, in den Texten als diejenigen bezeichnet, die »ihre Augen nicht erheben«, arbeiteten in Gärten und Obsthainen. Eine zweite Einnahmequelle waren Ernteabgaben landloser Bauern, denen die Tempel Land zur Nutzung überließen. Außerdem konnten sie nominell freie Bauern und Handwerker zu Frondiensten verpflichten. Schließlich stellten Opfergaben an die Götter und Tribute eine weitere Einnahmequelle dar. (Adams, R. McC. 1966; Postgate 1972)

Die angesichts solch vielfältiger Aktivitäten naheliegende Vorstellung, die Tempelwirtschaft habe die gesamte sumerische Gesellschaft umfaßt, ist jedoch nicht haltbar. Der russische Prähistoriker Diakonow hat gezeigt, daß sich in frühdynastischer Zeit (3000 bis 2400 v. Chr.) neben großen Tempel- und Staatsgütern auch weiter große Ländereien im Besitz unabhängiger Verwandtschaftsgruppen befanden. Um die Mitte des 3. Jahrtausends, so schätzt Diakonow, waren zwei Drittel der Bevölkerung des Stadtstaates von Lagasch nicht unmittelbar in die Wirtschaft der Tempel und großen Güter integriert. (Diakonow 1956)

Dennoch reichte der Einfluß der Tempel weit über das eigene Personal hinaus. So wie im winzigen Rahmen Tikopias der Häuptling mit den beschränkten Mitteln des eigenen Haushalts die Ökonomie einiger Hundert Menschen beeinflußte, beherrschten Tempel den haushaltsübergreifenden Teil der sumerischen Wirtschaft. Als Antriebskräfte von Überschußproduktion und Umverteilung von Nahrung und Gütern schufen sie die Grundlagen von Arbeitsteilung und handwerklicher Spezialisierung. Sie waren es, die von weither die benötigten Rohstoffe und die Luxusartikel der Elite besorgten. Sie organisierten kollektive Arbeiten wie den Bau von Tempeln, Vorratshäusern, Bewässerungsanlagen usw. Die Lagerhäuser der Tempel dienten als öffentliche Reserve. (Adams 1966; Postgate 1972)

13. Sümpfe und Steppe werden zum Garten

Dieses Bild der Tempel in der sumerischen Gesellschaft ist aus Verwaltungstexten der frühdynastischen Zeit rekonstruiert. Es zeigt eine entwickelte Tempelwirtschaft in der städtischen Gesellschaft um die Mitte des 3. Jahrtausends. Zu dieser Zeit, in der große Städte inmitten fruchtbarer Felder und blühender Gärten lagen, erinnerte sich niemand mehr daran, daß das Zweistromland einst aus Sümpfen und Steppe bestanden hatte. »Selbst den nachdenklichsten und gelehrtesten unter den sumerischen Weisen wäre nie die Idee gekommen, daß Sumer einst ein trostloses Sumpfland gewesen war mit ein paar verstreuten Siedlungen darin«, schreibt der amerikanische Sumerologe Samuel Noah Kramer. »Es wäre ihnen nie in den Sinn gekommen, daß es sich nur ganz allmählich zu einer blühenden und geschäftigen komplexen Gesellschaft entwickelt hatte.« Sie träumten von einem in der mythischen Urzeit angesiedelten Goldenen Zeitalter:

> »In diesen Tagen gab es keine Schlange
> und keinen Skorpion,
> Es gab weder Löwe, noch Wildhund und auch keinen Wolf,
> Es gab weder Furcht noch Schrecken,
> Der Mensch hatte keinen Feind.
>
> In diesen Tagen priesen das Land Schubur (im Osten),
> Sumer (im Süden), Land des fürstlichen Erlasses,
> Uri (im Norden), das Land, das alles hatte,
> was notwendig ist,
> Das Land Martu (im Westen), ruhend in Sicherheit,
> Das Universum und die Völker vereint
> priesen Enlil mit einer Zunge.«
>
> (Nach Frankfort 1948)

Doch ein Paradies ist das Land im Süden Mesopotamiens nie gewesen. Zu Beginn des 5. Jahrtausends war das sumerische Kernland eine von

Sümpfen durchsetzte Trockensteppe mit zwei mächtigen Flüssen, dem Euphrat und dem Tigris. Für Regenfeldbau reichten die Niederschläge nicht aus. In beschränktem Umfang war Pflanzenanbau am Rand von Sümpfen und auf den Uferböschungen der Flüsse möglich. Zwar konnte man relativ einfach durch Abstiche und provisorische Dämme über Senken und natürliche Kanäle Flußwasser in die Steppe leiten, doch die Lebensadern der Region, der Euphrat und der Tigris, waren eine unzuverlässige Wasserquelle.

Das minimale Gefälle auf den letzten 350 Kilometern vor dem Persischen Golf hatte ein verzweigtes System von Flußarmen entstehen lassen. Geringfügige Veränderungen in der Topographie der Landschaft genügten, um einschneidende Veränderungen im Flußverlauf auszulösen. Immer wieder räumten Winderosion, Hochwasser oder Verschlammung von Kanälen natürliche Hindernisse aus dem Weg und bauten neue auf. Wegen des geringen Gefälles verlagerten dann die Flußarme ihr Bett, füllten bis dahin ausgetrocknete Teile eines natürlichen Systems von Senken und ausgetrockneten früheren Kanälen, während wasserführende Teile des Flußsystems austrockneten oder versumpften. Siedlungen, die an einst fruchtbaren Feldern gelegen hatten, mußten aufgegeben werden. Die Bevölkerung war gezwungen, neues Land urbar zu machen. Außerdem stellte das jährliche Hochwasser, das den Süden Mesopotamiens zur Reifezeit des Getreides im späten Frühjahr erreichte, eine weitere Gefahr für die Ernten dar. (Adams, R. McC. 1966)

Auch archäologisch liegen die Anfänge der sumerischen Hochkultur weitgehend im Dunkel. Da es für diese entscheidende Phase nur wenige exakte Altersbestimmungen gibt, unterscheiden sich die Zeitangaben oft um Jahrhunderte. (Oates, Oates 1976) Daten sollten daher als nur grobe Anhaltspunkte verstanden werden. Ziemlich willkürlich datiert man die Anfänge auf die Zeit zwischen 5000 und 4500 v. Chr. Diese erste nach dem Fundort Al Ubaid benannte archäologische Phase endete zwischen 3700 v. Chr. und 3500 v. Chr.

Gegen Ende der Ubaid-Phase gab es in der Ebene um Uruk im Süden des Zweistromlandes mehr als hundert kleine Siedlungen. Die Anordnung läßt vermuten, daß diese Siedlungen einst an einem System verzweigter natürlicher Kanäle lagen, die heute ausgetrocknet sind. Durch Errichtung provisorischer Dämme und Durchstiche durch Böschungen ließen sich dort Felder mit einfachen Mitteln bewirtschaften. Die besiedelten Flächen waren durch Sumpfgebiete und Steppe getrennt. Örtliche Ansammlungen mehrerer kleinerer Siedlungen um eine größere könnten Anzeichen für das Entstehen von Siedlungshierarchien sein, in denen der Zentralort eine gewisse Führungsrolle einnahm. Lediglich Uruk ragte etwas heraus. Adams und Nissen vermuten, daß es schon zu dieser Zeit ein bedeutendes Heiligtum hatte und Zentrum der gesamten Region gewesen sein könnte. (1972)

Auch lassen sich über die Bedeutung Uruks und seiner Heiligtümer für die Region in der Ubaid-Phase nur Vermutungen anstellen. Die Tempel der Anfangsphase liegen unter den Überresten späterer Bauten, die ausgegraben worden und erhalten sind. Probegrabungen haben lediglich ergeben, daß Uruk schon in der Ubaid-Phase Tempel besaß. (Nissen 1972) Besser ist die Ubaid-Phase in Eridu im Süden von Uruk erforscht. Dort machten die Ausgräber eine überraschende Entdeckung. Unter den Ruinen von Tempeln einer Siedlung, die im 5. Jahrtausend weit vom Meer entfernt lag, fanden sie Überreste von Meeresfischen. (Oates u. a. 1977)

Vermutlich wurde in diesen Tempeln schon im 5. Jahrtausend der Gott der unterirdischen Wasser Enki verehrt, der spätere Stadtgott Eridus. Der Prähistoriker Robert McC. Adams nimmt an, daß mit diesen Fischopfern an den Gott ein ritueller Austausch zwischen Fischern und Erzeugern anderer Arten von Nahrung verbunden gewesen ist. Dokumentiert ist ein vergleichbarer Austausch zwischen Fischern und Hirten in den Archiven der Tempelgemeinschaft der Göttin Bau in Lagasch um die Mitte des 2. Jahrtausends. (Adams, R. McC. 1966; Oates, Oates 1976)

Anzeichen für eine spätere Funktion der Tempel, nämlich den Austausch zwischen spezialisierten Erzeugern zu vermitteln, lassen sich bis ins 5. Jahrtausend zurückverfolgen. Auch die Beschaffung exotischer Güter, eine weitere Aufgabe späterer Tempel, ist schon in der Ubaid-Phase nachweisbar. Im 5. Jahrtausend finden sich die Spuren der Sumerer in Saudiarabien und Nordmesopotamien. An der arabischen Küste des Persischen Golfs bis nach Bahrain wurden Keramikscherben mit den charakteristischen Ubaid-Mustern gefunden. Eine sorgfältige physikalische Analyse ergab, daß sie in dem Eridu benachbarten Ur hergestellt worden waren.

Vermutlich auf Segelschiffen 700 Kilometer euphratabwärts und dann durch den Persischen Golf nach Süden transportiert, waren die Töpfe von sumerischen Seefahrern während eines längeren Aufenthalts an der Küste benutzt worden. Die Prähistorikerin Joan Oates und ihre Mitarbeiter nehmen an, daß der Zweck solch ausgedehnter Seereisen die Beschaffung von Trockenfisch und Perlen gewesen sein könnte. Die Opfergaben im Tempel von Eridu lassen erkennen, daß Meeresfische auch im Inland verzehrt wurden, die, um den Transport zu überstehen, zunächst getrocknet worden sein müssen. Perlen, die in späteren Dokumenten als »Fischaugen« bezeichnet wurden, waren ein in Mesopotamien begehrter Schmuck. (J. Oates et al. 1977)

Keramik mit charakteristischen Ubaid-Merkmalen war seit dem 5. Jahrtausend im größeren Mesopotamien bis ins Grenzgebiet zwischen Syrien und der Türkei im Nordwesten und dem Zagrosgebirge im Norden verbreitet. Dort stammte sie indessen nicht aus dem Süden Mesopotamiens, sondern war unter Ubaid-Einfluß an Ort und Stelle hergestellt worden. Auch das zeugt von sumerischer Präsenz weit außerhalb des Ursprungsgebiets der sumerischen Kultur. (Oates, Oates 1976)

Einer der Gründe für die Verbreitung des Ubaid-Einflusses wird die Versorgung mit den für den Süden so wichtigen Rohstoffen und Luxusgegenständen gewesen sein. Vorkommen großer Mengen von Ubaid-Keramik in Siedlungen im nordöstlichen Syrien entlang der Handelsroute zu den Kupferlagern von Ergani Maden bestätigen diese Vermutung. Es scheint, als hätten die Sumerer schon früh an strategischen Punkten ihrer Handelsrouten Stützpunkte unterhalten. In Tepe Gawra nordwestlich von Mosul im Norden des Irak sind Tempel aus der Endphase der Ubaid-Kultur ausgegraben worden, die denen von Eridu im Süden gleichen. Gaben aus Gold und Lapislazuli, die manchen Toten in Tepe Gawra mit ins Grab gegeben wurden, sind Anzeichen für die Entstehung einer Elite.

Leider ist die Ubaid-Phase der sumerischen Kultur ausgerechnet in ihrem Ursprungsland im Süden schlechter erforscht als im Norden. Nicht aus dem Süden, sondern aus dem Norden stammen daher die ersten Hinweise dafür, daß Tempel auch den Fernhandel organisiert haben. Unter den Überresten eines Tempels der Endphase der Ubaid-Kultur in Tepe Gawra entdeckten Archäologen große Mengen von Lehmsiegeln. Viele trugen noch die Abdrücke der Schnur, des Stoffs oder des Schilfrohrs, an denen sie einst befestigt gewesen waren. Offensichtlich hatten sie einst Beutel oder Körbe versiegelt, in denen Tempeleigentum über größere Strecken transportiert worden war. (Oates, Oates 1976)

14. Hydraulische und andere Mißverständnisse

Das langsame Bevölkerungswachstum der Ubaid-Phase im Süden Mesopotamiens beschleunigte sich in der zweiten Hälfte des 4. Jahrtausends dramatisch.* Zusätzlich zur Vermehrung der ansässigen Bevölkerung drangen wahrscheinlich auch große Bevölkerungsteile aus dem Norden und Nordwesten in das sumerische Kernland ein. Die wachsende Bevölkerungsdichte erzwang intensivere Formen der Nutzung der Natur und straffere Formen der sozialen Organisation. Als Ergebnis entstanden in der ersten Hälfte des 2. Jahrtausends die ersten sumerischen Stadtstaaten.

Bei der Besiedlung des Südens Mesopotamiens in der Ubaid-Phase (5000 bis 3500 v. Chr.) hatte die Bevölkerung zuerst die günstigsten Zonen besiedelt. Das waren natürliche Wasserläufe, wo die Felder mit einfachen Mitteln bewässert werden konnten. Nachdem die günstigen Nischen besetzt waren, standen den Neuankömmlingen nur Sumpfgebiete und Trockensteppe ohne direkten Zugang zu natürlichen Wasseradern zur Verfügung. Um weiteres Ackerland zu gewinnen, mußten sie Sümpfe entwässern oder durch den Bau künstlicher Kanäle Steppe urbar machen.

Dieses Bevölkerungswachstum in der folgenden Uruk-Phase brachte eine veränderte Siedlungsstruktur mit sich. Hatten sich in der Ubaid-Phase unregelmäßige Gruppen kleiner Siedlungen entlang natürlicher Kanäle in die Landschaft eingefügt, so entstanden nun Reihen größerer Dörfer und kleiner Städte, die keinem natürlichen Wasserlauf mehr folgten. Adams nimmt an, daß diese Siedlungen entlang künstlicher Kanäle lagen. Einer davon, der kurz vor 3000 v. Chr. etwa 40 Kilometer nordöstlich von Uruk in einer bis dahin unbesiedelten Gegend entstand, war 15 Kilometer lang. (Adams 1969)

Auf den ersten Blick scheint der Bau von Kanälen Wittfogels Theorie über die hydraulischen Ursachen der »Orientalischen Despotie« zu bestätigen. Die Notwendigkeit, im Süden des Zweistromlandes große Menschenmassen zum Bau und zur Unterhaltung umfangreicher

---

* Archäologisch wird diese Zeit in zwei nach Fundorten benannte Phasen eingeteilt: die Uruk-Phase von 3500 bis 3100 v. Chr. und die Djemdet-Nasr-Phase von 3100 bis 3000 v. Chr. Ihr folgt die frühdynastische Zeit bis 2400 v. Chr., die Phase der Staatenbildung. Im Zusammenhang schriftlicher Aufzeichnungen wird die zweite Hälfte des 4. Jahrtausends auch als »Protoliterarische Phase« bezeichnet, weil sich in ihr die ersten Zeugnisse einer noch primitiven Schrift finden.

Bewässerungssysteme anzuhalten und zu kontrollieren, so meinte Wittfogel, sei Ursache der sogenannten orientalischen Despotie. Der Spaten der Archäologen indessen hat sich für die hydraulische Theorie auch in ihrem »Ursprungsland« Mesopotamien als ein vernichtendes Werkzeug erwiesen. »Wachsende Staatsintervention und bürokratische Verwaltung hydraulischer Arbeiten«, so der Prähistoriker Adams, »waren weder Voraussetzungen dieses Prozesses noch zwangsläufig ihre unmittelbare Folge.« Die Bewässerungsanlagen waren viel zu klein, um den Einsatz zentral gesteuerter Arbeiterheere zu erfordern. Vergleichbare Kanäle wurden im 19. und 20. Jahrhundert als Gemeinschaftsunternehmen autonomer Verwandtschaftsgruppen gebaut. Größere Bewässerungssysteme, die Organisation in Wittfogelschen Ausmaßen erforderten, entstanden erst lange *nachdem* despotische Staaten entstanden waren. (Adams, R. McC. 1966)

Wenn Könige in frühdynastischer Zeit (nach 3000 v. Chr.) sich damit brüsteten, durch Kanalbauten das öffentliche Wohl gemehrt zu haben, dann erwähnten sie Bewässerung mit keinem Wort. Sie rühmten sich vielmehr, durch den Bau neuer Schiffahrtswege den Handel gefördert zu haben. Auch ist das Fehlen ausführlicher Abrechnungen im Zusammenhang mit Bewässerung kein zufälliges Versäumnis. Hätte die Verantwortung für Bewässerung in den Händen des Staates gelegen, dann wäre sie in der sonst so peniblen Buchhaltung der Sumerer auch verzeichnet worden. Tatsächlich geht aus den Verwaltungstexten hervor, daß staatliche Stellen nur wenig mit der Organisation von Bewässerungssystemen zu tun hatten. (Adams, R. McC. 1966; 1969)

Theorien zur Staatsbildung, die eine einfache Ursache-Wirkung herstellen, erfreuen sich großer Beliebtheit. Wer immer behauptet, die Sachzwänge einer Bewässerungswirtschaft, oder Bevölkerungswachstum in einem umgrenzten Gebiet oder Krieg seien die Ursache des Staates, hat die Chance, sich im öffentlichen Bewußtsein einzuprägen, das bekanntlich nach einfachen Formeln sucht. Das Echo der hydraulischen Theorie, das, obwohl diese längst widerlegt ist, noch immer nachhallt, liefert ein eindrucksvolles Beispiel. Der Vorteil wird freilich um einen hohen Preis erkauft. Solche einfachen Ursache-Wirkung-Beziehungen verfälschen die komplexe Wirklichkeit menschlicher Gesellschaften und ihrer Entwicklung.

Unsere Beispiele – das Zweistromland, Oaxaca und Teotihuacán – haben gezeigt, daß Bewässerungssysteme *nicht* Ursachen der Staatsbildung waren. Ebenso verhielt es sich in China und in Südamerika.

(Moseley 1974, Ho 1975, Chang 1977) Zwar entstanden in den Wüstentälern der peruanischen Pazifikküste oder im Bereich des Gelben Flusses in China größere Bewässerungssysteme, aber erst *nachdem* sich starke zentrale Autoritäten gebildet hatten. In anderen Worten, *größere* Bewässerungssysteme, die auf ein straffes zentrales Management schließen lassen, sind nicht Ursache, sondern Folge einer zentralisierten staatlichen Organisation.

Man mag bedauern, daß die Wirklichkeit vielfältiger ist als das Verlangen, sie als einfache Ursache-Wirkung-Beziehung zu erfassen. Aber wer auf einfache Erklärungen nicht verzichten kann, der sollte Trost in der Religion suchen. Die alttestamentliche Geschichte, Gott habe den israelitischen Staat geschaffen und Saul zum König bestimmt, ist gewiß die einfachste aller denkbaren Erklärungen der Staatenbildung. Im Vergleich zu hydraulischen, zu demographischen oder militärpolitischen Theorien hat sie außerdem den Vorteil, daß sie unüberprüfbar ist und folglich einfach geglaubt werden kann. Wissenschaftliche Theorien der Staatsbildung dagegen müssen sich vor archäologischen Fakten bewähren. Und diesen Test hat noch keine einfache Ursache-Wirkung-Beziehung bestanden.

Das rasche Bevölkerungswachstum im Süden des Zweistromlandes in der zweiten Hälfte des 4. Jahrtausends war gewiß ein wichtiger Faktor in der Entwicklung vom Häuptlingstum zum Staat. Aber Bevölkerungswachstum zur Ursache zu erklären, hieße, den hydraulischen Teufel mit dem demographischen Beelzebub auszutreiben. Auch Bevölkerungswachstum ist keine isolierte Ursache. Umwelt, Bevölkerungsdichte, soziale Organisation und Techniken wie künstliche Bewässerung stehen in Wechselbeziehung. Ohne Verfälschung der Wirklichkeit kann nicht das eine zur Ursache des anderen erklärt werden.

Mit der wachsenden Bevölkerung verändern sich soziale Organisation und Technik, drei Faktoren, die, wie noch zu zeigen sein wird, von der Umwelt mitgeprägt werden. Passen sich Technik und soziale Organisation in einer gegebenen Umwelt der veränderten demographischen Situation an, dann werden sie ihrerseits zu Grundlagen weiteren Bevölkerungswachstums und damit auch des gesellschaftlichen Wandels vom Häuptlingstum zum Staat. Bleibt die Veränderung aus, dann kommt auch das Bevölkerungswachstum zum Stillstand. Die Malthusschen Gespenster Hunger, Krieg und Seuchen reduzieren die wachsende Zahl der Menschen immer wieder auf das Maß, das die ökologische Tragfähigkeit des Lebensraums im Rahmen bestehender

Techniken und Organisationsformen erlaubt. Bevölkerungswachstum ist daher ebenso Ursache wie Folge sozialer und technischer Veränderung.

15. Tempel als ruhende Pole in einer bewegten Welt

Versuchen wir so einfach wie möglich, aber doch mit der gebotenen Genauigkeit, die Staatsbildung im Süden des Zweistromlandes aus der Wechselwirkung verschiedener Faktoren zu verstehen. Als Modell dient die Entstehung des Stadtstaates von Uruk um 3000 v. Chr. Um Mißverständnissen vorzubeugen, sei vorausgeschickt, daß Uruk keinesfalls *das* Modell für die Entstehung *des* sumerischen Stadtstaates liefert. (Vgl. Adams, R. McC. 1966; Adams, R. McC. Nissen 1972) Die Entwicklung in Uruk war nur eine unter anderen Varianten; diese sollen uns jedoch nicht beschäftigen, weil Thema die Veränderung menschlichen Verhaltens und nicht ein umfassender Überblick der Vorgeschichte ist.

Zu Beginn der Uruk-Phase um 3500 v. Chr. lebten auf dem Stadtgebiet des späteren Uruk zwei anscheinend getrennte Bevölkerungsgruppen mit jeweils einem eigenen Tempel. Der eine war das ältere und anfangs dominierende Kullaba, der andere das kleinere und jüngere Eanna. Zu dieser Zeit war Uruk mit seinen Tempeln schon das florierende wirtschaftliche und religiöse Zentrum der Bevölkerung einer größeren Region. Der größere Teil der Bevölkerung der Uruk-Region lebte im ersten Teil der Uruk-Phase (3500 bis 3300 v. Chr.) in kleineren und größeren Dörfern und Kleinstädten entlang natürlicher Flußarme und künstlicher Kanäle.

Dieses Bild von Uruk als Zentrum einer in Dörfern und Kleinstädten verteilten ländlichen Bevölkerung sollte freilich nur als eine Momentaufnahme verstanden werden. Würde ein Film die zeitliche Dimension mit einbeziehen, so sähe man ein ständiges Fließen großer Bevölkerungsgruppen von einem Ort zum anderen und von einer Lebensmöglichkeit zur anderen. Wie Robert McC. Adams gezeigt hat, befand sich die sumerische Gesellschaft dieser Phase in Bewegung, weil auch die Umwelt, in der sie lebte, in Bewegung war.

Siedlungsstruktur und Wirtschaftsform wurden durch die Unberechenbarkeit der Natur geprägt. Mit den häufigen Verschiebungen im hydrologischen Gleichgewicht der Flüsse trockneten Kanäle aus, Hochwasser oder Heuschreckenplagen vernichteten Ernten, einst fruchtbare Böden versalzten, und Parasiten dezimierten die Herden.

Die Instabilität des Lebensraums schuf wirtschaftliche Unsicherheit und zwang die Menschen, sich neue Lebensmöglichkeiten zu suchen. Immer wieder entzogen natürliche Veränderungen ganzen Dörfern die Lebensgrundlage.

Solche unkontrollierbaren Schwankungen verlangten Risikoverteilung und raschen Wechsel zwischen verschiedenen Wirtschaftsformen. »Alternativen«, schreibt Adams, »sind notwendig, um in einer unberechenbaren und zuweilen äußerst harten Umwelt mit verschiedenartigen Lebensräumen zu überleben.« Versiegten die Nahrungsquellen an einem Ort, so mußte man, um zu überleben, in ein anderes Gebiet ziehen können.

Wichtig für das Überleben in Krisenzeiten war es auch, in einer gemischten Wirtschaft unterschiedliche ökologische Zonen zu nutzen. Anstatt sich in den für eine Feldwirtschaft günstigsten Lagen anzusiedeln und nur auf Pflanzenanbau zu setzen, hielten Bauern zusätzlich Herden. Diese Herden wiederum beeinflußten die Auswahl des Orts, an dem sie sich niederließen. Verschlechterten sich die Bedingungen für die Herdenhaltung, dann wechselte man, *obwohl* für Pflanzen weiter günstige Anbaubedingungen herrschten.

Bis ins 20. Jahrhundert wurde die Siedlungsstruktur im Süden des Zweistromlands als Mosaik halbseßhafter lokaler Gruppen beschrieben, die in wechselnder Kombination von Pflanzenanbau und Herdenhaltung lebten. Auf diese Weise wurde das landwirtschaftliche Potential nur teilweise ausgeschöpft. Aber eine solche gemischte Wirtschaft, verbunden mit nur vorübergehender Seßhaftigkeit, schützte vor dem Risiko katastrophaler Ernteausfälle in schlechten Jahren. Es blieben noch immer die Herden.

Nach Adams sind Hirten und Ackerbauern im Süden des Zweistromlandes nie Antagonisten gewesen. Im nomadisierenden Hirten nur den potentiellen Räuber zu sehen, der unerwartet aus der Steppe über friedliche Bauerndörfer herfällt, sei ein Mißverständnis. Adams sieht beide Gruppen »als Teilnehmer einer fortwährenden Wechselbeziehung, die ebenso die Bauern- wie die Hirtengesellschaften prägt«. Der Ackerbauer und der Hirte verkörperten die Extreme einer gemischten Wirtschaft. Der Austausch zwischen Hirten und Bauern sowie Übergänge von der einen zur anderen Lebensform waren lebenswichtig für beide Gruppen.

Immer wieder sickerten Gruppen von Hirten, deren Herden aus unterschiedlichen Gründen unter Subsistenzniveau gesunken waren, in die Bauerndörfer und Städte ein. Als land- und besitzlose Unterschicht waren sie darauf angewiesen, dort ein Auskommen zu finden. Die Tempelwirtschaft bot solchen entwurzelten Bevölkerungsteilen eine Lebensmöglichkeit. Auch konnten Nomaden, deren Herden eine bestimmte Größe überschritten hatten, ihren Reichtum in Landbesitz umwandeln.

»Mesopotamische Hirten und Bauern, Landbevölkerung und Stadtbewohner«, so Adams, »sind meist keine stabilen, abgegrenzten Typen gewesen, sondern Elemente in einem wechselnden Kontinuum. Besonders in der Anfangsphase war die selbstbewußte, ortsgebundene Stadtbevölkerung extrem klein; sie bestand aus einer dünnen Schicht von Verwaltungsbeamten, Priestern, Schreibern und vielleicht auch Handwerkern inmitten einer Bevölkerung, deren größerer Teil das seßhafte Leben in Städten nur als eine von mehreren Möglichkeiten ansah.« (Adams, R. McC. 1966; 1969)

In der zweiten Hälfte der Uruk-Phase (3300 bis 3100 v. Chr.) beschleunigte sich das Bevölkerungswachstum. Bei der Erforschung der Gegend um Uruk stellten Adams und Nissen fest, daß die Zahl der Siedlungen gegen Ende der Uruk-Zeit um eine Größenordnung zunahm. (1972) Verbunden damit war die erwähnte Veränderung der Siedlungsstruktur. Um die gewachsene Bevölkerung zu ernähren, mußten auf lokaler Ebene künstliche Bewässerungssysteme gebaut und unterhalten werden. Anstelle der bisherigen ungeordneten Anhäufungen kleiner Siedlungen an natürlichen Wasserläufen breiteten sich nun größere Dörfer und Kleinstädte entlang menschengeschaffener Kanäle in der Steppe aus. Mit der Abhängigkeit von künstlichen Kanälen, die erhebliche Investitionen darstellten, nahm die Seßhaftigkeit allmählich zu.

In dieser fluktuierenden Welt der Sumerer nach 3300 v. Chr. stellten Tempel die ruhenden Pole dar. Als überregionale religiöse Zentren stellten sie den Zusammenhalt der Bevölkerung der Region her und trugen zur Integration von Neuankömmlingen bei. Vor der Entstehung einer staatlichen Zentralgewalt verband allein die sakrale Autorität des *en* die heterogene Bevölkerung von Stadt und Land zu einer Einheit. Dieser *en*, ein Häuptling, der als Mittler zu den Göttern um Fruchtbarkeit bittet, begegnet uns auf einer mit prächtigen Reliefs verzierten Alabastervase aus der Djemdet-Nasr-Zeit (3100 bis 3000 v. Chr.) Neben Gruppen nackter Priester, die einzeln oder in Prozession der Göttin Inanna Opfergaben darbringen, Schalen mit Nahrung, Obst und Wein und einen Schafbock opfern, erkennt man den *en* als in einen Netzrock gekleidete Einzelfigur.

Wirtschaftlich erfüllten die Tempel die traditionellen Aufgaben der zentralen Autorität von Häuptlingstümern: Sie trieben Tribute ein, die umverteilt die Grundlagen wirtschaftlicher Spezialisierung waren. Sie legten zur Vorsorge gegen Not öffentliche Reserven an, führten Rohstoffe ein, und schließlich mobilisierten sie größere Bevölkerungsgruppen für öffentliche Arbeiten wie den Bau von Tempeln.

Die mit zunehmender Größe und Komplexität der Gesellschaft wachsende Bedeutung der Tempel schlug sich in zwei Entwicklungen nieder, die scheinbar nur wenig gemeinsam haben: in der Tempelarchitektur und in der Schrift. Tatsächlich war beides jedoch eng miteinander verbunden. Der Tempel entwickelte sich vom reinen Kultbau zum religiös-wirtschaftlich-administrativen Zentrum; die Schrift diente den Verwaltern dieses Zentrums zur Abrechnung der mit der Funktionsausweitung verbundenen wirtschaftlichen und administrativen Aktivitäten.

16. Vom Kultbau zum Haushalt der Götter

Um 3500 v. Chr., zu Beginn der Uruk-Phase, hatte der ältere der beiden benachbarten Tempel Kullaba deutlich über das jüngere Eanna dominiert. Parallel zur Bevölkerungsvermehrung und zur Veränderung der Siedlungsstruktur im Umland nach 3300 v. Chr. übernahm Eanna die Führung. Auf einem Kalksteinsockel wurde ein Heiligtum mit 75 mal 29 Metern Grundfläche errichtet und der offene Raum zu Kullaba durch eine Terrasse überbrückt, die das einst überragende ältere Heiligtum zum Nebengebäude degradierte.

Die Monumentalität und Pracht der neuen Tempelanlage mit dem berühmten Mosaikenhof dokumentiert Eannas Macht. Wer diesen Hof betrat, sah sich in eine Architektur von ehrfurchtgebietender Größe und märchenhafter Schönheit versetzt, wie die Welt sie bis dahin nicht gekannt hatte. Auf der linken Seite ruhte auf einer Terrasse der riesige Tempel, auf der rechten befand sich eine gewaltige Mauer. Vor dem Betrachter erhob sich auf einer weiteren Terrasse eine 30 Meter breite Doppelreihe aus gewaltigen Säulen, auf denen das Dach einer Halle ruhte. Säulen, Wände und Mauern des Hofs waren von prachtvollen Mosaiken aus Hunderttausenden von schwarzen, roten und weißen Lehmstiften überzogen. (Oates, Oates 1976)

Späteren Generationen genügte auch diese Tempelanlage nicht

mehr. Wie um die Konsolidierung der Macht architektonisch zu demonstrieren, wurde zwischen 3100 und 3000 v. Chr. die gesamte, aus dem Kuballa- und Eanna-Komplex bestehende Anlage abgetragen und planvoll eingeebnet. An ihrer Stelle entstand nun ein einziges Tempelzentrum, das neue Eanna. (Nissen 1972)

Anstelle der vergleichsweise bescheidenen Kultbauten der Ubaid-Phase waren in der Uruk- und Djemdet-Nasr-Phase monumentale Tempelanlagen entstanden. Adams schätzt den Arbeitsaufwand zum Bau des neuen Eanna-Tempels auf 7500 Mann-Jahre. (1966) Auch wenn Uruk zu dieser Zeit schon etwa 10000 Einwohner zählte, dürfte ein solcher Bau einen erheblichen Teil der Arbeitskraft und der wirtschaftlichen Ressourcen auch der Bevölkerung des Umlandes beansprucht haben. (Adams, R. McC., Nissen 1972)

Eannas Bedeutung als Zentrum der Region von Uruk schlägt sich jedoch nicht nur im Größenwachstum und in der Pracht der Ausstattung nieder. Die Tempel gegen Ende des 4. Jahrtausends unterscheiden sich von früheren auch durch eine architektonische Ergänzung ihrer Funktionen. Aus dem Kultbau der Ubaid-Phase entwickelte sich ein Zentrum für gemischt religiös-administrative Dienste. (Adams, R. McC. 1966)

Wer immer in Ubaid-Tempeln die Funktion des Mittlers zu den Göttern innegehabt haben mochte, wird ranghöher gewesen sein als diejenigen, die er vertrat. Seine Lebensführung unterschied sich jedoch noch nicht von der seiner Mitmenschen. Er wohnte im Dorf, vielleicht ein wenig näher am Tempel, wie alle anderen baute er seine Nahrung selbst an und stellte seine eigenen Geräte her. Auch das änderte sich mit dem Neubau von Eanna. Angebaut an den Tempel finden sich nun Wohnquartiere, Vorratslager und Verwaltungsräume. Von den Häusern gewöhnlicher Leute durch eine Mauer abgegrenzt, entstand ein Kult-, Verwaltungs- und Regierungszentrum. Organisiert wurde es von einer priesterlichen Elite, die sich, wie an reichhaltigen Grabbeigaben erkennbar, deutlich von der Masse abhob.

Spätestens in der Djemdet-Nasr-Phase (3100 bis 3000 v. Chr.) beschränkten die Tempel sich nicht mehr auf die traditionellen Aufgaben der zentralen Autorität eines Häuptlingstums wie: die Umverteilung von Nahrung und Gütern, die Organisation des Austauschs in einer arbeitsteiligen Wirtschaft, die Mobilisierung von Arbeitskraft zu öffentlichen Projekten und das Anlegen öffentlicher Reserven. Zusätzlich zu diesen Aufgaben übernahmen sie selbst Funktionen öffentlicher Wirtschaftsunternehmen.

Tragende Elemente der Tempelwirtschaft, die wir aus historischer Zeit kennen, hatten sich schon in protoliterarischer Zeit in den letzten Jahrhunderten des 4. Jahrtausends entwickelt. In Abrechnungslisten eines Tempels aus Uruk erscheinen die Zeichen für Tempelpersonal und Ochsen in Verbindung mit dem Zeichen für Pflug. Obwohl diese in einer primitiven Wortschrift* verfaßten Texte bruchstückhaft und nur teilweise entziffert sind, enthalten sie Hinweise auf Funktionen der Tempel. Aus vergleichbaren späteren Aufzeichnungen weiß man, daß die Tempel Menschen in Not halfen. Personen, die nicht zum Tempelpersonal gehörten, erhielten gegen Ernteabgaben ein Stück Land, die erforderlichen Pflüge und Zugtiere sowie Saatgut zur Verfügung gestellt. Tempelpersonal beaufsichtigte das Pflügen und besorgte das Eintreiben der Pacht. (Tyumenew 1956)

Wahrscheinlich gehörten diese Pächter von Tempelland nicht zu dem Teil der Bevölkerung, der eigenes Land besaß. Man erkennt daher, daß die Tempel in dieser frühen Phase der sumerischen Hochkultur eine für die Gesellschaft äußerst wichtige Funktion erfüllten. Bedingt durch Schwankungen im Naturablauf, aber auch durch soziale Faktoren, gerieten Menschengruppen in Not und zogen als land- und besitzlose Unterschicht durch das Land. Aus historischer Zeit ist bekannt, daß marodierende Gruppen Entwurzelter in Zeiten schwacher politischer Führung eine erhebliche Gefahr für die Gesellschaft darstellten. Man versuchte, sie durch Ansiedlung zu integrieren. Diesen Zweck erfüllte auch das Pachtsystem, dessen Ansätze man in den protoliterarischen Verwaltungstexten am Ende des 4. Jahrtausends erkennt. Indem die Tempel Land und die erforderliche landwirtschaftliche Ausrüstung zur Verfügung stellten, trugen sie dazu bei, Gruppen Landloser zu binden. In Form von Ernteabgaben als Pacht verschafften sie sich eine zusätzliche Einnahmequelle.

Die in Uruk gefundenen Tempelarchive aus den Jahrhunderten vor der Jahrtausendwende erwähnen auch Hirten, die Rinder, Ziegen, Schafe und vielleicht auch Schweine hüteten. Erstmals erscheint als Oberhaupt der Tempel*wirtschaft* der *sanga*. Es ist ein Priester, der, wie ebenfalls aus späterer Zeit überliefert, den Haushalt der Götter ver-

---

* In der Wortschrift der protoliterarischen Sumerer stehen Zeichen für Gegenstände und nicht wie in unserer Lautschrift für Laute. Ein Schaf wurde in der protoliterarischen Schrift nicht durch Lautsymbole wie »S« »C« »H« »A« »F« bezeichnet, sondern durch das Zeichen »Schaf«, einen durchgekreuzten Kreis. Im Verlauf des 2. Jahrtausends entwickelte sich aus dieser Wortschrift eine Lautschrift, die bekannte Keilschrift der Sumerer.

waltete. Aufgeführt sind auch Aufseher über Verwaltungskräfte und Arbeitspersonal.

Die Zusammensetzung dieses Personals ist noch unbekannt. Man erfährt nur von einer relativ großen Zahl weiblicher Sklaven. Mehr als 200 werden auf einer Tafel erwähnt. Über den Hintergrund der sumerischen Sklavenhaltung erfahren wir nichts. Die Zeichenfolge, »Frau vom fremden Bergland«, gibt einen undeutlichen Hinweis darauf, daß es sich um Fremde handelte. (Tyumenew 1956) Eine Abrechnungsliste im Eanna-Tempelbezirk von Uruk aus dieser Zeit verzeichnet die tägliche Ration an Bier und Brot für eine Gruppe von fünfzig Personen, die anscheinend im Dienst des Tempels irgendwelche Arbeiten erledigten. Auf anderen Bruchstücken sind Fisch- und Gersterationen verzeichnet. (Adams, R. McC. 1966) In dieser Phase erscheinen auch die charakteristischen standardisierten »beveled-rim-Schalen« zur Verteilung von Essensrationen an abhängiges Tempelpersonal. (Oates, Oates 1976)

Im letzten Jahrhundert des 4. Jahrtausends, parallel zur architektonischen Erweiterung von Eanna um den administrativen Teil, weitete sich die Tempelwirtschaft aus. Auf den Rationstafeln erscheinen nun Arbeitsgruppen von fast 160 Mitgliedern. Wie zuvor versorgten die Tempel landlose Pächter mit Land, Saatgut, Pflügen und Gespannen, doch dieses Pachtsystem hatte erhebliche Ausmaße erreicht. Die Archive erwähnen ein eigenes »Haus der Pflüge«. Die Spezialisierung nahm zu. In den Verwaltungstexten erscheint eine Position, die offensichtlich für Schaf*zucht* zuständig war, außerdem werden größere Gruppen von Schmieden und Tischlern aufgeführt.

Mit der Ausweitung dieser Aktivitäten stieg der geschäftsführende Priester, der *sanga*, im Rang. Man erfährt, er habe einen persönlichen Becherträger und eigene Brauer gehabt, dazu eine Anzahl von Dienern. Das sakrale Oberhaupt des Tempels, der *en*, erscheint in diesen ältesten *Verwaltungs*texten nur als passive Figur. An den vielfältigen wirtschaftlichen Transaktionen hatte er anscheinend keinen Anteil. Die Archive dieser Zeit verzeichnen nur, daß er einen Teil der Produkte der Tempelwirtschaft erhielt.

Die Tempel weiteten in dieser Phase auch den Fernhandel aus. In den Archiven der Djemet-Nasr-Phase erscheint das Zeichen für Silber, ein Metall, von dem es im Süden des Zweistromlandes keine Lagerstätten gibt. Außerdem erfährt man von Agenten, die im Auftrag der Tempel Fernhandel betrieben. (Tyumenew 1956)

Uruk-Keramik findet sich seit der zweiten Hälfte des 4. Jahrtausends an der Haupthandelsroute entlang des Euphrats bis nach Anatolien. Rettungsgrabungen an zwei von Staudammprojekten bedrohten, prähistorischen Siedlungen am Oberlauf des Euphrat haben im syrischen Habuba Kabira und im türkischen Hassek-Hüyük zwei sumerische Außenhandelsstationen aus der Uruk-Phase zutage gefördert. Beide Siedlungen enthielten große Mengen der charakteristisch geformten kleinen Zeichen aus gebranntem Ton, die bestimmte Güter symbolisierten und vor Entwicklung der Keilschrift zu Abrechnungszwecken benutzt wurden. Wenn die Frage, was Uruk über diese beiden Stationen bezogen hat, archäologisch auch ungeklärt ist, so gibt es nur eine vernünftige Erklärung: Rohstoffe für den Süden, Holz aus dem Taurus, das sich auf dem Euphrat 100 Kilometer nach Süden flößen ließ, Obsidian, Kupfererz und vielleicht auch Blei- und Silbererz aus Anatolien. (Moorey 1982; Schmökel 1983)

17. Die Suche nach einem fälschungssicheren Abrechnungssystem

Unter den frühen Hochkulturen entwickelten nur die Sumerer die Schrift zu wirtschaftlichen Zwecken. Die ältesten ägyptischen Schriftstücke erläutern Bilder der Reichseinigungszeit um 3000 v. Chr. Sie nenen die Namen von Ländern und Städten, von Herrschern und Beamten. Es sind historische Dokumente. (Wolf, W. 1977) Die Masse der frühen chinesischen Schriftdokumente steht im Zusammenhang mit Orakelsprüchen, in denen die Ahnen um Rat und Orientierungshilfe in einer ungewissen Welt ersucht wurden. (Ho 1975, Chang 1977) Die ältesten schriftlichen Zeugnisse Mesoamerikas, die Glypen der Zapoteken und später der Maya, berichten von kalendarischen Ereignissen und Eroberungszügen siegreicher Häuptlinge.

Ausgangspunkt der sumerischen Schrift waren die seit dem 8. Jahrtausend in Vorderasien verbreiteten kleinen Zeichen aus gebranntem Ton, die Dinge wie Schafe, Öl, Textilien bezeichneten. Jahrtausendelang hatten sie sich zur Abrechnung wirtschaftlicher Transaktion zwischen persönlichen Partnern bewährt. Den Anforderungen der von den Tempeln systematisch organisierten Tauschwirtschaft in großem Maßstab genügten diese Zeichen nicht. Die einzelnen Verbesserungsschritte seit der Mitte des 4. Jahrtausends lassen diese Notwendigkeit deutlich erkennen. Das ältere Zeichensystem mußte den Anforderungen der komplexer werdenden Tempelwirtschaft angepaßt werden. Unter dem Einfluß der Tempel entwickelte sich der Austausch vom Geben und Nehmen zwischen Personen zur unpersönlichen wirtschaftlichen Transaktion.

Organisierter Austausch in einer komplexen Wirtschaft setzt die Einschaltung von Mittelsmännern voraus. Wenn der *sanga* als Manager der Tempelwirtschaft von Eanna mit Häuptlingen im Bereich der Rohstofflager im Nordwesten Öl und Schafe gegen Kupfererz und Textilien gegen Holz tauschen will, dann begibt er sich nicht selbst auf die Reise. Händler übernehmen in seinem Auftrag die Transaktion. Wenn er als Oberhaupt der Tempelwirtschaft von Uruk eine Gruppe von fünfzig Männern zu Frondiensten an einem öffentlichen Projekt verpflichtet, dann begibt er sich nicht selbst zur Baustelle, um ihnen persönlich die tägliche Ration an Bier, Gerste, Fisch und Gemüse zuzuteilen. Verwaltungsbeamte berechnen die für einen bestimmten Zeitraum benötigten Mengen; Träger übernehmen den Transport, und der Aufseher verteilt die Rationen an die Mitglieder seiner Arbeitsgruppe. Wenn der *sanga* Aufschluß über die Bestände in den Lagern und die Größe der Herden der Tempel benötigt, dann zählt er nicht selbst die Bestände, sondern läßt sich von seinen Aufsehern und Verwaltungsbeamten Rechenschaft ablegen.

Zur Abrechnung solcher Transaktionen hätte theoretisch das ältere Zeichensystem genügt. Ehrlichkeit vorausgesetzt, hätte ein Fernhändler mit Getreide, Öl und Textilien auf dem Weg nach Anatolien nur die entsprechende Zahl der jeweiligen Zeichen mitführen müssen. Der Partner, von dem der Tempel Kupfererz beziehen wollte, hätte sich vergewissert, daß Anzahl und Art der Zeichen der mitgeführten Ware entsprachen, und hätte dem Händler das Äquivalent an Erz und eine entsprechende Anzahl von Zeichen für Erz mitgeben können. Anhand der Zeichen hätte der Verwaltungsbeamte in Uruk überprüfen können, ob der Auftrag korrekt abgewickelt worden war.

Ansätze zu einem solchen Abrechnungssystem auf Treu und Glauben sind archäologisch erkennbar. In einer kurzen Übergangszeit versah man die vorhandenen Tonzeichen mit einem Loch und fädelte sie zu Transportzwecken auf eine Schnur auf. Anscheinend scheiterte dieses System jedoch an einer bekannten menschlichen Schwäche. Es wurde wieder aufgegeben und durch ein neues fälschungssicheres ersetzt.

Fernhändler auf dem Weg nach Syrien und Anatolien waren damals nicht nur großen Gefahren, sondern wohl ebenso großen Versuchungen ausgesetzt. Offensichtlich haben sich die menschlichen Schwächen seit 6000 Jahren nicht geändert. So wie heute Schraubenschlüssel, Ratschen, Zangen, Schraubenzieher und Medikamente massenhaft aus Bundeswehrbeständen verschwinden, um die privaten Werkzeugkästen und Arzneimittelschränkchen von Bundeswehrpersonal aufzufüllen, so dürften auch sumerische Händler, Schreiber und Verwaltungsbeamte die Chancen des Amtes genutzt haben. So wie heute Rüstungslieferanten – ehrenwerte Unternehmer, versteht sich, mit patriotischem Blick – die Chancen des staatlich garantierten Abnahmesystems redlich nutzen und trotz »scharfer« Kalkulation Riesengewinne einstreichen, werden auch die nicht weniger ehrenwerten Lieferanten der sumerischen Rohstoffwirtschaft in Anatolien gewußt haben, wie man als »redlicher Kaufmann« seine Schäfchen ins trockne bringt.

Den Betrug zu vertuschen, war denkbar einfach. Um Öl, Getreide oder Textilien für sich selbst abzuzweigen, mußte unser Fernhändler nur die entsprechende Zahl von Zeichen beseitigen. Aber auch wenn er ehrlich war, der Rohstofflieferant konnte sich jederzeit darauf berufen, eine geringere als die tatsächliche Menge an Uruk-Produkten erhalten zu haben, und dem Fernhändler entsprechend weniger mit auf den Weg geben. Die *sangas* und ihre Helfer verfügten indessen über ein Problembewußtsein, das den Verteidigungsministern moderner Industriestaaten zu fehlen scheint. Die Notwendigkeit, mit begrenzten Mitteln zu wirtschaften, lösten sie durch eine neue Abrechnungstechnik. Die Schrift war das Ergebnis.

Um die Mitte des 4. Jahrtausends kam man parallel zur Entwicklung der Tempel vom Kultbau zum wirtschaftlich-administrativen Zentrum auf die geniale Idee, die Zeichen in gesiegelten tennisballgroßen Tonkugeln zu verschließen. Aus einem Stück Ton ließ sich mit den Fingern ein ovaler Behälter mit einer Öffnung formen, in die man die Tonzeichen füllte und anschließend mit einem Stückchen Ton verschloß. Als Sicherheit gegen Fälschung drückten der Besitzer und meist auch noch ein bis drei Zeugen ihre Siegel in den weichen Ton. Nach dem Trocknen und Brennen erlaubten diese Tonbehälter dann eine fälschungssichere Abrechnung.

Aber auch dieses System hatte eine Schwäche. Um den Inhalt zu überprüfen, mußte man die Kugel zerbrechen. Abhilfe war bald gefunden. Bevor man sie in der Kugel verschloß, drückte man die Zeichen in den noch weichen Ton der Außenwand. So wurde in Habuba Kabira, einer sumerischen Außenhandelsstation in Syrien, eine Kugel mit sechs ovalen Zeichen gefunden, die exakt in die Abdrücke auf der Außenwand paßten. Doch diese Abdrücke erwiesen sich als zu grob, und daher ging man dazu über, die Abdrücke dreidimensionaler Objekte durch zweidimensionale Zeichen zu ersetzen. In die Außenwand wurde mit dem Daumennagel oder einem spitzen Gegenstand das Zeichen für die im Inneren verschlossenen Tonzeichen in die Wand geritzt. Das Tonzeichen für Schafe zum Beispiel, eine runde Scheibe mit eingeritztem Kreuz, wurde als Ritzzeichen zum durchgekreuzten Kreis.

Zeichen in die Außenwände der Kugeln einzuritzen, war die naheliegende Lösung eines akuten Problems. Die darin enthaltene, sehr viel weiterreichende Möglichkeit haben die Urheber zunächst übersehen. Ohne zu erkennen, daß die in die Außenwand geritzten Zeichen den im Innern verschlossenen Tonobjekten gleichwertig waren, verwendete man einige Jahrhunderte lang geritzte und versiegelte Tonkugeln. Der entscheidende Schritt auf dem Weg zur Schrift, der Übergang vom dreidimensionalen Objekt zum zweidimensionalen Zeichen erfolgte zwischen 3100 und 3000 v. Chr. Das ist genau die Phase, in der in Uruk erstmals Verwaltungs- und Lagerräume in den Tempelbezirk eingegliedert worden sind.

In dieser Zeit erkannte man, daß sich die umständliche Herstellung gebrannter Tonobjekte und -behälter zu Abrechnungszwecken erübrigte. Um Schafe, Öl, Textilien, Bier oder Zahlen zu bezeichnen, mußte man nur die entsprechenden Zeichen und Zahlen in Tontafeln einritzen. Die Außenwand der Kugel, ursprünglich nur zur Ergänzung mit Zeichen versehen, war zum einzigen Informationsträger geworden. Diese entwicklungsgeschichtliche Herkunft zeigt sich auch daran, daß viele der ältesten geritzten Tontafeln die gewölbte ovale Form der *bullae* zunächst beibehielten. Aber auch dieses Überbleibsel verschwand bald. Um 3000 v. Chr. verfügten sumerische Tempel über ein Abrechnungssystem, das der Komplexität ihrer Wirtschaft gewachsen war. (Schmandt-Besserat 1978, 1979)

Eine in Djemdet Nasr gefundene Tafel aus dieser Zeit verzeichnet die Rationen, die vierzig Männern während einer Fünftagewoche zugeteilt wurden. In dieser nur teilweise entschlüsselten ersten sumerischen Wortschrift erkennt man die Zeichen für »Tag 1«, »Tag 2« und »Tag 3« und vermutlich auch das Zeichen für Arbeiter. Der Text auf der Rückseite beschreibt die Größe der täglichen Gerstezuteilungen. (Friberg 1984)

18. Stadtluft macht unfrei

Um die Wende zum 3. Jahrtausend entwickelte sich Uruk zum Staat. Aus der Vogelperspektive betrachtet, war damit die Entvölkerung der Region in einem Umkreis von etwa 15 Kilometern um die Stadt verbunden. Als habe eine magische Kraft sie ins Zentrum gesogen, verließen Zehntausende von Menschen, die bis dahin in einer Vielzahl kleinerer Siedlungen verstreut gelebt hatten, Haus und Hof und zogen in das von Mauern bewehrte Uruk, das bis 2800 v. Chr. auf die Größe von 40000 Einwohnern wuchs. In den Jahrhunderten danach entstanden in 40 bis 60 Kilometer Entfernung weitere Stadtstaaten, zum Beispiel Umma und kleinere Machtzentren wie das durch seine Tempelarchive bekannte Schurrupak.

Um das Wissen über diese entscheidende Phase zivilisatorischer Entwicklung richtig einzuschätzen, müssen wir uns mit der Methode befassen, mit der es gewonnen wurde. Nur so können wir die unendlich mühsame und sorgfältige archäologische Arbeit würdigen, deren Ergebnis später als kurzer Absatz in den Geschichtswerken erscheint. Außerdem vermittelt die Kenntnis der Methode eine kritische Distanz zur üblichen Form der Darstellung, die als Gewißheit verbreitet, was in Wahrheit nur begründete Vermutung ist. Bei aller Bewunderung für die Einsichten, die wir der Archäologie verdanken, sollten wir die Methodenabhängigkeit ihrer Erkenntnisse nicht übersehen. Die Methoden erfassen nicht die Lebenswirklichkeit prähistorischer Menschen, sondern nur den Teil, der im Raster des jeweils verwendeten Untersuchungsverfahrens sichtbar wird. Während wir handelnde Menschen sehen, erfaßt der Archäologe nur Überreste ihrer Tätigkeiten und auch davon nur einen verschwindenden Bruchteil.

Bis in die sechziger Jahre hatten Archäologen sich bei der Erforschung der Anfänge der Zivilisation im Bereich von Uruk auf Ausgrabungen im Tempelbezirk Eanna beschränkt. Diese Ausgrabungen hatten mächtige Tempelanlagen, Abrechnungstafeln, Rollsiegel, Schätze und prächtige Kunstwerke wie die erwähnte Alabastervase mit den opfernden Priestern zutage gefördert. Aus schriftlichen Aufzeichnungen ließ sich auch einiges über Wirtschaft und Gesellschaft der Sumerer rekonstruieren. Was fehlte, war eine systematische Untersuchung der Vorgänge, die zur Entstehung der Zivilisation geführt hatten.

Um diese Lücke zu füllen, begannen Robert McC. Adams und Hans Nissen 1967 mit einer systematischen Untersuchung eines 2800 Quadratkilometer großen Wüstengebietes um die großen Ruinenhügel von Uruk – dem modernen Warka. Hunderte weiterer kleinerer und größerer Ruinenhügel ließen vermuten, daß Uruk das Zentrum der Bevölkerung einer größeren Region gewesen war. Zweck des Projekts war es, die Art und die Entwicklung der Beziehungen zwischen dem zentralen Ort und seinem Umland zu erforschen. (Adams, R. McC., Nissen 1972)

Da sich angesichts der Anzahl und Größe der Siedlungen eine systematische Ausgrabung verbot, unternahmen die beiden Forscher eine Oberflächenuntersuchung. Das heißt, sie gruben nicht in die Tiefe, sondern suchten an der Oberfläche nach Siedlungsresten – vorwiegend Keramikscherben. Aus der räumlichen Verbreitung solcher Reste ließ sich die Größe einer Siedlung abschätzen. Da zu verschiedenen Zeiten unterschiedliche Arten von Keramik hergestellt und unterschiedliche Techniken angewandt worden waren, konnte auch das relative Alter dieser Funde bestimmt werden. Überreste längst ausgetrockneter Kanäle und natürlicher Wasserarme des Euphrats wie Uferböschungen oder Muscheln im Wüstensand waren Hinweise auf den Verlauf ausgetrockneter Wasseradern, an denen diese Siedlungen einst gelegen hatten.

Wie Adams und Nissen selbst einräumen, weist die Methode Unzulänglichkeiten auf. Zum Beispiel wurden Siedlungen nicht erfaßt, die heute unter Dünen verborgen sind, Scherben mit auffälliger Oberfläche wurden mit größerer Wahrscheinlichkeit entdeckt als erdfarbene usw. Aber, so betonen die Wissenschaftler, auf diese Weise wurden Erkenntnisse gewonnen, die sonst nicht möglich gewesen wären. Außerdem waren weitere Untersuchungen geplant, die aus politischen Gründen jedoch nicht durchgeführt werden konnten.

Die Ergebnisse der Untersuchungen der Uruk-Region lassen sich anhand der folgenden Tabelle deuten. Die Einteilung der Siedlungen erfolgte schematisch nach Größe. Siedlungen bis zu 6 Hektar gelten als »Dörfer«, bis 25 Hektar als »Kleinstädte«, bis 50 Hektar als »kleine städtische Zentren« und alle größeren Siedlungen als »große Städte«.

Zeit (v. Chr.)	Dörfer	Klein- städte	kleine städtische Zentren	große Städte
Um 3500	17	3	Uruk (?)	0
Um 3100	112	10	Uruk	0
3100–2800	124	20	2	Uruk
2800–2400	17	6	8	Uruk, Umma

Um 3500 v. Chr. war Uruk schon der größte Ort der gesamten Region gewesen. Vermutlich dienten seine Tempel als die religiösen Zentren für die Bewohner einer größeren, dünn besiedelten Region. Die Bevölkerungsvermehrung in der zweiten Hälfte der Uruk-Phase schlug sich in einer explosiven Vermehrung der Dörfer und Kleinstädte von 20 auf 122 nieder.

Aufgrund der Siedlungsstruktur vermuten Adams und Nissen, daß Uruk um 3100 v. Chr. nur indirekte Kontrolle über die Bevölkerung des Umlandes ausübte. Seine Vorherrschaft in der Region beruhte auf seiner Funktion als religiöses und wirtschaftliches Zentrum. Uruk und die Region entsprachen zu dieser Zeit eher einem Häuptlingstum als einem Staat.

Die wachsende Bevölkerung breitete sich bis 3000 v. Chr. weiter über die Landschaft aus. Uruk hatte inzwischen zwar die Größe von 10 000 Einwohnern erreicht, aber noch immer lebte der größere Teil der Bevölkerung auf dem Land. Zur Verdeutlichung der Siedlungsstruktur überzogen Adams und Nissen die Karte des gesamten 2 800 Quadratkilometer großen Untersuchungsgebiets mit einem Raster aus Quadraten von 5 Kilometer Kantenlänge. Sie fanden, daß in der Djemdet-Nasr-Phase nur sieben Quadrate unbesiedelt waren, 132 dagegen wiesen Spuren menschlicher Besiedlung auf. In dieser Phase entstanden in einigem Abstand zu Uruk im Norden und Nordosten auch zwei weitere kleine städtische Zentren – vermutlich in Konkurrenz zum Hauptort Uruk.

Dieser Trend zu maximaler Verteilung der Bevölkerung kehrte sich nach der Jahrtausendwende um. Zwar wuchs die Zahl kleiner und mittelgroßer Siedlungen geringfügig weiter, aber in enger umgrenzten Gebieten. Die unbesiedelten Flächen dehnten sich wieder aus. In der Rasterkarte stieg die Zahl der unbesiedelten Quadrate von 7 auf 24, während die der besiedelten auf 66 schrumpfte. Die Bewohner einst prosperierender kleinerer Siedlungen waren in die städtischen Zentren gezogen.

Wie Hans Nissen vermutet, dürfte Uruk die Entstehung der beiden konkurrierenden lokalen Machtzentren bekämpft haben. Jedes weitere Machtzentrum schmälerte Uruks Einfluß. Verhindern konnte die Metropole diese Entwicklung an der Peripherie nicht. Ihr direktes Einflußgebiet blieb auf die Region in der unmittelbaren Umgebung beschränkt. Da Uruk die Macht fehlte, die Entstehung konkurrierender Zentren zu verhindern, hatten die von ihm ausgehenden Feindseligkeiten den entgegengesetzten Effekt. Sie zwangen die Bewohner kleinerer Siedlungen, den Schutz des nächstgelegenen städtischen Zentrums zu suchen. Auf diese Weise beschleunigte Uruk die Bevölkerungsballung und den Machtzuwachs in den konkurrierenden Zentren. Es förderte damit indirekt, was es zu verhindern trachtete.

Die Entstehung konkurrierender Machtzentren in der Uruk-Region spiegelt sich in der Siedlungsstruktur der folgenden vier Jahrhunderte bis 2400 v. Chr. wider. Die Zahl der Dörfer und Kleinstädte sank von 144 auf 23. Der größte Teil der Gesamtbevölkerung konzentrierte sich nun in acht »kleinen städtischen Zentren« und den beiden Metropolen Uruk und Umma. Im einst nur von Uruk dominierten Gesamtgebiet waren mehrere konkurrierende Stadtstaaten entstanden. Uruks Konkurrenten, insbesondere das 50 Kilometer entfernte Umma, waren nun stark genug, um die Feindseligkeiten erwidern zu können. Der Bau der fast 10 Kilometer langen Stadtmauer um Uruk spiegelt nach Nissen die veränderten Machtverhältnisse wider. (Nissen 1972)

Die entstandenen Stadtstaaten grenzten sich gegenseitig ab. Große menschenleere Zwischenräume trennten nun die Wirtschaftsräume um die neuen Machtzentren. Die Zahl der unbesiedelten Quadrate in Adams und Nissens Raster stieg bis 2400 v. Chr. auf 44 an, mehr als je zuvor. Nun nicht mehr von Menschen kultiviert, verwandelte sich dieses Niemandsland zwischen rivalisierenden Stadtstaaten in eine von Sümpfen durchsetzte Steppe.

Diese Entwicklung blieb nicht auf die Uruk-Region beschränkt. Sie vollzog sich in der ersten Hälfte des 3. Jahrtausends im gesamten südlichen und mittleren Zweistromland. Städte schützten sich hinter Mauern; Waffen und Streitwagen wurden zur bevorzugten Grabbeigabe von Königen; Abbildungen auf Königsstelen und Grabmonumenten verherrlichen Kriegsleistungen; Epen berichten von Hegemonialkriegen zwischen konkurrierenden Stadtstaaten wie den zwischen Kisch und Uruk, den der legendäre Gilgamesch um 2700 v. Chr. zugunsten von Uruk entschied.

So wichtig der Krieg bei der Umformung der sumerischen Gesellschaft war, ihn zur einzigen Ursache der Entstehung der Stadtstaaten zu erklären, wäre indessen falsch. Eine einfache Überlegung kann das zeigen. Angenommen, Uruk hätte, wie Nissen vermutet, durch militärischen Druck die Entstehung des Stadtstaats von Umma beschleunigt, indem es die Bevölkerung der Umma-Region zwang, Schutz in der Stadt zu suchen. In diesem Fall wäre noch immer zu klären, warum dort überhaupt ein neues Machtzentrum entstand, das Uruk zu verhindern trachtete. Der Krieg beschleunigte eine Entwicklung innerhalb des einstigen Einflußbereichs von Uruk, die schon vorher begonnen hatte. Er leitete sie jedoch nicht ein.

Adams und Nissens archäologische Untersuchung der Veränderung von Siedlungsstrukturen in der Uruk-Region liefert nur das Skelett. Um zum Bild einer lebenden Gesellschaft zu werden, die sich vom Häuptlingstum zum Staat entwickelt, muß dieses Gerüst durch die im letzten Kapitel an ethnologischen Modellen gewonnenen Schlußfolgerungen über die Spaltungstendenzen von Häuptlingstümern ergänzt werden. Nur so läßt sich die innere Logik dieser Veränderungen verstehen.

Die Entstehung konkurrierender Machtzentren ist Folge der mit zunehmender Größe überproportional wachsenden inneren Spannungen und Spaltungstendenzen innerhalb von Häuptlingstümern. Um 3100 v. Chr., der Phase der ersten konkurrierenden Machtzentren, war Uruk das religiöse und wirtschaftliche Zentrum der Gesamtregion. Die Monumentalität des Tempelzentrums von Eanna sowie die ersten schriftlichen Abrechnungen der Tempelwirtschaft sind sichtbare Zeugnisse dafür.

Die Macht Uruks über die Region stand jedoch auf einem relativ schwachen Fundament. Nur die religiöse Autorität des Tempeloberhaupts als Mittler zu den Göttern und die wirtschaftlichen und administrativen Funktionen des Tempels verbanden die Bevölkerung der Region zu einer Einheit. Um seine Aufgaben als rituelles und wirtschaftliches Zentrum zu erfüllen, mußte der Tempel Tribute eintreiben und Arbeitsgruppen zu Fronarbeit verpflichten.

Vor allem an den Rändern des Einflußgebiets von Uruk dürfte die Bindung an das Zentrum nur schwach gewesen sein. Von dort gesehen war die wichtigste soziale Einheit nicht das riesige Häuptlingstum mit dem Tempeloberhaupt in Uruk. Es war zunächst die Verwandtschaftsgruppe, der man angehörte, dann das Dorf und als nächstes das regionale Zentrum. Anführer solcher Einheiten dürften Sippenoberhäupter, Dorfälteste und Distrikhäuptlinge gewesen sein. Wirtschaftliche Sicherheit und Überleben hingen primär nicht vom umverteilenden Arm der Tempelverwaltung im fernen Uruk ab, sondern von gegenseitiger Ergänzung im Familienverband und auf Dorf- wie auf Distriktebene. Den Alltagsproblemen von Dorfbewohnern standen die Ahnengeister von Familien und größeren Verwandtschaftsgruppen gewiß aufgeschlossener gegenüber als die großen vergöttlichten Naturgewalten, die im Tempelbezirk in Uruk verehrt wurden.

Aus welcher Sicht man die Beziehungen auch betrachtet, der innere

Zusammenhalt der verschiedenen Elemente war stärker als ihre Integration in das Häuptlingstum. Die Spaltung bzw. die Überwindung der Spaltungstendenzen durch Entstehung staatlicher Macht sind daher in der sozialen Struktur des Häuptlingstums angelegt. Aber so schwach die zentrale Macht von Uruk und so diffus die Loyalitäten der verschiedenen Bevölkerungselemente an den Rändern des Einflußbereichs von Uruk auch waren, diese Ordnung hatte zunächst Bestand. Sie hatte so lange Bestand, wie die Belastungen durch Tribute und Frondienste nicht überhandnahmen. Auch ohne staatliches Gewaltmonopol genügte die wirtschaftliche Macht und die sakrale Autorität des Tempeloberhaupts, um die heterogenen Elemente der Gesellschaft zu integrieren.

Mit zunehmender Größe und Komplexität des Häuptlingstums konnte die Zentralgewalt die Mittel, die sie zur Wahrung des Zusammenhalts benötigte, nur auf Kosten wachsender Spaltungstendenzen beschaffen. Die Belastung der Bevölkerung durch Tribute und Frondienste wuchs. Irgendwann genügten sakrale Verheißungen nicht mehr, um die Masse bei der Stange zu halten. Dem steigenden Aufwand zum Unterhalt der Götter standen immer geringere Gegenleistungen des Tempeloberhaupts gegenüber, das die Götter auf Erden vertrat. Mit der Unzufriedenheit aber nahm die Bereitschaft zu, sich der zentralen Autorität von Uruk zu entziehen.

Zu diesem allgemeinen Problem eines Häuptlingstums kamen spezifisch sumerische Probleme. Gegen Ende des 4. Jahrtausends wuchs die Bevölkerung rasch. Neuankömmlinge drängten in den Süden des Zweistromlandes. Mit zunehmender Siedlungsdichte aber füllten sich die Räume, die sich im Rahmen der bestehenden Sozialstruktur und einer extensiven Landwirtschaft nutzen ließen. Immer größere Gruppen fanden kein Unterkommen und vagabundierten als land- und besitzlose Unterschicht durch das Land. Ihnen gesellten sich Bewohner etablierter Siedlungen hinzu, die durch überhöhte Tribute und Frondienste vertrieben worden waren. Eine rasch wachsende land- und besitzlose Unterschicht entstand. Gezwungen, sich durch Überfälle und Raub durchzuschlagen, zogen Gruppen Entwurzelter als Gefahr für die übrige Bevölkerung durch die Region.

Auch Jahrhunderte *nach* Entstehung einer staatlichen Zentralgewalt war dieses Problem nicht endgültig gelöst. In schwierigen Zeiten konnte das Heer dieser ungebundenen Bevölkerungselemente auf Größen anschwellen, die auch für die Zentralgewalt des Königs bedrohlich waren. Zuweilen wurden Könige durch die Anführer solcher Gruppen gestürzt. In den Chroniken als Anführer fremder Invasionstruppen verzeichnet, waren sie, wie der bedeutende Sumerologe Leo Oppenheim vermutet hat, tatsächlich nur erfolgreiche Rebellen. »Die beste Therapie gegen diese potentiell gefährlichen Elemente«, so Oppenheim über die zweite Hälfte des 2. Jahrtausends, »waren Projekte zur inneren Beruhigung und zur äußeren Kolonisierung, die nur mächtige Könige einleiten konnten. Triumphierend berichten die Inschriften solcher Könige... vom Aufsammeln der Verstreuten, der Wiederansiedlung der Entwurzelten auf Neuland, wo der König sie zwang, Kanäle zu graben oder instand zu setzen, Städte zu bauen, den Boden zu bestellen, Steuern zu entrichten, in Fronarbeit die Bewässerungssysteme zu erhalten und nicht zuletzt, Militärdienst zu leisten.« (Nach Adams, R. McC. 1966)

Es hat also den Anschein, als sei der Stadtstaat von Uruk durch Wechselwirkung zweier Faktoren entstanden:

1. Auslöser war die Notwendigkeit, die wirtschaftliche Basis eines Häuptlingstums, das die Stabilitätsgrenze erreicht hatte, durch weitere Erhöhung der Tribute und Frondienste zu stärken. Wie an der zunehmenden Monumentalität der Tempel zu erkennen ist, wuchs die Belastung der Bevölkerung in den letzten Jahrhunderten des 4. Jahrtausends dramatisch. In der Djemdet-Nasr-Phase (3100 bis 3000 v. Chr.) wurde mit einem Arbeitsaufwand von 7000 Mann-Jahren der sogenannte Anu-Tempel von Uruk gebaut. Der Funktionswandel vom Kultbau zum wirtschaftlich-administrativen Zentrum läßt außerdem auf zunehmende Eingriffe in Wirtschaft und Gesellschaft schließen.

2. Die zunehmenden Belastungen verstärkten die Spaltungstendenzen. An der Peripherie, außerhalb der unmittelbaren Zugriffsmöglichkeiten von Uruk, gruppierten sich Siedlungen um lokale Zentren. Im kleineren Rahmen übernahmen diese Zentren nun Funktionen, die bis dahin Uruk innegehabt hatte. Der von Uruk ausgehende Widerstand verstärkte den Zerfall der zentralen Autorität an der Peripherie nur weiter.

In der unmittelbaren Umgebung von Uruk waren die Zugriffsmöglichkeiten der zentralen Autorität jedoch größer. Dort konnte die Zentralgewalt von Uruk ihre Machtbasis durch vermutlich unfreiwillige Umsiedlung der ländlichen Bevölkerung aus einem Umkreis von etwa 15 Kilometern verbreitern. Bei dieser Aktion dürfte ihr die zunehmende Unsicherheit auf dem Land zugute gekommen sein. Von der wachsenden Schar Entwurzelter bedroht, die plündernd und raubend durch die Region zogen, mochten viele einem unsicher gewordenen Dasein auf dem Land das stärker gebundene, aber sicherere Leben in der Stadt vorziehen.

19. Vom Kriegsführer zum König

Die Umwandlung der sumerischen Gesellschaft vom Häuptlingstum zum Staat vollzog sich nach 3000 v. Chr. nur langsam. Jahrhunderte vergingen, bevor um 2320 v. Chr. mit dem Akkader-Reich ein Staat entstand, auf den der von Marx geprägte Begriff der »orientalischen Despotie« zutrifft. (Diakonow 1956) Bis dahin hatte ein Nebeneinander älterer Stammestraditionen und neuer staatlicher Elemente das Leben in den sumerischen Stadtstaaten geprägt.

Zu Beginn der frühdynastischen Zeit (3000 bis 2400 v. Chr.) bestanden wesentliche Elemene der früheren Ordnung weiter. In dieser Phase verfügte der Herrscher noch nicht über uneingeschränkte Macht. So war er in Fragen von Krieg und Frieden auf die Zustimmung des Ältestenrats und auch der Volksversammlung angewiesen. Wie die folgende Episode illustriert, behielten beide Institutionen auch in der frühdynastischen Zeit einen Teil ihrer einstigen Macht bei.

Das Gilgamesch-Epos enthält eine aufschlußreiche Passage, an der sich das gegenseitige Verhältnis erkennen läßt. Der Agga von Kisch, Herrscher der euphrataufwärts gelegenen Hegemonialmacht, fordert Uruk ultimativ auf, seine Bewässerungsanlagen zu erneuern. Gilgamesch, ein historischer König von Uruk aus dem 27. Jahrhundert v. Chr., sieht darin eine schmachvolle Unterwerfungsgeste und ist zum Widerstand entschlossen. Aber auch als König entscheidet nicht er über Krieg und Frieden. Zuvor muß er die Zustimmung des Ältestenrates einholen.

Gilgameschs Vorgehen zeigt die Grenzen seiner Macht. Wäre er ein Herrscher mit uneingeschränkter Macht gewesen, dann hätte er entschieden und anschließend seine Entscheidung mitgeteilt. Gilgamesch dagegen tritt vor den Ältestenrat und versucht in der Art eines charismatischen Anführers durch eine flammende Rede zu überzeugen. Detailliert beschreibt er die Uruk auferlegten Arbeiten, um die Darstellung der Erniedrigung im Aufruf zum Widerstand münden zu lassen: »Unterwerfen wir uns nicht dem Haus von Kisch, laßt es uns mit Waffen schlagen!«.

Vergebens. Ängstlich wollen die Ältesten sich beugen: »Unterwerfen wir uns dem Haus von Kisch, greifen wir nicht zu den Waffen«.

»Gilgamesch, Herr über Kullaba, der Heldentaten für Innana vollbringt«, berichtet nun der Erzähler, »beherzigte nicht das Wort der Ältesten seiner Stadt.« Doch da der Herrscher sich dem Ältestenrat nicht widersetzen kann, versucht er, diesen gegen die Volksversammlung auszuspielen. Durch einen ähnlichen Auftritt vor der Versammlung der waffentragenden Männer will er das Votum des Ältestenrats aufheben. Wieder folgt der Beschreibung der verlangten schmachvollen Arbeiten die Aufforderung: »Unterwerfen wir uns nicht dem Haus von Kisch, laßt es uns mit Waffen schlagen!«

Hier hat er Erfolg. Stolz antwortet die Versammlung:

> »Wer unter denen, die stehen, die sitzen,
> Wer unter denen, die mit Königssöhnen groß geworden sind,
> Wer unter denen, die des Esels Schenkel umfassen,
> Kommt ihnen an Mut gleich!
> Unterwerfen wir uns nicht dem Haus von Kisch, laßt es uns
>   mit Waffen schlagen,
>
> Uruk, Werk der Götter
> Eanna, Haus, das vom Himmel kam,
> Die großen Götter haben seine Teile geschaffen,
> Seine Mauern, die zu den Wolken ragen,
> Die erhabene Stadt gegründet von An*,
> Für die du gesorgt, König und Held,
> Eroberer, Fürst geliebt von An,
> Wie solltest du sein Kommen fürchten,
> Seine Armee ist klein, die Nachhut wankt,
> Seine Männer gehen gesenkten Blicks.«

»Bei den Worten der Männer seiner Stadt«, so fährt der Erzähler fort, »erfüllte Freude das Herz Gilgameschs, und sein Gemüt hellte sich auf.« Nun konnte er seinen Plan verwirklichen. Der König war Inspirator und ausführendes Organ, aber die Entscheidung lag beim Ältestenrat und bei der Volksversammlung. Alles was der König vermochte, war, diese traditionellen Entscheidungsgremien zu überzeugen. (Jacobsen 1943; Kramer 1963)

---

* Sumerischer Gott.

Eine vage Erinnerung an die Zeit, in der die Volksversammlung noch Entscheidungen traf, hat Thorkild Jacobsen auch in den Götterepen der historischen Zeit entdeckt. (1943) Die großen sumerischen Göttinnen und Götter trafen ihre Entscheidungen in der Art einer »primitiven Demokratie« durch allgemeinen Konsens. Schriftlich aufgezeichnet wurden diese Götterepen ebenso wie das Gilgamesch-Epos aber erst nach 2000 v. Chr., als der Herrscher über uneingeschränkte Macht verfügte. Auch nach 2000 v. Chr. war die primitive Demokratie der Stammesgesellschaft daher noch nicht in Vergessenheit geraten. Aber sie lag so weit zurück, daß die Sumerer sie nun in der Welt der Götter und der legendären Könige am Anfang der frühdynastischen Zeit ansiedelten.

Auch sonst trugen die Götter Züge archaischer Sumerer. So wie man sich im Zeitalter der Jeans den lieben Gott als Rauschebart im wallenden Gewand vorstellt, wurden sumerische Götter, lange nachdem das Kleidungsstück außer Mode geraten war, noch immer im büschelartigen Rock früherer Zeiten dargestellt. (Jacobsen 1943) Mit guten Argumenten hat daher Henri Frankfort aus Götterepen die Entstehung des sumerischen Königtums zu rekonstruieren versucht. Er fand, daß der sumerische König ursprünglich ein nur vorübergehend gewählter Kriegsführer war. (1948)

Die Macht in Friedenszeiten dürfte wie schon in der Stammesgesellschaft beim Ältestenrat und ihrem Oberhaupt sowie teilweise auch bei der Volksversammlung gelegen haben. Die Zeichen für en und »Stammesältester« lassen sich bis in die protoliterarische Zeit vor 3000 v. Chr. zurückverfolgen. (Adams, R. McC. 1966) Der Ältestenrat wird aus den ranghohen Mitgliedern führender Verwandtschaftsgruppen bestanden haben. Im Stammesältesten und im Kriegsführer begegnen uns zwei charakteristische Formen kultureller Prägung menschlichen Verhaltens durch unterschiedliche gesellschaftliche Notwendigkeiten.

Obwohl sumerische Texte keine weiteren Aufschlüsse geben, kann die alttestamentliche Hiobsgeschichte Anhaltspunkte über die Eigenschaften solcher Stammesältesten geben. Ähnlich wie sumerische Städte in prädynastischer Zeit gab es in den Städten des alttestamentlichen Palästina einen Ältestenrat nach Art der sumerischen primitiven Demokratie. Hiob in seiner glücklichen Zeit verkörperte das Ideal eines solchen Ältesten:

»Wenn ich ausging zum Tor der Stadt und meinen Platz auf dem Markt einnahm, dann sahen mich die Jungen und verbargen sich scheu, und die Alten standen vor mir auf, die Oberen hörten auf zu reden und legten ihre Hand auf ihren Mund, die Fürsten hielten ihre Stimme zurück, und ihre Zunge klebte an ihrem Gaumen. Denn wessen Ohr mich hörte, der pries mich glücklich, und wessen Auge mich sah, der rühmte mich.

Denn ich errettete den Armen, der da schrie, und die Waise, die keinen Helfer hatte. Der Segen des Verlassenen kam über mich, und ich erfreute das Herz der Witwe. Gerechtigkeit war mein Kleid, das ich anzog, und mein Recht war mir Mantel und Kopfbund. Ich war der Blinden Auge und der Lahmen Fuß. Ich war ein Vater der Armen, und der Sache des Ungekannten nahm ich mich an.

Sie hörten mir zu und schwiegen und warteten auf meinen Rat. Nach meinen Worten redete niemand mehr, und meine Rede troff auf sie nieder.«

Die Archäologie der Übergangsphase macht Frankforts These plausibel, die Institution des Königtums sei zur Bewältigung von Notsituationen geschaffen worden, denen ein Ältestenrat nicht gewachsen war. Die frühdynastische Zeit war eine Phase zunehmender militärischer Konflikte. Wie wir gesehen haben, entvölkerte sich nach 3000 v. Chr. die Region um Uruk, die Menschen zogen in die Stadt und verschanzten sich hinter Mauern. In dieser Zeit zunehmender militärischer Bedrohung wurzelt die Institution des Königtums.

Die Tugenden, die Hiob verkörperte, Wortgewalt, Fürsorglichkeit, Gerechtigkeitssinn, mochten genügen, um Ansehen und Einfluß zu gewinnen, mit denen man in Friedenszeiten Entscheidungen beeinflussen, manchmal eine Versammlung auch mitreißen konnte. Für den Krieg reichten sie nicht aus. Im Krieg mußte nicht überzeugt, sondern rasch entschieden werden.

Um eine starke und entschlossene Führung zu schaffen, wurde der Kriegsführer zwar gewählt, aber anschließend mit uneingeschränkter Befehlsgewalt ausgestattet. Das auf sumerische Vorbilder zurückgehende babylonische Schöpfungsepos *Enuma elish* enthält eine Schlüsselszene: Von den Kräften des Chaos unter Anführung Tiamats bedroht, wählt die Götterversammlung Marduk, den jungen und energischen Gott des Sturmwinds zu ihrem Anführer. Offensichtlich durch stammesdemokratische Erfahrung gewitzt, stellte Marduk jedoch Bedingungen. Er war nur bereit, die ihm angetragene Anführerrolle zu übernehmen, wenn er uneingeschränkte Befehlsgewalt erhielt. Als militärischer Führer hielt Marduk sich gar nicht erst damit auf, die Götterversammlung in der Art eines Hiob zu überzeugen, er stellte Bedingungen:

»Wenn ich euer Anführer sein soll,
Tiamat besiegen und euch retten,
Dann versammelt euch und übertragt mir die Befehlsgewalt.
Versammelt euch voll Zuversicht in Ubshu-ukinna,
Laßt mich, wie euch, beschließen was Schicksal sei.
Was immer ich entscheide, wird nicht geändert.
Und mein Befehl nicht angefochten.«

Ob der sumerische Kriegsführer – der spätere König – nur durch Ältestenrat gewählt wurde, oder, wie das Gilgamesch-Epos andeutet, auch durch die Volksversammlung bestätigt werden mußte, ist unerheblich. Entscheidend ist, daß aus dieser ursprünglich auf Notzeiten begrenzten Institution des Kriegsführers die permanente des Königtums wurde. Eine Jahrhunderte während Kette von Kriegen zwischen rivalisierenden sumerischen Stadtstaaten erwies sich, wie wir noch sehen werden, als entscheidender Faktor bei der Umwandlung der sumerischen Gesellschaft vom Häuptlingstum zum Staat.

Je fester sich das Königtum etablierte, desto fadenscheiniger wurden die demokratischen Prinzipien. Während in den Glaubensvorstellungen der Sumerer die Götterversammlung ihre Entscheidungen noch immer in der Ratsversammlung traf und Marduk nur mit der Ausführung beauftragte, war der Einfluß der Volksversammlung in der realen Gesellschaft längst zurückgedrängt worden. Der Ältestenrat entwickelte sich zum politischen Organ einer Aristokratie, deren Verhalten den durch Hiob verkörperten Tugenden der archaischen Ältesten Hohn sprach.

20. Die Enteignung der Götter

Im Verlauf des 3. Jahrtausends veränderten sich auch andere tragende Elemente der sumerischen Stammesgesellschaft so sehr, daß am Ende ihrer Jahrhunderte währenden Metamorphose nur die leere Hülle blieb. Wie die Entscheidungsorgane der »primitiven Demokratie« bestanden die Tempelgüter und die Verwandtschaftsgruppen weiter. Aber sie hatten ihre einstige Autonomie verloren. Sie wurden zu Objekten staatlicher Verwaltungsakte.

Anhand der umfangreichen erhaltenen Archive des Stadtstaates von Lagasch hat der russische Sumerologe Diakonow die Veränderungen um die Mitte des 3. Jahrtausends rekonstruiert. Unter der Ur-Nanše-Dynastie (etwa 2520–2355 v. Chr.) geriet die Tempelökonomie zunehmend unter den Einfluß des Königs, des *ensi*. Die bekannten Reformtexte des *ensi* Urukagina, der den letzten Herrscher der Ur-Nanše-Dynastie vertrieb, prangern vehement die Übergriffe seiner Vorgänger auf Tempeleigentum und traditionelle Rechte der Bevölkerung an: Der Herrscher habe sich die Zugtiere des Tempels und das beste Tempelland angeeignet, seine Leute hätten zum Nachteil des Tempelpersonals die Rationen ausgeteilt und in die Tempelwirtschaft eingegriffen.

In unseren Ohren klingt Urukaginas Anklage, »die Ochsen der Götter pflügten die Zwiebelfelder des *ensi*, und die Gurken des *ensi* wuchsen auf den besten Äckern der Götter«, als eine eher banale Detailkritik. Wir sollten uns jedoch bewußt sein, daß das sumerische Denken und folglich auch die sumerische Sprache kaum Abstraktionen und nur wenige Verallgemeinerungen kannten. Für einen Sumerer, der in den Tempeln den irdischen Haushalt der Götter sah, bedeutete es das denkbar schwerste Vergehen, wenn ein Mensch seine Zwiebeln und Gurken auf den Feldern der Götter anbaute.

Tatsächlich hatte Lugalbanda, der letzte König der Ur-Nanše-Dynastie, Land, Personal und Bestände der drei wichtigsten Tempel sich selbst, seiner Frau Barnamtarra und weiteren Mitgliedern der königlichen Familie übertragen. Im Handstreich hatte er sich damit fast ein Drittel der Bevölkerung und des Gebiets des Stadtstaats unterstellt. Die Götter dieser Tempel, der Stadtgott Ningirsu, dessen Gemahlin Bau und ein weiterer Gott verschwanden aus den Verwaltungsdokumenten der Tempel. Anstelle der priesterlichen Verwalter, der *sangas*, übernahmen nun Beauftragte des *ensi*, sogenannte *nu-banda* das Management. (Tyumenew 1954)

Wirtschaftlich vergrößerte Lugalanda durch Aneignung von Tempelland und -personal seine persönliche Macht. Der entscheidende Aspekt war jedoch weniger die persönliche Bereicherung, sie mochte ein willkommenes Nebenprodukt gewesen sein. Entscheidend war vielmehr die Zentralisierung wirtschaftlicher und politischer Macht in den Händen des Herrschers. Durch Aneignung der drei wichtigsten Tempel des Stadtstaates unterstellte sich Lugalanda unabhängige Institutionen.

Unter einer eigenen Verwaltung und mit eigenen Zielen stellten unabhängige Tempel, die etwa ein Drittel der Ökonomie des Staats von Lagasch kontrollierten, eine Herausforderung für den Herrscher dar. (Diakonow 1956) Wie wir gesehen haben, hatte in der Stammesgesellschaft der Zweck der Tempelökonomie nicht in der Erwirtschaftung maximaler Erträge bestanden. Zweck waren vielmehr die Bildung kommunaler Reserven und die Unterstützung der Allgemeinheit gewesen. Durch Aneignung der Tempel unterstellte der Herrscher eine bis dahin unabhängige Institution seiner Befehlsgewalt.

In seiner scharfsinnigen Analyse *The Cultural Evolution of Civilisations* hat Kent Flannery solche Vorgänge »Linearisierung« genannt. (1972) Dabei dehnt der Staat seine Kontrolle über Institutionen aus, die bis dahin unabhängig entschieden und eigene Ziele verfolgt hatten. Durch diese Eingliederung in die eigene Befehlsstruktur kann er ihre Ziele beeinflussen und sie so zur Steigerung seiner Macht einsetzen.

Die Folgen dieser »Linearisierung« zeigen die aus Lagaschs Blütezeit überlieferten Texte. Die Enteignung der Götter durch den Herrscher bedeutete für die betroffene Bevölkerung eine deutliche Einschränkung traditioneller Freiheiten. Zur Steigerung der Staatsmacht und des Reichtums der königlichen Familie waren andere Formen der Organisation von Arbeit notwendig als in dem kommunalen Wohlfahrtsunternehmen, das die Tempel bis dahin gewesen waren. War vor 3000 v. Chr. der größte Teil des Tempellandes an politisch *unabhängige* Mitglieder der Gemeinschaft verpachtet worden, so wurden nun nur noch kleine Teile verpachtet. Der größte Teil des Tempellandes wurde für den Staat von *abhängigem* Personal bewirtschaftet. (Tyumenew 1954; 1956)

Man könnte versucht sein, in diesen Veränderungen nur graduelle Verschiebungen von Abhängigkeiten zu sehen. Personen, die zuvor lediglich in wirtschaftlicher Abhängigkeit von den Tempeln gestanden hätten, seien nun auch politisch eingegliedert worden. Ernährt war dieses abhängige Tempelpersonal tatsächlich nicht schlechter als die Masse der modernen Bewohner der Region. Daß die Lebensmittelrationen ausreichend waren, bezeugen Verwaltungstexte. (Tyumenew 1954; Ellison 1978, 1983)

Anscheinend überstanden auch die Verwandtschaftsgruppen als weiteres tragendes Element der Stammesordnung die Eingliederung in die staatlich kontrollierte Tempelwirtschaft unbeschadet. In Verwaltungstexten der Staatsgüter und privater Güter in Lagasch werden Sippen oder Clans erwähnt, die nach Tieren »Esel« oder »Schlange« benannt sind. Andere Sippen wie die »Silberschmiede«, die »Lederarbeiter«, »Zimmerleute« scheinen handwerklich spezialisierte Verwandtschaftsgruppen gewesen zu sein. (Adams, R. McC. 1966)

Tatsächlich jedoch hatten die an die großen Güter gebundenen Arbeiter, die in den Archiven als *schub-lugals* und *engars* verzeichnet sind, mehr als nur ein bißchen Freiheit verloren. Obwohl nicht wie Sklaven veräußerbar, waren sie wie Leibeigene an die Güter gebunden. Auch wenn nominell die Zugehörigkeit zu Verwandtschaftsgruppen erhalten blieb, waren die Betroffenen einem wirtschaftlichen Zweckdenken ausgesetzt, das keine Rücksicht auf soziale Bindung oder familiäre Selbstbestimmung nahm.

Wie der sowjetische Gelehrte A.I. Tyumenew gezeigt hat, hob Bindung an die Güter traditionelle soziale Bindungen auf. Eingeteilt in Gruppen von 20 bis 25 wurden diese *schub-lugals* und *engars* nach dem Ermessen der Verwaltung zu den unterschiedlichsten Tätigkeiten eingesetzt. Unter staatlicher Aufsicht arbeiteten sie auf den Feldern, beluden und entluden Schleppkähne, zogen Schleppkähne mühsam stromaufwärts, wurden zum Graben von Bewässerungsanlagen eingesetzt, zum Transport von Holz oder zum Schneiden von Schilf. Herrschte Krieg, dann bildeten die Arbeiter der Tempel- und Staatsgüter eigene Truppen. Ebenso diktierten wirtschaftliche Gesichtspunkte die Handwerksproduktion. Unter der Oberaufsicht eines Intendanten stellte abhängiges Personal in verschiedenen Werkstätten die verschiedenen Handwerksartikel her. Personalbestand, Rohstoffverbrauch und Güterausstoß wurden monatlich, manchmal sogar mehrmals im Monat abgerechnet. (Tyumenew 1954; 1956)

Nominell waren diese Leibeigenen noch immer Mitglieder von Verwandtschaftsgruppen. Tatsächlich hatten sie aber ihre Autonomie, das Charakteristikum der Sippen in einer Stammesgesellschaft, längst verloren. Je nachdem, wie es der Arbeitsanfall gerade verlangte, konnten sie nach dem Ermessen der Verwaltung zu dieser oder jener Tätigkeit eingeteilt werden. Grundlage ihres Überlebens war auch nicht mehr die Solidarität autonomer Gruppen, die ihren Lebensunterhalt selbst bestritten und sich durch gegenseitige Hilfe vor Not schützten. Anstelle von Autonomie und Solidarität traten Verwaltungsentscheidungen: Ein Teil des Unterhalts wurde auf kleinen Stücken Land gewonnen, die von der Verwaltung zugeteilt wurden, ein anderer wurde ebenfalls aufgrund von Verwaltungsentscheidungen als Lebensmittelration zugeteilt. Aufseher gaben der Verwaltung jährlich Rechenschaft über durchgeführte Arbeitsleistung und konsumierte Nahrung. Vom Staat ernährt, für den Staat arbeitend, führten diese *schub-lugals* und *engars* das Dasein von Arbeitstieren. (Diakonow 1956; Tyumenew 1954; 1956)

21. Die Funktionalisierung sozialer Beziehungen

Bei der Umformung der sumerischen Gesellschaft spielten die unaufhörlichen Kriege zwischen rivalisierenden Stadtstaaten eine ausschlaggebende Rolle. Es waren Kriege, in denen es nicht nur um Ruhm und Ansehen siegreicher Könige ging, sondern um konkrete wirtschaftliche Interessen und politische Ziele. Lagasch zum Beispiel führte um ein Stück bewässerten Grenzlandes einen mehrere Generationen dauernden Krieg mit der Nachbarstadt Umma.

Andere wirtschaftliche Ursachen waren die Kontrolle über die Handelsrouten zu den gemeinsamen Rohstofflagern und die Sicherung von Absatzgebieten. Fernhandel zur Versorgung der Staatsökonomie mit Rohstoffen und Luxusgegenständen setzte Exporte voraus. Da aber alle sumerischen Stadtstaaten mehr oder weniger die gleichen Exportartikel erzeugten, hauptsächlich Textilien, Getreide und andere Landwirtschaftsprodukte, dürfte im Bereich der Rohstofflager und entlang der Handelsrouten erhebliche Konkurrenz geherrscht haben. Nicht zuletzt war auch die Stärkung der eigenen Wirtschaftsmacht durch Unterwerfung einer anderen Stadt ein lohnendes Kriegsziel. Der siegreiche Herrscher plünderte die Tempelschätze, versklavte Teile der Bevölkerung, die zur Steigerung der eigenen Textilproduktion eingesetzt wurden, und er machte sich die verbleibende Bevölkerung tributpflichtig.

Sieg und Vorherrschaft einer Stadt im Zweistromland waren jedoch nie von Dauer. Lagasch und sein erbitterter Gegner Umma, beide nur einen Tagesmarsch voneinander entfernt, liefern ein trauriges Beispiel. Wie die Herrscher der meisten sumerischen Stadtstaaten waren auch die der Ur-Nanše-Dynastie von Lagasch von Ehrgeiz und Hegemonialträumen getrieben. Und wie allen anderen sumerischen Hegemonialmächten erging es Lagasch. Um Krieg zu führen, beanspruchten einige Herrscher der Ur-Nanše-Dynastie (ca. 2520 bis 2350 v. Chr.) die Wirtschaft des Stadtstaates bis an die Grenze des Möglichen. Tatsächlich gelang es Eanatum von Lagasch für kurze Zeit die Herrschaft über Sumer an sich zu reißen. Doch schon seinen Nachfolgern zerrann diese Macht rasch unter den Händen. Innerhalb eines Jahrhunderts ereilte Lagasch das übliche Schicksal sumerischer Stadtstaaten. Geschwächt durch eine Serie von Kriegen, wurde es Opfer des Hegemonialstrebens seiner Herrscher.

Um 2350 v. Chr. schlug das bis dahin stets unterlegene Umma erfolgreich zurück. Lugalzagesi von Umma eroberte Lagasch, zerstörte die Tempel und ließ sich als »König über Uruk und König des Landes« feiern. Doch auch Ummas Vorherrschaft währte nur kurz. Der Fluch des letzten Herrschers von Lagasch, der Stadtgott Ningirsu möge den Frevel an seinem Tempel sühnen und die Hand abhacken, die sich gegen ihn erhoben habe, erfüllte sich kaum zwei Jahrzehnte später. Im Halsklotz wurde Lugalzagesi, der sich einst gerühmt hatte, König über ein Reich »vom unteren Meer entlang des Euphrat und Tigris bis zum oberen Meer« zu sein, am Stadttor von Nippur den Passanten zum Anspucken feilgeboten. Sargon von Akkade hatte ihn besiegt.

Diese Kriege zwischen den rivalisierenden sumerischen Stadtstaaten brachten zwar vorübergehend Sieger hervor, aber zum Schluß verloren alle. Intensive Bewirtschaftung ohne ausreichende Drainage ließ die Böden versalzen. Um die Mitte des 2. Jahrtausends war der Süden des Zweistromlandes wieder das, was er einst gewesen war: eine von Sümpfen durchsetzte Steppe mit ein paar verstreuten Siedlungen und Gruppen nomadisierender Hirten.

Zuvor jedoch hatten Kriege zur Umwandlung der sumerischen Gesellschaft beigetragen. Der Krieg selektierte auf neue Formen sozialer Organisation. Aus diesen Kriegen gingen nicht die als Sieger hervor, die Tugenden der Stammesgesellschaft wahrten. Gesellschaften, die in der Rivalität zu ihren Nachbarn Solidarität innerhalb autonomer Verwandtschaftsgruppen hochhielten und persönliche Tapferkeit über Gehorsam und Disziplin stellten, konnten sich nicht behaupten. Gilgamesch, der strahlende Held der Sumerer, der um 2700 v. Chr. mit nur fünfzig tapferen, wildentschlossenen Männern den scheinbar übermächtigen Agga von Kisch besiegte, hätte schon drei Jahrhunderte später in den Kriegen zwischen Lagasch und Umma eine traurige Figur abgegeben. Der Krieg prägte die Gesellschaft – im zivilen wie im militärischen Bereich.

Wie das Beispiel der Germanenkriege der Römer gezeigt hat, setzt organisierte Kriegsführung eine Disziplin voraus, die Stammeskriegern fremd ist. Anzeichen einer solchen Disziplin finden sich in sumerischen Verwaltungstexten. Die sumerische Miliz bestand zwar aus den gleichen Verwandtschaftsgruppen, die im Frieden als spezialisierte Arbeitsgruppen auf den großen Gütern arbeiteten, aber jede Kompanie aus mehreren solcher Gruppen unterstand der Befehlsgewalt eines Palastoffiziers. (Adams, R. McC. 1966)

Die sumerischen Schlachtenlenker bedienten sich zwar weiter des inneren Zusammenhalts bestehender Verwandtschaftsgruppen, aber nicht die Verwandtschaftsgruppe bestimmte, wie gekämpft wurde. Die Entscheidung lag beim Oberbefehlshaber. Marduk, der Schlachtenlenker im Kampf gegen die Kräfte des Chaos, verbot selbst Göttern, seine Entscheidungen zu diskutieren. Der sumerische Feldherr vermittelte seine Strategie über eine Befehlskette aus Palastoffizieren nach unten bis zu den Aufsehern der Verwandtschaftsgruppen. Aufgabe des Kämpfers in vorderster Linie war es, diese Befehle auszuführen. Seine Tapferkeit hieß »Gehorsam«.

Nach dem gleichen Prinzip war die zivile Wirtschaft der großen Güter organisiert. Auch hier entschieden nicht Verwandtschaftsgruppen als ökonomische Grundeinheiten über die Produktion. Entschieden wurde vom Palast, und wie im Krieg wanderte die Entscheidung über eine Befehlskette bis zu den Verwandtschaftsgruppen als den ausführenden Einheiten. Aufgabe der Aufseher war es, wie im Krieg, für disziplinierte Durchführung zu sorgen. Die Masse der Ausführenden hatte zu gehorchen.

Die Auflösung der Stammesgesellschaft besiegelte die schon in der prädynastischen Phase (vor 3000 v. Chr.) eingeleitete Schichtung der Gesellschaft. Aus Verwaltungstexten hat der russische Sumerologe Diakonow folgendes Bild der sumerischen Gesellschaft um die Mitte des 3. Jahrtausends rekonstruiert: An der Spitze der gesellschaftlichen Pyramide stand die Aristokratie. Sie verfügte über große, von Leibeigenen und Sklaven bewirtschaftete »private« Güter. Daneben kontrollierte sie die großen Tempelgüter, die später in den Besitz des Herrschers übergingen. Die breite Mittelschicht, rund die Hälfte der Bevölkerung, bestand aus freien Mitgliedern der Gemeinschaft, die zu Frondienst und Tributen verpflichtet waren. Als Mitglieder von Verwandtschaftsgruppen bewirtschafteten die Angehörigen dieser Mittelschicht eigenes Land. Die Basis bildete das abhängige Tempelpersonal, eine Mehrheit aus Leibeigenen und eine Minderheit von Sklaven. Auch hier trennten feine Abstufungen die bessergestellten Handwerker von den Landarbeitern. Diese wiederum waren durch Nuancen unterschiedlicher Freiheit von den weiblichen Sklaven der Textilmanufakturen oder ihren männlichen Gegenstücken in den Gärten getrennt. (Diakonow 1956; Tyumenew 1954)

22. Der Zorn der Propheten

Staatliche Formen sozialer Organisation setzten die Zerstörung persönlicher Verpflichtungen, eine der Grundprämissen der Stammesgesellschaft, voraus. Wie groß immer die Distanz des Häuptlings zum rangniedersten Mitglied der Gesellschaft gewesen war, Verwandtschaft und der Normen- und Wertekodex eines Verwandtschaftssystems hatten sie verbunden. Der Häuptling war den Mitgliedern seiner Gemeinschaft rechenschaftspflichtig. In den sumerischen Stadtstaaten hatten sich um die Mitte des 3. Jahrtausends die Verhältnisse endgültig umgekehrt. Weder die Herrscher und ihre Familien, noch die Palastoffiziere, die höherrangigen Priester, die Verwaltungsbeamten und Schreiber waren denjenigen rechenschaftspflichtig, die von ihnen geführt wurden. Sie bildeten eine durch keine verwandtschaftliche Loyalität mit dem Volk verbundene professionelle Elite, die ihre eigenen Ziele verfolgte und ihre eigenen Interessen wahrnahm.

Damit entfiel eine wichtiges Kontrollelement: die persönliche Verpflichtung zwischen Führenden und Geführten. Urukaginas Reformtext zeigt das Ausmaß der Unterdrückung, der Willkür, der Ungerechtigkeit und der Ausbeutung. Formelhaft wird eine lange Liste von Übergriffen aufgeführt: »Der Verantwortliche für die Bootsleute eignete sich die Boote an. Der Oberhirte eignete sich die Esel an. Der Oberhirte eignete sich die Schafe an. Der Verantwortliche für die Fischteiche eignete sich die Fischteiche an«, usw.: Beauftragte des Palastes enteigneten kleine Hirten, Bauern und Fischer. Aber auch sonst waren der Phantasie der Verwaltung, das Volk zu prellen, kaum Grenzen gesetzt.

Zum Scheren ihrer Schafe wurden Bauern zum Palast beordert, um dort als »Dienstleistung« teuer in Silber zu bezahlen, was sie mühelos selbst hätten erledigen können. Die Rationen an abhängiges Personal waren zu gering bemessen. Vermutlich als Tribut an den Herrscher wurden den ursprünglichen Tempelverwaltern, den *sangas*, Esel, Ochsen, Gerste und Kleidung abgenommen. Wer Schafe kaufte, lief Gefahr, daß ihm ein einflußreicher Beamter die besten Stücke der Herde wegnahm. Wer sich von seiner Frau trennte oder wer duftende Öle herstellte, mußte dafür in Silber bezahlen: 5 Schekel für den *ensi* und weitere 1 bis 2 für die Steuereintreiber. Noch nicht einmal sterben konnte man in Lagasch, ohne daß die Angehörigen kräftig zur Ader gelassen wurden: Sieben Krüge Bier und 420 Laibe Brot vermutlich an den Palast, ein Kleidungsstück, ein Bett, eine Kopfstütze und Gerste an Beamte waren der Preis, um »im Schilf Enkis« zu ruhen, des Gottes der unterirdischen Gewässer und der Weisheit.

Wer Schulden nicht bezahlte, wer mit Tributzahlungen im Rückstand war oder anderer geringfügiger Verfehlungen angeklagt wurde, wurde ins Gefängnis geworfen. Eine Möglichkeit, sich dem Gefängnis zu entziehen, war es, sich selbst, seine Kinder oder seine Familie in die Sklaverei zu verkaufen. Erstmals in der Menschheitsgeschichte wurde in diesen Texten ein Begriff für etwas geprägt, das einst selbstverständlich gewesen war: »Freiheit« – *amargi*. Wörtlich bedeutet das: »Rückkehr zur Mutter«.

Während das Volk verarmte, so Urukaginas Anklage, mehrten sich die Reichtümer des Palastes: »Das Haus des *ensi* und die Felder des *ensi*, das Haus des Harems und die Felder des Harems, das Kinderhaus und die Felder des Kinderhauses drängten sich Seite an Seite. Von den Grenzen Ningirsus bis zum Meer war der Steuereintreiber.« (nach Kramer 1963)

Urkunden über Landkäufe dokumentieren die Bereicherung der Mächtigen auf Kosten der Machtlosen. In der vermutlich aus prädynastischer Zeit stammenden sumerischen Landnutzungsordnung verfügten Verwandtschaftsgruppen über Gemeinschaftsland, das ihren Mitgliedern zur Bewirtschaftung zur Verfügung stand. Mit den gesellschaftlichen Veränderungen des 3. Jahrtausends wechselten große Teile dieses Lands den Besitzer. Zu Spottpreisen erwarben Aristokraten von Mitgliedern von Verwandtschaftsgruppen fruchtbares Land. Auf diese Weise sammelten sich in den Händen wichtiger Verwaltungsbeamter und Priester, von Verwandten des Königs und der königlichen Familie Güter von Hunderten von Hektar an und wurden nach dem Vorbild der Tempel- und Staatsgüter von Leibeigenen bewirtschaftet. (Diakonow 1956)

Die archäologische Untersuchung von Grabbeigaben aus der Zeit zwischen 2700 und 2400 v. Chr. bestätigt dieses Bild einer Gesellschaft mit großen Rang- und Wohlstandsunterschieden. Unter Hunderten von Gräbern in Ur enthielt die überwältigende Mehrheit keinen einzigen Wertgegenstand. Dort lagen, wie Robert McC. Adams bemerkt hat, »die Überreste einer Bauernbevölkerung, die sich vermutlich nur knapp über dem Lebensminimum halten konnte«. Obwohl mit der zu dieser Zeit führenden städtischen Metropole Ur verbunden, erhielten diese Bauern weder einen Anteil an den Reichtümern, die sie durch ihre Arbeit schufen, noch zogen sie Nutzen aus dem technischen Fortschritt der Zeit. Kupfer, zu dieser Zeit das wertvollste Gebrauchsmetall, lag außerhalb der Reichweite von Bauern und kleinen Handwerkern. Es wurde zu Luxusgegenständen und Waffen für die Aristokratie verarbeitet. Ebenso enthielten etwa hundert Gräber in dem Ur benachbarten Al-Ubaid nur verschwindende Mengen an Kupfer. Die nahegelegene Hauptstadt hatte sämtliche Reichtümer aus dieser untergeordneten Siedlung abgezogen.

Auf der anderen Seite des sozialen Spektrums enthielten zwanzig Gräber, in denen offensichtlich Mitglieder der Aristokratie, aber keine Könige begraben waren, große Reichtümer: Gold- und Silberschmuck, schöngeformte Gefäße aus Stein und Kupfer, Perlen aus Gold und Lapislazuli, Goldschalen, gold- und silberüberzogene Dolche, große Mengen an Bronzewaffen und -werkzeugen. In den sogenannten Königsgräbern von Ur war die Hauptperson nicht nur von standesgemäßen Schätzen umgeben, sondern auch von Mitgliedern ihres Gefolges. Bis zu achtzig Menschen wurden einem toten König nachgeschickt: Diener, Haremsfrauen, Musiker, Krieger und Fuhrknechte, die ochsengezogene Kriegskarren lenkten, waren nach dem Tod ihres Herrn getötet und mitbegraben worden.

Ob die Sumerer am Ende der frühdynastischen Zeit um 2400 v. Chr. in Klassengesellschaften lebten, ist eine Ermessensfrage. Nach marxistischem Verständnis übt die herrschende Klasse einer Klassengesellschaft ihre Macht durch Kontrolle der Produktionsmittel aus. Zur Diskussion steht also nicht, ob die Masse ausgebeutet wurde. Sie wurde es. Zur Diskussion steht, ob die Masse im Besitz des für die sumerische Agrargesellschaft wichtigsten Produktionsmittels Grund und Boden war.

Nehmen wir Diakonows Untersuchungen im Stadtstaat Lagasch als repräsentativ für die sumerische Gesellschaft. Die von der herrschenden Klasse kontrollierten Tempel und großen Güter verfügten über etwa ein Drittel des Grund und Bodens. Das in dieser Wirtschaft beschäftigte Personal, Bauern, Handwerker und niedere Verwaltungsbeamte, war nicht im Besitz von Produktionsmitteln. Zwei Drittel des Bodens befanden sich jedoch im Besitz von Verwandtschaftsgruppen und wurden von wirtschaftlich unabhängigen Bauern bearbeitet. So gesehen wäre Lagasch zu einem Drittel eine Klassengesellschaft, zu zwei Dritteln keine gewesen.

Aber die Frage, ob Klassengesellschaft oder nicht, erfaßt das Wesen der Ausbeutung und Unterdrückung in diesen frühen Staaten nicht. Die Herrschenden übten ihre Macht nicht primär durch ökonomische

Kontrolle über die Produktionsmittel aus, sondern durch politische Beherrschung einer zu Frondienst und Tributen verpflichteten Bevölkerung.

Wie das sumerische Volk selbst die Auflösung der Stammesgesellschaft empfunden hat, wissen wir nicht. Schriftlich dokumentiert ist Machtmißbrauch nur in den Reformtexten des Herrschers Urukagina. Daß das Volk selbst keine Anklageschrift hinterlassen hat, bedeutet nicht, es sei zufrieden gewesen. Was sich uns als Sprachlosigkeit des Volkes darstellt, das sich willig in das Unvermeidliche fügt, hat einen einfachen Grund: die Schriftlosigkeit des Volkes.

Die Schrift war Instrument in den Händen der Herrschenden. So ließ Lugalzagesi, der letzte König von Umma, berichten, unter seiner Herrschaft habe das Land »frohlockt«: »Uruk verbrachte seine Tage in Freude. Wie ein Bulle erhob Ur den Kopf zum Himmel. Larsa, geliebte Stadt Utus, stieß Freudenschreie aus. Umma, geliebte Stadt Sharas, reckte seinen Arm empor. In Zabalam hallte das Echo der Freudenschreie von den Wänden wider, wie die eines Schafs, dem man sein Junges wiedergegeben hat.« (Nach Kramer 1963)

Wenn nicht als Jubelkulisse für einen Herrscher, erscheint das sumerische Volk in den Texten der Schreiber als Empfänger von Essensrationen und als williges Arbeitsheer. Von Kritik und Auflehnung oder gar Widerstand ist nicht die Rede. Doch es ist kaum vorstellbar, daß die Masse der Sumerer die Auflösung der Stammesgesellschaft widerspruchslos hingenommen hat.

1500 Jahre später vermittelt der Zorn einiger Propheten des Alten Testaments ein realistischeres Bild der Umwandlung einer Stammesgesellschaft in einen Staat. Das Nordreich Israel und das Südreich Juda befanden sich um die Mitte des 8. Jahrhunderts v. Chr. in einer ähnlichen Übergangsphase, die in manchem dem frühdynastischen Sumer entspricht. Interessen und Werte zweier Gesellschaftsordnungen prallten aufeinander. Wie zuvor im Zweistromland, war im Israel des 11. Jahrhunderts das Königtum unter dem Einfluß äußerer Bedrohung entstanden. Die Bibel berichtet, Gott habe den Richter Samuel erwählt, um Saul zum König zu salben. Zuvor verkündete Samuel im Namen Gottes dem Volk die Rechte, die dem neuen König eingeräumt werden sollten:

»Eure Söhne wird er nehmen für seine Wagen und seine Gespanne, und daß sie vor seinem Wagen herlaufen, ... und daß sie ihm seinen Acker bearbeiten und seine Ernte einsammeln, und daß sie seine Kriegswaffen machen und was zu seinen Wagen gehört. Eure Töchter aber wird er nehmen, daß sie seine Salben bereiten, kochen und bakken. Eure besten Äcker und Weinberge und Ölgärten wird er nehmen und seinen Großen geben. Dazu von euren Kornfeldern und Weinbergen wird er den Zehnten nehmen und seinen Kämmerern und Großen geben. Und eure Knechte und Mägde und eure besten Rinder und eure Esel wird er nehmen und in seinen Dienst stellen. Von euren Herden wird er den Zehnten nehmen, und ihr müßt seine Knechte sein. Wenn ihr dann schreien werdet zu der Zeit über euren König, den ihr euch erwählt habt, so wird euch Gott zu derselben Zeit nicht erhören.«

Wie das Volk diese angeblich gottgewollten Veränderungen empfand, läßt sich in den Büchern der Propheten erkennen. Zwei Jahrhunderte nach Entstehung des Königtums prangerten Jesaja, Jeremia, Amos und Micha die veränderten sozialen Verhältnisse in Palästina an. Unter Berufung auf denselben Gott vertraten sie den Standpunkt des Volkes und reklamierten Werte und Rechte der Stammesgesellschaft gegen König und Staat. Daß diese Vorkämpfer für Recht und Menschenwürde sich zwar nicht scheuten, die Dinge beim Namen zu nennen, aber nur mit göttlichen Strafen drohen konnten, läßt die Vergeblichkeit des Widerstands erkennen.

Amos klagte Reiche an, die ihre Mitmenschen für den Gegenwert eines Paares Schuhe in die Sklaverei verkauften; Vater und Sohn bedienten sich desselben Sklavenmädchens zu Befriedigung ihrer Lust; viele bereicherten sich mit Hilfe gefälschter Gewichte und profitierten von Nahrungsmittelspekulation. Micha verfluchte »das falsche Maß« und »unrecht Gut in des Gottlosen Hause«. Vehement griff er die Enteignung der Machtlosen durch die Mächtigen an: »Sie reißen die Äcker an sich und nehmen Häuser, wie sie's gelüstet. So treiben sie Gewalt mit eines jeden Hause und eines jeden Erbe.« Jesaja drohte: »Weh denen, die ein Haus zum anderen bringen und einen Acker an den anderen rücken, bis kein Raum mehr da ist, und sie allein das Land besitzen.«

Jeremia verglich die Reichen mit Vogelfängern, »die den Leuten nachstellen und Fallen zurichten, um sie zu fangen ... Ihre Häuser sind voller Tücke, wie ein Vogelbauer voller Lockvögel ist. Daher sind sie groß und reich geworden, fett und feist. Sie gehen mit bösen Dingen um: sie halten kein Recht, der Waisen Sache fördern sie nicht, daß ihnen ihr Recht werde, und helfen den Armen nicht zum Recht.«

»Höret doch, ihr Häupter im Hause Jakob und ihr Herren im Hause Israel! Ihr solltet doch die sein, die das Recht kennen«, appellierte

Micha an den Gerechtigkeitssinn der führenden Männer Judas und Israels. »Aber ihr hasset das Gute und liebet das Arge; ihr schindet ihnen die Haut ab und das Fleisch von ihren Knochen und fresset das Fleisch meines Volkes.«

Die berühmte Gesetzesstele des babylonischen Königs Hammurabi. »Ein unterdrückter Mann, der eine Rechtssache hat«, so ist auf der Stele zu lesen, »soll vor meine Statue, die des Königs der gerechten Ordnung, hintreten, sich meine geschriebene Stele vorlesen lassen und meine hochzuschätzenden Worte anhören; meine Stele soll seine Rechtssache aufhellen, so daß er sein Recht sieht.« Der obere Teil stellt den Bezug zwischen dem irdischen Herrscher Hammurabi (links) und dem Sonnengott Schamasch (rechts) her, aus dessen göttlicher Ordnung Hammurabi sein irdisches Recht ableitete. Auf dem unteren Teil behandeln 280 Rechtsparagraphen sämtliche Bereiche des gesellschaftlichen Lebens der Babylonier.

8. Kapitel
Die Zeichen verstehen:
Die Idee des Rechts

1. Das Blickfeld der Propheten

Der Zorn der israelitischen Propheten läßt uns ahnen, mit welcher Schärfe die Betroffenen den Bruch mit Werten und Normen einer Stammesgesellschaft empfunden haben müssen. Die Anklage zeigt jedoch auch, daß sie den entscheidenden Vorgang der Staatsbildung, die Funktionalisierung sozialer Beziehungen, nicht wahrgenommen haben. Ebensowenig wie der römische Feldherr im Blickfeld des germanischen Kriegers erschien, weil er als Nichtkombattant durch das Raster der Moral von Stammeskriegern fiel, waren den Propheten die politischen Ursachen der Mißstände bewußt, die sie beklagten. Ebenso wie die Germanen trotz ihrer Tapferkeit Schlacht um Schlacht verloren, verloren die Propheten trotz hoher moralischer Ansprüche die Schlacht um die Wiederherstellung der alten moralischen Normen. Sie übersahen, daß die Durchsetzungsfähigkeit des neuen sozialen Gebildes Staat gegenüber den älteren Häuptlingstümern gerade auf der Auflösung der Werte und Normen der Stammesgesellschaft beruhte. Nicht mehr Beziehungen zwischen »verwandten« Personen entschieden über Zusammenarbeit und gegenseitige Unterstützung, sondern die Funktionsbedingungen der arbeitsteiligen Wirtschafts- und Militärmaschinerie des Staates. Seine im Vergleich zum Häuptlingstum größere militärische und wirtschaftliche Effizienz verdankte der Staat dem Umstand, daß er Gehorsam erzwingen konnte und dieser Zwang, wie dieses Kapitel zeigen soll, religiös legitimiert war.

Die Habgier der Zeit, die den Propheten als Symptom des Abfalls von Gott erschien, war nur Anzeichen für das Erscheinen neuer Werte und neuer Götter. Was sie als Ursache anprangerten, war die Konsequenz der Auflösung persönlicher Verpflichtungen als Grundlage der archaischen Gesellschaft. Anstatt die ihrem Wertsystem entsprechende Rückkehr zur Stammesgesellschaft zu predigen, prangerten sie nur menschliche Schwächen an.

Nun ist die Analyse natürlich nie Sache von Propheten gewesen. Aber der Respekt für moralische Kritik sollte niemanden dazu verführen, dem Kritiker blindlings zu folgen. Bei genauer Betrachtung zeigt sich, daß den Propheten als das Skandalon einer Gesellschaft in der Umbruchphase zum Staat nicht Reichtum und Macht erschienen. Micha, Amos oder Jesaja haben ihre Zeitgenossen vielmehr angeklagt, Reichtümer und Macht auf eine Weise erworben und genutzt zu haben, die den Normen einer Stammesgesellschaft nicht entsprach. Hiob, obwohl in seiner glücklichen Zeit ein reicher und mächtiger Mann, hätte gewiß ihren Beifall gefunden. Er half den Armen und Unterdrückten.

Verwandtschaftsideologie verschleierte in einer Stammesgesellschaft die Machtverhältnisse. Wie durch Berührung mit dem Zauberstab verwandelte sie Tribute in Gaben an den Häuptling. Umverteilt wurden durch einen zweiten Zauberschlag die beim Volk eingetriebenen Tribute zu großzügigen Gaben des Häuptlings an das Volk. Ähnliches geschah im Krieg. Der Häuptling befahl nicht, er konnte auf die Treue seiner Gefolgsleute rechnen. Sie folgten ihm, weil er ein Beispiel an Tapferkeit gab. Großzügigkeit im Frieden und Tapferkeit im Krieg waren Voraussetzungen seiner Macht über sie.

Der Nebel einer Verwandtschaftsideologie, der die Konturen der Machtverhältnisse verschwimmen ließ, war in Staaten aufgehoben. Deutlich sichtbar trennte eine Grenze die Gesellschaft. Auf der einen Seite standen der Herrscher und die Aristokratie, auf der anderen das Volk. Beispielhaft läßt der Ursprungsmythos Mesoamerikas die Menschheit zwei getrennten Schöpfungsakten entspringen: Quetzalcoatl und Huitzilopochtli, die Schöpfergötter der Azteken, erschufen das Volk, die *macehualli*, unabhängig von der Aristokratie. Diese stammte vom Göttergeschlecht der *tetzcatlipoca* ab. *Innerhalb* jedes der beiden Teile der Gesellschaft mochte das alte Normen- und Wertesystem weiter in Kraft bleiben, für die Beziehungen *zwischen* ihnen war es außer Kraft gesetzt.

In den Beziehungen zum Volk waren weder der Herrscher noch die Aristokratie an den für ein Verwandtschaftssystem geltenden Kodex von Verhaltensregeln gebunden. Weder Tapferkeit noch Großzügigkeit waren Voraussetzungen ihrer Macht. Es waren höchstens Tugenden. Wie jedoch Urukaginas Anklageschrift und der Zorn der Propheten gezeigt haben, waren es jedoch keine sehr verbreiteten Tugenden. Einem Staat, verkörpert durch die Person des Herrschers, schuldete das Volk Arbeit, Kriegsdienste sowie Tribute an Nahrung und Gütern.

Eine durch keine verwandtschaftliche Verpflichtung mit dem Volk verbundene Elite war nicht an den Werte- und Normenkatalog der Stammesgesellschaft gebunden. Im wörtlichen Sinne »schamlos« konnte sie daher ihre Macht benutzen, um sich auf Kosten der kleinen Leute zu bereichern. Im Volk verlor sie vielleicht an Ansehen. Im Gegensatz zur Stammesgesellschaft war persönliches Ansehen in Staaten jedoch nicht die Grundlage der Macht.

Eine Schicht professioneller Verwaltungsbeamter trieb die Schulden des Volkes ein und half, die Entscheidungen der Herrschenden durchzusetzen. Rücksicht auf Überreste des alten Wertesystems mußte nicht genommen werden. Dem Bereich unmittelbarer Beziehungen zwischen Personen entzogen, wurden das Eintreiben von Tributen und die Bereicherung der Mächtigen auf Kosten der Machtlosen versachlicht. Anstelle von Treue traten Befehl und Gehorsam. Entscheidungen wurden anonymisiert. Widerstand war nicht Widerstand gegen Personen, die, auch wenn sie einen hohen Rang einnahmen, der übrigen Gesellschaft rechenschaftspflichtig waren. Es war Widerstand gegen den Staat.

Obwohl sie dem Wertsystem von Menschen widersprachen, in denen die Traditionen der Stammesgesellschaft noch lebendig waren, hatten diese ersten Staaten Bestand. Wirtschaftlich und militärisch erwies sich der Staat als dem Häuptlingstum überlegen. Der Grund dieser Überlegenheit war nicht primär größere Bevölkerungszahl, sondern die straffere Organisation. So gesehen bestand die Errungenschaft der Staatsbildung darin, die Autonomie der Verwandtschaftsgruppe gebrochen zu haben. In Gestalt der Arbeiterkolonnen der großen sumerischen Güter, der Bewohner der Apartmentblöcke von Teotihuacán und der *calpulli* der Azteken bestanden Verwandtschaftsgruppen zwar weiter, aber über ihre Verwendung entschieden staatliche Autoritäten. Von verwandtschaftlicher Bindung zur übrigen Bevölkerung befreit, konnte die herrschende Schicht sie den Funktionsbedingungen arbeitsteiliger Gesellschaften unterwerfen. Mit der Funktionalisierung sozialer Beziehungen war einer der tragenden Pfeiler aller früheren menschlichen Gesellschaften eingerissen worden. Was trat an die Stelle?

2. Ein treuer Gottesdiener

In Kategorien von wirtschaftlichen Abhängigkeiten und politischem Zwang allein läßt sich die innere Stabilität der ersten Staaten nicht verstehen. Materielle Grundlagen des Herrschaftssystems waren Tribute und Frondienste. Bei Nichterfüllung von Verpflichtungen stand ein umfangreiches Instrumentarium von Sanktionen bereit. Dennoch bleibt ein Rest sozialer Bindung zurück, der auf diese Weise nicht zu erklären ist. Denn wirtschaftlich war ein großer Teil der Bevölkerung nicht an das Herrschaftssystem gebunden.

Der größte Teil des Produktionsmittels Grund und Boden befand sich in der sumerischen Gesellschaft in den Händen der Beherrschten. Im Stadtstaat von Lagasch kontrollierte die Wirtschaft der Tempel um 2400 v. Chr. rund ein Drittel des Staatsgebiets und einen vergleichbaren Teil der Bevölkerung. Zwei Drittel aber befanden sich im Besitz autonomer Verwandtschaftsgruppen und wurden von wirtschaftlich unabhängigen Bauern bearbeitet. Über die Bodenbesitzverhältnisse in Oaxaca und Teotihuacán gibt es zwar keine schriftlichen Aufzeichnungen, aber zumindest liefert die spätere Aztekengesellschaft einen Anhaltspunkt. Wie im Zweistromland verfügten auch im Azteken-Reich Verwandtschaftsgruppen über eigenes Land, das von wirtschaftlich unabhängigen Bauern genutzt wurde. (Adams, R. McC. 1966) Auch die Apartmentblocks von Teotihuacán wurden vermutlich von solchen Verwandtschaftsgruppen bewohnt. Die Organisation der Obsidianverarbeitung mit Werkstätten, die von unabhängigen Handwerkern betrieben wurden, erhärtet die Vermutung. Produktionseinheiten waren in Teotihuacán vermutlich wirtschaftlich unabhängige Verwandtschaftsgruppen, die dem Staat Tribute und Arbeitsleistung schuldeten.

Was veranlaßte eine wirtschaftlich ungebundene Mehrheit, das Herrschaftssystem zu alimentieren? Vernünftige Einsicht in Notwendigkeit war es nicht, und Teilhaberschaft an den Segnungen der Zivilisation war es erst recht nicht. Die Herrschenden verschwendeten keine Mühe darauf, die Masse zu überzeugen oder mit materiellen Vergünstigungen zu locken. Die Untersuchung der Gräber von Ur hat gezeigt, daß der Masse nur das Lebensnotwendige blieb. An den Segnungen der Zivilisation hatte sie den geringsten Anteil. Von den Überschüssen, die sie mit ihrer Hände Arbeit schuf, blieb ihr nichts. Ein Teil diente zum Unterhalt der Bürokratie, die notwendig war, um die Tribute einzutreiben und zu verteilen, ein zweiter wurde zur Kriegsführung benötigt, mit dem dritten baute man Tempel und Paläste, und was übriggeblieben war, wurde in Luxus für die herrschende Schicht umgewandelt. Es waren die Aristokratie und ihre Handlanger, die von der Zivilisation profitierten.

Die Büttel im Gefolge der Steuereintreiber, die uns in den Schulungstexten ägyptischer Schreiber begegnet sind, Androhung von Gefängnis und Schuldsklaverei waren gewiß wirksame Mittel. Die Bedeutung von Zwang sei keinesfalls heruntergespielt. *Innerhalb* seiner Grenzen beanspruchte der Staat nicht grundlos das Gewaltmonopol. Aber es wäre ein Irrtum, die Stabilität der Staaten allein mit dieser Repression zu erklären. Prügel, Gefängnis und Versklavung waren nicht erste, sondern letzte Mittel, die Rechte des Staates – verkörpert durch die herrschende Schicht – gegenüber seinen Mitgliedern durchzusetzen. Eine wirtschaftlich unabhängige Bevölkerungsmehrheit läßt sich durch Repression allein nicht dauerhaft kontrollieren. Erfaßt man diese Gesellschaften nur in wirtschaftlich-politischen Kategorien, dann hätten die Beherrschten über ungenutzte Freiheiten verfügen müssen.

Diese Lücke wurde durch Glaubensvorstellungen überbrückt. Religion lieferte diesen Gesellschaften mehr als nur die himmlische Verklärung irdischer Machtverhältnisse. Sie verankerte in den Köpfen der Menschen das Bewußtsein, ihr Dasein aufgrund einer höheren als einer menschengeschaffenen Notwendigkeit zu führen. Das Herrschaftssystem wurde durch Glaubensvorstellungen stabilisiert, in denen die Herrschenden eine immaterielle, in der Vorstellung der Beherrschten gleichwohl lebensnotwendige Rolle spielten. Nehmen wir als Beispiel den Bau eines Tempels, den der *ensi* Gudea von Lagasch um 2200 v. Chr. anordnete. Es zeigt, in welchem Ausmaß Glauben zur Verankerung der Macht in den Köpfen der Menschen beitrug.

Ein umfangreicher Text überliefert, daß Gudea die Bevölkerung seines Stadtstaates nach Verwandtschaftsgruppen geordnet zum Bau eines Tempels für den Stadtgott Nigirsu aufrief. (Adams, R. McC. 1966) Überliefert ist auch, daß die Bevölkerung Gudeas Aufruf zu Frondiensten geschlossen und begeistert folgte. Wenn der Poet im Sinne seines Auftraggebers auch geschönt haben mag, so erkennt man doch, daß Herrscher und Beherrschte gleichermaßen von der Notwendigkeit des Unternehmens überzeugt gewesen sein mußten. Gudeas Ringen, den Willen des Gottes zu ergründen, zeugt von einer im Glauben wurzelnden Verantwortung für das Schicksal seiner Stadt. Hier verfuhr kein Zyniker nach dem Motto, Religion sei Opium für das Volk. Ein aufrichtiger Gottesdiener versuchte, die Stadt mit ihrem Gott zu versöhnen, und es war nur konsequent, daß das Volk im selben Glauben dem Aufruf folgte.

Auslöser war ein Naturereignis, das Gudea und die Bevölkerung des Stadtstaates von Lagasch mit erheblicher Besorgnis erfüllt haben muß. Die Flut des Tigris, die das Bewässerungssystem der Stadt mit Wasser versorgte, war ausgeblieben – ein untrügliches Zeichen dafür, daß Ningirsu, der die Flut kontrollierte, unzufrieden war. Um im Traum den Grund zu erfahren, begab sich Gudea in den Tempel des Gottes und erhielt dort tatsächlich die erhoffte Botschaft.

Von Löwen begleitet, erschien ihm ein riesiger geflügelter Mann mit einer Götterkrone und einem Unterleib, der in einer Flutwelle endete. Er befahl Gudea, ihm einen neuen Tempel zu bauen. Noch immer im Traum brach der Tag an, und Gudea sah eine Frau, die den Bauplatz vorbereitete. In der einen Hand hielt sie einen goldenen Griffel, und sie betrachtete eine Tontafel mit Sternkonstellationen. Als nächstes nahm Gudea einen Krieger wahr, der in eine Tafel aus Lapislazuli den Grundriß eines Hauses ritzte. Nun erschienen auch eine Ziegelform und ein Korb; Vogelmenschen schütteten unaufhörlich Wasser in einen Trog, und neben dem Gott scharrte ein Eselhengst ungeduldig mit dem Huf.

Gudea hatte die Bedeutung seines Traums zwar ungefähr verstanden, aber um die Wünsche des Gottes genauer zu ergründen, suchte er den tigrisabwärts gelegenen Tempel der göttlichen Traumdeuterin Nanse auf. Auf dem Weg lagen weitere Heiligtümer, und als frommer Mann erwies Gudea jedem Gott auf seinem Weg seine Referenz und bat um Unterstützung bei seiner Mission. Am Bestimmungsort angelangt, erfuhr er von der Göttin, was sich unschwer erraten läßt. Wie der ungeduldig scharrende Esel solle Gudea nicht eher ruhen, als bis er Ningirsus Wunsch nach einem neuen Tempel erfüllt habe.

Als treuer Gottesdiener mußte Gudea zuvor weitere Einzelheiten über die Art und Ausstattung des Tempels kennen, den sich der Gott wünschte. Dazu reichte der erste Traum jedoch nicht aus. Nanse empfahl, Ningirsu nach der Rückkehr einen prächtig geschmückten Kriegswagen mit Eselsgespann zu präsentieren und um weitere Träume zu flehen. Glücklich nach Lagasch zurückgekehrt, verbrachte der *ensi* mehrere Tage und Nächte im Tempel, bevor ihm der Gott im Traum die ersehnten Anweisungen gab.

Nun konnte Gudea an die Verwirklichung gehen. Er begann mit weiteren Opfergaben. Nachdem das Orakel gezeigt hatte, daß die Vorzeichen günstig erschienen, teilte der Herrscher dem Volk den Auftrag des Gottes mit. Das Volk antwortete enthusiastisch. Zur Vorbereitung des Baus unterzog der *ensi* die Stadt einer intensiven rituellen Reinigung. Er ordnete an, daß kein böses Wort fallen und keine Strafe erteilt werden dürfe. Müttern war es verboten, ihre Kinder zu schelten, und Kindern, ihren Müttern zuwiderzureden; selbst Sklaven durften nicht bestraft werden, und alle Unreinen mußten die Stadt verlassen. Nach endlosen weiteren Orakeln, Opfergaben, Gebeten und Zeremonien wurde endlich mit dem Bau begonnen. Weitere endlose rituelle Reinigungen, Gebete, Opfergaben, Orakeldeutungen, Handlungen waren notwendig, bevor der fertiggestellte Tempel zusammen mit dem erforderlichen Personal dem Gott übergeben werden konnte. (Jacobsen 1946; Kramer 1963)

3. Der Herrscher als Mittler zu den Göttern

Übertragen auf die heutige Welt ist Gudeas Tempelbau nicht dem Versuch einer Regierung vergleichbar, eine Naturkatastrophe abzuwenden. Man würde den *ensi* mißverstehen, unterstellte man ihm den Versuch, durch Gebete und Opfer einen Fluß zu regulieren. Ziel war es nicht, den Gott um eine Flut zu bitten, so wie Bauern noch heute in Zeiten anhaltender Dürre um Regen beten. Im Weltbild Gudeas konnte der Zweck religiöser Handlungen nicht darin bestehen, die Götter um Hilfe im Kampf gegen *Unregelmäßigkeiten* im Naturablauf zu bitten. Den Sumerern fehlte die Gewißheit moderner Menschen, daß die Natur von unpersönlichen Kräften gelenkt wird und allgemeinen Gesetzen folgt. Für sie mußte die Natur *andauernd* durch religiöse Handlungen in Bewegung gehalten werden. Ein moderner Bauer dagegen, der um Regen betet, ist überzeugt, daß es normalerweise keiner göttlichen Eingriffe bedarf. Regen ist für ihn ein meteorologisches Phänomen. Göttliche Intervention, die einem heutigen Gläubigen nur in Ausnahmefällen notwendig erscheint, war für die Sumerer, die Ägypter, die Chinesen und die Ureinwohner der Neuen Welt jedoch eine ständige Notwendigkeit. Naturkatastrophen erschienen als Zeichen dafür, daß die Götter unzufrieden waren.

Hätte man die Götter nur in Ausnahmefällen um Hilfe bitten müssen, dann hätte sich für die Ägypter ein immenser ritueller Aufwand erübrigt. Im Gegensatz zu dem von unberechenbaren Flüssen beherrschten Mesopotamien war Ägypten eine stabile, vorhersehbare Welt. Die Nilüberschwemmungen, von denen die Fruchtbarkeit des Landes abhing, trafen mit Ausnahme weniger Jahre zuverlässig zum Sommerbeginn ein, wenn die Ernte schon eingebracht war. Wenn im Herbst die Aussaat begann, zog sich die Flut zurück und hinterließ eine fruchtbare Schicht feuchten Schlamms. Da seit den Anfängen über die Höhe der Nilflut minutiöse schriftliche Aufzeichnungen geführt wurden, konnten die Ägypter kaum Zweifel an der Zuverlässigkeit der Lebensader ihres Landes haben. Doch die Berechenbarkeit der Flut spielte keine Rolle. Die Ägypter sahen im Nil eine absichtsvoll handelnde Person. Daher präsentierte der Pharao dem Fluß pünktlich zum vorhergesehenen Termin der jährlichen Flut Opfergaben. Zusammen mit diesen Gaben wurde ein Vertrag in den Nil geworfen, der diesen an seine Verpflichtung zur Befruchtung Ägyptens erinnerte. (Frankfort 1946)

Die gesamte Natur schien von Geistern und Göttern bewegt zu sein. Jedes Naturphänomen, und sei es die Morgenröte am Ende der Nacht, wurde auf eine Auseinandersetzung zwischen personifizierten, meist antagonistischen Kräften zurückgeführt. In einer solchen Natur erschien der neue Tag als ein Sieg der Sonne über die Dunkelheit, jeder Sonnenuntergang als Eintritt der Sonne in die Unterwelt, wo die Mächte der Finsternis sie bedrohten.

Dieses Denken sah im Keimen der Saat nicht einen biologisch gesteuerten Naturvorgang, sondern die Wiederauferstehung des Lebens aus dem Tod. Wenn mit dem Reifen die Pflanze verdorrte und nur das scheinbar leblose Korn blieb, sahen die Ägypter darin die Wiederholung der Ermordung ihres Gottes Osiris durch den Gott der Wüste Seth. Erstaunt notierte der Grieche Plutarch, daß das Keimen der Saat keinesfalls als gewiß erschien.»Wenn sie mit ihren Händen die Erde öffnen, sie nach der Aussaat wieder bedecken und sich fragen, ob die Saat keimen und reifen werde, dann verhalten sie sich wie Menschen, die jemanden begraben und trauern.«

Zogen über dem Zweistromland nach Monaten der Dürre im Herbst endlich die ersehnten Regenwolken auf, so sahen die Babylonier darin nicht wie wir ein meteorologisches Phänomen. Ein riesiger mythischer Vogel hatte den Himmelsbullen verschlungen, unter dessen glühendem Atem die Steppe im Sommer verdorrt war. Ein Gewitter war ein Krieger, der tödliche Blitze schleuderte, und im Grollen des

Donners hörten sie die donnernden Räder seines Streitwagens. (Frankfort 1946; 1948; Jacobsen 1946)

Ein solches Weltbild verlangte ständige Mitwirkung am Naturablauf. »Diese ›dramatische Konzeption der Natur, die überall einen Kampf zwischen göttlichen und dämonischen, zwischen kosmischen und chaotischen Mächten‹ sieht«, schreibt Henri Frankfort, »läßt den Menschen nicht als Zuschauer dabeistehen. Er ist selbst betroffen, sein Wohlergehen hängt zu sehr vom Sieg der Mächte des Guten ab, als daß er nicht die Notwendigkeit verspürte, auf ihrer Seite teilzunehmen.« Um zu überleben, mußte der Mensch sich Götter günstig stimmen: durch Opfer, Riten, Tempelbauten und ein gottgefälliges Leben. Allein Götter hatten die Macht, Unheil zu verhindern und die Dinge zum Guten zu wenden.

Als Auseinandersetzung zwischen antagonistischen Kräften verstanden, zwischen Leben und Tod, Licht und Dunkelheit, Ordnung und Chaos, war der Ausgang des Dramas keinesfalls gewiß. Eine ausbleibende Flut, Dürre oder Überschwemmung erschienen nicht als zufallsbedingte Schwankungen von Naturprozessen, die von unpersönlichen Kräften gelenkt wurden. Man sah in ihnen Zeichen, daß die Kräfte des Chaos überhandnahmen, weil die Götter unzufrieden mit den Menschen waren. Gudeas Reise in das Reich der Träume hat gezeigt, daß die Menschen die Zeichen deuten mußten, um die Götter gnädig zu stimmen. Nur ständige menschliche Mitwirkung konnte Kosmos, Natur und Gesellschaft miteinander versöhnen.

Dreh- und Angelpunkt bei der Regulierung der menschlichen Beziehungen zu den Göttern aber war der Herrscher. So sehr sich die Kulturen der Ägypter, der Sumerer und der Bewohner Mesoamerikas sonst unterschieden, in einem glichen sie sich: Natur und Gesellschaft konnten nur durch die Person des Herrschers in Übereinstimmung gebracht werden. In einer übermächtigen Natur konnten die Menschen sich nur dank der Mittlerrolle des Königs behaupten. Nur er sicherte die Fruchtbarkeit der Felder, wandte Unheil ab und stellte Harmonie mit den Göttern her.

Der Kosmologie verschiedener Kulturen entsprechend unterschied sich die Stellung des Herrschers im Spannungsfeld zwischen Menschen und ihren Göttern. Selbst ein Mensch war er in Mesoamerika und im Zweistromland nur Mittler zu den Göttern. Der nach seinem Gott Quetzalcoatl benannte legendäre Priesterfürst Topiltzin Quetzalcoatl – möglicherweise eine Legende gewordene, historische Gestalt aus dem 10. Jahrhundert – wird als *hombre dios* beschrieben, als demütiger Diener seines Gottes. Der im 16. Jahrhundert verfaßte sogenannte Florentinische Kodex gibt das Verhältnis der Tolteken zum Gott Quetzalcoatl in den Worten eines Azteken wieder:

»Sie waren sehr demütig. Nur einer war ihr Gott; einem namens Quetzalcoatl widmeten sie ihre Aufmerksamkeit, zu ihm beteten sie. Der Name ihres Herrschers und Priesters war auch Quetzalcoatl. Der war sehr demütig. Was Quetzalcoatls Priester von ihnen verlangte, taten sie unverzüglich. Sie machten nichts falsch, denn er sagte ihnen, er riet ihnen: ›Es gibt nur einen Gott namens Quetzalcoatl. Er verlangt nichts (d.h. keine Menschenopfer); ihr sollt ihm nur Schmetterlinge und Schlangen opfern.‹ Alle Menschen folgten dem göttlichen Befehl des Priesters. Und sie hatten großes Vertrauen in den Priester Quetzalcoatls... denn sie gehorchten und hatten Vertrauen in Quetzalcoatl.« (Carrasco 1984)

Kaum anders als der Priesterkönig Topiltzin Quetzalcoatl verhielt sich der Sumererkönig gegenüber seinem Gott. Oberste Autorität in der menschlichen Welt, trat er wie Gudea vor dem Gott demütig als Diener auf. Beunruhigt durch Zeichen göttlichen Zorns, antwortete ein sumerischer König:

> »In der Zeit der üblen Mondfinsternis am zehnten Tag
>   des Monat Kislimu,
> in der böse Mächte und Zeichen, die Schlimmes und nicht
>   Gutes bedeuten,
> meinen Palast und mein Land bedrohen,
> fürchte ich mich, ich bebe und liege in Furcht danieder,
> ... vor deinem erhabenen Befehl,
> laß mich leben, laß mich vollkommen sein, laß mich deine
>   Göttlichkeit erkennen.
> Was immer ich plane, laß es erfolgreich sein.
> Lasse Wahrheit in deinem Mund wohnen.«

Im Gegensatz dazu gehörte der ägyptische Pharao selbst der Welt der Götter an. So verkündet die Pharaonin Hatschepsut mit göttlicher Autorität:

> »Die Wahrheit, die der Gott liebt, habe ich zum
>   Scheinen gebracht.
> Ich esse von ihrem Glanz. Ich bin wie seine Glieder,
>   ich bin eins mit ihm.«

Selbst ein Gott, verfügte der Pharao über dieselben lebenspendenden Kräfte wie diese. In einer charakteristischen Grabinschrift läßt ein Pharao über seine Herrschaft berichten:

> »Thutmosis III. ist im Himmel wie der Mond.
> Der Nil ist ihm zu Diensten.
> Er (der tote Pharao) öffnet die Höhle (des Nils),
>   um Ägypten Leben zu spenden.«

So verschiedenartig die Weltbilder der drei Kulturen auch waren, eine Überzeugung verband sie. In einer von Göttern geschaffenen kosmischen Ordnung, die sämtliche Schichten der Wirklichkeit durchdrang, konnten die Menschen sich nur mit Hilfe des Herrschers behaupten. Ohne den Herrscher erschien ein Leben in Übereinstimmung mit der Natur undenkbar. Er stellte die Brücke zwischen den Göttern und den Menschen her – in Ägypten als Inkarnation des Gottes Horus, in Mesopotamien und Mesoamerika als Mensch, dem durch göttliche Bestimmung die Mittlerrolle zur Welt der Götter zugedacht war.

»Die Natur selber konnte nicht ohne den König von Ägypten gedacht werden«, schreibt Henri Frankfort. (1948) Die Ägypter schrieben Überfluß »seiner Fähigkeit als Integrationsorgan zu, das am Göttlichen wie am Menschlichen teilhat« und allein Übereinstimmung zwischen beiden Welten herbeiführen kann. Wenn ägyptische Bauern reiche Ernten einbrachten, dann waren sie überzeugt, diesen Überfluß dem *ka* des Pharao zu verdanken, der über die Naturkräfte gebot. Wie wichtig dieses *ka* – extrem vereinfacht: die »lebenspendende Kraft« des Pharao – für das Wohlergehen der Ägypter war, zeigt sich im Seth-Fest. Nach einer Regierungszeit von dreißig Jahren, meist jedoch früher, war das *ka* eines Pharao erschöpft und wurde in einem mehrtägigen zeremoniellen Zyklus erneuert.

Ähnlich wurden im sumerischen Ritual der »Heiligen Hochzeit« die Lebenskräfte der Natur erneuert. In einem nicht nur symbolischen rituellen Geschlechtsakt vereinigte sich der Herrscher mit einer Priesterin, um im Frühjahr die Natur wiederzubeleben. In diesem Akt überwanden beide für kurze Zeit ihre menschliche Existenz. Während sie die jugendliche Fruchtbarkeitsgöttin Inanna verkörperte, wurde er zum Schäfer-Gott Dumizi, der die lebenbringenden Kräfte des Frühlings inkarnierte. Nach dem gleichen Prinzip schlüpfte der Herrscher, wenn mit der Frühjahrsflut Chaos drohte, in die Rolle des sumerischen Gottes Enlil bzw. seines späteren babylonischen Nachfolgers Marduk.

So wie diese einst am Beginn der Schöpfung die von Tiamat geführten Mächte des Chaos bezwungen hatten, bekämpfte der Herrscher nun rituell die Flut, die das Land in das ursprüngliche Chaos zurückzustürzen drohte. (Jacobsen 1946)

Für einen Sumerer war ein geordnetes Leben außerhalb der gesellschaftlichen Institution des Stadtstaates undenkbar. Denn der sumerische Kosmos selbst war als Stadtstaat organisiert und der Himmel ein Spiegelbild der Erde. Auf der himmlischen Ebene trat anstelle des Herrschers und seiner Familie der Stadtgott mit einer göttlichen Familie. Wie jener von dienenden Menschen, so war dieser von dienenden Göttern umgeben: Zu den göttlichen Dienern Ningirsus von Lagasch gehörten unter anderen: Ningirsus erster Sohn Igalimma, Wächter am Tor zum Allerheiligsten, der den Eintritt der Besucher zum Thron seines Vaters kontrollierte; der zweite Sohn Dunschagana, beauftragt mit der Überwachung der Zubereitung der Speisen und Getränke, kümmerte sich außerdem um die göttliche Brauerei und die Überwachung der Hirten, die den Haushalt Ningirsus mit Milch und jungen Lämmern versorgten. An Ningirsus Hof gab es göttliche Waffenwarte, Leibdiener, Kämmerer, Kutscher, Streitwagenlenker, Ziegenhirten und Musiker. Die Töchter seiner Frau dienten als Zofen. Auf den Feldern sorgte der Gott Gischbare für hohe Erträge, er war zuständig für Deiche und Kanäle und außerdem Chefinspektor der Fischereien. Erwähnt sind auch Wildhüter und Förster sowie ein göttlicher Polizeimeister, der für Ruhe und Ordnung sorgte und mit dem Knüppel in der Hand an der Stadtmauer patrouillierte.

Im Gegensatz zu den Menschen freilich arbeitete das göttliche Personal nicht wirklich. Für die Arbeit hatten die sumerischen Götter sich die Menschen geschaffen. Nach dem Modell der göttlichen Wirtschaft organisiert, besorgten Menschen unter Anleitung des *ensi* den Haushalt der Götter. (Jacobsen 1946) Daher erfüllte sich die Verpflichtung der Menschen gegenüber den Göttern im unbedingten Gehorsam auch gegenüber der irdischen Autorität: »Der Befehl des Palastes ist wie der Befehl Anus (des obersten Gottes)«, hieß es: »Das Wort des Königs ist recht; seine Äußerungen können wie die eines Gottes nicht geändert werden.« Und wie dem König war der einzelne auch denen zu unbedingtem Gehorsam verpflichtet, die in der Befehlshierarchie die Anordnungen des Königs nach unten gaben: dem Aufseher, dem Vorarbeiter usw.

Keine vergleichbaren schriftlichen Überlieferungen geben in Teotihuacán Aufschluß über Funktionen eines Herrschers. Dafür enthält die Anlage der Stadt Hinweise von unübersehbarer Deutlichkeit dafür, daß Teotihuacán die kosmische Ordnung widerspiegelte. »Teotihuacán«, so stellt David Carrasco fest, »war entworfen als ein Abbild des Kosmos. Es war nicht nur Behältnis religiöser Symbole, es war selbst religiöses Symbol.« (1984)

Die eine der beiden Hauptachsen, die sich im Mittelpunkt der Stadt rechtwinklig kreuzten, die tempel- und palastgesäumte »Straße der Toten«, zog zwischen den beiden höchsten Bergen eine Linie quer durch das Tal. In der Pyramide des Mondes am nördlichen Ende dieser Prachtstraße wiederholte sich die Form des Bergs im Hintergrund. Die andere Achse, die von Westen nach Osten den Regierungsbezirk und den zentralen Marktplatz durchquerte, die »Ciudadela« und den »Great Compound« (wörtlich das große Grundstück), wies zum westlichen Horizont, wo während Teotihuacáns Blüte die Plejaden untergegangen waren. Obwohl solche Deutungen spekulativ bleiben müssen, so räumt Carrasco ein, ist es wahrscheinlich, »daß der zeremonielle Teil der Stadt die wichtigen geographischen, geologischen und astronomischen Muster widerspiegelte, die den rituellen Jahresablauf bestimmten«.

Innerhalb dieser kosmo-politischen Theaterkulisse Teotihuacáns sind deutlich getrennte Funktionsbereiche erkennbar. Auf der einen Seite die gigantischen öffentlichen Tempelpyramiden der Sonne und des Mondes als Schauplätze religiöser Offenbarung für die Masse, auf der anderen, im Regierungsbezirk der Ciudadela abgeschirmt, der nur der Elite zugängliche Tempel des Quetzalcoatl. Dort, im Kreuzungspunkt der Achsen der Stadt und damit im Mittelpunkt der Welt, wo Himmel und Erde sich berührten, offenbarte sich die Funktion der priesterlich-politischen Elite für den Staat von Teotihuacán.

Von zwölf Plattformen umgeben, auf denen vermutlich jahreszeitliche Riten zelebriert wurden, bildete der Tempel des Quetzalcoatl – der gefiederten Schlange – und vermutlich auch des Tlaloc den religiösen Mittelpunkt. Während Tlaloc aus späterer Zeit als Regengott bekannt ist, verkörperte Quetzalcoatl – neben seinen anderen Aspekten als Schöpfergott und Kulturheros, dem die Menschen unter anderem den Mais verdankten – die Legitimität der irdischen Herrschaft. Den Tagen des Kalenderjahres entsprechend, säumte ein Fries aus 365 gewaltigen steinernen Köpfen Quetzalcoatls und Tlalocs die Tempelpyramide.

Als Zentrum der Welt und von der Masse abgeschirmter Sitz der religiös-politischen Autorität Teotihuacáns, so stellt Carrasco in seiner vortrefflichen Studie mesoamerikanischer Religion fest, heiligte der Ort die religiös begründete weltliche Autorität des Herrschers als Mittler zu den Göttern. Tlaloc und Quetzalcoatl autorisierten den Herrscher, »ihren heiligen Auftrag zu erfüllen, die kosmische Ordnung und das soziale Gleichgewicht zu erhalten sowie landwirtschaftlichen Überfluß zu sichern«.

Ein wesentlicher Teil der Macht der Götter über die Menschen – und damit der Autorität des Herrschers – entsprang wie in Ägypten und im Zweistromland der Herrschaft über die Naturkräfte. Die gleiche landwirtschaftliche Orientierung wie in der Heiligen Hochzeit der Sumerer und in ägyptischen Zeremonien zeigt sich in einem Wandgemälde eines Palastes in Teotihuacán. Prächtig gekleidet wandeln Priester mit dem für Quetzalcoatl charakteristischen Kopfschmuck aus gefiederten Schlangen einher. Aus den Händen der Priester fließen Ströme von Wasser mit kleinen grünen Punkten, die möglicherweise Samenkörner darstellen. Hauptperson ist Quetzalcoatl selbst, auf dessen Körper man Tlaloc-ähnliche Figuren erkennt. Dem Mund Quetzalcoatls entspringt eine gewaltige Wasserfontäne, im trockenen zentralen Hochland die Quelle aller Fruchtbarkeit. (Carrasco 1984)

4. »Grapscher! Räuber! Plünderer! Beamte!«

Religionen sind ein durchgehendes Thema dieses Buchs gewesen. Mythisch überhöht und in den Bereich des Heiligen entrückt, findet sich in Glaubensvorstellungen und Riten die Realität des gesellschaftlichen Daseins der Menschen. In Göttern und Geistern begegnen uns Kräfte, die das menschliche Leben geprägt haben. Die Beziehungen der Götter zu den Menschen reflektieren menschliche Sozialbeziehungen. Im Verhältnis der Götter zu den Naturgewalten finden sich die Spuren des Menschen in der Natur.

Schon die Hinweise auf Glaubensüberzeugungen und Riten, die uns die Eiszeitjäger in Form ihrer »Kunst« hinterlassen haben, machen eines gewiß: Seit mehr als 30 000 Jahren haben nicht mehr angeborene Verhaltensweisen und Denkstrukturen das menschliche Verhalten geprägt. 30 000 Jahre bis weit in die Neuzeit haben Religionen die kulturellen Normen und Weltbilder vermittelt, an denen sich menschliches Verhalten orientierte. Sie lieferten die kulturelle Struktur zur

Organisation menschlicher Sozialbeziehungen und des menschlichen Verhältnisses zur Natur.

Seit 30 000 Jahren wird das menschliche Verhalten daher nicht mehr durch angeborene Verhaltensprogramme und Denkstrukturen gesteuert. Die Kunst der Eiszeitjäger, als archäologisches Indiz ritueller Handlungen und als Ausdruck eines kulturell geprägten Weltbilds gedeutet, genügt, um die Unhaltbarkeit des biologistischen Fatalismus zu erkennen. Die soziobiologische Theorie, die Fehlentwicklung unserer Zivilisation sei Folge evolutionär entstandener, *angeborener* Verhaltensweisen und Denkstrukturen, ist ganz einfach töricht.

Nehmen wir die eine Prämisse des biologistischen Fatalismus: Die Aussage der »Evolutionären Erkenntnistheorie«, unser Weltbild decke sich deswegen mit der Wirklichkeit, weil es sich in evolutionärer Anpassung an diese Wirklichkeit entwickelt habe. Diese Aussage gilt höchstens für die physikalische Wirklichkeit des Lebensraums. Fähigkeiten wie die, das Sonnenlicht zu sehen oder sich im Raum zu orientieren, dürfen tatsächlich aus einer evolutionären Anpassung an die Wirklichkeit des Lebensraums entstanden sein. Für die Fähigkeit, sich in der Gesellschaft zu orientieren und als Mitglied einer Gesellschaft in der Natur seinen Lebensunterhalt zu bestreiten, trifft diese Aussage jedoch schon für die relativ einfache Welt der Eiszeitjäger nicht mehr zu.

Religionen, die bis in die Neuzeit das Weltbild zur Orientierung in der sozialen Wirklichkeit vermittelt haben, enthielten keine im physikalischen Sinn richtigen Bilder dieser Wirklichkeit. Wer glaubt heute noch mit den Azteken, das gegenwärtige fünfte Sonnenzeitalter sei von kosmischen Kataklysmen bedroht und nicht durch Umweltzerstörung, Rüstung, Bevölkerungswachstum und Verelendung großer Teile der Menschheit? Wohl niemand wird vernünftigerweise vorschlagen wollen, den Weltuntergang auf aztekische Weise durch Kaskaden von Menschenblut und Berge herausgerissener Menschenherzen aufzuhalten! Wer glaubt noch mit den Sumerern, Zweck des menschlichen Lebens sei es, den Haushalt der Götter zu besorgen? Dennoch: Trotz ihrer Irrationalität – und barbarischer Elemente – haben solche Weltbilder dazu beigetragen, die jeweilige Gesellschaft für eine gewisse Zeit in ihren Lebensraum zu integrieren.

Religionen und damit die Weltbilder, die sie vermittelt haben, waren gleichem kulturellen Wandel unterworfen wie die Gemeinschaft der Gläubigen. Götter egalitärer Kleingruppen, Naturgeister oder vergöttlichte Ahnen standen allen Gläubigen gleich nah oder gleich fern.

Staatsgötter einer Hochkultur, Götter wie Anu, Enlil, Inanna, Ningirsu, die Macht über die Naturgewalten und das menschliche Schicksal hatten, standen dem gewöhnlichen Gläubigen so fern wie der König. Mit ihnen verkehrte nur der Herrscher oder als sein Beauftragter der Hohepriester. Die Masse der Gläubigen konnte allenfalls hoffen, einen der großen Götter durch die Fürbitte eines einflußlosen persönlichen Gotts zu erreichen, so wie Gerechtigkeit in der irdischen Welt anfangs nur durch Protektion zu erreichen war.

Evolutionär bestand der Zweck aller Religion darin, die irdischen Verhältnisse in den Himmel zu projizieren, um von dort als normative göttliche Ordnung entgegenzunehmen, was sich, den Menschen unbewußt, auf Erden etabliert und bewährt hatte. Aber diese Ordnung war nur relativ richtig, und keine der religiösen Aussagen über die Ordnung der Welt entsprach auch nur annähernd der Wirklichkeit.

Wer glaubt heute noch, der Mythos von Isis, Osiris, Seth und Horus decke sich mit der Wirklichkeit, die er einem Ägypter erklärte. Für diesen verband sich mit diesem Mythos ein ganzes Bündel von Assoziationen, die ihm, obwohl irrational, die unterschiedlichsten Phänomene seiner Welt erklärten und es ihm erlaubten, sich vernünftig darin zu orientieren: Legitimität der Pharaonenherrschaft, Thronfolge, Nilüberschwemmung, Keimen des Korns, Fruchtbarkeit usw. Wer glaubt heute noch wie Gudea, die Natur werde durch ständige göttliche Intervention in Bewegung gehalten und eine ausbleibende Flut sei Zeichen göttlicher Unzufriedenheit? Dennoch wurden auf der Grundlage solcher grandiosen Irrtümer riesige Tempel gebaut, die einen erheblichen Teil der Wirtschaftskraft eines Staates beanspruchten.

Der zweite »tragende« Pfeiler des biologistischen Fatalismus ist die sogenannte »Evolutionäre Ethik« (Mohr), nach der wir aufgrund angeborener Verhaltensprogramme unfähig seien, uns der modernen Welt angemessen zu verhalten. Auch diese Aussage läßt sich nun endgültig widerlegen.

Als *Instrumente* zur Herstellung sozialer Bindungen zwischen Menschen spielten angeborene Verhaltensweisen – so wie die Verhaltensforschung sie definiert hat – in Jäger- und Sammlerhorden zweifellos eine wichtigere Rolle als in Staaten. Von der Wildbeuterhorde bis zum Häuptlingstum hatten soziale Beziehungen stets auf persönlichen Bindungen und Verpflichtungen beruht. Erinnern wir uns nur an die zentrale Bedeutung des Gebens und Nehmens als Instrument sozialer Beziehungen. Unser Arsenal an angeborenen Verhaltensweisen hat sich tatsächlich in Anpassung an Kleingruppen entwickelt, in denen jeder täglich mit jedem zu tun hatte. Ein Lächeln, ein wutverzerrtes Gesicht, Aggression, Tötungshemmung und was sonst Verhaltensforscher als angeboren diagnostiziert haben, wirkte bis zur Erfindung des Fernsehens eben nur zwischen Menschen, die sich persönlich begegneten.

Aber schon in Kleingruppen von Jägern und Sammlern dienten angeborene Verhaltensweisen nur als Instrumente zur Regelung persönlicher Beziehungen. Die *Partitur* waren die in Glaubensvorstellungen und Riten enthaltenen kulturellen Ordnungen. Sie – nicht die angeborenen Verhaltensweisen – bestimmten, welches Verhalten in der jeweiligen Gesellschaft richtig war und welches nicht.

Die Funktionalisierung sozialer Beziehungen in den ersten Staaten schuf ein neues Problem. Von der egalitären Wildbeuterhorde bis zum Häuptlingstum hatten gesellschaftliche Beziehungen stets auf persönlichen Bindungen beruht. Es waren Beziehungen zwischen Individuen, deren Verhältnis zueinander durch Verwandtschaft geprägt war, wie fiktiv diese immer gewesen sein mag. Auch wenn Welten die rangniederen Mitglieder einer Gesellschaft von den ranghohen trennten, verband Verwandtschaftsideologie noch immer die Extreme. Die Macht und der Reichtum der führenden Familien waren stets mit persönlicher Verpflichtung gegenüber ärmeren Familien verbunden. Auch ein skrupelloser Oberhäuptling über einige 10 000 Menschen kam von seiner verwandtschaftlichen Fürsorgepflicht nicht los. Die Erwartung, Großzügigkeit sei oberste Tugend des Mächtigen, stellte eine wirksame Kontrolle gegen Machtmißbrauch dar. Wurde der Mächtige dieser Erwartung nicht gerecht, so lief er Gefahr, gestürzt zu werden.

In den Staaten dagegen verband nichts mehr die Aristokratie mit dem gewöhnlichen Volk. Nicht persönliche, sondern funktionale Beziehungen regelten das Verhältnis zwischen Herrschenden und Beherrschten. Tribute wurden nicht durch Verwandtschaftsideologie zu Gaben an den Herrscher verklärt. Es waren Steuern, eine Schuld gegenüber dem Staat, der durch die herrschende Schicht verkörpert wurde. Was aus den Vorratslagern des Palastes an die Bevölkerung verteilt wurde, waren Rationen für abhängiges Personal. Sie stellten Anrechte gegenüber dem Staat dar, in Praxis jedoch lösten dessen Vertreter diese Anrechte häufig äußerst mangelhaft ein und bereicherten statt dessen sich selbst.

Während einer Übergangsphase mochte die Herrschaft noch von patriarchalischer Fürsorge geprägt sein. So ist vom Begründer der chinesischen Shang-Dynastie T'ang (um 1750 v. Chr.) das schöne Wort überliefert: »Ich habe bemerkt, daß ein Mann sein eigenes Gesicht sieht, wenn er ins Wasser schaut; wenn er in die Gesichter des Volkes schaut, dann weiß er, ob eine Regierung gut ist.« Überreste dieser patriarchalischen Fürsorge der ersten Shang-Herrscher lassen sich auch noch Jahrhunderte später in der Rede eines Nachfolgers von T'angs erkennen. Um 1400 v. Chr. erinerte P'an-keng das Volk an die gemeinsame Abstammung vom Stammesgott der Shang:

»Früher teilten die Könige, meine Vorfahren, und eure Vorväter und Väter gemeinsam das Wohlbehagen und die Arbeit der Länder; – wie könnte ich dann wagen, euch unberechtigt Lasten aufzuerlegen? Generationenlang ist die Mühsal eurer Familien anerkannt worden, und ich will meine Anerkennung nicht verbergen. Wenn ich jetzt meinen Vorfahren die großen Opfer darbringen werde, dann werden eure Vorväter anwesend sein und an ihnen teilhaben.« Es folgte ein Appell an das Volk, seine Pflichten auch weiter treu zu erfüllen, denn »der Wohlstand des Landes muß von euch allen erzeugt werden«. Nachdem er für die Nichtbefolgung harte Strafen angekündigt hatte, endete P'an-keng versöhnlich als der fürsorgliche Patriarch, als der er begonnen hat: »Zwinge ich euch durch meine Majestät? Mein Ziel ist, euch alle zu ernähren.« (Ho 1975)

Mit zunehmender Funktionalisierung der sozialen Beziehungen im Staat geriet diese patriarchalische Fürsorge in Vergessenheit. Nachdem keine *persönliche* Verpflichtung sie mit den Beherrschten verband, konnten die Herrschenden und ihre Beauftragten ihre Macht zur persönlichen Bereicherung einsetzen. Dokumentiert ist diese Entwicklung in den meisten frühen Staaten. Der Anklage des Urukagina von Lagasch (um 2350 v. Chr.), seine Vorgänger hätten ihre Macht mißbraucht, entspricht um 1100 v. Chr. in China die des Herzogs von Chou: Durch Korruption habe die Shang-Dynastie das Mandat des Himmels verwirkt. Der Himmel habe die Herrschaft daher auf die tugendhaften Chou übertragen. Der Zorn biblischer Propheten findet sein ägyptisches Gegenstück in dem Empörungsaufschrei geprellter Bauern: »Grapscher! Räuber! Plünderer! Beamte! – und dennoch sollt ihr das Üble bestrafen. Beamtenschaft, Zuflucht der Maßlosen, soll dennoch Falschheit bestrafen.« Oder: »Silber und Gold für die Schreiber! Gewänder für die Diener des Gerichts!« (Wilson 1946)

Scheinbar bestätigen solche Mißstände das biologistische Zivilisationsmodell: Der Zerfall von Verwandtschaftssystemen im Gefolge der Funktionalisierung sozialer Beziehungen habe ein Zivilisationsproblem geschaffen, das die angeblich »angeborene Moral« des Menschen überforderte. Durch keine persönliche Verpflichtung gegenüber den Beherrschten kontrolliert, hätten sich die niederen Impulse der Herrschenden und ihrer Beamten durchsetzen können. Habgier und rücksichtsloses Machtstreben hätten überhandgenommen. Aber diese Mißstände bestätigen das biologistische Zivilisationsmodell eben nur scheinbar.

5. Recht für jeden

Anstatt die menschliche Zivilisationsunfähigkeit zu beklagen, fanden die von diesen Entwicklungen bedrängten Menschen für ein kulturelles Problem auch eine kulturelle Lösung. Sie lösten es nicht durch Rückkehr zur Stammesgesellschaft mit ihren einfachen, auf persönlicher Verpflichtung beruhenden moralischen Normen. Sie lösten es auf der gleichen Ebene, auf der es entstanden war. Die Funktionalisierung sozialer Beziehungen hatte Machtmißbrauch und soziale Konflikte geschaffen. Auf der gleichen unpersönlichen Ebene wurde das Problem auch gelöst. Für Herrscher wie Beherrschte gleichermaßen verbindliche Rechtsnormen konnten Machtmißbrauch verhindern. Das Recht stellte die zuvor auf persönlichen Verpflichtungen beruhenden Ansprüche des Machtlosen gegenüber dem Mächtigen auf einer allgemeinen, unpersönlichen Ebene wieder her. Und wie bei allen früheren Kulturnormen stand auch bei dieser Idee der Himmel Pate.

Wie Henri Frankfort erkannt hat, inspirierte die Sonne sowohl die Ägypter als auch die Babylonier zur Idee eines göttlichen Rechts. In der Vorstellungswelt der Ägypter und Babylonier war die Sonne ähnlichen Gefahren ausgesetzt wie die Gerechtigkeit. Nachts drang sie in die Unterwelt ein, dort wurde sie von den Mächten des Chaos bedroht, dort überwand sie diese und setzte mit Tagesanbruch siegreich ihre Bahn am Himmel fort. In dem durch die Mächte der Finsternis nur vorübergehend bedrohten, unveränderbaren Lauf der Sonne über den Himmel schien sich eine allgemeingültige kosmische Ordnung zu manifestieren, die auch für die menschliche Welt galt.

So wie die Sonne über die Mächte der Dunkelheit triumphierte, so erschien die Gerechtigkeit, die über Unrecht und Chaos siegte, als Teil der vom Sonnengott geschaffenen kosmischen Ordnung. Indem er diese Gerechtigkeit aufrechterhielt, schützte der Pharao die vom Sonnengott Re geschaffene Ordnung. Ähnlich ließ sich Hammurabi, der große Gesetzgeber der Babylonier, um 1800 v. Chr. von seinem Sonnengott Schamasch bei der Schaffung eines verbindlichen Rechts leiten. (Wilson 1946; Frankfort 1948)

In Ägypten wandte sich der Arme und Hilfsbedürftige an den Sonnengott Amon-Re: »Amon-Re... Beschützer der Armen! Er nimmt kein unrechtmäßiges Entgelt an; er spricht nicht nur mit denen, die Zeugen beibringen können; er schenkt seine Aufmerksamkeit nicht nur denen, die Versprechungen machen. Amon richtet das Land mit seinen Fingern; sein Wort gehört ins Herz. Er sondert den Ungerechten ab und übergibt ihn dem Ort der Hitze...« (Wilson 1946)

Für uns ist die Idee eines für alle verbindlichen allgemeinen Rechts selbstverständlich. Um zu erkennen, was diese Idee einst bedeutet hat, müssen wir uns die ethischen Grundsätze einer Stammesgesellschaft vergegenwärtigen. Moral in einer Stammesgesellschaft ist stets eine relative Angelegenheit gewesen. Der Vorwurf doppelter Moral hätte die Betroffenen eher bestätigt als betroffen gemacht. Zur Debatte standen nicht absolute, für jeden gültige moralische Normen, sondern wie man sich wem gegenüber richtig verhielt.

Gegenüber Fremden galt eine andere Moral als gegenüber Gruppenmitgliedern. Während beim Austausch innerhalb der gleichen Gemeinschaft niemand den eigenen Vorteil suchen durfte, galt es beim Tausch mit Fremden als durchaus zulässig, zuweilen sogar als ehrenvoll, den Kontrahenten über den Löffel zu balbieren. Das gleiche galt für die Sühne für ein Vergehen. Sollte in Häuptlingstümern ein Mord gesühnt werden, so wurde nicht umstandslos einfach der Mörder bestraft. Kriterium war nicht die Wiederherstellung eines verletzten Rechts, sondern Vergeltung. Vergeltung aber war erstens eine Angelegenheit zwischen Sippen und zweitens eine Frage des Rangs. Stand das Opfer im Rang unter dem Übeltäter, so hätte es dem Sinn der Beteiligten für soziale Symmetrie widersprochen, den Mörder zu töten. Eine Sippe, die ein »Fünfzigerl« verloren hatte, durfte nicht eine Mark zurückfordern. Ein unschuldiges Sippenmitglied von entsprechendem Rang wurde der Sippe des Mörders übergeben.

Die Idee des Rechts entwickelte sich nur allmählich, und das praktizierte Recht war unvollkommen. Aber die Tatsache, daß Rechtsvorstellungen unvollkommen gewesen sind und parteiisch Recht gesprochen worden ist, darf uns nicht die Augen vor dem wichtigsten Aspekt der Rechtsidee verschließen. Das kulturelle Instrumentarium des Rechts ist veränderbar, eine angeblich »angeborene Moral« – hätte es sie je gegeben – ist es nicht.

Obwohl selbst ein Gott, der Macht über die Naturkräfte hatte, handelte der ägyptische Pharao nicht willkürlich. Nur indem er *maat* aufrechterhielt, konnteer die Natur den Menschen dienstbar machen. *Maat* wiederum, die Tochter des Sonnengottes Re, bedeutet nach Henri Frankfort »die richtige Ordnung«, sein Kollege Wilson übersetzt den Begriff als »Gerechtigkeit«. Tatsächlich sind beide Übersetzungen nur Annäherungen. Für die Ägypter umfaßte der Begriff ein ganzes Feld von Bedeutungen und Assoziationen, die sich nur aus einem Weltbild verstehen lassen, das hier nicht zur Debatte steht.

Eine verbindliche Rechtsordnung hat es in Ägypten nicht gegeben. Kein Gesetzestext und auch keine Gerichtsurkunde hielten fest, was *maat* war. Es verpflichtete nach John A. Wilson zu »richtigem Handeln in Beziehung zu Personen und Situationen«. (1946) Obwohl das religiöse Fundament die Idee einer verbindlichen kosmischen Ordnung war, trug Gerechtigkeit in Ägypten daher wie in einer Stammesgesellschaft noch immer die Züge einer patriarchalischen Verantwortung des Mächtigen für den Machtlosen. Der Pharao wies seinen Wesir zwar an, aufgrund von *maat* unparteilich zu richten, aber was das bedeutete, blieb dem Gerechtigkeitssinn des Wesirs überlassen: »Gottesferne ist ein Zeichen von Parteilichkeit... Sei nicht grundlos streng zu einem Menschen, du sollst nur streng sein, wenn es notwendig ist.« Im gleichen Sinn antwortete der Wesir: »Wenn ich einen Bittsteller richtete, war ich unparteilich, keinem neigte sich mein Blick wegen einer Belohnung zu... den Furchtsamen rettete ich vielmehr vor dem Anmaßenden.« (Wilson 1946)

Weitaus konkreter sahen die Reformen Urukaginas um 2350 v. Chr. die Abschaffung eindeutig benannter Mißstände vor. Dieser Herrscher von Lagasch ließ über sich berichten, der Stadtgott Ningirsu habe ihn beauftragt, die »göttlichen Erlasse« früherer Zeiten wiederherzustellen. Dazu gehörte nicht nur die Rückerstattung der Tempelgüter an ihre rechtmäßigen Besitzer, die Götter, sondern die Aufhebung von Schuldhaft und die Wiederherstellung des rechtmäßigen Umgangs der Mächtigen mit dem Volk.

Urukaginas Reformwerk enthielt zwei für die Entwicklung unserer Rechtsvorstellungen entscheidende Neuerungen. Erstmals verweigerte eine zentrale Autorität der geschädigten Partei die persönliche Rache. Der Staat reklamierte das Recht für sich, eine Missetat zu sühnen. Aus Rache wurde Bestrafung. Bedenkt man, daß Rache aus nichtigem Anlaß blutige Fehden zwischen verfeindeten Sippen heraufbeschwören konnte, dann erscheint diese Reform trotz barbarischer

Strafen, die etwa vorsahen, einen Dieb oder eine Ehebrecherin zu steinigen, als ein beachtlicher Fortschritt auf dem Wege zur Rechtssicherheit.

Dem Bereich persönlicher Rache entzogen, in dem irrationale Momente wie verletzte »Ehre«, Wut und persönliche Aggression entscheiden, ließen Rechtsnormen Humanisierung zu. Schon drei Jahrhunderte nach Urukagina führte der Gesetzeskode von Ur-Nammu, dem Begründer der dritten Dynastie von Ur, eine neue Art der Bestrafung ein. Anstelle der Vergeltung von Gleichem mit Gleichem trat die Entschädigung. Wer einem anderen den Fuß abgehackt hatte, mußte den Verletzten mit 10 Schekel Silber entschädigen; für eine abgeschnittene Nase waren zwei Drittel Mina Silber zu entrichten.

Als weitere Neuerung sah Urukaginas Gesetz vor, auf den Steinen, mit denen Todesstrafen vollstreckt wurden, für jedermann sichtbar das Delikt zu verzeichnen. Das Urteil, was rechtens sei, war nicht dem Ermessen eines Wesirs überlassen, der wie in Ägypten Situationen und Personen beurteilte. Was Unrecht war, wurde schriftlich festgelegt. Mit den Steinen, die ihm den Schädel zerschmetterten, wurde dem Delinquenten die Begründung des Todesurteils mitgeliefert. (Kramer 1963)

Sechs Jahrhunderte später, um 1800 v. Chr., machte Hammurabi das Recht zur öffentlichen Angelegenheit. Auf einer Steinstele eingemeißelt und öffentlich aufgestellt, behandelten 280 Paragraphen sämtliche Bereiche des gesellschaftlichen Lebens. Was immer in Stammesgefolgschaften durch persönliche Auseinandersetzung »formlos« geregelt worden war, fand sich hier für alle verbindlich rechtlich festgelegt: Verleumdung, korrupte Rechtsprechung, Diebstahl, Hehlerei, Mord, Totschlag, Haftungsfragen, Körperverletzung, Entführung, Rechtsverhältnisse von Pächtern und Handelsunternehmen, Veruntreuung, Zinsen, Mieten und Darlehensverhältnisse, Rechtsverhältnisse der Sklaverei, Brautpreis, Mitgift, Rechte von Kindern und Nebenfrauen, Scheidung, Adoption, Erbschaft usw.

Einzelheiten sollen uns nicht beschäftigen, wichtig ist die Begründung des *Codex Hammurabi:* »Ein unterdrückter Mann, der eine Rechtssache hat«, so ist auf der berühmten Stele zu lesen, »soll vor meine Statue, die des Königs der gerechten Ordnung, hingehen, meine geschriebene Stele sich vorlesen lassen und meine hochzuschätzenden Worte anhören; meine Stele soll seine Rechtssache aufhellen, so daß er sein Recht sieht.« (Edzard 1965) Die Mächtigen konnten nicht mehr nach Gutdünken verfahren, Recht war zu einer für jeden einklagbaren Angelegenheit geworden. Auch der Ärmste konnte sein Recht fordern. Garantiert wurde es vom Staat.

6. Die kosmologische Chance

Welten trennten die Glaubensüberzeugungen in den ersten Staaten. Umwelt und Geschichte hatten die Weltbilder der Menschen auf höchst unterschiedliche Weise geprägt. Am stabilsten erschien den Ägyptern die Welt. Im Alten Reich (3000 bis 2200 v. Chr.) wurde Ägypten während Jahrhunderten von keinem äußeren Feind bedroht, und mit Ausnahme relativ kurzer Zwischenphasen brachten die regelmäßigen Nilüberschwemmungen zuverlässig reiche Ernten. Diesen Gegebenheiten entsprechend waren die Ägypter überzeugt, daß die Götter die Ordnung der Welt für alle Zeiten festgelegt hatten. Ihre wichtigsten zeremoniellen Zyklen kreisen um die Erneuerung und Wiederbelebung einer für alle Zeiten gültigen Ordnung.

In einem solchen Weltbild erschien ein historisches Ereignis wie die Reichseinigung nicht als der politisch-militärische Triumph eines unter mehreren rivalisierenden Stammeshäuptlingen. Der Aufstieg des Menes-Narmer zum Pharao über Ägypten wurde nicht als Ergebnis eines militärischen Hegemonialkampfs unter Menschen verstanden. Wie Henri Frankfort erkannt hat, erfüllte sich im Weltbild der Ägypter durch die Reichseinigung ein göttlicher Schöpfungsplan. Der Sieg des neuen Pharao wurde als Sieg einer kosmisch vorbestimmten Ordnung über die Mächte des Chaos verstanden. In sämtlichen Handlungen des Pharao manifestierte sich, was im Schöpfungsplan seit Anbeginn der Welt angelegt war. Die religiöse und politische Funktion des Herrschers bestand darin, diese Ordnung zu verwirklichen. Die großen zeremoniellen Zyklen, so Frankfort, lassen die Idee einer Gesellschaft erkennen, »die sich durch die Person des Pharao in der Natur behauptet«. (Frankfort 1948)

Im Gegensatz dazu war die Welt der Sumerer von Katastrophen bedroht, und die Instabilität des Lebensraums schlug sich im Weltbild nieder. Thorkild Jacobsen hat die Unterschiede zwischen beiden Kulturen in einem anschaulichen Bild erfaßt. Würde ein Ägypter und ein Sumerer des 3. Jahrtausends heute wiedergeboren, so wäre keiner der beiden vom unterschiedlichen Zustand der Überreste seiner Kultur überrascht. Schon vor fünf Jahrtausenden davon überzeugt, Pharaonengräber seien für die Ewigkeit bestimmt, sähe sich der Ägypter durch Pyramiden bestätigt, die nahezu unversehrt die Jahrtausende überdauert haben. Nicht anders sähe der Sumerer in den bröckelnden Schutthügeln über den Ruinen des Zweistromlandes den Beweis für die Richtigkeit des sumerischen Weltbilds, nach dem alles Menschliche zum Untergang bestimmt war. »Ihm erschienen der Mittelpunkt und die Bedeutung des Daseins jenseits des Menschen und seiner Taten«, schreibt Jacobsen: »Sie lagen jenseits greifbarer Errungenschaften in immateriellen Kräften, die das Universum regierten.« (Jacobsen 1946) Wie das ägyptische Weltbild läßt sich das sumerische auf Geschichte und Lebensraum der Menschen zurückführen.

Die unaufhörlichen Kriege zwischen rivalisierenden Stadtstaaten hinterließen in den Sumerern das Gefühl, hilflos der Allmacht der Götter ausgeliefert zu sein. Der Untergang einer Stadt und die Zerstörung ihrer Tempel wurden auf einen Götterbeschluß zurückgeführt. Die menschlichen Sieger waren nur Werkzeuge in den Händen der Götter. Eindrucksvoll beschreibt eine Hymne den vergeblichen Versuch der Stadtgöttin von Ur, die anderen Götter gnädig zu stimmen. Verzweifelt sieht sie dem Tag entgegen, an dem das Schicksal seinen Lauf nehmen wird:

> »Obwohl ich den Tag des Sturms zitternd erwartete,
> Diesen tränenschweren Tag des Sturms, bestimmt für mich,
>   mir auferlegt,
> Diesen für mich bestimmten grausamen Tag des Sturms,
> Könnte ich nicht fliehen vor der Unausweichlichkeit des
>   Tags,
> Und auf einmal schien es, als habe meine Herrschaft keinen
>   einzigen glücklichen Tag gesehen,
> Keinen glücklichen Tag meiner Herrschaft.
> Obwohl ich in dieser Nacht beben werde,
> Dieser Nacht grausamen Weinens, die mir bestimmt ist,
> Könnte ich nicht fliehen vor der Unausweichlichkeit
>   der Nacht.«

Noch einmal fleht die Göttin Ningal vergeblich die beiden entscheidenden Götter an, Anu und Enlil, von denen der erste im Götterrat die Autorität der Regierung und der zweite die legitime Gewalt verkörpert:

»›Laßt Ur nicht zerstören‹, sagte ich zu ihnen,
›Und laßt es nicht zu, daß sein Volk getötet werde‹,
sagte ich zu ihnen.
Aber Anu beugte sich diesen Worten nie,
Und nie mit: ›Es gefällt uns, laßt es geschehen‹,
Beschwichtigte Enlil mein Herz.
Sie gaben den Befehl, die Stadt zu zerstören,
Sie gaben den Befehl, Ur zu zerstören,
Und bestimmten als Schicksal, seine Bewohner zu töten.«

(Jacobsen 1946)

Wenn schon Götter nichts erreichten, dann halfen den Menschen weder ein gottgefälliges Leben noch reiche Opfergaben, um das von den Göttern bestimmte Schicksal aufzuhalten. Wer sein Dasein Götterbeschlüssen ausgesetzt weiß, die er nicht beeinflussen, ja nicht einmal begreifen kann, sieht sich als Spielball übermächtiger Gewalten.

Das gleiche Gefühl, unkontrollierbaren Mächten ausgeliefert zu sein, vermittelte den Sumerern auch die Natur. Sandstürme von erstickender Gewalt fegten über die Steppe, sintflutartige Wolkenbrüche verwandelten die Erde in unpassierbaren Morast, und immer wieder brach die Flutwelle von Euphrat und Tigris mit nicht vorhersehbarer Gewalt über das flache Land herein, zerstörte Deiche, vernichtete Ernten und riß Menschen mit sich fort. Das Steigen der Flut, für die Ägypter ein Zeichen der Erneuerung, signalisierte den Sumerern Gefahr:

»Die zügellose Flut, der kein Mensch widersteht,
Die den Himmel erschüttert, und die Erde erbeben läßt,
Umhüllt Mutter und Kind mit einer entsetzlichen Decke,
Schlägt volles sattes Schilfgrün nieder
Und ertränkt die reife Ernte.
Steigende Wasser, schmerzlich für das Auge der Menschen,
Allmächtige Flut, die Deiche bezwingt...«

Die Sumerer wußten, daß die Götter sie aus Eigennutz geschaffen hatten. Zwar hatten Götter die Gerechtigkeit zum Grundprinzip der *menschlichen Gesellschaft* gemacht, aber nichts verpflichtete sie gegenüber ihren Geschöpfen. Sie gaben den Menschen keine Chance, in der Stetigkeit des Naturverlaufs und der Kontinuität der menschlichen Gesellschaft einen menschliches Handeln und göttlichen Willen umfassenden kosmischen Entwurf zu erkennen.

»Wer versteht den Sinn, die Götter in der Tiefe
des Himmels?
Die Gedanken der Götter sind wie tiefe Wasser,
wer könnte sie ausloten?
Wie könnte die Menschheit, von Wolken umhüllt,
die Wege der Götter verstehen?«

(Frankfort 1948)

Noch unvollkommener und gefährdeter als der sumerische war der mesoamerikanische Kosmos. Viermal waren die Erde und die Menschheit schon erschaffen worden, und viermal hatten Katastrophen die Welt vernichtet. Giganten, die von Eicheln lebten, hatten die erste Welt bevölkert. Sie waren von Jaguaren verschlungen worden. Die Pinienkernesser des zweiten Zeitalters wurden von einem gewaltigen Sturm hinweggefegt. Im dritten beendete ein gewaltiger Feuerregen die Ära von Menschen, die sich von Wasserpflanzen ernährten. Im vierten Zeitalter war eine körneressende Menschheit in einer gewaltigen Flut untergegangen. Immer wieder hatten die Götter den Neuanfang versucht, aber jedesmal waren übermächtige Naturgewalten über eine kleine verletzliche Menschheit hereingebrochen. Selbst die Welt der Götter war, wie der amerikanische Religionswissenschaftler David Carrasco bemerkt hat, alles andere als stabil. Jedes neue Zeitalter wurde von einer anderen Gottheit regiert.

Um nach dem Untergang der vierten Schöpfung einen weiteren Versuch zu wagen, versammelten sich die Götter in Teotihuacán und beschlossen, die Finsternis noch einmal zu brechen, noch einmal eine Sonne und eine Menschheit zu schaffen. Doch schon die neue Sonne wies erhebliche Mängel auf. Sie torkelte von einer Seite zur anderen und bedrohte den Kosmos. Auch das kollektive Selbstopfer der versammelten Götter – dessen Spuren sich in den Menschenopferorgien der Azteken wiederfinden – konnte die Sonne nicht stabilisieren. Wundersamerweise wiederauferstanden, kam der Windgott Ecatl, eine andere Form des Schöpfergottes Quetzalcoatl, auf die rettende Idee. Durch Blasen trieb er die Sonne auf die rechte Bahn.

Die Fehler setzten sich bei der Erschaffung des Menschen fort. Als Rohmaterial raubte Quetzalcoatl die Gebeine der Ahnen aus der Unterwelt. Dämonen überraschten ihn jedoch und stürzten ihn in einen Abgrund. Er starb, die Ahnenknochen zerbrachen und Wachteln pickten Knochenstücke heraus – was die unterschiedliche Größe der später wiedererschaffenen Menschen erklärt. Wiederauferstanden gelang es Quetzalcoatl, mit der beschädigten Beute aus der Unterwelt zu fliehen. Mit Hilfe seiner Gefährtin machte er sich daran, eine neue Menschheit zu schaffen. Doch wie? Ratlos vor dem beschädigten Rohmaterial für den neuen Menschen stehend, fragte Quetzalcoatl: »Was soll ich jetzt tun?«. Er erhielt die lakonische Antwort: »Da die Dinge nun einmal schlecht gelaufen sind, laß sie einfach weiter laufen«. (Carrasco 1984)

»Der mesoamerikanische Kosmos zeichnete sich durch eine Anzahl besonderer Merkmale aus«, stellt Carrasco fest. »Der kosmische Schauplatz war dynamisch, instabil und zerstörerisch, es gab starke Schwankungen zwischen Ordnung und Unordnung, kosmischem Leben und kosmischem Tod. Kämpfe, Opfer und Rebellion prägten die kosmische Ordnung ebenso wie Harmonie, Zusammenarbeit und Stabilität. Aber das erstere schien immer das letztere zu besiegen.«

Ein so gefährdeter Kosmos aber verlangte den Menschen außergewöhnliche rituelle Anstrengung ab. Berge menschlicher Leichen, die mit herausgerissenem Herzen von aztekischen Tempelpyramiden gestürzt worden sind, waren das Ergebnis. Durch Menschenopfer versuchten die Azteken, den Zyklus des untergangsgeweihten fünften Sonnenzeitalters zu verlängern. Zu diesem Zweck hatten die Götter der Azteken – und vor ihnen schon die der Tolteken – die Institutionen des Krieges und des Menschenopfers geschaffen.

Für die Sumerer waren die Tage des Menschen gezählt, Untergang und Vernichtung waren unabwendbares Schicksal: »Was immer der Mensch tun mag, er ist nichts als Wind«, heißt es in einer Version des Gilgamesch-Epos. Die Aztekten dagegen hatten noch die Hoffnung, das Unheil, wenn nicht zu vermeiden, so doch aufzuhalten. Doch der Preis war hoch. Die aztekischen Götter ließen sich nicht mit Gerste, Schafen und Bier abspeisen. Ihre Nahrung bestand aus menschlichen Herzen und aus menschlichem Blut. (Carrasco 1984)

Trotz aller Unterschiede verband eine Gewißheit diese Kulturen. Cornelius Loew hat sie die »kosmologische Überzeugung« genannt. Es war der unbeirrbare Glaube, »daß die Bedeutung des Lebens in einer umfassenden kosmischen Ordnung wurzelt, an der der Mensch, die Gesellschaft und die Götter teilhaben«. (Nach Carrasco 1984)

Diese göttergeschaffene Ordnung durchsetzte die gesamte Wirklichkeit, und es lag an den Menschen, sie anhand der Zeichen zu deuten, die ihnen die Götter sandten. Wie im Welbild der Sumerer und Azteken mochte diese Ordnung gefährdet, von Spannungen und Gegensätzen geprägt und vom Chaos bedroht sein, aber letzten Endes setzte sich der Glaube durch, am Ende siege Ordnung über Chaos, Licht über Dunkelheit, kosmisches Leben über kosmischen Tod. Nur dank dieser Überzeugung konnten Menschen in einer gefährdeten und katastrophenträchtigen Welt überleben. Zweifel wie im Gilgamesch-Epos – »wie könnte die Menschheit, von Wolken umhüllt, die Wege der Götter verstehen?« – blieben vorübergehende Anfechtungen. Nur mit der kosmologischen Gewißheit, Willkür, Unordnung und Chaos seien *nicht* Teil der kosmischen Ordnung, konnten Menschen jenen lähmenden grundsätzlichen Zweifel überwinden, daß jeder Versuch, die Zeichen zu verstehen, zum Scheitern verurteilt sei.

Indem sie die gottgesandten Zeichen zu deuten versuchten, räumten sich die Menschen selbst die Chance ein, ihre Welt wieder ins Lot zu bringen. Da ihre Götter nichts anderes als Projektionen ihres kollektiven Bewußtseins waren, halfen die Menschen sich selbst. Indem sie die Hinweise berücksichtigten, die ihnen scheinbar Götter vom Himmel sandten, paßten sie ihre Kulturnormen den sich ständig ändernden Gegebenheiten ihrer sozialen und natürlichen Umwelt an. Nur auf diese Weise konnte die Idee eines für Mächtige und Machtlose gleichermaßen verbindlichen göttlichen Rechts als Folge von Willkür, Ungerechtigkeit und Habgier entstehen.

Universalen Ideen wie der von einem göttlichen Recht, das den Machtlosen vor dem Mächtigen schützt, oder der kosmologischen Überzeugung, daß trotz aller Gefahren Ordnung schließlich über das Chaos siegt, können angeborene Elemente zugrunde liegen. Spekulieren wir um des Argumentes willen: Hinter der Rechtsidee mögen sich Überreste eines aus evolutionärer Vorzeit stammenden angeborenen Empfindens für soziale Symmetrie verbergen, deren Ausdruck in egalitären Gesellschaften das Prinzip gegenseitiger Verpflichtung gewesen wäre. Ähnlich spekulativ ließe sich die kosmologische Überzeugung als der kulturelle Ausdruck des angeborenen Überlebenswillens aller höherentwickelten Kreaturen deuten. Aber selbst wenn solche biologistischen Spekulationen zuträfen, so ließe sich weder die Rechtsidee noch die kosmologische Überzeugung aus angeborenen Verhaltensweisen und den mit ihnen verbundenen Empfindungen ableiten. Beide sind Ergebnisse kultureller Entwicklungen, die zwar auf angeborenen Elementen beruhen, aber von diesen nicht determiniert werden.

Wenn heute, Jahrtausende später, Vertreter biologischer Wissenschaften das Schicksal der modernen Industriezivilisation in menschlicher Erbsubstanz programmiert sehen, so fallen sie hinter den Stand des Wissens zurück, das schon vor dreitausend Jahren chinesische Weise besaßen. So erklärt der führende Soziobiologe Edward O. Wilson die Entschlüsselung des menschlichen Genoms – das ist die Gesamtheit aller Gene – und die Erforschung des Schaltplans der Nervenzellen im Gehirn zu Voraussetzungen, um die Probleme der modernen Welt zu lösen. (Wilson 1975) Wer jedoch in den angeborenen Strukturen nach den Wurzeln eines biologisch determinierten Erkennens und Verhaltens gräbt, wird die wahren – nämlich die kulturellen – Ursachen der Zerstörungen und Gefahren unserer Welt nicht erkennen.

Schon um die 1100 v. Chr. entstand in China allmählich die Idee, daß der Mensch aufgrund freier Willensentscheidung Herr über sein Schicksal sei. Die Götter gaben nur noch ihren Segen.

Wie aus folgendem Spruch eines Chou-Königs hervorgeht, schienen die Götter eindeutige Gesetze geschaffen zu haben, die auch für den Mächtigen galten: »Ich habe sagen gehört, daß frühere weise Könige der Yin Ehrfurcht vor den klaren Gesetzen des Himmels und den kleinen Leuten hatten.« Die humanistische Idee, der Himmel erteile sein Mandat nur dem tugendhaften und fähigen Herrscher, ruht auf einem rationalen Fundament. Wenn der Himmel, »klare Gesetze« erlassen hat, muß der Herrscher sich daran messen lassen, ob er diese Gesetze auch befolgt. Das vom Himmel übertragene Mandat zur Herrschaft muß durch gutes Regieren gerechtfertigt werden. Der chinesische Gelehrte Ho sieht in der Theorie vom Mandat des Himmels schon Ansätze des nächsten Schritts: zur weltlichen Legitimation einer guten Herrschaft. Wie folgende Worte aus der Anfangsphase der Chou-Dynastie (nach 1100 v. Chr.) andeuten, entscheidet über die Gesetze der guten Herrschaft in Wahrheit nicht mehr der Himmel, sondern das Volk. Der Himmel gibt nur noch seinen Segen:

»Was die Menschen wollen, wird der Himmel ermöglichen.
Der Himmel sieht, wie mein Volk sieht;
 der Himmel hört, wie mein Volk hört.
Der Himmel hat keine Vorlieben;
 – er hilft nur den Tugendhaften.«

(Ho 1975)

```
   1 AATGCAAATA GCTTATATTA TATGATTTAT TTCTAGTAAA GTTATTCAAC     1051 GCAGACCTTC AATCTCTTCA GCACAGAGGA CTCATCTGCT GCTTGGGAAC
  51 ACATCAGTAC TTATGTCAAG TGCTGAAAAG AAAAAAGTGT TGGCAACATC     1101 AGAGCCTCCT AGAAAAATTT TCCACTGAAC TTTACCAGCA ACTGAATGAC
 101 TGGATGAATA CTGCAGCTGA TGAAGTTTAC AAATTATTTT GTCATATAAA     1151 CTGGAAGCAT GTGTGATACA GGAGGTTGGG GTGGAAGAGA CTCCCCTGAT
 151 GCAAAATTCA AAGCTTCATA CACTAAGAGA AAAATTTTAA AAAATTATTC     1201 GAATGTGGAC TCCATCCTGG CTGTGAGGAA ATACTTCCAA AGAATCACTC
 201 ATTCATATTT TTAGGAGTTT TGAATGATTG GATATGTAAT TATATTCATA     1251 TTTATCTAAC AGAGAAGAAA TACAGCCCTT GTGCCTGGGA GGTTGTCAGA
 251 TTATTAATGT GTATCTATAT AGATTTTTAT TTTGCATATG TACTTTGATA     1301 GCAGAAATCA TGAGATCCCT CTCGTTTTCA ACAAACTTGC AAAAAAGATT
 301 CAAAATTTAC ATGAACAAAT TACACTAAAA GTTATTCCAC AAATATACTT     1351 AAGGAGGAAG GATTGAAACC TGGTTCAACA TGGAAATGAT CCTGACTGAC
 351 ATCAAATTAA GTTAAATGTC AATAGCTTTT AAACTTAAAT TTTAGTTTAA     1401 TAATACATTA TCTCACACTT TCATGAGTTC TTCCATTTCA AAGACTCACT
 401 CTTTTCTGTC ATTCTTTACT TTGAATAAAA AGAGCAAACT TTGTAGTTTT     1451 TCTATAACCA CCACGAGTTG AATCAAAATT TTCAAATGTT TTCAGCAGTG
 451 TATCTGTGAA GTAGAGGTAT ACGTAATATA CATAAATAGA TATGCCAAAT     1501 TGAAGAAGCT TGGTGTATAC CTGTGCAGGC ACTAGTCCTT TACAGATGAC
 501 CTGTGTTATT AAAATTTCAT GAAGATTTCA ATTAGAAAAA AATACCATAA     1551 AATGCTGATG TCTCTGTTCA TCTATTTATT TAAATATTTA TTTATTTTTA
 551 AAGGCTTTGA GTGCAGGTGA AAAATAGGCA ATGATGAAAA AAAATGAAAA     1601 AAATTTAAAT TATTTTTTAT GTGATATCAT GAGTACCTTT ACATTCTGCT
 601 ACTTTTTAAA CACATGTAGA GAGTGCGTAA AGAAAGCAAA AACAGAGATA     1651 GAATGTAACA ATATATGTTC TTCATATTTA GCCATATAT TAATTTCCTT
 651 GAAAGTACAA CTAGGGAATT TAGAAAATGG AAATTAGTAT GTTCACTATT     1701 TTTCATTAAA TTTTTACTAT ACAAAATTTT TGTGTTTGTT TATTCCTTAA
 701 TAAGACCTAT GCACAGAGCA AAGTCTTCAG AAAACCTAGA GGCCGAAGTT     1751 GATAAAATGC CAAGGCTGAC TTTACAACCT GACTTAAAAA TAGATGATTT
 751 CAAGGTTATC CATCTCAAGT AGCCTAGCAA TATTTGCAAC ATCCCAATGG     1801 AATTAAGTTA CCTATCATAA TTTTATTCAA GTTATAAAAA AACATATTTT
 801 CCCTGTCCTT TTCTTTACTG ATGGCCGTGC TGGTGCTCAG CTACAAATCC     1851 TCTGTACCTG GTTATATGTT GCCTTCAGGA TATAAATGTG AACATAAAAT
 851 ATCTGTTCTC TGGGCTGTGA TCTGCCTCAG ACCCACAGCC TGGGTAATAG     1901 ATACAGTCCC TCTTCTCTTG TATCTTTTAT TTTTGTCAGG AAAGAAATCT
 901 GAGGGCCTTG ATACTCCTGG CACAAATGGG AAGAATCTCT CATTTCTCCT     1951 AAAAACAATA ATAATGCTGA ATTAATATCA GTGATGCTAA CTGCTATAAT
 951 GCCTGAAGGA CAGACATGAT TTCGGATTCC CCGAGGAGGA GTTTGATGGC     2001 GTGAGGAAGT AAAAAAACAA TG
1001 CACCAGTTCC AGAAGACTCA AGCCATCTCT GTCCTCCATG AGATGATCCA
```

Ein Stück entschlüsselter menschlicher Erbsubstanz. Die sogenannte DNA ist das – Darwin unbekannte – materielle Substrat, in das die Erfahrungen von Jahrmilliarden Evolution der Arten eingezeichnet sind. Die Buchstaben A, C, G, T stehen für organische Basen, die in Dreiergruppen als Bauanleitung für Eiweißmoleküle, die Grundsubstanz aller Lebensprozesse, dienen.

Soziobiologen wie Edward O. Wilson und biologistische Fatalisten sehen in solchen Basensequenzen das naturwissenschaftliche Korrektiv zu angeblich nur idealistischen Rechtsordnungen der Art, die Hammurabi vom Sonnengott Schamasch entgegennahm. Ziel dieses Buchs war es, die Unhaltbarkeit solcher Versuche, menschliche Kulturleistungen und -defizite aus genetischen Programmen abzuleiten, aufzuzeigen. Es sind erkenntnistheoretisch unzulässige Grenzüberschreitungen biologischer Fachkompetenz.

Im Rahmen dieses Buchs steht das abgebildete Stück dechiffrierter Erbsubstanz als Zeichen für das Erkenntnis- und Veränderungspotential der modernen Naturwissenschaft. Das im Vergleich zu den beschriebenen Kulturen um Größenordnungen gewachsene Potential der wissenschaftlich-technischen Zivilisation verpflichtet uns vielmehr, die Folgen menschengemachter Veränderungen auf dem Niveau unserer kulturellen Erkenntnis- und Veränderungsmöglichkeiten zu berücksichtigen.

9. Kapitel
Die Last der Götter tragen

1. Die kulturelle Chance

Den Glauben, in einer von Göttern geschaffenen Welt zu leben, hat uns die Wissenschaft genommen. Darwin hat uns darüber belehrt, daß wir nicht nach dem Ebenbild Gottes geformt, sondern Vettern von Affen sind. Als Abkömmlinge einer kosmischen Ursuppe aus leblosen chemischen Substanzen, in der vor Jahrmilliarden zufällig Leben entstanden war, sind wir evolutionär nur Zwischenstufen der Selbstorganisation von Materie zu lebens- und vermehrungsfähigen Einheiten. Die wunderbare Harmonie der Lebenszusammenhänge, in der sich einst der Plan eines allwissenden Schöpfers zu offenbaren schien, hat sich als das Ergebnis der trivialen evolutionären Anpassungsprozesse von Variation und Selektion herausgestellt.

Um ihr einstiges Urheberrecht gebracht, haben die Götter sich jedoch gerächt. Die Geborgenheit im mythischen Weltbild, in dem *sie* den Menschen vor der Erkenntnis seiner Verlassenheit im Kosmos bewahrt hatten, ist für immer aufgehoben. Wissend, daß auf Hilfe vom Himmel nicht zu rechnen ist, müssen wir fortan die Last der Götter selbst tragen. Das bedeutet, unsere Geschichte im Bewußtsein der Verantwortung für unsere Welt machen zu müssen. Diese Erkenntnis ist neu in der Menschheitsgeschichte.

Doch unter Berufung auf die gleichen evolutionären Zusammenhänge bestreiten nun Naturwissenschaftler, daß wir diese für das Überleben im wissenschaftlich-technischen Zeitalter unerläßliche Fähigkeit besitzen. Mit dem Erkenntnisapparat und dem Verhaltensrepertoire steinzeitlicher Wilder geboren, seien wir von unserer *Natur* her dem Veränderungs- und Zerstörungspotential der modernen Technik nicht gewachsen. Ja, wir seien noch nicht einmal imstande zu erkennen, wie gefährdet unsere Welt ist.

Die beachtliche öffentliche Resonanz dieser biologistischen Schicksalsergebenheit, die in den Medien inzwischen zu Titelgeschichtenrang aufgestiegen ist, muß alarmieren. (Der Spiegel Nr. 41/87) Sie zeigt die wachsende Bereitschaft, sich um die Last der Verantwortung zu drücken. Würde sie allgemein gelten, dann würde eine – falsche – Theorie zur sich selbst erfüllenden Prophezeiung.

Die Methode ist durchschaubar: Zunächst führt der biologistische Fatalist die politische Krise der modernen Welt auf unsere evolutionäre Herkunft zurück. Ursachen, so verkündet er, seien angeblich *nur* einem Eiszeitjägerdasein angepaßte, angeborene Erkenntnisstrukturen und Verhaltensprogramme, die er, um seine Theorie begrifflich als »Wissenschaft« zu legitimieren, »Evolutionäre Ethik« und »Evolutionäre Erkenntnistheorie« nennt. *Politisch* gesteuerte Fehlentwicklungen der Industriezivilisation werden dadurch auf der Ebene von Naturereignissen gedeutet. Das Aussterben der Dinosaurier dient nicht lediglich als eine Metapher, sondern sie wird als Modell für die drohende Selbstvernichtung des Menschen verstanden. Beides scheint auf eine prinzipiell gleichartige *genetische* Fehlprogrammierung zurückführbar zu sein.

Dieser Reduktionismus, der eine fehlerhafte Politik als Ausdruck einer genetischen Fehlprogrammierung des Menschen deutet, läßt die Krise als unüberwindbar erscheinen. Indem er Politik als biologisches Phänomen interpretiert, negiert er ausgerechnet jene kulturellen Erkenntnis- und Handlungsmöglichkeiten, die den Ansatz zur Lösung der Probleme bieten. Unsere Antwort auf den biologistischen Schicksalsglauben war die Demonstration, daß nichts uns zur Selbstvernichtung programmiert. Das kulturelle Experiment ist heute so offen, wie es für die Eiszeitjäger offen war. Über die erforderlichen Erkenntnis- und Handlungsmöglichkeiten verfügen wir. Wissenschaft und Politik bieten, wie ich im folgenden Abschnitt begründen werde, die dem *kulturellen* Instrumentarium der modernen Technik gemäßen *kulturellen* Erkenntnis- und Handlungsmöglichkeiten.

Die angeblich wissenschaftliche biologistische Zivilisationskritik als Irrglauben zu entlarven, war das Ziel das Hauptteils meines Buchs. Ich habe versucht, die kosmologische Überzeugung früherer Kulturen, Willkür und Chaos seien nicht Teil der *Schöpfungs*ordnung, auf ein wissenschaftliches Fundament zu stellen. Da im wissenschaftlichen Weltbild Naturprinzipien die Götter ersetzt haben, verlangte das den Nachweis, daß *Natur* weder unser Erkennen noch unser Verhalten prägt. Der Ausgang des kulturellen Experiments ist durch unsere Natur nicht vorherbestimmt. Die Chance zum Überleben haben wir. Um sie wahrzunehmen, seien zunächst die Argumente gegen den biologistischen Fatalismus zusammengefaßt.

Die biologische Perspektive erfaßt nur den Teil, in dem der Mensch auch ein biologisches Wesen ist. Dieser Ausschnitt ist wichtig. Dennoch blendet die Perspektive der »Evolutionären Ethik« und »Evolutionären Erkenntnistheorie« die entscheidende Dimension des Kulturellen aus. Als kulturelle Wesen sind wir Träger überindividueller Ordnungen, die uns formen. Diese Ordnungen waren da, bevor wir geboren wurden, und sie werden uns überdauern. Anders als unsere genetische Grundausstattung können wir sie jedoch verändern.

Wie sollen Theorien, die noch nicht einmal der einfachen Welt von Eiszeitjägern genügen, modernen Industriegesellschaften gerecht werden? Das Normensystem selbst der einfachsten aller Gesellschaften, der ethnologisch erforschten Kleingruppen aus einigen Dutzend Mitgliedern, ergibt sich nicht aus dem Repertoire der angeborenen Verhaltensweisen der Ethnologie. Wie wir gesehen haben, stand in solchen Gruppen dem Rang- und Besitzstreben des einzelnen, seinen Aggressionen stets auch die Bereitschaft zu freundschaftlicher Bindung, zum Ausgleich, zur Gruppenloyalität usw. gegenüber.

Angenommen, angeborene Verhaltensweisen sollten für das gesellschaftliche Verhalten normative Bedeutung erhalten, wie ließe sich ein solcher Anspruch biologisch begründen? Entspricht eine Gesellschaft der menschlichen Natur, weil sich Menschen aufgrund ihres angeborenen Repertoires in ihr verhalten? Eine *naturgemäße* Ordnung der Gesellschaft hat es seit Erscheinen von *Homo sapiens sapiens* in Europa vor 35 000 Jahren nicht mehr gegeben. Was immer Verhaltensforscher bisher als angeboren festgestellt haben und was immer sie in Zukunft noch als angeboren diagnostizieren werden, ist für die Beurteilung des *gesellschaftlichen* Verhaltens von Menschen zweitrangig. Denn nicht die angeborenen Programme entscheiden über das Verhalten, sondern soziale Normen. In Jäger- und Sammlerhorden waren das Gruppennormen, die uneingeschränktes Teilen, Bescheidenheit und die Bereitschaft zum Ausgleich verlangten. Solche Normen wiederum waren in kultureller Anpassung an die Lebensweise als Jäger und Sammler entstanden.

Seit den Tagen der Eiszeitjäger – Ansätze zeigten sich sogar schon zur Zeit des Neandertaler (Herbig 1984) – reichten die angeborenen Denkstrukturen und Verhaltensprogramme nicht mehr aus, um ein Leben als Mensch zu bestreiten. Das Angeborene lieferte nur die allgemeinen Voraussetzungen. Ebenso wie unser Verhalten wird die Art, in der wir die Welt erkennen, durch kulturelle Ordnungen geprägt. Seit Zehntausenden von Jahren vermittelt Kultur zwischen den angeborenen Elementen und dem tatsächlichen Denken und Verhalten. Grundlage für die rasche kulturelle Entwicklung nach der Verbreitung von

Homo sapiens sapiens über die Erde war gerade diese relative Freiheit von genetischen Programmen des Erkennens und Verhaltens.

Aus soziobiologischer Sicht scheint die kulturelle Evolution von der Jäger- und Sammlerhorde zum Staat nur auf der *Fähigkeit* beruht zu haben, nutzbringendes Wissen zu erwerben und neue Techniken zu entwickeln. Das Sozialverhalten dagegen wurde ausreichend weiter von angeborenen Denk- und Verhaltensprogrammen bestimmt. »Als Gesellschaften sich von Horden über Stämme und Häuptlingstümer zu Staaten entwickelten, wurden einige Arten von Bindungen über Verwandtschaftsbeziehungen hinaus ausgeweitet, um andere Arten von Bündnissen und ökonomischen Vereinbarungen einzubeziehen«, erklärt zum Beispiel der führende Soziobiologe Edward O. Wilson. »Aber die diesen Vereinbarungen zugrunde liegenden ethischen Regeln scheinen nicht sonderlich verändert worden zu sein. Das Durchschnittsindividuum handelt noch immer unter einem formalen Kode [von Regeln, J.H.], der nicht weiter entwickelt ist als der in Jäger- und Sammlergesellschaften.« (Wilson 1975)

Derartige Vorstellungen offenbaren den einen der beiden Grundirrtümer des soziobiologischen Zivilisationsmodells. Unsere Untersuchung der Evolution von Horden zu Staaten hat gezeigt, daß der Kode von Verhaltensregeln, unter dem Menschen im Verlauf der kulturellen Evolution handelten, eben *nicht* konstant blieb. Er paßte sich vielmehr schrittweise den sich ändernden Erfordernissen der Evolution zu größeren Gesellschaften und zu größerer wirtschaftlicher und sozialer Komplexität an.

Am Ende dieser Phase der kulturellen Evolution führte die Neuorganisation der Sozialbeziehungen in den ersten Staaten zu einem radikalen Bruch mit den bestehenden Formen sozialer Organisation: Die einst autonomen Verwandtschaftsgruppen wurden den funktionalen Erfordernissen komplexer arbeitsteiliger Gesellschaft untergeordnet. Statt familiärer Bindungen beherrschten Macht, Abhängigkeit und Zwang die Beziehungen zwischen Herrschenden und Beherrschten. Anstelle verwandtschaftlicher Verpflichtungen zwischen Personen trat die Idee eines allgemeinen, unpersönlichen Rechts. Spätestens dieser Bruch hätte den Protagonisten des soziobiologischen Zivilisationsmodells den Widerspruch zu ihren Anschauungen zeigen müssen. Nach dem Motto, wenn die Tatsachen nicht mit der Theorie übereinstimmen, um so schlimmer für die Tatsachen, zogen sie es jedoch vor, den Widerspruch zu übersehen.

Die kulturelle Evolution beruhte eben nicht nur auf den technischen

Fähigkeiten des Menschen, sondern ebenso auf der *Notwendigkeit*, soziale Beziehungen schon *in Kleingruppen* nach kulturellen Normen zu regeln. Diese Notwendigkeit bedeutete zugleich auch Freiheit gegenüber angeborenen Programmen des Verhaltens. Es war diese Freiheit, die zur Grundlage der kulturellen Regelung des Verhaltens auch in größeren und komplexeren Gesellschaften werden sollte.

Die zweite grundlegende Voraussetzung der kulturellen Organisation des Sozialverhaltens war die *Notwendigkeit*, Verhaltensnormen durch ein religiöses Weltbild zu begründen. Alle Kulturen, von denen in diesem Buch die Rede war, erkannten hinter der Wirklichkeit der Gesellschaft und der Natur eine göttergeschaffene Ordnung. Dieser Ordnung lagen die durch die Autorität des Heiligen geschützten kulturellen Erfahrungen zugrunde, die ungezählte Generationen in der Auseinandersetzung mit ihrem Lebensraum gewonnen hatten. Das religiöse Weltbild – und nicht die angeborenen Anschauungen der »Evolutionären Erkenntnistheorie« – prägte die Art und Weise, wie Menschen die Phänomene der Wirklichkeit deuteten, um sich in ihr zu orientieren.

Das Postulat der »Evolutionären Erkenntnistheorie«, da der biologische Apparat zur Aufnahme und Verarbeitung von Sinneswahrnehmungen in Anpassung an den Lebensraum entstanden sei, müsse er der physikalischen Wirklichkeit dieses Lebensraumes auch entsprechen, ist trivial. Es rechtfertigt nicht die These, unsere Denkordnung sei eine Nachbildung der Naturordnung. (Wuketits 1983) Unsere Denkordnung ist, wie wir am mythisch verschlüsselten, religiösen Weltbild früherer Kulturen erkannt haben, nie eine Nachbildung der Naturordnung gewesen. Denkordnung und Naturordnung standen im mythischen Weltbild in einem weitaus vielschichtigeren Verhältnis zueinander. Wahrnehmungen ergaben nur im Rahmen von Denkordnungen Sinn, die, wie die Kosmologie der Desana, durch kulturelle Theorien über die Natur und die Gesellschaft vorgeformt waren.

Sich in einem wildarmen Lebensraum – objektiv gesehen – ökologisch vernünftig zu verhalten, bedeutete für einen Desana eines gewiß nicht: sich ein objektiv richtiges Bild über die Wildbestände, die Zahl der Menschen und ihre Bedürfnisse zu verschaffen, um nur so viel zu erbeuten, wie ohne Gefährdung der Bestände möglich war. Es bedeutete vielmehr, die kulturell geprägten rituellen Verhaltensmuster seiner Gesellschaft sorgsam zu befolgen. Dazu gehörten sexuelle Enthaltsamkeit, die verschiedenen Elemente des Jagdrituals, ekstatische Flüge durch die Sphären des Universums zur Gewinnung von Einsichten in »höhere Welten« und die Verhandlungsergebnisse mit einem fiktiven Herrn der Tiere, die der Schamane im Drogenrausch erzielte. Es war das religiös begründete Weltbild aus Glaubensvorstellungen und Riten, das die Übereinstimmung zwischen dem – objektiv gesehen – extremen Subjektivismus der Welterfahrung eines Desana und den objektiven Gegebenheiten des Lebensraumes herstellte.

Solche kulturellen Weltmodelle erfaßten nicht die Naturordnung als Ganzes, wie das zitierte Wort von der Denkordnung als Nachbildung der Naturordnung verbreitet. Sie erfaßten vielmehr den für die jeweilige Wirtschaft und Kultur spezifischen Ausschnitt. In ihrer von Wild wimmelnden Welt werden Eiszeitjäger möglicherweise zwar auch einen Herrn oder eine Herrin der Tiere respektiert haben, aber diese dürften vollkommen andere kulturelle Prinzipien verkörpert haben als ihr knausriges Desana-Gegenstück. Religiöse Weltbilder enthielten außerdem Werte – das der Desana zum Beispiel Werte einer aus ökologischen Gründen unumgänglichen Überlebensethik, Werte, die im »wertfreien« wissenschaftlichen Weltbild fehlen. Auch solche Werte sind nicht in der Natur vorgegeben, sondern Bestandteile der kulturellen Tradition menschlicher Gesellschaften.

Nicht genetisch in den biologischen Apparat der Aufnahme und Verarbeitung von Sinneswahrnehmungen programmiert, waren auch solche religiös begründeten Weltbilder kulturell formbar. Die Veränderung von Weltbildern, die über das Erkennen auch das Verhalten der Menschen prägten, war die zweite grundlegende Voraussetzung für die Evolution von der Horde zum Staat. Erinnern wir nur an die überragende Bedeutung von Glaubensvorstellungen zur Legitimation der Macht und zur Begründung des Rechts – grundsätzlich neuer Phänomene des gesellschaftlichen Lebens also, die erst in relativ späten Phasen der kulturellen Evolution auftraten.

2. Erkenntnis- und Handlungsmöglichkeiten in der wissenschaftlich-technischen Welt

Über das Instrumentarium, das notwendig ist, um unsere Welt in Ordnung zu bringen, verfügen wir durchaus: Handlungs- und Erkenntnismöglichkeiten, die im universalistischen religiösen Weltmodell von Kleingruppen noch vereint waren, trennten sich im Verlauf der kulturellen Evolution zur modernen Industriezivilisation. Sie befinden sich, wenn auch unter veränderten Vorzeichen, nun in verschiedenen Bereichen des gesellschaftlichen Lebens. Im Bereich der Wissenschaft finden sich die benötigten Erkenntnismöglichkeiten, in der Politik die benötigten Handlungsmöglichkeiten. Wir nutzen diese Möglichkeiten freilich nicht. Genauer gesagt, wir nutzen sie nur insoweit, als es die existierenden wirtschaftlichen und politischen Machtverhältnisse erlauben. Dabei dient die Behauptung, schuld am desolaten Zustand unserer Welt sei eine zivilisationsunfähige menschliche Natur, der Bestätigung eben jener Machtstrukturen, die der Veränderung im Wege stehen. Als naturhaft verstanden, erscheinen sie unantastbar.

Erkenntnismöglichkeiten

Im Gegensatz zum religiösen Weltbild enthält das wissenschaftliche Ansatzpunkte für bewußtes Erkennen und rationale Kritik. Wissenschaft hat uns vom Aberglauben befreit, drohendes Unheil ließe sich durch Traumdeutung, Orakel oder Astrologie erkennen. Anders als die Sumerer und Azteken wissen wir auch, daß Tempelbauten und religiöse Massaker keine geeigneten Mittel zur Erneuerung der Schöpfungsordnung sind. Wissenschaft hat uns außerdem gelehrt, daß die Natur keiner rituellen Regenerierung bedarf; sofern man ihr nur die Chance gibt, besorgt sie ihre Erneuerung selbst.

Die Naturwissenschaft stellt eine künstliche Erweiterung unserer natürlichen Wahrnehmungsfähigkeit dar. Sie erlaubt es, Naturprinzipien aufzuklären, die ohne sie verborgen blieben. Nur naturwissenschaftliche Erkenntnisse machen es möglich, Atomwaffen zu bauen oder Gene zu manipulieren. Aber, so paradox das in einem geistigen Klima erscheinen mag, in dem schon der Versuch, naturwissenschaftliche Erkenntnisse zu gewinnen, als der Sündenfall des modernen Menschen gilt: Die Naturwissenschaft liefert nicht nur die Voraussetzungen, um die Welt technisch zu verändern und zu zerstören, sondern ebenso die Voraussetzung dafür, mögliche Folgen solcher Veränderungen zu erkennen, um Zerstörungen zu vermeiden und wünschenswerte Entwicklungen zu fördern.

So gesehen ist das Argument der »Evolutionären Erkenntnistheorie« unhaltbar, aufgrund natürlicher Beschränkungen unseres Erkenntnisvermögens seien wir nicht in der Lage, die Folgen unseres Handelns zu ermessen. Atombomben und -reaktoren, Arzneimittel herstellende Mikroorganismen oder vorgeburtliche Diagnosemöglichkeiten sind nicht Ergebnisse zufälliger wissenschaftlicher Entdeckungen, die wie ein Erdbeben unvorhersehbar über die Menschheit hereinbrechen. Am Anfang mögen wie bei der Uranspaltung tatsächlich unvorhersehbare wissenschaftliche Entdeckungen stehen. Die auf solchen Entdeckungen beruhenden technischen Apparate und Verfahren sind jedoch Ergebnisse geplanter Entwicklungsprozesse unter Einsatz erheblicher finanzieller und personeller Ressourcen. Im Gegensatz zu unvorhersehbaren Entdeckungen der wissenschaftlichen Grundlagenforschung sind solche anwendungsorientierten technischen Entwicklungsprojekte steuerbar. Bekanntlich werden sie mit der Absicht durchgeführt, vorgegebene wirtschaftliche, militärische, landwirtschaftliche oder medizinische Ziele zu erreichen. Daher sollten wir auch in der Lage sein, ihre sozialen und ökologischen Folgen prinzipiell abzuschätzen.

Eine vollkommene Prognose wird angesichts der vielen Unwägbarkeiten nie möglich sein. Aber das ist kein Grund, auf den Versuch zu verzichten. Die sozialen, politischen und ökologischen Folgen wichtiger wissenschaftlich-technischer Neuerungen lassen sich zumindest soweit abschätzen, daß gravierende Fehlentwicklungen vermeidbar werden könnten. Wo trotzdem Unklarheiten bestehen bleiben, wäre es in unserem Zeitalter – in dem die Menschheit sich mit Atomwaffen ausrotten kann, in dem Chemikalien und Abgase globale Klimaveränderungen und genetisch veränderte Mikroorganismen irreversible Ökokatastrophen auslösen können – klüger zu verzichten. Anders ausgedrückt, die Beweislast wäre umzukehren. In solchen Fällen müßte nicht bewiesen werden, daß Produkte oder Verfahren schädlich sind, um ein *Verbot* zu rechtfertigen. Zu beweisen wäre vielmehr die *Zulässigkeit* von Neuerungen anhand von Kriterien wie Unschädlichkeit und Nutzen.

Ein Beispiel, daß solche Prognosen möglich sind, liefert der leider vergebliche Versuch amerikanischer Atomwissenschaftler während des Zweiten Weltkriegs, ihre Regierung vom geplanten Atombombeneinsatz abzuhalten und auf die Notwendigkeit einer internationalen Kontrolle der Kernenergie aufmerksam zu machen. Grundlage dieser Empfehlung war eine Untersuchung der Gefahren nationaler Atomwaffenarsenale, die das nukleare Wettrüsten im Prinzip richtig voraussah. Die Untersuchungen und Empfehlungen von Projektwissenschaftlern boten damit noch vor Fertigstellung der ersten Atombombe die *Chance* zu politischen Maßnahmen zur Verhinderung des nuklearen Wettrüstens. (Herbig 1976)

Woran es fehlt, sind nicht Erkenntnismöglichkeiten, es ist vielmehr die Bereitschaft, die vorhandenen Möglichkeiten zu nutzen bzw. alternative Wege zu gehen. Das jedoch ist nicht eine Erkenntnis-, sondern eine Machtfrage. Auch die Frage der Beweislast ist eine Macht- und nicht eine Erkenntnisfrage. In einem multifaktoriellen Wirkungsgefüge wie dem Waldsterben oder dem Ozonloch effektive Gegenmaßnahmen von der hundertprozentigen wissenschaftlichen Aufklärung aller nur denkbaren Ursachen abhängig zu machen, bedeutet in Wahrheit Kapitulation vor den Interessen, die vom letzten, unvermeidlichen Rest Ungeklärtheit profitieren. Würde die Beweislast umgekehrt, dann würde die bisher sträflich vernachlässigte Erforschung der Technikfolgen rasch zum wissenschaftlichen Modefach.

Allgemeiner: Naturwissenschaft und moderne Technik stellen eine künstliche Kompetenzausweitung weit über die natürlichen Wahrnehmungs- und Handlungsmöglichkeiten des Menschen hinaus dar. Unsere Sinnesorgane nehmen weder Moleküle noch Atome wahr. Mit naturwissenschaftlichen Methoden können wir jedoch auf die Existenz solcher Partikel schließen und diese technisch manipulieren. Als künstliche Erweiterung unseres »natürlichen« Aktionsradius' überfordert Wissenschaft daher in entscheidenden Handlungsbereichen unsere natürliche Wahrnehmungsfähigkeit und unsere spontane Handlungsbereitschaft. Darin haben die »evolutionären Erkenntnistheoretiker« recht. Aber es ist ein Zeichen beachtlicher Naivität, zu ignorieren, daß sich das gleiche Instrument auch zur Gewinnung von Erkenntnissen über die Folgen solcher Entwicklungen eignet.

Evolutionär an eine stetige Welt angepaßt, rechnet zum Beispiel unser natürlicher Erwartungshorizont – wie »evolutionäre Erkenntnistheoretiker« durchaus plausibel erklären – auch mit einer stetigen Welt. Zwar haben Frühmenschen den Wechsel von Eiszeiten und Wärmeperioden erlebt, aber Veränderungen des Erdklimas zogen sich über Jahrtausende hin – langsam genug, um nicht bewußt wahrgenommen zu werden und außerdem Zeit zur Anpassung zu geben. Schon deswegen erlaubt es unser Erwartungshorizont nicht, uns eine menschengemachte Klimakatastrophe innerhalb von wenigen Jahrzehnten vorzustellen. Unvorstellbar sind die Folgen auch anderer technischer Ereignisse. Wenn wir schon kein natürliches Empfinden für die Folgen des Aufpralls eines langsam fahrenden Autos auf einen Laternenmast haben, wie sollen wir uns dann eine Atombombenexplosion vorstellen können?

Bestätigt das nicht doch den biologischen Fatalismus, oder verlangt es umgekehrt, auf Wissenschaft und moderne Technik zu verzichten, weil diese eine eiszeitgeprägte menschliche Natur überforderten? Es fällt schwer zu entscheiden, welche der beiden Positionen die naivere ist. Die eine verleitet dazu, resignierend den Weltuntergang zu erwarten, die andere verlangt blind Verzicht auf Wissenschaft und Technik. Die Probleme unserer Welt sind jedoch weder durch Resignation noch durch Maschinenstürmerei zu lösen. Wir müssen vielmehr versuchen, die Möglichkeiten *vernünftig* zu nutzen, die uns Wissenschaft und Technik geben.

Um Gefahren zu erkennen, haben sich auch »Primitive« nicht auf ihren natürlichen Erwartungshorizont verlassen. Vergegenwärtigen wir uns noch einmal die Funktion des Weltbildes für das Verhalten eines Desana. Der Jäger schonte das Wild nicht, weil er eine unmittelbare Anschauung gehabt hätte, wie gefährdet die Wildbestände im Urwald waren. Es war vielmehr sein Weltbild, das die ihm zugänglichen unmittelbaren Anschauungen in Übereinstimmung zur Ökologie des Urwalds brachte. Das Weltbild übersetzte subjektive Wahrnehmungen und Handlungen in die objektive Notwendigkeit, den Lebensraum zu erhalten.

Um die Folgen unserer künstlich ausgeweiteten Handlungsfähigkeit abzuschätzen, sind wir daher keinesfalls auf unsere natürliche Wahrnehmungsfähigkeit angewiesen. Wie das Klimabeispiel zeigt, wäre es gefährlich, dem Erwartungshorizont einer stetigen Welt zu vertrauen. Es könnte zu Schlußfolgerungen verleiten, die dem Veränderungspotential unserer Technik nicht entsprechen. Dieselbe Wissenschaft, die solche Veränderung erlaubt, eignet sich jedoch auch dazu, das den Veränderungen angemessene Instrumentarium zum Erkennen der Folgen wissenschaftlich-technischer Veränderungen zu entwickeln.

Handlungsmöglichkeiten

Ebensowenig darf die Verwirklichung des als notwendig Erkannten von der Bereitschaft des einzelnen abhängig sein, sein Verhalten freiwillig den Erfordernissen anzupassen. Vermutlich aufgrund unserer evolutionären Herkunft aus Kleingruppen sind wir Menschen, mit denen wir in persönlichem Kontakt stehen, emotional stärker verpflichtet als entfernten. Über Mimik und Körperhaltung verständigen wir uns aufgrund angeborener Programme automatisch. Unsere eigenen Wünsche und Interessen, die unserer nächsten Verwandten und vielleicht einiger Freunde sind uns wichtiger als die von Fremden. Die globale Überlebensgemeinschaft, zu der sich die Menschheit durch eine Vielzahl wirtschaftlicher, militärischer und ökologischer Wechselwirkungen entwickelt hat, rangiert im Vergleich zu diesem sozialen Nahbereich erst an zweiter Stelle.

Fernsehbilder hungernder Menschen in fernen Kontinenten wecken vorübergehend Mitleid. Sehen wir solche Katastrophenbilder öfter, dann stumpfen wir ab. Die Lebensbedingungen künftiger Generationen scheren uns nicht, wenn die Annehmlichkeiten des eigenen Lebens auf dem Spiel stehen. Mit dem richtigen Feindbild werden Massenvernichtungswaffen, die unterschiedslos Kinder, Frauen und Männer töten, zu unschuldigen »Verteidigungs«mitteln. Verantwortung gegenüber der Natur empfinden wir, wenn wir im Wald die Überreste eines Picknicks beseitigen; fordert man beim Autofahren zu Geschwindigkeitsbeschränkungen auf, dann offenbart sich eine ambivalentere Beziehung zur Natur. Vielen erscheinen selbst Haar- und Achselspray weniger verzichtbar als die lebenschützende Ozonschicht um die Erde.

Weitere Beispiele erübrigen sich, die Schlußfolgerung bliebe gleich. Ebensowenig wie wir die Gefahren der heutigen Welt mit unserer natürlichen Wahrnehmungsfähigkeit erkennen, genügt unsere spontane Bereitschaft, diesen Gefahren durch verändertes Verhalten zu begegnen. Natürliche Neigungen, bei denen zweifellos Angeborenes eine Rolle spielt, machen uns anfällig für die Versuchungen und Verlockungen unserer Zivilisation. Aber auch diese realistische Einschätzung menschlicher Schwäche rechtfertigt nicht das fatalistische Argument, aufgrund »angeborener Verhaltensweisen« seien wir den Problemen der selbstgeschaffenen technischen Zivilisation nicht gewachsen.

Wie Urukaginas Anklage gegen seine Vorgänger erkennen läßt, entstand schon vor viereinhalb Jahrtausenden ein vergleichbares Zivilisationsproblem. In Stammesgesellschaften waren persönliche Bindungen und gegenseitige Verpflichtungen die Grundlagen des Zusammenlebens gewesen. Auf der Ebene von Personen, die in unmittelbarer Beziehung zueinander stehen, wurden Verteilungsfragen geregelt, Konflikte gelöst, und auf dieser Ebene wurde auch der Mächtige kontrolliert. Nachdem dieses System mit der Entstehung staatlich organisierter Gesellschaften aufgehoben war, entstand die Gefahr von Willkür und Machtmißbrauch. Nicht persönlich gebunden, konnten einzelne Individuen ihren eigennützigen Impulsen folgen. Die Idee eines allgemeinen göttlichen Rechts, das auch den Mächtigen band, löste dieses Problem. Einmal entstanden, erwies sich die Idee in der Folgezeit als überaus entwicklungsfähig. Über die Lösung des ursprünglichen Problems »Kontrolle von Macht« hinaus wies sie den Weg dazu, zwischenmenschliche Beziehungen auf der allgemeinen, unpersönlichen Basis von Gesetz und Recht zu regeln.

Sehen wir mit Durkheim in Göttern und den von ihnen geschaffenen Ordnungen Projektionen gesellschaftlicher Zustände, dann ergibt sich eine einfache Relation. Nachdem die Funktionalisierung der wirtschaftlichen und sozialen Beziehungen im Staat die Gefahr von Machtmißbrauch und Orientierungslosigkeit heraufbeschworen hatte, mußten neue, überpersönliche Formen der Regelung sozialer Beziehungen geschaffen werden. Gelöst wurde das Problem durch eine allgemein verbindliche Rechtsordnung auf derselben unpersönlichen Ebene, auf der es entstanden war. Diese Rechtsordnung setzte zwar voraus, als notwendig und legitim anerkannt zu werden, aber ihre Befolgung war nicht von der spontanen Bereitschaft der Betroffenen abhängig, ihr Verhalten den Erfordernissen anzupassen. Die Berichte sumerischer Schreiber über drakonische Strafen gegen Gesetzesbrecher zeigen deutlich genug, daß die Einhaltung des Rechts von Anfang an erzwungen werden mußte.

Die Frage, wie Menschen veranlaßt werden können, sich in Übereinstimmung mit Notwendigkeiten zu verhalten, die ihren persönlichen Wünschen und Interessen übergeordnet sind, hat sich somit schon seit vier Jahrtausenden erledigt: durch Gesetze und eine Rechtsordnung, die Gesetzestreue erzwingt. Ob wir aufgrund *natürlicher Veranlagung* spontan bereit sind, in Übereinstimmung mit Erfordernissen zu leben, die unseren eigenen Interessen, Zielen und Wünschen übergeordnet sind, steht seitdem nicht mehr zur Debatte. Die Frage nach der spontanen Bereitschaft des Mächtigen, seine Macht nicht zu mißbrauchen, ist schon im Codex Hammurabi um 1800 v. Chr. beantwortet worden. »Ein unterdrückter Mann, der eine Rechtssache hat«, liest man da, »soll vor meine Statue, die des Königs der gerechten Ordnung, hingehen, meine geschriebene Stele sich vorlesen lassen, ... so daß er sein Recht sieht.«

Das grundsätzliche Problem und seine Lösung sind seit vier Jahrtausenden gleich geblieben. Ausschlaggebend ist nicht unsere spontane Bereitschaft. Die Frage nach dem »ob« ist längst beantwortet, offen ist die nach dem »wie«. Nicht »angeborene Verhaltensweisen« sind das Problem, das Problem ist politische Realisierbarkeit: Wie läßt sich eine Rechtsordnung bzw. eine Vertragsordnung im zwischenstaatlichen Bereich herstellen, die dem Ausmaß der Bedrohungen, der Zerstörungen sowie der sozialen und politischen Probleme der modernen Welt gerecht wird? Aufklärung über Legitimität und Notwendigkeit ist wichtig, aber wie schon Urukagina wußte, darf die Einhaltung nicht von der persönlichen Einsicht aller Betroffenen abhängig gemacht werden.

Eine solche Ordnung zu schaffen, mag eine schwierige, bei realistischer Einschätzung der politischen Verhältnisse sogar kaum lösbar erscheinende Aufgabe sein. Aber im Gegensatz zur fatalistischen Überzeugung, Natur programmiere uns zur Selbstvernichtung, ist diese Ordnung von Natur aus eben nicht ausgeschlossen. Diese Erkenntnis gibt nicht nur Anlaß zur Hoffnung; über Hoffnung hinaus verweist sie auf die Notwendigkeit, politisch zu handeln. Denn eine solche Ordnung wird sich nicht von selbst einstellen. Sie muß in der Auseinandersetzung mit den Kräften erkämpft werden, die den gegenwärtigen Zustand geschaffen haben und an seiner Aufrechterhaltung interessiert sind.

3. Die Sehnsucht nach der verlorenen Einheit des mythischen Weltbildes

Woran unsere Zivilisation krankt, ist daher nicht ein Gegensatz zwischen hypertrophierender Technik und einer unzureichenden angeborenen Moral. Was fehlt, ist vielmehr die Anwendung der viereinhalb Jahrtausende alten Idee, Macht müsse durch Recht kontrolliert werden, auf die heute dominierende Form der Ausübung von Macht. Zu fragen ist, was heutige Macht von früherer unterscheidet.

Die Antwort liegt anscheinend auf der Hand. Macht in den ersten Staaten bedeutete Kontrolle über große Menschenmassen, Technik spielte eine nur untergeordnete Rolle. Die Beispiele der Inka- und Azteken-Reiche zeigen, daß auf der Grundlage einer einfachen Steinzeittechnik ohne Zugtiere und Wagen Hochkulturen entstehen konnten, die denen der Alten Welt ebenbürtig waren. In den am weitesten entwickelten Industriegesellschaften dagegen ist Macht unmittelbar mit der Kontrolle über das Instrumentarium der Naturwissenschaft und einer auf *naturwissenschaftlichen Methoden* beruhenden Technik verbunden.

Werkzeuge und Waffen früherer Kulturen, Faustkeil, Speer und Speerschleuder, Landwirtschaft usw. wurden von Menschen entwickelt, die weder Hebel- noch Vererbungsgesetze kannten. Naturbeobachtung und geduldiges Probieren und Verbessern nach dem Versuch- und Irrtumprinzip genügten. Modernes Hochleistungssaatgut, Atombomben, Kernreaktoren, gentechnisch veränderte Mikroorganismen, neue genetische Diagnose- und Therapiemöglichkeiten wären dagegen ohne systematische naturwissenschaftliche Erforschung der Mendelschen Vererbungsgesetze, des Aufbaus des Atomkerns sowie von Struktur und Funktionen der Zellmaschinerie unmöglich.

Sind daher die Naturwissenschaft und die aus ihr abgeleitete moderne Technik Ursachen der Fortschrittskrise? Eine wachsende Zahl von Kritikern sieht hier die Wurzeln des Übels. Die politische Frage, wie eine soziale Ordnung zu schaffen sei, die dem Veränderungs- und Zerstörungspotential der Technik gewachsen wäre, rückt damit erneut in den Hintergrund. Die damit verbundene Gefahr einer weiteren Fehldiagnose rechtfertigt die genauere Analyse. Anstatt nach den wirtschaftlichen und politischen Faktoren zu fragen, die den wissenschaftlich-technischen Fortschritt prägen, und nach alternativen Wegen zu suchen, wird unpolitisch ein Verzicht auf Forschung gefordert oder gar eine neue Wissenschaft proklamiert, die die verlorene Einheit des mythischen Weltbildes wiederherstellen soll.

Unsere Zeit kranke daran, daß zu seinen Lebzeiten zwei Kerne mißhandelt* worden seien, diagnostiziert zum Beispiel ein bekannter skeptisch gewordener Biochemiker. Selbstverliebt in seine Sottisen artikuliert er seit nunmehr einem Jahrzehnt mit wachsender Resonanz ein vorwiegend ästhetisches Unbehagen am heutigen Forschungsbetrieb, das seine Ideale in der – aus bürgerlicher Sicht – heilen Welt des 19. Jahrhunderts sucht. Dazu gesellt sich die wachsende Zahl von Fundamentalisten, denen wissenschaftlich-technische Innovation als grundsätzlich von Übel erscheint – Opium für das Volk, erdacht, um die gegenwärtige Misere zu perpetuieren. Fundamentalistisch heißt die Lösung konsequenterweise Verzicht auf grundlegendere wissenschaftlich-technische Neuerungen. Legitim erscheint ebenfalls noch Bastelei. Den weltanschaulichen TÜV passiert höchstens noch der Heimwerkerkasten, am besten mit Handbohrmaschine. Das Ergebnis ist eine unpolitische Verweigerungshaltung, über die, da sie sich argumentativ unantastbar gibt, die Entwicklung von Wissenschaft und Technik einfach hinweggeht.

---

* Gemeint sind die Spaltung des Atom- und des Zellkerns, d. h. die Atombombe und der Atomreaktor sowie die Genmanipulation.

Ernst zu nehmen ist dagegen der naturphilosophische Versuch, die Ursachen der Fortschrittskrise im cartesianischen Geist der Naturwissenschaft zu suchen. Gemeint ist die Philosophie René Descartes', der im 17. Jahrhundert den lebenden Organismus zum Automaten erklärt und dadurch die physikalisch-mechanische Erforschung von Lebensvorgängen legitimiert hatte. Damit steht die naturwissenschaftliche Methode selbst unter Anklage. Sie zerlege, so der Vorwurf, die Mannigfaltigkeit eines lebendigen komplexeren Ganzen in überschaubare tote Einzelteile, um anstelle des Ganzen die Bestandteile zu untersuchen. Angesichts des universalen Erklärungsanspruchs von Naturwissenschaft legitimiere das so gewonnene eingeschränkte Weltbild die Zerstörung der Natur und die Anpassung des Menschen an eine von technischer Rationalität beherrschte Schöne Neue Welt.

Folglich sehen Vertreter dieser anticartesianischen Fortschrittskritik die Lösung in einer radikalen Erneuerung der Wissenschaft. Ihnen schwebt die Utopie einer alternativen Wissenschaft vor, die jene von der heutigen ausgeblendete Moralität im Umgang mit der Natur wieder enthält. Gesucht wird eine Wissenschaft, die so offen und so vielschichtig wäre wie die Welt, die sie beschriebe, und so umfassend und anfechtbar, wie die Natur verletzlich ist, zu deren Veränderung sie beitragen könnte.

Ziel einer solchen hypothetischen Wissenschaft ist es, die Folgen von Eingriffen und Veränderungen in die Natur gleich in den Forschungsansatz zu integrieren. Naturforschung, so das Ideal, soll zukünftig im Gesamtzusammenhang der Wechselwirkung von natürlichen und sozialen Zusammenhängen betrieben werden. Die übergeordneten sozialen und ökologischen Ziele sollen als Forschungsleitprinzipien bereits in der Art der Naturbetrachtung enthalten sein. Es geht also um mehr als die Berücksichtigung der Folgen technischer Eingriffe im Gesamtzusammenhang der Natur und die politische Orientierung des wissenschaftlich-technischen Fortschritts auf soziale Ziele hin. Nichts Geringeres als die naturphilosophische Erneuerung der verlorenen Einheit des mythisch-religiösen Weltbilds steht auf dem Programm.

Um der Natur den Status einer »natürlichen Mitwelt« zuzusprechen, deren Belange den menschlichen prinzipiell gleichwertig sein sollten, greift zum Beispiel der Naturphilosoph Klaus Meyer-Abich auf zweieinhalb Jahrtausende alte platonische Vorstellungen einer beseelten Natur zurück. Gesellschaftsordnung und Naturordnung erscheinen dann als Manifestationen ein und desselben Prinzips:

»Denn in der Seele sind beide gleichursprünglich. Der Mensch wäre dann im Sinn von Natur ein politisches Wesen, daß die Natur ... in uns politisch wird.« (Meyer-Abich 1987/88)

Auch beste ökologische Absicht rechtfertigt jedoch nicht einen metaphysischen Reduktionismus, der Gesellschaftsordnung und Naturordnung wieder auf ein einheitliches Prinzip zurückführen möchte. Wir haben nun einmal vom Baum der wissenschaftlichen Erkenntnis gegessen. Wie ich in diesem Buch beschrieben habe, werden gesellschaftliche Ordnungen von anderen Prinzipien beherrscht als natürliche. Die gesellschaftlichen Ordnungen von *Homo sapiens sapiens* beruhen auf kulturellen Prinzipien, die natürlichen Ordnungen aller übrigen Arten auf genetischen.

Fraglich ist außerdem, ob der Natur dadurch geholfen werden kann, daß wir sie als beseelt ansehen. Aus unserer Welt führt kein Weg zum Glauben der Desana zurück, die Seele eines getöteten Tieres oder der Geist eines gefällten Baumes müsse rituell versöhnt werden. Kriterien für einen anderen Umgang mit Natur – sei es die Erhaltung von Feuchtbiotopen, der Schutz unserer Wälder, die Rettung der Ozonschicht oder die Lebensweise zukünftiger Brathähnchen – müssen wir in dem Bewußtsein unserer eigenen Verantwortung entwickeln. Zur Kontrolle wirtschaftlich-technischer Aktivität die Vorstellung einer beseelten Natur einzuführen, bedeutet erneut, den Umweg über religiöse Vorstellungen zu gehen, während es tatsächlich um höchst irdische Dinge geht. Um die Natur zu schützen, um Haustiere artgerecht zu halten, müssen wir nicht an einen Herrn der Tiere glauben, der die Zerstörung der Natur und die Mißhandlung seiner Geschöpfe rächt.

Unbestreitbar trägt die Naturwissenschaft dadurch, daß sie die Frage nach Werten ausklammert, indirekt auch zur Zerstörung der Natur bei. Ihr das anzulasten, wäre jedoch falsch. Denn es ist nicht Teil des naturwissenschaftlichen Programms, sondern nur Folge einer unzulässigen Verabsolutierung des naturwissenschaftlichen Weltbildes. Der Erfolg der Naturwissenschaft beruht darauf, Untersuchungen auf den Teil der Wirklichkeit zu beschränken, der durch Messen und Beobachten objektivierbar ist. Werte kommen in einem solchen Untersuchungsansatz prinzipiell nicht vor.

Wenn Wissenschaftler daraus folgern, da sie nirgendwo in der Natur Werte entdeckt hätten, gäbe es sie nicht, dann ist das nur der Ausdruck persönlicher Inkompetenz. Sie kennen nicht die Grenzen ihrer naturwissenschaftlichen Kompetenz. Fragen wie die, ob die wirtschaftlichen Vorteile der Batteriehaltung die Leiden der auf engem Raum eingepferchten Hühner rechtfertigen, ob Tiere zu Forschungszwecken gebraucht werden dürfen oder ob ein Staudammprojekt das Aussterben einer Fischart rechtfertigt, kann die Naturwissenschaft nicht beantworten. Denn die Frage, was das Leiden von Tieren oder was eine Fischart wert sei, ist eine Wertfrage, die zu beantworten außerhalb ihrer Kompetenz steht.

Antworten, die Wissenschaftler dennoch geben, sind keine wissenschaftlichen Antworten. Sie sind, auch wenn die Betreffenden es nicht wahrhaben wollen, durch die persönlichen Werturteile und nicht selten auch die Interessen von Wissenschaftlern geprägt. Solchen Werturteilen aber ist nicht deswegen ein höherer Rang als denen von Laien zuzubilligen, weil es Antworten von Wissenschaftlern sind. Die Werturteile, die in gesellschaftlichen Entscheidungen über die Legitimität von Eingriffen in die Natur und die Behandlung anderer Lebewesen enthalten sind, können in den Naturwissenschaften nicht enthalten sein. Sie müssen über politische Entscheidungsprozesse gesucht werden. Voraussetzungen solcher Entscheidungen sind Aufklärung, Vernunft und Menschlichkeit.

So berechtigt die Sorgen und die Trauer über die um sich greifenden Zerstörungen sind, eine wie immer veränderte Wissenschaft könnte nichts zur Rettung der Natur beitragen. Denn die Ursachen der Naturzerstörung liegen nicht im cartesianischen Geist der Wissenschaft. Nehmen wir das Artensterben, die Rodung tropischer Regenwälder, die Erosion und die Versteppung in großen Teilen der Dritten Welt als eines der gegenwärtig drängenden ökologischen Probleme der Erde. Die Ursachen liegen im wirtschaftlich-politischen Bereich: 1. Zerstörung einst autonomer Gesellschaften und Verelendung durch Kolonialismus und Neokolonialismus; 2. Bevölkerungswachstum und Hunger – ausgelöst zum einen Teil durch 1., zum anderen durch Einführung moderner Hygiene und Medizin; 3. Eigentumsverhältnisse, in denen eine kleine Oberschicht den größten Teil des fruchtbaren Bodens besitzt und die Massen landloser Menschen zwingt, das zum Überleben benötigte Land ohne ökologische Rücksichten durch Roden von Urwald zu gewinnen; 4. Anbau von Nahrungs- und Futtermitteln in riesigen Plantagen für den Export in Industriestaaten; 5. wirtschaftliche Machtverhältnisse, die es den Industriestaaten erlauben, die Austauschrelationen im Handel mit Entwicklungsländern zu diktieren; 6. bürokratische Allmacht in Verbindung mit Inkompetenz und nicht selten Korruption in den betroffenen Ländern selbst.

Mit einer veränderten Wissenschaft wird der Naturzerstörung in den

Armutsregionen der Erde ebensowenig beizukommen sein wie hierzulande der Verschmutzung der Gewässer, der Veränderung der Atmosphäre und anderen großen Umweltproblemen unserer Zeit. Die Beendigung des Artensterbens in der Dritten Welt setzt, wie Erik Eckholm in einer Studie des World Watch Institute gezeigt hat, einschneidende soziale und politische Veränderungen voraus. Eine davon ist die Überwindung des Elends, das eine der Ursachen der Bevölkerungsvermehrung und damit auch des Raubbaus an der Natur ist. (Eckholm 1978) Das Elend in den Armutsregionen der Erde wiederum kann nur mit massiver Hilfe aus reichen Ländern überwunden werden. In anderen Worten, *unser* denkbarer Beitrag zur Beendigung des Raubbaus an der Natur in der Dritten Welt sind nicht neue wissenschaftliche Paradigmen oder gar ein Verzicht auf Forschung. Benötigt wird eine Veränderung der wirtschaftlichen Austauschrelationen zwischen Industrie- und Entwicklungsländern, dazu eine dem Entwicklungsstand und der Sozialstruktur der Empfängerländer entsprechende technische Hilfe.

Zweifellos ist es wichtig, die Folgen menschlicher Eingriffe in die Natur durch Erfassung der Folgen im Gesamtzusammenhang zu erforschen. Aber dazu wird keine neue Wissenschaft benötigt; die bestehende genügt. Ursachen der Krise der wissenschaftlich-technischen Welt, angefangen bei Umweltproblemen, über Bevölkerungswachstum und Hunger bis zur Gefahr der atomaren Selbstvernichtung der Menschheit, sind nicht die Mißhandlung irgendwelcher Kerne oder der cartesianische Geist der Wissenschaft. Die Krise hat soziale und politische Ursachen. Wissenschaft und Technik liefern nur den Hebel, mit dem diese politischen Ursachen auf Natur und Menschheit übertragen werden.

4. Die Antriebskräfte des Fortschritts in der Neuzeit

Die ersten Symptome der Fortschrittskrise unserer Zeit zeichneten sich schon während der Industriellen Revolution im 18. Jahrhundert ab, in einer Zeit, in der naturwissenschaftliche Erkenntnisse noch keine Bedeutung in wirtschaftlichen Prozessen hatten. Zwar hatte Descartes schon 1637 in seinem *Discours de la Méthode* erklärt, wir würden »die verschiedenen Gewerbe unserer Handwerker verstehen, und durch Anwendung dieser Erkenntnis für jedweden Nutzen, für den sie geeignet ist, könnten wir uns selbst zu Herren und Meistern über die Natur machen«, aber dies blieb bis ins 19. Jahrhundert nur Programm. Allen Descartes- und Bacon-Zitaten, den Präambeln der französischen wie der englischen Wissenschaftsakademien des 17. Jahrhunderts zum Trotz haben bis in die Mitte des 19. naturwissenschaftliche Erkenntnisse so gut wie nichts zu den umwälzenden Veränderungen der Industriellen Revolution beigetragen.

Die Maschinen der Industriellen Revolution wurden von Handwerkern und Ingenieuren entwickelt. Ihre Konstrukteure waren Praktiker ohne wissenschaftliche Ausbildung und Kenntnisse. Den gelehrten Mitgliedern der »Royal Society« oder der »Académie des Sciences« standen sie so fern wie die Erbauer der Kriegsmaschinen der Antike der Philosophenschule von Athen. (Zilsel 1976) Erst um die Mitte des 19. Jahrhunderts wurden allmählich naturwissenschaftliche Erkenntnisse wirtschaftlich verwertet, zum Beispiel Carnots Berechnungen über den Wirkungsgrad von Wärmekraftmaschinen, Liebigs Agrikulturchemie, später das Thomas-Verfahren zur Verhüttung phosphorhaltiger Erze, Pasteurs mikrobiologische Forschung über die Ursachen von Gärungsprozessen usw.

Obwohl Naturwissenschaftler erst um die Mitte des vergangenen Jahrhunderts einen vergleichsweise bescheidenen Beitrag zu wirtschaftlich nutzbaren Verfahren geliefert haben und die organisierte Großforschung erst in unserem zum systematisch geförderten Wirtschaftsfaktor geworden ist, herrschten in den Zentren der Industrialisierung Lebens- und Arbeitsbedingungen, gegenüber denen die heutigen Ökoprobleme und auch die sozialen Folgen von Technik harmlos erscheinen. Denken wir an die rauchgeschwängerten Industrierevicre, deren Bewohner kaum je die Sonne zu sehen bekamen, an den Hunger und das Elend, an die Kinder, die in Fabriken und Kohlegruben tief unter der Erde zugrunde gerichtet wurden, und an die Verbreitung von Infektionskrankheiten wie Tuberkulose. Vergegenwärtigen wir uns auch die Lebensbedingungen der Arbeiterklasse, dann läßt sich mit Fug und Recht behaupten, daß in den Zentren der Industrialisierung schon vor Jahrhunderten die ökologische und soziale Krise herrschte. Ebensowenig sollten wir übersehen, daß neben dem Kampf der Arbeiterklasse um bessere Lebens- und Arbeitsbedingungen auch naturwissenschaftliche Erkenntnisse entscheidend dazu beigetragen haben, daß solche Verhältnisse in den Industriestaaten heute überwunden sind – zum Beispiel Pasteurs Untersuchungen über die mikrobiellen Ursachen von Infektionskrankheiten, durch die er die Notwendigkeit von Hygiene bewies.

Ideologisch wurzelt die soziale und ökologische Krise der frühkapitalistischen Industrialisierung also nicht im cartesianischen Geist der neuzeitlichen Wissenschaft. Geistiger Nährboden sind vielmehr die von Max Weber eingehend untersuchte »protestantische Ethik und der Geist des Kapitalismus«. Es war das puritanische Ethos, das Askese zur Ansammlung von Reichtümern zum religiös begründeten Zweck des menschlichen Daseins erhob: »Denn indem die Askese aus den Mönchszellen heraus in das Berufsleben übertragen wurde und die innerweltliche Sittlichkeit zu beherrschen begann«, so Weber vor nunmehr neun Jahrzehnten, »half sie an ihrem Teile mit daran, jenen mächtigen Kosmos der modernen, an die technischen und ökonomischen Voraussetzungen mechanisch-maschineller Produktion gebundenen, Wirtschaftsordnung zu erbauen, der heute den Lebensstil aller Einzelnen, die in dieses Triebwerk hineingeboren wurden..., mit überwältigendem Zwange bestimmt und vielleicht bestimmen wird, bis der letzte Zentner fossilen Brennstoffs verglüht ist.« (Weber 1904–6)

Ökonomisch war das Neue am Kapitalismus nicht das Verlangen einer herrschenden Klasse nach Wohlstand und Reichtum. Dieses Verlangen läßt sich, wie wir gesehen haben, schon vor Jahrtausenden in der Entstehungsphase der ersten Staaten erkennen. Ausschlaggebend war vielmehr die besondere Form der kapitalistischen Akkumulation. Im Tributsystem hatten die Erzeuger weiterhin Kontrolle über die Produktionsmittel oder zumindest Zugang zu diesen. Sie mußten durch nichtökonomische Mittel, zum Beispiel religiöse Autorität oder physische Gewalt, *gezwungen* werden, Überschüsse zu erzeugen und abzugeben. Der Kapitalismus dagegen entzog ihnen diese Kontrolle. Indem er menschliche Arbeit zur kontrollierbaren Ware machte, die dem Marktgesetz von Angebot und Nachfrage unterworfen war, integrierte der Kapitalismus die »Tribut«pflicht als rational begründetes wirtschaftliches Instrument in den ökonomischen Prozeß. Dazu kommt eine zweite grundlegende Neuerung: Das Tributsystem konsumierte seine Überschüsse. Beamtenapparat, Priesterschaft, Heer, Hofstaat und Herrscher verbrauchten das, was sie den Erzeugern abgefordert hatten. Im Kapitalismus dagegen wurden Überschüsse systematisch zur Ansammlung von produktivem Kapital – nicht nur von Reichtümern – verwendet. Auf diese Weise entstand das erste selbstregulierte *expansive* Wirtschaftssystem der Menschheit. Die Zusammenhänge sind seit Marx bekannt. Ich erinnere an sie, um den Beitrag des technischen Fortschritts zu dieser Entwicklung zu beleuchten.

Die *Technik* der Industriellen Revolution steigerte erstens die Produktivität der menschlichen Arbeit – zum Beispiel durch Mechanisierung und den Einsatz fossiler Energiequellen. Auf diese Weise half Technik, die Kapitalansammlung zu beschleunigen. Der technische Fortschritt wurde zu einer wichtigen Antriebskraft wirtschaftlichen Wachstums. Auf einer zweiten Ebene diente er dazu, einen komplexen Arbeitsvorgang, der einen hochqualifizierten Arbeiter erfordert hätte, in einfache Teilschritte zu zergliedern, von denen jeder von unqualifizierten und damit billigeren Arbeitskräften übernommen werden konnte. Die dritte, nicht weniger wichtige Funktion der industriellen Technik war es, die Kontrolle über die Arbeiter zu erleichtern. Wie Andrew Ure vor anderthalb Jahrhunderten erkannt hat, war eine der Hauptschwierigkeiten der Industrialisierung gewesen, »Menschen so zu trainieren, daß sie ihre unregelmäßigen Arbeitsgewohnheiten ablegen und sich mit der unveränderlichen Regelmäßigkeit des komplexen Automaten identifizieren«. Industrielle Technik erfüllte genau diesen Zweck. Das, so Ure, »edle Werk Arkwrights«, eines Mechanikers, der Spinnmaschinen konstruierte, war ein Meilenstein auf dem Weg, Menschen zu abhängigen und kontrollierbaren Anhängseln der Maschine zu machen.

Kurz, die grundlegende soziale und ökologische Problematik moderner Technik ist bereits in den Anfängen des kapitalistischen Industriesystems enthalten. Wie fragwürdig die soziale Legitimation auch gewesen sein mag, aus dieser Kombination zweier Elemente, nämlich industrieller Technik und kapitalistischer Ökonomie, entstand das erste selbstregulierte expansive Wirtschaftssystem der Menschheitsgeschichte. Wirtschaftlich hat der real existierende Sozialismus bisher keine Weiterentwicklung gebracht. Im Gegenteil: Er vereinigt das progressive Element einer vom Kapitalismus kopierten industriellen Technik mit dem archaischen der bürokratischen Kontrolle über die Produktionsmittel. Politisch bietet er bisher keine wünschenswerte Alternative.

5. Pharaonen im Industriezeitalter

Es war die Leistung des Kapitalismus, die Anfangsbedingungen der Industrialisierung überwunden und die Grundlagen eines in der Menschheitsgeschichte einmaligen Wohlstands geschaffen zu haben.

Diese historische Erfahrung nährt heute die Hoffnung, die großen Probleme unserer Zeit ließen sich auf ähnliche Weise lösen, falls nur über Umweltschutzgesetze und soziale Reformen die Rahmenbedingungen den veränderten Gegebenheiten angepaßt würden. Wie wenig realistisch diese Hoffnung ist, zeigt sich, wenn man mehrere grundsätzliche Einschränkungen berücksichtigt:

1. Bis in unser Jahrhundert war die Regenerationsfähigkeit der Natur im Verhältnis zum Veränderungs- und Zerstörungspotential der Technik praktisch unbegrenzt. Irreparable Schäden blieben auf einzelne Regionen begrenzt. Die Entwicklung von Wirtschaft und Technik nach dem Zweiten Weltkrieg hat ein bisher partielles Problem zu einem prinzipiellen gemacht, und bisher regional begrenzte irreparable Schäden treten nun erstmals global auf.

2. In welchem Ausmaß die Einbeziehung und Ausplünderung der heutigen Entwicklungsländer zum Aufstieg des Kapitalismus in Europa und der Industriellen Revolution beigetragen haben, hat Eric Wolf in seinem Buch *Europa and the People without History* eindrucksvoll beschrieben – zum Beispiel als Lieferant billiger Rohstoffe und als Absatzgebiet für industrielle Massenware wie Baumwollstoffe. (Wolf 1982) Internationale Arbeitsteilung und Industrialisierung nach dem Modell der heutigen Industrienationen als Lösung der Probleme der sogenannten Entwicklungsländer vorzuschlagen, grenzt angesichts dieser Entwicklung an Zynismus. Angesichts der erdrückenden wirtschaftlichen und technologischen Überlegenheit der Industrienationen setzt, wie Fröbel, Heinrichs und Kreye in ihrer Untersuchung *Die Neue Internationale Arbeitsteilung* gezeigt haben, unter dem Vorzeichen des Austauschs zwischen gleichberechtigten Partnern die alten Ausbeutungsverhältnisse in modernisierter Form fort.

3. Die überragende Bedeutung der Rüstungsforschung auch für den zivilen Sektor (das zivile »high tech« ist zu einem erheblichen Teil Abfallprodukt der Rüstungsforschung, so die Kernenergienutzung einschließlich Wiederaufarbeitung, die Computertechnik, Mikroelektronik, die Weltraumtechnik usw.) in Verbindung mit der Konzentration wirtschaftlicher Macht und der gewachsenen Komplexität der modernen Technik schränken das innovative Potential der Gesamtwirtschaft auf eine kleine, ständig schrumpfende Zahl großer Konzerne ein. Auch die Tatsache, daß nach technischen Durchbrüchen wie der Mikroelektronik oder der Gentechnik forschungsintensive Kleinunternehmen wie Pilze aus dem Humus der staatlich finanzierten Forschung an öffentlichen Institutionen schießen, widerlegt die These

nicht. Sie sind vorgeschaltete Zwischenstufen. Endabnehmer sind die Konzerne, deren Ziele und Interessen die Forschungsprogramme auch der kleinen Forschungsverwertungsfirmen bestimmen. Diese Konzentration des Innovationspotentials ganzer Volkswirtschaften auf eine begrenzte Zahl großer Konzerne führt zu einem Mangel an technischen Alternativen. Da auch der Staat auf diese Projekte setzt, wird eine ganze Volkswirtschaft vom Gelingen einer relativ geringen Zahl grundlegender Entwicklungen abhängig. Das soziale Profil dieser Techniken ist, wie im nächsten Abschnitt zu zeigen sein wird, weniger vom Bedarf der Verbraucher als durch die Interessen derjenigen bestimmt, die diese Techniken entwickeln.

4. Verbreitete Armut, später unerfüllte Konsumwünsche ließen Wirtschaftswachstum als Voraussetzung für wachsenden Wohlstand auch um den Preis sozialer Ungerechtigkeit und Konflikte als ein vorrangiges gesellschaftliches Ziel erscheinen. Die inzwischen eingetretene partielle Sättigung rückt bisher vernachlässigte Nebenwirkungen wie Naturzerstörung, zunehmende Sinnentleerung des Lebens und Arbeitens und soziale Probleme wie technikbedingte Massenarbeitslosigkeit vor dem Hintergrund eines weiter wachsenden Ausstoßes an Gütern und Dienstleistungen in den Vordergrund.

Eine Grenze der Anpassungsfähigkeit von Natur und Gesellschaft ist erreicht. Durch die Entwicklung der Technik wie durch einen Hebel verstärkt, sind die bisher vernachlässigten Nebenwirkungen zu Hauptwirkungen geworden: Naturzerstörung im Weltmaßstab; Verelendung und Bevölkerungswachstum in den Armutsregionen der Erde; Massenarbeitslosigkeit durch technische Entwicklungen wie Automation; die wachsenden sozialen Belastungen durch Rüstung und die durch das Wettrüsten ausgelöste Bedrohung allen höheren Lebens auf der Erde. Ursache dieser Entwicklungen ist eine Verbindung zweier Elemente: von wissenschaftlich-technischem Fortschritt und partikularen bzw. nationalen Interessen. Das Ergebnis ist ein Fortschritt, der sich nicht an übergeordneten sozialen Erfordernissen und nicht an der Notwendigkeit orientiert, die Natur zu erhalten.

Da Macht die Chance ist, den eigenen Willen auch gegen Widerstreben durchzusetzen, sind diejenigen, die sich des Instrumentariums von Wissenschaft und Technik bedienen, die Machthaber unserer Zeit. Das sind: 1. Wissenschaftler, die, wie jetzt die Gen-Forscher, ein bis dahin anwendungsfernes Forschungsgebiet technisch nutzbar machen und gezielt auf wirtschaftliche Verwertung hinarbeiten; 2. Großunternehmen in forschungsintensiven Bereichen wie im Fall der Gentechnik die Pharma- und Chemieindustrie, die auf Verwertung drängen (Herbig 1982); 3. der militärisch-wissenschaftlich-industrielle Komplex, dem Forschung wie zuletzt im Fall der wahrhaft hirnrissigen Idee der sogenannten Weltraumverteidigung SDI als Mittel zu den unterschiedlichsten Zwecken dient – den Forschern zur Arbeitsbeschaffung, der Industrie zur Gewinnsicherung, den Militärs als Machtmittel und Spielzeug; 4. die staatliche Forschungs- und Wirtschaftsbürokratie sowie Politiker, die diese Entwicklungen fördern.

So unterschiedlich die Ziele und Motive dieser vier Gruppen auch sein mögen, gemeinsam nehmen sie die Chance wahr, die Lebensbedingungen der Menschen und das Verhältnis zur Natur zu prägen. Als Nutznießer oder Opfer des wirtschaftlich-technischen Fortschritts haben wir zwar alle in unterschiedlichem Ausmaß an dieser Entwicklung teil, aber, wie noch zu zeigen sein wird, als vorwiegend passive Objekte des Fortschritts. Diese neue Form der Ausübung von Macht wäre zu kontrollieren. Was die notwendige Kontrolle jedoch erschwert, ist die Verschleierung ihrer sozialen und ökonomischen Grundlagen. Technisch neutralisiert erscheint »Machtzwang« als Sachzwang.

Ebenso wie einst Könige sich auf das Mandat des Himmels beriefen, beschwören die neuen Machthaber den Fortschrittsgedanken als den Götzen der wissenschaftlich-technischen Welt. Schrieb einst der Pharao die Nilüberflutung und das Keimen und Wachsen der Gerste seiner göttlichen Intervention zu, so scheint in unserer Zeit der Fortschritt an die Interessen der Gruppen gebunden, die den Prozeß wissenschaftlich-technischer Innovation kontrollieren. Im Gegensatz zum Pharao, der Macht über die Naturkräfte nur mit Hilfe von *maat*, d.h. von Gerechtigkeit ausübte, erkennen jedoch die neuen Pharaonen eine Rechenschaftspflicht gegenüber den Objekten ihrer Herrschaft nicht an. Technik sei ambivalent, heißt es zur Rechtfertigung der Folgen. Man könne nicht die Vorteile des Fortschritts genießen, ohne auch die Nachteile in Kauf zu nehmen.

6. Die sogenannte Ambivalenz der Technik

Ein Blick auf das Weltforschungsbudget genügt, um auch diesen letzten Versuch zu durchschauen, durch Beschwörung technischer Ambivalenzen die politische Unschuld der Forschung wiederherzustellen. In welchem Verhältnis stehen die großen Posten des Weltforschungsbudgets zur Notwendigkeit, die menschlichen Lebensbedingungen zu verbessern und die Natur zu erhalten? Schon eine oberflächliche Betrachtung zeigt die erschreckende Diskrepanz zwischen der Verteilung jener 150 Dollarmilliarden, die um die Mitte der siebziger Jahre jährlich für Forschung und Entwicklung ausgegeben wurden, und dem tatsächlichen Bedarf nach Fortschritt. Der Löwenanteil fiel dem Militärbereich zum Opfer, rund ein Viertel. (Norman 1979)

Eine halbe Million der besten Wissenschaftler und Ingenieure arbeiten für Rüstungszwecke. Sie sind eine der Hauptursachen für die Dynamik des Wettrüstens. Wie zuletzt die Idee eines Weltraum»verteidigungssystems« (SDI) gezeigt hat, stehen am Anfang neuer Stufen der Rüstungseskalation meist die großen Waffenforschungslabors. Wenn das wissenschaftlich-technische Potential vorhandener Waffentechnologien ausgereizt ist, dann dient – vollkommen unabhängig vom Bedarf – der Vorstoß in neue technische Dimensionen als Arbeitsbeschaffungsprogramm für Wissenschaftler. Falls Forschung, wie es uns manche Politiker versichern, tatsächlich Zukunftssicherung bedeuten sollte, dann ist der Menschheit eine entsetzliche Zukunft gewiß.

Als litte die Menschheit unter einem akuten Mangel an Vernichtungskapazität, investieren Regierungen und Konzerne mehr Geld in Forschung zur Perfektionierung der Waffenarsenale als zur Verbesserung von Ernährung, Gesundheit und Energieversorgung zusammen. Aber selbst das eklatante Mißverhältnis von 24 Prozent Rüstungsforschung und nur 3 Prozent Agrarforschung verschleiert die tatsächlichen Verhältnisse. Von diesen 3 Prozent entfiel der weitaus größte Anteil auf die Industriestaaten. Er wurde in Ländern, die schon heute mit Überschußproblemen kämpfen, für Forschung aufgewendet, die eine ökologisch und sozial gleichermaßen problematische Landwirtschaft nur noch problematischer macht. Mit 670 Millionen Dollar investierten die USA in der Mitte der siebziger Jahre mehr in die Zukunft ihrer Landwirtschaft als alle Entwicklungsländer einschließlich der großen internationalen Agrarforschungszentren zusammen. (Norman 1979)

Spiegeln solche Zahlenverhältnisse die vielbeschworene »Ambivalenz der Technik« wider? Haben sie irgend etwas mit dem cartesianischen Geist der Wissenschaft zu tun? Sind sie nicht vielmehr Ausdruck der wirtschaftlichen und politischen Machtverhältnisse auf der Erde? Und geht nicht von den Staaten und Industrieunternehmen, die diese Forschung finanzieren, ein tiefgreifender Einfluß auf die Art der Technik aus, der die Anwendbarkeit und damit den Nutzen für verschiedene soziale Gruppen bestimmt?

Paradebeispiel dafür, wie sich hinter einer scheinbar technischen Ambivalenz in Wahrheit politische Machtstrukturverbesserung verbirgt, liefert die Grüne Revolution – die Entwicklung und Verbreitung einer hochertragreichen, industrieabhängigen Landwirtschaftstechnik nach US-Vorbild in Ländern der Dritten Welt. Die beachtlichen Ertragssteigerungen wurden um den Preis einer sozialen Katastrophe erkauft. Hunderten Millionen Kleinbauern und Tagelöhnern wurde die Existenzgrundlage entzogen. In Mexico zum Beispiel gelang es, die Hektarerträge beim Weizen auf den produktivsten Flächen innerhalb von nur zwei Jahrzehnten annähernd zu verdreifachen – eine Entwicklung, zu der in Europa Jahrhunderte notwendig gewesen waren; zweifellos eine beachtliche Leistung. Betrachtet man sie jedoch aus der Sicht der betroffenen Kleinbauern und Tagelöhner, so fragt sich, ob es Fortschritt ist, wenn die Ergebnisse von Forschung nur einer verschwindenden Minderheit zugute kommen, der Mehrheit aber schaden. In Mexico wurden 80 Prozent der außergewöhnlichen Ertragssteigerungen zwischen 1950 und 1960 von genau 4 Prozent aller landwirtschaftlichen Betriebe erwirtschaftet, fast ausschließlich Großbauern und Großgrundbesitzer. (Hewitt de Alcantara 1976)

Scheinbar sind technische Sachzwänge Ursachen dieser sozialen Katastrophe. Es konnten eben nur die wohlhabenden Nahrungsmittelerzeuger die Voraussetzungen für Ertragssteigerungen schaffen. Dünger, Schädlingsbekämpfungsmittel, Maschinen, Bewässerungspumpen und Hochleistungssaatgut verlangten erhebliche Investitionen. Lieferanten waren Konzerne aus Industriestaaten, denen die Grüne Revolution den Weg in die unerschlossenen Märkte der Entwicklungsländer bahnte. Folglich hatten sie ein erhebliches Interesse daran, sie als den einzigen Ausweg aus der Hungermisere zu propagieren.

Tatsächlich aber sind die vermeintlichen Sachzwänge politisch programmiert. Von Anbeginn an war es das erklärte Ziel der Forscher und ihrer politischen Auftraggeber gewesen, den Typus des marktorientierten Agrarunternehmens zu Lasten der Masse der kleinen Selbstversorger zu fördern. In Mexico, wo die Grüne Revolution begann, wurde das gewünschte Ergebnis zusätzlich durch einen ganzen Katalog begleitender wirtschaftspolitischer Maßnahmen erreicht: Kreditpolitik, Landvergabe in neugeschaffenen bewässerten Landesteilen, Beratung usw. Die Regierung förderte mit allen verfügbaren Mitteln die verschwindende Minderheit von Großbauern und Agrarunternehmern, denen die fortschrittlichere Technik auf den Leib geschneidert worden war. Daß auch technische Alternativen möglich gewesen wären, bestätigten spätere erfolgreiche Versuche der internationalen Agrarforschungszentren, durch an Kleinbauern orientierte Agrarmethoden nicht nur mehr, sondern vor allem gerechter verteilte Nahrung zu erzeugen. (Hewitt de Alcantara 1976)

Das Argument von der Ambivalenz der Technik verschleiert so die Interessen, die sich in den entwickelten Techniken manifestieren. Jede der großen Techniken unserer Zeit – moderne Züchtungsmethoden, Maschinen und Agrochemikalien für die Landwirtschaft, Reaktortechnik zur Energieerzeugung, Atomwaffen, Weltraum-, Raketen- und Computertechnik für den Rüstungsbereich, Mikroelektronik zur Automatisierung von Produktionsprozessen und Verwaltungsaufgaben, Pharmakologie und Biomedizin im Gesundheitswesen – also das, was die Lebensbedingungen in der technisch-industriellen Welt prägt, ist Ausdruck klar bestimmbarer sozialer Ziele, wirtschaftlicher und militärischer Interessen sowie politischer Machtverhältnisse, die diesen und nicht einen anderen Weg propagiert haben.

Wer zum Beispiel, der heute erlebt, wie ein Postminister die Verkabelung der Bundesrepublik betreibt, könnte guten Gewissens von einem autonomen Bedürfnis des Konsumenten reden? Wer dürfte später, wenn sich des Ministers Wünsche erfüllt haben sollten, noch unschuldigen Herzens behaupten, die allgemeine Verblödung sei Folge einer technisch verankerten Ambivalenz der »Massenkommunikation«?

Nachdem sie durchgesetzt worden sind, befriedigen solche Techniken tatsächlich Bedürfnisse, zum Beispiel nach Unterhaltung, Nahrung, Gesundheit, Wärme, Strom, militärischer Sicherheit usw. Sie jedoch auf autonome Konsumentenwünsche zurückzuführen, hieße, die Wirkungen mit Ursachen zu verwechseln. Denn wie solche Bedürfnisse erzeugt und befriedigt werden, wer zu den Nutznießern und wer zu den Opfern zählt, welche Werte und welche sozialen Zielsetzungen sich hinter scheinbar neutralen technischen Entwicklungen verbergen, wird weder vom Konsumenten entschieden, noch durch die Naturgesetze oder technische Machbarkeit allein.

Im Fall unseres Beispiels der Grünen Revolution prägte nicht der aus der Sozialstruktur des Mexico der vierziger Jahre vorgegebene Bedarf nach verbesserten kleinbäuerlichen Anbaumethoden das soziale Profil der entwickelten Technik. *Politisch* ausschlaggebend war das Ziel der mexikanischen Regierung, durch einen Überschuß billiger Nahrungsmittel die Voraussetzung zur Industrialisierung zu schaffen: niedrige Arbeitslöhne, um vorwiegend ausländische Investoren anzulocken. *Wissenschaftlich* wurde zu diesem Zweck das Konzept entwickelt, das Modell der erfolgreichen US-Landwirtschaft auf den armen Nachbarn südlich des Rio Grande zu übertragen. *Wirtschaftlich* wurden diese Entwicklungen durch die Interessen einer einheimischen Elite und ausländischer Konzerne gefördert.

Ähnlich wird auch in anderen Bereichen das soziale Profil der Technik nicht vom Bedarf der Konsumenten geprägt. Ausschlaggebend sind vielmehr etablierte wirtschaftliche Strukturen, die die Grenzen vorgeben, innerhalb derer sich der technische Fortschritt entfalten kann.

Im Gesundheitswesen der meisten Industriestaaten entscheidet über Richtung und Ziel der Forschung nicht primär die Notwendigkeit, Gesundheit zu erhalten und Krankheit zu vermeiden. Die überwiegend kurativ, also nicht an der Bewahrung von Gesundheit, sondern erst an der Beseitigung von Schäden orientierte Struktur einer Branche, die rund ein Achtel des Sozialprodukts erwirtschaftet, gibt die Richtung vor: Das wirtschaftliche Interesse der Pharma- und Medizingerätehersteller und, damit verbunden, das großer Teile der Ärzteschaft an einer durchrationalisierten Apparate- und Medikamenten»medizin« haben zur Folge, daß die Forschung sich weniger am Verhindern als am Kurieren eines Krankheitsspektrums orientiert, in dem Umwelteinflüsse eine zentrale Rolle spielen. Anstatt an der Beseitigung der Krankheitsursachen mitzuwirken, nämlich an der Veränderung der krank machenden Lebens- und Arbeitsbedingungen, doktert der größere Teil der Forschung an den Krankheitssymptomen herum.

Nirgendwo als auf dem Technologiesektor wird das liberalistische Credo von der unsichtbar ordnenden Hand, die durch Ausgleich von Angebot und Nachfrage die Vielzahl divergierender Interessen mit dem Bedarf in Übereinstimmung bringt, deutlicher ad absurdum geführt. Im Energiesektor haben die unkritischen Prognosen der fünfziger Jahre über scheinbar glänzende Aussichten auf praktisch unbegrenzte Mengen problemlos zu gewinnender Kernenergie bis in unsere Tage die Entwicklung bestimmt. Wenn es heute an ausgereiften technischen Alternativen fehlt – Alternativen ebenso der Energiegewinnung wie auch des sparsameren Verbrauchs –, so hat das wenig mit technischen Sachzwängen, aber viel mit forschungspolitischen Weichenstellungen in der frühen Phase der Entwicklung der Kernenergie zu tun.

Zur Durchführung eines einmal beschlossenen Projekts wird zunächst der Forschungs- und Entwicklungsapparat aufgebläht. Als Ausgangspunkt grundsätzlicher Kritik ist er damit lahmgelegt. Denn jede Infragestellung der ursprünglichen Projekte würde seine eigene Existenz gefährden. Aus diesem Apparat werden anschließend die Experten rekrutiert, die als Sachwalter von Belangen der Allgemeinheit in die öffentliche Debatte geschickt werden. Die Industrie übt politischen Druck aus und drängt auf Anwendungen: Investitionen, Arbeitsplätze, Exportchancen, die internationale Wettbewerbsfähigkeit usw. seien sonst in Gefahr. Die staatlichen Forschungsbehörden schließlich erfüllen ihren Part, indem sie die notwendigen Mittel zur Verfügung stellen, das Projekt institutionell gegen jede Infragestellung absichern und durch einen damit produzierten Mangel an rechtzeitig entwickelten Alternativen dafür sorgen, daß Prognosen zu sich selbst erfüllenden Prophezeiungen werden. Was am Anfang nur Möglichkeit ist, verwandelt sich so im Lauf der Zeit in eine reale Abhängigkeit. Am Ende entscheidet nicht mehr Vernunft, sondern die von Partikularinteressen geschaffenen sogenannten Sachzwänge machen dann Politik.

Die gleiche Ausgangskonstellation findet sich heute im Bereich der Biotechnik wieder, dank revolutionärer gentechnischer Verfahren eine der großen Zukunftstechnologien, der im kommenden Jahrhundert eine der heutigen Chemie vergleichbare Bedeutung zukommen könnte. Nachdem die grundlegenden wissenschaftlichen Verfahren entwickelt worden waren, werden nun unter aktiver Mitwirkung der staatlichen Behörden auf allen Ebenen systematisch Verbindungen zwischen der aus Steuergeldern finanzierten, aber nach wie vor frei genannten Forschung an Hochschulen und vergleichbaren Institutionen und der Industrieforschung hergestellt. Was immer die kurzfristigen Erfolge einer solchen Forschungspolitik im internationalen Wettbewerb um Prioritäten, Patente und Know-how sein mögen, bedenkt man die längerfristigen Folgen, dann ist eines schon heute deutlich erkennbar: Durch voreilige Verknüpfung privater und öffentlicher Interessen droht die Entwicklung einer der großen Zukunftstechnologien durch eine Mischung aus Voreingenommenheit, Kapitalverwertungszwängen und politischen Abhängigkeiten bestimmt zu werden. (Herbig 1982)

7. Die politische Kontrolle des Fortschritts

Kehren wir zum Ausgangspunkt des Kapitels zurück, zur Frage nach Erkenntnis- und Handlungsmöglichkeiten, die dem Ausmaß der Konflikte, Zerstörungen, Gefahren und Probleme in der modernen Welt entsprechen. Wir haben gesehen, daß nicht unmittelbare menschliche Anschauung, sondern die Wissenschaft ein der Komplexität der modernen Welt angemessenes Instrumentarium von Erkenntnismöglichkeiten liefern kann. Die zweite entscheidende Frage, was zu tun wäre, kann die Wissenschaft freilich nicht beantworten. Was sie liefern kann, sind neutrale Erkenntnisse und Prognosen.

Was also wäre zu tun? Als erstes müssen wir begreifen, daß wir eine Chance, die sämtliche Kulturen vor uns hatten, nicht besitzen. In Generationen währenden kulturellen Lernprozessen allmählich zum Ausgleich mit der Natur und auch zum Frieden unter den Menschen zu kommen, ist uns verwehrt. Wirtschaftlich und demographisch befindet sich die heutige Menschheit zu nahe an der Stabilitätsgrenze des »Ökosystems« Erde. Moderne Waffentechnik schafft die Gefahr, daß lokale Konflikte zu Kriegen eskalieren, die ganze Kontinente verheeren und das Risiko einer globalen Katastrophe heraufbeschwören. Die sich beschleunigende Entwicklung der Technik läßt außerdem keine Zeit für Abwarten und allmähliches Reagieren.

Der Glaube, da es immer so gewesen sei, würden die Dinge sich auch diesmal irgendwie von selbst regeln, würde sich als verhängnisvolle Illusion erweisen. Auf die moderne Welt übertragen, verlangt die kosmologische Überzeugung früherer Kulturen, Ordnung werde über Chaos und das Leben über den Tod siegen, ein bisher unbekanntes Ausmaß an Bewußtheit. Die Hoffnung, Götter würden die Welt schon sanieren, können wir uns nicht mehr leisten. Unsere Chance, das kulturelle Experiment der Industriezivilisation zu überleben, besteht darin, es selbst zu tun.

Dazu müssen wir begreifen, daß viele der scheinbar technikbedingten ökologischen Zerstörungen und Gefahren in Wirklichkeit soziale und politische Ursachen haben. So wichtig veränderte Techniken sein mögen, die grundlegenden Probleme lassen sich nicht durch technische, sondern nur durch soziale, wirtschaftliche und politische Veränderung lösen. Eine wie immer veränderte Technik wird daher den archimedischen Punkt nicht liefern, von dem aus die Welt wieder in ihre Angeln zu heben wäre. Wissenschaft und Technik liefern nur den

Hebel, mit dem diese Ursachen auf die Natur, die Gesellschaft und die gesamte Menschheit übertragen werden. Die Krise kann daher nicht überwunden werden, wenn man sich auf eine Therapie der technisch vermittelten Symptome beschränkt. Die Therapie muß bei den Ursachen ansetzen.

Dieses Ziel läßt sich nicht über Entwürfe utopischer Gesellschaften erreichen, sondern nur durch die unendlich mühsame Verbesserung der bestehenden. Die Utopie der idealen Gesellschaft, die über den Frieden mit der Natur zum Frieden auch unter den Menschen käme, mag verlockend erscheinen, aber sie wird stets Appell an unerfüllbare Sehnsüchte bleiben.

Vor der Wirklichkeit haben Utopien keinen Bestand. Nicht grundlos ist Morus' Utopia, das dieser literarischen Gattung zu Beginn des 16. Jahrhunderts den Namen gab, eine Insel, die durch einen menschengeschaffenen breiten Graben von der übrigen Welt abgetrennt war. Auf dem Papier können utopische Geister Schöpfergott spielen und vollkommene Welten präsentieren. Konflikte und Widersprüche konkreter Gesellschaften mit Menschen aus Fleisch und Blut bleiben dann unberücksichtigt.

Reißbrettmodelle idealer Gesellschaften, die verwirklicht wurden, waren stets von nur kurzer Dauer. Entweder paßten sie sich wie China nach der Kulturrevolution menschlichen Gegebenheiten an, oder sie wurden, wie zuletzt das Pol Pot-Experiment in Kambodscha, gewaltsam beendet. Der Preis für die »ideale Gesellschaft« ist stets hoch gewesen. Günstigstenfalls war es Elend, häufig flossen Ströme von Blut.

Interaktionen lebender Menschen sind stets vielfältiger, unberechenbarer und widersprüchlicher als das intellektuelle Verlangen, sie über den Leisten eines einfachen politischen Systems zu schlagen. Auch hohe Ideale, gegen die vernünftigerweise niemand etwas einwenden kann – Frieden, Gerechtigkeit, Freiheit von Unterdrückung und Ausbeutung, Wohlstand für alle und Ausgleich mit der Natur – lassen sich zwar anstreben, aber nicht verwirklichen. Gesellschaftliche Ideale zu *verwirklichen*, bedeutet die Herrschaft der »Tugendhaften«. Eine solche Herrschaft kann Terror bedeuten, zumindest aber ist es Diktatur.

Beim bestfundierten unter vielen Versuchen, der marxistischen Analyse der bürgerlichen Gesellschaft, blieb die Verheißung, historische Gesetzmäßigkeit führe ins Diesseitsparadies des Kommunismus, bis heute uneingelöst. Im Gegensatz zur marxistischen These, daß der

Kapitalismus schon im 19. Jahrhundert historisch überfällig gewesen sei, ist dieser auch gegen Ende des 20. trotz zweier Weltkriege, einer Weltwirtschaftskrise und erheblicher sozialer Konflikte noch immer ungebrochen. Zur sozialistischen Revolution kam es, ebenfalls im Gegensatz zur Theorie, nicht in den entwickelten kapitalistischen Staaten, sondern in einer halbfeudalistischen Gesellschaft. Dort aber haben sechs Jahrzehnte Diktatur des Proletariats – unter Anführung einer allmächtigen und unfehlbaren Partei – die Versprechungen nicht eingelöst.

Wir stehen vor Veränderungen, die denen vergleichbar sind, durch die in der Vorgeschichte aus sumerischen und mesoamerikanischen Häuptlingstümern Staaten entstanden. Einige der größten Probleme unserer Zeit – Wettrüsten, das Nord-Süd-Gefälle, das mit dem Elend in Entwicklungsregionen verbundene Bevölkerungswachstum sowie ökologische Zerstörungen – beruhen heute wie damals auf Gegensätzen zwischen kleineren Einheiten: zwischen Staaten, Wirtschaftssystemen und Militärblöcken. Theoretisch läßt sich folgern, daß die Lösung der Gegenwartsprobleme die Überwindung solcher Gegensätze voraussetzt. Ob dies zu jenem Weltstaat führen wird, den einst Atomwissenschaftler als Alternative zum Wettrüsten und zur atomaren Menschheitskatastrophe proklamieren wollten, ist mehr als fraglich. (Herbig 1976) Ob ein Weltstaat, in dem Außenpolitik zwischen den heutigen Staaten zur Weltinnenpolitik würde, eine wünschenswerte Lösung wäre, mag dahingestellt bleiben.

Das Ergebnis der Versuche prähistorischer Menschen, die Konflikte einer Welt aus Häuptlingstümern zu lösen, kennen wir. Die Beteiligten kannten es nicht. Im Gegensatz zu ihnen wissen wir, daß die Lösung der »innen-« und »außenpolitischen« Konflikte von Häuptlingstümern in verschiedenen Erdregionen aus unterschiedlichen Ausgangssituationen zu staatlichen Formen sozialer Organisation führte. Ob wir unsere Probleme lösen werden, wissen wir ebensowenig wie unsere Vorfahren. Unbekannt ist auch, zu welchen Formen gesellschaftlicher Organisation unsere Lösungsversuche führen werden. Aus der Vorgeschichte können wir jedoch eine allgemeine Lehre ziehen. Um unsere Probleme zu lösen, müssen wir das Ergebnis unseres kulturellen Experiments ebensowenig kennen, wie unsere Vorfahren das des ihren gekannt hatten.

Was wir können und müssen, ist, bestehende Gesellschaften durch Einführung neuer Normen den Erfordernissen der globalen Überlebensgemeinschaft anzupassen, zu der die moderne Menschheit geworden ist. Bisher vernachlässigte, übergeordnete Notwendigkeiten müssen Vorrang gegenüber den Interessen etablierter Gruppen erhalten. Das sind: 1. Erhaltung der Biosphäre als menschlichen Lebensraum; 2. Verringerung und schließlich Beendigung des Bevölkerungswachstums in den Armutsregionen der Erde, was massive wirtschaftliche und technische Hilfe aus Industriestaaten voraussetzt, die den Bedürfnissen der Empfänger und nicht den Interessen der Geber entspricht; 3. Beendigung des Wettrüstens als der problematischsten Form der Vergeudung knapper wirtschaftlicher Ressourcen, und das bedeutet: Friedenssicherung mit zivilen Mitteln; 4. Sicherung der Lebensgrundlagen künftiger Generationen, auch wenn es Verzicht bedeutet; 5. Orientierung der Forschungs- und Technikpolitik an allgemeineren Kriterien als den Interessen der etablierten Träger des wissenschaftlich-technischen Fortschritts – und das sind die Punkte 1. bis 4.

Selbstverständlich stoßen solche Forderungen auf den Widerstand derjenigen Gruppen, die den gegenwärtigen Zustand geschaffen haben und an seiner Aufrechterhaltung interessiert sind. Die notwendigen Veränderungen sind so einschneidend, daß fraglich ist, ob die gegenwärtige Form des Kapitalismus sie überleben würde. Ergänzt wird der Widerstand durch die Gleichgültigkeit einer Bevölkerung, deren Lebensinhalt sich zunehmend im Konsumieren erschöpft.

Dieser unpolitische Konsumerismus scheint die gegenwärtige Situation zu legitimieren. Er stützt sich auf die Behauptung, der Markt sei die permanente Demokratie. Als Ergebnis dieser täglichen Abstimmung mit dem Geldbeutel hätte sich eben das vorhandene Waren- und Leistungsangebot durchgesetzt, folglich entspräche es den Bedürfnissen der Konsumenten. Jeder, der Veränderung fordere, wolle in Wahrheit Freiheit einschränken.

Diese Behauptung als Fiktion zu durchschauen, ist nicht schwer. Wie im Abschnitt über die soziale Ambivalenz des Fortschritts angedeutet, funktionieren die Marktgesetze am wenigsten in innovativen Bereichen unserer Volkswirtschaft. Das Angebot bestimmt die Nachfrage und nicht, wie in der klassischen Theorie, die Nachfrage das Angebot. Das Angebot wiederum wird von den wirtschaftlichen Interessen der Anbieter geprägt.

Solche Widerstände sind zu überwinden. Dabei darf vor der Zerschlagung etablierter wirtschaftlicher Strukturen nicht zurückgeschreckt werden, sollten sich diese als reformunfähig erweisen. Wirtschaftliche Macht in der modernen Welt muß sich durch mehr legitimieren als durch Bilanzen und das bekannte Arbeitsplätze-Argument. Arbeitsplätze lassen sich auf verschiedene Weise schaffen. Wo massive Umweltzerstörung, soziale Katastrophen oder Massenvernichtung wie im modernen Krieg ihr Preis sind, ist die traditionelle Legitimation zum lebensbedrohenden Anachronismus geworden.

Die Konsequenz aus der gegenwärtigen Krise ist eine Neubestimmung der Ziele des Fortschritts. Da an die Stelle des umfassenden mythischen Weltbildes die wissenschaftliche Partialwahrheit getreten ist, muß die Wissenschaft im Rahmen ihrer Kompetenz auch Verantwortung für die Folgen ihrer Erkenntnisse übernehmen. Das bedeutet, das Instrumentarium zu entwickeln, um die Folgen wissenschaftlicher Erkenntnisse und wirtschaftlich-technischen Handelns rechtzeitig zu erkennen. So wichtig dabei das Ethos von Wissenschaftlern ist, die Normen, nach denen über die Anwendung wissenschaftlicher Kenntnisse und die Realisierung technischer Möglichkeiten entschieden werden soll, kann die Naturwissenschaft nicht liefern. Sie müssen in der politischen Auseinandersetzung zwischen unterschiedlichen gesellschaftlichen Kräften entwickelt und der anwendungsorientierten Forschung vorgegeben werden.

Im Prinzip ist eine solche Aufgabenverteilung nicht neu. Tatsächlich stammt die Vorgabe für die Anwendung wissenschaftlicher Erkenntnisse auch heute schon aus der Gesellschaft. Freilich sind es nur Teilbereiche, folglich werden die Richtung und die Ziele des Fortschritts durch Partikularinteressen vorgegeben: die Interessen von Industrieunternehmen, von Militärs, der Forschungsbürokratie und auch von Forschern selbst. Fraglich ist daher nicht, ob die Freiheit der Wissenschaft eingeschränkt werden solle; sie ist es längst. Fraglich ist nur, ob diese Partikularinteressen, die heute die Ziele und die Richtung des wissenschaftlich-technischen Fortschritts bestimmen, mit einem umfassenden gesellschaftlichen Interesse und mit der Notwendigkeit übereinstimmen, die Natur zu erhalten.

Zur Debatte steht nichts Geringeres als die Kontrolle der chaotisch wuchernden Technik durch Kontrolle der Interessen, die über ihren Einsatz entscheiden. Der Anstoß dazu wird bestimmt nicht von »oben« kommen. In keinem der führenden kapitalistischen Industriestaaten – um von den sozialistischen zu schweigen – sind Anzeichen für staatliche Maßnahmen erkennbar, die dem Ausmaß der Probleme gerecht werden. Die ökologische und soziale Brisanz der Zivilisationsprobleme liegt im Fundament unseres Wirtschaftssystems, in der Verbindung von Partikularinteressen mit der vom Staat systematisch geförderten Forschung und Technikentwicklung. Ein Kapitalismus, der die übergeordneten Notwendigkeiten durch staatlich gesetzte Rahmenbedingungen mit der erforderlichen Konsequenz berücksichtigen würde, müßte in einem Ausmaß restriktiv werden, das jede wirtschaftliche Aktivität erlahmen ließe. Folglich bleibt es bei kosmetischen Eingriffen.

Da Kosmetik Probleme nicht löst, wird mit der Verschärfung der Konflikte eine zunehmende Zahl von Menschen betroffen. Wichtige Anstöße zur Veränderung werden daher aus der Krisenerfahrung einer wachsenden Zahl Betroffener kommen, die feststellen, daß trotz hochtrabender Beteuerungen in Wahrheit nichts geschieht. Benötigt wird nicht unpolitische Technikfeindlichkeit, sondern die politische Auseinandersetzung mit den Gruppen, die den Technologiesektor beherrschen. Sie, nicht die Bürger, die bei Wind und Wetter gegen die Unvernunft staatlicher Planungen protestieren, sind die wirklichen Fortschrittshindernisse. Es gilt, die scheinbar unpolitische Technikdebatte zum Gegenstand der Auseinandersetzungen um eine zukünftige politische Ordnung zu machen.

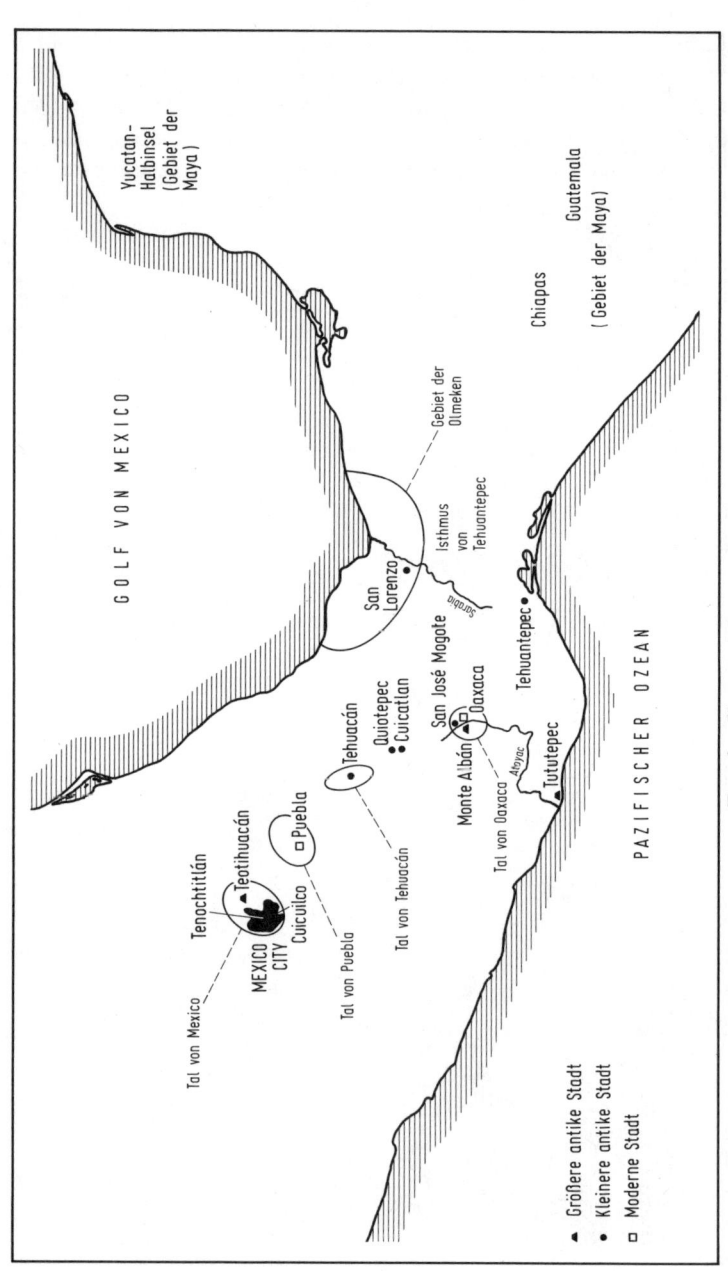

Fundstellen in Mesoamerika

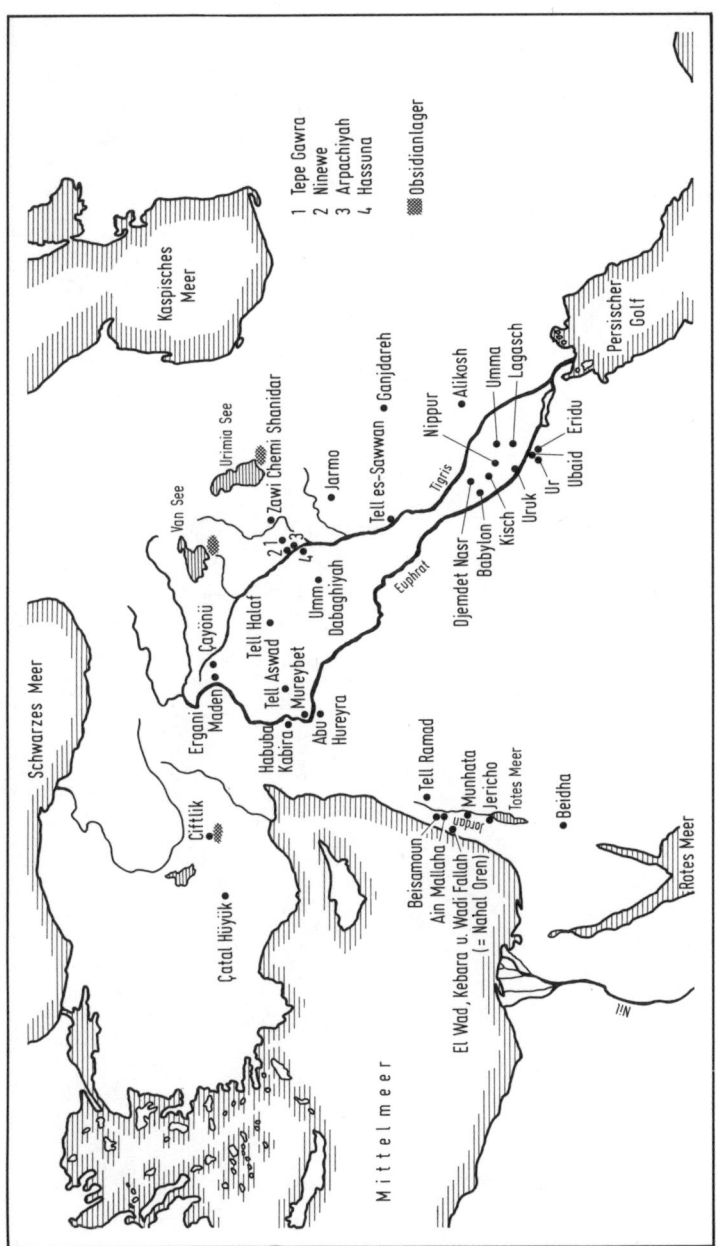

Fundstellen in Vorderasien

Literatur

Adams, Richard E. W.: Prehistoric Mesoamerica, Boston 1977
Adams, Robert McC.: The Evolution of Urban Society, Early Mesopotamia and Prehispanic Mexico, London 1966
–: The Study of Ancient Mesopotamian Settlement Patterns and the Problem of Urban Origins, *Sumer, 25,* 1969, S. 111–124
–: Patterns of Urbanization in Early Southern Mesopotamia, in: Ucko, Tringham, Dimbleby, Hrsg., 1972
Adams, Robert McC.; Nissen, Hans J.: The Uruk Countryside, Chicago 1972
Alexander, J.; Coursey D. G.: The Origins of Yam Cultivation, in: Ucko, Dimbleby Hrsg., Chicago 1969
Allen, Michael: Elders, Chiefs and Big Men: Authority Legitimation and Political Evolution in Melanesia, *Am. Ethnologist, 11,* Feb. 1984, S. 20–41
Allen, William: Ecology, Techniques and Settlement Patterns, in: Ucko, Tringham, Dimbleby, Hrsg., 1972
Aristoteles: Politik, München 1986

Beadle, George W.: The Origins of Zea Mays, in: Reed, Hrsg., The Hague 1977
Beckwith, Jon: Genetik als soziale Waffe, in: Herbig, Hrsg., Biotechnik, Reinbek b. Hamburg 1981
Bellwood, Peter: Prehistoric Plant and Animal Domestication in Austronesia, in: Sieveking, Hrsg., 1970
Bender, Barbara: Farming in Prehistory: From Hunter-Gatherer to Food-Producer, New York 1975
–: Gatherer-Hunter to Farmer: A Social Perspective, *World Archaeology, 10,* 1978, S. 204–222
Bernsdorf, Wilhelm, Hrsg.: Wörterbuch der Soziologie, 3 Bde., Stuttgart 1969
Blanton, Richard E.: The Founding of Monte Albán, in: Flannery, Marcus, Hrsg., 1983
Blanton, Richard E.; Kowalewski Stephen A.; Feinman, Gary; Appel Jill: Ancient Mesoamerica: A Comparison of Change in three Regions, Cambridge 1981
Bonavida, Duccio: Die ersten Peruaner, in: Peru durch die Jahrtausende, Recklinghausen 1984
Bordes, François: The Old Stone Age, New York 1968
Bray, Warwick: From Predation to Production: The Nature of Agricultural Evolution in Mexico and Peru, in: Sieveking, Hrsg., 1977
Brookfield, H. C.; Brown, Paula: Struggle for Land: Agriculture and Group Territories Among the Chimbu of the New Guinea Highlands, London 1963
Brumfiel, Elizabeth: Regional Growth in the Eastern Valley of Mexico, in: Flannery, Hrsg., 1976

Carrasco, David: Quetzalcoatl and the Irony of Empire: Myths and Prophecies in the Aztect Tradition, 1984
Carter, George F.: A Hypothesis Suggesting a Single Origin of Agriculture, in: Reed, Hrsg., The Hague 1977
Chang, Kwang-Chi: The Beginnings of Agriculture in the Far East, *Antiquity, XLIV,* 1970, S. 175–185
–: Early Chinese Civilization: Anthropoligical Perspectives, Cambridge, Mass., 1976
–: The Archaeology of Ancient China, 3rd. ed., New Haven 1977
Charlton, Thomas H.: Teotihuacán, Tepeapulco, and Obsidian Exploitation, *Science, 200,* 1978, S. 1227–1235
Childe, Gordon: 1936, Man Makes Himself, London 1983
Codere, Helen: Fighting with Property: A Study of Kwakiutl Potlaching and Warfare 1872–1930, New York 1950
Coe, Michael: The Chinampas of Mexico, *Sci. Am.,* July 1964, S. 90–98
–: Olmec Jaguars and Olmec Kings, in: Benson, Hrsg., The Cult of the Feline, Washington, D.C. 1972
Coe, Michael; Diehl, Richard A.: In the Land of the Olmec: The Archaeology of San Lorenzo Tenochtitlán, 2 Bde., Austin 1980
Coe, Michael; Flannery, Kent V.: Microenvironments and Mesoamerican Prehistory, *Science, 143,* 1964, S. 659–654
Cohen, Mark N.: Population Pressure and the Origins of Agriculture: An Archaeological Example from the Coast of Peru, in: Reed, Hrsg., 1977
–: The Food Crisis in Prehistory: Overpopulation and the Origins of Agriculture, New Haven 1977
Conkey, Margret: The Identification of Prehistoric Hunter-Gatherer Aggregation Sites: The Case of Altamira, *Current Anthropology, 21,* Nr. 5, S. 609–630
Conklin, Harold C.: An Ethnoecological Approach to Shifting Agriculture, *Trans. New York Acad. Sci.,* Series 11, *17,* 1954, S. 133–142
Coursey, D.G.: The Origins and Domestication of Yams in Africa, in: Origins of African Plant Domestication, Harlan, De Wet, Stemler, Hrsg., The Hague 1976
Coursey, D.G.; Coursey, Cecilia: The New Yam Festivals of Africa, *Anthropos, 66,* 1971, S. 444–484
Cowgill, George L.: Quantitative Studies of Urbanization at Teotihuacán, in: Mesoamerican Archaeology: New Approaches, Hammond, Hrsg., Austin 1974, S. 363–396
Chreel, Herlee Glessner: The Birth of China: A Survey of the Formative Period of Chinese Civilization, London 1939

Darby, William J.; Ghalioungui, Paul; Grivetti, Louis: Food: The Gift of Osiris, London 1977
Darwin, Charles: 1859, deutsche Ausgabe: Die Entstehung der Arten durch Natürliche Zuchtwahl, Stuttgart 1974

–: 1871, deutsche Ausgabe: Die Abstammung des Menschen, Stuttgart, 1982
Delluc, Brigitte; Delluc, Gilles: Faune Figurée et Faune Consomée: Une Magie de la Chasse? *Histoire et Archéologie, 87.*, Oct. 1984, S. 28–29
–: L'Art Pariétal avant Lascaux, ebd., S. 52–60
Descartes, René: Discours de la Méthode 1637, deutsche Ausgabe: Von der Methode des richtigen Vernunftgebrauchs, Hamburg 1969
Diakonow, I. M.: 1956, The Rise of the Despotic State in Ancient Mesopotamia, in: Diakonow, Hrsg., Ancient Mesopotamia: A Collection of Studies by Soviet Scholars, Moskau 1969
Disselhoff, H. D.: Das Imperium der Inka und die indianischen Frühkulturen der Andenländer, Berlin 1974
Ditfurth, Hoimar v.: So laßt uns denn ein Apfelbäumchen pflanzen: Es ist soweit, Hamburg 1985
Dixon, J. E.; Cann, J. R.; Renfrew, Colin: Obsidian and the Origins of Trade, *Sci. Am.*, March 1968, S. 38–46
Dodds, Eric R.: 1972, Der Fortschrittsgedanke in der Antike, Zürich 1977
Drennan, Robert D.: Religion and Social Evolution in Formative Mesoamerica, in: Flannery, Hrsg., 1976
–: Ritual and Ceremonial Development at the Early Village Level, in: Flannery, Marcus, Hrsg., 1983
–: Long-Distance Movement of Goods in the Mesoamerican Formative and Classic, *Am. Antiquity, 49,* 1984, S. 27–43
Drennan, Robert D.; Flannery, Kent V.: The Growth of Site Hierarchies in the Valley of Oaxaca: Part 11, in: Flannery, Marcus, Hrsg., 1983
Durkheim, Émile: 1912, deutsche Ausgabe: Die elementaren Formen des religiösen Lebens, Frankfurt/M. 1981

Eckholm, Eric: Disappearing Species: The Social Challenge, *World Watch Paper,* No. 22, New York 1978
Edzard, Dietz Otto: Die Altbabylonische Zeit, in: Fischer Weltgeschichte, Bd. 2, Die Altorientalischen Reiche, Frankfurt/M. 1965
Eibl-Eibesfeldt, Irenäus: Grundriß der vergleichenden Verhaltensforschung: Ethologie, München 1969
–: Gefahren der Masseneinwanderung, *L. M.*, 1980, S. 34–35
–: Die Angst vor dem Menschen, *Südd. Zeitung,* 3./4. Juli, 1982
–: Die Biologie des menschlichen Verhaltens: Grundriß der Humanethologie, München 1984
Ellison, Rosemary: Diet in Mesopotamia: The Evidence of the Barley Ration Texts (c. 3000–1400 B. C.) *Iraq, 43,* 1981, S. 35–45
–: Some Thoughts on the Diet of Mesopotamia from c. 3000–600 B. C. *Iraq, 45,* 1983, S. 146–150
Engel, Frederic: Exploration of the Chilca Canyon, Peru, *Current Anthropology, 11,* Feb. 1970, S. 55–58
Engels, Friedrich: 1876–78, Anti-Dühring, MEW, Bd. 20

–: 1884, Der Ursprung der Familie, des Privateigentums und des Staats, Frankfurt/M. 1973

Evans, T.: The Natural History of Crop Yield, *Am. Scientist, 68,* 1980, S. 388–397

Fetscher, Iring: Hobbes' Leben und Schriften, Einleitung zu: Hobbes 1651

Firth, Raymond: 1936, We, the Tikopia: A Sociological Study of Kinship in Primitive Polynesia, London 1957

–: Social Change in Tikopia, New York 1959

Flannery, Kent V.: The Ecology of Early Food Production in Mesopotamia, *Science, 147,* 1965, S. 1247–1256

–: Origins and Ecological Effects of Early Domestication in Iran and Near East, in: Ucko, Dimbleby, Hrsg., 1969

–: The Cultural Evolution of Civilizations, *Ann. Rev. of Ecology and Systematics, 1972,* S. 399–426

–: The Origins of the Village as a Settlement Type in Mesoamerica and the Near East: A Comparative Study, in: Ucko, Tringham, Dimbleby, Hrsg., 1972

–: The Origins of Agriculture, *Ann. Rev. of Anthropology, 3,* 1973, S. 271–310

–: Hrsg.: The Early Mesoamerican Village, New York, 1976

–: Research Strategy and Formative Mesoamerica, in: Flannery, Hrsg., 1976

–: Analysis on the Household Level, in: Flannery, Hrsg., 1976

–: Empirical Determinations of Site Catchments in Oaxaca and Tehuacán, in: Flannery, Hrsg., 1976

–: Linear Stream Patterns and Riverside Settlement Rules, in: Flannery, Hrsg., 1976

–: Interregional Religious Networks..., in: Flannery, Hrsg., 1976

–: The Tierras Largas Phase..., in: Flannery, Marcus, Hrsg., 1983

Flannery, Kent V.; Marcus, Joyce: Formative Oaxaca and the Zapotek Cosmos, *Am. Scientist, 64,* 1976, S. 374–383

–: Hrsg.: The Cloud People: Divergent Evolution of the Zapotec and Mixtec Civilizations, New York 1983

–: Editors Introduction zu: The Origins of the State in Oaxaca, Monte Albán and Teotihuacán, in: Flannery, Marcus, Hrsg., 1983

–: The Growth of Site Hierarchies in the Valley of Oaxaca: Part 1, in: Flannery, Marcus, Hrsg., 1983

–: The Rosario Phase and the Origins of Monte Albán 1, in: Flannery, Marcus, Hrsg., 1983

–: The Earliest Public Buildings, Tombs and Monuments of Monte Albán, in: Flannery, Marcus, Hrsg., 1983

Flannery, Kent V.; Winter, Marcus: Analyzing Household Activities, in: Flannery, Hrsg., 1976

Forde, C. D.: The Paiute: Collectors in the Great Basin; Kapitel 4 in: Habitat, Economy and Society, London 1934

Forge, Anthony: Normative Factors in the Settlement Size of Neolithic Cultivators (New Guinea), in: Ucko, Tringham, Dimbleby, Hrsg., 1972
Frankfort, Henri: 1948, Kingship and the Gods: A Study of Ancient Near Eastern Religion as the Integration of Society and Nature, Chicago 1978
Frankfort, Henri; Frankfort, H. A.; Wilson, John A.; Jacobsen, Thorkild; Irwin, William A.: 1946, The Intellectual Adventure of Ancient Man: An Essay on Speculative Thought in the Ancient Near East, Chicago 1977
Friberg, Jöran: Numbers and Measures in the Earliest Written Records, *Scientific American*, Februar 1984, S. 78–85

Geertz, Clifford: 1963, Two Types of Ecosystems, in: Environment and Cultural Behavior, A. P. Vayda, Hrsg., Garden City, N. Y. 1969
Gilgamesch-Epos, Stuttgart 1957
Golson, Jack: Archaeology and Agricultural History in the New Guinea Highlands, in: Sieveking, Hrsg., 1970, S. 201–219
Gould, Stephen Jay: Darwin nach Darwin, Frankfurt/M. 1984

Hadingham, Evan: Secrets of the Ice Age: The World of the Cave Artists, London 1979
Harich, Wolfgang: Kommunismus ohne Wachstum: Babeuf oder der Club of Rome, Reinbek b. Hamburg 1975
Harlan, Jack R.: A Wild Wheat Harvest in Turkey, *Archaeology, 20,* 1967, S. 197–201
–: The Plants and Animals that Nourish Man, *Sci. Am., 235*, Sept. 1976, S. 89–97
–: The Origins of Cereal Agriculture in the Old World, in: Reed, Hrsg., 1977
Harlan, Jack R.; De Wet, Jan M.; Stemler: Plant Domestication and Indigenous African Agriculture, in: Origins of African Plant Domestication, Harlan, De Wet, Stemler, Hrsg., The Hague 1976
Harlan, Jack R.; Zohary Daniel: Distribution of Wild Wheast and Barley, *Science, 153,* 1966, S. 1074–1080
Harris, David R.: Agricultural Systems, Ecosystems and the Origins of Agriculture, in: Ucko, Dimbleby, Hrsg., 1969
–: The Ecology of Swidden Cultivation in the Upper Orinoco Rain Forest, Venezuela, *The Geographical Review,* LXI, 1971, S. 475–495
–: The Origins of Agriculture in the Tropics, *Am. Scientist, 60,* 1972, S. 180–193
–: The Prehistory of Tropical Agriculture: An Ethnoecological Model, in: Renfrew, Hrsg., The Explantation of Culture Change, Gloucester Crescent 1973
Hassan, Fekri: The Dynamics of Agricultural Origins in Palestine: A Theoretical Model, in: Reed, Hrsg., 1977
–: Demographic Archaeology, New York 1981

Hawkes, J. G.: The Ecological Background of Plant Domestikation, in: Ucko, Dimbleby, Hrsg., 1969
Heidel, Andreas: Babylonian Genesis: The Story of Creation, Chicago 1963
Herbig, Barbara: Agricultural Knowledge among Gatherers, *J. of Botany and Economics, 7,* 1981, S. 431–36
Herbig, Jost: Kettenreaktion: Das Drama der Atomphysiker, München 1976
–: Im Anfang war das Wort: Die Evolution des Menschlichen, München 1984
–: Verhaltensbiologie und Ideologie, *Merkur, 434,* 1985
–: Die Magie der Bilder und Zeichen, *bild der wissenschaft, 6,* 1985, S. 110–120
Herre, Wolf; Röhrs, Manfred: Zoological Considerations on the Origins of Farming and Domestication, in: Reed, Hrsg. 1977
Hewitt de Alcantara, Cynthia: Modernizing Mexican Agriculture: Socioeconomic Implications of Technological Change 1940–1970, Geneva 1976
Heyden, Doris: Caves, Gods and Myths: World View and Planning in Teotihuacán, in: Benson, Hrsg., Mesoamerican Sites and World-Views, Washington, D.C., 1981
Higgs, E. S.; Jarman, M. R.: The Origins of Agriculture: A Reconsideration, *Antiquity,* XLIII, 1969, S. 31–41
–: The Origins of Animal and Plant Husbandry, *Papers in Economic Prehistory,* Cambridge 1972, S. 3–26
Ho, Ping-ti: The Cradle of the East: An Inquiry into the Indigenous Origins of Techniques and Ideas of Neolithic and Early Historic China, Hongkong 1975
–: The Indigenous Origins of Chinese Agriculture, in: Reed, Hrsg., 1977
Hobbes, Thomas: 1651, deutsche Ausgabe: Leviathan: oder Stoff, Form und Gewalt eines bürgerlichen und kirchlichen Staates, Hrsg. I. Fetscher Frankfurt/M. 1976
Hockett, Charles F.; Ascher, Robert: The Human Revolution, *Current Anthropology, 5* Nr. 3., 1964, S. 135–167
Hogbin, H. Ian: Transformation Scene: The Changing Culture of a New Guinean Village, London 1951
Hole, Frank: Antwort auf Wright, siehe: Wright, Gary, 1971
Hole, Frank; Flannery, Kent V.: The Prehistory of Southwestern Iran: A Preliminary Report, *Proc. Prehist. Soc., 33,* 1967, S. 147–206
Hopf, Maria: Plant Remains and Early Farming in Jericho, in: Ucko, Dimbleby, Hrsg. 1969
Huxley, Francis; Hart-Davies, R.: Affable Savages, London 1956

Jacobsen, Thorkild: Primitive Democracy in Ancient Mesopotamia, *J. of Near Eastern Studies, 11,* No. 3, Juli 1943, S. 159–172
–: Mesopotamia, in: Frankfort et al., The Intellectual Adventure of Ancient Man, 1946
–: The Treasures of Darkness: A History of Mesopotamian Religion, New Haven 1976

Jacobsen, Thorkild; Adams, Robert McC.: Salt and Silt in Mesopotamian Agriculture, *Science, 128,* 1958, S. 1251–1258
James, T. G. H.: Pharaos Peoples: Scenes from Life in Imperial Egypt, London 1984
Jarman, M. R.: The Origins of Wheat and Barley Cultivation, *Papers in Economic Prehistory,* Cambridge, 1972, S. 3–26
Jones, Rhys: The Neolithic, Paleolithic and the Hunting Gardeners: Man and Land in the Antipodes, *Quaternary Studies,* Wellington, 1975, S. 21–34

Kauffmann-Doig, Frederico: Peru, Innsbruck 1982
–: Die Formative Phase, in: Peru durch die Jahrtausende, Recklinghausen 1984
Keller, Werner: Und die Bibel hat doch recht: Forscher beweisen die historische Wahrheit, Reinbek b. Hamburg 1964
Kikawada, Isaac M.: The Double Creation of Mankind in Enki and Ninmah, Atrahasis 1, 1–351, and Genesis 1–2, *Iraq XLV,* Part 1, Spring 1983, S. 43–45
Kirkbridge, Diana: Five Seasons at the Pre-Pottery Neolithic Village of Beidha in Jordan, *Palestine Exploration Quarterly,* 1966, S. 8–72
–: Beidha: Early Neolithic Village Life South of the Dead Sea, *Antiquity,* XLII, 1968, S. 263–274
Kowalewski, Stephen: Valley Floor Settlement Patterns during Monte Albán 1, in: Flannery, Marcus, Hrsg., 1983
Kowalewski, Stephen; Fisch, Eva; Flannery, Kent V.: San José and Guadalupe Phase Settlement Patterns in the Valley of Oaxaca, in: Flannery, Marcus, Hrsg., 1983
Krader, Lawrence: Ethnologie und Anthropologie bei Marx, München 1973
Kramer, Samuel Noah: The Sumerians: Their History, Culture and Character, Chicago 1963
Kutscher, Gerdt: Iconographic Studies and an Aid in the Reconstruction of Early Chimu Civilization, *Transactions of the New York Acad. of Sciences,* Series II, *12*, 1950, S. 194–203

Laboratoire de Préhistoire du Musée de L'Homme et Musée d'Antiquités Nationales de Saint-Germain-En-Laye: Art et Civilisations des Chasseurs de la Préhistoire: 34000–8000 ans av. J.-C., Paris 1984
Lathrap, Donald W.: The Upper Amazon, London 1970
Lavallée, Danièle; Lumbreras, Luis Guillermo: Die Andenvölker: Von den frühen Kulturen bis zu den Inka, München 1986
Lee, Richard: The !Kung San: Men, Women and Work in an Foraging Society, Cambridge 1979
Legge, Anthony J.; Rowley-Convy, Peter A.: Gazelle Killing in Stone Age Syria, *Sci. Am.,* August 1987, S. 76–83
Leroi-Gourhan, André: Höhlenkunst in Frankreich, München 1981
–: Préhistoire de l'Art Occidental, Paris 1971

Lévi-Strauss, Claude: 1962, Das Ende des Totemismus, deutsche Ausgabe: Frankfurt/M. 1965
Lorenz, Konrad: Nochmals: Systematik und Entwicklungsgedanke im Unterricht, *Der Biologe,* 1940, *9,* S. 24–36
–: Durch Domestikation verursachte Störungen arteigenen Verhaltens, *Z. f.* angew. Psychologie und Charakterkunde, 59, 1940, S. 2–81
–: Das sogenannte Böse: Zur Naturgeschichte der Aggression, München 1963
–: Die Rückseite des Spiegels: Versuch einer Naturgeschichte menschlichen Erkennens, München 1977
Lumsden, Charles J.: 1981, in: R. Lewin, Cultural Diversity Tied to Genetic Differences, *Science, 212,* 1981, S. 908–910
Lumsden, Charles J.; Wilson, Edward O.: Das Feuer des Prometheus: Wie das menschliche Denken entstand, München 1983

Malinowski, Bronislaw: 1922, deutsche Ausgabe: Argonauten des Westlichen Pazifik, Frankfurt 1979
–: 1935, deutsche Ausgabe: Korallengärten und ihre Magie, Frankfurt 1981
Mandel, Ernest: 1962, dt. Ausgabe: Marxistische Wirtschaftstheorie, Frankfurt/M. 1968
Marshall, Lorna: Sharing, Talking and Giving: Relief of Social Tensions among !Kung Bushmen, *Africa, 31,* 1961, S. 231–249
Marshall Thomas, Elisabeth: The Harmless People, New York 1959
Marx, Karl: 1859, Zur Kritik der Politischen Ökonomie, Vorwort, zitiert nach: Marx/Engels: Über Kunst und Literatur, 2 Bde., Berlin 1967
Marx, Karl; Engels, Friedrich: 1845/46, Die Deutsche Ideologie, zitiert nach: Marx/Engels, Über Kunst und Literatur, 2 Bde., Berlin 1967
–: 1848, Manifest der Kommunistischen Partei, Berlin 1970
MacNeish, Richard S.: Ancient Mesoamerican Civilization, *Science, 143,* 1964, S. 531–537
–: The Origins of New World Civilization, *Sci. Am.,* Nov. 1964, S. 29–37
–: A Summary on Subsistence, in: Byers, Douglas, Hrsg., The Prehistory of the Tehuacán Valley, Vol. 1, Environment and Subsistence, Austin 1967
–: Speculations about How and Why Food Production and Village Life Developed in the Tehuacán Valley, Mexico, *Archaeology, 24,* 1971, S. 307–315
–: The Evolution of Community Patterns in Tehuacán Valley of Mexico, in: Ucko, Tringham, Dimbleby, Hrsg., 1972
–: The Scheduling Factor in the Development of Effective Food Production in the Tehuacán Valley, in: Variation in Anthropology, Lathrap, Douglas, Hrsg., Urbana 1973
–: The Beginnings of Agriculture in Central Peru, in: Reed, Hrsg., 1977
Marcus, Joyce: The Size of the Early Mesoamerican Village, in: Flannery, Hrsg., 1976
–: The Conquest Slabs of Building J, Monte Albán, in: Flannery, Marcus, Hrsg., 1983

–: Stone Monuments and Tomb Murals of Monte Albán Illa, in: Flannery, Marcus, Hrsg., New York 1983
Markl, Hubert: Evolution, Genetik und menschliches Verhalten: Zur Frage wissenschaftlicher Verantwortung, München 1985
Mauss, Marcel: 1925, deutsche Ausgabe: Die Gabe, Frankfurt/M. 1968
Mellars, Paul: Fire Ecology, Animal Populations and Man: A Study of some Ecological Relationships in Prehistory, *Proc. Prehistoric Society, 42,* 1976, S. 15–45
Mellaart, James: Çatal Hüyük: A Neolithic Town in Anatolia, London 1967
–: Anatolian Settlement Patterns, in: Ucko, Tringham, Dimbleby, Hrsg., 1972
–: The Neolithic of the Near East, London 1975
Métraux, Alfred: 1961, engl. Ausgabe: The History of the Incas, New York 1970
Meyer-Abich, Klaus Michael: Holismus – Philosophie der ökologischen Erneuerung, *Scheidewege, 17,* 1987/88, S. 81–105
Meyers, Nechemia: Neolithic Jericho; Ancient Wall Theory Teeters, *Nature, 321,* 1986, S. 552
Millon, Clara: Painting, Writing, and Polity in Teotihuacán, Mexico, *Am. Antiquity, 38,* No. 3, 1973, S. 294–314
Millon, René: Teotihuacán, *Sci. Am.,* June 1967, S. 38–48
–: Urbanization at Teotihuacán, Mexico: The Teotihuacán Map, Austin 1973
–: The Study of Urbanism at Teotihuacán, Mexico, *Mesoam. Archaeology,* 1974, S. 334–396
Mohr, Hans: Biologische Wurzeln der Ethik? *Juristische Studiengesellschaft Karlsruhe, Schriftenreihe, 157,* Heidelberg 1983
–: Biologische Grenzen des Menschen, *Zeitwende,* Januar 1985, Heft 1
Moore, Andrew M. T.: A Pre-Neolithic Farmers Village on the Euphrates, *Sci. Am.,* August 1979, S. 50–58
–: Agricultural Origins in the Near East: A Model for the 1980s, *World Archaeology, 14,* 1982, S. 224–235
Moorey, P. R. S.: The Archaeological Evidence for Metallurgy and Related Technologies in Mesopotamia, c. 5500–2100 B.C., *Iraq,* XLIV, 1982, S. 13–37
Moseley, Michael Edward: The Maritime Foundations of Andean Civilization, Menlo Park 1974
Müller-Hill, Benno: Tödliche Wissenschaft: Die Aussonderung von Juden, Zigeunern und Geisteskranken 1933–1945, Reinbek b. Hamburg 1984
Münkler, Herfried: Das Blickfeld des Helden: Zur Darstellung des Römischen Reiches in der Germanisch-Deutschen Heldendichtung, Göppingen 1983

Narr, Karl J.: Älteste stadtartige Anlagen, in: Heinz Stoob, Die Stadt, Köln 1979
Nissen, Hans Jörg: The City Wall of Uruk, in: Ucko, Tringham, Dimbleby, Hrsg., 1972
Norman, Colin: Global Research: Who spends What, *New Scientist,* 26. July, 1979

Oates, David; Oates, Joan: The Rise of Civilization: The Making of the Past, Oxford 1976
Oates, Joan: Prehistoric Settlement Patterns in Mesopotamia, in Ucko, Tringham, Dimbleby, Hrsg., 1972
Oates, Joan; Davidson, T. E.; Kamilli, D.; McKerrel, H.: Seafaring Merchants of Ur?, *Antiquity*, LI, 1977, S. 221–234
Oberg, Calvero: The Social Economy of the Tlingit Indians, Seattle 1973

Patterson, Thomas C.: Central Peru: Its Population and Economy, *Archaeology, 24*, 1971, S. 316–321
Perkins, Dexter Jr.: Prehistoric Fauna from Shanidar, Iraq, *Science, 144*, 1964, S. 1565
–: The Fauna from Madamagh and Beidha, Appendix B in: Kirkbride 1966
Perrot, Jean: The Cultural Processes Leading to the Origins of Agriculture in the Ancient Near East, in: Reed Hrsg., 1977
Pickersgill, Barbara: The Domestication of Chili Peppers, in: Ucko, Dimbleby, Hrsg., 1969
–: Taxonomy and the Origin and Evolution of Cultivated Plants in the New World, *Nature, 268*, 1977, S. 591–595
Pickersgill, Barbara; Heiser, Charles B. Jr.: Origins and Distribution of Plants Domesticated in the New World Tropics, in: Reed, Hrsg., 1977
Pires-Ferreira, Jane W.: Obsidian Exchange in Formative Mesoamerica, in: Flannery, Hrsg., 1976
–: Shell and Iron-Ore Mirror Exchange..., in: Flannery, Hrsg., 1976
Pires-Ferreira, Jane W.; Flannery, Kent V.: Ethnographic Models for Formative Exchange, in: Flannery, Hrsg., 1976
Postgate, J. N.: The Role of the Temple in the Mesopotamian Secular Community, in: Ucko, Tringham, Dimbleby, Hrsg., 1972
Pyne, Nanette N.: The Fire-Serpent and Were-Jaguar in Formative Oaxaca..., in: Flannery, Hrsg., 1976

Raymond, Scott J.: The Maritime Foundations of Andean Civilization: A Reconsideration of the Evidence, *Am. Antiquity, 46*, 1981, S. 806–821
Rappaport, Roy A.: Pigs for the Ancestors, New Haven 1967
–: The Sacred in Human Evolution, *Annual Review of Ecology and Systematics, 2*, 1971, S. 23–42
–: Ritual, Sanctity and Cybernetics, *Am. Anthropologist, 73*, 1971, S. 59–76
Reichel-Dolmatoff, Gerardo: 1968, engl. Ausgabe: Amazonian Cosmos: The Sexual and Religious Symbolism of the Tukano Indians, Chicago 1971
–: The Shaman and the Jaguar: A Study of Narcotic Drugs among the Indians of Columbia, Philadelphia 1975
–: Kosmologie als ökologische Analyse – Ein Blick aus dem Regenwald, *Man*, II, No. 3, 1976

Reed, Charles A.: The Pattern of Animal Domestication in the Prehistoric Near East, in: Ucko, Dimbleby, Hrsg., 1969
–: Hrsg.: Origins of Agriculture, The Hague 1977
–: The Origins of Agriculture: Prologue, in: Reed, Hrsg., 1977
–: A Model for the Origin of Agriculture in the Near East, in: Reed, Hrsg., 1977
Redmont, Elsa M.; Spencer, Charles: The Cuicatlán Canada and the Period 11 Frontier of the Zapotec State, in: Flannery, Marcus, Hrsg., 1983
Renvoize, Barbara S.: The Area of Origin of Manihot esculenta as a Crop Plant – a Review of Evidence, *Economic Botany, 26,* 1972, S. 352–360
Renfrew, Colin; Dixon, John: Obsidian in Western Asia: A Review, in: Sieveking, Hrsg., 1970
Rindos, David: The Origins of Agriculture: An Evolutionary Perspective, Orlando 1984
Rousseau, Jean-Jacques: 1754, deutsche Ausgabe: Abhandlung über den Ursprung und die Grundlagen der Ungleichheit unter den Menschen, H. Ritter, Hrsg., München 1978
–: 1762, deutsche Ausgabe: Der Gesellschaftsvertrag: oder die Grundsätze des Staatsrechts, Stuttgart 1971
Rowe, John H.: Chavin Art: An Inquiry into its Form and Meaning, New York 1962

Sahlins, Marshall: Social Stratification in Polynesia, Seattle 1958
–: Poor Man, Rich Man, Big Man, Chief: Political Types in Melanesia and Polynesia, *Comparative Studies in Society and History, 5,* 1963, S. 285–303
–: Tribesmen, Englewood Cliffs 1968
–: Stone Age Economics, London 1972
–: The Use and Abuse of Biology: An Anthropological Critique of Sociobiology, Ann Arbor 1976
Sanders, William T., Parsons Jeffrey, R.; Santley, Robert S.: The Basin of Mexico: Ecological Processes in the Evolution of a Civilization, 2 Bde. New York 1979
Schmandt-Besserat, Denise: The Use of Clay before Pottery in the Zagros, *Expedition,* Winter 1974, S. 11–42
–: The Earliest Precursor of Writing, *Sci. Am.,* June 1978, S. 38–47
–: An Archaic Recording System in the Uruk-Jemdet Nasr Period, *Am. Journal of Archaeology, 83,* 1979, S. 19–48
–: Reckoning before Writing, *Archaeology,* 1979, S. 23–31
Schmökel, Hartmut: Funde der Uruk-Kultur: Schöner Mädchenschmuck und stehender Leopard, *Frankfurter Allgemeine Zeitung,* 28.9.1983, S. 27
Service, Elman R.: Origins of the State and Civilization: The Process of Cultural Evolution, New York 1975
Sieveking, G., Hrsg.: Problems in Economic and Social Archaeology, London 1970

Smith, Adam: 1759, The Theory of Moral Sentiments, zitiert nach: H.C. Reckenwald, Würdigung des Werkes, Vorwort zur deutschen Ausgabe: Smith 1776

–:1776, deutsche Ausgabe: Der Wohlstand der Nationen: Eine Untersuchung seiner Natur und seiner Ursachen, München 1974

Smith, Philip E.L.: Stone-Age Man on the Nile, *Sci. Am.,* August 1976, zitiert nach: Hunters, Farmers and Civilizations, C.C. Lamberg-Karlowski, Hrsg., San Franisco, S. 48–56

Solheim, Wilhelm G.: An Earlier Agricultural Revolution, *Sci. Am.,* April 1972, zitiert nach Hunters, Farmers and Civilizations, C.C. Lamberg-Karlowski, Hrsg., San Francisco, S. 100–107

Spence, Michael W.: Obsidian Production and the State in Teotihuacán, *Am. Antiquity, 46,* Nr. 4, 1981, S. 769–787

Spencer, Charles S.; Redmont, E.M.: A Middle Formative Elite Residence... at La Coyotera, in: Flannery, Marcus, Hrsg., 1983

Smartt, J.: Evolution of American Phaesolus Beans under Domestication, in: Ucko, Dimbleby, Hrsg., 1969

Swanson, Guy E.: The Birth of the Gods: The Origin of Primitive Beliefs, Ann Arbor 1960

Tainter, Joseph A.: Mortuary Practices and the Study of Prehistoric Social Systems, *Advances in Archaeological Method and Theory, 1,* New York 1978, S. 105–141,

Tuggle, David H.: Hawaii, in: The Prehistory of Polynesia, Jennings, J.D., Hrsg., Cambridge, Mass., 1979

Tyumenev, A.I.: 1954, engl. Ausgabe: The Working Personel on the Estate of the Temple of B A-U in Lagash During the Period of Lugalanda and Urukagina (25th–24th cent. B.C.), in: Diakonoff, Hrsg., 1969

–: 1956, engl. Ausgabe: The State Economy in Ancient Sumer, in: Diakonow, Hrsg., 1969

Ucko, Peter J.; Dimbleby, G.W., Hrsg.: The Domestication and Exploitation of Plants and Animals, Chicago 1969

Ucko, Peter J.; Tringham, Ruth; Dimbleby, G.W., Hrsg: Man Settlement and Urbanism, Gloucester Crescent 1972

Vialou, Denis: Lascaux et l'Art Magdalénien, *histoire et archéologie, 87,* Oct. 1984, S. 52–60

–: Les Blocs Sculptés et Gravés, ebd., S. 70–72

Vogel, Christian: Ethische Überlegungen zur Anthropologie und Ethologie, »Verantwortung und Ethik in der Wissenschaft«, Sonderdruck: *Naturwissenschaftliche Rundschau,* Stuttgart 1985

Wahlen, Michael E.: Zoning within an Early Formative Community in the Valley of Oaxaca, in: Flannery, Hrsg., 1976

Weber, Max: 1904–06, zitiert nach: Die Protestantische Ethik 1: Eine Aufsatzsammlung, J. Winkelmann, Hrsg., Gütersloh 1981
Webster, David: Warfare and the Evolution of the State: A Reconsideration, *Am. Antiquity, 40,* 1975, S. 464–470
–: On Theocracies, *Am. Anthropoligist, 78,* 1976, S. 812–828
Wendorf, Fred; Schild, Romuald: The Earliest Food Producers, *Archaeology,* Sept./Oct. 1981, S. 31–36
Whitacker, Thomas W.; Bemis, W. P.: Cucurbits, in: Evolution of Crop Plants, N. W. Simmonds, Hrsg., London 1976
White, J. Peter; Allen, Jim: Melanesian Prehistory: Some Recent Advances, *Science, 207,* 1980, S. 728–734
Wilbert, Johannes: Tobacco and Shamanistic Ecstasy among the Warao Indians of Venezuela, in: Flesh of the Gods, P. T. Furst, Hrsg., London 1972
Wilke, Philip J.; Bettinger, Robert; King, Thomas F.; O'Connell, James F.: Harvest Selection and Domestication in Seed Plants, *Antiquity,* XLVI, 1972, S. 203–209
Wilkes, Garrison: Native crops and wild food plants, *Ecologist, 8,* 1977, S. 312–317
Wilson, Edward O.: Sociobiology: The New Synthesis, Cambridge, Mass., 1975
Wilson, John A.: Egypt, in: Frankfort et al., 1946
Wing, Elisabeth S.: Animal Domestication in the Andes, in: Reed, Hrsg., 1977
Winter, Marcus C.: The Archaeological Household Cluster in the Valley of Oaxaca, in: Flannery, Hrsg., 1976
–: Differential Patterns in Community Growth in Oaxaca, in: Flannery, Hrsg., 1976
Winter, Marcus C.; Pires-Ferreira, Jane W.: Shell and Iron Ore Mirror Exchange..., in: Flannery, Hrsg., 1976
Wolf, Eric R.: Europe and the People without History, Berkeley 1982
Wolf, Walther: Kulturgeschichte des Alten Ägypten, Stuttgart 1977
Wolstenhome, Gordon, Hrsg.: Man and his Future, London 1963
Wright, Gary A.: Obsidian Analyses and Prehistoric Near Eastern Trade: 7500 to 3500 B. C., *Anthropol. Papers,* Museum of Anthropology, Ann Arbor 1969
–: Origins of Food Production in Southwestern Asia: A Survey of Ideas, *Current Anthropology, 12,* 1971, S. 447–477
–: Social Differentiation in the Early Natufian, in: Social Archaeology, Ch. Redman et al., Hrsg., New York 1978
Wright, Henry T.: Population, Exchange and Early State Formation in Southwestern Iran, *Am. Anthropologist, 77,* 1975, S. 267–289
Wright, Herbert E. Jr.: Environmental Change and the Origin of Agriculture in the Old and New Worlds, in: Reed, Hrsg., 1977
Wuketits, Franz M.: Evolutionäre Erkenntnistheorie: Grundlagen, Konzepte, Synthesen, in: K. Lorenz, F. M. Wuketits, Hrsg., Die Evolution des Denkens, München 1983

Zeist, W. van: Reflections on Prehistoric Environments in the Near East, in: Ucko, Dimbleby, Hrsg., 1969

Zilsel, Edgar: Die sozialen Ursprünge der neuzeitlichen Wissenschaft, Frankfurt 1976

Zohary, Daniel: The Progenitors of Wheat and Barley in Relation to Domestication and Agricultural Dispersal in the Old World, in: Ucko, Dimbleby, Hrsg., 1969

Namenregister

Adams, Richard 97ff, 100, 367, 371f, 382, 384
Adams, Robert McC. 98, 315, 377, 379ff, 382, 385, 387ff, 391, 393, 398ff, 401f, 404, 407, 411, 414, 417, 426f
Agathias 356ff
Alkidamas 22
Allen, William 172, 302
Amenemhet I. 246
Amos 420, 424
Anderson, J.G. 205
Antiphon 22
Appel, Jill 327, 337f, 340ff, 343f, 363, 365, 372
Archilochos 357
Aristoteles 22
Arminius 356
Ascher, Robert 304

Bambeck 35
Bar-Yosef, Ofar 173
Basedow 188
Beadle, George 101, 155
Beckwith, Jon 30
Bellwood, Peter 125
Bemis, W.P. 103
Bender, Barbara 126, 166f, 172f, 175f
Bernsdorf, Wilhelm 257, 260
Bettinger, Robert 136
Blanton, Richard 327, 337f, 340ff, 343f, 363, 365, 372
Bonavida, Duccio 57
Bordes, François 88
Braidwood, Robert 107f, 112, 321
Brookfield, H.C. 302
Butilin 357

Candolle, Alphonse de 106
Cann, J.R. 212
Carnegie, Andrew 29
Carnot, Sadi 471
Carrasco, David 230, 363, 373, 432, 435f, 448f
Cartailhac 60
Casparie 169
Castillo 98
Chamberlain, Houston St. 30
Chang, Kwang-Chi 105f, 205, 262, 348, 385, 394
Chayanow, A.V. 289
Childe, Gordon 107, 110
Codere, Helen 281
Coe, Michael 99, 226f, 230, 323, 340
Cohen, Samuel 121, 147ff, 164
Conkey, Margret 77
Conklin, Harold C. 127
Cortez, Hernando 98, 372
Coursey, C.K. 138f
Coursey, D.G. 106, 137ff
Cowgill, George L. 363, 369
Crick, Francis Harry 30
Crossman, Richard 22

Darby, William J. 110, 114, 116
Darwin, Charles 19, 28f, 70, 109, 134, 453
De Wet, Jan M. 135, 137
Delluc, Brigitte 61
Delluc, Gilles 61
Descartes, René 467, 470
Diakonow, J.M. 379, 405, 409, 411f, 415, 417f
Diehl, Richard A. 323
Disselhoff, H.D. 111
Ditfurth, Hoimar von 43, 284
Dixon, J.E. 212
Djoser 114

Dodds, Eric R. 23, 29
Drennan, Robert D. 222, 230f, 236, 247f, 328, 334
Duran, Diego 99
Durkheim, Émile 52, 64, 70, 73, 222, 226, 277, 299, 464

Eckholm, Erik 470
Edzard, Dietz Otto 444
Eibl-Eibesfeldt, Irenäus 32, 34f, 259, 280
Ellison, Rosemary 411
Engels, Friedrich 27, 252ff, 255
Erben, K. 40
Evans, T. 102

Feinman, Gary 327, 337f, 340ff, 343f, 363, 365, 372
Fetscher, Iring 24
Feuerbach, Ludwig 26
Firth, Raymond 201f, 223, 238ff, 272ff, 292f, 297, 299
Fisch, Eva 248
Flannery, Kent 101ff, 105, 107, 111f, 117f, 123f, 137, 155, 157, 162ff, 171, 176, 178, 182, 190f, 193ff, 212, 221f, 230, 234ff, 237, 248, 264ff, 318, 321f, 326ff, 329, 331, 334ff, 337, 340, 353, 411
Forde, C. D. 126, 152
Forge, Anthony 301
Frankfort, Henri 14, 244ff, 380, 407f, 430f, 433, 441ff, 445, 448
Freeman, Derek 192
Friberg, Jöran 397
Fröbel, Folker 474
Fromm, Erich 35

Gamboa 95
Geertz, Clifford 143
Ghalioungui, Paul 110
Golson, Jack 302
Gorgias 22
Gould, Steven Jay 30, 36

Grivetti, Louis 110
Gudea 427ff, 431f, 438

Hammurabi 441, 444
Harich, Wolfgang 27
Harlan, Jack R. 102ff, 105f, 120f, 135, 137, 160f, 165f, 170, 199
Harris, David R. 128, 133
Hart-Davis, R. 276
Hassan, Fekri 165f, 176, 178
Hatschepsut 432
Hawkes, J. G. 122
Heinrichs, Jürgen 474
Heiser, Charles B. Jr. 155
Herbig, Barbara 125
Herre, Wolf 104
Hershkowitz, M. 109
Hewitt de Alcantara, Cynthia 478f
Higgs, E. S. 111, 142, 176
Hillman 169
Ho, Ping-Ti 105, 114, 205, 244, 262, 386, 394, 440, 451
Hobbes, Thomas 23f, 27, 31, 38, 219
Hockett, Charles F. 304
Hogbin, H. Jan 198, 201, 239f, 269ff, 276, 280f, 286, 291, 296f
Hole, Frank 137, 163, 171, 176, 178, 212
Huxley, Francis 276

Jacobsen, Thorkild 99, 406f, 429, 431, 434, 445ff
James, T. G. H. 116
Jarman, M. R. 111, 142, 176
Jeremia 420
Jesaja 420, 424
Jones, Rhys 113
Josua 173

Kalm, Peter 102
Karl V. 95, 98
Kauffmann-Doig, Frederico 108, 250
Keller, Werner 45

Kikadawa, Isaac M. 14
King, Thomas F. 136
Kirkbridge, Diana 190, 210
Kowalewski, Stephen 248, 327, 337f, 340ff, 343f, 363, 365, 372
Krader, Lawrence 26
Kramer, Samuel Noah 380, 406, 417, 419, 429, 444
Kreye, Otto 474
Kritias 21
Kutscher, Gerdt 349

Laming-Emperaire, Annette 62
Lathrap, Donald, W. 183
Lavallée, Danièle 96, 250
Lederberg, Joshua 30
Lee, Richard 49, 187, 189, 196f, 269
Legge, Anthony J. 176
Leibniz, Gottfried W. 44
LeJeune 188, 296
Leroi-Gourhan, André 57, 60ff, 76, 78f
Lévi-Strauss, Claude 61, 83
Liebig, Justus von 471
Livius, Titus 357
Lorenz, Konrad 31ff, 34, 37ff
Loew, Cornelius 449
Lugalzagesi 414, 419
Lumbreras, Luis Guillermo 96, 250
Lumsden, Charles J. 36

MacNeish, Richard 105, 150ff, 153ff, 158, 181
Malinowski, Bronislaw 275f, 279, 287, 293ff, 296ff
Malo, David 282
Mandel, Ernest 109f
Marbod 356
Marcus, Joyce 230, 234ff, 264, 266, 321, 325ff, 328f, 335ff, 340, 345, 353f
Markl, Hubert 37, 42, 51
Marshak, Alexander 59, 61, 63
Marshall, D.R. 120

Marshall, Lorna 269, 279
Marshall Thomas, Elisabeth 269
Marx, Karl 19, 26f, 251ff, 254, 405, 472
Mauss, Marcel 279f, 296
Mellaart, James 164ff, 167f, 171f, 174f, 196, 203, 208, 211f, 221, 228, 232, 248, 263, 268, 320f
Mellars, Paul 126
Menes-Narmer 445
Métraux, Alfred 96
Meyer-Abich, Klaus M. 467f
Meyers, Nechemia 173
Micha 420f, 424
Millon, Clara 367
Millon, René 362f, 368, 371ff
Mohr, Hans 38ff, 41ff, 92, 284, 438
Montezuma II. 98, 361, 373
Moore, Andrew M.T. 168f, 170, 173, 175f, 179
Moore, George Edward 37
Moorey, P.R.S. 394
Mortillet, Gabriel de 60
Morus, Thomas 483
Moseley, Michael Edward 181, 262, 386
Moses 173, 348
Müller-Hill, Benno 30
Münkler, Herfried 355
Muller, Hermann Joseph 30

Narr, Karl J. 172f
Narses 356f
Nissen, Hans 97, 382, 387, 389, 391, 398ff, 401f
Norman, Colin 477

Oates, David 97, 167, 375f, 381ff, 390, 393
Oates, Joan 97, 167, 321, 375f, 381ff, 390, 393
Oberg, Galvero 240, 276
O'Connell, James F. 136
Oppenheim, Leo 404

P'an-keng 440
Parsons, Jeffrey R. 365
Pasteur, Louis 471
Patterson, Thomas C. 181
Perkins, Dexter Jr. 175
Perrot, Jean 160, 167
Phulkaris 358
Pickersgill, Barbara 105, 140, 155
Piette 60
Pires-Fereira, Jane W. 212f, 331, 335
Pizzarro, Francisco 96
Platon 21ff, 29
Plutarch 430
Postgate, J. N 379f
Postumus Tubero 357
Protagoras 21f
Pyne, Nannette N. 206

Radcliffe-Brown, A. Reginald 279, 302
Rappaport, Roy 73, 225, 233
Raymond, Scott J. 181
Redmont, Elsa M. 346
Reed, Charles A. 117, 160, 178
Reichel-Dolmatoff, Gerardo 82ff, 85, 87, 89
Renfrew, Colin 212
Rindos, David 126, 129
Rockefeller, John D. 29f
Röhrs, Manfred 104
Romer, A. S. 304
Rousseau, Jean-Jacques 23ff, 26f, 35, 219f, 251f, 254f
Rowe, John H. 249
Rowley-Convy 176

Sahlins, Marshall 109, 115, 147, 188, 191f, 197, 216f, 238ff, 258, 271ff, 282, 290, 292, 295f, 298, 310f
Sanders, William 99, 335, 365
Santley, Robert S. 365
Service, Elman R. 347
Smartt, J. 140
Smith, Adam 25, 27, 31, 110

Smith, Philip E. L. 149
Solheim, Wilhelm G. 111
Soustelle, Jacques 98
Spence, Michael W. 368ff, 371
Spencer, Charles S. 60, 346
Spencer, Herbert 29
Swanson, Guy E. 222f

Schild, Romuald 148f
Schmandt-Besserat, Denise 213ff, 397
Schmökel, Hartmut 394

Stemler 135, 137
Steward, J. H. 110

Tainter, Joseph A. 203
Teja 356f
Tello, Julio 249
Thukydides 29
Tinbergen, Nikolaas 32
Tindale, Norman 126
Tuggle, David H. 302
Tutenchamun 316
Thutmosis III. 433
Tyumenew, A. J. 392f, 410ff, 415

Ure, Andrew 473
Urukagina 410, 416f, 419, 424, 440, 443f, 463, 465

Vialou, Denis 76
Vogel, Christian 28, 30

Weber, Max 257, 260, 472
Webster, David 350f
Wendorf, Fred 148f
Wheeler, Mortimer 321
Whitaker, Thomas 103
White, J. Peter 302
Wilbert, Johannes 231
Wilke, Philip J. 136
Wilkes, Garrison 120
Wilson, Edward O. 35ff, 451, 456

Wilson, John A. 440, 442f
Wing, Elisabeth S. 105
Winter, Marcus C. 191, 212f, 221, 328, 331
Wittfogel, Karl August 337, 368 384f
Wolf, Eric R. 474
Wolf, Walther 394
Wolstenhome, Gordon 31

Wright, Gary A. 107, 161, 164, 169, 203f, 210ff
Wuketits, Franz M. 457f

Young 384

Zeist, W. van 164, 169
Zilsel, Edgar 471
Zohary, Daniel 120, 161, 165, 170

Abbildungsnachweis

Codex Nutall (S. 10). Aus: H. J. Prem und U. Dyckerhoff, Das alte Mexico, München 1986, S. 257.

Sumerische Alabastervase (S. 10). Aus: Eva Strommenger, Fünf Jahrtausende Mesopotamien, München 1962, Abb. 19, 20, 21.

Charles Darwin (S. 18). Aus: Scientific American, 3 (1978), S. 41.

Löwe-Mensch-Mischwesen (S. 54). Aus: A. Müller-Beck, hrsg., Die Anfänge der Kunst vor 30 000 Jahren, Stuttgart 1987, S. 57 (Ulmer Museum, Prähistorische Abteilung).

Zuchtmais und Teosinte (S. 94). Aus: C. Reed, hrsg., Origins of Agriculture, The Hague 1977, S. 617.

Maiskolben (S. 94). Aus: R. Adams, Prehistoric Mesoamerica, Boston 1977, S. 21.

Abrechnungszeichen (S. 146). Aus: Scientific American, 2 (1978), S. 39.

Jericho-Schädel (S. 186). Aus: Mellink und Filip, Stufen der Kunst (Propyläen Kunstgeschichte Bd. 13), Berlin 1974, Abb. 112.

El Lanzon (S. 242). Aus: Lavallée und Lumbreeras, Die Andenvölker, München 1986, S. 29.

Danzantes (S. 324). Aus: Kent Flannery und Joyce Marcus, hrsg., The Cloud People, New York 1983, S. 90.

Eroberungssteine (S. 324). Aus: Kent Flannery und Joyce Marcus, hrsg., The Cloud People, New York 1983, S. 107.

Teotihuacán (S. 360). Aus: L. Benevolo, Die Geschichte der Stadt, Frankfurt/M. 1983, S. 664.

Sumerische Abrechnungstafel (S. 374). Aus: Scientific American, 1 (1984), S. 79.

Hammurabis Gesetzesstele (S. 442). Aus: Eva Strommenger, Fünf Jahrtausende Mesopotamien, München 1962, Abb. 158, 159.

Menschliche DNA-Sequenz (S. 452). Computerausdruck mit freundlicher Genehmigung von Herrn Dobberstein, EMBL Heidelberg.

Chronologie kultureller Entwicklung

	Südwestasien (Levante Anatolien Zagros Mesopotamien)		Mesoamer (Hochtäler von Mexico T(
	soziale Organisation	Wirtschaft	soziale Organisation
12000 v. Chr.	Großverbände nomadisierender Wildbeuter	Intensive Nutzung der Wildnis (Breitbandökonomie)	
11000			Kleingruppen nomadisierender Wildbeuter
10000	Erste dauerhafte Lager und kleine Dörfer bis zu 200 Einwohnern	Manipulation von Ökosystemen	
9000			
8000	Erste kleine Stadt: Jericho 2000 Einwohner	Pflanzenanbau und Herdenhaltung: domestiziertes Getreide ergänzt durch Jagd	
7000			Vorübergehende Zusammenschlüsse zu größeren Lagern
6000	Anzeichen von Rangunterschieden. Çatal Hüyük 5000 Einwohner. Häuptlingstümer im Norden Mesopotamiens	Landwirtschaft ergänzt durch Jagd und Sammeln	
5000			Seßhaftigkeit nimmt weiter zu
4000	Häuptlingstümer im Süden Mesopotamiens. Uruk als Zentrum einer größeren Region. Rangunterschiede	Landwirtschaft	
3000	Staatsbildung in Uruk, andere Stadtstaaten folgen.		Kleine Weiler erscheinen
2000			Erste Dörfer (100–200 Einwohner)
1000			Rangunterschiede Häuptlingstümer
0			Staatsbildung in Monte Albán Staatsbildung in Teotihuacán
500 n. Chr.			